DER GÄRTNER
4

Garten-, Landschafts- und Sportplatzbau

Von Joachim Kessler
Gartenbauingenieur, StR
Stuttgart-Hohenheim

Didaktische Beratung
Herbert Rothstein
Garten- und Landschaftsarchitekt, StD
Düsseldorf

Zweite, überarbeitete Auflage
386 Abbildungen

Verlag Eugen Ulmer Stuttgart

DER GÄRTNER
Lehr- und Arbeitsbuch in fünf Bänden

Band 1 Grundlagen des Gartenbaues (Fachstufe 1)
Band 2 Zierpflanzenbau – Staudengärtnerei – Friedhofsgärtnerei (Fachstufe 2)
Band 3 Baumschule – Obstbau – Samenbau – Gemüsebau (Fachstufe 2)
Band 4 Garten-, Landschafts- und Sportplatzbau (Fachstufe 2)
Band 5 Fachrechnen (Grundstufe, Fachstufe 1 und 2)

ISBN 3-8001-1136-5

Wollgrasweg 41, 7000 Stuttgart 70 (Hohenheim)
Printed in Germany
Zeichnungen: Ena Lindenbaur, Stuttgart
Satz: Alfred Utesch GmbH, Hamburg
Druck und Bindung: Friedrich Pustet, Regensburg

Vorwort

Das vorliegende Buch tritt in die Nachfolge der Reihe »Gartenbauliche Berufsschule« von B. Berg; es ersetzt den bisherigen Band 3, dessen 6. Auflage 1977 erschienen ist.
Die bisherige Entwicklung des Garten- und Landschaftsbaus und parallel die des Schulwesens erfordern ein völlig neues Berufsschulbuch. Der Verlag Ulmer wird dieser Notwendigkeit durch die Herausgabe der neuen Reihe »Der Gärtner« gerecht. Band 4 behandelt den Garten-, Landschafts- und Sportplatzbau.
Bereits in der Phase der Planung und bei der Erarbeitung der Konzeption dieses Buches wirkte der Ausbildungsausschuß des Bundesverbandes Garten-, Landschafts- und Sportplatzbau (BGL) mit, der auch die Aufgabe einer abschließenden Prüfung des Manuskriptes vor der Drucklegung übernahm. Besonders hervorzuheben ist die Mitarbeit von Herrn StD Herbert Rothstein, Düsseldorf, als didaktischer Berater, dessen methodische Hinweise mir bei der Gestaltung eines schülergerechten Lehr- und Arbeitsbuches sehr hilfreich waren.
Grundlage des Werkes ist die Verordnung über die Berufsausbildung im Gartenbau vom 26. Juni 1972. Darüber hinaus konnten wir eine weitgehende Übereinstimmung mit der vom Zentralverband Gartenbau (ZVG) herausgegebenen Empfehlung für den Unterricht an Gartenbaulichen Berufsschulen »Curriculum für die Fachstufe II Garten- und Landschaftsbau« erreichen.
Ich danke den Herren des Ausbildungsausschusses des BGL für die sachliche Kritik und die zahlreichen konstruktiven Verbesserungsvorschläge. Mein besonderer Dank gilt Herrn StD Herbert Rothstein für die Erarbeitung der didaktischen Zielsetzung des Werkes sowie die Durchsicht des Manuskriptes und nicht zuletzt für die stets gute Zusammenarbeit.
Bei der zweiten Auflage konnten weitestgehend die Inhalte der ersten Auflage übernommen werden. Selbstverständlich wurden die entdeckten Druckfehler beseitigt und inzwischen erfolgte Normänderungen berücksichtigt. Die Aussagen über Blumenwiesen, Spielplätze und Dachgärten wurden erweitert bzw. neu aufgenommen.

Stuttgart-Hohenheim — Joachim Kessler

Inhaltsverzeichnis

A Aufgaben und Bedeutung des Garten-, Landschafts- und Sportplatzbaus

1 Unser Beruf in der heutigen Zeit

Noch vor hundert Jahren lebte in Deutschland nur jeder zwanzigste Einwohner in einer Großstadt, heute ist es bereits jeder dritte. Diese Entwicklung begann mit der Industrialisierung schon im 19. Jahrhundert und ging Hand in Hand mit der Abnahme der Beschäftigten in der Landwirtschaft.
Die Städte wuchsen mit ihrem Umfeld zu großen Ballungsräumen zusammen. Für Wohnbebauung, Industrie und Verkehr wurde und wird immer mehr Fläche beansprucht. Zwangsläufig wird dadurch die Natur zurückgedrängt. Der in der Großstadt wohnende Mensch lebt nicht mehr in einer natürlichen Umgebung.
Wie stark das Bedürfnis der Menschen aber ist, die Natur zu erleben, kann man sehr gut am Urlaubs- und Freizeitverhalten ablesen, wenn man beobachtet, wie viele an den Wochenenden hinausströmen und wo die meisten ihren Urlaub verbringen.
Das »Hereinholen« der Natur in die Stadt ist als lebenswichtig für den Menschen erkannt worden. Daraus ergibt sich die Aufgabe unseres Berufes: in der Stadt wo immer möglich Natur zu erhalten und wo nötig neu zu schaffen.
Aber nicht nur im Siedlungsbereich ist die Natur gefährdet, sondern auch außerhalb. Verkehrswege, Versorgungseinrichtungen, Entsorgungsanlagen (Mülldeponien, Kläranlagen) sowie Erholungseinrichtungen verbrauchen immer mehr Land. Diese Einrichtungen sind für die Bevölkerung unentbehrlich. Sie in die Landschaft einzubinden ist eine weitere wichtige Aufgabe unseres Berufes.
Durch das Schaffen und Erhalten von Natur – die Anlage von Pflanzungen und Rasenflächen mit Wegen und Plätzen zu ihrer Erschließung und Nutzung – betreibt der Garten- und Landschaftsbau aktiv **Umweltschutz.**

1.1 Aufgaben im Siedlungsbereich

Innerhalb der Städte gibt es Grünflächen, die immer und für jedermann zugänglich sind, man bezeichnet sie als **Öffentliches Grün:** Parkanlagen, Stadtplätze, Grünstreifen an Straßen, Außenanlagen an öffentlichen Gebäuden sowie Kinderspielplätze, aber auch Einzelbäume und ganze Grünverbindungen.
Andere Anlagen, die ebenfalls der Öffentlichkeit dienen, aber nicht immer, nicht für alle oder nur zu einem bestimmten Zweck zugänglich sind, nennt man **Halböffentliches Grün:** Sportanlagen, Freibäder, Kleingartenanlagen, Friedhöfe, Außenanlagen an Schulen, Krankenhäusern und Kindergärten.
Daneben sind die vielen Grünflächen im privaten Bereich zu nennen: vom **Wohngrün** im Hausgarten bis zu den Grünflächen an mehrgeschossigen Wohnanlagen, an Fabriken und Industrieverwaltungen, von bepflanzten Gefäßen bis zu Dachgärten und begrünten Tiefgaragen.
Die Bedeutung dieser Grünflächen ist vielgestaltig und reicht in der sozialen Zielsetzung von der Schaffung von Freiräumen für Erholung, Begegnung und den Bewegungsmöglichkeiten bis zur Verbesserung des Stadtklimas. Die Grünflächen gliedern das Stadtgebiet, sie trennen einerseits Wohnbereiche, Industrie und Verkehr, sind aber zugleich auch Elemente der Verbindung, indem sie Fuß- und Radwege aufnehmen. Letztlich sind sie ein Stück Natur in der Stadt, ein Lebensraum **(Biotop)** für Pflanzen und Tiere.
Wir bauen die genannten Grünflächen und verwandeln die Wüstenei der Baustellen in Gärten mit Bäumen, Blumen, Rasen, mit Wasserspielen, Wegen, Plätzen mit Bänken, Spielplätzen für Kinder und Erwachsene. Aber nicht nur der Bau, die Neuanlage, ist eine Aufgabe unseres Berufes, auch die laufende Pflege und Unterhaltung aller Grünflächen erfordern ständigen Einsatz von Arbeitskraft und Können.

1.2 Aufgaben in der Landschaft

Das Bild unserer Landschaft ist vom Menschen geprägt, sie ist eine Kulturlandschaft. Eine reine Naturlandschaft (vom Menschen völlig unberührt) gibt es in Deutschland wohl kaum mehr.
Landschaften, die zwar vom Menschen schon beeinflußt sind, aber ihren ursprünglichen Charakter noch weitgehend erhalten haben, nennt man Urlandschaft (z. B. das Hochgebirge).
Die Erhaltung des Charakters von Landschaften oder Landschaftsteilen ist ein Ziel des **Naturschutzes** – gleich, ob es sich nun um natürlich gebliebene oder vom Menschen geprägte Landschaften handelt.
Naturschutz ist nicht allein Aufgabe des Garten- und Landschaftsbaus, sondern eine Aufgabe aller. Deshalb sind im Naturschutz neben ausgebildeten Gärtnern auch Land- und Forstwirte sowie viele ehrenamtliche Helfer tätig.
Bestimmte Aufgaben des Naturschutzes fallen jedoch direkt in unser Arbeitsgebiet, so das Anlegen von Schutzpflanzungen und Erschließungswegen, aber auch Pflegemaßnahmen wie z. B. das Mähen von Trockenrasen, die heute nicht mehr wie früher von Schafen abgeweidet werden.
Bei gleichzeitiger intensiver Nutzung sind Erhaltung und Pflege unserer Kulturlandschaft als Lebensraum für Mensch, Pflanze und Tier ständige Aufgabe und sichtbares Ergebnis der Bearbeitung durch die Land- und Forstwirte.
Dort, wo jedoch in die Landschaft eingegriffen wird, wo man Kies, Ton, Natursteine entnimmt, wo Straßen, Bahnlinien oder Kanäle gebaut werden, wo man Mülldeponien anlegt und Klärwerke baut, da muß der Garten- und Landschaftsbau tätig werden. Er bereitet die Flächen zur Aufnahme von Vegetation vor, entwickelt die Vegetation durch Pflanzung und Ansaat und übernimmt deren Pflege. Meist steht er dabei im Auftrag von Straßenbauämtern oder anderen Institutionen, aber er wird immer tätig für uns alle.
Der Landschaftsgärtner steht auf der Seite der Natur, die er schützt, aufbaut und pflegt, vor allem dort, wo sie durch andere Maßnahmen gefährdet wird.

2 Rückblick in die Geschichte

Wenn wir zusammen mit unseren Kollegen vom Produktionsgartenbau zurückblicken, können wir feststellen, daß wir zu einem der ältesten Berufe gehören. In der Entwicklung der Menschen kennen wir die Stufen vom Sammler, Jäger, Nomaden zum Ackerbauer. Der frühe Ackerbau kann kaum mit der heutigen Landwirtschaft verglichen werden. Er war kleinräumig und zum Schutz gegen wilde und halbwilde Tiere mit Ruten, Zweigen (Gerten) *umgertet,* daher der Ausdruck »Garten«.
Der Rückblick auf die Geschichte zeigt uns aber auch, daß die Menschen schon in früher Zeit nicht nur zur Erzeugung von Früchten Gartenbau betrieben, sondern auch wegen der Schönheit der Anlagen.
Es liegt an der Vergänglichkeit der Materie, daß aus der Frühzeit keine gärtnerischen Werke erhalten geblieben sind. Wir sind auf das wenige angewiesen, was durch Schrift oder Malerei überliefert wurde.

2.1 Altertum

Wandreliefs aus dem alten **Ägypten** zeigen eine erstaunliche Vielfalt gartenbaulicher Tätigkeiten: Gemüse- und Blumenanbau, aber auch große Baumpflanzungen, die durch Kanäle bewässert wurden (Abb. A 1). Die Anlagen dienten – mit künstlichen Wasserflächen – dem Spiel und der Erholung. Die heutigen Ruinen der Tempel und Grabstätten waren damals in Haine und parkartige Anlagen eingebettet.
Ein Volk, das am Rande einer Wüste lebte, hielt die Gärten für heilig. Ihre Anlage und Pflege erforderte einen hohen Aufwand.
In Kriegszeiten gehörte das Abschlagen von Bäumen und Weinstöcken zu den Maßnahmen, die den Gegner am nachhaltigsten schädigten.
Immer war es so, daß ein Volk, das Gärten nur zur Zierde anlegte, eine gewisse Wirtschaftskraft brauchte, um dies zu verwirklichen. Dies setzte auch eine Zeit des Friedens und der inneren Ruhe voraus.
Auch aus dem alten **Babylon** ist eine reiche Gartenkultur überliefert. Aus dem 8. Jahrhundert v. Chr. sind Bildnisse mit regelmäßig gepflanzten Parkanlagen bekannt. Zu nennen sind hier auch die sogenannten *Hängenden Gärten der Semiramis.* Fragmente von Tontafeln zeigen ein Dach, das von Säulenreihen getragen wird, worauf Bäume gepflanzt sind. Die babylonischen Paläste hatten also bereits Dachgärten.
Daß die Tempel, Stadien und Gymnasien der **Griechen** in Grünanlagen eingebettet waren, kann mit Sicherheit angenommen werden, auch wenn davon heute nichts mehr zu sehen ist. Aufgefundene Vasen zeigen Blumen- und Pflanzenschmuck, was als Beweis für die Liebe zu diesen Dingen gewertet wird. Für eine gärtnerische Gestaltung spricht ebenso die Ausbildung von Terrassen, die bewässert wurden.

Abb. A1. Baumpflanzung in Ägypten.

Die Haine dienten zur Erholung und zum Lustwandeln der Bevölkerung und – wie wir wissen – auch der sportlichen Betätigung (Olympia), womit sie schon damals dieselben Funktionen erfüllten, die wir von unseren heutigen Anlagen erwarten.
Auch bei den **Römern** war die Gartenkunst hoch entwickelt. Die Großen des Reiches hatten Grundbesitz in allen Teilen des Landes. Die Villen waren reich mit Wasseranlagen, Pergolen und Lauben ausgestattet. Dies ist uns aus den Schriften des PLINIUS bekannt, aber auch von den Resten (zum Teil Ausgrabungen) solcher Anlagen.
Die Römer brachten ihre Baukunst natürlich auch in ihre Kolonien, so auch nach Deutschland.
Das Atrium, ein offener Hof, um den sich die Wohnräume gliedern, ist eine typische Form des Römischen Hauses. Sie wurde später, z. B. von den Klöstern im sogenannten Kreuzgarten, wieder angewandt.

2.2 Mittelalter

Durch die Völkerwanderung wurde das Römische Reich zerschlagen, der Faden zur Antike zerrissen. Die Gartenkunst mußte sich langsam neu entwickeln. Wir finden sie wieder im **Klostergarten.** Das Interesse an den Pflanzen war zunächst stark medizinisch ausgerichtet; man suchte und fand die Heilpflanzen. (Die Namen vieler Pflanzen weisen heute noch auf ihre frühere Bedeutung in der Medizin hin.) Dabei wurde aber auch auf die Gestaltung des Gartens Wert gelegt.
Die mauerumgürtete, mittelalterliche Stadt hatte in ihrem Innern wenig Platz für Gärten. Diese lagen, wie auf alten Stichen zu sehen ist, als grüner Kranz außen um die Stadt.
Eine gewisse Rolle spielten die **Burggärtlein.** Sie waren sicher nicht groß, enthielten Gewürz- und Heilkräuter und standen unter der Obhut der Burg-

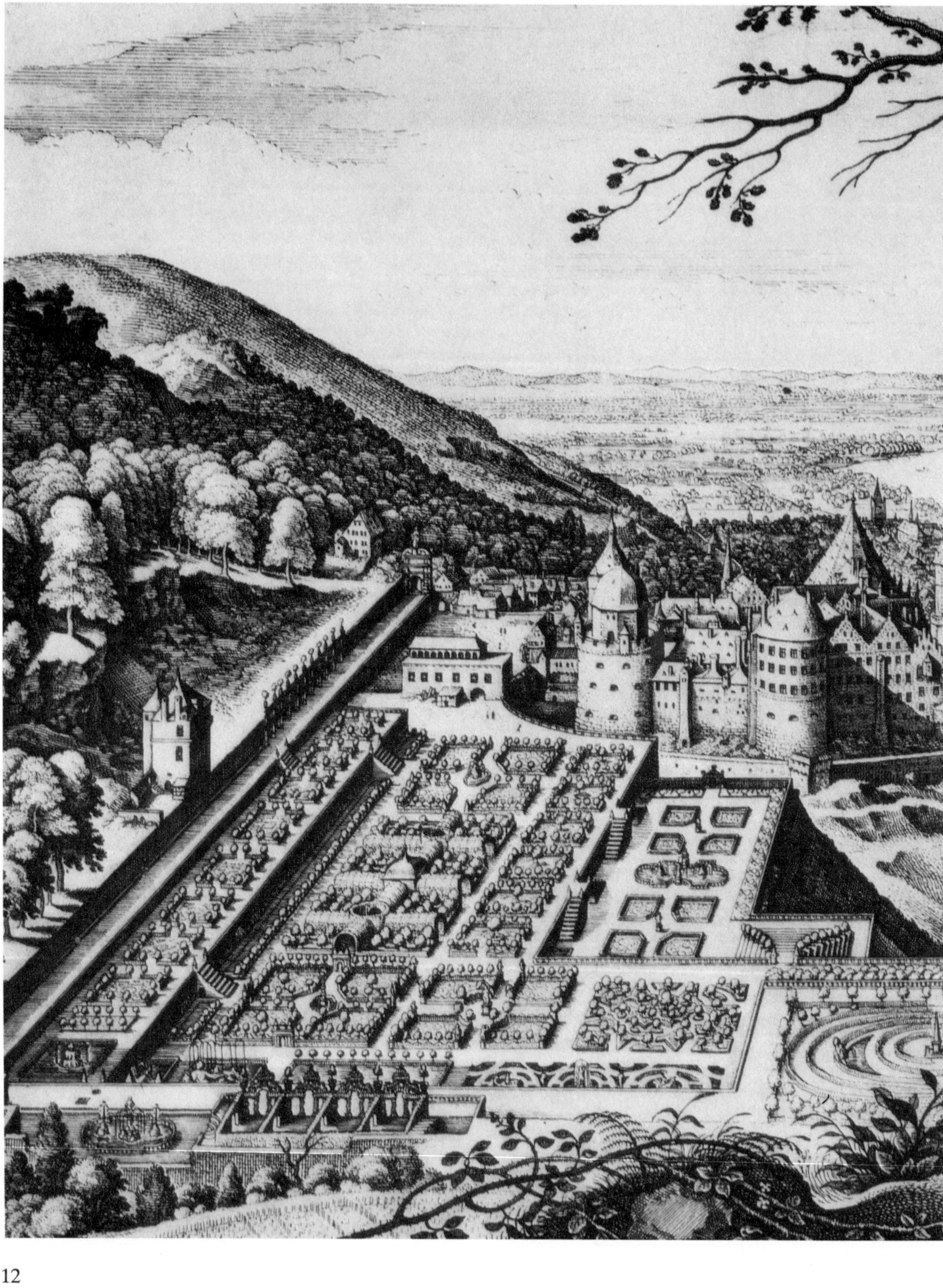

herrin. Nach den Kreuzzügen, auf denen die Ritter die orientalischen Gärten kennenlernten, wurden die Burggärten reicher ausgestattet; Brunnen, Pergolen und exotische Pflanzen, vor allem Rosen, gehörten nun dazu.
Die Gärten wurden gerne aufgesucht, sie gingen als Treffpunkt der Liebenden in die Literatur ein.

2.3 Renaissance

Renaissance heißt wörtlich übersetzt Wiedergeburt und kennzeichnet eine Zeit des Aufbruchs, um 1500 beginnend. Es war ein Aufbruch, der nahezu auf allen Gebieten neue Entwicklungen in Gang brachte. Als Beispiel aus dem geistig-religiösen Bereich sei die Reformation genannt, daneben waren die großen Entdeckungen – Amerika, Umsegelung Afrikas usw. – Ereignisse, die große politische und wirtschaftliche Bedeutung hatten.
Der Beginn der Neuzeit führte auch in der Baukunst zu völlig neuen Formen, der Bau gotischer Kirchen wurde eingestellt. Die Entwicklung kam von Italien her; die dort in dieser Zeit gebauten Wohnsitze waren Schlösser, Villen, keine Burgen mehr. Die Gärten dazu waren groß und weiträumig. Sie wurden streng geometrisch gestaltet, eingerahmt und gegliedert von geschnittenen Hecken und Mauern. Die Flächen wurden zu Terrassen ausplaniert, selbst die kleinsten Flächen waren von niederen, geschnittenen Buchshecken eingefaßt. Die Schmuckwirkung wurde durch Aufstellen von Kübelpflanzen und Statuen erhöht.
Die Baukunst der Renaissance orientierte sich an den Bauten der Antike, die Gärten waren eine neue eigenständige Entwicklung. Sie sind heute zum Teil noch erhalten, vor allem in Italien (bei Rom und Florenz).
In Deutschland sind Reste beim *Heidelberger Schloß* zu sehen (Abb. A 2). Typische Bauten dieser Zeit sind die Rathäuser (z. B. Augsburg, Bremen, München).

2.4 Barock

Nach dem Dreißigjährigen Krieg kam in Deutschland eine Epoche des Aufschwungs. Wieder wurden die

Abb. A 2. Links: Renaissanceanlage Heidelberger Schloß. **Abb. A 3. Barockanlage. »Großer Garten« Herrenhausen.**

Bauformen von Italien, jetzt aber auch von Frankreich aus beeinflußt. Gerade die Franzosen hatten den Renaissancegarten in einem eigenen Stil weiterentwickelt, zum Barockgarten. Er wurde daher vielfach **»Französischer Garten«** genannt.
Die Elemente waren dieselben wie im Renaissancegarten, aber großartiger, zusammenfassender komponiert. Hinzu kamen großzügige Wasseranlagen, und das Einbeziehen der umgebenden Landschaft in die Gestaltung hatte wesentliche Bedeutung. Das große Vorbild für ganz Europa wurde die *Schloßanlage von Versailles.*
Heute noch gut erhaltene und gepflegte Barockanlagen sind u. a. in *Hannover-Herrenhausen, Nymphenburg* und *Schleißheim bei München* sowie *Schönbrunn in Wien* (Abb. A 3).

2.5 Der Englische Landschaftspark

In der Baukunst folgte dem Barock, das mit dem verspielten, vielfach überladenen Rokoko endete, die Epoche des **Klassizismus.** Das bedeutete eine vertiefte Anlehnung an die griechische Antike, also eine klassische, strenge Formgebung.
Die Gartenkunst machte diese Entwicklung eigenartigerweise nicht mit; es kam etwas völlig anderes, der **Landschaftspark.** Die Entwicklung ging, wie schon der Name sagt, von England aus. Sie wurde nicht zuletzt von der chinesischen und japanischen Gartenkunst beeinflußt, von der man ja inzwischen Kenntnis hatte. Im Fernen Osten wurden von alters her die Gärten als eine verkleinerte, idealisierte Landschaft gesehen. Ausschlaggebend war sicher auch eine allgemeine Welle der Hinwendung zur Natur; *»Zurück zur Natur«* hieß die Devise.
Die strengen, geraden, künstlichen Linien des Barockgartens verschwanden. Nun wurden die Linien weich, man gestaltete nach der Natur, wobei man oft die Bilder idealisierter Landschaften als Vorbild nahm (Abb. A 4).
Parkanlagen dieser Epoche: *Nymphenburg, Schwetzingen, der Englische Garten in München.*

Um 1820 beeinflußte der Stil der **Romantik** auch die Gestaltung der Gärten. In den Parkanlagen tauchen nun künstliche Ruinen, Grotten, Tempel und ähnliche Gebilde auf, bis gegen Ende des 19. Jahrhunderts die ursprünglich großartige Idee zur schematischen Anwendung erstarrte.
In bezug auf die Gestaltungsform folgte eine Zeit der Ratlosigkeit. Das Interesse am Garten war jedoch nach wie vor groß; dies zeigte sich u. a. im Hereinnehmen vieler ausländischer Pflanzen in die Anlagen. Es wurde mehr gegärtnert, weniger gestaltet.

2.6 Zwanzigstes Jahrhundert

Mit Beginn dieses Jahrhunderts begann sich eine neue Gartenform herauszubilden. Sie war wieder architektonisch, hatte aber das Hauptziel der Benutzbarkeit oder Bewohnbarkeit.
Schon in der Mitte des 19. Jahrhunderts wurden in Amerika bei der Planung der Großstädte sogenannte **Volksparks** geschaffen (1854 der *Central Park New York).* In Europa wurden die Parks der Herrschaft dem Volk geöffnet, so z. B. um 1840 der *Berliner Tiergarten.*

Abb. A 4. Englischer Landschaftspark.

Abb. A 5. Wohngarten.

Dies alles wurde jetzt auch dringend benötigt, denn durch die beginnende Industrialisierung wurden immer mehr Menschen in den Städten ansässig. In engen Wohnquartieren zusammengedrängt, waren sie auf die Erholung in den Anlagen angewiesen. Nicht mehr die Repräsentationslust eines Fürsten war gefragt, sondern Raum zum Auslaufen, zum Vergnügen, zum Spiel für die Bevölkerung. Ähnlich den Anforderungen im öffentlichen Bereich waren die Bedürfnisse im privaten Garten, der sich von der Schmuckanlage zum **Wohngarten** wandelte.

2.7 Anforderungen an die heutigen Anlagen

Alle – im Kap. A 1 schon genannten – Grünanlagen dienen dem Menschen. Sie müssen benutzbar sein und die ihnen zugedachte Funktion erfüllen, so z. B. Spielmöglichkeiten für Kinder, Sitz- und Ruheplätze für ältere Menschen, auch für diese sinnvolle Möglichkeiten zum Spiel (Schach, Boccia), Orte der Begegnung, autofreie Verkehrswege usw. Alle diese Funktionen, die ihrerseits bestimmte Einrichtungen baulicher Art erfordern, haben eine gemeinsame Forderung: Sie sollen »im Grünen« möglich sein, unter schattenspendenden Bäumen, auf grünem Rasen, neben Blumenbeeten, neben einem plätschernden Brunnen. Auch der in der Stadt lebende und arbeitende Mensch soll die Natur erleben können, den Wechsel der Jahreszeiten – Austrieb, Blühen, Herbstlaub –, ohne dazu jedesmal den Wohnort verlassen zu müssen! An dieser Stelle sei darauf hingewiesen, daß die Grünflächen in unseren Städten ja auch Lebensraum zahlreicher Kleintiere, vor allem der Vögel, sind, die das Erleben von Natur in der Stadt schon immer bereichert haben (Abb. A 6).

2.7.1 Grundregeln der heutigen Garten- und Landschaftsgestaltung

Gärten und Anlagen müssen der gedachten Benützung gerecht werden, sie müssen diese Benützung ermöglichen. Das bedeutet z. B. eine direkte Wegeführung und genügende Wegebreiten.
Werden diese Anforderungen an die Benützbarkeit nicht erfüllt, dann werden die Wege von den Benutzern abgekürzt; es entstehen Trampelpfade und abgelaufene Ecken, die Anlage wird dadurch unschön.

Abb. A 6. Moderne Gartenanlage.

Damit kommen wir zu einer weiteren Anforderung: Die Anlagen sollten schön sein. Der Begriff Schönheit ist nicht leicht zu definieren, fest steht aber, daß die Menschen ein Bedürfnis nach Schönheit und Harmonie haben; sie besichtigen z. B. gerne schöne Bauwerke, Städte, Parks, Kunstwerke.
Andererseits fühlen sie sich in einer »unschönen« Umgebung nicht wohl. Dies kommt oft drastisch zum Ausdruck in der Kritik an nicht befriedigender Architektur durch Worte wie Wohnsilo, Bunker, Kultursteppe usw.
Wie gestaltet man eine »schöne« Anlage?
Wir haben festgestellt, daß eine Anlage, die ihre Funktion nicht erfüllt, in der Regel auch nicht als schön empfunden wird. Also muß die **Funktionsgerechtigkeit** zuerst gefordert werden. Diese allein reicht jedoch nicht aus, es müssen weitere Gesichtspunkte beachtet werden. HANS SCHILLER fordert in seinem Buch »Gartengestaltung« die Beachtung der Gesetze der Entschiedenheit, der Wahrhaftigkeit und der Entsprechung.
Die Forderung nach **Entschiedenheit** bedeutet, daß man nichts »Halbes« anstreben soll, sondern sich klar entscheiden muß, ob die Architektur oder die Natur im Vordergrund stehen soll. Während ein Element vorherrscht, muß das andere begleiten. Eine gewisse Spannung entsteht erst durch die richtige Kombination von zwei Elementen, wie z. B. von Natur und Architektur. Jedes ist in der Lage, für sich zu wirken, durch die Begleitfunktion des anderen Elementes wird jedoch die Wirkung erhöht. Ein Stadtplatz mit ansprechender Bebauung darf nicht mit Bäumen verdeckt werden; hier herrscht die Architektur vor, die Pflanze begleitet. Im Park muß sich die Architektur der Natur unterordnen, denn hier ist sie das beherrschende Element, die Architektur begleitet.
Das Prinzip der Entschiedenheit kann noch an einem anderen Beispiel verdeutlicht werden. Eine Pflanzung, die zu gleichen Teilen aus Stauden, Gehölzen und Sommerblumen besteht, wird nicht befriedigen, ihr fehlt die Spannung. Jeweils ein Element sollte klar dominieren: Einer Gehölzgruppe werden Stauden zugeordnet, oder in einem Staudenbeet stehen einige Gehölze usw. Man muß sich für das eine oder das andere entscheiden und darf nicht gleichförmig mischen!

Die Forderung nach **Wahrhaftigkeit** will die Reinheit der Gestaltung, die Übereinstimmung von Material und Ausdruck, also Werkgerechtigkeit erreichen: kein Grabmal aus Beton, keine Imitationen von Naturstein, keine künstlichen Blumen, keine Vermischung der Funktionen, wie z. B. Polsterstauden in Plattenfugen auf dem Weg. Der Weg ist klar Architektur, er wird klar als Weg angelegt; ihm zur Seite steht die Natur, die Pflanze, auf ihrem Platz im Beet.
Die Forderung nach **Entsprechung** hat das Ziel der Proportionalität, strebt nach dem richtigen Maß. Ist ein Weg zu schmal, ist er nicht funktionsgerecht, ist er zu breit, entspricht er nicht der Proportion.
Aber nicht nur Form und Größe müssen entsprechen, auch die Aussage, die Wertigkeit. So gehören z. B. ein Rosenbeet oder ein Sommerblumenbeet nicht an die Kläranlage, die reichblühenden Ziersträucher nicht in die freie Landschaft. Man geht auch nicht in Freizeitkleidung zu einer Beerdigung, nicht in Festkleidung zum Wandern.
Diese Grundsätze der Gestaltung sollten immer beachtet werden, ihre Mißachtung führt zu unbefriedigenden Lösungen. Man kann sich nicht darauf berufen, die Frage, was schön ist, sei Geschmacksache jedes einzelnen, sondern sollte die wenigen genannten Regeln verstehen und anwenden. Man wird dies dem Ergebnis der Arbeit anmerken.
In großem Maße wird die »Schönheit« einer Anlage auch durch die Farbe beeinflußt, was im folgenden näher erläutert wird.

2.7.2 Grundsätze der Farbenlehre

Das »weiße« Tageslicht enthält Licht verschiedener Wellenlängen. Treffen diese Lichtwellen auf einen Stoff mit anderer Dichte, also z. B. auf Glas oder Wasser, so werden die Wellen gebrochen, und die Lichtstrahlen werden je nach ihrer Wellenlänge in verschiedenen Farben sichtbar; ein Vorgang, den wir vom Regenbogen kennen.
Man nennt diese dann sichtbaren Farben **Regenbogenfarben** oder **Spektralfarben** (lat.: spectrum = Spektrum = Erscheinung).
Die Spektralfarben sind: Gelbrot, Orange, Gelb, Grün, Blau, Indigo, Violett.
Reines Rot kommt nicht vor; es läßt sich jedoch durch die Mischung des langwelligen Gelbrot mit dem kurzwelligen Violett herstellen.
Führt man mit Hilfe eines Prismas Licht verschiedener Wellenlängen zusammen, so erhält man wieder einen weißen Lichtstrahl, wenn das Licht zweier gegensätzlicher Farben verwendet wird. Man spricht dann von Ergänzungsfarben oder Komplementärfarben.
Komplementärfarben sind z. B. Rot und Grün oder Gelb und Blau. In der Farbenlehre – der Wissenschaft von den Farben als optische Erscheinung – wird dies aufgegriffen.
Die Farbenlehre ordnet die Farben nach ihrer dreifachen Bestimmung: nach der Farbrichtung, der Helligkeitsstufe und dem Reinheitsgrad.
Farbrichtung. Man unterscheidet die drei **Grundfarben** Rot, Blau und Gelb. Aus ihnen entstehen die **Mischfarben:**

Gelb	+	Rot	=	Orange
Rot	+	Blau	=	Violett
Blau	+	Gelb	=	Grün

Durch weiteres Mischen dieser 6 Farben mit ihrer jeweiligen Nachbarfarbe erhält man den 12teiligen Farbkreis (Abb. A 7).

Gelb	+	Orange	=	Goldgelb
Grün	+	Gelb	=	Maigrün
usw.				

Daneben gibt es noch unendlich viele Übergänge und Mischungen mehrerer Farben, wie z. B. Ocker oder Oliv.
Helligkeitsstufe. Neben den »bunten« Farben gibt es noch die »unbunten« Farben Weiß und Schwarz.
Mischt man den Grundfarben und den aus ihnen entstandenen Mischfarben Weiß zu, werden die Farben heller, durch Zumischen von Schwarz werden sie dunkler. Die Farbrichtung wird dadurch nicht verändert; man spricht von hellklaren oder dunkelklaren Farben.
Reinheitsgrad. Die Mischung der Farben Schwarz und Weiß ergibt Grau. Wird den Grundfarben Grau

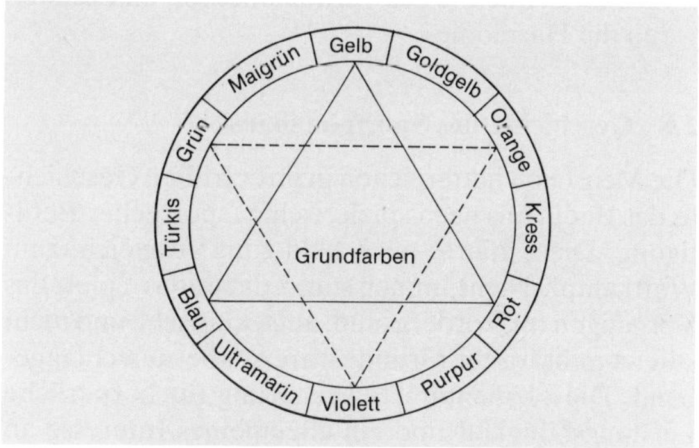

Abb. A 7. Zwölfteiliger Farbkreis mit Grundfarbendreieck.

beigemischt, werden diese – ohne Farbrichtung und Helligkeit zu verlieren – in ihrer Wirkung verhaltener, trüber, weniger leuchtend.

Farbharmonie. Gegensätzliche Farben beleben, wirken lustig (polychrom); verwandte (im Farbkreis nebeneinanderliegende) Farben ergeben einen Zusammenklang von weicher und milder Art (monochrom).

Einfache Farbharmonien erhält man durch Drehen des gleichseitigen Dreiecks im Farbkreis.

Darüber hinaus bietet eine Veränderung von Helligkeit und Reinheitsgrad viele Kombinationsmöglichkeiten.

Hat man zwei gegensätzliche Farbrichtungen, so kann man diese durch die ähnliche Helligkeit und ähnliche Reinheit ausgleichen und verbinden.

Eine Kombination gleicher Farbrichtung wirkt allein durch unterschiedliche Helligkeit und Reinheit (monochrom).

Die Gefühlssprache der Farben. Der Künstler spricht die Farben noch von ihrer Wirkung her an. Recht aussagekräftig ist die Bezeichnung »warme Farben« für die roten und gelben Tönungen, wobei die wärmste (Gelbrot) die Farbe des Feuers ist. Die »kalten Farben« sind die blauen Tönungen mit ihrem kältesten Vertreter Eisblau. Dazwischen liegen die »lauen«, passiven Farben, vor allem Grün und die blauroten Tönungen.

Aus der Farbenlehre ergeben sich Anwendungsregeln:

- Leuchtende, dominierende Farben sparsam verwenden und gut aufeinander abstimmen
- Gelbe und rote Farben wirken auch aus der Tiefe und der Ferne und betonen diese
- Grün wirkt ausgleichend, beruhigend
- Eine Spannung entsteht durch die Komplementärfarben
- Sich beißende Farben wirken unschön und zerstören die Harmonie

2.8 Geschichte des Sportplatzbaus

Die Menschen hatten schon in ihrer frühen Geschichte das Bedürfnis nach spielerischer, sportlicher Betätigung. Diese führte auch bald zum Vergleich, zum Wettkampf. Nicht immer stand dabei das Spiel, das Vergnügen im Vordergrund, auch kultische und nicht zuletzt militärische Gründe waren dabei ausschlaggebend. Die elementare Begeisterung für körperliche Leistungsfähigkeit und ein allgemeines Interesse an Wettkämpfen waren aber wohl immer die eigentliche Triebfeder.

Es ist logisch, daß für diese Tätigkeiten auch schon früh spezielle Einrichtungen erforderlich waren. Bekannt sind die **Stadien und Gymnasien griechischer Städte,** die in weitläufige Grünanlagen eingebettet waren. (Auch heute wird allgemein gefordert, Sportflächen in Grünanlagen zu integrieren.)

In den für den einfachen Bürger katastrophal engen Wohnverhältnissen der römischen Städte spielten **Wettkampfarenen** eine bedeutende Rolle. Die größte Arena, der *Circus maximus,* faßte 200 000 Zuschauer. In vielen kleinen Arenen trat das Volk zum Wettkampf an.

Daneben muß man auch die **Thermen** zu den Sportstätten rechnen, oft in unmittelbarer Nähe des Stadions gelegen. In ihnen gab es neben den Badeanlagen eine Vielzahl von Spielmöglichkeiten, Gymnastikplätze, Turnhallen, Terrassen.

Im Mittelalter hatte man den **Anger** vor den Stadttoren, der zu militärischen Übungen, aber auch dem allgemeinen Spiel diente. In größeren Städten wurden Wettkämpfe auf dem Marktplatz ausgetragen (z. T. heute noch traditionelle Aufführungen).

Für den Adel waren Leibesübungen und Wettkämpfe nicht nur zur »Fitness« für Krieg und Jagd erforderlich, sondern stellten höfische Gesellschaftsspiele dar. Diese fanden häufig auf den Burgen statt, aber zunehmend auch auf eigens dafür errichteten Plätzen, dem *Prato* der Renaissancegärten.

In England wurde in den Parks Bowling gespielt. Um 1590 soll es in Paris 200 öffentliche **Ballspielhäuser** gegeben haben. Auch in Stuttgart ist für diese Zeit ein *Ballonenplatz* neben dem *Großen Lusthaus* nachgewiesen.

Die neuere Sportgeschichte erhielt ihre Impulse aus dem pädagogischem Bereich. Es ging dabei um die systematische Einführung von Leibesübungen zur Kinder- und Volkserziehung im Sinne eines vernünftigen und naturgemäßen Lebens. Stellvertretend für viele, die sich darum bemühten, soll *Turnvater Jahn* genannt sein. 1811 erster öffentlicher Turnplatz in der Berliner Hasenheide, 1820 gab es in Preußen bereits 84 öffentliche Turnplätze. In Brandenburg wurde schon um 1870 an einigen Oberschulen Fußball gespielt. Gründung des Deutschen Fußballbundes im Jahre 1900. Das Interesse am Sport wuchs in dieser Zeit allgemein, nicht zuletzt auch gefördert durch die Ideale der »Jugendbewegung«.

Die Wiedereinführung der **Olympischen Spiele** 1912 brachte dann einen weiteren Aufschwung. 1935 wies die Statistik des Deutschen Reiches bereits 860 Großsportplätze, 28 000 regelgerechte Sportanlagen und 13 500 behelfsmäßige Plätze aus, für die damali-

gen wirtschaftlichen Möglichkeiten ein sehr beachtliches Ergebnis.
Die derzeitige Entwicklung wurde durch die Phase des Wiederaufbaus nach dem 2. Weltkrieg eingeleitet. 1959/60 wurde von der *Deutschen Olympischen Gesellschaft* der sogenannte **Goldene Plan** aufgestellt, der den Flächenbedarf für Sportanlagen festlegte und damit als Grundlage der Bauleitplanung diente. Die Ziele des Goldenen Planes wurden (zumindest rein rechnerisch) 1980 erreicht, was bedeutet, daß damit 211 Mio. m^2 für Sportzwecke zur Verfügung stehen. Regional sind allerdings noch deutliche Unterschiede vorhanden. Auch ist durch das erhöhte Freizeitangebot, durch Arbeitsplätze, die immer weniger Bewegung verlangen, das Bedürfnis der Bevölkerung nach einer sportlichen, spielerischen Betätigung stark gestiegen. Umfragen ergaben, daß sich heute ca. 47 % der Bevölkerung der Bundesrepublik mehr oder weniger sportlich betätigen. Viele sind in Vereinen organisiert, die anderen – sogenannte Wochenendsportler – nehmen zahlenmäßig ständig zu.
Hier liegt die Aufgabe der nahen Zukunft, für diesen *»Jedermannsport«* müssen Anlagen geschaffen werden. Wir benötigen: Laufpfade, Radwege, Möglichkeiten zum Schilauf, daneben Kleinspielfelder für Volleyball, Basketball, Faustball, Tennis, Federball usw., auf denen auch ohne Vereinsbindung Sport betrieben werden kann.
Für den *Vereinssport* gilt es, vor allem die Qualität der bestehenden Anlagen zu verbessern.
Alles in allem kann festgehalten werden, daß der Drang zur sportlichen Aktivität ungeheuer groß und sehr weit verbreitet ist, dazu noch steigende Tendenz hat. Für einen Großteil der sportlichen Betätigung benötigt man geeignete Flächen, deren Herstellung und fachgerechte Pflege eine wesentliche Aufgabe des Garten- und Landschaftsbaus ist.
Unser Berufsstand hat in der Vergangenheit die hier an ihn gestellten Aufgaben mit großem Einsatz bewältigt und wird sich auch in Zukunft dieser Aufgabe stellen.

3 Entwicklung des Garten-, Landschafts- und Sportplatzbaus

3.1 Vom Hofgärtner zum Unternehmer

Die gärtnerischen Anlagen der Antike standen meist unter königlicher Aufsicht. Bei den assyrischen Königen ist in den aufgefundenen Berichten, in denen ihre jeweiligen *»Taten«* verzeichnet sind, ausdrücklich auf die Anlage von Parks, Weingärten und Baumpflanzungen hingewiesen.
Natürlich hielten sich die königlichen Auftraggeber Fachleute. Die Verwalter der Gärten waren hoch angesehene Hofbeamte. Die eigentliche Ausführung oblag wohl in den meisten Fällen Sklaven.
Diese Strukturen – im Dienste eines Herrschers stehende Architekten und ebenfalls vom Herrscher angestellte Bedienstete – hielten sich bis ins 19. Jahrhundert hinein. Die Baumeister der Renaissance- und Barockgärten sind uns namentlich bekannt. Sie waren hervorragend ausgebildet und entstammten oft schon einer Dynastie von Hofgärtnern. So war es durchaus üblich, daß die zukünftigen Hofgärtner ihre Ausbildung an anderen Höfen erhielten; sie wurden dazu nach Frankreich, Italien und England gesandt. Ebenso wurden Ausländer an deutschen Höfen beschäftigt.
Firmen im heutigen Sinne zur kompletten Herstellung dieser Gärten gab es zunächst nicht. Die sehr umfangreichen Arbeiten (alles Handarbeit) wurden zum Teil von Kriegsgefangenen ausgeführt, wie es vom Bau der Kanäle in den Münchner Anlagen Nymphenburg und Schleißheim bekannt ist. Für Spezialarbeiten wurden jedoch heimische Handwerker eingesetzt, so für Mauern, Treppen und Malereien, während das Erzeugen von Pflanzen und wohl auch deren Verwendung weitgehend in der Hand der Hofbetriebe lag.
Auf dem Sektor der Erzeugung gab es allerdings schon lange selbständige Gärtnereien. Aus dem 13. Jahrhundert sind große **Gärtnerzünfte** in verschiedenen europäischen Städten bekannt. In einem bestimmten Maß waren sie sicher auch an der Zulieferung für die Hofgärtnereien beteiligt.
Mit der Einrichtung städtischer Gärten, auch durch Übernahme von Anlagen aus dem Besitz des Adels, entwickelte sich der Stand des Stadtgärtners.
Die städtischen Betriebe waren zur Deckung ihres Pflanzenbedarfs zunehmend auf private Zulieferer angewiesen. Ebenso war bei den privaten Auftraggebern ein steigender Bedarf zu verzeichnen.
Die **Kunst- und Handelsgärtnereien** waren Betriebe, die sich neben der Erzeugung von Obst, Gemüse und Blumen auch mit der Anlage von Gärten und mit Blumenbinderei befaßten. (Aus den beiden letztgenannten Tätigkeiten leitete sich die Bezeichnung *Kunstgärtner* ab.)
In diesen Betrieben kam es zu Beginn des 19. Jahrhunderts vermehrt zur Spezialisierung. Es ent-

standen Baumschulen, aber auch sogenannte Gartengestaltungsbetriebe. Im Stuttgarter Raum, wo die topografische Situation eine Terrassierung des Geländes mit Mauern sehr häufig erforderlich machte, wurde diese Arbeit von sogenannten *»Wengertmaurern«* ausgeführt. (Wengert nennt man in Württemberg den Weingarten und Wengerter den Weingärtner oder Winzer.)
Diese Wengertmaurer verlegten ihre Tätigkeit, den zunehmenden Aufträgen folgend, vom Weinberg in die Neubaugebiete. Selber oft aus der Landwirtschaft kommend, sahen sie sich in der Lage, die von ihnen angelegten Gärten auch zu bepflanzen und waren so die Vorläufer heutiger **Landschaftsbaubetriebe.**
Der Berufsstand des Landschaftsgärtners nahm in der Zeit ab 1935 einen Aufschwung durch groß angelegte Baumaßnahmen des Staates, wie z. B. die Autobahnen. Diese Aufträge führten zur Bildung von Arbeitsgemeinschaften, in denen die Erfahrungen gesammelt wurden, die für die Entwicklung der Unternehmen nach dem Zweiten Weltkrieg von großer Bedeutung waren.

3.2 Wirtschaftliche Entwicklung und Bedeutung

In der Phase des Wiederaufbaus nach dem Zweiten Weltkrieg entstand ein großer Bedarf an öffentlichen und privaten Grünanlagen. Dies verdeutlicht die Entwicklung des Berufsstandes in dieser Zeit.

1962 gab es ca. 900 Betriebe im Garten- und Landschaftsbau in der Bundesrepublik. Diese beschäftigten ca. 25 000 Arbeitskräfte und hatten einen Umsatz von 570 Mio. DM.

1972 waren es ca. 2300 Betriebe mit ca. 40 000 Beschäftigten und einem Umsatz von 2,1 Mrd. DM.

1980 waren es ca. 4200 Betriebe mit ca. 40 000 Mitarbeitern und einem Produktionswert von 3 Mrd. DM.
70 % der Betriebe beschäftigten bis zu 20 Arbeitnehmer, 20 % aller Betriebe erzielten Bruttojahresumsätze von über 1,5 Mio. DM.

Diese Zahlen sprechen für sich. Sie zeigen nicht nur eine beispiellose Entwicklung, sondern unterstreichen die Bedeutung des Garten-, Landschafts- und Sportplatzbaus in volkswirtschaftlicher Hinsicht durch die Bereitstellung von Arbeitsplätzen und durch den beachtlichen Produktionswert, daneben aber auch die Bedeutung eines Berufsstandes für eine gesunde und erlebenswerte Umwelt. Denn ohne das elementare Bedürfnis einer Gesellschaft an den »Produkten« eines Wirtschaftszweiges lassen sich derartige Steigerungen nicht vollziehen.

3.3 Ausblick

Der Garten-, Landschafts- und Sportplatzbau hat sich in den vergangenen Jahren als ein verhältnismäßig krisenfester Bereich bewährt.
Diese Entwicklung hätte man ihm vor 30 Jahren nicht zugetraut. Man hatte im Gegenteil Bedenken, daß in Zeiten eines wirtschaftlichen Rückgangs zuallererst am Garten gespart würde, was jedoch nicht eingetreten ist. In den zurückliegenden Rezessionsjahren konnte der Landschaftsbau (als letzter auf der Baustelle) mit den bereitgestellten Mitteln noch weiterarbeiten, während das Bauhauptgewerbe schon Einbußen erlitt. Stiegen die Investitionen wieder, war der Landschaftsbau sofort wieder dabei.
Selbst mit vorsichtigem Optimismus kann man hoffen, daß dies auch in Zukunft so sein wird; insbesondere, weil die Aufgaben unseres Berufes nicht abnehmen, sondern eher noch steigen werden. Das Bedürfnis an Grünanlagen ist größer geworden. Im städtischen Bereich, vor allem in den Kernzonen, herrscht noch ein Nachholbedarf, bestehende Einrichtungen müssen qualitativ verbessert werden. In der Landschaft gibt es neue Aufgaben mit der Schaffung, Gestaltung und Pflege von Naherholungszonen. Hinzu kommt, daß diese Aufgaben heute von einer breiten Öffentlichkeit in weit größerem Maße gesehen werden und damit auch die Bereitschaft gewachsen ist, dafür Mittel bereitzustellen.
Man kann also davon ausgehen, daß ein junger Mensch, der diesen Beruf wählt, auch für die Dauer eines Berufslebens darin Arbeit findet. Eine Arbeit, die nicht immer leicht ist und vollen Einsatz, kreatives Handeln und Mitdenken erfordert, aber auch eine Arbeit, die befriedigt, weil sie immer der Umwelt und damit direkt dem Menschen dient.

Vertiefung und Kontrolle

1. Was tut der Landschaftsbau? Welche Bedeutung hat seine Arbeit für die Menschen?
2. Besichtigen Sie historische Gärten und Bauten und überlegen Sie, unter welchen Umständen und mit welchem Aufwand diese entstanden sind.
3. Achten Sie bewußt darauf, wo überall der Landschaftsbau tätig war, wo Grünflächen geschaffen und erhalten werden.

B Vermessungstechnik und Berechnungen

1 Aufgabenstellung und Grundlagen

1.1 Vermessungstechnik wozu?

Das Vermessen von Grundstücken wird aus drei verschiedenen Gründen durchgeführt:

1. Um die Lage, Größe und Form eines Grundstücks zeichnerisch als Lageplan darstellen zu können. Das ist die Voraussetzung jeder Planung. Selbst wenn amtliche Lagepläne vorliegen, müssen diese oft ergänzt werden durch das Einmessen von Bäumen oder neu erstellten Bauten.
2. Um Entwürfe (Planungen) vom Plan ins Gelände zu übertragen. Auf der Baustelle spricht man von Abstecken.
   Dies ist eine unerläßliche Maßnahme bei Landschaftsbauarbeiten, die vor und während der Bauzeit erforderlich wird.
3. Um nach der Fertigstellung von Anlagen die gärtnerischen Leistungen festzustellen. Dieses Aufmaß ist dann die Grundlage für die Abrechnung von Baustellen.

1.2 Grundsätzliches

Das Aufmaß eines Grundstückes wird entweder auf einem Zeichenblatt festgehalten, oder die Zeichnung kann bei der Absteckung ins Gelände übertragen werden.

Das Zeichenblatt müssen wir uns als eine waagerechte (horizontale) Ebene vorstellen, auf dem eine Entfernung im Grundriß nur waagerecht gezeichnet werden kann. Ein Gelände ist nur selten eben, es weist mehr oder weniger Gefälle auf.

Um nun die Entfernung zweier Punkte auf dem Zeichenblatt darstellen zu können, muß diese Entfernung im Gelände genau waagerecht, also horizontal gemessen werden.

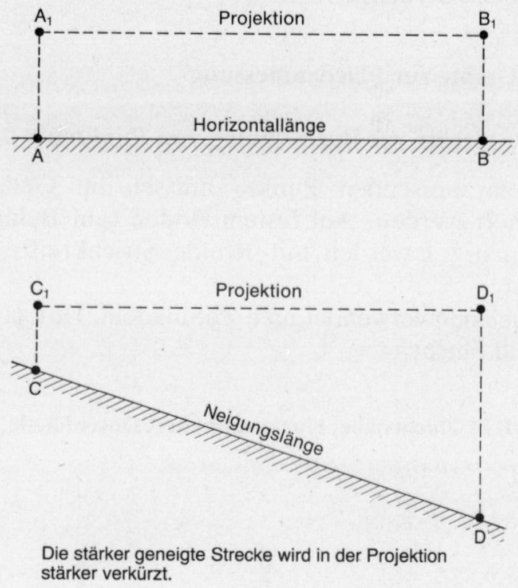

Abb. B 1. Horizontalprojektion, im Schnitt dargestellt.

Man spricht von einer **Horizontalprojektion** (Abb. B 1), weil die Punkte auf eine horizontale Ebene projiziert werden. Dabei verkürzen sich im Gelände mit Gefälle verlaufende Strecken.

Als Folgerung für Vermessungsarbeiten ergibt sich die Regel: Maße, die vom Gelände auf einen Plan oder vom Plan ins Gelände übertragen werden, müssen grundsätzlich immer waagerecht gemessen werden.

Das Aufmaß von Grundstücken bezeichnet man als **Feldmessen,** die Landvermessung als **Geodäsie,** den Landvermesser als Geodät, das Feldmessen auch als niedere Geodäsie.

Innerhalb des Feldmessens unterscheidet man arbeitstechnisch die *Flächenmessung* und die *Höhenmessung*.
Feldmessen ist eine praktische Tätigkeit. Die Messungen und Verfahren bauen auf theoretischen Erkenntnissen auf. Aber genausowenig, wie man Autofahren rein theoretisch erlernt, kann man Feldmessen allein theoretisch erlernen.
Praktische Übungen im Gelände sind unerläßlich.

2 Flächenmessung

Hier wird die Lage von Punkten in ihrer horizontalen Entfernung gemessen und dargestellt; ihre Höhe wird nicht berücksichtigt.

2.1 Geräte zur Flächenmessung

2.1.1 Geräte zur Bezeichnung von Punkten

Die zu messenden Punkte müssen im Gelände markiert werden. Auf festem Boden (auf Belägen, Beton usw.) werden mit Kreide Strichkreuze gemacht.
Im Gelände verwendet man Zählnadeln, Holzpflökke und Fluchtstäbe.

Zählnadeln (Abb. B 2)
30 cm lange, 7 mm dicke Stahlnadeln, oben eine Öse oder eine Platte mit Loch, manchmal numeriert, oft farbig. Sie sind vor allem für die kurzfristige Festlegung von Punkten gedacht, z. B. beim Messen längerer Strecken.

Holzpflöcke
30–50 cm lang, 5–10 cm dick, Querschnitt rund oder eckig, angespitzt.
Mit ihnen werden Punkte vorübergehend und auch längerfristig markiert, wobei für Markierungen, die länger im Gelände stehenbleiben, natürlich stabilere Hölzer verwendet werden. Bei Bedarf werden die Pflöcke mit Leuchtfarben gestrichen.

Fluchtstäbe
(Abb. B 2), auch *Pikett* oder *Baken* genannt, sind 2 m lange Holz- oder Metallstäbe, im Abstand von 50 cm abwechselnd rot oder weiß gestrichen, unten eine mit Metall verstärkte Spitze.
Man benötigt Stäbe, die oben mit Rot beginnen (vor hellem Hintergrund), und solche, die oben mit Weiß beginnen (vor dunklem Hintergrund). Zum Arbeiten im Gelände braucht man mindestens *einen Satz* Fluchtstäbe, das sind 6 Stück, wovon die Hälfte oben mit Rot, die Hälfte mit Weiß beginnen sollte. Damit man Fluchtstäbe auch auf hartem Untergrund auf-

Abb. B 2. Fluchtstäbe, Fluchtstabhalter, Dosenlibelle, Zählnadeln.

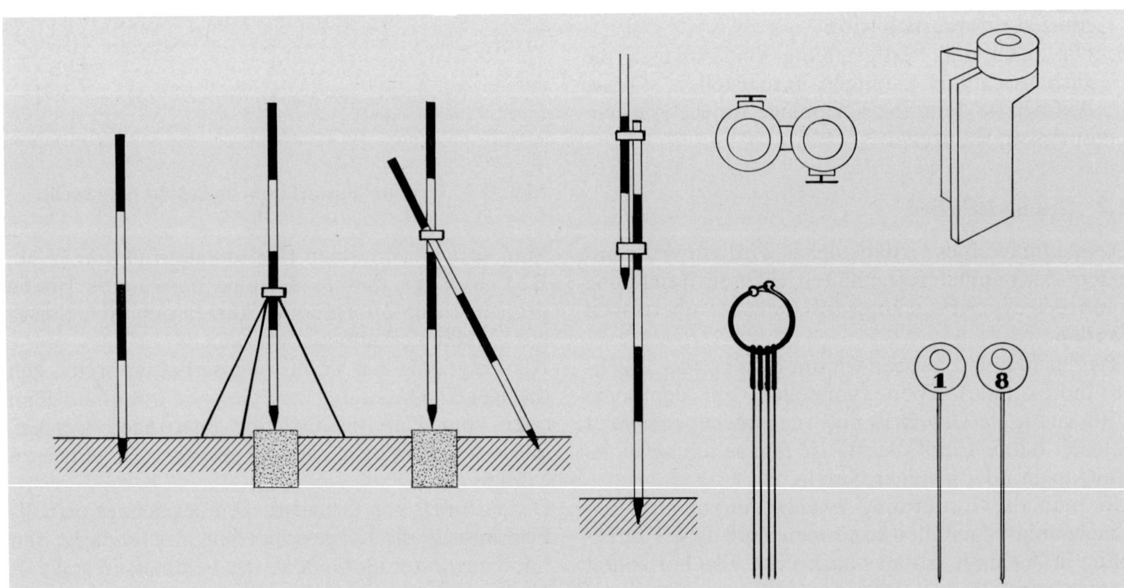

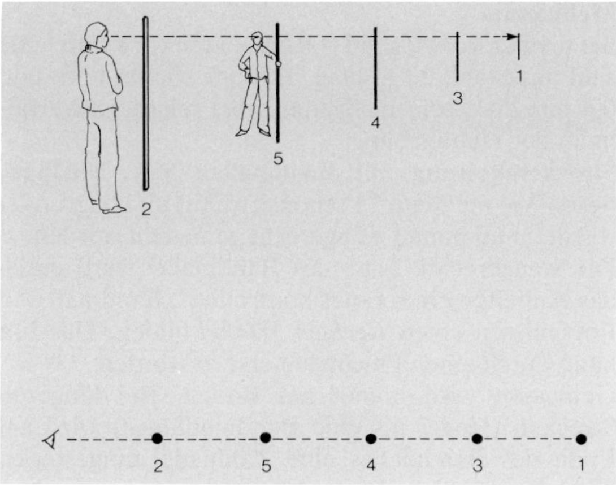

Abb. B 3. Einfluchten.

stellen kann, verwendet man sogenannte **Fluchtstabhalter.**

Arbeiten mit Fluchtstäben

Bei fast allen Meßarbeiten müssen im Gelände gerade Linien festgelegt werden. Dies geschieht, indem man die Linien durch Fluchtstäbe, die genau ausgerichtet *(eingefluchtet)* werden, markiert.

1. Absteckung von Geraden Linien

Eine Gerade Linie wird durch zwei Stäbe markiert. Ist die Linie länger, müssen zwischen die Stäbe am Anfang und Ende weitere Stäbe eingefluchtet werden.

Arbeitsablauf (Abb. B 3). Die Endpunkte der Geraden werden mit den Stäben 1 und 2 markiert.

Der Beobachter tritt hinter dem Stab 2 möglichst weit zurück (mindestens 3–5 Schritte) und weist den Meßgehilfen ein. Dabei wird immer mit dem entferntesten Stab begonnen.

Der Meßgehilfe steht seitlich und bewegt den Stab von sich weg oder auf sich zu.

Entsprechend deutlich sind die Kommandos des Beobachters: *»von«* oder *»zu«,* wenn die Richtung stimmt *»ab«.*

Bei größeren Entfernungen werden die Kommandos durch deutliche Handzeichen unterstützt oder ersetzt.

Wichtig ist, daß die Fluchtstäbe senkrecht stehen. Dies wird dadurch erreicht, daß der Meßgehilfe den Stab weit oben ganz lose zwischen zwei Fingern hält, so daß er durch sein Eigengewicht senkrecht hängt.

Den eingesteckten Stab kontrolliert man entweder mit einem parallel angehaltenen Lot, oder man überprüft die Senkrechte durch Vergleichen mit Hausecken, Masten oder anderen im Gelände vorhandenen senkrechten Linien.

Die gerade *Flucht* kontrolliert der Beobachter, indem er langsam seitwärts aus der Flucht herausgeht; die hintereinanderstehenden Stäbe müssen dann der Reihe nach zu sehen sein.

2. Wechselseitiges Einfluchten bei Sichtbehinderung

Im hügeligen Gelände sieht der Beobachter oft nicht die ganze Meßlinie, oder er kann wegen vorhandener Bauwerke nicht hinter die Flucht treten.

In diesen Fällen muß wechselseitig eingefluchtet werden. Man benötigt dazu zwei Beobachter und einen Meßgehilfen (Abb. B 4).

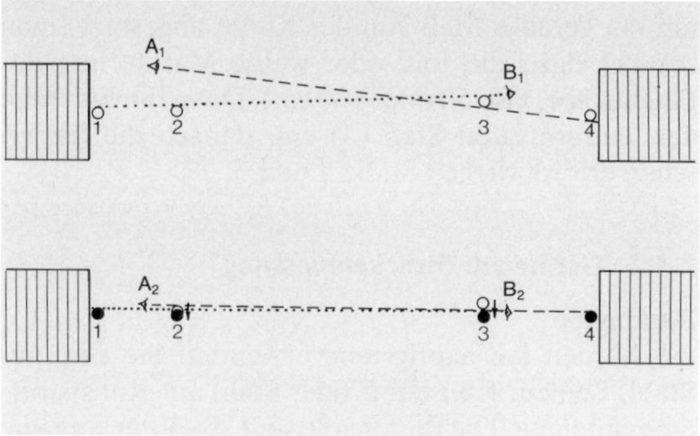

Abb. B 4. Wechselseitiges Einfluchten.

Arbeitsablauf. Die Stäbe 2 und 3 werden ungefähr richtig zwischen die Endstäbe 1 und 4 gesteckt.

Dann fluchtet Beobachter A den Stab 3 zwischen Stab 2 und 4 ein,

danach der Beobachter B den Stab 2 zwischen den Stäben 3 und 1. Dies wird wechselweise solange fortgesetzt, bis die Stäbe eine Flucht bilden.

3. Verlängerung von vorhandenen Geraden

Oft muß man Hausfluchten, Kanten von Wegen oder Plätzen im Gelände verlängern.

Hier muß sehr sorgfältig gearbeitet werden, weil sich Ungenauigkeiten immer mehr vergrößern, je länger die Strecke wird. Meist wird es erforderlich sein, die Flucht parallel zur zu verlängernden Kante aufzubau-

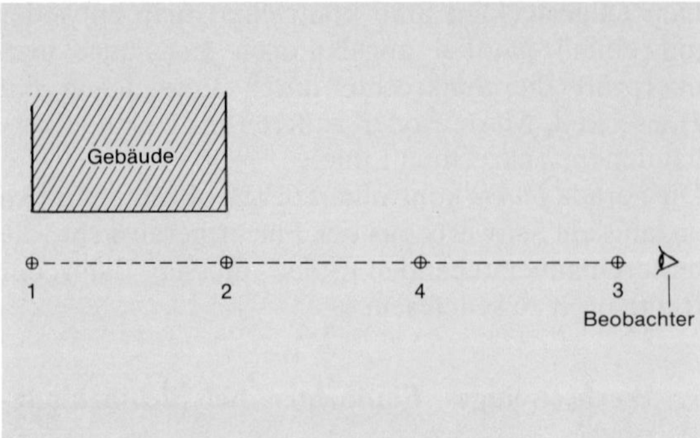

Abb. B 5. Verlängern von Fluchten.

en, weil am Gebäude Vorsprünge oder Dachrinnen die Sicht behindern. An Wegekanten kann oft kein Fluchtstab gesteckt werden wegen der Fundamente der Einfassungen.

Arbeitsablauf (Abb. B 5). Die Stäbe 1 und 2 werden um ein gerades Maß von der Kante abgesetzt (man benützt dazu die rote oder weiße Markierung der Fluchtstäbe, also 50 oder 100 cm). Dann fluchtet man den entferntesten Stab (3) ein, danach die dazwischen erforderlichen Stäbe 4 und 5.

2.1.2 Geräte zur Streckenmessung

Bandmaße

Sie werden am häufigsten verwendet. Sie sind aus Stahl, Leinen, Kunststoff oder Stahl mit Kunststoffummantelung. Die Bandmaße sind 20–30 m lang und werden durch einfache Kurbeln aufgerollt.

Stahlbandmaße sind sehr maßgenau, aber relativ schwer. Sie sind nach Gebrauch sorgfältig zu reinigen, sonst rosten sie und können nicht mehr abgelesen werden. Beim Gebrauch ist besonders darauf zu achten, daß sich keine Schlaufen und Knicke bilden; das Band wird dadurch unbrauchbar.

Die kunststoffumhüllten oder beschichteten Bänder rosten nicht, müssen aber trotzdem schonend behandelt werden.

Leinenbandmaße sind leicht im Gewicht und einfach in der Handhabung. Leider sind sie nicht meßgenau, sie dehnen sich bei Nässe erheblich. Steht für Messungen mit hoher Genauigkeit kein anderes Bandmaß zur Verfügung, muß das Band vorher durch Kontrollmessung geeicht werden.

Kunststoffbandmaße aus Stilon oder Metralon sind hinreichend maßgenau, leicht im Gewicht und einfach in der Handhabung.

Meßbänder

Sie werden vorwiegend von Geodäten verwendet. Sie sind aus Stahl, 20 m lang, 12 oder 20 mm breit und 0,4 mm dick, sehr meßgenau, aber relativ schwerfällig in der Handhabung.

Streckenmessung mit Bandmaßen bzw. Meßbändern. Wie auf Seite 21 schon erwähnt und begründet wurde, muß immer waagerecht gemessen werden.

Die waagerechte Lage des Bandmaßes wird durch das Anhalten eines Lotes kontrolliert, Bandmaß und Lot müssen einen *Rechten Winkel* bilden. Das Lot kann durch einen Fluchtstab ersetzt werden.

Gemessen wird immer am Boden. Bei längeren Strecken (länger als eine Bandmaßlänge) wird am Ende des Bandmaßes eine Zählnadel eingesteckt. Hier kann beim Wechsel wieder genau angelegt werden. Beim nächsten Umsetzen nimmt der Helfer die Zählnadel mit und hat dadurch eine Kontrolle über die Zahl der gemessenen Bandlängen.

Fehlerquellen:
- Abweichen aus der Geraden oder Horizontalen
- Durchhang
- Auslassen einer Bandmaßlänge
- Eichfehler

Meßlatten

Sie sind etwas altertümlich anmutende Geräte. Sie sind 3 oder 5 m lang, aus Holz, haben einen ovalen Querschnitt (damit sie nicht wegrollen) und sind meterweise schwarz/weiß und rot/weiß gestrichen. Man verwendet sie immer paarweise, eine rote und eine schwarze Latte.

Sie werden beim Messen wechselnd angelegt und erlauben vor allem im hügeligen Gelände sehr genaue Messungen (Abb. B 6). Auch bei Absteckarbeiten haben sie Vorteile. Ihre Länge wirkt sich nur beim Transport unhandlich aus.

Abb. B 6. Messen am Hang.

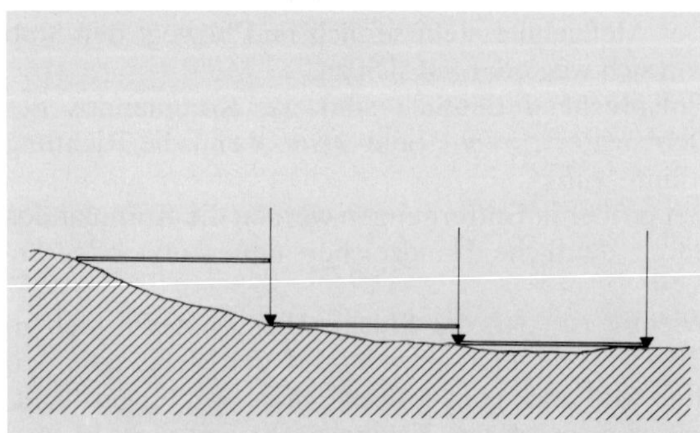

Fehlerquellen:
- Abweichen aus der Geraden oder Horizontalen (meist geringer als beim Bandmaß)
- ungenaues Aneinanderlegen
- Auslassen einer oder mehrerer Lattenlängen

Kein Durchhang, keine Eichfehler!

Kontrollmessungen
Eine absolute Genauigkeit ist mit den genannten Hilfsmitteln im Gelände nicht zu erreichen. Dies wird jedem ersichtlich, der eine größere Strecke mehrmals mißt.
Um eine dem Zweck entsprechend hohe Genauigkeit zu erzielen, sind deshalb Kontrollmessungen durchzuführen. Dabei wird die Strecke rückwärts gemessen, damit man unter Umständen nicht denselben Fehler nochmals macht. Das Ergebnis der ersten und zweiten Messung wird gemittelt, wenn die Differenz in der erlaubten Fehlergrenze liegt. Die erlaubte Fehlerdifferenz ist abhängig von der gemessenen Strecke.

Erlaubte Fehlergrenze (auszugsweise)

Meßstrecke in m	Erlaubte Differenz in m
10	0,09
50	0,14
100	0,19
200	0,27
300	0,34
400	0,41
500	0,47

2.1.3 Geräte zur Errichtung Rechter Winkel

Weshalb brauchen wir den Rechten Winkel?
Die Lage verschiedener Punkte zueinander kann nur dann eindeutig dargestellt werden, wenn 3 Punkte gemessen werden. Die Fläche dazwischen ist ein Dreieck. Wir müssen also immer Dreiecke messen. Dazu ist es erforderlich, entweder alle drei Seiten zu messen oder zwei Seiten und einen Winkel. Letzteres ist viel einfacher, vor allem, wenn es sich um einen Rechten Winkel handelt.
Man kann zwar – wie wir sehen werden – mit ganz einfachen Mitteln einen Rechten Winkel abstecken, aber auf der Baustelle muß es schnell gehen und genau sein; deshalb werden zur Errichtung von Rechten Winkeln Geräte eingesetzt.

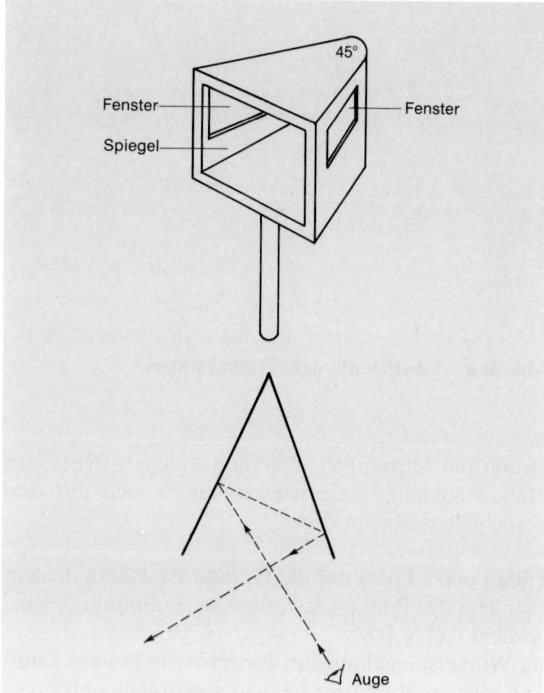

Abb. B 7. Winkelspiegel.
Unten ist der Strahlengang und die Winkelbildung schematisch dargestellt.

Winkelspiegel (Abb. B 7)
Er besteht aus einem Metallgehäuse, in dem zwei senkrechte Spiegel so angebracht sind, daß sie miteinander einen Winkel von 45° bilden. Über beiden Spiegeln befinden sich Öffnungen, die eine freie Durchsicht gestatten.
Die Funktion des Winkelspiegels beruht nun darauf, daß der Betrachter seitwärts von ihm stehende Fluchtstäbe auf den Spiegeln sieht; durch die Öffnungen wird der im Rechten Winkel dazu stehende Fluchtstab ebenfalls sichtbar. Bringt man beide zur Deckung, bilden Gerät und sichtbare Stäbe einen Rechten Winkel.

Errichtung eines Lotes auf der Geraden P1 P3. Der Fußpunkt X liegt fest, der Punkt 4 wird gesucht (Abb. B 8). Der Winkelspiegel wird mit Hilfe eines eingehängten Lotes senkrecht über Punkt X gehalten. Im Spiegel müssen die Stäbe auf den Punkten 1 und 2 sichtbar sein und sich decken, dann befindet sich das Gerät in der Flucht.

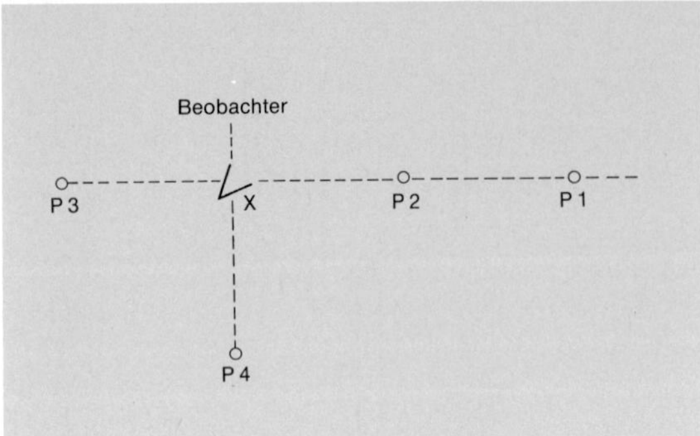

Abb. B 8. Arbeiten mit dem Winkelspiegel.

Durch die Öffnungen über den Spiegeln wird nun Stab 4 so lange eingewiesen, bis er sich mit den gespiegelten Stäben deckt.

Fällen eines Lotes auf die Gerade P1 P3. In diesem Fall liegt der Punkt 4 fest, und der Fußpunkt X wird gesucht (Abb. B 8).
Im Winkelspiegel müssen zunächst die Punkte 1 und 2 sichtbar sein und zur Deckung gebracht werden. Jetzt wird nicht durch die Bewegung des Stabes 4 der Winkel gebildet, sondern der Betrachter bewegt sich mit dem Gerät so lange auf der Geraden, bis sich die Spiegelung und der Stab in der Öffnung decken.

Winkelprismen (Abb. B 9)
Das **Dreiseitprisma** besteht aus einem gleichschenkligen, rechtwinkligen Glasprisma. Durch Spiegelung und Lichtbrechung werden die seitwärts stehenden Stäbe auf dem Gerät sichtbar. Indem man die Spiegelung mit dem einzuweisenden Stab zur Deckung bringt, bildet man einen Rechten Winkel.
Dreiseitprismen sind etwas genauer als Winkelspiegel und können nicht dejustiert sein. Beim Dreiseitprisma können die sogenannten *Beweglichen Bilder* eine Fehlerquelle darstellen, die entsteht, wenn der Lichtstrahl nicht zweifach gebrochen wird. Bei einiger Übung sind die Beweglichen Bilder (die keinen rechten Winkel zeigen) jedoch leicht zu erkennen.
Noch hochwertiger sind die **Fünfseitprismen** (Pentagon). Sie sind am genauesten, weil sich hier die Strahlen *im* Gerät kreuzen, also der Rechte Winkel nicht außerhalb des Gerätes gebildet wird. Außerdem entstehen bei ihnen keine Beweglichen Bilder.
Sehr vorteilhaft ist die Verwendung eines **Doppelpentagons** (Abb. B 10). Zwei Fünfseitprismen sind übereinander angeordnet, und zwar so, daß man mit einem Prisma die links stehenden Stäbe sieht und mit dem darüberliegenden die rechts stehenden Stäbe. Bringt man beide zur Deckung – man sieht sie im Spiegel übereinander stehen –, so hat man sich selbst genau eingefluchtet.

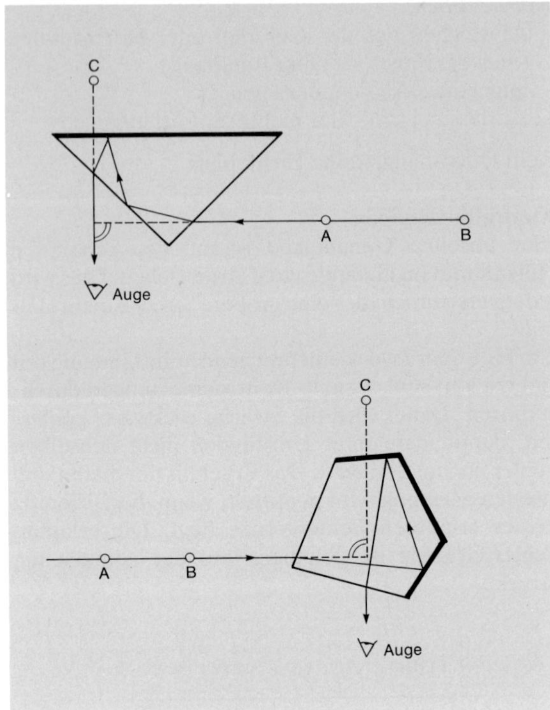

Abb. B. 9. Winkelprismen.
Oben: Strahlengang im Dreiseitprisma.
Unten: im Fünfseitprisma.

Abb. B 10. Doppelpentagon.

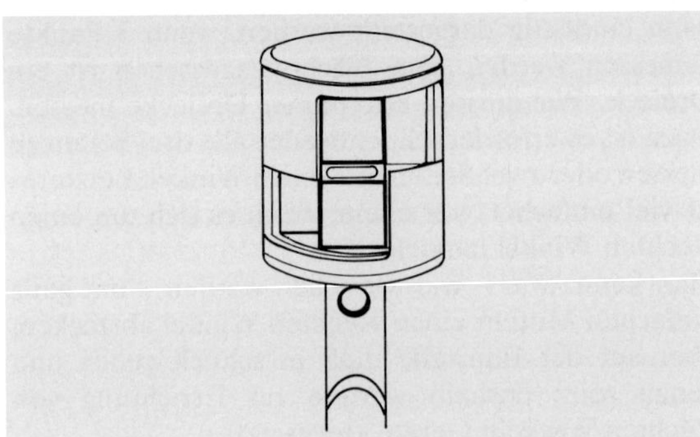

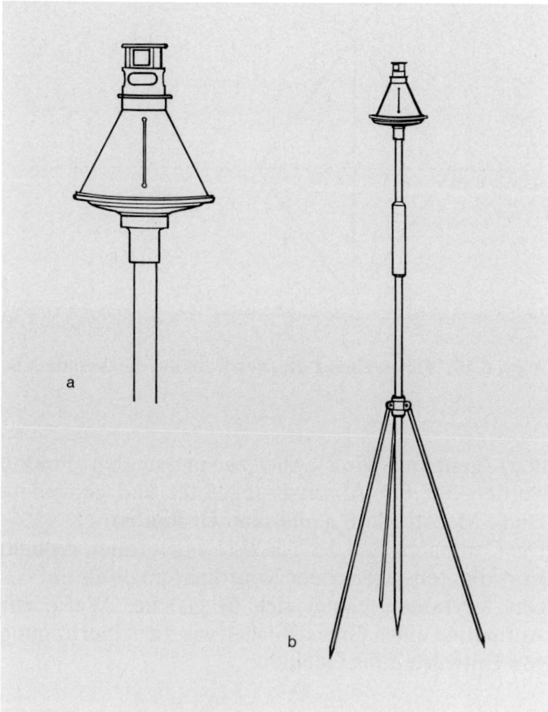

Abb. B 11. Kreuzscheibe
a) mit aufgeschraubtem Pentagon,
b) mit Stativ.

Mit dem Doppelpentagon erübrigt sich das wechselseitige Einfluchten bei hügeligem Gelände (s. Seite 23). Im übrigen ist die Handhabung dieselbe wie bei Dreiseitprisma oder Winkelspiegel.

Kreuzscheibe (Abb. B 11)
Die Kreuzscheibe ist ein kegelförmiger Metallkörper, 10 cm hoch, 14 cm Durchmesser, mit kreuzförmig angeordneten Zielschlitzen. Sie ist auf einem stabilen Metallstab geschraubt und hat eine Dosenlibelle zur Kontrolle der Senkrechtstellung.
Die Kreuzscheibe dient zur Errichtung von Loten, indem man sie auf einem bekannten Fußpunkt einsetzt und durch die Schlitze die Fluchtstäbe einweist. Damit ist sie vor allem für Absteckungen geeignet, wobei sich ihr stabiler Bau und ihre robuste Handhabung sehr bewährt. Daneben ist ein großer Vorteil, daß man durch ihre Zielschlitze auch schräg, also bergauf oder bergab, zielen kann. Sie wird deshalb besonders viel im hügeligen Gelände (z. B. Süddeutschland) eingesetzt.

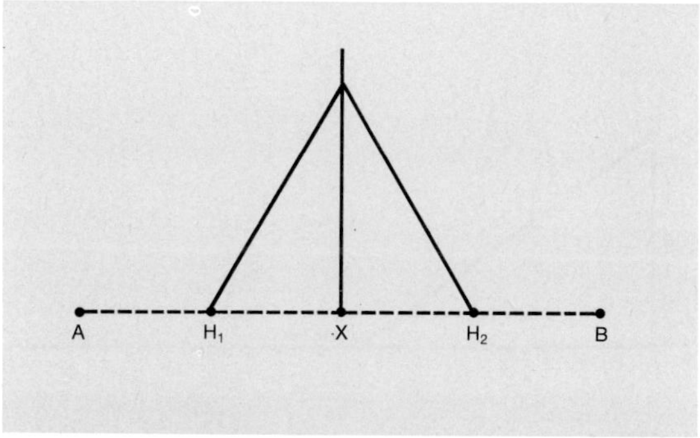

Abb. B 12. Errichten einer Senkrechten im Punkt X auf der Geraden AB.

Vielfach ist auf der Kreuzscheibe ein Doppelpentagon aufgeschraubt, wodurch sie zum *Universalgerät* wird.

Einfache Verfahren zur Errichtung Rechter Winkel
Wenn einmal durch besondere Umstände keine geeigneten Geräte zur Hand sind, muß man auch mit einfachen Hilfsmitteln Rechte Winkel errichten können.

1. **Errichten einer Senkrechten auf der Geraden AB im Punkt X** (Abb. B 12)

Hilfsmittel: Schnur, Fluchtstäbe, Bandmaß oder Meterstab.
Arbeitsablauf: Von X aus in beliebiger Länge in die Hilfspunkte H1 und H2 festlegen.
Von ihnen aus mit Schnur, Bandmaß oder Fluchtstäben Punkt S einkreuzen.

2. **Errichten einer Senkrechten auf der Geraden CD in Punkt C durch Anwendung der Pythagoreischen Zahlen** (Abb. B 13, Seite 28)

Der griechische Mathematiker PYTHAGORAS hat herausgefunden, daß im rechtwinkligen Dreieck die Seitenlängen in einem bestimmten Verhältnis zueinander stehen. Das Verhältnis ist 3 : 4 : 5, dabei bilden die kürzeren Seiten den Rechten Winkel.
Hilfsmittel: Schnur, Bandmaß, Fluchtstäbe.
Arbeitsablauf: Auf der Geraden CD den Punkt A mit 4 m Abstand von C festlegen. Mit 3 m langer Schnur von C aus und mit 5 m langer Schnur von A aus Punkt B einkreuzen.
Die Maße können natürlich verändert werden, nur das Verhältnis muß stimmen, wie die Beispiele auf der nächsten Seite zeigen.

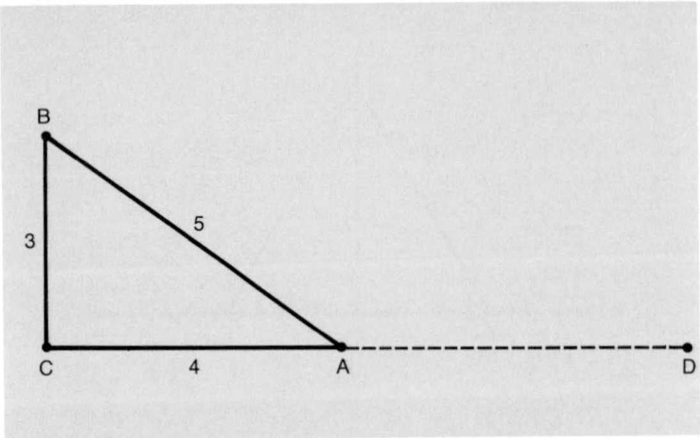

Abb. B 13. Winkel mit pythagoreischen Zahlen.

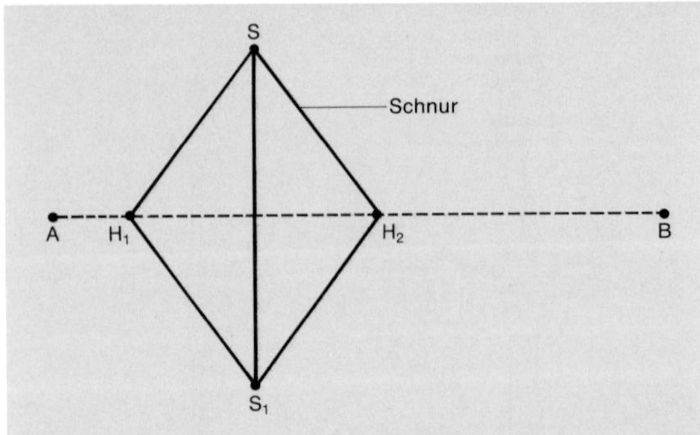

Abb. B 14. Fällen eines Lotes von S aus auf die Gerade AB.

	3	4	5	m
oder	6	8	10	m
oder	60	80	100	cm usw.

3. Fällen eines Lotes von Punkt S aus auf die Gerade AB (Abb. B 14)

Hilfsmittel: Fluchtstäbe, Schnur.
Arbeitsablauf: Von S aus auf der Geraden AB die Hilfspunkte H1 und H2 einkreuzen und festlegen. Von H1 und H2 aus mit gleicher Schnurlänge S1 bestimmen. S1 und S verbinden.

Vertiefung und Kontrolle

1. Üben Sie mit den im Betrieb vorhandenen Geräten das Abstecken von Geraden und Rechten Winkeln.
2. Messen Sie die abgesteckten Linien von a nach b und dann zur Kontrolle von b nach a; versuchen Sie, auch längere Strecken mit möglichst wenig Maßdifferenzen zu messen.
3. Überprüfen Sie die im Betrieb verwendeten Geräte zur Streckenmessung auf ihre Eichgenauigkeit.

2.2 Meßverfahren

2.2.1 Koordinatenverfahren

Das sogenannte klassische Verfahren baut auf dem Rechten Winkel auf.
Die Grundlage ist eine Meßlinie, die auch Grundlinie oder **Abszisse** (lat.: abscindere = abreißen, abtrennen) genannt wird. Alle zu messenden Punkte werden auf die Abszisse abgelotet und gemessen. Diese Meßstrecken nennt man **Ordinaten.**
Die Ordinaten sind der Abszisse zugeordnet, deshalb Koordinatensystem oder Koordinatenverfahren.
Das Verfahren eignet sich in gleicher Weise zur Aufnahme eines Grundstückes wie zur Übertragung von Entwürfen ins Gelände.

Meßvorgang

1. **Geräte für Messungen im Koordinatenverfahren:**
   Prisma oder Kreuzscheibe
   1 Satz Fluchtstäbe, gegebenenfalls mit Halter
   Bandmaß
   10 Zählnadeln
   2 Lote
   Pflöcke
   Hammer
   Schreibzeug, Schreibunterlage
2. **Arbeitsablauf** (Beispiel Abb. B 15):
   a) Gelände besichtigen. Beurteilen, wie man messen will, wie man die Abszissen legt. Dann eine *nicht* maßstäbliche Handskizze anfertigen.
   b) Die Punkte A, B, C, D und E mit Fluchtstäben markieren.
   c) Die Abszissen AC und AD im Gelände festlegen (durch Fluchtstäbe markieren) und in die Handskizze eintragen.
   d) Bäume und Punkt B auf die Abszisse AC abloten und dort mit Zählnadeln markieren, in gleichem Sinne Punkt E auf die Abszisse AD. Ordinaten in die Handskizze einzeichnen.
   e) Abszisse AC und AD messen. Dabei ist es wichtig, daß fortlaufend gemessen wird, nicht

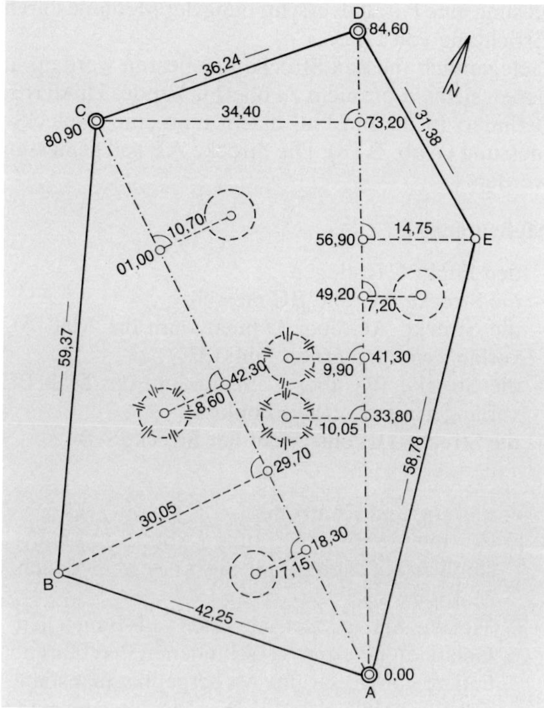

Abb. B 15. Aufmaß im Koordinatenverfahren.

von Punkt zu Punkt. Die Maße in die Handskizze eintragen. Das Kennzeichen für die fortlaufende Messung ist der Anschrieb der Meßzahlen mit dem Fuß zum Beginn der Meßlinie. Der Beginn der Meßlinie wird mit 0,0 bezeichnet. Dies ist auch in Handskizzen zu beachten, sie werden sonst oft unlesbar.

f) Ordinaten messen. Maße in die Handskizze eintragen, und zwar so, daß sie etwa in der Mitte der gemessenen Strecke stehen, mit dem Fuß zu dieser.
g) Zur Kontrolle die Strecken AB, BC, CD, DE, EA messen. Maße in der Handskizze so eintragen, daß sie mit dem Fuß zur gemessenen Strecke stehen.
h) Das Maßergebnis maßstäblich aufzeichnen. Dadurch zugleich wichtige Meßkontrolle, deshalb soweit als möglich schon auf der Baustelle aufzeichnen, sonst danach im Büro.

Hinweise zum Skizzieren von Meßergebnissen

Die im Gelände gemachten Aufzeichnungen nennt man *Feldbuch*. Bei der Führung des Feldbuches sind einige Grundregeln zu beachten:

1. Vorhandene Linien (Gebäude, Wege) und Grenzen werden durch Vollinien dargestellt.
2. Meßlinien werden gestrichelt.
3. Maße: Durchlaufende Messung quer zur Meßlinie anschreiben, Fuß der Zahlen zum Anfang der Meßlinie.
   Einzelmaße in die Mitte der Strecke anschreiben, Fuß der Zahlen zur Meßlinie.

2.2.2 Dreiecksverfahren

Das Verfahren ist etwas umständlich und wird nur angewandt, wenn kein Gerät zum Errichten Rechter Winkel zur Verfügung steht.
Prinzip: Da kein Winkel gemessen wird, müssen alle Seiten gemessen werden (Abb. B 16).

Meßvorgang

1. **Geräte für Messungen im Dreiecksverfahren**
   1 Satz Fluchtstäbe, gegebenenfalls mit Halter
   Bandmaß
   Zählnadeln
   2 Lote
   Pflöcke, Hammer
   Schreibzeug
2. **Arbeitsablauf** (Abb. B 16)
   a) Gelände besichtigen, beurteilen, eine nicht maßstäbliche Handskizze anfertigen.
   b) Die Punkte A, B, C, D, E, F mit Fluchtstäben markieren.
   c) Die Strecken AB, BC, CD, DE, EF, FA, BF, FC, FD messen, Maße in die Handskizze eintragen.
   d) Das Meßergebnis maßstäblich aufzeichnen. Dies ist, vor allem bei größeren Strecken,

Abb. B 16. Links: Dreiecksmessung.
Rechts: Koordinatenverfahren.

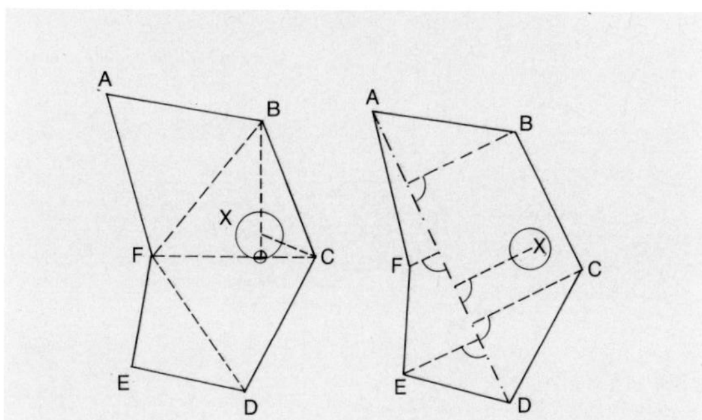

wesentlich schwieriger als bei Messungen im Koordinatenverfahren.
Auch die Flächenberechnung ist umständlicher.

2.2.3 Einbindeverfahren

Auch dieses Verfahren wird nur angewandt, wenn keine Geräte zur Winkelmessung zur Verfügung stehen.
Prinzip: Die zu messenden Punkte werden eingefluchtet, die Fluchtlinien müssen an zusätzlichen Meßlinien eingebunden werden (Abb. B 16, Punkt X). Meßvorgang wie beim Dreiecksverfahren.

2.2.4 Vergleich der verschiedenen Verfahren

Das Koordinatenverfahren (Abb. B 15 und B 16 rechts) bietet die meisten Vorteile:

- übersichtlicher Meßvorgang
- Ergebnis leicht zu zeichnen
- leichte Flächenberechnung
- nicht gemessene Strecken können berechnet werden (Lehrsatz des Pythagoras)

Dreiecks- und Einbindeverfahren werden vor allem bei Sichthindernissen zeitaufwendig. Die Meßergebnisse sind nur umständlich zu zeichnen und zu berechnen.
Eine Kombination der Verfahren ist unter Umständen günstig, so z. B., wenn die Abszissen als Dreieck angelegt werden können.

2.2.5 Messung bei Hindernissen

In der Abb. B 17 soll die Strecke gemessen werden. Ist das Hindernis zu überblicken, ist die einfachste Lösung eine Parallelverschiebung der Meßlinie durch Errichtung von Loten.
Gelegentlich müssen Strecken gemessen werden, in denen sich ein oft nicht zu überblickendes Hindernis befindet. In diesem Fall macht man eine Dreiecksmessung (Abb. B 18). Die Strecke AB soll gemessen werden.

Meßvorgang

- den Punkt C festlegen
- die Strecke AC und BC messen
- die Strecke AC über C hinaus um das Maß AC verlängern, man erhält Punkt E
- die Strecke BC über C hinaus um das Maß BC verlängern, man erhält Punkt D
- die Strecke DE entspricht der Strecke AB

Vertiefung und Kontrolle

1. Zeichnen Sie die Messung (Abb. B 15) maßstäblich auf, skizzieren Sie in verschiedenen Maßstäben.
2. Messen Sie im Betrieb oder auf Baustellen Geländeteile nach verschiedenen Verfahren, und zeichnen Sie das Meßergebnis maßstäblich auf; vergleichen Sie Ihre Messung mit evtl. vorhandenen Planunterlagen.

Abb. B 17. **Messung bei Hindernissen durch Parallelverschiebung.**

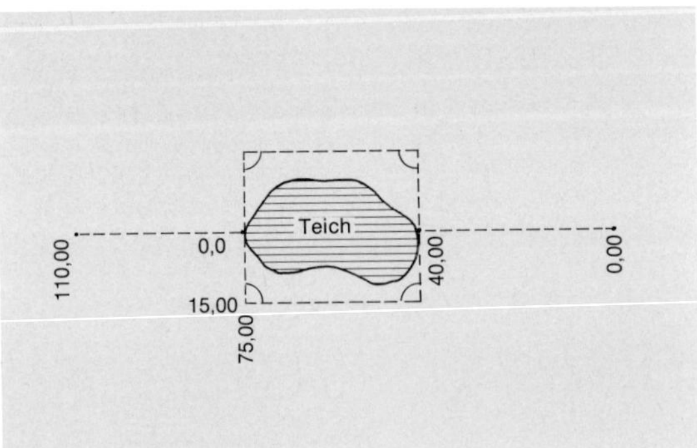

Abb. B 18. **Dreiecksmessung bei Hindernissen.**

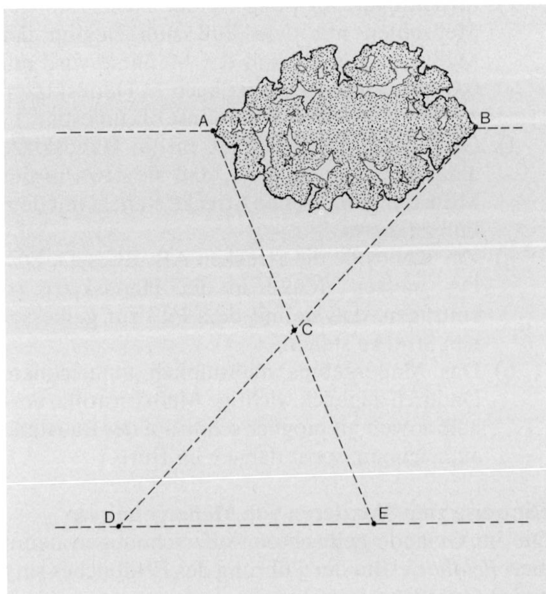

2.3 Flächenberechnungen

Alle Flächen müssen in *geometrische Figuren* eingeteilt werden, damit sie berechenbar sind.
Die wichtigsten geometrischen Figuren sind: Quadrat, Rechteck, Parallelogramm oder Raute, Trapez und Dreieck.

2.3.1 Unregelmäßige Flächen

Das Gelände, das im Koordinatenverfahren (Abb. (B 15, Seite 29) gemessen wurde, ist durch die Messung bereits in leicht zu berechnende Dreiecke und Trapeze eingeteilt.
Hat man so viele Einzelflächen zu berechnen, stellt man den Rechengang tabellarisch zusammen.
Also erst aufschreiben, *was* gerechnet werden muß, *danach* wird – meist mit der Rechenmaschine – gerechnet.

Fläche ADE $84{,}60 \times 14{,}75 = 1\,247{,}85\ \text{m}^2$
Fläche ACD $84{,}60 \times 34{,}40 = 2\,910{,}24\ \text{m}^2$
Fläche ABC $80{,}90 \times 30{,}05 = \underline{2\,431{,}04\ \text{m}^2}$
$6\,589{,}13 : 2 =$
$3\,294{,}56\ \text{m}^2$

Die Halbierung wird nur einmal – am Schluß – durchgeführt! Damit hat man weniger Rechenvorgänge (Fehlerquellen) und weniger Ungenauigkeit durch Auf- oder Abrundung.

2.3.2 Flächen mit gebogener Begrenzung (Abb. B 19)

$$\frac{2}{3} \times h \times s = F$$

$$\frac{2}{3} \times 5{,}0 \times 22{,}0 = 73{,}3\ \text{m}^2$$

$$\frac{2}{3} \times 10{,}0 \times 26{,}0 = 173{,}3\ \text{m}^2$$

$$\frac{\begin{array}{l}(22{,}0 + 38{,}0) +\\ (38{,}0 + 36{,}0) +\\ (36{,}0 + 26{,}0) +\\ (26{,}0 + 29{,}0) +\\ (29{,}0 + 26{,}0)\\ \times 20\end{array}}{2} = \frac{3\,060{,}0\ \text{m}^2}{3\,306{,}6\ \text{m}^2}$$

Die einzelnen Trapeze, Fläche b bis f, werden zusammen erfaßt, sozusagen aneinandergereiht; damit fallen Teilung und Multiplikation nur einmal an.

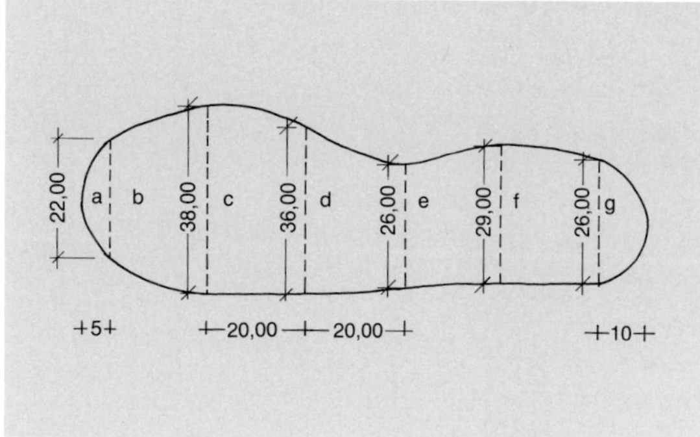

Abb. B 19. Fläche mit gebogener Begrenzung.

Vertiefung und Kontrolle
Berechnen Sie die Fläche eines von Ihnen übungsmäßig aufgemessenen Geländes.

3 Höhenmessung

Es liegt auf der Hand, daß bei Geländeaufmaßen die zwei Dimensionen Länge und Breite nicht genügen; es fehlt die dritte Dimension, die Höhe.
Die Höhe eines Punktes stellt man fest, indem der Höhenunterschied zu einem Punkt mit bekannter Höhe gemessen wird.
Einen Punkt, dessen Höhe bekannt ist, der als Ausgangspunkt zum Messen weiterer Höhen dient, nennt man **Festpunkt.**
Dies ist bei Gebäuden oft die Erdgeschoß-Fußboden-Höhe, abgekürzt EFH, oder die Höhe von Mauern, Schächten usw.
Absolut genaue Höhen können von den *amtlichen Vermessungspunkten* abgenommen werden, die von den *Landesvermessungsämtern* angebracht werden. Es sind dies in Gebäude eingelassene Höhenbolzen oder – wenn Gebäude fehlen – in Steinpfeiler aus Granit eingelassene Bolzen. Die Höhe der Punkte steht angeschrieben oder kann einem amtlichen Verzeichnis entnommen werden. Wir haben es dabei – wie schon gesagt – mit *absoluten Höhen* zu tun, den sogenannten Meereshöhen. Man spricht von der **Höhe über NN = Normal Null.** Dies ist eine gedachte Linie der Höhe der Nordsee im Amsterdamer Hafen, die parallel zur Erdkrümmung verläuft (Abb. B 20). Auf diese Höhe ±0 sind alle Höhen in Deutschland bezogen.

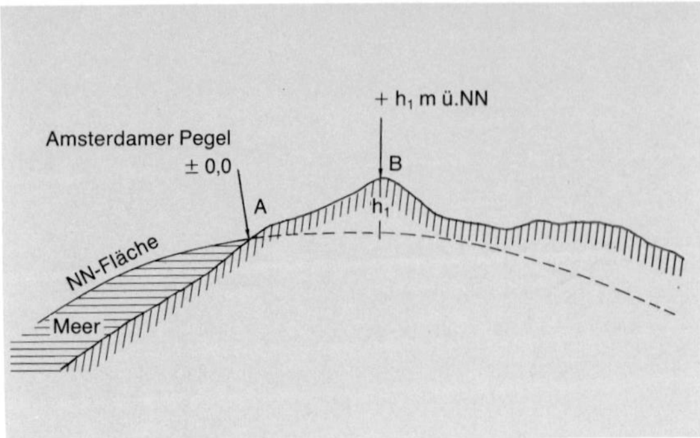

Abb. B 20. Höhe über NN.

Innerhalb einer Baustelle kann man mit *relativen Höhen* arbeiten, indem eine Höhe – meist die EFH – als Bezugspunkt angenommen wird.
Setzt man den Festpunkt ± 0 fest, wird für die Höhe der anderen Punkte nur der Höhenunterschied angegeben. Ein Nachteil dieses Verfahrens ist die Schwierigkeit, dann unter Umständen mit Minuswerten rechnen zu müssen, was leicht zu Fehlern führt.
Die Verwendung von Meereshöhen ist im allgemeinen günstiger; bei Maßnahmen, die den eigenen Bereich überschreiten (Anschlüsse an die öffentliche Kanalisation, an Straßenhöhen usw.), ist sie unbedingt erforderlich.
Man sollte sich deshalb angewöhnen, immer mit absoluten Höhen zu arbeiten.

Prinzip der Höhenmessung
Die Höhe eines Punktes wird ermittelt, indem man seinen senkrechten Höhenunterschied zu einem Festpunkt mißt. Dabei wird die Höhe mit einer waagerechten Zielachse übertragen (Abb. B 21).

Abb. B 21. Zielachse.

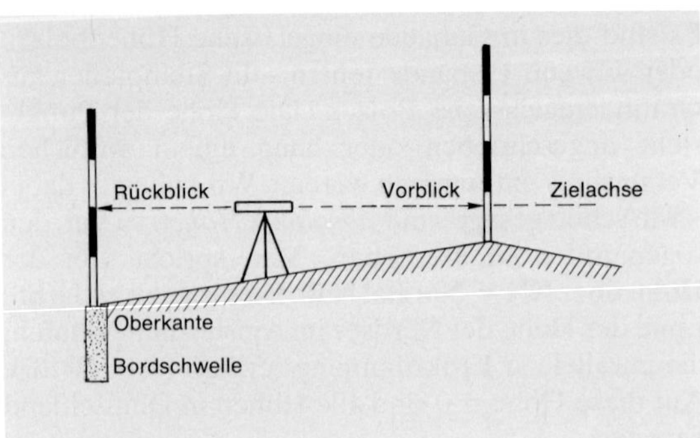

3.1 Geräte zur Höhenmessung

Die Übertragung der Höhe erfordert eine waagerechte Zielachse. Zur Herstellung einer waagerechten Linie dient die sogenannte Wasserwaage.

3.1.1 Wasserwaage

Ein Metall-, Holz- oder Kunststoffrahmen mit einer *Libelle.* Diese besteht aus einem geschlossenen Gefäß, gefüllt mit einer leicht beweglichen Flüssigkeit, in die eine Luftblase eingeschlossen ist. Die Luftblase befindet sich immer an der höchsten Stelle des Gefäßes. Ist die Luftblase in der durch Striche markierten Mitte, so befindet sich die Wasserwaage in der Waagerechten. Wasserwaage heißt das Gerät deshalb, weil früher Wasser in der Libelle war, heute sind die Libellen mit Äther gefüllt.
Man unterscheidet *Dosen- und Röhrenlibellen.*
Die Dosenlibelle ist nicht so genau und dient nur zur ungefähren Horizontierung.
Die Genauigkeit der Röhrenlibelle hängt von der Ausbildung ihrer Oberseite ab, die tonnenförmig ausgeschliffen ist. Ist die Tonne stark gewölbt, reagiert die Luftblase träge; ist sie dagegen flach, ist die Luftblase sehr beweglich und die Libelle sehr genau.
Die Genauigkeit einer Wasserwaage muß immer wieder überprüft werden. Dies geschieht einfach dadurch, daß sie um 180° gedreht wird. Die Libelle muß danach immer in gleicher Weise einspielen.

3.1.2 Setzlatte (Richtscheit)

Die Meßlatte ist in der Regel eine 3 m lange Latte aus Holz oder Leichtmetall mit parallelen Kanten.
Mit ihr wird die Wasserwaage sozusagen verlängert. Sie stellt die Zielachse dar (Abb. B 22).

Abb. B 22. Staffelmessung mit Setzlatte und Wasserwaage.

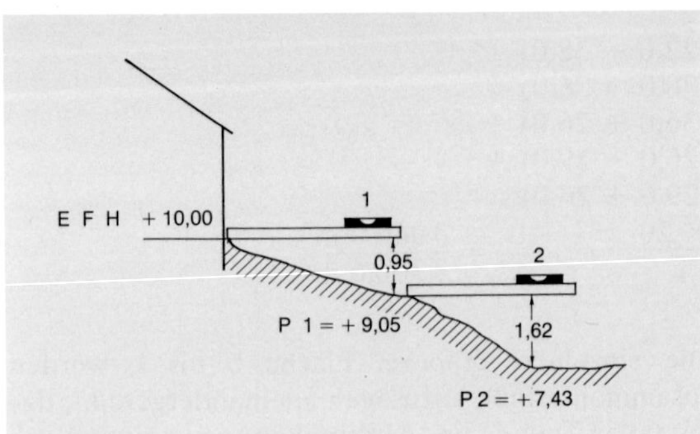

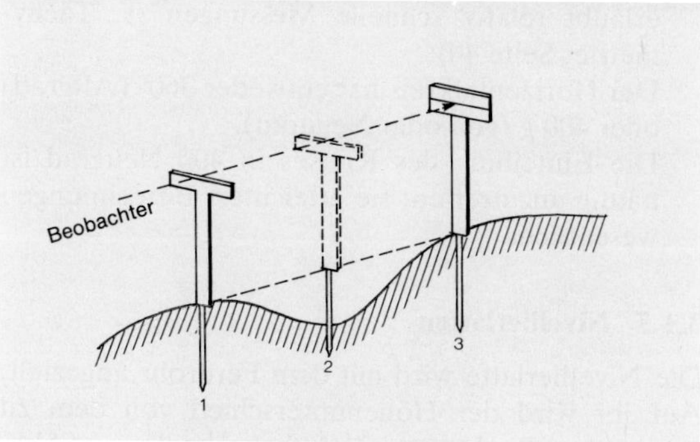

**Abb. B 23. Arbeiten mit Visiertafeln.
Festlegung der Punkte mit der mittleren Tafel.**

Meßvorgang
Die Latte wird auf dem Festpunkt aufgelegt und mit Hilfe der Wasserwaage ausgerichtet.
Der Höhenunterschied wird mit dem Meterstab gemessen. Reicht eine Lattenlänge zur Übertragung der Höhe nicht aus, wird der Vorgang wiederholt. Die Meßpunkte werden durch Pflöcke markiert.
Im Beispiel Abb. B 22 beträgt der Höhenunterschied (HU) von der EFH zu P1 0,95 m,

– die Höhe von P1 also EF – HU = Höhe P1
10,00–0,95 = 9,05 m
– die Höhe von P2 10,00 – (0,95 + 1,62) = 7,43 m

3.1.3 Nivelliertafeln oder Visierkreuze

Eine einfache Höhenübertragung ist mit Nivelliertafeln möglich. Die Tafeln aus Holz oder Metall sind rot/weiß oder schwarz/weiß gestrichen, damit man sie besser sieht.

**Abb. B 24. Arbeiten mit Visiertafeln.
Festlegung der Punkte mit der hinteren Tafel.**

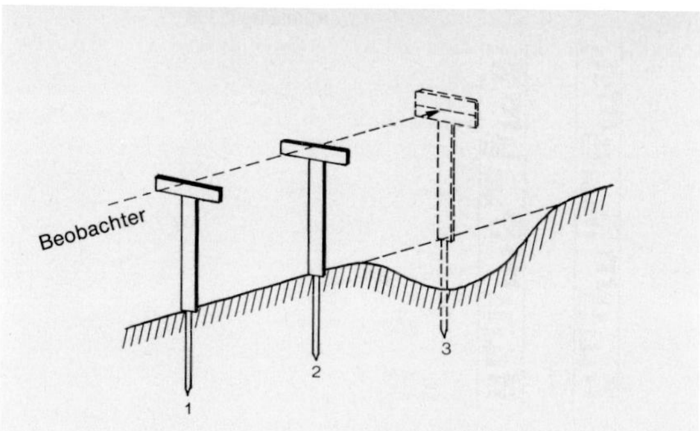

Am geeignetsten sind die Tafeln zur Festlegung von Zwischenpunkten bei bekannten Endpunkten.
Abb. B 23: Tafel 1 und 3 auf festen Punkten, Tafel 2 wird einvisiert.
Es ist jedoch auch möglich, Höhen über zwei bekannte Punkte hinaus zu übertragen. Dann wird der Endpunkt eingetafelt (Abb. B 24).

3.1.4 Nivelliergeräte

Schon die Römer verwendeten vor 2000 Jahren Geräte, die mit Hilfe von Wasserrinnen horizontale Zielungen ermöglichten. Unsere heutigen Geräte arbeiten im Grunde nach dem gleichen Prinzip.

Grundsätzlicher Aufbau eines Nivelliergerätes
Die Hauptteile sind: Stativ, Unterbau und Oberbau mit Fernrohr und Libelle (Abb. B 25).

1. Stativ
   Dreibein zur sicheren Aufstellung des Gerätes im Gelände. Die Beine sind in der Höhe verstellbar.
2. Unterbau
   Er besteht im wesentlichen aus der Bodenplatte und drei Fußschrauben.
   Die Bodenplatte wird durch eine Schraube fest mit dem Stativ verbunden, die Fußschrauben dienen zur Feinhorizontierung des Gerätes.
   Neuerdings gibt es auch Geräte, die nur zwei Fußschrauben zur Feineinstellung haben, sowie Geräte, die mit einem Kugelkopfgelenk horizontiert werden, und solche, bei denen die Horizontierung durch das Verschieben keilförmiger Platten erfolgt. Der Unterbau ist mit dem Oberbau durch Büchse und Zapfen verbunden, wodurch der Oberbau horizontal drehbar ist.

Abb. B 25. Nivelliergerät (Bauprinzip).

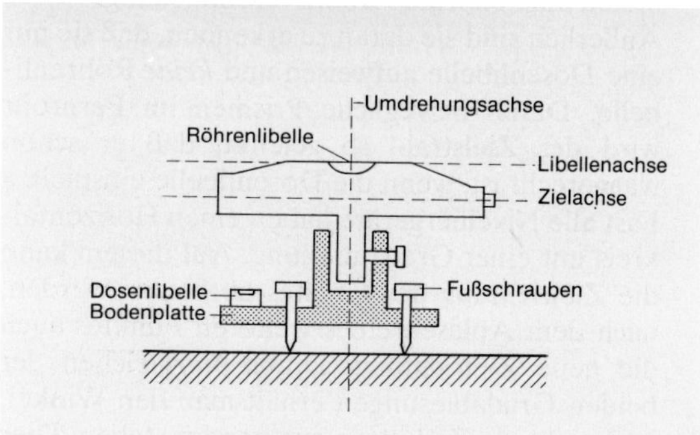

3. Oberbau
Er ist das eigentliche Nivelliergerät mit dem Fernrohr zum Anzielen auch weiter entfernter Punkte und der Libelle zum Waagerechtstellen der Zielachse.
Die Genauigkeit eines Nivelliers wird durch die Präzision des Fernrohrs und der Libelle bedingt.
Man unterscheidet **Bau- und Ingenieurnivelliere.** Wie der Name schon sagt, sind die Baunivelliere durch ihren robusten Bau und ansprechende Genauigkeit für den Baustellenbetrieb prädestiniert.
Ältere Nivelliere haben Fernrohre, die ein auf dem Kopf stehendes Bild liefern (man braucht dazu entsprechende Nivellierlatten, bei denen die Zahlen auf dem Kopf stehen), neuere Geräte liefern aufrechte Bilder.
Die Einblicklinse heißt *Okular,* die Ausblicklinse *Objektiv.* Zur besseren Zielung haben die Fernrohre ein *Fadenkreuz* (heute nicht mehr aus Fäden, sondern auf eine Mattscheibe eingeätzt). Das Fadenkreuz muß durch Drehen am Okular für das jeweilige Auge scharfgestellt werden. Mittels einer sogenannten *Fokussierschraube,* durch die eine Linse im Fernrohr bewegt wird, stellt man die Entfernung ein.
In der Regel haben die Nivelliere eine Dosenlibelle zur groben Horizontierung und eine Röhrenlibelle zur Feinhorizontierung.
Eine besondere Bauart stellen Geräte mit einer sogenannten *Kippschraube* dar. Sie werden mit einer Dosenlibelle grob horizontiert. Das Fernrohr wird dann mit der Kippschraube vor jeder Zielung exakt horizontiert, indem man die Röhrenlibelle einspielen läßt. Die Libelle ist durch einen Spiegel direkt neben dem Okular sichtbar.

Nivelliere mit automatischer Horizontierung
Sie stellen die modernste Entwicklung dar und bieten eine enorme Arbeitsvereinfachung.
Äußerlich sind sie daran zu erkennen, daß sie nur eine Dosenlibelle aufweisen und *keine* Röhrenlibelle. Durch bewegliche Prismen im Fernrohr wird der Zielstrahl so gelenkt, daß er schon waagerecht ist, wenn die Dosenlibelle einspielt.
Fast alle Nivelliergeräte haben einen Horizontalkreis mit einer Gradeinteilung. Auf diesem kann die Zielrichtung des Gerätes abgelesen werden, nach dem Ablesen eines weiteren Punktes auch die neue Zielrichtung. Durch Vergleichen der beiden Gradablesungen erhält man den Winkel, in dem beide Zielungen zueinander stehen. Dies erlaubt relativ schnelle Messungen (s. Tachymetrie, Seite 40).
Der Horizontalkreis hat entweder 360° (Altgrad) oder 400 g (gon oder Neugrad).
Die Einteilung des Kreises in 400 Neugrad ist häufig anzutreffen; sie erleichtert Berechnungen wesentlich.

3.1.5 Nivellierlatten

Die Nivellierlatte wird mit dem Fernrohr angezielt. Auf ihr wird der Höhenunterschied von dem zu messenden Punkt zur Zielachse abgelesen (Abb. B 26).
Für ältere Fernrohre mit umgedrehtem Bild benötigt man Latten, bei denen die Zahlen auf dem Kopf stehen (Abb. B 26 links).
Für die automatisch horizontierenden Geräte sind die Zahlen normal angebracht (Abb. B 26 rechts).
Die Latten sind in der Regel 4 m lang und können zum leichteren Transport auf 1 m Länge eingeklappt werden. In Gelände mit großen Höhenunterschieden benutzt man auch 5 m lange Latten.

Abb. B 26. Nivellierplatten mit aufrechten und mit umgekehrten Zahlen. Rechts: Ablesung im Fernrohr.

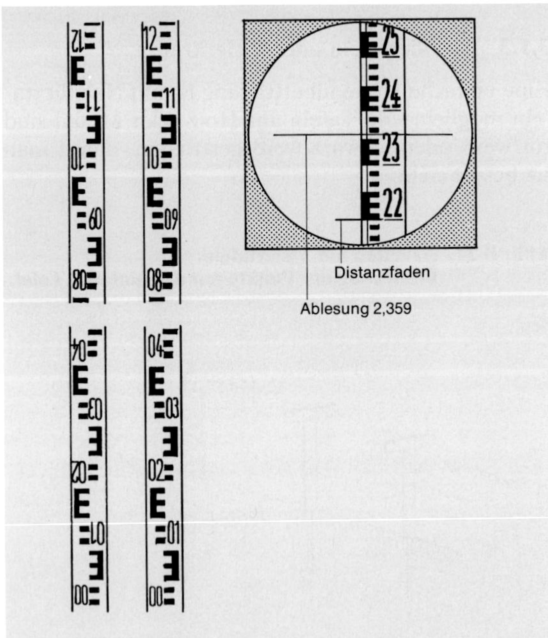

3.2 Durchführung von Messungen

3.2.1 Meßgerechtes Aufstellen von Nivelliergeräten

1. Das Stativ sicher aufstellen, damit es nicht umfallen kann. Die Stativbeine so weit ausfahren, daß die richtige Höhe erreicht wird. Dabei die Klemmschrauben fest anziehen.
2. Das Gerät aus dem Behälter nehmen und auf dem Stativ festschrauben. Alle Fußschrauben auf gleiche Höhe bringen.
3. Stativ feststellen und so ausrichten, daß die Dosenlibelle weitgehend einspielt. Völliges Einspielen mit Hilfe der Fußschrauben.
4. Röhrenlibelle parallel zu zwei Fußschrauben stellen, mit deren Hilfe einspielen.
   Prüfung der Libelle durch Drehung um 180°. Spielt sie ein, ist sie in Ordnung; spielt sie nicht ein, muß sie justiert werden. (Dies kann je zur Hälfte mit den Fußschrauben und den senkrecht wirkenden Justierschrauben erfolgen, erfordert jedoch Erfahrung. Gerät zum Kundendienst!)
5. Libelle um 90° drehen und mit der dritten Fußschraube einspielen. Die Umdrehungsachse steht senkrecht, das Gerät ist meßbereit aufgestellt.

Geräte mit automatischer Horizontierung. Das Aufstellen erfordert zunächst dieselben Handgriffe. Nachdem die Dosenlibelle jedoch eingespielt ist (Punkt 3), ist das Gerät meßbereit aufgestellt.
Geräte mit Kippschraube. Es wird ebenso wie bei normalen Geräten verfahren. Die völlige Senkrechtstellung der Umdrehungsachse ist jedoch nicht erforderlich und auch sehr schwierig. Das Einspielen der Dosenlibelle genügt. Die Röhrenlibelle wird dann vor jeder Zielung korrigiert.

3.2.2 Prüfung von Nivelliergeräten

An Nivelliergeräten können mit der Zeit Fehler auftreten, die zu falschen Messungen führen.
Deshalb sollten Geräte von Zeit zu Zeit, z. B. vor größeren Nivellements, überprüft werden. Unbekannte Geräte auf jeden Fall prüfen.
Auf was kommt es an?

Abb. B 27. Fehlerquellen bei Nivelliergeräten.
a) die Libellenachse steht nicht rechtwinklig zur Umdrehungsachse,
b) der Horizontalfaden des Fadenkreuzes verläuft nicht waagerecht,
c) die Zielachse läuft nicht parallel zur Libellenachse.

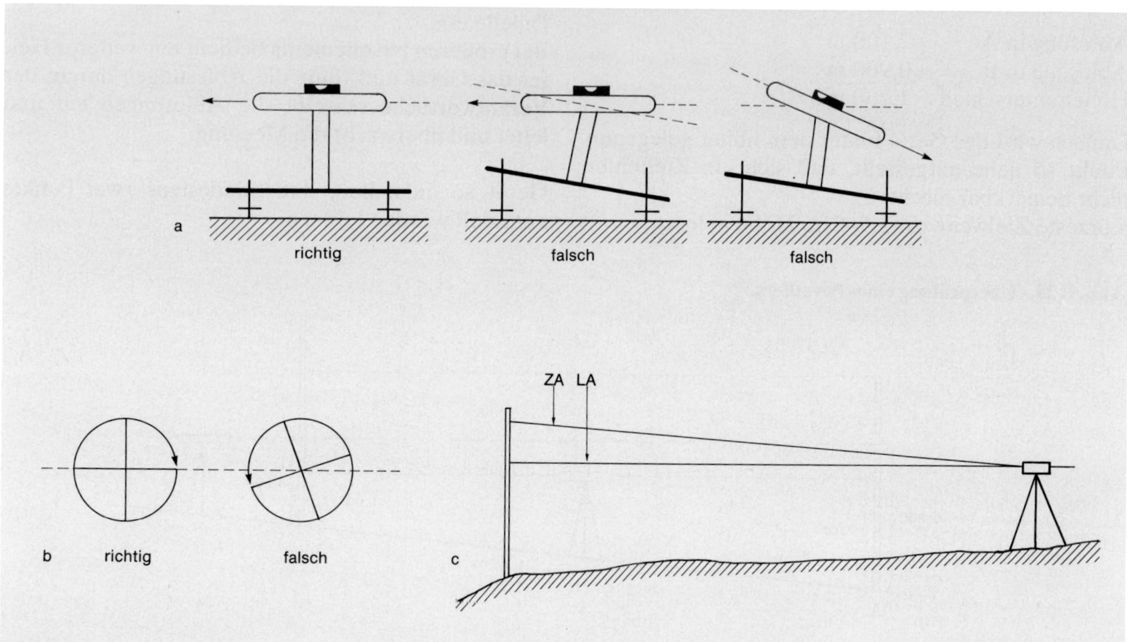

Für eine genaue Messung müssen drei Bedingungen erfüllt sein:

1. Die Libellenachse muß rechtwinklig zur Umdrehungsachse stehen (Abb. B 27a).
2. Der Horizontalfaden des Fadenkreuzes muß waagerecht verlaufen (Abb. B 27b).
3. Die Zielachse des Fernrohres muß parallel zur Libellenachse stehen (Abb. B 27c).

Zu 1: Überprüfung der Libelle durch Drehen um 180°, wie beim Aufstellen in Punkt 4 beschrieben. Die Prüfung muß zur Routine werden, weil mit diesem Fehler nicht nivelliert werden kann (Auswirkung siehe Abb. B 27a).
Zu 2: Ein Fehler wirkt sich weniger stark aus, wenn immer in der Mitte des Fadenkreuzes abgelesen wird. Prüfung: Mit dem linken Ende des Horizontalfadens einen Punkt anzielen, Gerät drehen und den Punkt mit dem rechten Ende anzielen. Bei einem Fehler Gerät zum Kundendienst!
Zu 3: Die Parallelität von Zielachse und Libellenachse ist die *Hauptforderung* bei der Prüfung. Die Auswirkung des Fehlers ist auf Abb. B 27c zu sehen.

Überprüfung: Das Gerät in der Mitte zwischen zwei Punkten aufstellen. Durch die Aufstellung in der Mitte wird der Zielfehler nicht wirksam. Die Punkte A und B anzielen, an der Latte die Höhen ablesen, Höhenunterschied feststellen (Abb. B 28).

Ablesung in A	2,100 m
Ablesung in B	0,900 m
Höhenunterschied	1,200 m

Danach wird das Gerät hinter dem höher gelegenen Punkt so nahe aufgestellt, daß sich ein Zielfehler nicht bemerkbar macht.
Kürzeste Zielweite ca. 1,5–2 m, Höhe ablesen.

Höhe in B 1,600 m
Sollablesung in A = Höhe B + Höhenunterschied
= 1,600 + 1,200 = 2,800 m

Wird diese Ablesung nicht erreicht, obwohl die Libelle eingespielt ist, hat das Gerät einen Zielfehler und muß zum Kundendienst.
Wie wir gesehen haben, wirkt sich ein Zielfehler nicht aus, wenn mit gleichen Zielweiten nivelliert wird. Unter Beachtung dieser Tatsache kann zur Not vorübergehend auch mit einem Gerät mit Zielfehler gearbeitet werden.

3.2.3 Nivellement mit Anschluß an einen Festpunkt (Streckennivellement)

Die Aufgabe stellt sich in der Praxis so, daß auf einer Baustelle die Höhe eines Punktes bekannt ist (z. B die EFH) und daß nun die Höhe verschiedener Geländepunkte gemessen werden soll.
Beispiel Abb. B 29: EFH 210,00, gesucht wird die Straßenhöhe Punkt 5.

Arbeitsablauf
Zum Nivellieren braucht man einen Helfer, der die Latte hält. Der Leiter des Nivellements ist am Gerät; er weist den Helfer ein und achtet darauf, daß dieser die Latte an der richtigen Stelle aufstellt und senkrecht hält. Er liest die Höhen ab und trägt sie in eine Tabelle ein.
Bei größeren Nivellements bedient ein weiterer Helfer das Gerät und führt die Ablesungen durch, der Verantwortliche schreibt die Ablesungen auf und leitet und überwacht die Messung.

Gerät so aufstellen, daß mindestens zwei Punkte angezielt werden können.

Abb. B 28. Überprüfung eines Nivelliers.

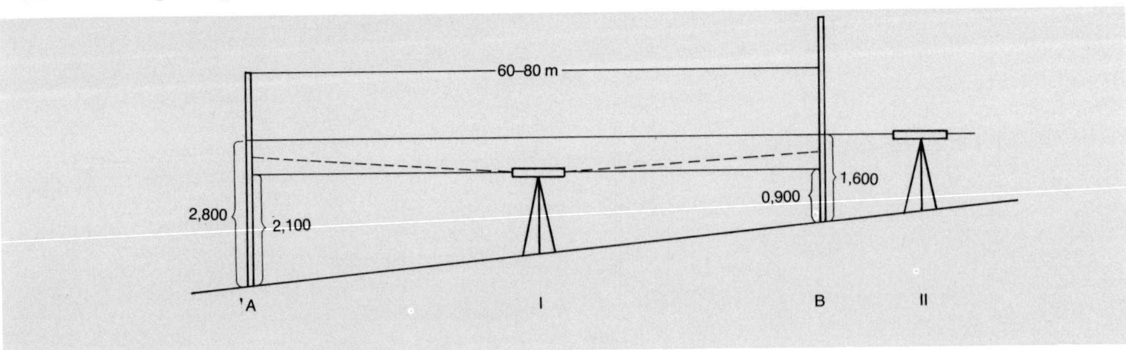

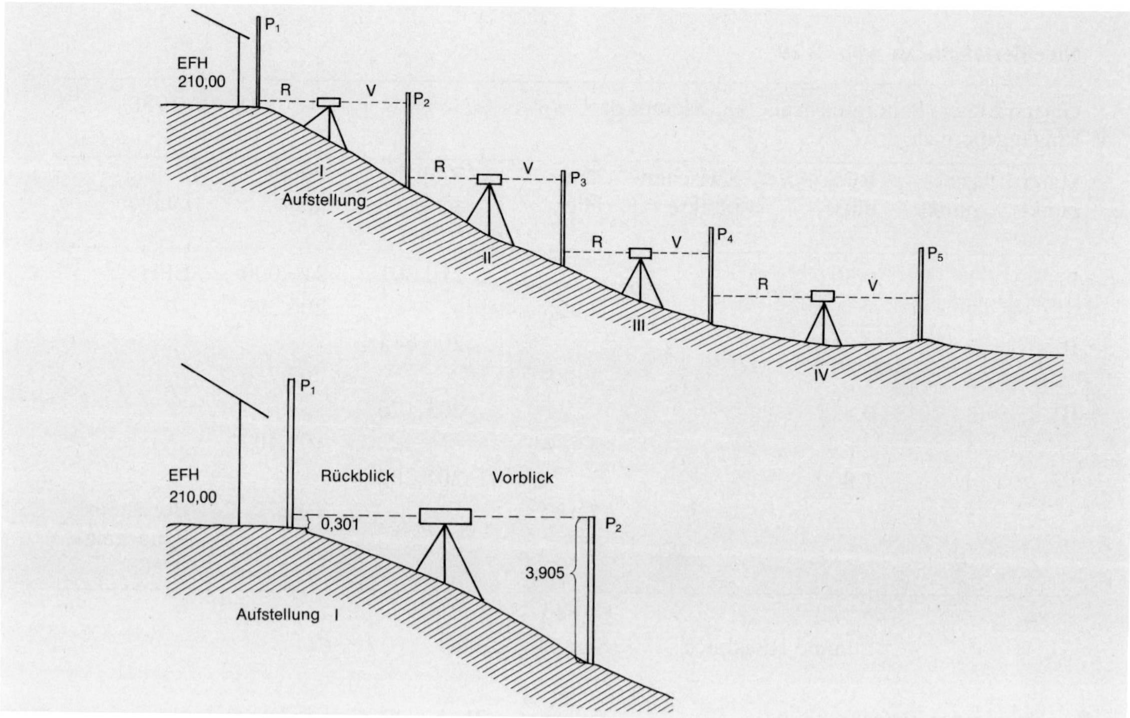

**Abb. B 29. Beispiel eines Nivellements.
Unten: I. Aufstellung.**

I. Aufstellung (Abb. B 29)

P1 anzielen (Rückblick), Ablesung 0,301
Ablesung in Nivelliertabelle eintragen
Gerät bleibt stehen, Latte auf Punkt 2
P2 anzielen (Vorblick), Ablesung 3,905

Umstellung des Nivelliergerätes
In stark fallendem Gelände reicht die Zielweite der Geräte oft nicht aus, um von einer Aufstellung aus alle Punkte zu erreichen. In diesen Fällen muß das Gerät umgestellt werden.

II. Aufstellung
P2 anzielen (Rückblick), Ablesung 0,248
P3 anzielen (Vorblick), Ablesung 3,888

III. Aufstellung
P3 anzielen (Rückblick), Ablesung 0,420
P4 anzielen (Vorblick), Ablesung 3,774

IV. Aufstellung
P4 anzielen (Rückblick), Ablesung 1,800
P5 anzielen (Vorblick), Ablesung 2,482

Die Ablesungen beim Nivellieren trägt man in Tabellen ein. Auf den Tabellen muß die Baustelle vermerkt werden, das Datum und wer die Messung durchführt.
Beim Ablesen trägt man den Standpunkt, Zielpunkt und entweder den Rückblick oder Vorblick ein. Zielachsenhöhe und Punkthöhe werden *nach* dem Nivellement berechnet. Ausrechnen während des Nivellements erfordert Routine.
(Nivelliertabelle s. Seite 38).

Die Höhe des Endpunktes eines Nivellements kann man auf zwei Wegen ermitteln:

1. indem man in der Tabelle immer den Rückblick zur Ausgangshöhe zuzählt und somit die **Zielachsenhöhe** bekommt. Zieht man von dieser den Vorblick ab, erhält man die Höhe des folgenden Punktes. Wird die Punkthöhe jedes einzelnen Punktes benötigt, muß jeweils die Höhe der Zielachse berechnet werden.

Nivelliertabelle zu Abb. B 29

Garten Maier, Panoramastraße 18, Kleinbach Eingangsbereich						18. 10. 1980 Elsner	
Standpunkt	Zielpunkt	Rückblick	Zwischenpunkte	Vorblick	Zielachse Höhe	Punkthöhe	Bemerkungen
I	1	0,301			210,301	210,000	EFH
	2			3,905		206,396	
II	2	0,248			206,644		
	3			3,888		202,756	
III	3	0,420			203,176		
	4			3,774		199,402	
IV	4	1,800			201,202		
	5			2,482		198,72	Bordstein Panoramastraße
		2,769 Summe Rückblick		14,049 Summe Vorblick			

Berechnung der Zielachsenhöhe

Standpunkt I
Punkthöhe 210,00 + Rückblick 0,301 = 210,301

Höhe 2	= Zielachsenhöhe	– Ablesung	Vorblick
	= 2,10,301	– 3,905	= 206,396

Standpunkt II

Zielachse	= Punkthöhe	+ Rückblick	
	= 206,396	+ 0,248	= 206,644
Höhe P3	= 206,644	– 3,888	= 202,756

Standpunkt III

Zielachse	= 202,402	+ 1,800	= 203,176
Höhe P4	= 203,176	– 3,774	= 199,402

Standpunkt IV

Zielachse	= 199,402	+ 1,800	= 201,202
Höhe P5	= 201,202	– 2,482	= 198,720

2. indem man in der Tabelle jeweils von den Rückblicken und den Vorblicken die Summe bildet. Die Differenz ergibt den Höhenunterschied (HU). Dieser wird von der Ausgangshöhe abgezogen, man erhält die gesuchte Punkthöhe.

Summe Vorblick	14,049
– Summe Rückblick	2,769
Höhenunterschied	11,280

P1	210,00
– HU	11,28
P5	198,72 m

3.2.4 Flächennivellement

Bei dem vorangegangenen Beispiel handelte es sich um eine abgegrenzte Messung. Im Grunde ging es um die Höhe *eines* Punktes. Man spricht in einem solchen Fall auch von einem *Punktnivellement.*
Meist braucht man jedoch von einem Grundstück die Höhe mehrerer Punkte, so daß die Geländeform ersichtlich wird.
Dazu werden nun entweder Profile gemessen, oder man überzieht das ganze Gelände mit einem Netz von Höhepunkten.

Profilaufnahme
Als Profil bezeichnet man einen senkrechten Schnitt durch ein Gelände.
Die Profile müssen natürlich so angelegt werden, daß der Geländeverlauf möglichst deutlich zu sehen ist. Dort, wo sich das Gelände ändert, muß wieder ein Profil angelegt werden. Dadurch ergibt sich der Abstand der Profile. Soweit es möglich ist, legt man die Profile parallel zueinander an; damit wird die spätere Erdmassenberechnung erleichtert.

Meßvorgang

1. Das Gelände besichtigen; bestimmen, wo und wie Profile liegen müssen; Handriß fertigen; Lage der Profile eintragen.
2. Endpunkte der Profile im Gelände mit Fluchtstäben, Geländebrechpunkte mit Pflöcken oder Zählnadeln markieren. Alle Punkte vermessen, Maße in Handriß eintragen (Koordinatenverfahren).
3. Nivellement. Mit dem Rückblick auf einen Festpunkt beginnen. Gerät so aufstellen, daß möglichst viele Punkte erreicht werden. Ablesungen in Nivelliertabelle eintragen, Zielpunkte eindeutig numerieren, sowohl im Handriß (Abb. B 30) als auch in der Tabelle!

Netznivellement (Abb. B 31)
Die Aufgabenstellung ist im Grunde dieselbe wie bei der Profilaufnahme. Bei einem stark modellierten Gelände ergeben die Profile jedoch keine genaue Erfassung. Dann überzieht man das Gelände mit einem Raster, wobei der Abstand der Rasterpunkte von der Geländebeschaffenheit abhängt (2, 5, 10, 20 m).

Meßvorgang (wie bei der Profilaufnahme)

1. Gelände besichtigen, Raster festlegen, Handskizze fertigen, Raster numerieren.
2. Rasterpunkte einmessen und mit Pflöcken oder Zählnadeln markieren.

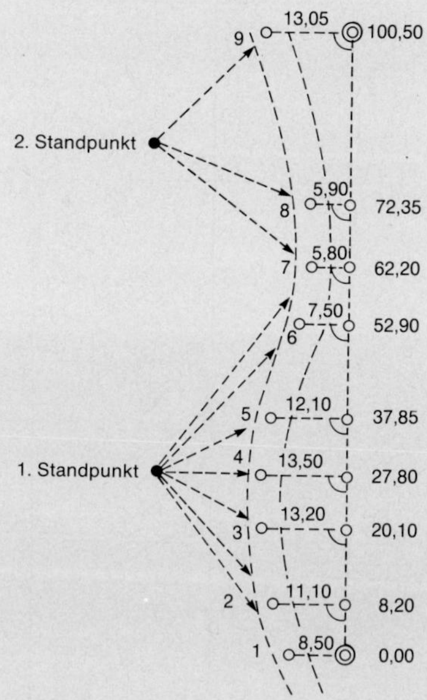

Abb. B 30. Handriß von der Aufnahme eines Weges.

Nivelliertabelle zu Abb. B 30

Standpunkt	Zielpunkt	Rückblick	Zwischenpunkte	Vorblick	Zielachse Höhe	Punkthöhe	Bemerkungen
I	1	1,35					Bordkante
	2		1,62				
	3		2,08				
	4		1,86				
	5		1,45				
	6		1,03				
	7			0,16			
II	7	2,46					
	8		1,78				
	9			1,12			

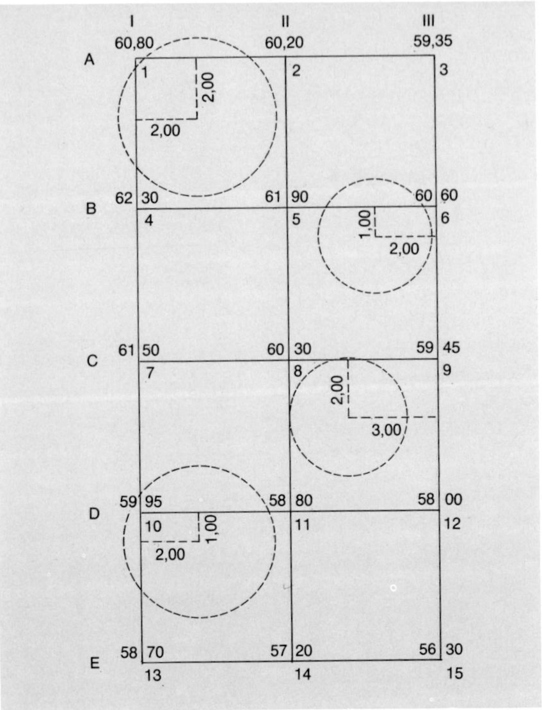

Abb. B 31. Darstellung eines Netznivellements.

3. Nivellement, Ablesungen in Nivelliertabelle eintragen.
4. Höhen auf der Nivelliertabelle ausrechnen und in den Plan eintragen.

Aufnahme von Einzelpunkten

(Ergänzung von Plänen)

Vielfach liegen für ein zu bearbeitendes Gelände bereits Pläne vor. Diese enthalten aber keine oder ungenügend Höhenangaben. Um diese Angaben zu ergänzen, benötigt man keine Profile und kein Netznivellement.

Meßvorgang

Auf dem Plan werden die zu messenden Punkte eindeutig gekennzeichnet (numeriert).
Soweit die Planpunkte im Gelände nicht zu ersehen sind, müssen sie dort vermessen und markiert werden.
Dann wird in üblicher Weise nivelliert, wobei die Plannummern der Punkte in die Nivelliertabelle zu übernehmen sind.

Vertiefung und Kontrolle

1. Zeichnen Sie das Beispiel Abb. 30 im Maßstab 1:500 auf und berechnen Sie die Höhen.
2. Stellen Sie Abb. 31 im Maßstab 1:100 dar (Netzabstand 5 m).
3. Üben Sie das meßgerechte Aufstellen von Nivelliergeräten.
4. Nivellieren Sie im Betrieb oder im Schulgelände zwischen zwei möglichst weit auseinanderliegenden Punkten, deren Höhe bekannt ist und vergleichen Sie Ihr Meßergebnis mit dem tatsächlichen Höhenunterschied.
5. Erkundigen Sie die Höhenfestpunkte der amtlichen Vermessung in der Nähe des Betriebes, der Schule und von Baustellen.
6. Überprüfen Sie die im Betrieb vorhandenen Geräte, wie in B 3.2.2 beschrieben.
7. Üben Sie derartige Messungen in der Praxis.

3.3 Tachymetrie

Tachymetrie bedeutet Schnellmessung; sie beruht auf der optischen Entfernungsmessung. Sie ist mit allen Nivelliergeräten möglich, deren Fadenkreuz auf dem senkrechten Faden zwei Distanzfäden hat und die mit einem Horizontalkreis versehen sind (Abb. B 26, Seite 34).
Mit den *Distanzfäden* wird je nach Lattenabstand ein verschieden großer *Lattenabschnitt (L)* angezeigt.
Der Lattenabschnitt wird mit einer *Gerätekonstanten (K)* multipliziert und ergibt die *Entfernung (E)* (Abb. B 32).

Entfernung = Lattenabschnitt × Gerätekonstante

$$E = L \times K$$

Abb. B 32. Tachymetrische Entfernungsmessung. E = Entfernung, L = Lattenabschnitt.

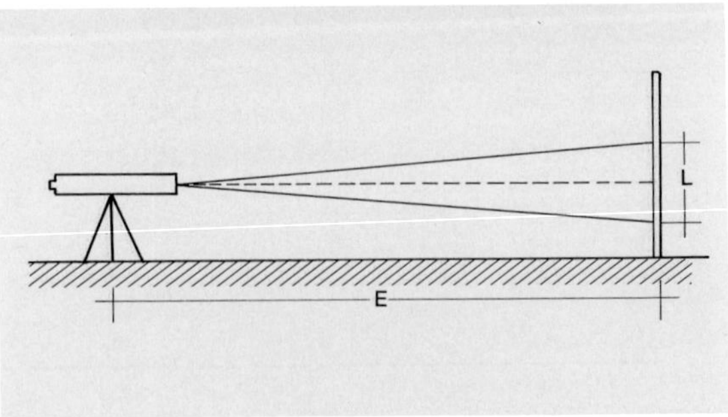

Die Gerätekonstante ist meist 100. Dies muß jedoch bei unbekannten Geräten zur Sicherheit überprüft werden:
Latte in bekannter Entfernung vom Gerät aufstellen (20 m), Distanzfäden ablesen und durch Umstellen der Formel K errechnen.

$$K = \frac{E}{L}$$

Beispiel Konstantenbestimmung
Ablesung bei 20 m Entfernung

oberer Faden	1,231
unterer Faden	1,031
Lattenabschnitt	0,200

$$K = \frac{E}{L} = \frac{20}{0,20} = 100$$

Beispiel Entfernungsbestimmung
Ablesung bei unbekannter Entfernung

oberer Faden	2,107
unterer Faden	1,731
Lattenabschnitt	0,376

$$E = L \times K = 0,376 \times 100 = 37,60 \text{ m}$$

Abb. B 33. Tachymetrie. Handriß einer Geländeaufnahme.

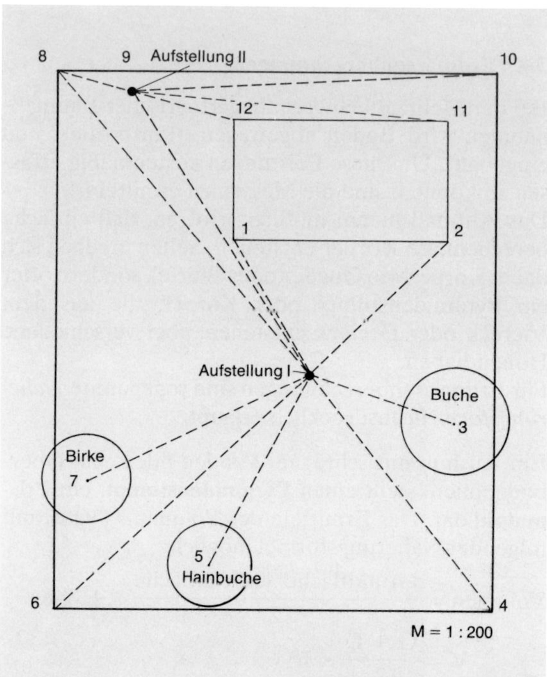

Bei alten Fernrohren mit umgedrehtem Bild ist der untere Faden die größere Ablesung.
Die Entfernungen werden nur auf Dezimeter genau gemessen, diese Ungenauigkeit wird jedoch durch die Schnelligkeit der Messung aufgewogen. Geeignet für Pläne im Maßstab 1 : 500, 1 : 200, 1 : 100, auch für die oben angesprochenen Ergänzungsmessungen.

Bei der Tachymetrie werden von *einem* Standpunkt aus erfaßt:

1. die Entfernung des Punktes vom Gerät,
2. die Höhe des Punktes,
3. die Richtung des Punktes durch Ablesen der Horizontalwinkel.

Beispiel: Der Garten Abb. B 33 soll umgestaltet werden. Die Grundstücksgrenzen und das Haus können einem Lageplan entnommen werden. Die Stellung der Bäume und die Höhen sollen gemessen werden.

Meßvorgang

1. Der Verantwortliche der Meßgruppe bestimmt die Geräteaufstellung. Er führt die Handskizze und die Tabelle (Abb. B 34).
   Ein Mann bedient das Gerät (ablesen, aufstellen, transportieren). Ein Mann hält die Latte (unbedingt auf senkrechte Stellung achten!).
2. Das Gerät wird südlich des Hauses aufgestellt. Um den Standpunkt des Gerätes genau zu bestimmen, werden zuerst die Hausecken angezielt.

   Es wird wie folgt abgelesen und eingetragen:

mittlerer Strich	(obere Zeile/Spalte 4)	1,989
oberer Strich	(untere Zeile/Spalte 4)	2,269
unterer Strich	(untere Zeile/Spalte 4)	1,709

   Kontrollrechnung durchführen, ob der Mittelstrich genau Mitte ist, dann Lattenträger auf Punkt 2 weiterschicken.
   Inzwischen Horizontalkreis ablesen.
   Ablesung, z. B. 346 g, in die Tabelle eintragen.
   Gerät immer im Uhrzeigersinn drehen.
   Punkt 2 anzielen. Ablesung – mitte, oben, unten – Horizontalwinkel.
   Punkt für Punkt anzielen, Werte in Tabelle schreiben.
   Im Handriß Ziellinie und Punktnummer eintragen.
   Den Punkt, in dem das Gerät aufgestellt wird (Standpunkt II), durch einen Pflock markieren

DATUM: 18.10.1980 BAUVORHABEN:

ST. P.	ZIEL P.	RÜCK-BLICK	ZWISCHEN-PUNKTE	VOR-BLICK	HORIZONT-KREIS	ENTFER-NUNG	ZIELACHSE	PUNKT-HÖHE	BEMERKUNGEN
I	1		1,989 2,269 | 1,709		346,09				Südwestliche Hausecke
	2		2,02 2,083 | 1,957		30,0				Südliche Hausecke
	3		1,404 1,904 | 0,904		100,0				Buche
	4		1,210 1,309 | 1,111		137,4				Grenzpunkt
	5		0,856 0,929 | 0,784		210,0				Hainbuche
	6		1,348 1,460 | 1,236		233,0				Grenzpunkt
	7		1,208 1,363 | 1,197		249,2				Birke
	8		2,406 2,538 | 2,275		333,5				Grenzpunkt
	9/II		2,350 2,464 | 2,236		342,5				Standpunkt II
II	I		1,308 1,422 | 1,194		20,0				Standpunkt I
	8		1,364 1,389 | 1,339		166,0				Grenzpunkt
	10		1,428 1,549 | 1,307		353,0				Grenzpunkt
	11		0,980 1,085 | 0,875		362,0				Hausecke
	12		1,020 1,056 | 0,984		375,6				Hausecke

Abb. B 34. Nivelliertabelle eines Tachymeter-Aufmaßes.

und anzielen, Ablesung festhalten. Standpunkt I durch Zählnadel markieren.

3. Umstellung auf den vorher markierten und eingemessenen Standpunkt II.
   Zuerst Rückblick auf Standpunkt I, dann weiter die Punkte 8, 9, 10, 11 und 12 einmessen.
4. Nach dem Messen Ergebnis maßstäblich aufzeichnen. Die gemessenen Winkel werden mit einem Winkelmesser angetragen.
   Zur Feststellung der Höhen muß auf einen Festpunkt, dessen Höhe bekannt ist, ein Rückblick ausgeführt werden.

Vertiefung und Kontrolle

1. Messen Sie ein geeignetes Gelände im Koordinatenverfahren und anschließendem Nivellement, und zeichnen Sie das Ergebnis auf.
2. Wiederholen Sie die Messung im Tachymetrieverfahren.
3. Beurteilen Sie die beiden Möglichkeiten.

3.4 Erdmassenberechnungen

Bei der Mehrzahl landschaftsgärtnerischer Baumaßnahmen wird Boden abgetragen, transportiert und eingebaut. Um diese Leistungen kostenmäßig erfassen zu können, sind die Massen zu ermitteln.
Das Aufmaß hierzu muß so erfolgen, daß einfache berechenbare Körper entstehen. Selten ergeben sich dabei Körper wie Quader oder Würfel, sondern öfter ein Pyramidenstumpf oder Körper, die aus dem Viereck oder Dreieck entstehen, aber verschiedene Höhen haben.
Für Erdmassenberechnungen sind sogenannte *Näherungsformeln* ausdrücklich erlaubt.

Ein Aushub mit schrägen Wänden oder eine Oberbodenmiete stellt einen **Pyramidenstumpf**, ein **Prismatoid** dar. Das Ermitteln des Volumens (V) ist mit folgender Näherungsformel möglich:

$$\text{Volumen} = \frac{\text{Grundfläche} + \text{Deckfläche}}{2} \times \text{Höhe} \;/$$

$$V = \frac{G + D}{2} \times h$$

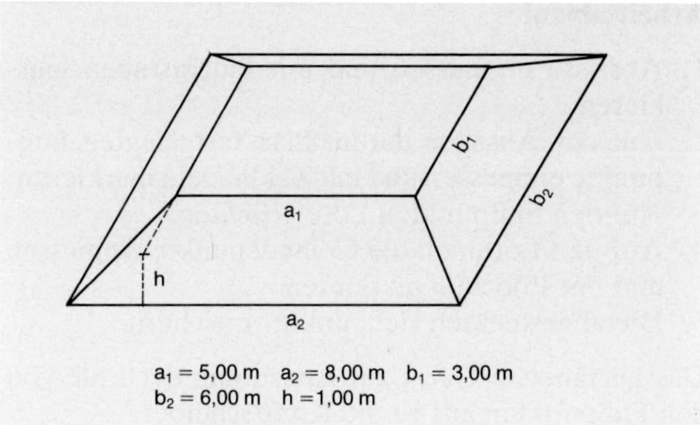

Abb. B 35. Prismatoid.

Beispiel (Abb. B 35):

$$G = a_2 \times b_2 = 8 \times 6 = 48$$

$$D = a_1 \times b_1 = 5 \times 3 = 15$$

$$V = \frac{48 + 15}{2} \times 1{,}0 = 31{,}5\ m^3$$

$$h = 1{,}0$$

Als Ergebnis eines Netznivellements erhalten wir Körper mit quadratischem (auch dreieckigem) Grundriß und verschiedenen Höhen (Abb. B 36).

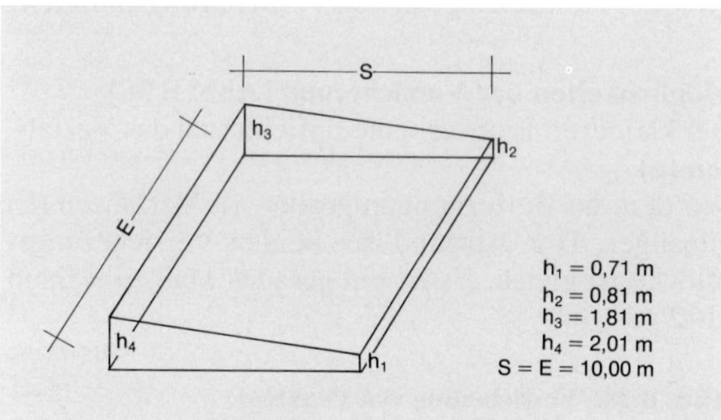

Abb. B 36. Berechnung aus der Projektion.

1. Berechnung aus der Projektion

Das Volumen ergibt sich aus der Formel

$$V = S^2 \times \frac{h\,1 + h\,2 + h\,3 + h\,4}{4}$$

$$V = (10 \times 10) \times \frac{0{,}71 + 0{,}81 + 1{,}81 + 2{,}01}{4}$$

$$V = 100 \times \frac{5{,}34}{4} = 133{,}50\ m^3$$

Es kann vorkommen, daß innerhalb eines Quadratrasters nicht nur ein Abtrag auftritt, sondern auch ein Auftrag.

In diesem Fall muß zunächst die *Verschneidungslinie* ermittelt werden. Sie wird auch *Nullinie* genannt, weil an ihr weder Auf- noch Abtrag stattfindet.

Beispiel (Abb. B 37):

Das Gelände soll auf eine Höhe von 61,00 m ausplaniert werden. Zwischen den Punkten 60,20 und 61,90 soll der Verschneidungspunkt gefunden werden.

Die Berechnung ist mit dem Strahlensatz möglich. Für die Praxis genügt meist die zeichnerische Lösung. Man trägt in beliebigem Maßstab den Höhenunterschied-Abtrag auf die eine Seite an, den Höhenunterschied-Auftrag nach der anderen Seite. Durch Ver-

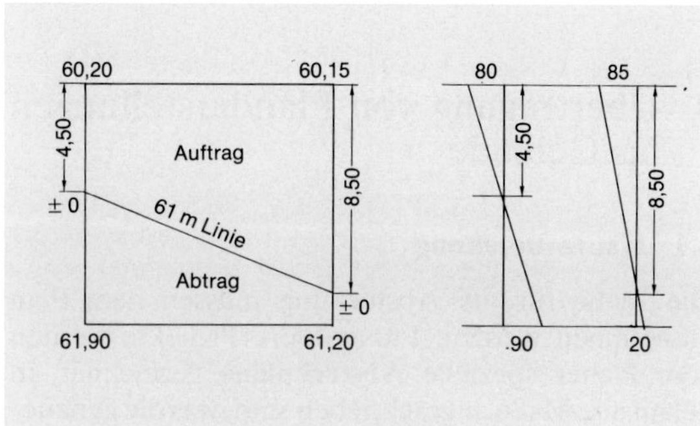

Abb. B 37. Berechnung der Nullinie.

bindung der beiden Linien erhält man den Verschneidungspunkt, im Beispiel 4,50 m. Zwischen den Punkten 60,15 und 61,20 liegt der Verschneidungspunkt auf 8,50 m.

Berechnung des Auftrags:

$$\text{Grundfläche Trapez } \frac{4{,}50 + 8{,}50}{2} \times 10{,}00 = 65\ m^2$$

$$65 \times \frac{0{,}0 + 0{,}8 + 0{,}85 + 0{,}0}{4} = 26{,}65\ m^3$$

Berechnung des Abtrags:

$$\frac{5{,}5 + 1{,}5}{2} \times 10{,}00 = 35\ m^2$$

$$35 \times \frac{0{,}0 + 0{,}9 + 0{,}2 + 0{,}0}{4} = 9{,}8\ m^3$$

Auch wenn eine Höhe 0,0 ist, muß sie beim Teilen berücksichtigt werden. Es wäre im obigen Beispiel falsch, die Höhen nur durch 2 zu teilen.

Die gleiche Berechnungsart kann bei anderen Grundflächen auch angewandt werden (z. B. bei Dreiecken, dann 3 Höhen, durch 3 teilen).

2. Berechnung aus Profilen (Abb. B 36)

$$V = \frac{\text{Profil 1} + \text{Profil 2}}{2} \times \text{Entfernung}$$

$$\text{Profil 1} = \frac{h\,1 + h\,4}{2} \times S = \frac{0{,}71 + 2{,}01}{2} \times 10 =$$

$$= 13{,}60\ m^2$$

$$\text{Profil 2} = \frac{0{,}81 + 1{,}81}{2} \times 10 = 13{,}10\ m^2$$

$$V = \frac{13{,}10 + 13{,}60}{2} \times 10 = 133{,}50\ m^3$$

4 Übertragung von Plandarstellungen ins Gelände

4.1 Planvorbereitung

Die Maße für die Absteckung müssen dem Plan entnommen werden. Für größere Projekte werden vom Planer spezielle **Absteckpläne** gezeichnet, in denen alle Maße angeschrieben sind, was die genaueste Möglichkeit darstellt.
Herausmessen von Strecken aus einem Plan ist immer eine Fehlerquelle, weil

a) er unter Umständen ungenau gezeichnet ist,
b) sich das Papier je nach Feuchtigkeit oder Trokkenheit dehnt oder zusammenzieht.

Liegt kein Absteckplan vor, sollten die erforderlichen Maße also im Büro oder Bauwagen aus dem noch trockenen, unbeschädigten Plan herausgemessen werden.
Zum Abstecken eignet sich am besten das Koordinatenverfahren. Die Abszissen werden auf dem Plan festgelegt und meist farbig eingezeichnet.
Wichtig ist, die Abszissen so zu legen, daß sie im Gelände auch eindeutig abgesteckt werden können und daß von ihnen aus die Punkte einfach zu messen sind.
Alle zu messenden Punkte werden im Büro im Koordinatenverfahren gemessen und die Maße in den Plan eingetragen.

4.2 Durchführung der Absteckung

Das Prinzip ist dasselbe wie beim Aufmaß: Horizontal messen, Rechte Winkel abstecken.

Arbeitsablauf

1. Abszisse einmessen und mit Fluchtstäben markieren.
2. Auf der Abszisse die im Plan festgelegten Fußpunkte einmessen und mit Zählnadeln markieren.
3. Auf den Fußpunkten Lote errichten.
4. Auf den Lotlinien die Geländepunkte einmessen und mit Pflöcken markieren.
5. Die abgesteckten Eckpunkte versichern.

Das geeignetste Gerät zur Errichtung der Lote von den Fußpunkten aus ist die Kreuzscheibe.
Nicht zu viele Punkte auf einmal abstecken! Punkte, die erst später gebraucht werden, gehen im Baubetrieb leicht unter.

Versicherung von Punkten
Durch die Absteckung ist die Lage eines bestimmten Punktes, z. B. einer Wegkante, im Gelände durch einen Pflock markiert.
Dieser Punkt muß nun so versichert werden, daß er bis zur Fertigstellung des Weges jederzeit wieder auffindbar ist, denn der Eckpflock wird spätestens beim Auskoffern entfernt. Es wäre deshalb falsch, den Eckpunkt höhenmäßig einzumessen. Die Festlegung der Höhe erfolgt an den Versicherungspunkten!

Möglichkeiten der Versicherung (Abb. B 38)
Bei kleineren Bauwerken empfiehlt sich das Verfahren (a).
Werden die Entfernungen größer, ist Verfahren (b) günstiger. Der Abstand der beiden Versicherungspflöcke ist gleich. Es ist ein gerades Maß zu wählen (1–2 m).

Abb. B 38. Versicherung von Punkten.
a) bei kleineren Projekten,
b) Eckpunkt eines größeren Bauwerks,
c) Schnurgerüst.

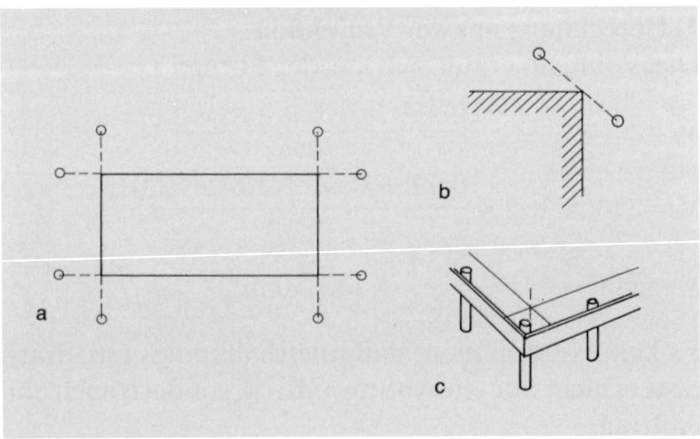

Günstig ist ein Schnurgerüst (c). Die Versicherungspflöcke braucht man nicht genau einmessen; die genaue Lage des Punktes wird auf der angenagelten Latte durch einen Nagel, eine Kerbe oder einen Strich markiert.

Festlegen der Höhe
Die Übertragung der Höhen von einem Festpunkt geschieht am besten durch Nivellement.
Arbeitsablauf wie beim Streckennivellement (Kap. B 3.2.3).
Bei der Aufstellung des Gerätes vor dem festzulegenden Punkt errechnet man die Höhe der Zielachse, zieht davon die *Sollhöhe* ab und erhält dann die *Sollablesung* (Abb. B 39).

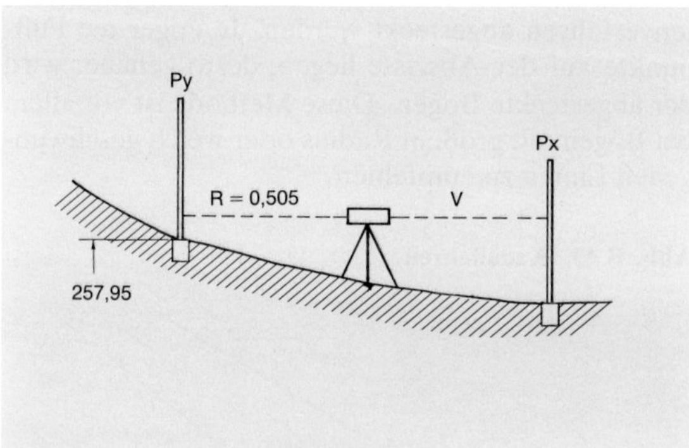

Abb. B 39. Höhenabsteckung.

Aufstellung des Gerätes
Py anzielen (Rückblick), Ablesung 0,505

Höhe Zielachse	= Höhe Py	+ Rückblick	
	= 257,295	+ 0,505	= 257,800
Sollhöhe in Px	= 257,25		
Sollablesung in Px	= 257,80	− 257,25	= 0,550

Der Meßgehilfe wird nun eingewiesen, die Nivellierlatte solange nach oben oder unten zu bewegen, bis die Sollablesung erreicht wird. Die gemessene Höhe wird durch einen Strich oder Nagel am Pflock markiert. Das Einschlagen des Pflockes auf die richtige Höhe ist meist zu aufwendig! Beim Schnurgerüst wird die Latte auf die gewünschte Höhe genagelt.
Oft ist das Anzeichnen der richtigen Höhe gar nicht möglich (wenn z. B. Boden abgetragen werden muß) oder nicht erwünscht (damit man unter einer gespannten Schnur arbeiten kann).

In diesem Fall wird die Höhe um ein bestimmtes, möglichst gerades Maß (z. B. 50 cm) höher oder tiefer angebracht. Dies muß jedoch auf dem Pflock deutlich angeschrieben werden (z. B. + 50 oder − 50).

4.3 Bogenabsteckungen

4.3.1 Vom Mittelpunkt aus

In einem guten Technischen Plan ist für alle vorkommenden Bögen der Radius angegeben. Ist dies nicht der Fall, muß er bei der Planvorbereitung ermittelt werden, indem man am Bogenanfang und Bogenende einen Rechten Winkel zur Tangente errichtet. Der Schnittpunkt ist der Kreismittelpunkt.
Der Radius kann dann gemessen werden.
In gleicher Weise wird im Gelände der Mittelpunkt abgesteckt. Mittels Bandmaß oder Schnur kann nun jeder beliebige Bogenpunkt abgesteckt werden (Abb. B 40).

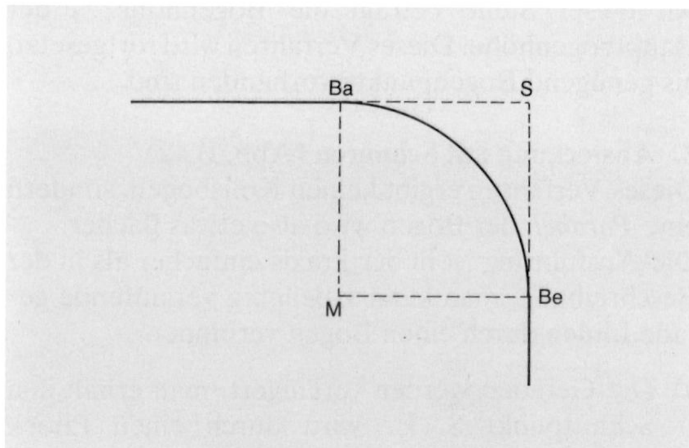

Abb. B 40. Bogenabsteckung vom Mittelpunkt aus. Ba = Bogenanfang, Be = Bogenende, M = Mittelpunkt, S = Schnittpunkt der Achsen.

4.3.2 Bogenabsteckung ohne den Kreismittelpunkt

Wenn im Gelände der Mittelpunkt nicht zugänglich ist (Gebäude, Pflanzen), müssen andere Verfahren angewandt werden.

1. Viertelsverfahren (Abb. B 41)
Man verbindet *Bogenanfang* und *Bogenende,* die Strecke ist die *Bogensehne.*
Durch Halbierung der Sehne erhält man Punkt M.
In M Rechten Winkel errichten, ergibt die *Bogenhöhe* und den *Bogenmittelpunkt* (A).

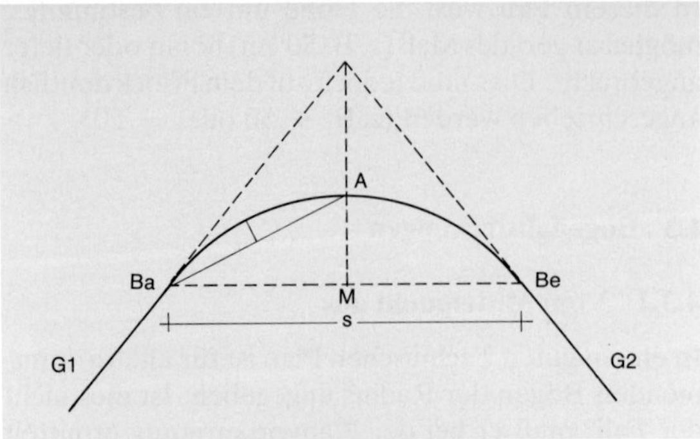

Abb. B 41. Bogenabsteckung im Viertelsverfahren. Ba = Bogenanfang, Be = Bogenende, G_1, G_2 = Gerade 1 und 2, M = Mittelpunkt, A = Bogenmittelpunkt, s = Sehne.

Dieser Punkt wird im Gelände von der Sehne aus abgesteckt. Dann verbindet man den Bogenmittelpunkt mit dem Bogenanfang, mißt die Länge der Sehne, halbiert die Strecke und errichtet ein Lot. An dieser Stelle beträgt die Bogenhöhe $^1/_4$ der Hauptbogenhöhe. Dieses Verfahren wird fortgesetzt, bis genügend Bogenpunkte vorhanden sind.

2. Absteckung mit Schnüren (Abb. B 42)
Dieses Verfahren ergibt keinen Kreisbogen, sondern eine *Parabel,* der Bogen wird also etwas flacher. Die Ausführung ist in der Praxis einfacher als in der Beschreibung, man kann x-beliebig verlaufende gerade Linien durch einen Bogen verbinden.

a) Die Geraden werden verlängert, man erhält den Schnittpunkt S. Er wird durch einen Pflock markiert.
b) Bogenanfang und Bogenende festlegen, markieren.

Abb. B 42. Bogenabsteckung mit Schnüren.

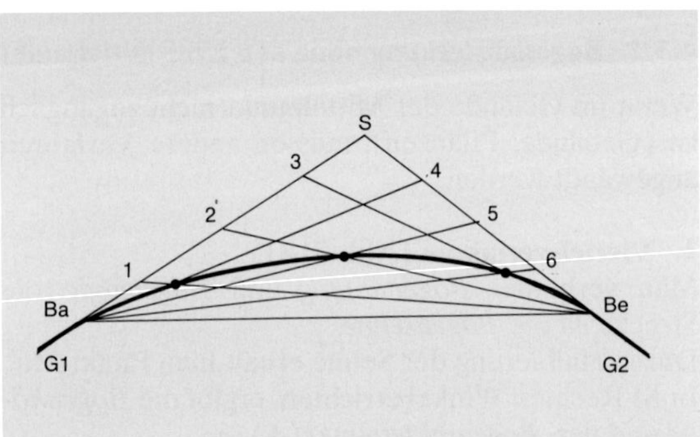

c) Die Strecken Bogenanfang und Bogenende zu Punkt S messen und in beliebig gleiche Teile teilen. Die eingeteilten Punkte markieren. (Die Zahl der Teilpunkte ist abhängig von den gewünschten Bogenpunkten.)
d) Im Bogenanfang und -ende wird eine Schnur befestigt. Die Schnüre werden nun von jeweils einem Helfer vom Bogenende zu Punkt 1 und vom Bogenanfang zu Punkt 4 gespannt. Der Schnittpunkt ist ein Bogenpunkt, der mit Zählnadel oder Pflock markiert wird.
e) Weitere Bogenpunkte ergeben sich, wenn die Helfer die Schnüre zu den Punkten 2 und 5, dann zu 3 und 6 spannen.

3. Absteckung im Koordinatenverfahren
Selbstverständlich können alle Bögen im Koordinatenverfahren abgesteckt werden. Je enger die Fußpunkte auf der Abszisse liegen, desto genauer wird der abgesteckte Bogen. Diese Methode ist vor allem bei Bögen mit großem Radius oder weich geschwungenen Linien zu empfehlen.

Abb. B 43. Kanallehren.

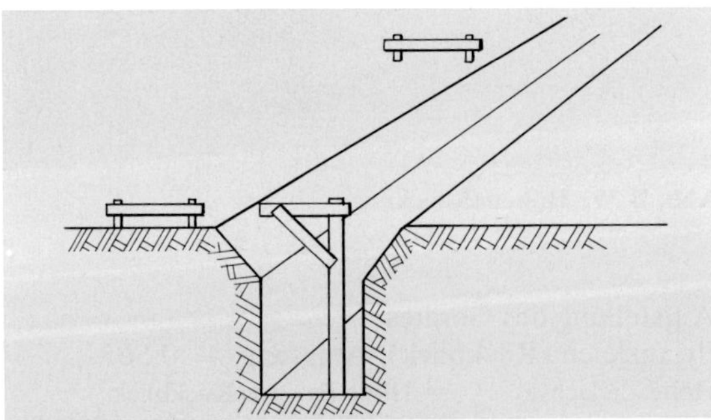

4.4 Absteckung von Lehren*

Beispiel: Abstecken von Kanallehren (Abb. B 43).
Der Aushub von Leitungsgräben steht ganz am Anfang der Baumaßnahmen. Es gibt auf der Baustelle wenig Anhaltspunkte, und doch müssen die Kanalrohre genau an die geplante Stelle gelegt werden. Sie müssen insbesondere in der Höhe genau stimmen, ebenso die Kanalsohle.
Zunächst wird die Kanalachse eingemessen und durch Pflöcke markiert. Zusätzlich wird die Achse vor dem Baggern durch eine Linie aus Sand oder Sägemehl gekennzeichnet.

---
* Lehre = Meßwerkzeug, Muster, Modell

Da diese Markierungen durch das Ausbaggern alle verschwinden, erstellt man seitlich vom Graben Kanallehren.
An zwei Pflöcken wird ein Brett angenagelt. Es wird um ein gerades Maß höher als die Kanalsohle einnivelliert und waagerecht ausgerichtet.
Beim Baggern verwendet man im Graben dann das Gegenstück zur Lehre. Die senkrechte Latte hat das Maß, um das die Latte der Außenlehre über der Kanalsohle liegt.
Durch Visieren kann laufend die Höhe der Kanalsohle überprüft werden.
An der Außenlehre wird in einem bestimmten Abstand ein Nagel eingeschlagen, von dem aus die Grabenmitte jederzeit gemessen werden kann.
Nach demselben Prinzip können auch für andere Baumaßnahmen Lehren erstellt werden.

Forderung: Die Lehren so aufbauen, daß sie den Baubetrieb nicht stören, und so, daß mit einfachen Mitteln (Bandmaß, Schnur, Richtscheit, Wasserwaage, Meterstab) von ihnen Höhe und Lage der Punkte abgenommen werden können.

Vertiefung und Kontrolle

1. Absteckungen sind auf Baustellen alltäglich erforderlich, beobachten Sie die Arbeiten der erfahrenen Kollegen.
2. Üben Sie die Absteckung von Punkten, Lehren und Bögen.
3. Erstellen Sie zu dem Plan in Abb. D 28, Seite 341 einen Absteckplan.

C Technik des Garten-, Landschafts- und Sportplatzbaues

1 Vorarbeiten

1.1 Baustellenvorbereitung

Bevor der Gärtner auf einer Baustelle den berühmten ersten Spatenstich machen kann, sind schon viele Überlegungen und Arbeiten vorausgegangen; diese sind unbedingt notwendig.
In den meisten Fällen liegt ein vom Planer (Gartenarchitekt) gefertigter *Gestaltungsplan* vor. Danach sind von ihm die Massen ermittelt und die *Leistungsbeschreibung* zusammengestellt worden.
Aufgrund der Leistungsbeschreibung errechnet – kalkuliert – der Unternehmer seine Preise, die er zu einem *Angebot* zusammenfaßt. Um die Preise kalkulieren zu können, muß er sich über die Verhältnisse auf der Baustelle genau informiert haben. Ist sein Angebot angemessen, erhält er den Auftrag, die Anlage zu erstellen (Kalkulation und Vergabe von Bauleistungen s. Kap. E).
Die nun folgenden Bauarbeiten müssen sorgfältig vorbereitet werden. Es wird festgelegt, wieviel Arbeitskräfte gebraucht werden, welches Material, welche Maschinen eingesetzt werden und wann dies erfolgen muß.
Bei größeren Baustellen wird dafür ein sogenannter *Bauzeitenplan* erstellt, bei kleineren Aufträgen ist dies nicht erforderlich. Es ist jedoch immer wichtig, vor Baubeginn mit dem Bauherrn, dem Auftraggeber, die Situation zu besprechen.

Einweisung durch den Auftraggeber
Mit dem Auftraggeber oder seinem Beauftragten wird eine gemeinsame Begehung der Baustelle vereinbart. Dabei erfährt der Auftragnehmer die Wünsche und Vorstellungen des Auftraggebers und nimmt Einsicht in die vorliegenden Pläne. Der Unternehmer muß hierbei beachten:

- Lage, Zufahrtsmöglichkeiten, Geländeform, Umgebung der Baustelle
- Vorhandener Boden (Bodenart, Oberboden, Flächen für dessen Lagerung, Verhältnisse im Untergrund – Baugrube beachten)
- Zustand der Baustelle, Vorarbeiten anderer Unternehmen, eventuelle Schäden an Bauwerken, Zäunen, Versorgungseinrichtungen und deren Schächte

Hier ist es besonders wichtig, sich vor Arbeitsbeginn darüber zu informieren, ob irgendwelche Leitungen im Boden liegen. Es kann sich um Wasser-, Abwasser-, Strom-, Telefon-, Gas- und evtl. Fernwärme-Leitungen handeln. Werden diese Leitungen beim Arbeiten beschädigt, besteht zumindest bei Strom und Gas Lebensgefahr für die Beteiligten. Der Unternehmer muß für die entstandenen Schäden aufkommen, wenn er versäumt hat, sich vorher zu informieren, wobei das Ergebnis der Information beweisbar sein muß.

Eröffnungsprotokoll
Es hat sich immer wieder gezeigt, daß es erforderlich ist, Gegebenheiten, die sich während des Baubetriebes herausstellen, schriftlich festzuhalten, weil sie durch die fortschreitenden Arbeiten später nicht mehr feststellbar sind, obwohl sie für die Abrechnung oder für Gewährleistungsansprüche wichtig wären.
Die Situation auf der Baustelle sollte zusammen mit dem Auftraggeber festgestellt und festgehalten werden, bevor sie durch den Baubetrieb verändert wird. Deshalb wird ein sogenanntes Eröffnungsprotokoll empfohlen. Darin wird formlos je nach Situation vermerkt:

- Anweisungen des Auftraggebers
- Zustand von Vorarbeiten (z. B. Auffüllungen)
- Zustand der Baustelle (z. B. Schutt, Verunkrau-

tung, evtl. Schäden an Gehwegen, Gebäuden usw. durch andere Firmen)
- die Lage von Leitungen, Schächten usw.
- Entnahme von Wasser und Strom
- zu erhaltende Vegetation
- wiederzuverwendende Vegetation, gegebenenfalls die dafür erforderlichen Maßnahmen

Der Aufschrieb wird von den Beteiligten unterschrieben; der Auftraggeber erhält das Original, der Auftragnehmer die Durchschrift. Damit ist ein Beweismittel für evtl. später auftretende Meinungsverschiedenheiten oder Schäden geschaffen.
Bei besonderen Verhältnissen ist es angebracht, die Situation zu fotografieren.

1.2 Baustelleneinrichtung

Eine Arbeit kann nur dann ordnungsgemäß ausgeführt werden, wenn die Voraussetzungen dafür geschaffen sind.
Je nach Bedarf sind einzurichten:

- Unterkunft für den Bauleiter (Baubüro)
- Unterkünfte für die Mitarbeiter (Bauwagen)
- Sanitäre Einrichtungen (Toiletten, Waschgelegenheit)
- ›Geschirrbude‹, mindestens Geschirrkiste
- Heranführung von Wasser und Strom, gegebenenfalls Telefon
- Abschrankung der Baustelle (Beleuchtung)

In der Arbeitsstättenverordnung sind Mindestanforderungen genannt. Die gesamte Einrichtung sollte nach Möglichkeit innerhalb eines umzäunten Camps stehen, das so groß sein muß, daß auch die Baumaschinen darin abgestellt werden können.
Ein Firmenschild des Unternehmens dient der Werbung und erleichtert Lieferanten das Auffinden der Baustelle.
Zur Baustelleneinrichtung gehört auch das Herrichten von Zufahrten und Lagerplätzen für Material. Diese werden ausplaniert und erhalten – wenn erforderlich – eine provisorische Decke aus Kiessand oder Sand/Splittgemisch, damit sie auch bei nassem Wetter benutzbar sind.
Der Aufwand für das Einrichten, Unterhalten während der Bauzeit und Räumen von Baustelleneinrichtungen wird entweder im Leistungsverzeichnis als gesonderte Leistung ausgewiesen und dann direkt in Rechnung gestellt oder als Zuschlag zu den Gemeinkosten indirekt verrechnet.

1.3 Sicherung vorhandener Vegetation

Die Sicherung von Bäumen und Pflanzenbeständen bei Baumaßnahmen ist bei dem heutigen Umweltverständnis ein wichtiger Beitrag zur Erhaltung der Landschaft und damit Umweltschutz. Es ist dies eine Aufgabe aller am Bau Beteiligten und für den Garten- und Landschaftsbau geradezu selbstverständlich.
In der DIN 18920 sind die Maßnahmen aufgezählt, die der Vegetation während der Bauzeit Schutz bieten. Hier kurz die wichtigsten:

Schutz zusammenhängender Flächen

1. Einzäunen mit einem 1,80 m hohen Maschendrahtzaun.
2. Auf künftigen Vegetationsflächen keine pflanzenschädliche Stoffe ausgießen (Zementmilch, Mineralöl, Säuren, Laugen).
3. Offene Feuer 20 m Abstand zu Bäumen und Sträucher.
4. Bauheizungen 5 m Abstand dazu.

Schutz von Bäumen

1. Wurzelbereich einzäunen (Abb. C 1).
2. Stamm durch Bohlen schützen.
3. Äste hochbinden.

Schutz des Wurzelbereiches

1. *bei Überfüllungen*
   Bei flachwurzelnden Gehölzen (Linde, Birke, Fichte, Kastanie, Apfel, Pflaume, Buche) die Hälfte des Wurzelbereichs mit Dränmaterial (Kies 0/32) abdecken, bei Tiefwurzlern ein Drittel (Abb. C 2, s. nächste Seite).
   Vorher in Handarbeit sorgfältig Oberboden, Laub usw. entfernen.

Abb. C 1. Wurzelbereich bei Bäumen nach DIN 18920.

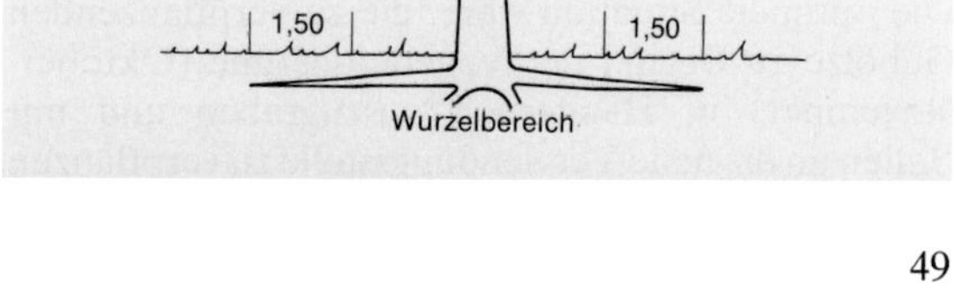

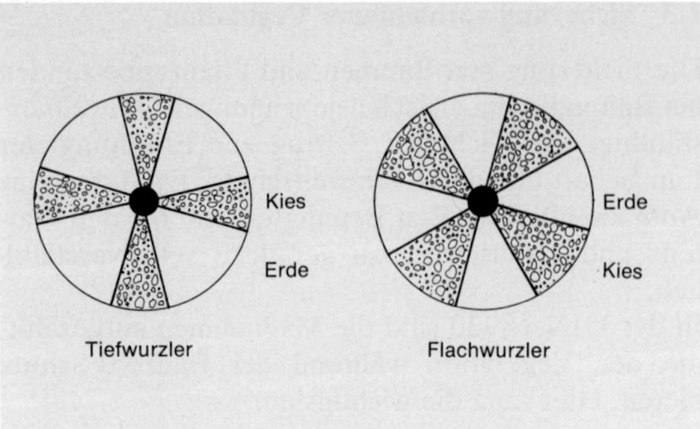

Abb. C 2. Überdeckung des Wurzelbereichs.

2. *beim Überfahren mit Baufahrzeugen* (wenn dies nicht überhaupt zu vermeiden ist)
   Abdeckung der Fahrzone mit einer 20 cm dicken Kiesschicht (die danach wieder sorgfältig zu entfernen ist), darauf sind Bohlen zu verlegen.
3. *bei Aufgrabungen*
   Im Wurzelbereich ist Handarbeit vorgeschrieben. Bei Flachwurzlern Grabenabstand mindestens 2,5 m vom Stamm, bei Tiefwurzlern 1,50 m.
   Mit Leitungen Wurzeln möglichst unterfahren; wenn unbedingt nötig, mit sauberer Schnittfläche abtrennen.
   Bei langfristigen Aufgrabungen sollte eine Vegetationsperiode vorher in Handarbeit ein Graben ausgehoben und dieser auf der Bauseite mit einer stabilen Schalung versehen werden.
   Den Graben dann mit einem für eine rasche Durchwurzelung günstigen Substrat verfüllen und feucht halten. Es soll ein sogenannter *Wurzelvorhang* entstehen.

Diese Anforderungen sollten jeweils Beachtung finden; die erforderlichen Maßnahmen müssen mit dem Auftraggeber vereinbart werden. Es wäre unverantwortlich, wenn durch Firmen des Garten- und Landschaftsbaus zu erhaltende Vegetationsflächen oder Bäume beschädigt würden.

1.4 Wiederverwendung vorhandener Vegetation

Grundsätzlich ist immer zu prüfen, ob eine beim Bau zunächst störende Vegetation (größere Bäume oder Sträucher) sinnvoll wiederverwandt werden kann.
Die optimale Situation wäre, die zu verpflanzenden Gehölze zu Beginn der Vegetationsruhe (Oktober, November) in Handarbeit auszugraben und mit Ballen an die neue Verwendungsstelle zu verpflanzen (s. auch Kap. C 8.4). Meist ist es jedoch so, daß die Baustellensituation ein Eingreifen mitten in der Vegetationszeit erfordert. Manchmal ist es möglich, die Pflanzen gleich an den Endstandort zu setzen, oft müssen sie jedoch an einem anderen Ort vorübergehend eingeschlagen werden.

Maßnahmen bei Gehölzen
Pflanz- oder Einschlagloch vorbereiten, Gehölze in Handarbeit mit möglichst großen Ballen freigraben, dann mit Bagger oder Lader aufnehmen und zur Verwendungsstelle bringen, sorgfältig pflanzen, gründlich wässern, verankern.
Verdunstungsfläche verringern durch Rückschnitt und Auslichten der Krone. Die Pflanze vor dem Graben und nach dem Pflanzen mit einem verdunstungshemmenden Mittel spritzen. Stamm mit Jute umwickeln und mit Lehm verstreichen. Bei Bedarf Schattengerüst bauen (dies ist vor allem am Einschlagplatz möglich).
Bei kleineren Gehölzen sind die Maßnahmen in abgestufter Form dieselben.

Maßnahmen bei Rasen
Soll der Rasen als Fertigrasen wiederverwendet werden, wird er mit einem *Rasensodenschneider* abgeschält. Er wird dabei aufgerollt in Stücke von 30 cm Breite und ca. 160 cm Länge, Dicke der Soden 2–3 cm. Das Abstechen der Soden von Hand ist ein zu großer Aufwand und deshalb aus Kostengründen meist nicht gerechtfertigt.
Günstigste Verlegezeit ist das Frühjahr, im Bedarfsfall auf frostfreiem Boden jedoch das ganze Jahr über möglich. Rollrasen ist nicht länger als 3 Tage lagerfähig, bei Kühle etwas länger, bei Wärme kürzer. Eine Lagerung auf Mieten ist nicht zu empfehlen. Gegebenenfalls muß der Rasen auf einer ebenen Fläche einschichtig ausgerollt und bis zur Verwendung feuchtgehalten werden.

1.5 Roden nicht erhaltbarer Gehölze

Sträucher und kleinere Bäume werden mit einem Bagger oder Lader ohne Probleme gerodet. Hierfür hat sich als besonders günstig eine Ladeschaufel erwiesen, die sich öffnen läßt (wie z. B. von Drott). Man kann die zu rodenden Gehölze damit richtig packen und herausreißen.
Auch größere Bäume kann man mit einer starken Lade- oder Planierraupe relativ rasch umwerfen – vorausgesetzt, es ist genügend Platz vorhanden.

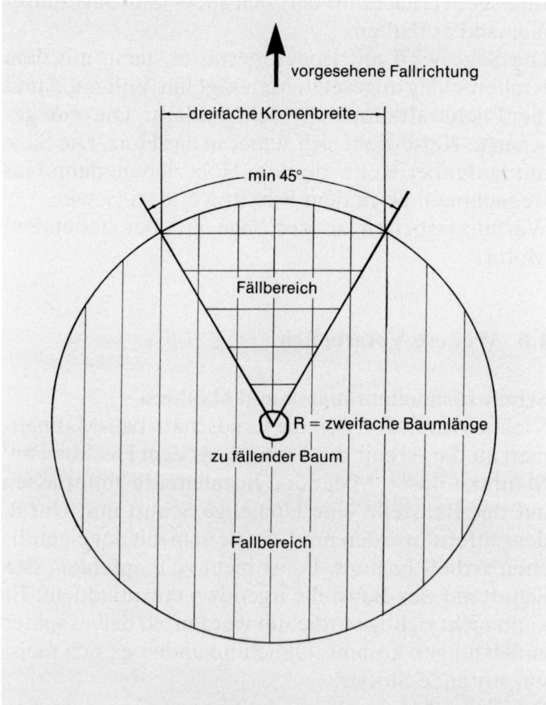

Abb. C 3. Unfallverhütungsvorschriften – Freihalten der Gefahrenbereiche.

Vorsicht – Unfallgefahr!

Wie beim Fällen mit der Säge darf sich im **Fällbereich** niemand aufhalten (Abb. C3).

Nachdem der Wurzelbereich freigelegt ist, wird der Baum umgedrückt. Wenn die Maschine dies nicht mehr schafft, wird in der Baumkrone – möglichst weit oben – ein Seil befestigt und damit der Baum umgezogen (größere Hebelkraft).

Achtung: Das Seil muß mindestens die doppelte Länge der Baumhöhe haben, damit sich das ziehende Gerät außerhalb des Fallbereichs befindet.

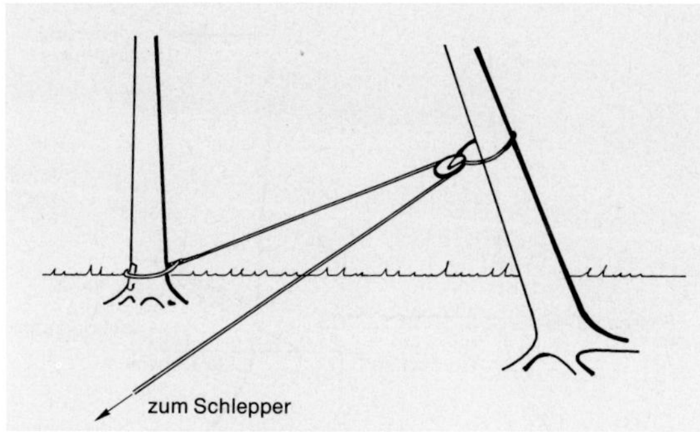

Abb. C 4. Umziehen eines Baumes.

Das Roden von Bäumen kann auch durch *Seilzuggeräte* mit Handbetrieb erfolgen (Abb. C4), wobei das Seilzuggerät sicher verankert sein muß. Dies ist durch eingeschlagene Eisenstangen, durch Befestigungen an Gebäuden oder Wurzelstöcken möglich. Bei einer Befestigung an lebenden, zu erhaltenden Bäumen müssen durch Polster (z. B. mit alten Autoreifen) Beschädigungen verhindert werden.

Hier wird der zu rodende Baum in Handarbeit freigegraben, die Wurzeln werden in Stammnähe freigelegt und abgetrennt.

Dem Roden des ganzen Baumes *mit* Wurzelstock wird im allgemeinen der Vorzug gegeben, da beim Fällen des Baumes der Wurzelstock nachher gesondert gerodet werden muß, was ohne den »Hebel« des fehlenden Stammes aufwendiger ist.

Soweit die Rodung von Wurzelstöcken nicht mit Lade- oder Planierraupe oder mit Bagger erfolgt, kann ein *Rodebock* (Abb. C5) eingesetzt werden.

Sollen die Stämme als Bauholz verwendet werden, ist das forstmäßige Fällen von Bäumen zweckmäßig, weil beim Roden Risse und Beschädigungen der Stämme unvermeidlich sind.

Beim Fällen sind die *Unfallverhütungsvorschriften* (Abb. C6) zu beachten.

Abb. C 5. Roden eines Wurzelstocks.

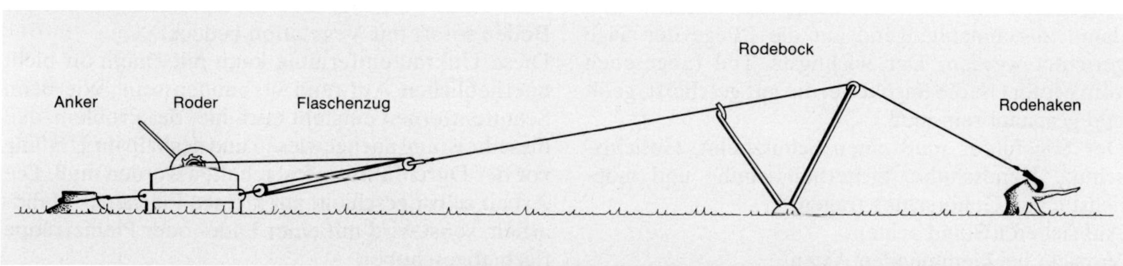

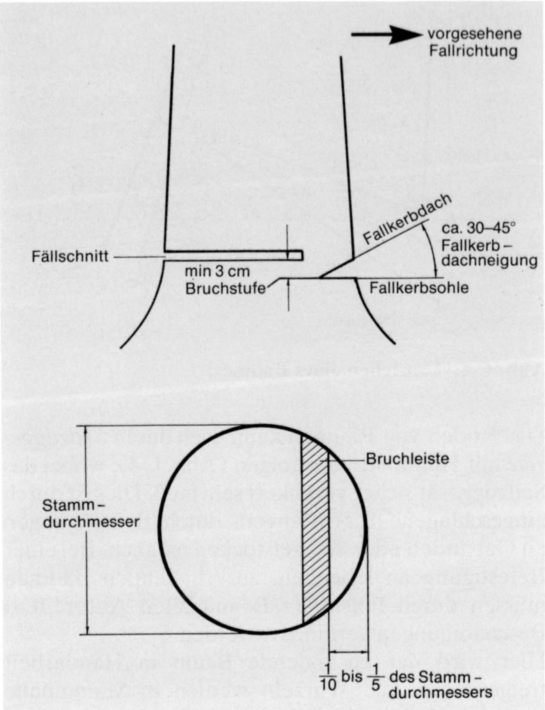

Abb. C 6. Fällen eines Baumes.

In der Fällrichtung wird zuerst ein *Fallkerb* ausgesägt, danach erfolgt der *Fällschnitt.*

Motorsägen

Zum Fällen und Zerlegen von Bäumen werden Motorsägen eingesetzt; vorwiegend Sägen für Einmann-Bedienung, die durch 2-Takt-Benzinmotoren mit 2–6 kW angetrieben werden und 30–60 cm Schwertlänge haben. Die Sägen sollten mit *Antivibrationsgriffen* und *Membranvergaser* ausgerüstet sein.

Beim Arbeiten mit Motorsägen muß ein besonderes Augenmerk auf die Verhütung von Unfällen und damit zusammenhängend auf die Pflege der Säge gerichtet werden. Der wichtigste Teil (abgesehen vom Motor) ist die Sägekette, die gut geschärft, geölt und gespannt sein muß.

Der Sägeführer muß einen Schutzhelm, Gesichtsschutz, Handschuhe, Sicherheitsschuhe und möglichst einen Gehörschutz tragen.

Auf sicheren Stand achten.

Vorsicht bei klemmenden Ästen.

Im Sägebereich (2 m) darf sich außer dem Sägeführer niemand aufhalten.

Die Säge wird am Boden gestartet, dann mit dem Krallenschlag angesetzt. Man sägt mit Vollgas, damit die Fliehkraftkupplung nicht schleift. Die gut geschärfte Kette zieht sich selber in das Holz. Die Säge mit laufender Kette aus dem Holz ziehen, dann Gas wegnehmen. Nach dem Schnitt Kette stillsetzen.

Wartungsarbeiten an der Säge nur bei stehendem Motor.

1.6 Weitere Vorarbeiten

Schutt zusammenräumen und abfahren

Vielfach schließen sich die Landschaftsbau-Maßnahmen an die Arbeit der Firmen aus dem Hochbau an. Maurer, Gipser, Maler und Installateure hinterlassen auf der Baustelle eine Unmenge Schutt und Unrat, der entfernt werden muß, bevor man mit der eigentlichen Arbeit beginnt. Es ist nicht zu empfehlen, den Schutt auf der Baustelle irgendwo einzubuddeln. Er kann nicht richtig verdichtet werden, so daß es später zu Setzungen kommt. Ohnehin handelt es sich meist um störende Stoffe.

Bei dieser Aufräumungsarbeit ist vor allem darauf zu achten, daß sie dem Auftraggeber nachgewiesen wird. Der weggefahrene Schutt ist nicht mehr sichtbar. Nachweis durch Zwischenlagerung auf Haufen, die dann aufgemessen werden, oder durch Pritschenaufmaß des Lkw. Die Fuhren werden dann rapportiert und die Rapportzettel täglich dem Auftraggeber zur Einsicht und Unterschrift vorgelegt (s. Kapitel E).

Entfernen der Verunkrautung

Die Baumaßnahmen des Hochbaus ziehen sich oft lange hin, so daß die Freiflächen, die der Landschaftsgärtner zu bearbeiten hat, mit meterhohem Unkrautwuchs bedeckt sind. Auch die Zeit zwischen der Entwidmung der Flächen und dem Baubeginn führt oft zur Verunkrautung. Dies ist ein ganz natürlicher Vorgang, bei unserem Klima wird offener Boden sofort mit Vegetation bedeckt.

Diese Unkrautentfernung kann mit einem oft nicht unerheblichen Aufwand verbunden sein. Wie beim Schuttentfernen entsteht auch hier das Problem, daß diese Leistung nachgewiesen und deshalb ihr Umfang vor der Durchführung festgehalten werden muß. Die Arbeit selbst geschieht auf kleinen Flächen in Handarbeit, sonst wird mit einer Lade- oder Planierraupe flach abgeschoben.

Diese organische Masse sollte – soweit die Möglichkeit dazu besteht – nicht auf die Mülldeponie gebracht, sondern kompostiert werden. Der daraus entstehende Kompost ist ein sehr wertvolles Bodenverbesserungsmittel, für den sich ein Mehraufwand (gegenüber der Abfuhr auf die Mülldeponie) durchaus lohnt.

Vertiefung und Kontrolle

1. Halten Sie bei Beginn des Betriebs einer Baustelle fest, welche Punkte sie in ein Eröffnungsprotokoll aufnehmen würden.
2. Erkundigen Sie sich nach den Unfallverhütungsvorschriften bei Arbeiten an Bäumen und nach den Möglichkeiten des Personenschutzes. Stellen Sie die Maßnahmen zusammen.
3. Nehmen Sie an einem Erste-Hilfe-Kurs teil.

2 Erdarbeiten

Wohl kaum eine Maßnahme des Landschaftsbaues kann durchgeführt werden, ohne Erde zu bewegen. Dabei müssen wir grundsätzlich immer unterscheiden, ob wir die Erde für vegetationstechnische oder für bautechnische Zwecke bewegen, weil wir jedesmal völlig unterschiedliche Ziele anstreben.

Beispiel: Boden für vegetationstechnische Zwecke muß locker, hohlraumreich sein.
Boden für bautechnische Zwecke muß beim Einbau immer bestmöglich verdichtet werden, damit es später keine Setzungen gibt.

Für beides gelten deshalb auch völlig verschiedene Normvorschriften.

2.1 Boden für vegetationstechnische Zwecke

Das ist Boden, der als Standort für Pflanzen dient. Dazu ist der Oberboden (früher *Mutterboden* genannt) am besten geeignet.

Oberboden
Dies ist die oberste, aus Verwitterung entstandene Bodenschicht, die Humus, also organische Substanz enthält, ein Bodenleben aus Mikroorganismen hat und dadurch in der Lage ist, Vegetation zu tragen. Oberboden wurde vorher in der Regel gärtnerisch oder landwirtschaftlich genutzt.
Steht nicht genügend Oberboden zur Verfügung, wird auch Unterboden verwendet.

Unterboden
ist die direkt unter dem Oberboden liegende Bodenschicht. Sie ist ebenfalls verwittert, hat aber weniger oder keinen Humusgehalt und enthält nur begrenzt Bodenorganismen. Durch entsprechende Maßnahmen kann der Unterboden für die Aufnahme von Vegetation verwendbar gemacht werden.
Unterboden, der zur Aufnahme von Vegetation dient, muß wie Oberboden behandelt werden.

2.1.1 Benennung, Bewertung und Einordnung der Böden in Bodengruppen

Dies wird in der **DIN 18915** geregelt, einer sogenannten *Fachnorm.* Ihre Anwendung wird durch die VOB* vorgeschrieben (s. Kap. E).

Was will die DIN 18915?

Geltungsbereich:
für Bodenarbeiten im Landschaftsbau, die vegetationstechnischen Zwecken dienen.

Zweck:
die Böden nach ihrer Eignung für vegetationstechnische Zwecke zu bewerten, in Gruppen einzuteilen und Verfahren zu ihrer Verbesserung aufzuzeigen.

Für die Einteilung werden folgende Kriterien angewandt:

1. Die Korngrößenverteilung
   Wie aus der Tabelle zu ersehen, ein Hauptmerkmal. Dabei spielt die Korngröße unter 0,02 mm eine besondere Rolle, es sind dies die abschlämmbaren Teile des Bodens.
   Im »gewaschenen« Kies fehlen diese Größen, sie sind ausgewaschen, weshalb dieses Material stark wasserdurchlässig ist. Steigt ihr Anteil, wird der Boden bindig, also zunehmend wasserundurchlässig, und ist schwerer zu bearbeiten.
   Die plastischen Eigenschaften und Konsistenz hängen ebenfalls eng mit der Bindigkeit zusam-

* VOB = Verdingungsordnung für Bauleistungen (s. Seite 354)

Bodengruppen für vegetationstechnische Zwecke nach DIN 18915

Bodengruppe	Bezeichnung	Korn-Anteile Gew.-%		Größtkorn d mm
		$d < 0{,}02$ mm	$d > 20$ mm	
1	Organischer Boden	–	–	–
2	Nichtbindiger Boden	≦ 10	≦ 10	50
3	Nichtbindiger, steiniger Boden	≦ 10	≦ 30	200
4	Schwach bindiger Boden	> 10 bis ≦ 20	≦ 10	50
5	Schwach bindiger, steiniger Boden	> 10 bis ≦ 20	≦ 30	200
6	Bindiger Boden	> 20 bis ≦ 40	≦ 10	50
7	Bindiger, steiniger Boden	> 20 bis ≦ 40	≦ 30	200
8	Stark bindiger Boden	> 40	≦ 10	50
9	Stark bindiger, steiniger Boden	> 40	≦ 30	200
10	Stark steinige Böden, leichter und schwerer Fels	–	> 30	–

men. Bindige Böden dürfen bei Nässe nicht bearbeitet werden, bei nichtbindigen Böden ist dies nicht so schlimm.

2. Die Wasserdurchlässigkeit
   ist nur bei belastbaren Vegetationsflächen (Spielrasen) wichtig.
3. Der Grundwasserstand
4. Der Gehalt an organischer Substanz
5. Die Bodenreaktion
6. Der Nährstoffgehalt
7. Die Wichte des feuchten Bodens
   (nur bei Dachgärten oder ähnlichem von Bedeutung).

Meist kommen Böden mit mehreren Korngruppen vor, die überwiegende Korngruppe wird dann als Hauptwort geführt (z. B. toniger, schluffiger Sand oder sandiger Ton).

2.1.2 Oberbodenarbeiten

Sicherung, Lagerung, Einbau

(Forderungen aus der DIN 18915)

Der Abtrag von Oberboden ist grundsätzlich gesondert von anderen Bodenarbeiten durchzuführen. Oberboden soll von allen Bau- und Baubetriebsflächen abgetragen werden.

Er ist abseits des Baubetriebs zu lagern und darf dabei nicht befahren werden. Beim Schütten von Mieten ergibt sich eine Schütthöhe von ca. 2 m.

Besonders wichtig ist, daß der Boden trocken ist, weil sonst beim Abschieben und Lagern seine Struktur zerstört wird. (Wenn sich ein bindiger Boden zwischen den Händen zu bleistiftdicken Rollen formen läßt, ist er für eine Bearbeitung zu naß.)

Die Oberbodenmiete sollte – wenn sie länger lagert – eingezäunt werden; ebenso ist eine Zwischenbegrünung zu empfehlen.

Benennung von Böden nach DIN 4022

Die folgenden Bezeichnungen werden auch in der DIN 18015 verwendet: Böden mit

Korngrößen unter	0,002 mm		bezeichnet man als Ton
Korngrößen von	0,002 mm	bis 0,06 mm	bezeichnet man als Schluff
Korngrößen von	0,06 mm	bis 2 mm	bezeichnet man als Sand
Korngrößen von	2 mm	bis 63 mm	bezeichnet man als Kies
Korngrößen über		63 mm	bezeichnet man als Steine

Nach dem Sichern des Oberbodens werden die bautechnischen Maßnahmen (Planierung, Wege- und Mauerbau usw.) durchgeführt. Erst wenn das Gelände nicht mehr befahren werden muß, kann man den Oberboden wieder auftragen.
Vor dem Oberbodenauftrag muß unbedingt der anstehende oder einplanierte Boden aufgelockert werden. Geeignet sind dazu Lade- oder Planierraupen mit Aufreißhaken.
Beim Einbau des Oberbodens wird dann mit der Lade- oder Planierraupe, bei weiteren Strecken auch mit dem Lkw, **auf dem Oberboden gefahren** und nicht auf dem vorher aufgerissenen Unterboden.
Begründung: Die durch den Fahr- und Planierbetrieb erfolgte Verdichtung kann anschließend wieder aufgelockert werden. Die Verdichtung reicht nicht tiefer als anschließend wieder gelockert werden kann. Nach dem Überdecken mit Oberboden kann jedoch der durch die Planierung verdichtete Unterboden nicht mehr gelockert werden.
Dicke des Oberbodenauftrages je nach künftiger Vegetation: für Rasen 10–20 cm, für Gehölze bis zu 40 cm.
Einbaugenauigkeit ± 5 cm, höchste Abweichung 25 % der Schichtdicke.

Aufmaß und Abrechnung
Oberboden kann an der Entnahme- oder Einbaustelle nach m^2 unter Angabe der Schichtdicke gemessen werden. Abtragsflächen vor der Entnahme messen. Günstig ist das Aufmaß der Mieten nach m^3. Die ermittelte Masse gilt für den Ab- und Auftrag.

Vertiefung und Kontrolle

1. Bestimmen Sie die Bodenqualität auf Baustellen; versuchen Sie, die Böden, mit denen Sie zu tun haben, in die Bodengruppen der DIN 18915 einzuordnen.
2. Prüfen Sie die Bearbeitbarkeit der Böden durch die Ausrollprobe.
3. Von einer Kreisfläche d = 64,80 m ist der Oberboden in einer Stärke von 20 cm abzutragen und als Miete seitlich zu lagern. Wieviel m^3 Boden muß transportiert werden, wenn Sie $^1/_5$ Auflockerung rechnen, wieviel Fuhren mit einem 8,5-t-Lkw sind erforderlich?
4. Beobachten Sie auf den Baustellen den Zeitaufwand für Oberbodenarbeiten, machen Sie darüber Notizen.

2.2 Boden für bautechnische Zwecke

Alle Arbeiten mit Boden, der nicht vegetationstechnischen Zwecken dient, sind Bodenarbeiten für bautechnische Zwecke. Dies gilt auch für Auffüllungen unter späteren Vegetationsflächen. Damit sind sämtliche Planierungen, Modellierungen und der dafür erforderliche Bodenabtrag und -auftrag bautechnische Arbeiten (sofern nicht in Ausnahmefällen mit Oberboden modelliert wird).

Als verbindliche Vorschrift für Erdarbeiten haben wir die VOB DIN 18300.

2.2.1 Einteilung und Benennung der Böden

Sie erfolgt nach **DIN 18300** entsprechend der Bearbeitbarkeit des Bodens in 7 Bodenklassen.

Klasse 1: Oberboden (Mutterboden)
Oberboden ist die oberste Schicht des Bodens, die neben anorganischen Stoffen, z. B. Kies-, Sand-, Schluff- und Tongemischen, auch Humus und Bodenlebewesen enthält.

Klasse 2: Fließende Bodenarten
Bodenarten, die von flüssiger bis breiiger Beschaffenheit sind und die das Wasser schwer abgeben.

Klasse 3: Leicht lösbare Bodenarten
Nichtbindige bis schwachbindige Sande, Kiese und Sand-Kies-Gemische mit bis zu 15 Gewichtsprozent Beimengungen an Schluff und Ton (Korngröße kleiner als 0,06 mm) und mit höchstens 30 Gewichtsprozent Steinen von über 63 mm Korngröße bis zu 0,01 m^3 Rauminhalt.
Organische Bodenarten mit geringem Wassergehalt (z. B. feste Torfe).

Klasse 4: Mittelschwer lösbare Bodenarten
Gemische von Sand, Kies, Schluff und Ton mit einem Anteil von mehr als 15 Gewichtsprozent Korngröße kleiner als 0,06 mm. Bindige Bodenarten von leichter bis mittlerer Plastizität, die je nach Wassergehalt weich bis fest sind und die höchstens 30 Gewichtsprozent Steine von über 63 mm Korngröße bis zu 0,01 m^3 Rauminhalt enthalten.

Klasse 5: Schwer lösbare Bodenarten
Bodenarten nach den Klassen 3 und 4, jedoch mit mehr als 30 Gewichtsprozent Steinen von über 63 mm Korngröße bis zu 0,01 m^3 Rauminhalt.

Nichtbindige und bindige Bodenarten mit höchstens 30 Gewichtsprozent Steinen von über 0,01 m^3 bis 0,1 m^3 Rauminhalt.
Ausgeprägt plastische Tone, die je nach Wassergehalt weich bis fest sind.

Klasse 6: Leicht lösbarer Fels und vergleichbare Bodenarten
Felsarten, die einen inneren, mineralisch gebundenen Zusammenhalt haben, jedoch stark klüftig, brüchig, bröckelig, schiefrig, weich oder verwittert sind, sowie vergleichbare verfestigte nichtbindige und bindige Bodenarten.
Nichtbindige und bindige Bodenarten mit mehr als 30 Gewichtsprozent Steinen von über 0,01 m^3 bis 0,1 m^3 Rauminhalt.

Klasse 7: Schwer lösbarer Fels
Felsarten, die einen inneren, mineralisch gebundenen Zusammenhalt und hohe Gefügefestigkeit haben und die nur wenig klüftig oder verwittert sind.
Festgelagerter, unverwitterter Tonschiefer, Nagelschichten, Schlackenhalden der Hüttenwerke und dergleichen.
Steine von über 0,1 m^3 Rauminhalt.

Diese Bodenarten werden in den Leistungsbeschreibungen angegeben und sind entscheidend für die Preisgestaltung bei einem Angebot.

Wie wir ersehen, spielt der Anteil der kleinen Korngrößen (hier liegt die Grenze bei 0,06 mm), also der Anteil an abschlämmbaren Teilen und somit die Bindigkeit, auch hier eine große Rolle, insbesondere zwischen Klasse 3 und 4.
Schwer lösbar (Klasse 5) wird der Boden dann durch den Anteil an Steinen.

Klasse 6 kann noch mit Bagger oder Lader – wenn auch erschwert – gelöst werden.
Für Klasse 7 braucht man einen Kompressor.

2.2.2 Bodenabtrag – Transport – Einbau – Verdichtung

Diese Arbeitsgänge fallen in der Regel bei Erdarbeiten an, auch wenn dies beim Einsatz von Lade- oder Planierraupen als ein Arbeitsgang erscheint.

Bodenabtrag
Grundsätzlich zu unterscheiden ist der Seiten- oder der Lagenabbau.

Seitenabbau (Abb. C 7)
Ausführung: mit Ladern oder Bagger, weniger mit Planierraupe
Vorteile: Abtrag auf fertige Höhe
kleine Entnahmestelle, damit witterungsunabhängiger
Nachteile: keine

Lagenabbau (Abb. C 8)
Ausführung: mit Flachbaggergeräten
Vorteile: Trennung verschiedener Bodenschichten möglich
Nachteile: witterungsanfällige große Entnahmestelle
Bei der Herstellung eines Planums werden die Bodenmassen auf der Baustelle ausgeglichen. Dabei wechselt Auf- und Abtrag oft rasch; es handelt sich dann meist um einen Lagenabbau.

Transport
Man spricht von einem erdgebundenen Transport, wenn der Boden mit dem Schild einer Planierraupe

Abb. C 7. Seitenabbau – Seiteneinbau.

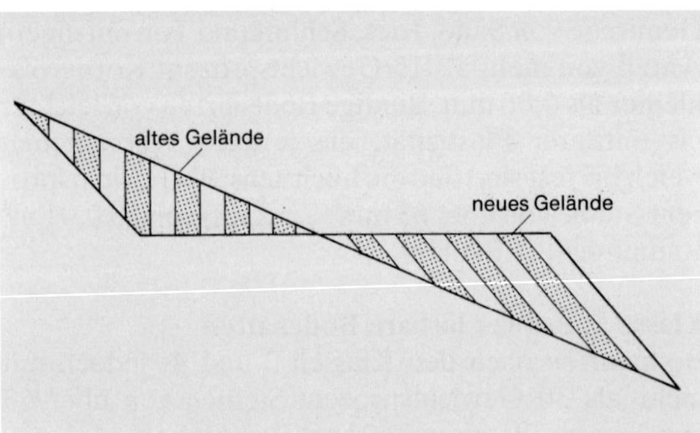

Abb. C 8. Lagenabbau – Lageneinbau.

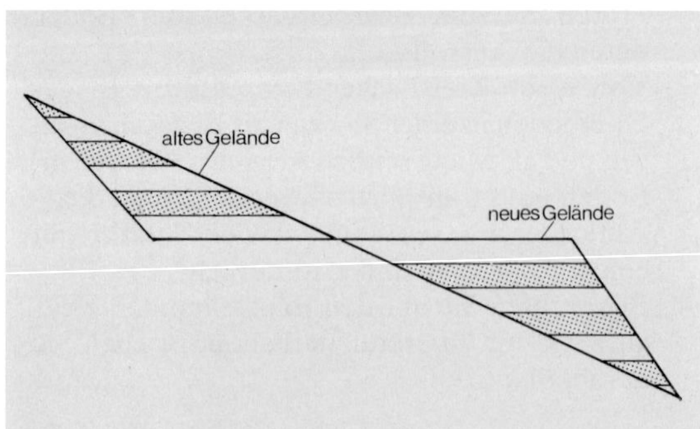

geschoben wird. Dies ist auch mit der Laderaupe möglich. Man erreicht hiermit die größte Leistung, die aber mit zunehmender Transportweite zurückgeht.
Grenzwerte: erdgebundener Transport ca. 50–80 m, Lader mit gehobener Schaufel ca. 100 m.
Bei größeren Entfernungen müssen zusätzlich Lkws eingesetzt werden. Es ist oft besser, schon bei kürzeren Entfernungen mit dem Lkw zu arbeiten, weil er doch wesentlich schneller transportiert als Raupen oder Lader.

Einbau
Grundsätzlich unterscheiden wir wieder in Lagen- oder Seiteneinbau.

Seiteneinbau (Abb. C 7)
Ausführung: mit allen Geräten
Vorteile: geringe Planierarbeiten, wenig wetteranfällig
Nachteile: keine Verdichtung möglich

Lageneinbau (Abb. C 8)
Ausführung: Lader oder Planierraupe
Vorteile: gute Verdichtung, unter Umständen schon durch den Planierbetrieb ausreichend
Nachteile: witterungsanfällig

Als günstige Kombination ergibt sich der Seitenab- und der Lageneinbau.

Bei Schüttungen am Hang Untergrund aufreißen, gegebenenfalls abtreppen. Nie Oberboden überdekken; er bildet eine wasserundurchlässige Schicht, Überdeckungen rutschen darauf ab.

Verdichtung
Dieser Maßnahme kommt eine große Bedeutung zu. Wird ein anstehender Boden gelöst und abgetragen, lockert er sich um ca. 20–30 % auf. Um dieses Maß »setzt« er sich wieder, wenn er beim Einbau nicht verdichtet wird. Die natürliche Setzung dauert ein bis zwei Jahre und erfolgt verstärkt unter dem Einfluß der Winterfeuchtigkeit. Nachträgliche Setzungen sind jedoch weder unter Bauwerken (Wege, Treppen, Mauern), noch unter Rasen oder Pflanzungen erwünscht. Daraus folgt, daß auch unter späteren Vegetationsflächen grundsätzlich beim Einbau verdichtet werden muß.
Die beste Verdichtung wird erreicht, wenn man den Boden in nicht zu dicken Schichten einbaut (günstig 30 bis max. 40 cm). In diesem Fall reicht die Verdichtung durch die Planiergeräte aus, wenn der Boden bei Bedarf noch einige Male überfahren wird.
Bei größeren Baumaßnahmen oder nach dem Auffüllen von Gräben wird der Einsatz geeigneter Verdichtungsgeräte erforderlich.

Der Hauptfeind bei Erdbaumaßnahmen ist das Wasser. Also Hauptforderung: Wasser fernhalten!

- Als erste Maßnahme dafür sorgen, daß anfallendes Wasser ablaufen kann
- durch Gräben oder Wälle Oberflächenwasser ableiten, bevor es in den Baubereich kommt
- Entnahmestellen klein halten
- angefahrenen Boden bei drohendem Wetterwechsel nicht locker liegenlassen, sondern sofort verdichten und die Oberfläche abglätten; so planieren, daß das Wasser abläuft
- auf Fahrstraßen Spuren ausplanieren.

Aufmaß und Abrechnung
Die exakteste Methode, Erdarbeiten abzurechnen, ist ein Nivellement vor und ein weiteres Nivellement nach der Planierung. Aus den Nivellements läßt sich der Auf- und Abtrag nach m^3 berechnen. Überwiegt der Auftrag, ist die Differenz zum Abtrag die Masse des gelieferten Bodens. Überwiegt der Abtrag, ist die Differenz zum Auftrag die Masse des abgefahrenen Bodens.
Leider sind Nivellement und Berechnung sehr zeitaufwendig und deshalb nur bei großen Mengen rentabel.
Wird exakt nach Plan gebaut, genügt *ein* Nivellement, mit dem die Erdmassen für die Planerstellung errechnet werden können; danach wird auch abgerechnet.
Eine relativ einfache Methode ist die Abrechnung des Rohplanums nach m^2, wobei die maximale Abtragshöhe angegeben werden muß. Darüber hinausgehende Massen werden dann in einer gesonderten Position nach m^3 abgerechnet.
Die Abrechnung auf Nachweis hat immer den Nachteil, daß Stundenlohn mit Akkordarbeit vermischt ist.

Vertiefung und Kontrolle
Beobachten Sie, welche Arbeitsweise auf eigenen und fremden Baustellen zur Anwendung kommt und wie sich die jeweilige Arbeitsweise bewährt, achten Sie auf Fehler.

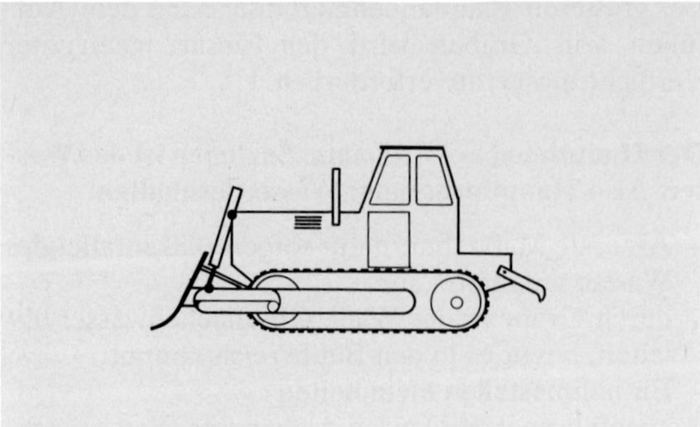

Abb. C 9. Planierraupe.

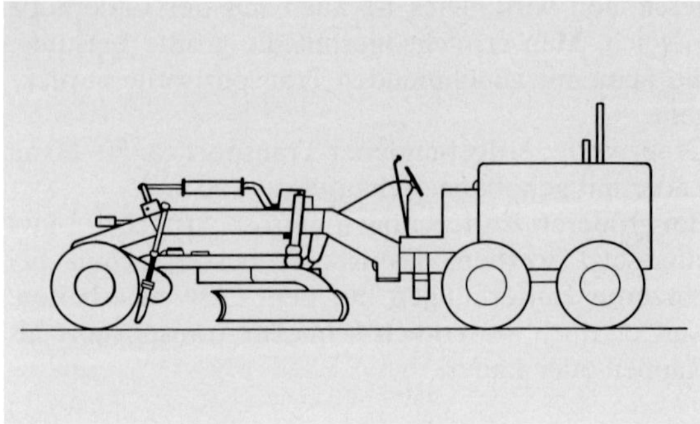

Abb. C 10. Grader.

2.3 Erdbaugeräte

2.3.1 Flachbaggergeräte

1. Planierraupen (Abb. C 9)
Durch Raupen angetriebene Geräte mit Dieselmotor. Sie sind geeignet zum flachen Abtragen und Verteilen des Bodens. Echt leistungsfähig ab ca. 50 kW. Da auch mit Laderaupen planiert, mit der Planierraupe aber nicht geladen werden kann, sind Planierraupen im Garten- und Landschaftsbau nur in größeren Betrieben oder als Mietfahrzeuge rentabel einsetzbar. Sie sollten auf jeden Fall mit hydraulisch wirkenden Heckaufreißern ausgerüstet sein. Die reinen Planier- und Aufreißleistungen sind größer als bei Laderaupen.

2. Grader / Erdhobel (Abb. C 10)
Ein Planiergerät mit Luftbereifung und großem Radstand. Das Planierschild ist nicht wie bei der Planierraupe vorne, sondern zwischen den Achsen angeordnet; es ist horizontal und vertikal schwenkbar.
Der Grader ist nicht zum Massentransport, sondern mehr zum Planieren geeignet. Hier leistet er gute Arbeit, besonders beim Einbauen von Trag- oder Dränschichten im Wege- und Sportplatzbau. Er sollte mit Niederdruckreifen mit flachem Profil ausgerüstet sein. Nur auf größeren Flächen brauchbar.

3. Scraper / Schürfkübel (Abb. C 11)
Ein Gerät, das wegen seiner Größe im Garten- und Landschaftsbau selten (dann als Mitfahrzeug) eingesetzt wird. Schürfkübel mit Reifen sind auf dem Schlepper aufgesattelt. Sie nehmen den Boden durch Absenken des Kübels auf und entleeren ihn durch Anheben. Sie arbeiten im Kreisverkehr und brauchen deshalb viel Platz. Kübelinhalt 7–40 m^3.
Raupengetriebene Schürfkübel sind in der Regel kleiner und rangieren auf engerem Raum.

Abb. C 11. Schürfkübel.

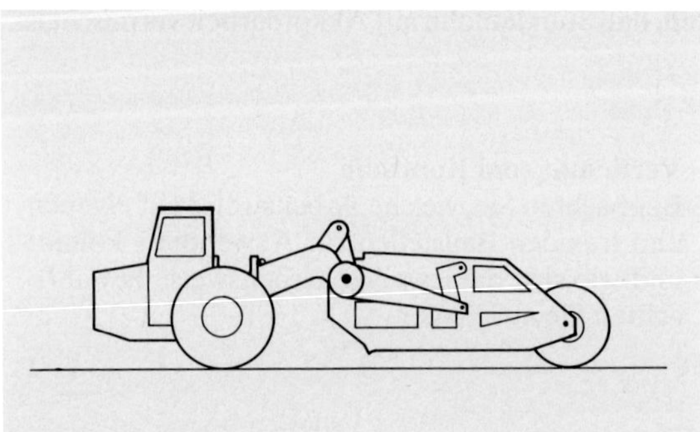

Abb. C 12. Laderaupe.

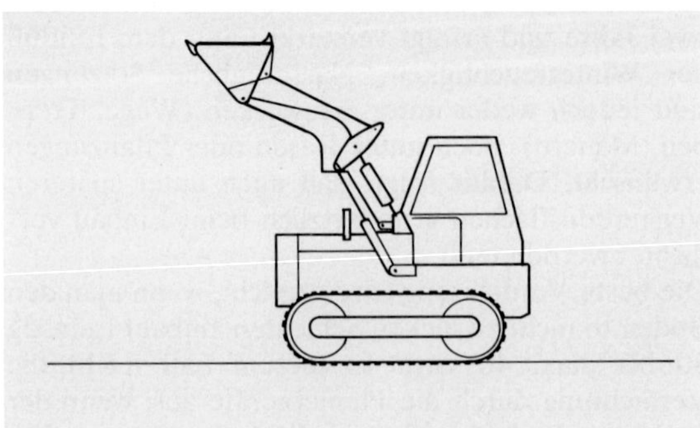

Abb. C 13. Radlader.

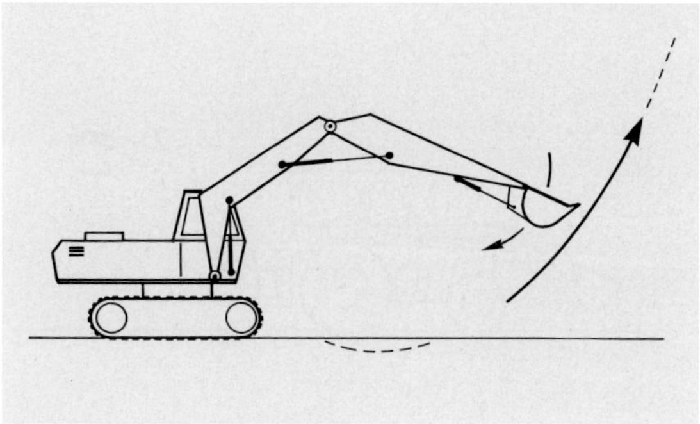

Abb. C 14. Hochlöffelbagger.

2.3.2 Lader

1. Laderaupe (Abb. C 12)
Es handelt sich fast ausschließlich um Frontlader. Sie werden dort eingesetzt, wo es auf Schubkraft und Standfestigkeit ankommt – Laden, Abräumen, Planieren. Konkurrenzgerät ist der Radlader, dem die Laderaupe im Gelände jedoch überlegen ist. Nachteil: Laderaupen müssen mit Tiefladern transportiert werden. Im Landschaftsbau werden leistungsstarke Geräte ab 50 kW eingesetzt.

2. Radlader (Abb. C 13)
Im Gegensatz zur Laderaupe luftbereift. Dadurch hat der Radlader einige Vorteile:

- auf festem Boden schneller
- größere Transportweiten
- Überfahren von Wegen, Kanten usw. möglich
- kein Tieflader erforderlich (zumindest bei kürzeren Entfernungen)

Radlader sind auch als kleinere Geräte sehr gut verwendbar und als große sehr leistungsfähig. Für reine Planierarbeiten sind sie nicht geeignet.

2.3.3 Bagger

Heute sind nur noch dieselmotorgetriebene **Hydraulikbagger** üblich. Sie sind auf Raupen oder auf Räderfahrwerk montiert, wobei im Landschaftsbau die letzteren überwiegen. Als Arbeitsgerät kommen der **Hochlöffel** (Abb. C 14), der **Tieflöffel** (Abb. C 15) oder der **Greifer** (Abb. C 16) in Frage; Hoch- und Tieflöffel haben größere Leistung, der Greifer braucht weniger Platz.
Im Landschaftsbau sind vielfach kombinierte Geräte im Einsatz, die sogenannten Baggerlader.

Baggerlader (Abb. C 17)
Als Grundgerät dient ein Schlepper, der vorne eine Ladeschaufel hat und am Heck einen Bagger. Durch

Abb. C 15. Tieflöffelbagger.

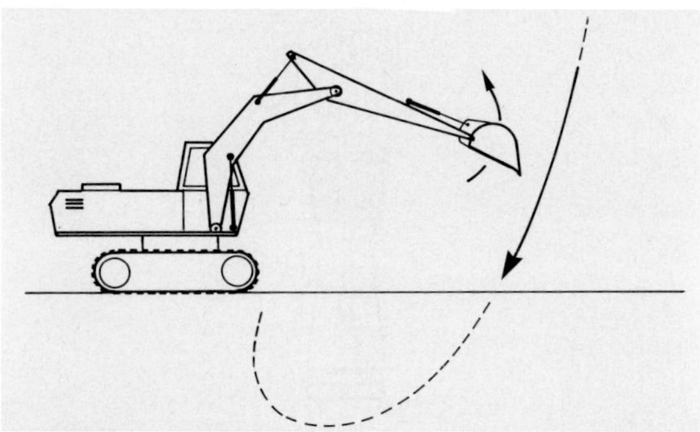

Abb. C 16. Greifbagger.

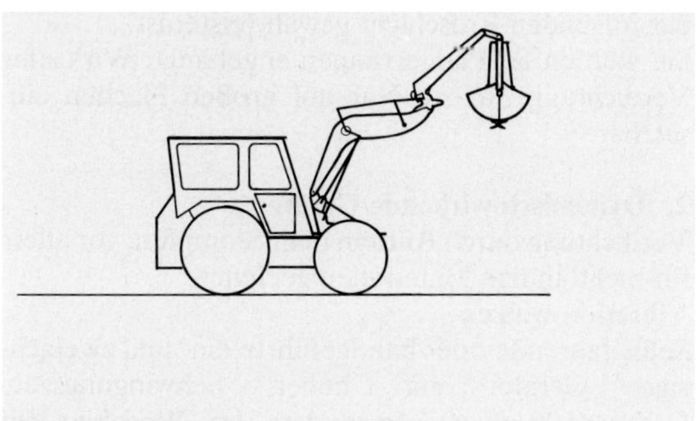

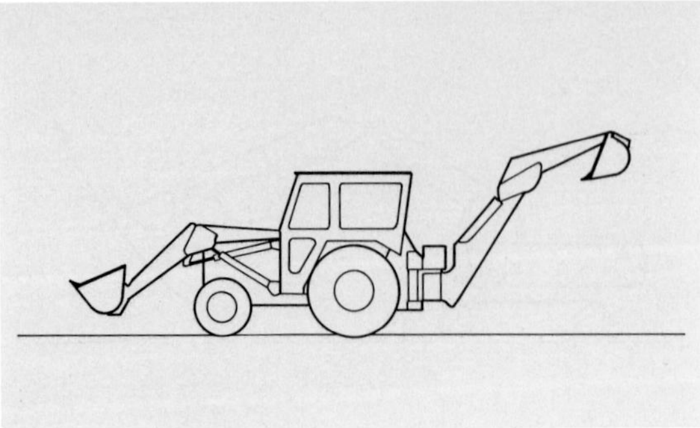

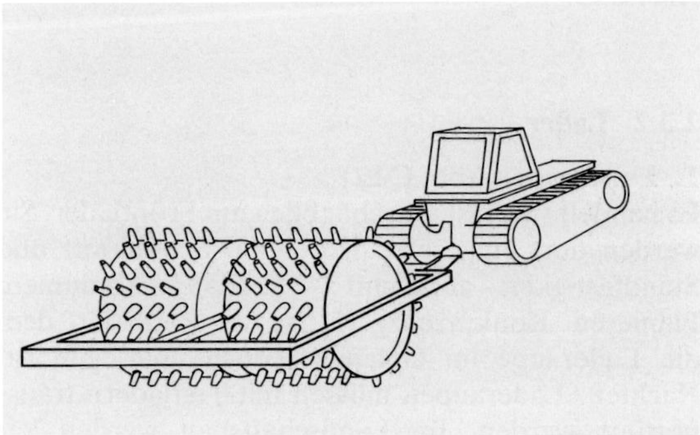

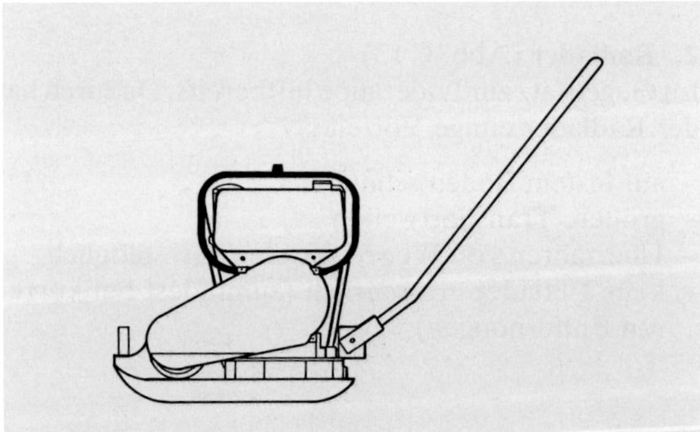

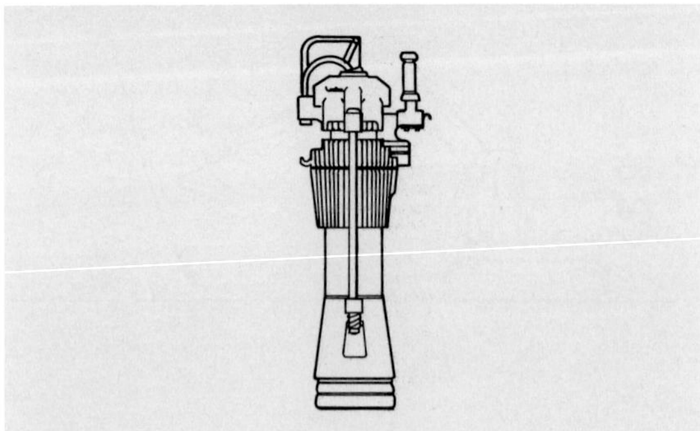

Abb. C 17. Baggerlader.
Abb. C 18. Dreiradwalze.
Abb. C 19. Schaffußwalze, hier von einer Planierraupe gezogen.
Abb. C 20. Rüttelplatte.
Abb. C 21. Explosionsramme.

relativ raschen Umbau können statt des Baggers Bodenbearbeitungsgeräte angebaut werden. Diese Kombigeräte haben sich gerade auf mittleren und kleineren Baustellen als »Kuli« sehr bewährt.

2.3.4 Verdichtungsgeräte

1. Statisch wirkende Geräte
Walzen, die hauptsächlich durch ihr Gewicht wirken. Einsatz auf bindigen Böden. Es sind **Glattradwalzen,** als Einachser gezogen oder selbstfahrend als *Dreirad- oder Tandemwalze* (Abb. C 18). Erhöhung des Gewichts durch Wasserfüllung. Wirksame Verdichtung 20 cm tief.
Schaffußwalzen (Abb. C 19) wirken durch die Nokken *(Schaffüße)* knetend. Einsatz auf bindigen Böden.
Vorteil: die oberste Schicht wird nicht glatt, sondern aufgerauht, wodurch eine bessere Verbindung mit der folgenden Erdschicht gewährleistet ist.
Sie werden an Planierraupen angehängt. Wirksame Verdichtung 30 cm. Nur auf großen Flächen einsetzbar.

2. Dynamisch wirkende Geräte
Verdichtung durch Rütteln oder Stampfen, vor allem für nichtbindige Materialien geeignet.
Vibrationswalzen
Selbstfahrende oder handgeführte ein- und zweiachsige Geräte mit hoher Schwingungszahl (1800–4500/min*). Besonders im Wegebau für

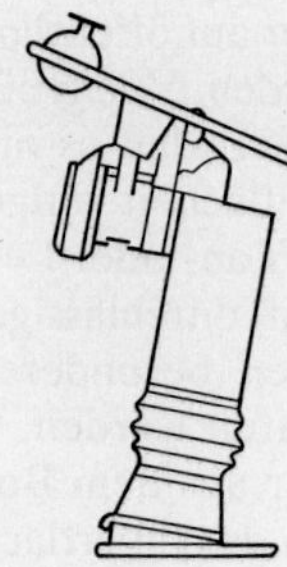

Abb. C 22. Rüttelstampfer.

Trag- und Deckschichteneinbau geeignet. Wirksame Verdichtung 20–40 cm, je nach Größe der Walze.

Rüttelplatten (Abb. C 20) / **Vibrationsplatte**
Handgeführte Geräte mit hoher Schwingungszahl zum Verdichten von Boden und Tragschichten; leichtere Geräte auch zum Abrütteln von Pflasterungen geeignet. Verdichtung wirkt tiefer als bei der Vibro-Walze – je nach Größe 20–60 cm.

Explosionsramme (Abb. C 21)
Stampfende, knetende Verdichtung (ca. 50–80 Schläge/min), auch für bindige Böden geeignet, bis 50 cm wirksam. Anwendung vor allem zur Verdichtung von Gräben.

Rüttelstampfer (Abb. C 22)
Motorgetriebenes Kurbel-Feder-System mit 200–800 Schlägen/min. Anwendung in Gräben und auf kleinen Flächen. Verdichtungstiefe auf bindigen Böden 20 cm, in Sand und Kies bis 40 cm.

2.3.5 Transportgeräte

Das am meisten eingesetzte Gerät ist der **Lkw mit Dreiseitenkipper,** im schweren Gelände mit Allradantrieb. Spezialfahrzeuge sind im Landschaftsbau nicht üblich.

Förderbänder. Einsatz nur in speziellen Fällen, zur Überwindung von Höhenunterschieden (z. B. bei Dachgärten).

Zusammenfassung
Aus Kostengründen kann heute auf den Einsatz von Geräten nicht verzichtet werden. Handarbeit ist im Erdbau auf kleinste Flächen und Massen beschränkt.

* ^{1}/min = Umdrehungen pro Minute

Als Nachteil des Geräteeinsatzes wird vor allem die dadurch bedingte Bodenverdichtung genannt.
Zunächst sei dazu festgestellt, daß sich hierin Luftbereifung und Raupenfahrwerk im Endeffekt nicht unterscheiden. Das luftbereifte Gerät verdichtet durch den höheren Bodendruck und durch die knetende Wirkung der Reifen. Das Raupenfahrwerk überträgt die Motorvibration direkt auf den Boden und wirkt so wie ein Rüttelgerät.
Generell muß festgestellt werden, daß im bautechnischen Erdbau die Verdichtung des Bodens grundsätzlich erwünscht ist.

Bei Oberbodenarbeiten ist die Verdichtung unerwünscht. Sie unterbleibt bzw. wird unwirksam, wenn man

1. auf jeden Fall immer vor dem Oberbodenauftrag den Untergrund aufreißt,
2. danach auf dem Oberboden fährt,
3. Oberboden nur bewegt, wenn er trocken ist,
4. verdichteten Oberboden auflockert.

Vertiefung und Kontrolle

1. Beobachten Sie den Zeitaufwand für Erdarbeiten (planieren, laden, verdichten), machen Sie Notizen.
2. Vergleichen Sie die Leistungen verschiedener Geräte.
3. Erkundigen Sie sich nach den Unfallverhütungsvorschriften beim Einsatz von Erdbaugeräten, und stellen Sie diese zusammen.

2.4 Unfallverhütungsvorschriften (Auszug)*

Erdbaugeräte
Fahrer-Mindestalter 18 Jahre.
Aufenthalt im Gefahrenbereich der Geräte ist verboten.
Bei Arbeitspausen oder Reparaturen muß der Greifer oder die Ladeschaufel abgesetzt oder abgestützt werden.

Beim Grabenaushub

1. Alle in Gräben Arbeitenden müssen einen Kopfschutz tragen.

* Herausgeber: Berufsgenossenschaften

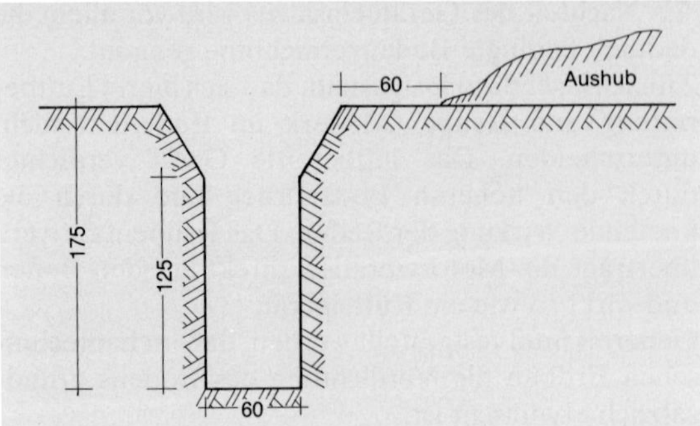

Abb. C 23. Grabenaushub unter Beachtung der UVV.

2. Verbauung
   Bei standfestem Boden bis 1,25 m Tiefe keine Verbauung,
   ab 1,25 m Tiefe eine Saumbohle,
   ab 1,75 m Tiefe volle Verbauung.
3. Abböschen (Abb. C 23)
   Statt der Grabenverbauung, die sehr aufwendig ist, kann abgeböscht werden:
   bis zu einer Tiefe von 1,25 m nicht erforderlich,
   ab 1,25 m Tiefe 1,25 m senkrecht, dann abböschen,
   ab 1,75 m Tiefe voll abböschen.
   Böschungswinkel bei Bodenklasse 3 + 4 45°
   Böschungswinkel bei Bodenklasse 5 60°
   Böschungswinkel bei Bodenklasse 6 80°
   Böschungswinkel bei Bodenklasse 7 90°
4. Mindestbreite von Gräben:
   bis 1,75 m Tiefe 60 cm,
   ab 1,75 m Tiefe 80 cm.
5. Am Grabenrand muß ein Streifen in 60 cm Breite frei von Aushub bleiben.
6. Ab 80 cm Grabenbreite müssen Übergänge vorhanden sein.
7. Ab einer Tiefe von 1,25 m müssen Leitern im Graben bereitstehen.
8. Vorsicht bei vorhandenen Leitungen, insbesondere bei Strom und Gas.

3 Entwässerungsmaßnahmen

Große Teile unserer Grünanlagen erfordern keine Entwässerung, so die Pflanzungen und die meisten Rasenflächen.
Oft kann das Wasser von kleineren Plätzen und Wegen in die anschließenden Grünflächen geleitet werden. Dies ist allerdings nicht immer möglich; so darf z. B. kein Wasser auf öffentliche Wege oder zum Nachbar geleitet werden. Von größeren Belagflächen kommt so viel Wasser, daß es nicht mehr von den Rasen- oder Pflanzflächen aufgenommen werden kann. Bei schweren Ton- oder Lehmböden tritt dies schneller ein als auf durchlässigen Sandböden. In diesen Fällen müssen besondere Maßnahmen zur Entwässerung getroffen werden, wobei wir mit der **Dränung** das Wasser aus dem Boden abführen und mit der **Kanalisation** das Oberflächenwasser.

3.1 Abführen von Bodenwasser / Dränung

3.1.1 Aufgabe und Funktion

Das *Bodenwasser* wird durch ein offenes Rohrsystem angesaugt, gesammelt und zur nächsten Vorflut abgeführt.
Als **Vorflut** bezeichnet man das System, in welches das Wasser geleitet wird. Das kann ein Bach, Fluß oder See sein, meist ist es die öffentliche Kanalisation oder eine an diese angeschlossene Grundstücksentwässerung. Gelegentlich müssen zur Aufnahme des gesammelten Dränwassers *Sickergruben* angelegt werden.
Unter dem an sich deutlichen Begriff Bodenwasser verstehen wir auch das Oberflächenwasser, das wir durch die Verwendung von durchlässigem Material rasch in den Boden leiten, wo es die Dränung aufnimmt.
In der Landwirtschaft hat die Dränung die Aufgabe, den Grundwasserspiegel abzusenken. Diese großflächigen Dränungen werden jedoch kaum vom Garten- und Landschaftsbau ausgeführt.
Wo wird im Garten-, Landschafts- und Sportplatzbau eine Dränung erforderlich?

1. zur Bautensicherung,
2. zur Entwässerung vernäßter Stellen,
3. zur Böschungssicherung,
4. im Sportplatzbau,
5. bei Dachgärten.

3.1.2 Material für Dränungen

Es sind Rohrleitungen herzustellen:

1. Kunststoffdränrohre (Abb. C 24)
sind aus PVC oder PE. Es sind die am meisten verwendeten Rohre.

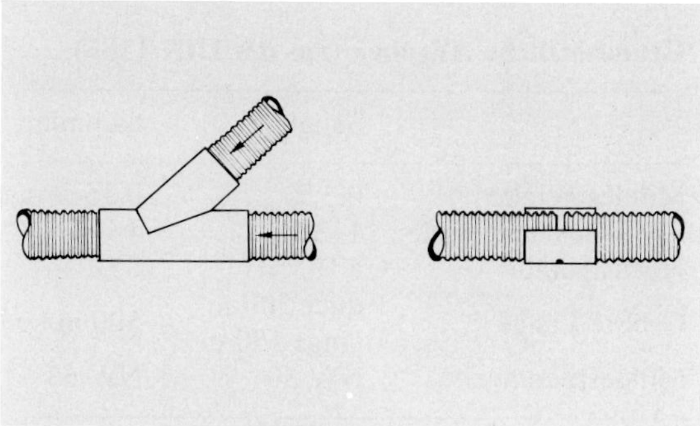

Abb. C 24. Dränrohre aus PVC.

Der Wassereintritt erfolgt durch Schlitze, die sich quer zum Rohr im Tal der Wellung befinden. Längsschlitze haben sich nicht bewährt, weil sie bei Erddruck zusammengepreßt werden.
Damit das Eindringen von feinen Bodenteilchen in die Rohre verhindert wird, hat man sogenannte *Vollfilterrohre* entwickelt, die mit Kunststoffasern umhüllt sind.
Die Rohre gibt es als 5 m lange Stangen oder auf Rollen als sogenannte *Endlosrohre*. Sie lassen sich leicht ablängen und durch Muffen verbinden. Dazu gibt es Abzweige, Reduktionsmuffen und Bögen.
Nennweiten (NW) von 50–200 mm.
Der Vorteil der Kunststoffrohre liegt in ihrem geringen Gewicht und dem leichten Verlegen.

2. Filterrohre aus Beton
Die Rohrwände sind aus Einkornbeton, der wasserdurchlässig ist. Die Rohre haben Falzverbindung. Sie sind in Längen von 333, 500, 750 und 1000 mm mit NW von 80, 100, 125, 150, 200, 250, 300, 350 und 400 mm im Handel.

Abb. C 25. Dränung hinter einer Mauer.

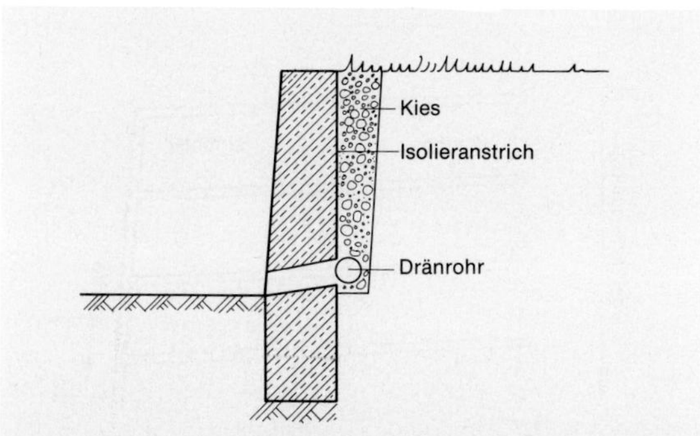

Sie sind recht stabil und widerstandsfähig und haben eine gute Wasserführung.

3. Dränrohre aus Ton
Es ist das klassische alte Dränrohr, 333 mm lang, NW von 50–300 mm, das stumpf gestoßen verlegt wird. Der Wassereintritt erfolgt durch die Stöße. Seine Eigenschaften in bezug auf Wasserführung sind ausgezeichnet. Es wird heute selten verwendet (hoher Arbeitsaufwand).

3.1.3 Durchführung von Dränarbeiten

Dränverfahren

1. Zur Bautensicherung (Abb. C 25)
Die Rückseite einer Stützmauer muß gegen das andrückende Bodenwasser geschützt werden. Dazu gehört zunächst ein *Dichtungsanstrich* (z. B. mit *Inertol* oder *Vandex*). Um das Wasser schon vorher abzufangen und nach unten zu leiten, baut man eine *Filterschicht* ein.

Geeignete Filterschicht-Materialien
Kies oder Split 08/16
Kiessand 0/32
FF-Dränplatten aus Styropor
Bimsplatten aus Einkornbeton
Hochlochziegel

Es hängt von den Verhältnissen ab, welches Material verwendet wird.
Das anfallende Wasser wird vom Dränrohr aufgenommen und abgeführt. Oft genügt es, das Dränrohr durch die Mauer zu führen, vor der Mauer richtet das Wasser keinen Schaden mehr an. Wo das Wasser vor der Mauer stört, leitet man es in die Kanalisation, entweder oberflächig oder durch direkten Anschluß.

Wichtige Forderung: Wird eine Dränung direkt an die Kanalisation angeschlossen, muß ein **Sandfang** vorgeschaltet werden (Abb. C 26).

In gleicher Weise werden auch andere Bauten (Häuser, Wasserbecken usw.) vor dem Bodenwasser geschützt. Oft liegt hier die Dränung so tief, daß nur an die Kanalisation angeschlossen werden kann.

Mit der Dränung von Gebäuden kommt der Landschaftsgärtner oft nur in ihrem oberen Abschluß an der Hauswand in Berührung, wo er sie durch Grobkies oder Traufplatten abschließt. Hier sind die Anschlüsse durch Einbauen von durchlässigem Material sorgfältig herzustellen. Es ist ein grober Unfug, die Filterschichten mit Erde zu überdecken.

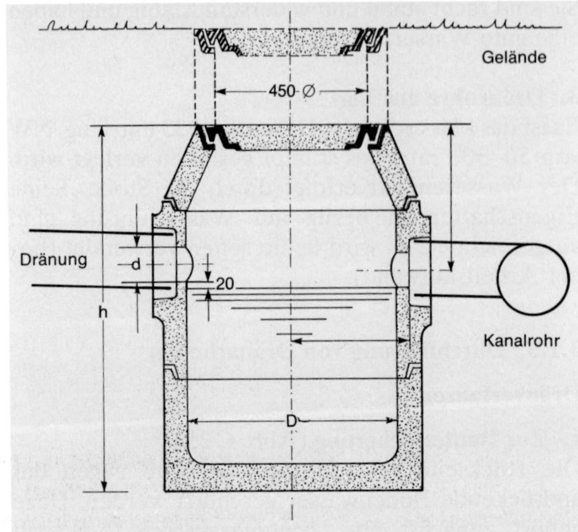

Abb. C 26. Sandfang.

Grundsätzliche Angaben (aus der DIN 1185)		
	Sauger	Sammler
Mindestgefälle	0,3 %	0,15 %
Erwünschtes Gefälle	1–3 %	4 %
Höchstgefälle	8 %	8 %
Größte Länge	quer 200 m längs 150 m	500 m
Mindestnennweite	NW 50	NW 65

2. Entwässerung vernäßter Stellen

Aus der landwirtschaftlichen Dränung kommen die Begriffe, die sinngemäß auch auf kleinere Flächen angewandt werden.

Längsdränung (Abb. C 27)
Anwendung bei einem Gelände mit wenig Gefälle. Die Sauger werden in Richtung des Oberflächengefälles (längs) verlegt. Dadurch hat man überall die gleiche Grabentiefe und nützt das Gefälle aus; der Sammler verläuft quer.

Querdränung (Abb. C 28)
Bei stärkerem Oberflächengefälle verlegt man die Sauger quer dazu. Durch die schräg zur Fallinie verlaufende Verlegung erhält man das nötige Gefälle und wieder gleiche Grabentiefen.

Saugerabstände je nach Bodenart, bei Ton von 4–8 m, bei leichten Böden bis zu 20 m.

3. Zur Böschungssicherung

Aufschüttböschungen (Abb. C 29)
Wichtig ist hier, das Wasser abzufangen, bevor es die Schüttung durchnäßt und ins Rutschen bringt.
Es wird oberhalb ein Graben ausgehoben, in diesen das Dränrohr verlegt und an eine geeignete Vorflut angeschlossen. Damit diese Dränung nicht nur das Wasser im Boden erfaßt, sondern auch das Oberflächenwasser, wird der Drängraben bis zu 5 cm unter Oberkante mit durchlässigem Material verfüllt, je nach Vorkommen mit Kies oder Splitt 8/16 oder 8/32.

Abtragsböschung (Abb. C 30)
Beim Abgraben einer Böschung schneidet man oft wasserundurchlässige und damit wasserführende Schichten an. Diese bilden nach dem Abgraben des Widerlagers eine Gleitschicht, auf die der auflagernde Boden abrutscht. Diese Stellen sind schon während der Erdbewegung zu erkennnen, wenn hier der

Abb. C 27. Längsdränung.

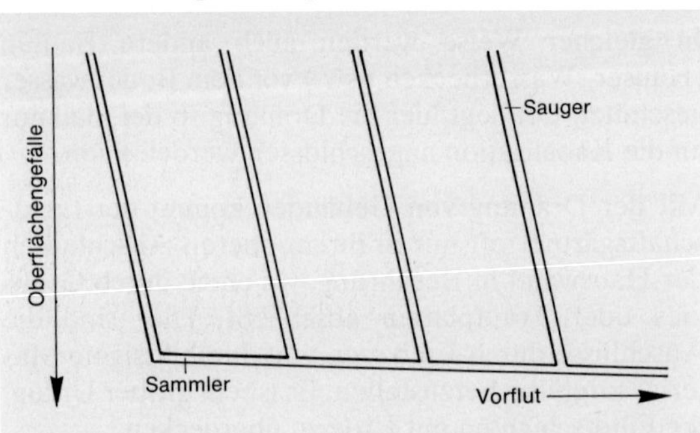

Abb. C 28. Querdränung.

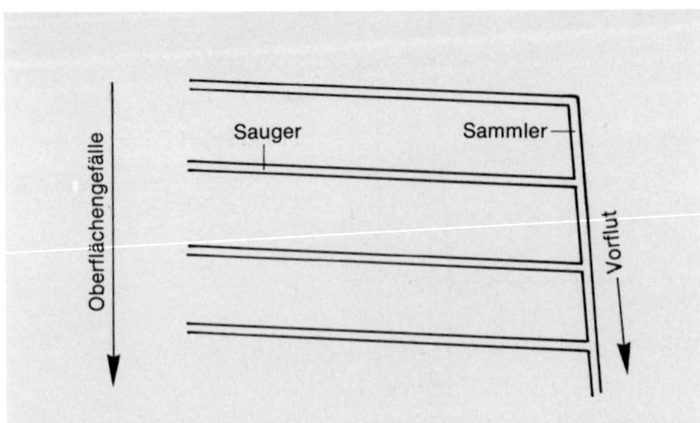

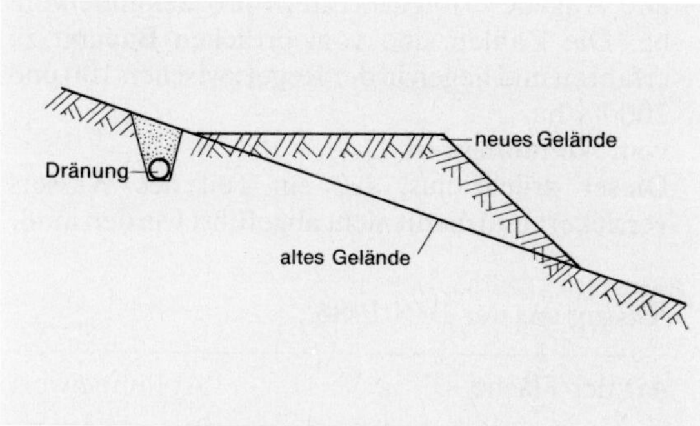

Abb. C 29. Dränung einer Aufschüttböschung.

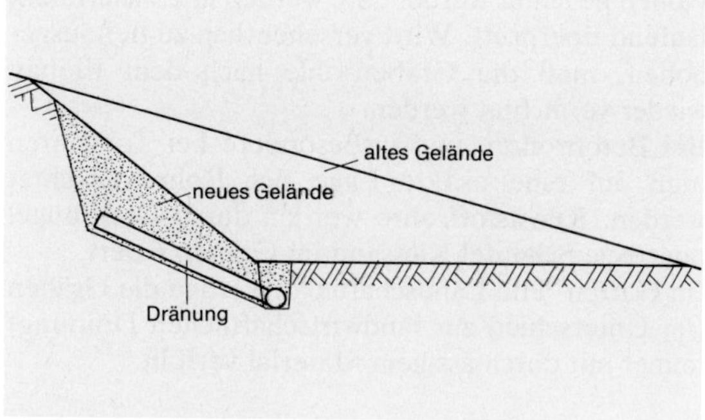

Abb. C 30. Dränung einer Abtragsböschung.

Boden dunkler (feucht) wird, sowie an der wechselnden Struktur. Das Abgraben des Wassers oberhalb der Böschung – wie im vorigen Abschnitt beschrieben – hat nur Erfolg, wenn die wasserführende Schicht erreicht wird. Dies kann durch eine Probegrabung ermittelt werden.

Liegt die wasserführende Schicht zu tief, sind vom Böschungsfuß aus Stichgräben in die Böschung zu führen. Diese nehmen die Dränung auf und werden in ganzer Höhe (bis 5 cm unter Oberkante) mit durchlässigem Material verfüllt.

4. Verfahren im Sportplatzbau

Die Dränung hat im Sportplatzbau eine große Bedeutung, weil vielfach mittels durchlässiger Beläge das Oberflächenwasser durch die Dränung abgeleitet wird. Das Verfahren ist in der DIN 18035 geregelt (s. Kap. C 9).

5. Entwässerung von Dachgärten

Die Begrünung von Dächern wird in ständig zunehmendem Maße durchgeführt. Eine große Bedeutung kommt dabei der Wasserführung zu. Das in der Vegetationstragschicht überflüssige Wasser muß aus dieser Schicht austreten können, weil es sonst zu Vernässung, Luftmangel und dadurch zum Absterben der Pflanzen kommt.

Bei verschiedenen Systemen wird das Wasser durch *Überlaufventile* in der Dränschicht angestaut und dient dadurch zugleich der Wasserversorgung. Der Aufbau der verschiedenen Schichten wird aber dadurch nicht beeinflußt und ist im Prinzip gleich (Abb. C 31).

Die **Filterschicht** soll das Eindringen der kleinen, abschlämmbaren Bodenteile in die **Dränschicht** verhindern. Außerdem wird durch die kleinen Poren der Filterschicht gewährleistet, daß das Wasser aus den noch kleineren Poren der **Vegetationstragschicht** leichter austritt. Wenn die Porengröße verschiedener Schichten nicht aufeinander abgestimmt ist, tritt das Wasser aus den kleineren Poren erst aus, wenn diese ganz gefüllt sind.

Für Filterschichten geeignetes Material

Eine 10 cm dicke Sandschicht der Körnung 0/4 wäre geeignet, scheidet aber auf Dächern wegen zu hohen Gewichts aus. Man verwendet statt dessen Vlies aus Steinwolle oder Glasfaser sowie eine Hygromullschicht.

Für Dränschichten geeignetes Material

Kies 16/32 oder 8/16	1700 kg/m³
Bimskies	800 kg/m³
Blähton	333 kg/m³
FS Dränplatten	35 kg/m³

Allgemeine Hinweise zur Durchführung von Dränungen

Bei dem bei Dränungen sehr geringen Leitungsgefälle muß schon beim Grabenaushub sorgfältig auf die

Abb. C 31. Wasserableitung von Dachgärten.

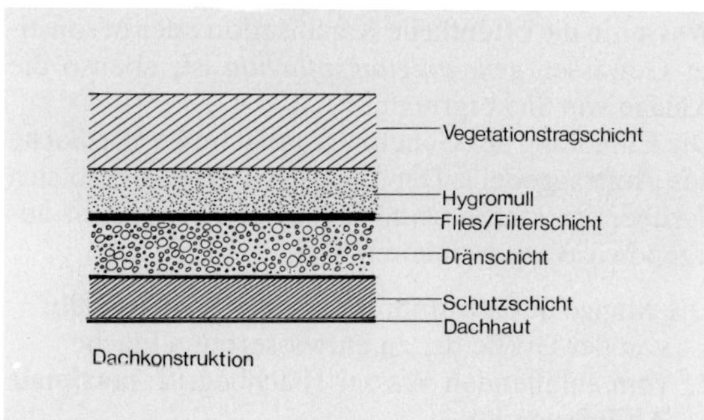

Höhen geachtet werden. Sie werden mit Visiertafeln laufend überprüft. Wird versehentlich zu tief ausgehoben, muß die Grabensohle nach dem Einbau wieder verdichtet werden.
Bei Betonrohren und insbesondere bei Tonrohren muß auf eine exakte Lage der Rohre geachtet werden. Kunststoffrohre werden durch Drahtbügel oder eine Schaufel Kiessand im Graben fixiert.
Im Garten- und Landschaftsbau werden die Gräben (im Unterschied zur landwirtschaftlichen Dränung) immer mit durchlässigem Material verfüllt.

Vertiefung und Kontrolle

1. Beobachten Sie, welche Materialien für die Dränung in Ihrem Arbeitsbereich vorwiegend verwendet werden, und suchen Sie dafür eine Begründung.
2. Überprüfen Sie die Funktion verlegter Dränungen durch Kontrollieren der Schächte und Ausläufe.

3.2 Abführen von Oberflächenwasser

3.2.1 Aufgabe und Funktion

Oberflächenwasser nennt man Regenwasser, das sich auf der Oberfläche von Belägen oder anderen Flächen sammelt. Wenn nicht gewährleistet ist, daß dieses Wasser versickert und auch in der Versickerung keinen Schaden anrichtet, muß es abgeleitet werden.
Die zu entwässernden Flächen erhalten ein Gefälle, welches das Wasser zu Abläufen leitet. Von diesen gelangt es durch ein geschlossenes Rohrsystem zur Vorflut.
Das Ableiten des Wassers in offenen Gräben ist weitgehend unüblich.
Grundsätzlich ist zu beachten, daß das Einleiten von Wasser in die öffentliche Kanalisation oder in sonstige Gewässer *genehmigungspflichtig* ist, ebenso die Anlage von Sickergruben.
Die Einholung der Genehmigung ist im Prinzip Sache des Auftraggebers. Der Landschaftsbauer muß sich darüber im klaren sein, daß er nicht von sich aus irgendwo Wasser einleiten darf.

Die Menge des abzuführenden Wassers hängt ab:

1. von der Größe der zu entwässernden Fläche
2. vom anfallenden Wasser (Fachbegriff: **maximale Abflußspende)**
   Die Angabe erfolgt in Litern/pro Sekunde/vom ha. Die Zahlen sind vom örtlichen Bauamt zu erfahren und liegen in der Regel zwischen 100 und 200 l/s/ha.
3. vom **Abflußbeiwert**
   Dieser drückt aus, daß ein Teil des Wassers versickert und damit nicht abgeführt werden muß.

Auszug aus der DIN 1986

Art der Fläche	Abflußbeiwert
Dachflächen	1,0
Pflasterungen, Makadam	0,9
Wassergebundene Decken	0,5
Vorgärten	0,15
Parks (große Rasenflächen)	0,05

Beispiel:
Platzgröße 400 m^2
Abflußspende 200 l/s/ha
Abflußbeiwert (Makadamdecke) 0,9
Berechnung:
400 m^2 = 0,04 ha × 200 l = 8 l × 0,9 = 7,2 l/s sind von dieser Fläche abzuführen.
Aus Tabellen oder Diagrammen kann nun abgelesen werden, welcher Rohrquerschnitt erforderlich ist, um dieses Wasser abzuführen, wobei dies abhängig ist vom Leitungsgefälle.

3.2.2 Material für Rohrleitungen

Steinzeugrohre aus glasiertem Ton (Abb. C 32)

Die Rohre sind abriebfest und widerstandsfähig gegen aggressive Wässer (Tausalz).
Bruchgefahr bei unsachgemäßer Behandlung.
Rohrverbindungen durch Glockenmuffen mit Rollring oder durch Steckmuffen, in welche die Dichtung schon eingebaut ist.
NW 100, 125, 150, 200, 250 mm und größer.
Baulängen 50, 100, 150, 200 cm.
Dazu Bögen, Abzweige, Sattelstücke und Übergänge.
Die Steinzeugrohre sind die »klassischen« Rohre, die sich nach wie vor gut bewähren.

Betonrohre (Abb. C 33)
Bei den hier beschriebenen Rohren mit relativ geringem Nennwert handelt es sich um unbewehrte

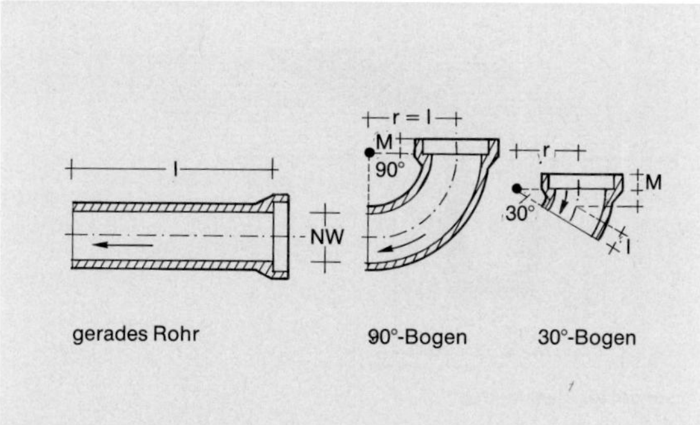

Abb. C 32. Steinzeugrohr mit Glockenmuffe.

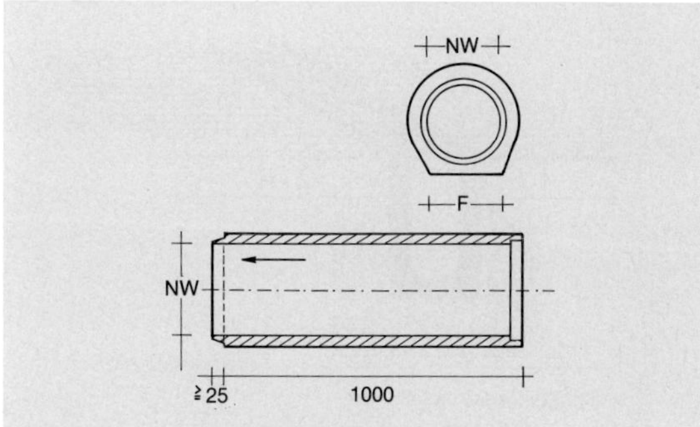

Abb. C 33. Betonrohr mit Falz.

Betonwaren. (Die bewehrten Schleuderbetonrohre mit großen Durchmessern haben natürlich andere Eigenschaften.)
Die Rohre sind wesentlich billiger als Tonrohre, aber nicht so abriebfest und anfällig bei aggressivem Wasser; nicht geeignet sind sie insbesondere bei Wasser mit Tausalz.
Bruchgefahr bei unsachgemäßer Behandlung.
Rohrverbindungen durch Falz, Abdichtung mit Mörtel, besser mit elastischen Fugenbändern.
Abmessungen wie Steinzeugrohre.

Kunststoffrohre
aus PVC hart. Es gibt orangefarbige und auch blau und grau gefärbte Rohre.
Sie werden gern und häufig verwandt, weil sie einfach zu verlegen sind – geringes Gewicht, große Rohrlängen, einfache Verbindung mit Steckmuffen und Rollringen.
Bei Kälte sind sie bruchgefährdet; bei Wärme verziehen sie sich (werden krumm), wenn sie unsachgemäß gelagert werden. Es gibt folgende Nennweiten: 50, 65, 80, 100, 125, 160, 200. Baulängen: 50, 100, 200, 500 cm.
Für die Kunststoffrohre werden **Mindestüberdeckungen** gefordert:

unter Verkehrsflächen mehr als	1,5 m,
sonst	0,8 m,
Höchstüberdeckung	6 m.

Bei geringeren Überdeckungen ist eine Betonummantelung nötig.

Gußeiserne Rohre und Asbestzementrohre
werden *im* Haus verwendet und haben im Landschaftsbau keine Bedeutung.

3.2.3 Abläufe

Einlaufrinnen
Am häufigsten wird wohl die sogenannte Einlaufrinne verwendet. Durch ihr Innengefälle kann sie mit waagerechter Oberfläche eingebaut werden, wo-

Abb. C 34. Gefälleausbildung in Ablaufrinnen.

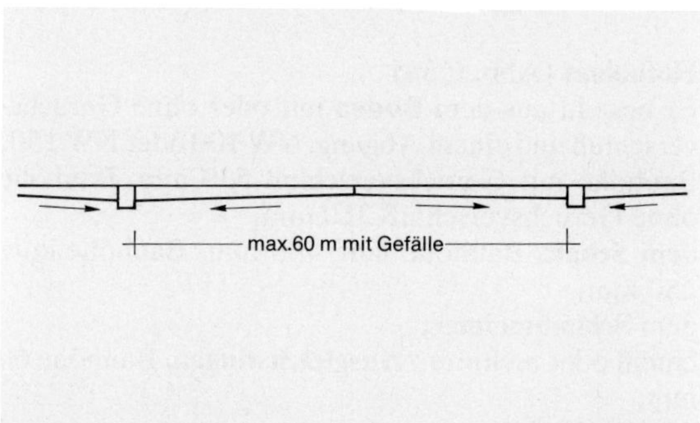

Abb. C 35. Ablaufrinne. 1 Rinne, 2 Abdeckung, 3 Belag, 4 Ortbeton.

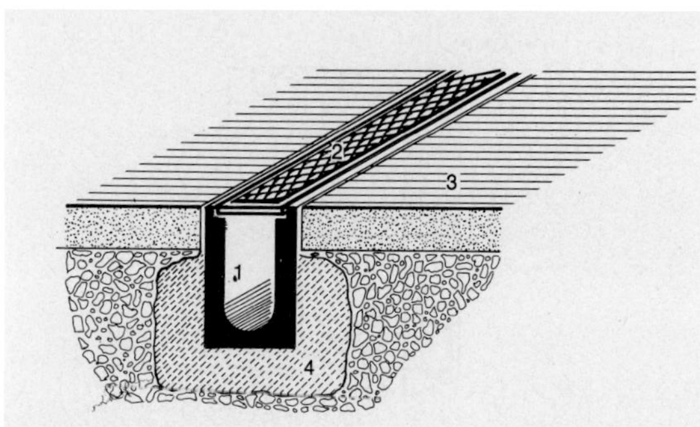

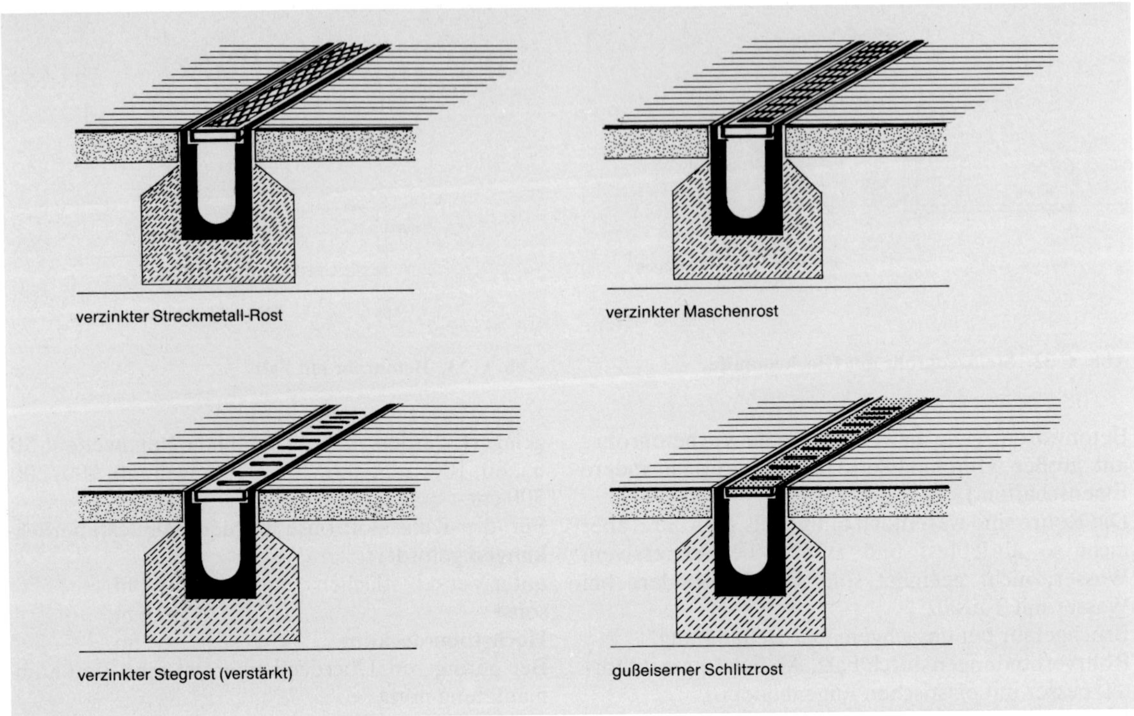

Abb. C 36. Abdeckungen auf Ablaufrinnen.

durch die Beläge nur Gefälle in einer Richtung benötigen. Dies ist ein großer Vorteil (Abb. C 34).

Einlaufrinnen gibt es als Fertigteile von 1 m Länge aus Beton und aus Polyesterbeton. Die letzteren sind wesentlich leichter, müssen aber zur Erhöhung der Stabilität beim Einbau mit Beton ummantelt werden (Abb. C 35).

Abb. C 37. Rinnenabgang mit Schlammfang.

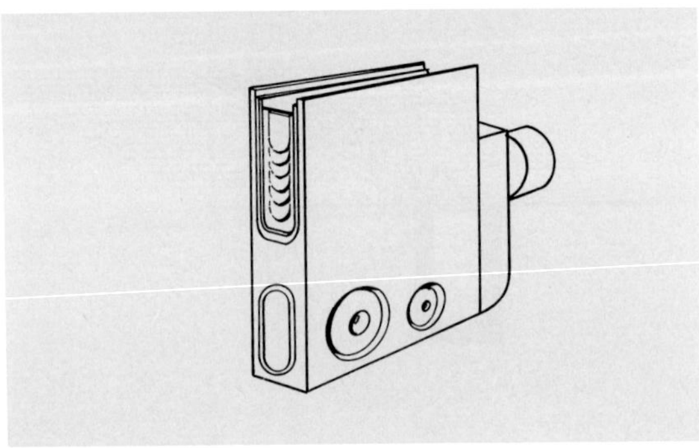

Die einzelnen Rinnen sind numeriert und passen mit dem jeweiligen Innengefälle bis zu 25 bzw. 30 m aneinander. Lichte Weite 10 cm.

Daneben gibt es Rinnen mit 20 cm lichter Weite ohne Eigengefälle.

Es gibt eine Vielzahl von **Rinnen-Abdeckungen** für alle Belastungen und alle optischen Wünsche (Abb. C 36).

Die **Abgänge** für Rinnen sind ebenfalls als Fertigteile erhältlich, meist 50 cm lang, Breite wie die Rinne. Sie sollten auf jeden Fall einen **Schlammfang** haben, bei Bedarf auch einen **Geruchsverschluß** (Abb. C 37).

Hofablauf (Abb. C 38)

Er besteht aus dem **Boden** mit oder ohne Geruchsverschluß und einem Abgang, NW 100 oder NW 150, Bauhöhe mit Geruchsverschluß 530 mm, Bauhöhe ohne Geruchsverschluß 310 mm;

dem **Schaft,** Bauhöhe lang 480 mm, Bauhöhe kurz 250 mm;

dem **Schlammeimer;**

einem oder mehreren **Ausgleichsringen,** Bauhöhe 60 mm;

dem **Aufsatz.**

Die Aufsätze müssen wie die Schachtabdeckungen bestimmte *Prüfkräfte* aushalten.

Klasse	Prüfkraft in KN	Verwendungsbereich
A	15	Grünflächen
B	150	Gehwege
C	250	auf Parkplätzen, nur in Rinnen
D	400	auf Fahrbahnen
E	600	für besonders hohe Radlasten
F	900	für Flugbetriebsflächen

Die Aufsätze bestehen aus Gußeisen oder aus Beton und Guß = BEGU (Abb. C 39). Die Rahmen sind rund oder quadratisch; in eckigem Belagmaterial werden die quadratischen, in anderen Belägen die runden verwendet.
Wichtig ist der **Einlaufquerschnitt** des Aufsatzes, der in den Herstellerkatalogen angegeben wird. Er ist entscheidend für die Wassermenge, die in den Ablauf hineinlaufen kann. Einlaufquerschnitt je nach Bauweise 200 bis 400 cm^2.
Faustregel: 1 cm^2 Einlauföffnung = 1 m^2 Einzugsfläche.

Straßenablauf
Er ist im Grunde genauso konstruiert wie der Hofablauf, hat demgegenüber aber einen Querschnitt von 45 cm, woraus auch größere Einlaufquerschnitte resultieren (800–1200 cm^2).

Kellerabläufe aus Gußeisen (Abb. C 40)
Sie können nur ohne Geruchsverschluß verwendet werden, weil sie nicht frostsicher sind. Dadurch können sie nicht an die Schmutzwasserleitung angeschlossen werden.

3.2.4 Schächte

Ein Kanalisationssystem braucht Reinigungs- und Kontrollschächte:

- bei geraden Leitungen alle 50 m
- an Richtungsänderungen
- bei größeren Einmündungen

Grundsatz: Lieber einen Schacht mehr vorsehen als einen zu wenig.

Abb. C 38. Hofabläufe. Links: ohne Geruchsverschluß. Rechts: mit Geruchsverschluß.

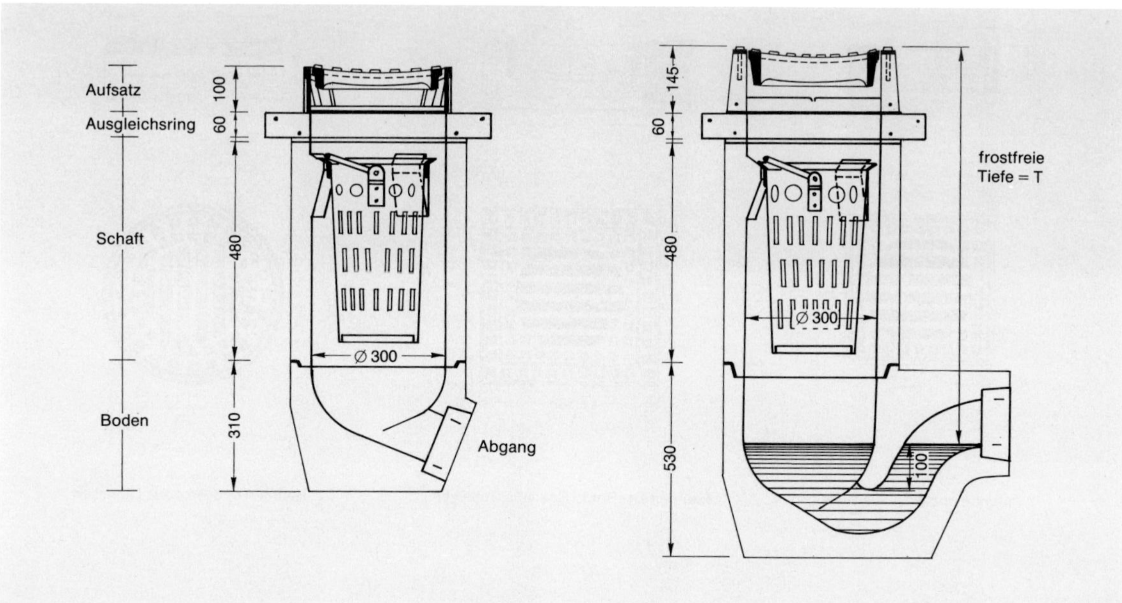

Schächte aus Betonfertigteilen (Abb. C41)
Schachtsohle
Sie wird meist aus Ortbeton hergestellt. Ihre Seitenwände werden so weit hochgezogen, daß man mit den restlichen Fertigteilen in der Höhe auskommt.
Es gibt auch Schachtsohlen aus Fertigteilen.
Darauf kommen die viereckigen oder zylindrischen
Schachtringe
NW von 800–2500 mm.
Bauhöhen 250, 320, 500, 640, 1000 mm.
Die Schachtringe enthalten meist schon Steigeisen.
Um vom Durchmesser der Schachtringe auf den der Abdeckung zu kommen, benötigt man den konischen Schachthals.
Schachthals
Es gibt ihn einseitig (zum leichteren Einstieg) und zweiseitig konisch.
Bauhöhe 600 mm.
NW für alle Schachtringe passend, oben 700 mm.
Ausgleichsringe
Wie bei den Abläufen gibt es auch für Schächte Ausgleichsringe. Sie dienen zur genauen Anpassung der Schachtabdeckung an Belag und Randstein sowohl in der Höhe als auch in der Richtung.

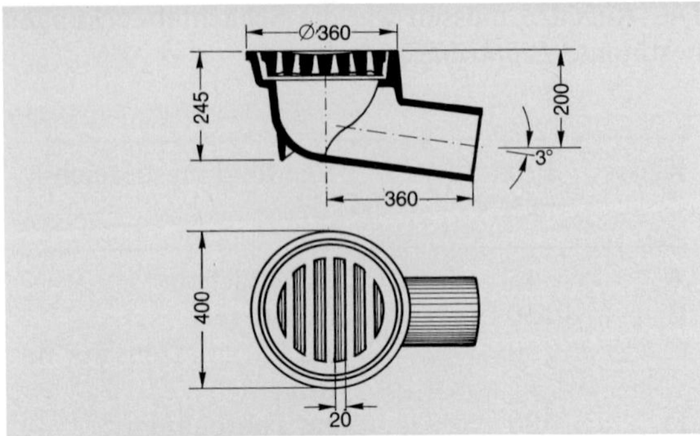

Abb. C 40. Bodenablauf aus Gußeisen.

Schachtabdeckung (Abb. C42)
Meist kombiniert aus Beton und Gußeisen. Prüfkräfte und Anwendungsbereiche beachten (wie bei den Abläufen). Kanalisationsabdeckungen müssen zur Belüftung der Kanalisation Öffnungen aufweisen. Dies wird gelegentlich so ausgenützt, daß man sie zugleich als Ablauf verwendet. In diesem Fall wird in die Abdeckung ein flacher Schlammfang eingehängt.

Abb. C 39. Aufsätze auf Hofabläufe.

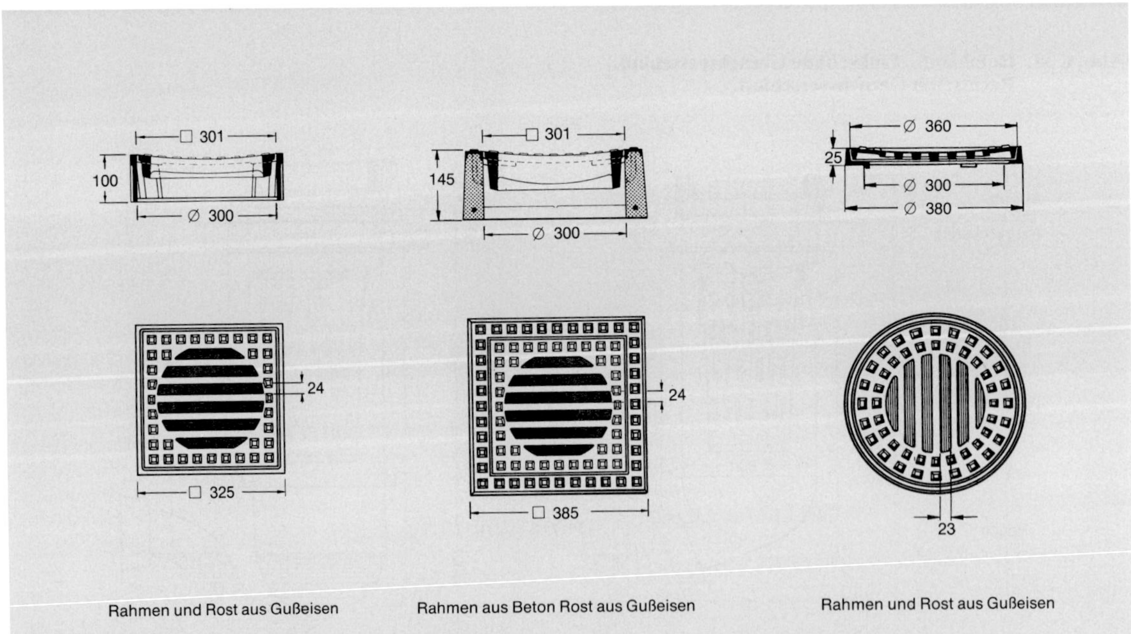

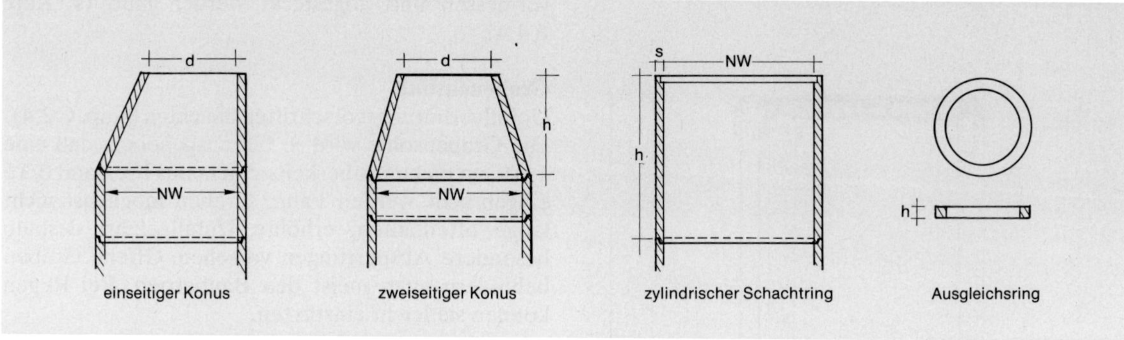

Abb. C 41. Betonfertigteile für den Schachtbau.

Schächte aus Klinkermauerwerk
Sie erfordern sehr viel Zeitaufwand und sind deshalb kaum mehr üblich. Sie wären dort denkbar, wo kein Maschineneinsatz für das Versetzen der schweren Schachtringe möglich ist. Ansonsten sind sie durch das Mauerwerk mit 7 cm hohen Schichten sehr anpassungsfähig an unterschiedliche Bauhöhen. Schachtsohlen aus Ortbeton.

Schächte aus Ortbeton
Diese sind nur dann sinnvoll, wenn man über komplette Schachtschalungs-Sets verfügt. Eine jeweils extra hergestellte Bretterschalung wäre zu aufwendig. Sind solche Schalungssets vorhanden, ist mit Verwendung von Transportbeton, gegebenenfalls mit Einsatz einer Betonpumpe, ein durchaus brauchbares Verfahren gegeben.

Abb. C 42. Schachtabdeckungen.

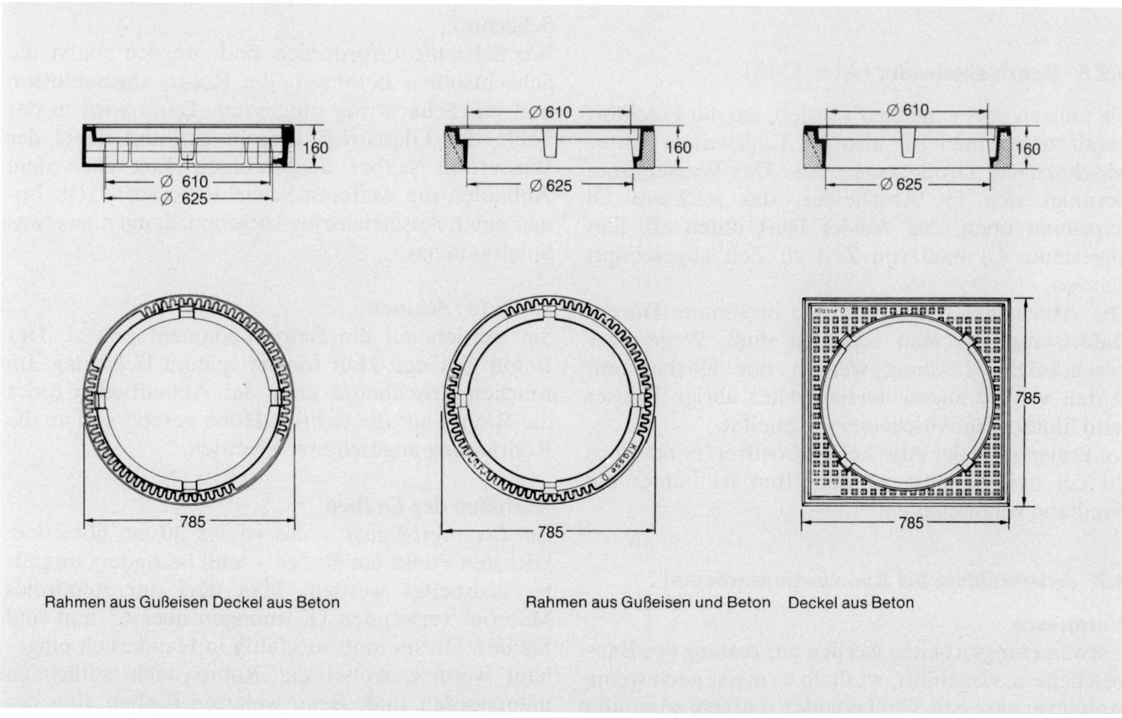

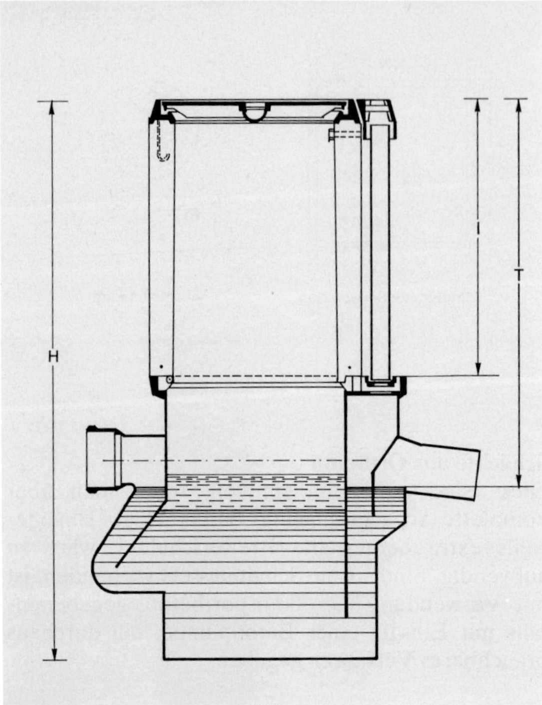

Abb. C 43. Benzinabscheider.

3.2.5 Benzinabscheider (Abb. C 43)

Sie müssen dort eingebaut werden, wo mit Leichtölanfall zu rechnen ist, also an Tankstellen, Autowaschplätzen, Großgaragen usw. Der Wasserstrom beruhigt sich im Abscheider, das leichtere Öl schwimmt oben, das Wasser läuft unten ab. Das angestaute Öl muß von Zeit zu Zeit abgeschöpft werden.
Die Abscheider haben nur eine bestimmte **Durchflußleistung,** die man beachten muß. Wegen der beschränkten Leistung werden nur Flächen mit Anfall von Öl angeschlossen. Alles übrige Wasser wird hinter dem Abscheider eingeleitet.
Im Freien muß der Abscheider frostfrei (mindestens 80 cm tief) versetzt werden. Ihm ist immer ein Sandfang vorzuschalten.

3.3 Arbeitsablauf bei Kanalisationsarbeiten

Vermessen
Entwässerungsarbeiten werden am Anfang des Baugeschehens ausgeführt, weshalb es meist noch wenig Anhaltspunkte gibt. Das bedeutet, daß sehr sorgfältig vermessen und abgesteckt werden muß (s. Kap. B 4.4).

Grabenaushub
Unfallverhütungsvorschriften beachten (Kap. C 2.4). Die Grabensohle wird so tief ausgehoben, daß eine 5–10 cm dicke Sauberkeitsschicht aus Kiessand 0/16 eingebracht werden kann. Gräben möglichst nicht lange offenhalten, erhöhte Unfallgefahr, deshalb besondere Absperrungen vorsehen. Offene Gräben behindern auch meist den Baubetrieb. Bei Regen können sie leicht einstürzen.

Verlegen der Rohre
Man beginnt damit an der tiefsten Stelle, die Muffen zeigen nach oben.
Auf saubere Rohrverbindungen achten!
Sorgfältig arbeiten! Die Rohre müssen satt aufliegen (nicht auf den Muffen) und in Richtung und Höhe genau stimmen.
Abzweige bzw. Einmündungen, an die nicht sofort angeschlossen wird, dicht verschließen und mit einem kräftigen Pfahl markieren.
Bei flacher Bodenüberdeckung (weniger als 30 cm unter Wegeplanum) müssen auch Beton- und Tonrohre mit Beton ummantelt werden.

Schächte
Wo Schächte erforderlich sind, werden zuerst die Schachtsohlen betoniert, die Rohre angeschlossen und ein Schachtring aufgesetzt. Dann wird in der Sohle der Glattstrich aufgebracht und dabei der Wasserfluß sauber ausgemuldet. Erst nach dem Abbinden die weiteren Schachtteile aufsetzen. Immer einen Ausgleichsring vorsehen, damit man etwas Spielraum hat.

Abläufe / Rinnen
Sie werden auf ein Betonfundament gesetzt. Der Beton gibt den Halt für die spätere Belastung. Im weichen Frischbeton kann der Ablaufboden (oder die Rinne) auf die richtige Höhe gesetzt und an die Rohrleitung angeschlossen werden.

Verfüllen der Gräben
Im *Leitungsbereich* – das ist bis 30 cm über dem höchsten Punkt der Rohre – muß besonders sorgfältig gearbeitet werden. Man darf nur steinfreies Material verwenden (Körnungen über 63 mm sind Steine). Dieses muß sorgfältig in Handarbeit eingebaut werden, wobei die Rohre auch seitlich zu unterstopfen sind. Beim weiteren Einbau über der

Leitungszone ist vor allem auf eine ausreichende Verdichtung zu achten, die spätere Setzungen ausschließt.

Anlage von Sickergruben

Eine Sickergrube ist nur sinnvoll, wenn sie auf durchlässigen Boden stößt. Es muß unter Umständen so tief ausgehoben werden, bis wasserdurchlässige Schichten erreicht sind.

Die Sohle der Grube wird ca. 30 cm dick mit Schotter 35/65 abgedeckt. Darauf versetzt man Schachtringe, deren Durchmesser sich nach der anfallenden Wassermenge bemißt. Die Schachtringe werden mit Schotter oder Kies grober Körnung verfüllt. Als oberen Abschluß verwendet man zweckmäßigerweise einen Schachthals und eine Schachtabdeckung, damit die Grube kontrolliert werden kann.

Aufmaß und Abnahme

Der Begriff Abnahme bedeutet die Anerkennung der geleisteten Arbeit durch den Auftraggeber (s. Kap. E). Dazu muß der Auftraggeber aber die Leistung sehen, was bei Dränungen und Kanalisationen nur bei offenen Gräben möglich ist. Gleichzeitig erfolgt das Aufmaß. Hieraus ergibt sich, daß termingerecht abgenommen werden muß, gegebenenfalls abschnittsweise.

Rohre werden nach Längen (m) gemessen, getrennt nach Nennweiten. Oft ist ein Zuschlag für die Muffen üblich, die dann gezählt werden (damit sind auch Form- und Paßstücke abgegolten).

Einläufe werden komplett nach Stück abgerechnet, Einlaufrinnen nach Länge (m), die Abläufe gesondert nach Stück.

Schächte können komplett nach Stück abgerechnet werden. Bei Schächten unterschiedlicher Größe vereinbart man den Preis für die Einzelteile (Schachtringe, Ausgleichsringe usw.) und zählt diese.

Vertiefung und Kontrolle

1. Messen Sie an bestehenden Anlagen die Einzugsfläche von Abläufen, und kontrollieren Sie, ob diese das anfallende Wasser problemlos ableiten; ziehen Sie daraus Schlüsse.
2. Berechnen Sie den Aushub von Kanalgräben.
3. Halten Sie den Zeitaufwand für den Erdaushub fest, ebenso den Zeitbedarf für das Verlegen von Rohren unterschiedlicher Art und für das Versetzen von Abläufen und Schächten.

4 Betonbau

4.1 Anwendungsbereiche

Der Baustoff Beton läßt sich aus dem heutigen Garten- und Landschaftsbau nicht mehr wegdenken. Zunächst diente er vor allem zur Fundamentierung. Dort, wo sichtbares Mauerwerk gewünscht war, dominierte der Naturstein. Als dann aber immer mehr Betonwerksteine auf den Markt kamen, begann der Siegeszug des Betons. Auch als Ortbeton wurde er immer beliebter, je mehr erkannt wurde, wie vielfältig seine Oberfläche gestaltet werden kann, was allerdings die Kenntnis der jeweiligen Techniken voraussetzt. Angewandt wird Beton heute in vielen Formen und auf vielen Gebieten.

Verwendung als Betonwerkstein für:

Stufen, Pflasterungen, Platten, Wegebegrenzungen, Prellsteine, Mauerelemente und für Wasserbecken.

Verwendung als Ortbeton für:

Fundamente aller Art, Schalbeton für Mauern und Pfeiler, als Wegebelag und für Wasserbecken.

4.1.1 Begriffsdefinitionen

Beton ist ein künstliches Gestein. Er besteht aus Zement, Wasser und den Zuschlägen (Kies, Splitt, Sand).

Zement und Wasser ergeben den *Zementleim.* Dieser erhärtet zu *Zementstein.* Die einzelnen Körner der Zuschläge müssen vom Zementleim umhüllt sein und werden von diesem dann aneinandergebunden.

Frischbeton ist der noch frische, verarbeitbare, noch nicht abgebundene Beton.

Festbeton nennt man ihn nach dem Abbinden.

Nach dem Ort der Herstellung bezeichnet man ihn als **Baustellenbeton,** wenn er auf der Baustelle gemischt wird, und als **Transportbeton,** wenn er im Werk oder in einem Transportfahrzeug gemischt wird.

Ortbeton nennt man ihn, wenn er als Frischbeton (egal ob als Baustellen- oder Transportbeton) eingebaut wird und am Ort (an der Verwendungsstelle) erhärtet.

Betonwerkstein oder Fertigteil heißt er, wenn er im Werk hergestellt wird, dort nach Formung erhärtet und als fertig abgebundenes Betonteil eingebaut werden kann.

Schwerbeton ist ein Beton, bei dem 1 m^3 mehr als 2,8 t wiegt.

(Normal-)Beton wiegt zwischen 2 und 2,8 t je m^3.

Leichtbeton wiegt unter 2 t je m^3.

Im Garten- und Landschaftsbau wird kein Schwerbeton verwendet, üblich ist (Normal-)Beton.
Leichtbeton dient zur Wärmedämmung, auch er wird im Garten- und Landschaftsbau wohl selten verbaut.
Im Baubetrieb gibt es noch Bezeichnungen, die nicht genormt sind, aber in der Klarheit des Ausdrucks für sich sprechen (z. B. **Pumpbeton,** genannt nach der Transportart, oder **Stampfbeton** und **Rüttelbeton** nach der Art der Verdichtung).
Die Betonherstellung und -verwendung ist in der DIN 1045 festgelegt.

4.2 Betonbestandteile

4.2.1 Zement

Die DIN 1164 definiert: Zement ist ein feingemahlenes, hydraulisches Bindemittel, das im wesentlichen aus Kalzium-, Silizium-, Aluminium- und Eisenoxiden besteht. Er erhärtet, mit Wasser angemacht, an der Luft und unter Wasser und ist frost- und raumbeständig.
Das Ausgangsgestein ist Kalk, der jedoch Tonminerale (Aluminium, Eisen, Silizium) enthalten muß. Die Träger der Zementeigenschaften (Raum- und Frostbeständigkeit) sind die Tonmineralien. Gebrannter Kalk (allein) erhärtet auch, ist aber nicht frostbeständig und quillt bei Nässe. Er wird zu Mörtel in frostfreien Räumen verwendet.

Zementherstellung
Das Ausgangsgestein wird fein gemahlen und nach Bedarf gemischt (die richtige Zusammensetzung kommt selten direkt im Steinbruch vor). Dann wird es in großen Drehöfen bis zur *Sinterung (Verschmelzung)* bei 1430–1500 °C gebrannt. Es entsteht der sogenannte *Zementklinker,* ein körniges, grauschwarzes Material, das unbegrenzt lagerfähig ist. Er wird deshalb in den Zementwerken auf Halden bzw. in großen Silos gelagert und nach Bedarf zu Zement vermahlen. Der Grad der Mahlfeinheit ist dabei für die Zementgüte entscheidend.
Der gemahlene Zement ist stark hygroskopisch (wasseranziehend) und deshalb nur ganz begrenzt lagerbar.

Zementarten / Normzemente

Portlandzement PZ
Der übliche, am meisten verwendete Zement.
Er besteht zu 100 % aus Zementklinker.

Eisenportlandzement EPZ
Er enthält bis zu 35 % Hochofenschlacke.

Hochofenzement HOZ
Er enthält bis zu 85 % Hochofenschlacke.
EPZ und HOZ werden hauptsächlich in Gebieten verwendet, in denen Hochofenschlacke anfällt. Sie entwickeln beim Abbinden weniger Wärme und sind widerstandsfähig gegen sulfathaltiges Wasser. Beide Eigenschaften sind im Garten- und Landschaftsbau allerdings nicht von Bedeutung.

Traßzement TrZ
Er enthält neben Zementklinker bis zu 40 % Traß (gemahlener Kalktuff). Verwendung vorzugsweise für Mörtel bei Natursteinmauern.

Zementfestigkeitsklassen
Es gibt die folgenden Klassen: Z 25, Z 35, Z 45, Z 55.
Die Bezeichnung ist die **Nennfestigkeit** in N/mm^2, die der jeweilige Zement nach 28 Tagen erreicht.
Die höherwertigen Zemente erreichen nicht nur eine höhere Endfestigkeit, sie erhärten auch schneller. Die Lagerfähigkeit des Zements nimmt mit Zunahme der Festigkeitsklasse ab. Hauptsächlich verwendet man Z 35 F (F = schnelle Anfangserhärtung).

Kennzeichnung der Festigkeitsklassen

Festigkeitsklasse	Kennfarbe (Grundfarbe des Sackes bzw. des Silo-Anheftblattes)	Farbe des Aufdruckes
Z 25	violett	schwarz
Z 35 L	hellbraun	schwarz
Z 35 F		rot
Z 45 L	grün	schwarz
Z 45 F		rot
Z 55	rot	schwarz

4.2.2 Zuschläge

Als *natürliche Zuschläge* bezeichnet man Kies und Sand, als gebrochenes Material Splitt und Brechsand; *künstliche Zuschläge* sind Hochofenschlacken (andere Schlacken sind nicht geeignet).

Bis zu einer Korngröße
von 4 mm spricht man von Sand (gegebenenfalls Brechsand),

von 4 bis 32 mm	bezeichnet man als Kies oder Splitt,
über 32 mm	sind Steine oder Schotter.

Die Zuschläge müssen eine gut abgestufte Kornzusammensetzung aufweisen. Es gibt einen **günstigen** und einen **brauchbaren Bereich.** Die günstige Zusammensetzung eines Kiessandgemisches ist gegeben, wenn der Sandanteil $^1/_4$–$^1/_2$ der Mischung ausmacht, der Rest ist Kies von 4–32 mm.
Ein brauchbares Gemisch hat einen Sandanteil von $^1/_2$–$^2/_3$. Gemische mit weniger oder mehr Sand sind nicht brauchbar.
Bezieht man die Zuschläge von Kies- oder Brechwerken, erhält man werksgemischt die richtige Zusammensetzung.
Die Gemische bezeichnet man nach ihren kleinsten und größten Körnungen, die sie enthalten; üblich ist 0/16 und 0/32, in besonderen Fällen 0/8 oder 0/63.
Da sich das Material beim Transport und bei der Lagerung entmischt, ist es bei Beton höherer Festigkeit vorgeschrieben, Kies und Sand getrennt in die Mischung zu geben.
Die Zuschläge müssen sauber sein, d. h. frei von abschlämmbaren Teilen. Man verwendet nur *»gewaschenes«* Material, bei dem also die Ton- und Schluffanteile herausgewaschen wurden. Nicht frostbeständiges, schiefriges Material darf nicht verwendet werden (z. B. Ziegelsplitt). Die Zuschläge müssen frei sein von organischen Bestandteilen.

4.2.3 Wasser

Die Menge des Anmachwassers bestimmt die *Konsistenz* und damit die Verarbeitbarkeit des Betons.
Daneben ist Wasser zum Abbinden des Zements erforderlich, ca. 40 % des Zementgewichtes wird beim Abbindevorgang chemisch gebunden; ist mehr Wasser in der Mischung, so muß das nicht gebundene Wasser verdunsten. Dabei hinterläßt es im Beton feine Haarröhrchen *(Kapillaren).* Diese sind zwar nicht sichtbar, durch sie kann aber später wieder Wasser in den Beton eindringen, was natürlich nicht erwünscht ist.
Wir haben gehört, daß Wasser und Zement den sogenannten Zementleim bilden. Dieser ist für die Güte des Betons ausschlaggebend. Enthält er zu viel Wasser, ist er »verwässert«.

Folgerung: Der Betonmischung so wenig Wasser wie möglich zusetzen! Wird aus Gründen der Verarbeitbarkeit mehr Wasser erforderlich, muß auch mehr Zement zugegeben werden.

Wasserzementwert (w)
Er drückt das Verhältnis von Wasser zu Zement aus. Aus der Menge des beim Abbinden festgelegten Wassers ergibt sich der ideale Wasserzementwert von 0,4.

Er errechnet sich so:

$$\frac{\text{Gewicht des Wassers (kg)}}{\text{Gewicht des Zements (kg)}} = \text{w}$$

Beispiel: $$\frac{\text{120 kg Wasser}}{\text{300 kg Zement}} = \text{w} = 0{,}4$$

Steigt bei gleichem Zementgehalt der Wasseranteil, vergrößert sich der Wasserzementwert. Je größer er ist, desto schlechter ist der Zementleim.

Die Festigkeit des Betons hängt direkt vom Wasserzementwert ab (nach WALZ, Werte abgerundet):

B 5	w 1,00	
B 10	w 0,8	
B 15	w 0,7	
B 25	w 0,6	Beton wasserundurchlässig

Das Anmachwasser muß natürlich frei sein von Verunreinigungen, es darf insbesondere keine Salze, Säuren oder organische Stoffe enthalten.

Vertiefung und Kontrolle
Stellen Sie fest, welche Zementarten und -festigkeitsklassen in Ihrem Betrieb verwandt werden. Wie werden sie gelagert, und zu welchen Maßnahmen werden sie verwendet?

4.3 Herstellen des Betons

In den weitaus meisten Fällen wird im Garten- und Landschaftsbau wohl Transportbeton verwendet. Baustellenbeton ist nur bei sehr großen oder sehr kleinen Mengen oder bei einer zu großen Entfernung vom Betonwerk sinnvoll.
Hier wird auf die Herstellung eingegangen, um die wichtigsten Grundsätze der Betontechnologie darzustellen.
Soweit es sich bei der Betonherstellung auf der Baustelle nicht um geringste Mengen für untergeordnete Bauteile handelt, sollten folgende Voraussetzungen gegeben sein:

- geeignete Fachkräfte
- Platz zur Lagerung der Baustoffe
- Platz zum Mischen

4.3.1 Betonfestigkeitsklassen und ihre Anwendung

Die DIN 1045 unterscheidet 2 Betongruppen:

Beton I
Er wird hergestellt, indem man die in der Norm angegebenen Mindestzementmengen verwendet. Es gibt 4 Festigkeitsklassen; die Zahl gibt jeweils die Druckfestigkeit in N/mm^2 an, die der Beton nach 28 Tagen erreicht haben muß:

B 5 für unbewehrten Beton
B 10 für unbewehrten Beton
B 15 für bewehrten und unbewehrten Beton
B 25 für bewehrten und unbewehrten Beton

Beton II
Er wird aufgrund von Eignungsprüfungen hergestellt und umfaßt die Festigkeitsklassen B 35, B 45 und B 55.

Konsistenzbereich des Frischbetons

Konsistenzbereich	Feinmörtels	Eigenschaften des Frischbetons beim Schütten	Verdichtungsart
K_1 steifer Beton	etwas nasser als erdfeucht	noch lose	kräftig wirkende Rüttler oder kräftiges Stampfen in dünner Schüttlage
K_2 plastischer Beton	weich	schollig bis knapp zusammenhängend	Rütteln oder Stochern und Stampfen
K_3 weicher Beton	flüssig	schwach fließend	Stochern

Mindestzementgehalt für Beton I nach DIN 1045

Zement: Festigkeitsklasse 35, Zuschlag: Größtkorn 32 mm

Festigkeitsklasse des Betons	Sieblinienbereich des Zuschlags	Mindestgehalt [kg] je m^3 verdichteten Betons für Konsistenzbereich K_1*	K_2	K_3
B 5*	günstig	140	160	—
	brauchbar	160	180	—
B 10*	günstig	190	210	230
	brauchbar	210	230	260
B 15	günstig	240	270	300
	brauchbar	270	300	330
B 25	günstig	280	310	340
	brauchbar	310	340	380

* Nur für unbewehrten Beton

Der Zementgehalt muß *vergrößert* werden
bei Zement der Festigkeitsklasse 25 . . . um 15 %
bei Größtkorn des Zuschlags von 16 mm um 10 %
von 8 mm um 20 %

Er darf *verringert* werden
bei Zement der Festigkeitsklasse 45 um max. 10 %
bei Größtkorn des Zuschlags von 63 mm um max. 10 %
bei Stahlbeton jedoch nicht unter 240 kg/m^3.

Seine Herstellung und Verwendung ist von Voraussetzungen abhängig, die im Garten- und Landschaftsbau meist nicht gegeben sind. Die Festigkeitsklassen des Beton I reichen überdies voll aus, so daß auf Beton II nicht weiter eingegangen wird.

4.3.2 Betonmischer

Im Garten- und Landschaftsbau üblich sind die sogenannten **Freifallmischer.** In einer sich drehenden Trommel überstürzt sich das Mischgut in freiem Fall und wird so durchgemischt. Die Mischtrommel wird durch Benzin-, Diesel- oder Elektromotor angetrieben und durch Kippen oder Rückwärtslauf entleert. Es gibt Geräte von 75–1000 l Nenngröße. Ab 250 l ist ein Materialaufzug üblich, in den das Mischgut eingefüllt wird, während sich eine Mischung in der Trommel befindet. Der Mischer sollte einen Wasseranschluß mit Meßvorrichtung zur genauen Bemessung des Wassers haben.
Etwas aufwendiger sind die sogenannten **Zwangsmischer** mit feststehender Trommel und Rührwerk. Sie sind bei stationären Anlagen üblich und werden für sandreiche Mischungen verwendet.
Beides sind sogenannte *Chargenmischer,* die jeweils nacheinander die einzelnen Mischungen herstellen.
Die Betonmenge einer Mischung entspricht nicht der Nenngröße des Mischers.

Mischergröße	Erforderliche Mischungen für 1 m³ verdichteten Beton
75	20
100	15
150	10
250	6
375	4
500	3
750	2
1000	1,5

4.3.3 Zusammenstellung einer Mischung

Beispiel: Gewünscht wird ein B 15 K_3.
Mindestzementgehalt nach DIN 1045 = 300 kg/m³.
Bei Verwendung eines 250-Liter-Mischers brauchen wir 6 Mischungen für einen m³ Beton, für eine Mischung also 300 kg : 6 = 50 kg Zement.

Herstellen einer Probemischung
- Mischer mit den Zuschlägen füllen
- Zement zugeben
- Wasser zugeben, bis gewünschte Konsistenz erreicht ist
- Wassermenge messen

Überprüfung des Zementgehaltes
Die Probemischung wird in ein vorher ausgemessenes Schalungsteil eingebaut und verdichtet, das Volumen gemessen und berechnet.
1 m³ : durch das ermittelte Volumen = Zahl der erforderlichen Mischungen.

Beispiel:
1 m³ : 0,182 m³ (Betonmenge einer Mischung) = 5,5 Mischungen,
5,5 × 50 kg Zement = 275 kg Zement/m³.
Das wäre in diesem Fall eine Fehlmenge von 25 kg Zement.
Entweder muß nun die Zementfehlmenge jeweils zusätzlich zugegeben werden oder man verringert die Zuschläge.
Richtwert: für 1 kg Zementfehlmenge = 5 l bzw. 8 kg weniger Zuschläge.

Überprüfen des Wasserzementwertes
Die in Kap. C 4.2.3 angegebenen Mindestwerte sollen nicht überschritten werden.
Für ein B 15 ist ein w von 0,65 gefordert.
Mit 50 kg Zement (der Menge für eine Mischung) errechnet man die erlaubte Wassermenge.

$$\frac{W}{Z} = 0{,}65 = \frac{W}{50} = 0{,}65 = 50 \times 0{,}65 = W = 32{,}5\,l$$

Hat man zur Erreichung der gewünschten Konsistenz mehr Wasser zugegeben, muß die Menge bei den folgenden Mischungen verringert werden, indem man auch weniger Zuschläge zugibt.
Liegt die tatsächlich zugegebene Wassermenge unter dem errechneten Wert, wird mit dieser Menge betoniert.
Nach einer zweiten, gegebenenfalls berichtigten Probemischung werden die Mischungsanteile auf einer Tafel am Mischer angeschrieben. Es ist darauf zu achten, daß dann jede Mischung die gleiche Zusammensetzung hat.
Es gibt für Beton I sogenannte Betonrezepte, denen die Mischungsanteile für 1 m³ direkt entnommen werden können. Sie müssen in der angegebenen Weise auf die Mischergröße umgerechnet werden. Die sich ergebende Probemischung sollte auf den Wasserzementwert und auf den Mindestzementge-

halt hin überprüft und gegebenenfalls korrigiert werden, bevor in größeren Mengen betoniert wird. Bei der Wasserzugabe ist die Eigenfeuchtigkeit der Zuschläge zu beachten und zur Sicherheit ein niedrigerer Wasserzementwert anzustreben.

Hinweise:
Handmischung nur für kleinste Mengen.
Zeitaufwand für 1 m^3 ca. 5 Arbeitsstunden.
Ab B 15 ist Handmischung unzulässig.
Bei Maschinenmischung vorgeschriebene Mischzeit für eine Mischung = 1 min.

Vertiefung und Kontrolle

1. Welche Festigkeitsklassen und Konsistenzbereiche haben Sie in Ihrem Betrieb für verschiedene Betonarbeiten verwandt?
2. Berechnen Sie die Oberfläche und das Volumen eines Würfels mit 1 cm Kantenlänge.
3. Durch Teilung entstehen 8 Würfel mit 0,5 cm Kantenlänge; berechnen Sie von diesen den gemeinsamen Inhalt und die Oberfläche, setzen Sie die Berechnung mit 0,25 cm Kantenlänge fort, und stellen Sie einen Zusammenhang her zum erhöhten Zementanspruch eines sandreichen Gemisches.

4.4 Transportbeton

Die Herstellung des Betons auf der Baustelle unterliegt ständig wechselnden Bedingungen (z. B. Feuchtigkeit der Zuschläge, wechselnde Temperaturen usw.). Dazu kommt, daß die Bemessung der Mischungsbestandteile nicht genau erfolgen kann. Dies kann auf die Qualität des Betons einen entscheidenden Einfluß haben.
Hier liegt ein großer Vorteil des Transportbetons. Im Herstellungswerk werden die Betonbestandteile genau (nach Gewicht) bemessen. Die Eigenfeuchtigkeit der Zuschläge wird gemessen und bei der Wasserzugabe berücksichtigt. Die richtige Zusammensetzung des Betons ist also garantiert.
Ein weiterer Vorteil des Transportbetons liegt darin, daß auf der Baustelle die Lagerung für Zement und Kiessand entfällt. Zement muß trocken gelagert werden und ist überdies nicht lange haltbar. Kies muß nach Korngrößen getrennt auf sauberer Unterlage liegen. Dazu kommen noch die Mischeinrichtung und der Zeitaufwand fürs Mischen.

Dies alles hat dazu geführt, daß die Betonverwendung heute nahezu ausschließlich als Transportbeton erfolgt.
Der Transportbeton hat jedoch auch Nachteile:

1. Er ist ein nur zum Teil fertiges Produkt, er kann zu nichts anderem benützt werden. Ist z. B. zuviel bestellt worden, ist seine Beseitigung unter Umständen teuer.
2. Er ist transportempfindlich. Nur ein K_1 kann auf normalen Lkw transportiert werden, die anderen Konsistenzen würden sich entmischen. Es sind deshalb Spezialfahrzeuge erforderlich.
3. Er ist schnell verderblich. Frischbeton muß spätestens 2 h nach der Wasserzugabe eingebaut sein (bei warmem, trockenem Wetter nach 1 h). Der Abbindevorgang setzt rasch ein; wird er gestört, geht dies zu Lasten der späteren Druckfestigkeit. Ein ganz grober Fehler ist das nachträgliche Zugeben von Wasser, insbesondere wenn ein Beton schon etwas hart zu werden beginnt.

Die eventuellen Nachteile des Transportbetons können durch entsprechende **Organisation** leicht ausgeglichen werden. Dies beginnt schon mit der **richtigen Bestellung:**

- Gesamtbedarf angeben
- Lieferzeitpunkt, jeweilige Liefermenge
- Betonfestigkeitsklasse, Konsistenz, Größtkorn der Zuschläge
- Zementart, Zementfestigkeitsklasse
- eventueller Einsatz einer Betonpumpe
- eventuelle Zusätze
- genaue Lieferadresse

Die Baustelle muß auf die Betonlieferung vorbereitet sein:

- Schalarbeiten abgeschlossen
- sichere Zufuhr für den Fahrmischer
- eventuelle Wege für den Zwischentransport vorbereiten
- genügend Personal

Von den Betonwerken werden in der Regel für die Entladung 8 min je m^3 angesetzt. Ist die Entladung in dieser Zeit nicht abgeschlossen, werden zusätzliche Kosten berechnet.

Weiter ist wichtig, den **Lieferschein** genau zu prüfen. Er muß enthalten:

- Lieferwerk mit Angabe der Güteüberwachungsstelle

- Besteller und Lieferadresse
- Betonart und -menge
- Zeitpunkt der Wasserzugabe/h
- Wassermenge
- Zeitpunkt der Lieferung/h, Datum

Beim angelieferten Beton ist zu prüfen, ob *Konsistenz* und *Körnung* stimmen.
Die Betonlieferung wird darüber hinaus vom Baustellenleiter im Tagesbericht festgehalten. Es ist zu vermerken, *welche Lieferung* (Lieferschein-Nummer) *wo* eingebaut wurde.

Vertiefung und Kontrolle
Bewerten Sie aus eigener Baustellenerfahrung die Vor- und Nachteile von Transportbeton und Baustellenbeton.

4.5 Verarbeitung von Frischbeton

Der angelieferte oder auf der Baustelle hergestellte Frischbeton wird in die Schalung oder in die Fundamentgrube eingebracht. Nach dem Einbau – während des Erhärtens – braucht der Beton eine Nachbehandlung. Die verschiedenen Arbeitsabläufe können durch die Verwendung von Zusatzmitteln beeinflußt werden.

4.5.1 Schalung

Sofern nicht gegen Grund betoniert wird, ist eine Schalung erforderlich. Durch die Schalung erhält der Beton die gewünschte Form und Oberfläche, woraus folgert, daß die Schalung für das spätere Aussehen des Betons von größter Bedeutung ist.
Man unterscheidet *Schalung* und *Rüstung*. Die eigentlichen Schalelemente werden durch die Rüstung gehalten und gestützt.

Als **Schalmaterial** verwendet man gehobelte oder ungehobelte Bretter oder Bohlen; vielfach jedoch sogenannte Schaltafeln aus Brettern, die durch oberflächengleiche Beschläge zusammengehalten werden. Übliche Maße 2,0 × 0,5 m.
Für ganz glatte Betonoberflächen werden Hartfaser- oder Kunststoffplatten zusätzlich auf die Schalung aufgenagelt.
Daneben gibt es verschiedene Systeme von Schalungselementen aus Stahl. Sie sind dauerhaft, gut einzubauen, aber relativ teuer in der Anschaffung.

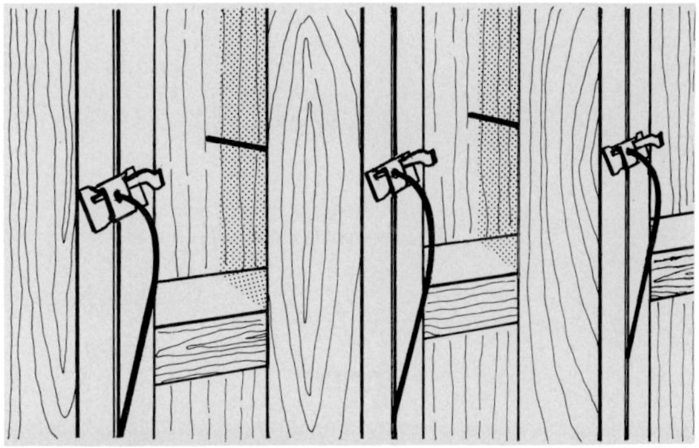

Abb. C 44. Spannschlösser.

Abstandhalter. Um die Schalung im richtigen Abstand (der späteren Mauerdicke) zu halten, verwendet man sogenannte Abstandhalter aus Asbestbeton; entweder Röhren, durch die der Spanndraht gezogen wird, oder Stäbe mit angespitzten Enden.
Die Schalungen werden durch Spanndrähte (6–8 mm stark) zusammengehalten, wozu man sogenannte **Spannschlösser** verwendet (Abb. C 44).

Die **Rüstung** besteht aus den senkrechten Schalpfosten und den waagerechten Streichhölzern aus Vierkantholz (10 × 10 cm).

Ausführung. Waagerechte Schalungen, z. B. Bohlen, werden an die Schalpfosten angenagelt, die Streichhölzer liegen außen.
Senkrechte Schalungen werden an die Streichhölzer angenagelt, die Schalpfosten sind dann außen.
Beim Schalen werden die Schalelemente an die Rüstung angenagelt, so daß größere Schalteile entstehen, die dann durch Stützen und Streben senkrecht gestellt und befestigt werden.
Wenn eine Wand sicher und fluchtgerecht steht, wird daran mit Abstandhalter und Spanndraht die zweite Wand befestigt (Abb. C 45).
Es ist darauf zu achten, daß der ausgeschalte Beton nirgends eine rechteckige Kante bildet. Alle Ecken müssen deshalb mit Dreikantleisten abgefast werden. Durch das Annageln von Dreikantleisten wird auch die Höhe der Mauer in der Schalung fixiert.

Schalungen erfordern Fachkenntnis und hohen Zeitaufwand. Sie müssen sorgfältig ausgeführt werden, Fehler sind später (am Beton) meist nicht zu korrigieren.
Zu beachten ist auch, daß das Schalmaterial beim Ausschalen wieder gesäubert und entnagelt werden muß.

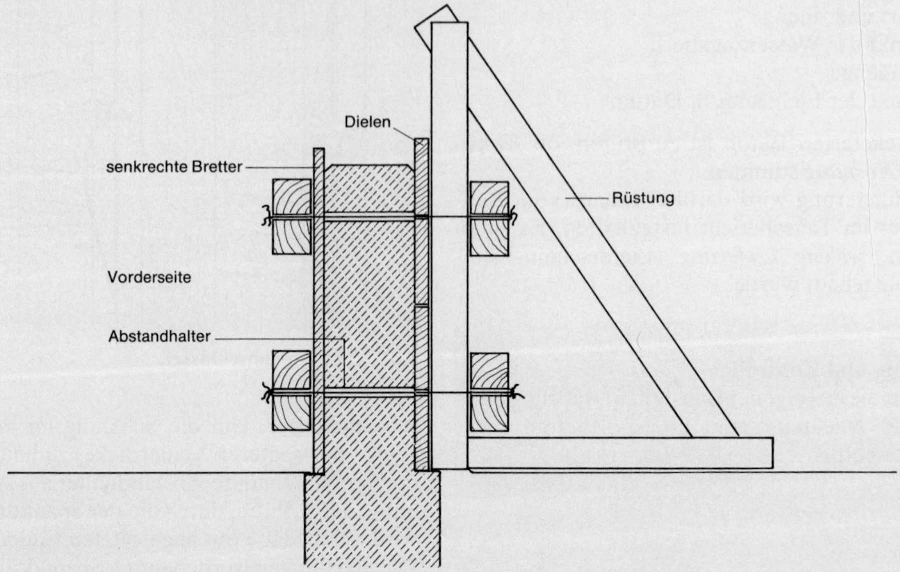

Abb. C 45. Schalungsbeispiel.

Die Schalung ist für den jungen Beton der beste Schutz; sie darf nicht zu früh entfernt werden. In der Regel soll der junge Beton 2 Tage in der Schalung bleiben.

Vertiefung und Kontrolle
Fertigen Sie Skizzen im Maßstab 1:10 von Schalungen, an deren Bau Sie beteiligt waren oder deren Konstruktion Ihnen gut erschien.

4.5.2 Bewehrung

Beton hat eine hohe Druckfestigkeit, aber eine geringe Zugfestigkeit. Stahl hat eine sehr hohe Zugfestigkeit.
Somit ergänzen sich die beiden Baustoffe im *Stahlbeton* auf vortreffliche Weise, wobei hervorzuheben ist, daß Zementleim einen ausgezeichneten Rostschutz darstellt und daß sich Beton und Stahl bei Wärmeeinwirkung auf gleiche Weise ausdehnen.

Als **Betonstahl** verwendet man Rundstäbe, deren Oberfläche gerippt oder gedrillt ist. Die Stäbe gibt es in Längen von 3–15 m in Durchmessern von 5–50 mm.

Baustahlgewebe sind Baustähle, die zu Matten zusammengeschweißt wurden. Bei Matten mit der Bezeichnung Q sind die Stäbe quadratisch angeordnet, bei Matten mit der Bezeichnung R rechteckig. Die weiter bei dieser Bezeichnung stehende Ziffer gibt den 100fachen Querschnitt der Längsstäbe auf 1 m Breite an. So hat z. B. die Matte Q 188 auf 1 m Länge einen Stahlquerschnitt von 1,88 cm^2. Dies ist für den Statiker zur Berechnung der Zugkräfte eine wichtige Größe; für den Praktiker nur der Hinweis, daß Matten mit höherer Zahl dickere Drähte haben.

Wo wird der Baustahl in der Mauer angeordnet?
Immer in der Zugzone (Abb. C 46).

Wo sich diese befindet, ist nicht immer auf Anhieb zu erkennen. Man geht jedoch den richtigen Weg, wenn man den Stahl immer möglichst weit außen verlegt und auf jeder Seite Stahl anordnet. Bei der Verwendung von Q-Matten hat man zugleich das Problem gelöst, gleichgültig ob die Zugkräfte waagerecht oder senkrecht wirken.
Bei größeren Mauern oder sonst komplizierten Bauwerken ist grundsätzlich ein Statiker zuzuziehen. Der Statiker fertigt einen genauen *Bewehrungsplan* und nimmt die Bewehrung vor dem Betoneinbau ab.

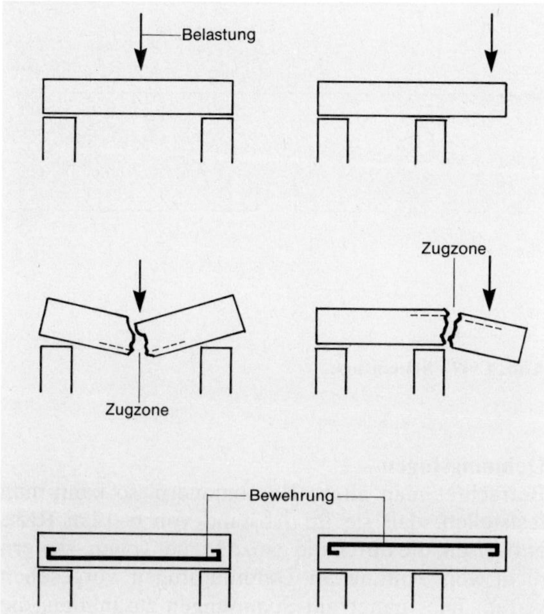

Abb. C 46. Bewehrung in den Zugzonen.

Nach den Bauordnungen der meisten Länder sind Mauern über 1 m Höhe genehmigungspflichtig. Dies können wir als Anhaltspunkt nehmen.

Ausführung. Die Baustähle oder Matten werden mit Draht an den Abstandhaltern für die Schalung befestigt. Gegenüber der Außenseite werden sie durch eigene Abstandhalter (Abb. C47) fixiert. Vor und während des Betoneinbaus muß die einwandfreie Lage der Bewehrung kontrolliert werden. Aus dem erhärteten Beton herausschauender Baustahl ist unschön, rostet und ist praktisch nicht zu beseitigen.

Vertiefung und Kontrolle
Zeichnen Sie die Stahleinlage in Mauern, an deren Bau Sie beteiligt waren, in maßstäblichen Skizzen auf.

4.5.3 Einbautechnik

Grundsätzlich sind 3 Forderungen immer zu erfüllen:

1. Der Beton muß nach 2 h, bei warmem, trockenem Wetter nach 1 h eingebaut sein.
2. Der Beton darf sich beim Einbau nicht entmischen.
3. Bewehrung und Schalung dürfen sich nicht verschieben.

Die erste Forderung läßt sich nur mit guter **Organisation** erfüllen (s. auch Angaben bei Transportbeton).

Eine **Entmischung** führt im Beton zur Bildung von sogenannten *Kiesnestern,* die nicht nur unschön sind, sondern auch die Druckfestigkeit eines Betons wesentlich vermindern.
Beton weicher Konsistenz entmischt sich bei unsachgemäßem Transport und falscher Verdichtung. Zur Entmischung kommt es auch bei zu großen Fallhöhen (maximale Fallhöhe 1 m, bei größeren Höhen *Fallrohrrutschen* verwenden). Manchmal wirkt eine enge Bewehrung wie ein Sieb.
Zur Entmischung kommt es oft beim Zwischentransport, z. B. mit Schubkarren, der ohnehin sehr arbeitsaufwendig ist. Ein schonender Zwischentransport erfolgt bei Bedarf mit einem Baukran. Wenn nicht direkt vom Fahrmischer entladen werden kann, wird der Beton heute oft direkt an die Einbaustelle gepumpt. Die günstige Konsistenz zum Pumpen ist K_2 und K_2/K_3, die Konsistenz K_3 neigt hier zur Entmischung.
Äußerst wichtig für die Qualität des Betons ist die **Verdichtung** beim Einbau. Ein nicht genügend verdichteter Beton erreicht nie die geforderte Druckfestigkeit.
Die Art der Verdichtung ist abhängig von der Konsistenz.
Beton K_1 wird durch Stampfen (mit *Handstampfer*) oder bei flächigem Einbau mit der *Rüttelplatte* verdichtet. Er neigt nicht zur Entmischung.
Beton K_2 wird mit dem *Innenrüttler (Rüttelflasche)* gerüttelt (Abb. C48). Die Rüttelflasche ist durch

Abb. C 47. Abstandhalter für die Bewehrung.

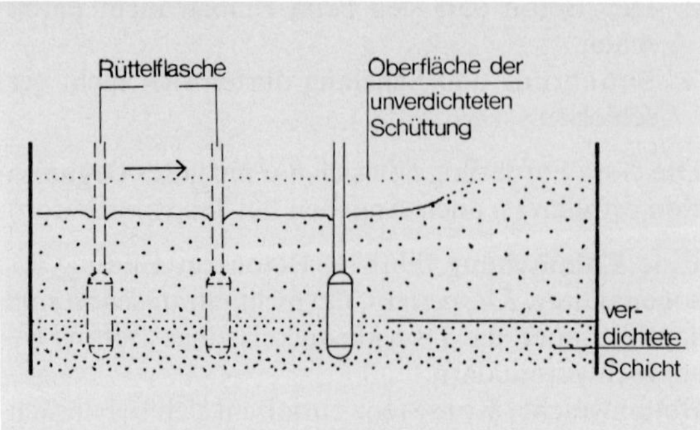

Abb. C 48. Richtiges Einsetzen des Innenrüttlers.

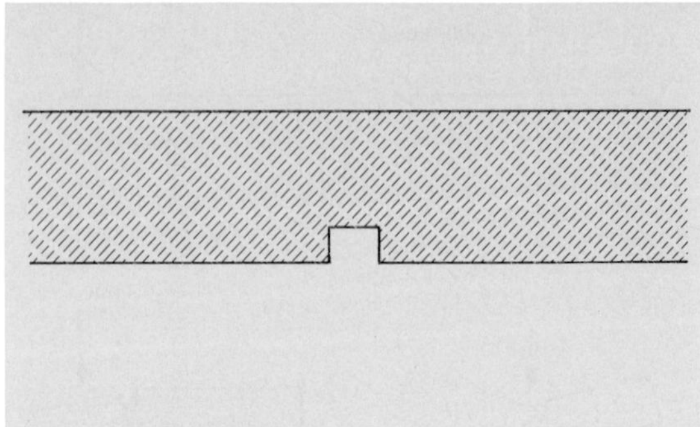

Abb. C 49. Scheinfuge.

eine biegsame Welle mit einem Motor verbunden, der mit hoher Drehzahl die Unwucht und damit Vibration erzeugt. Der Beton soll 30–100 cm hoch eingefüllt sein. Die Rüttelflasche muß gleichmäßig eingeführt werden, Abstand der Eintauchstellen 60–80 cm. Dabei ist auch noch in die vorher verdichtete Schicht einzutauchen. Nicht zu lange rütteln, sonst kommt es zur Entmischung. Man hört auf, wenn sich an der Oberfläche eine Wasserschicht zu bilden beginnt.

Beton K_3 darf nicht gerüttelt werden (obwohl man dies oft auf Baustellen sieht). Er entmischt sich durch das Rütteln zu leicht. Zur Verdichtung genügt ein vorsichtiges Stochern und das Abklopfen der Schalung.

Dieser Beton sieht nach der Erhärtung sehr dicht aus, hat aber oft viele Haarröhrchen, die das viele Wasser beim Verdunsten hinterließ, und ist dadurch nicht so druckfest, wie es den Anschein hat.

Vertiefung und Kontrolle

1. Achten Sie bei fertigen Betonmauern (auch vom Hochbau) auf Fehler, suchen Sie deren Ursache zu erkennen.
2. Beobachten Sie die Verarbeitbarkeit und spätere Oberfläche von Beton unterschiedlicher Konsistenz und Körnung.

4.5.4 Fugenausbildung beim Betonieren

Man unterscheidet 3 Arten von Fugen:
Dehnungsfugen, konstruktiv bedingte Fugen, Arbeitsfugen.

Dehnungsfugen

Betrachtet man ältere Betonmauern, so kann man feststellen, daß sie im Abstand von 6–12 m Risse aufweisen, die durch die ganze Mauer gehen – sofern nicht von Anfang an Dehnungsfugen vorgesehen waren. Dies hängt mit Spannungen zusammen, die durch den Wechsel von warm und kalt auftreten. Um die Spannungen auszugleichen, sieht man Dehnungsfugen vor.

Bei einfachen Bauteilen genügt eine sogenannte **Scheinfuge;** die Bewehrung wird an der vorgesehenen Stelle unterbrochen und eine Latte in die Schalung genagelt (Abb. C 49). Treten Spannungen auf, reißt die Mauer an der geschwächten Stelle *(Sollbruchstelle)*. Der Riß ist in der tieferliegenden Fuge nicht zu sehen.

Bei der Anordnung von Dehnungsfugen kann man auch abschnittweise von Fuge zu Fuge betonieren. Die Fuge wird normal geschalt; nach dem Ausschalen wird der Beton mit *Inertol* gestrichen, eine Weichfaserplatte angebracht und der nächste Abschnitt dagegenbetoniert. Nach dem Erhärten wird die Fuge mit dauerelastischem Kitt abgedichtet.

Durch eingelegte *Weichfaser- oder Styroporplatten* ist bei kleineren Bauwerken auch das gleichzeitige Betonieren auf beiden Seiten der Fuge möglich.

In Fugen, die wasserdicht sein müssen, werden **Fugenbänder** eingelegt (Abb. C 50).

Bei allen Fugenausbildungen ist darauf zu achten, daß die Kanten abgefast werden.

Konstruktiv bedingte Fugen

Sie entstehen, wo verschiedene Bauteile aneinanderstoßen (z. B. Mauer/Haus oder Treppe/Mauer).
Hier kommt es durch unterschiedliche Belastungen immer zur Rißbildung, wenn die Fuge nicht deutlich

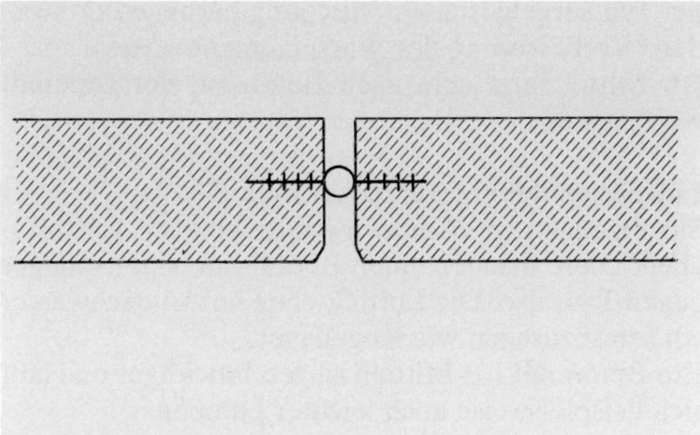

Abb. C 50. Fuge mit Fugenband.

ausgebildet wird. Also nie einfach gegen ein anderes Bauwerk betonieren, sondern die Verbindung durch Einlegen von Dachpappe oder Inertolanstrich verhindern. Kanten abfasen und die Fuge später mit Kitt verschließen.

Arbeitsfugen
Sie entstehen immer dort, wo auf einem bereits erhärteten Beton weiterbetoniert werden muß. Sie sind unerwünscht und werden durch eine gute Organisation vermieden, indem innerhalb einer Schicht nur in sich abgeschlossene Bauteile betoniert werden. Gelegentlich lassen sich Arbeitsfugen nicht vermeiden, so z. B., wenn zuerst das Fundament betoniert wird und erst später die Mauer. Bei größeren Wasserbecken stellt sich das Problem immer – betoniert man zuerst die Wände oder zuerst den Boden?

Zu beachten ist folgendes:
- Arbeitsfugen nicht im sichtbaren Bereich vorsehen
- den zuerst eingebrachten Beton an der Oberfläche nicht abglätten, sondern rauh, uneben lassen
- eine zusätzliche Bewehrung vorsehen
- den alten Beton vor dem Weiterbetonieren gründlich säubern und annässen
- bei Wasserbecken wird ein Fugenband einbetoniert

4.5.5 Beton-Nachbehandlung

Darunter verstehen wir alle Maßnahmen, die das ungestörte Aushärten des Betons sicherstellen.
Sobald der Zement mit dem Wasser zusammenkommt, beginnt der *Abbindeprozeß*. Dies zwingt uns beim Betonieren zur raschen Arbeit, bringt andererseits aber schon nach 1–2 Tagen ein ziemlich stabiles Bauwerk. Die *Normfestigkeit* muß ein Beton erst nach 28 Tagen aufweisen. Meist ist diese Festigkeit schon früher erreicht, ein Beton härtet aber auch danach noch weiter aus.
Kritisch ist allerdings die erste Aushärtungsphase; in dieser Zeit ist der Beton sehr empfindlich.

Was kann geschehen?
Wie wir wissen, braucht der Beton zum Abbinden Wasser. Wird dieses schon vor dem Abbindeprozeß (z. B. durch Verdunstung) entzogen, bindet nicht aller Zement ab, was die spätere Druckfestigkeit beeinträchtigt und vor allem zu den gefürchteten *Ausblühungen* führt.
Bei Ausblühungen löst sich der nicht gebundene Zement in später eindringendem Wasser und gelangt mit diesem an die Maueroberfläche, wo er nach dem Verdunsten dieses Wassers als Kalkstein zurückbleibt.

Es muß also verhindert werden, daß das Anmachwasser vor dem Abbinden verdunstet:
- der beste Schutz ist die Schalung
- nicht geschalte Betonteile abdecken
- bei zu erwartendem heißen Wetter Schalung und Abdeckung feucht halten *(Verdunstungskälte)*

Nicht den heißen Beton mit kaltem Wasser abspritzen (durch die rasche Abkühlung entstehen Spannungen, die zu Rissen führen können).
Die Verdunstung des Wassers wird durch die sogenannte *Abbindewärme* gefördert. (Daß beim Abbindevorgang Wärme frei wird, kann auf Baustellen gut beobachtet werden. Bei großen Bauwerken kann die Abbindewärme zum Problem werden.)

Der Frischbeton ist nicht nur vor Wärme zu schützen, sondern auch vor **Frost.** Gefriert das Anmachwasser vor dem Abbinden, wird dieser Prozeß gestört und durch die Frostausdehnung des Wassers die Verdichtung aufgehoben. Der Beton wird völlig unbrauchbar.

Bei starkem Frost darf also grundsätzlich nicht betoniert werden. Im Übergangsbereich kann unter Beachtung folgender Maßnahmen betoniert werden:
- Zuschläge durch Abdecken frostfrei halten
- Anmachwasser anwärmen
- Zement höherer Festigkeitsklasse verwenden (er erhärtet schneller und entwickelt mehr Abbindewärme)
- den Beton in der Schalung belassen und zusätzlich abdecken

- die Verwendung von sogenannten Frostschutzzusätzen ist nicht grundsätzlich zu empfehlen, da diese die Bewehrung angreifen und die Druckfestigkeit herabsetzen

Weiter ist der junge Beton vor Beschädigungen und Erschütterungen zu schützen:
- nicht zu früh ausschalen
- flächigen Beton zudecken, absperren
- in der Nähe von nicht ausgehärtetem Beton nicht mit Rüttel- oder Vibrationsgeräten arbeiten

Vertiefung und Kontrolle
Machen Sie Vorschläge, wie ein frisch betoniertes Wasserbecken zu schützen ist.

4.5.6 Betonzusatzmittel

Bestimmte Eigenschaften des Frischbetons können durch Zugabe von Betonzusatzmitteln verändert werden. Dies ist unter bestimmten Voraussetzungen wünschenswert und wichtig.
Man muß sich jedoch stets darüber im klaren sein, daß durch diese Mittel nie aus einem schlechten Beton ein guter wird. Die Regeln der Betonherstellung müssen grundsätzlich beachtet werden. Durch die Anwendung von Betonzusatzmitteln wird nur eine Betoneigenschaft verändert, was meistens zu Lasten anderer Eigenschaften geht.
Die Mittel sollten nicht unüberlegt bei Baustellenbeton zugesetzt werden. Im Transportbeton ist ihre Anwendung am gesichertsten, da das Betonwerk einer Güteüberwachung unterliegt und am besten die Art des Mittels und seine Dosierung beurteilen kann.

Erstarrungsverzögerer (Kurzbezeichnung VZ)
Durch den Zusatz dieser Mittel wird das Abbinden des Zementes um 1–12 h verzögert. Das bedeutet, daß der Beton auch länger gegen Austrocknung, Frost und Erschütterung geschützt werden muß.
Angewandt werden diese Mittel z. B. bei Transportbeton, wenn beim Einbau Schwierigkeiten zu erwarten sind, vor allem aber bei der Herstellung von Waschbeton, wo ja auf der Oberfläche der Zementleim nachher abgewaschen werden muß.

Betonverflüssiger (Kurzbezeichnung BV)
Durch diese Zusätze wird das Wasser enthärtet, entspannt, es wird sozusagen flüssiger. Dadurch kann der Wassergehalt einer Mischung herabgesetzt werden (Verbesserung des Wasserzementwertes).
BV-Mittel setzt man auch Beton zu, der gepumpt werden soll.

Luftporenbildner (Kurzbezeichnung LP)
Sie erzeugen im Anmachwasser kleinste Luftbläschen. Diese machen einen Beton widerstandsfähiger gegen Tausalze. Die Luftbläschen im Anmachwasser wirken sozusagen wie Kugellager.
Ein Beton mit LP-Mitteln ist geschmeidiger und läßt sich beispielsweise auch leichter pumpen.

Dichtungsmittel (Kurzbezeichnung DM)
Sie sollen die Wasserundurchlässigkeit des Betons erhöhen und tun dies in bestimmtem Maß auch.

Erstarrungsbeschleuniger (Kurzbezeichnung BE)
Sie werden häufig als Frostschutzmittel verwendet; sonst z. B., wenn Beton als Spritzbeton verwendet wird.

Vertiefung und Kontrolle
Nennen Sie weitere Anwendungsmöglichkeiten für Betonzusatzmittel.

4.5.7 Oberflächenbehandlung

Schalungsstruktur
Das Aussehen der Betonflächen wird in erster Linie durch die Schalung bestimmt. Die Möglichkeiten gehen hier von der rauhen *Bretterschalung,* welche die Holzstruktur auf dem Beton hinterläßt, bis zur völlig glatten Oberfläche durch *Kunststoffplatten* oder *Metallschalung.*
In die Schalung können auch verschiedene Materialien eingelegt werden, durch welche die Oberfläche geformt wird, z. B. *Schilfmatten, Halbrundhölzer, Dachlatten* oder *Spezialformen aus Styropor.*
Immer ist darauf zu achten, daß die Schalung in Flucht und Richtung stimmt und daß die Bewehrung überdeckt ist.

Einfluß der Kornzusammensetzung
Neben der Schalung ist die Kornzusammensetzung für das Oberflächenbild ausschlaggebend. So können feine Strukturen oder auch glatte Oberflächen nur mit einem feinkörnigen, sandreichen Material erreicht werden.

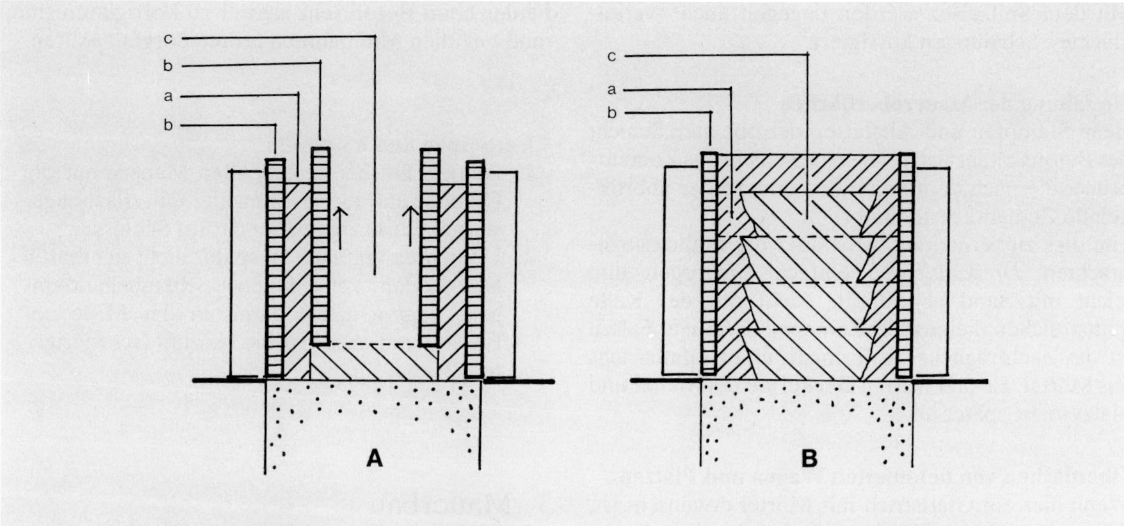

Abb. C 51. Einbau von Vorsatzbeton.
A mit Gleitschalung.
B ohne Gleitschalung.
a Vorsatzbeton,
b Schalung,
c Kernbeton.

Recht ansprechend werden Oberflächen auch mit grobem, kiesigem Material. Wird vor der völligen Erstarrung der Zementleim abgewaschen, spricht man von **Waschbeton,** bei dem dann auch die Färbung der Körnung eine Rolle spielt. Auch durch die Kornform, Splitt oder Kies, ist ein gestalterisches Mittel gegeben.
Oft läßt sich mit einer bestimmten Mischung, die eine ansehnliche Oberfläche hinterläßt, nicht das ganze Bauwerk herstellen. In diesem Fall stellt man einen sogenannten **Vorsatzbeton** her (Einbau s. Abb. C 51). Der *Vorsatz* dient der gestalterischen Anforderung, der *Kernbeton* übernimmt die statische Funktion.
Mit Vorsatzkörnungen kann auf der Baustelle relativ leicht gearbeitet werden; Auswaschungen sind dagegen schwieriger, sie sind leichter bei Fertigteilen zu erreichen.

Nachträgliche Bearbeitung
Es gibt verschiedene Möglichkeiten, die Oberflächenstruktur des Betons zu verändern, auch nach dem Ausschalen.

1. Sandstrahl-Oberfläche
Der ausgeschalte Beton wird mit einem *Sandstrahlgebläse* abgestrahlt. Das erzielte Bild ähnelt dem Waschbeton, ist aber nicht zu glänzend, sondern etwas stumpfer.
Der Arbeitsablauf ist einfacher, weil als gesonderter Arbeitsgang und nicht unter Zeitdruck gearbeitet wird.

2. Kratzbeton
Der Beton wird, je nach Temperaturverhältnissen, 15–24 h nach dem Betonieren ausgeschalt und die Oberfläche mit einem *Nagelbrett* aufgerauht. Neben den Kratzspuren bilden die *»Lager«* der herausgekratzten Steinchen eine recht lebendige, ansprechende Oberfläche.

3. Spitzen, Stocken, Scharrieren
Alle drei Verfahren stellen steinmetzmäßiges Bearbeiten dar. Mit dem *Spitzeisen* erhält man je nach Wunsch eine mehr oder weniger grobe Oberfläche, die ausgesprochen lebendig ist, da auch einzelne Steine gespalten werden.
Das Stocken erfolgt mit dem *Stockhammer* und ergibt eine nicht ganz so rauhe Oberfläche wie das Spitzen.
Das Scharrieren ist eine auf kleinere Flächen beschränkte Arbeitsweise, bei der die Schlagspuren des *Scharriereisens* als Strichmuster sichtbar werden.
Die feinen Bearbeitungen können nur auf sauber und korrekt geschalten Flächen erfolgen.

Mit dem Spitzeisen werden dagegen auch »verunglückte« Schalungen korrigiert.

Gestaltung der Maueroberflächen
Beim Stampfen und Abglätten der obersten Schicht des Betons bildet sich gerne eine Schicht aus Zementbrühe, die nach dem Abbinden eine später abbröckelnde Zementkruste hinterläßt.
Um dies zu vermeiden, wird über die seitlich angebrachten *Dreikantleisten* einfach abgezogen und leicht mit Sand abgestreut. Nicht mit der Kelle glattstreichen, keinesfalls Zement aufstreuen. Falsch ist das nachträgliche Aufbringen eines Glattstrichs aus Mörtel. Er sitzt wie ein Deckel auf der Mauer und platzt meist später ab.

Oberflächen von betonierten Wegen und Plätzen
Wenn hier ein Glattstrich mit Mörtel erwünscht ist, dann sofort beim Einbau auf den frischen Beton aufbringen. Man erzielt dabei eine unterschiedliche Struktur, wenn man mit *Filz-, Holz-* oder *Metalltraufeln* arbeitet. Diese Oberfläche ist für Gehwege im Freien jedoch meist zu glatt.

Besenstrich
Wird eine abgeglättete Fläche mit dem Viereckbesen abgezogen, erhält man eine angenehm rauhe Oberfläche und kann im gleichen Arbeitsgang die störende Schlempe entfernen.

Aufmaß und Abrechnung
Beton wird am besten nach m^3 abgerechnet, getrennt nach Festigkeitsklassen.
Es ist zweckmäßig, Schalung und Bewehrung grundsätzlich gesondert zu erfassen. Die Schalung wird nach m^2 Ansichtsfläche der geschalten Betonteile abgerechnet.
Verwendet man für die Bewehrung Baustahlmatten, können diese auch nach m^2 erfaßt werden. Bei zusätzlicher Verwendung von Rundstählen sowie bei Vorliegen eines Bewehrungsplanes ist die Abrechnung nach kg günstiger.

Abschließende Bemerkung
Ortbeton unterscheidet sich in einem wesentlichen Punkt grundsätzlich von anderen Baustoffen, wie z. B. Naturstein, Fertigbeton, Holz oder Stahl: er ist ein noch *unfertiges Produkt*, ein Baustoff, der noch hergestellt werden muß. Wird bei der Herstellung *ein* Fehler gemacht, ist das ganze Werk in Frage gestellt, auch wenn alle anderen Bedingungen erfüllt sind. Da Fehler beim Beton sehr schwer zu korrigieren sind, muß bei allen Maßnahmen größte Sorgfalt walten.

Vertiefung und Kontrolle
1. Achten Sie bei bestehenden Mauern auf die Qualität und die Wirkung der Oberflächengestaltung, und ziehen Sie daraus Schlüsse.
2. Üben Sie evtl. auch an später nicht sichtbaren Betonteilen verschiedene Schlagbehandlungen; beginnen Sie damit in der Mitte der Fläche, und arbeiten Sie bis zum (schwierigeren) Rand.

5 Mauerbau

5.1 Aufgaben, Mauerformen

Wozu bauen wir Mauern?
Die Aufgaben sind vielfältig: Mauern dienen als *Sicht- und Lärmschutz,* sie *markieren Grenzen* und sind wesentliche Elemente der *Raumbildung.*
Diese Funktionen können von dafür bestimmten Mauern nur übernommen werden, wenn sie eine bestimmte Höhe aufweisen. Dabei sollten Maße in Augenhöhe (1,60–1,80 m) vermieden werden. Günstig sind Mauerhöhen, die ab ca. 2 m Höhe deutlich darüber oder mit ca. 1,40 m deutlich darunter liegen.
Weiter sind Mauern zur *Geländemodellierung* wichtig. Vor gewachsenem Boden werden sie als *Futtermauer,* vor Auffüllungen als *Stützmauer* bezeichnet.
Niedere Mauern dienen als *Einfassungen* für Pflanzungen, Sandspielkästen und als *Sitzplätze.*
Eine Sonderform stellen die Pfeiler dar, die Eingänge markieren, an denen Tore befestigt und in die oft Briefkästen und Sprechanlagen eingebaut werden.
Durch die Vielfalt des Materials, das zum Mauerbau zur Verfügung steht, können Mauern auch sehr abwechslungsreich gestaltet werden.

5.2 Mauern aus Ziegel

5.2.1 Welches Material steht uns zur Verfügung?

Ziegel
Sie werden aus Ton geformt und danach gebrannt. In der DIN 105 sind ihre Größe, Druckfestigkeit und sonstigen Eigenschaften genormt.

Die wichtigsten Ziegelmaße

Größen	Länge	Breite	Höhe
Normalformat (NF)	240	115	71 mm
Dünnformat (DF)	240	115	52 mm
1½ NF = 2 DF	240	115	113 mm
2¼ NF = 3 DF	240	175	113 mm

Unter Berücksichtigung der Fugen kommt man mit 4 NF auf das Maß von 1 m. Zweimal die Ziegelbreite + Fuge = die Ziegellänge.

Druckfestigkeit
Mauerziegel: Mittelwert 15 N/mm²
Vormauersteine: 45 N/mm² (frostbeständig)
Klinker: Mittelwert 75 N/mm²

Sonstige Eigenschaften
Klinker sind frostbeständig, sie können ohne Putz im Freien verwendet werden.
Mauerziegel sind nicht frostbeständig, sie sind im Freien durch eine Putzschicht zu schützen.

Ziegel werden als *Vollziegel* oder als Ziegel mit Löchern hergestellt; meist als *Hochlochziegel,* seltener als *Langlochziegel.* Die Lochziegel haben durch die Luft in ihren Hohlräumen eine gute Wärmedämmung. Im Landschaftsbau werden Vollziegel verwendet, wegen der Frostbeständigkeit meist Vollklinker.

Kurzbezeichnungen:	HLz	Hochlochziegel
	Mz	Vollziegel
	KHLz	Hochlochklinker
	KMz	Vollklinker

Kalksandsteine
Sie haben ähnliche Eigenschaften wie Ziegel und werden in den gleichen Größen (NF) angeboten. Sie sind aus Quarzsand und Kalk gepreßt und dampfdruckgehärtet.
Der Kalksandhartstein hat 25 N/mm² Druckfestigkeit, der Kalksandvollstein 15 N/mm².
Beide sind frostbeständig und können somit ohne Putz verwendet werden. Die Steine sind angenehm hellgrau. Dort, wo man diese Farbe statt des Ziegelrot aus gestalterischen Gründen wünscht, sind diese

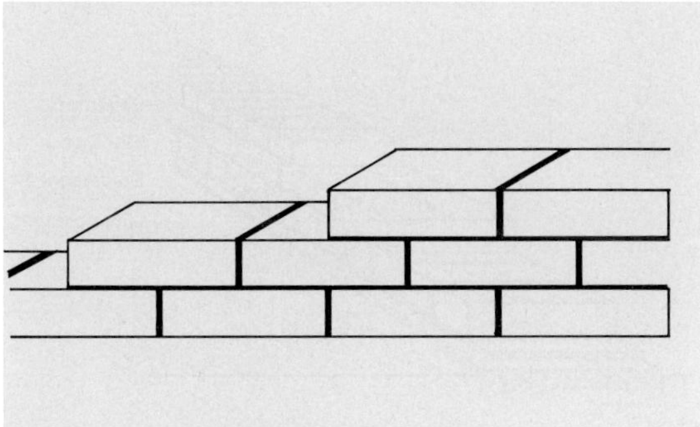

Abb. C 52. ½-Stein-Mauer.

Steine sehr zu empfehlen. (Ein Anstrich hält auf freistehenden Klinkermauern schlecht.)

5.2.2 Mauerverbände

Durch die Größe der Ziegel sind die Mauerdicken vorgegeben.
Die **½-Stein-Mauer** (Abb. C 52) ist 11,5 cm dick. Sie hat keine hohe Stabilität und kann nicht freistehend, sondern nur zwischen andere Bauteile eingespannt errichtet werden.
Die **1-Stein-Mauer** (Abb. C 53) ist 24 cm dick; bei ihr wechselt jeweils eine *Läuferschicht* (Abb. C 54) mit einer *Binderschicht.* Dadurch erhält man entweder einen *Blockverband* oder einen *Kreuzverband* (Abb. C 55).
Läßt man beim Blockverband in der Binderschicht jeden zweiten Stein weg, erhält man eine luftige, durchbrochene Mauer.
Die **1½-Stein-Mauer** (Abb. C 56) ist 36,5 cm dick. In einer Schicht befinden sich Läufer und Binder, wobei

Abb. C 53. 1-Stein-Mauer.

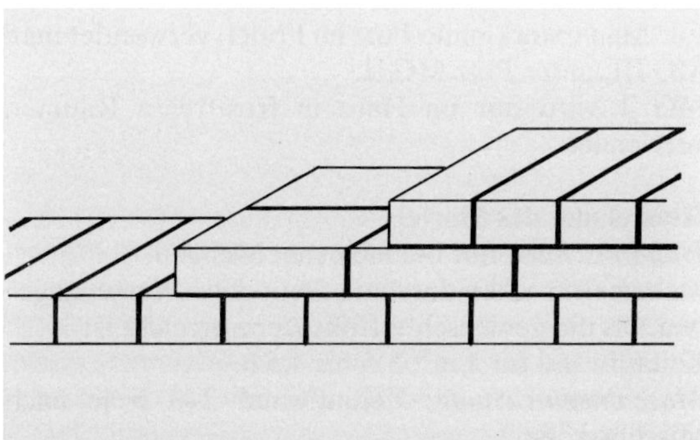

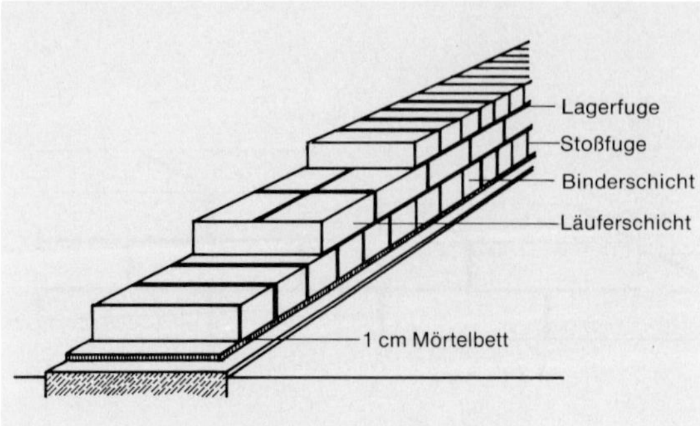

Abb. C 54. Bezeichnungen im Mauerwerk.

deren Lage in jeder Schicht wechselt. Die Ansicht ist gleich der 1-Stein-Mauer.
Weitere Mauerdicken ergeben sich jeweils durch das halbe Ziegelmaß.
Abweichend von den »Grundmauerarten« sind sogenannte *Zierverbände* (Abb. C 57) möglich.

5.2.3 Mörtel

Die Ziegel werden mit Mörtel zur Mauer verbunden. Dabei unterscheidet man von der Zusammensetzung und von der Verwendung her 3 Mörtelgruppen:

Mörtelgruppe	Mischungszusammensetzung nach Raumteilen	
MG I	Kalk und Sand	1:3
MG II	Zement, Kalk und Sand	1:2:8
MG III	Zement und Sand	1:4

Für Mauerwerk ohne Putz im Freien verwendet man MG III, unter Putz MG II.
MG 1 wird nur im Haus in frostfreien Räumen verwendet.

Herstellung des Mörtels
Handmischung nur bei kleinsten Mengen.
Mehrmals trocken durchmischen; dann Wasser zugeben, bis die gewünschte Konsistenz erreicht ist.
Zeitaufwand für 1 m^3: 3,5 bis 4,5 h.
Maschinenmischung: Zeitaufwand 2–3 h je nach Mischergröße.

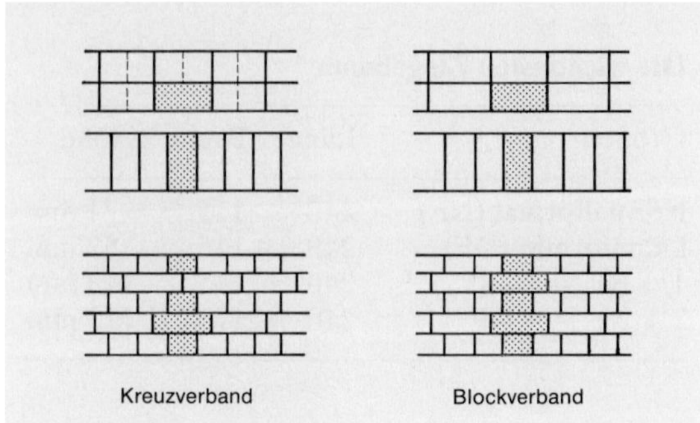

Abb. C 55. Mauerverbände.

Mörtel kann auch von Betonwerken wie Transportbeton bezogen werden.
Trockenmörtel (fertige Mischungen, denen nur Wasser zugesetzt werden muß) ist nur für Kleinmengen üblich.

5.2.4 Herstellung von Ziegelmauern/Kalksandsteinmauern

Fundament
Die Mauern brauchen grundsätzlich ein Fundament, das frostsicher gegründet sein muß. Frostsicher bedeutet mindestens 80 cm tief, in kälteren Gegenden eine Tiefe von 100 cm. Das Fundament wird üblicherweise aus Beton B 10 herhergestellt. Soweit eine Bewehrung vorgesehen ist, muß B 15 verwendet werden.

Aufmauern
Die Ziegel werden auf die mit der Kelle aufgebrachte Mörtelschicht gesetzt. Ziegel vorher annässen. Der

Abb. C 56. 1½-Stein-Mauer

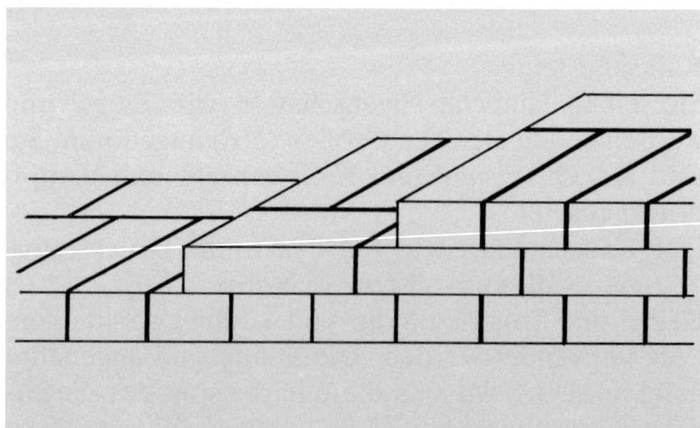

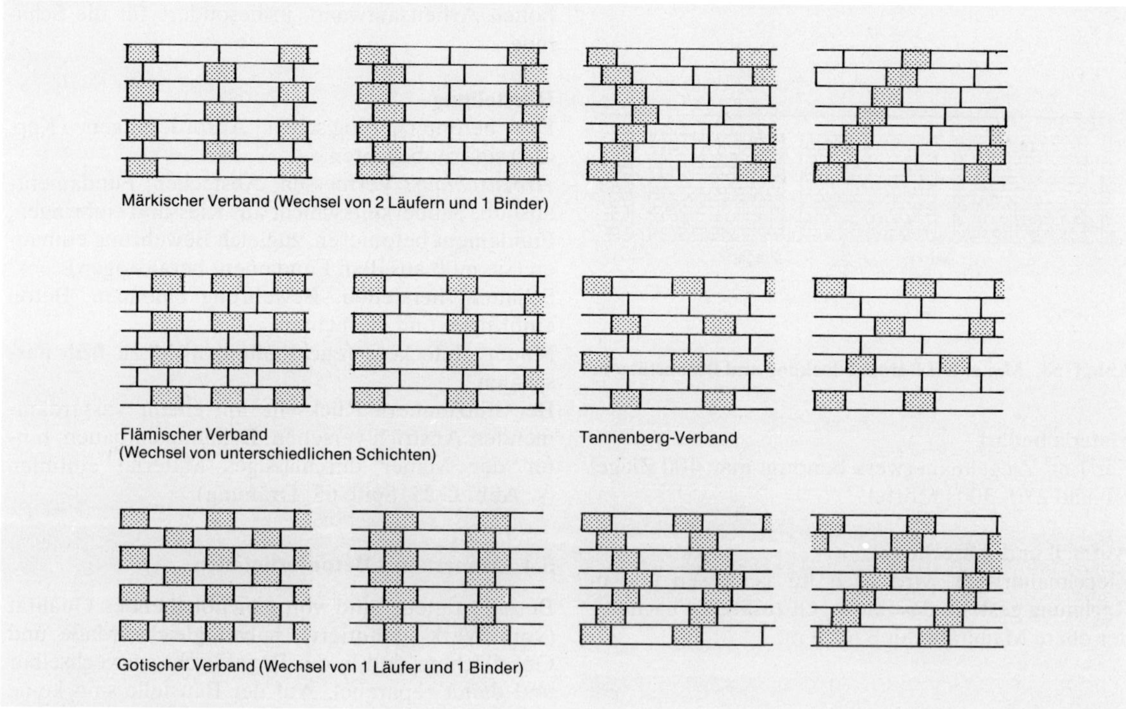

Abb. C 57. Zierverbände.

Mörtel für die Fuge wird mit der Kelle auf den Ziegel gestrichen und dieser dann an den vorigen Ziegel angelegt. Mit dem Maurerhammer klopft man ihn in die richtige Lage.

Die *Lagerfugen* müssen exakt waagerecht und die *Stoßfugen* exakt senkrecht verlaufen; alle Fugen müssen gleich dick sein (1 cm). Die genaue Lage der Steine wird durch Lot, Schnurgerüst und Richtscheit mit Wasserwaage laufend überprüft. Man setzt zuerst die Ecksteine und mauert gegen die Mitte hin.

Bei dem im Landschaftsbau üblichen Mauerwerk ohne Verputz muß sehr sorgfältig gearbeitet werden.

Ausfugen

Der beim Mauern eingearbeitete Mörtel ergibt für unverputzte Mauern noch nicht das gewünschte Fugenbild. Die Fugen müssen zusätzlich bis zur Vorderkante sorgfältig gefüllt werden. Dann wird mit der Fugenkelle so darübergestrichen, daß die Oberfläche nicht glatt, sondern leicht aufgerauht ist.

Das Ausfugen soll mit dem Mauern erfolgen, wobei man einige Schichten mauert und dann die Fugen füllt und verstreicht. Verfugt man später, müssen die Fugen beim Mauern ca. 1–2 cm tief ausgekratzt werden, damit man nachträglich genügend Mörtel aufbringen kann (und somit dessen Abplatzen verhindert).

Wird nachträglich verfugt, muß die Mauer vorher gut angenäßt werden.

Oberer Mauerabschluß

Das Mauerwerk kann nicht einfach aufhören.

Eine relativ einfache, aber brauchbare Lösung ist der Abschluß der Mauer mit einer *Rollschicht.*

Oft ist es jedoch wichtig, das Eindringen von Wasser von oben her zu verhindern, was gegebenenfalls mit einer *Kupferblech-Abdeckung* erreicht wird.

Auch Abdeckplatten aus *Betonwerksteinen* sind möglich.

Eine wesentliche Erhöhung der Stabilität erreicht man mit einem bewehrten Betonband aus *Ortbeton;* dies ist vor allem bei freistehenden Mauern in Verbindung mit Betonstützen zu empfehlen (Abb. C 58). Die Schalung läßt sich an der soweit fertigen Mauer gut anbringen und damit auch problemlos betonieren. Dehnungsfugen vorsehen.

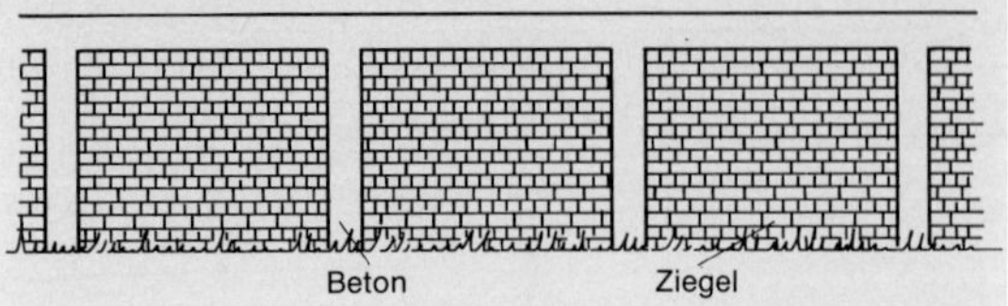

Abb. C 58. Mauer mit Betonabdeckung und Betonstützen.

Materialbedarf
Für 1 m^3 Ziegelmauerwerk benötigt man 400 Ziegel NF und 270–300 l Mörtel.

Aufmaß und Abrechnung
Ziegelmauerwerk wird nach m^3 gemessen und in Rechnung gestellt, das Ausfugen zusätzlich nach m^2, der obere Mauerabschluß nach m.

Vertiefung und Kontrolle

1. Fertigen Sie von Ziegelmauern, an deren Herstellung Sie beteiligt waren, maßstäbliche Skizzen (Querschnitt und Ansicht).
2. Achten Sie bei bestehenden Mauern auf die Ausbildung des oberen Abschlusses, skizzieren Sie gute Lösungen.

5.3 Mauern aus Ortbeton

Der frisch eingebaute Beton erlaubt fast alle denkbaren Maße und Formen sowie eine Vielzahl von Oberflächen. Sofern beim Betonieren keine Fehler unterlaufen, ist Beton außerordentlich dauerhaft und haltbar und stellt somit einen vorzüglichen Baustoff dar.
Es gilt jedoch auch, seine Nachteile zu beachten. Zum Unterschied von allen anderen Baustoffen muß Beton als solcher erst hergestellt werden. Dies ist – wie wir schon gehört haben – ein komplexer Vorgang. Wird nur eine Bedingung nicht erfüllt, mißlingt das Werk. Fehler sind kaum oder nicht reparabel.
Die Herstellung einer Mauer aus Ortbeton verlangt ein hohes Maß an Fachkenntnis und einen relativ hohen Arbeitsaufwand, insbesondere für die Schalung.

Herstellung
Die betontechnologischen Anforderungen (Kap. C 4) sind zu beachten.
Arbeitsablauf: Vermessen, Abstecken, Fundamentaushub, Sauberkeitsschicht aus Kiessand einbringen, Fundament betonieren, zugleich Bewehrung einbauen (sie muß aus dem Fundament herausragen).
Schalung herstellen, Bewehrung einbauen, Beton einbringen und verdichten.
Mauer abdecken, feuchthalten, nicht zu früh ausschalen.
Bei Stützmauern Rückseite mit einem wasserdämmenden Anstrich versehen, Dränung einbauen, hinter der Mauer durchlässiges Material einfüllen (s. Abb. C 25, Seite 63, Dränung).

5.4 Mauern aus Betonfertigteilen

Betonfertigteile sind von gleichbleibender Qualität (vom Werk garantiert), haben gleiche Maße und Oberflächen, sind in der Regel leicht auswechselbar und damit reparabel. Auf der Baustelle sind keine oder nur untergeordnete Schalungsarbeiten erforderlich und damit meist weniger Aufwand für das Versetzen. Eine gewisse Witterungsunabhängigkeit kommt dazu.
Im Vergleich zu Naturstein müssen die Betonteile auf der Baustelle nicht mehr bearbeitet werden,
im Vergleich zu Ziegeln sind sie von größerem Format.
Hinzu kommt, daß man sie vielfach ohne aufwendiges Betonfundament *trocken* versetzen kann. Dies ist in aufgefülltem Gelände und vor allem bei relativ niederen Mauerhöhen ein enormer Vorteil.
Da es im Handel eine Vielzahl von Elementen mit den verschiedensten Oberflächen gibt und die einzelnen Werksteine oft noch in verschiedener Weise angewandt werden können, ist es nicht verwunderlich, daß Betonfertigteile eine weite Verbreitung in Gärten und Anlagen finden. Aber sie haben auch Nachteile; wenn auch am häufig gebrauchten Vorwurf der Uniformität nicht der Werkstein, sondern der Verwender schuld ist.
Ein Nachteil bleibt und setzt der Anwendung oft Grenzen: das Gewicht. Viele der heute üblichen Elemente sind so schwer, daß sie nur mit Maschineneinsatz versetzt werden können.
Für Betonwerksteine gibt es so viele Hersteller und Fabrikate mit oft nur regionaler Verbreitung, daß im

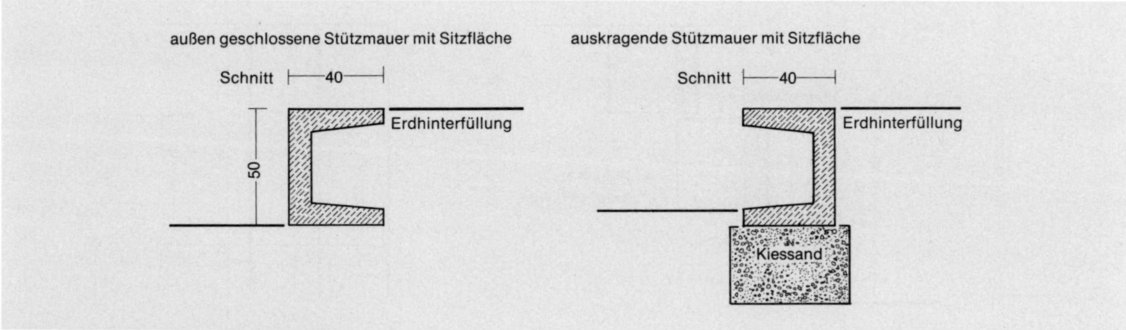

Abb. C 59. U-förmige Betonteile.

folgenden nicht auf *Marken,* sondern nur auf *Grundformen* eingegangen werden kann.

5.4.1 U-förmige Elemente

Mit einem U-Stein, 50/40/40 cm und ca. 85 kg Gewicht, begann das Zeitalter der Betonwerksteine. Die vielfältige Verwendungsform dieses Elementes wurde auf der Bundesgartenschau 1961 in einem Beispielgarten aufgezeigt; es ist seither – auch zum Teil mit Abwandlungen – aus unseren Anlagen nicht mehr wegzudenken. Das Element eignet sich in erster Linie für niedere Stützmauern. Für eine Steinreihe genügt ein 30 cm dickes Trockenfundament aus Kiessand oder Schotter (Abb. C 59). (Für Ortbeton oder Ziegel wäre dafür ein frostsicheres Fundament erforderlich.) Verschiedene Anordnungsmöglichkeiten s. Abb. C 60.

Abb. C 60. Versetzungsmöglichkeiten von U-Steinen.

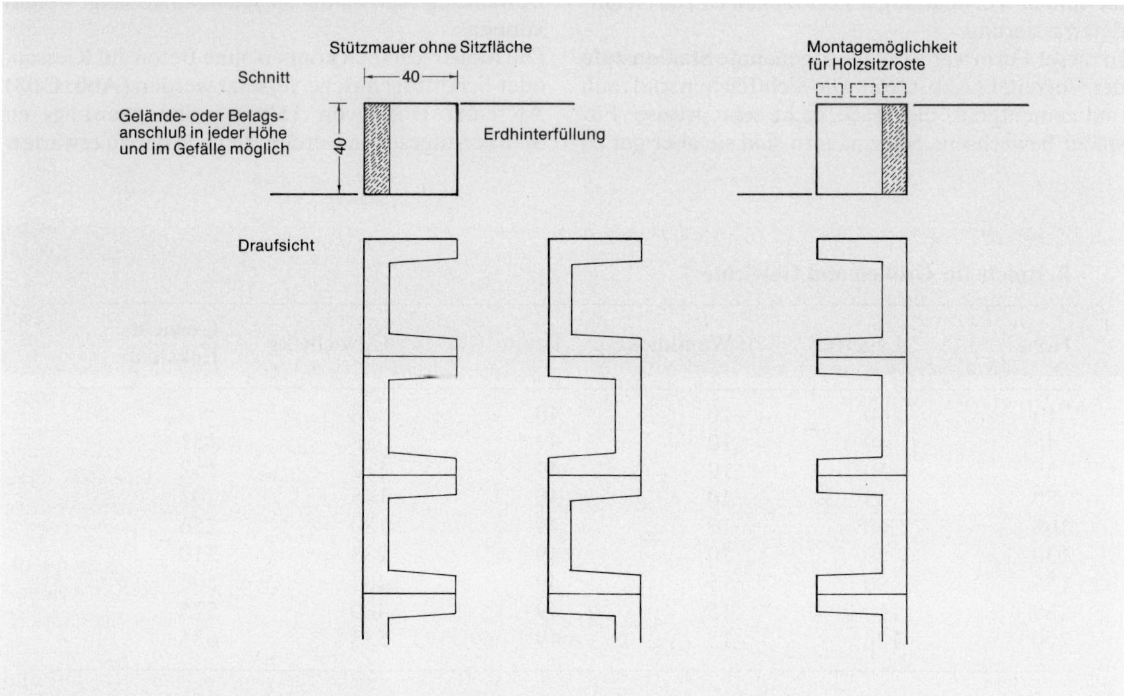

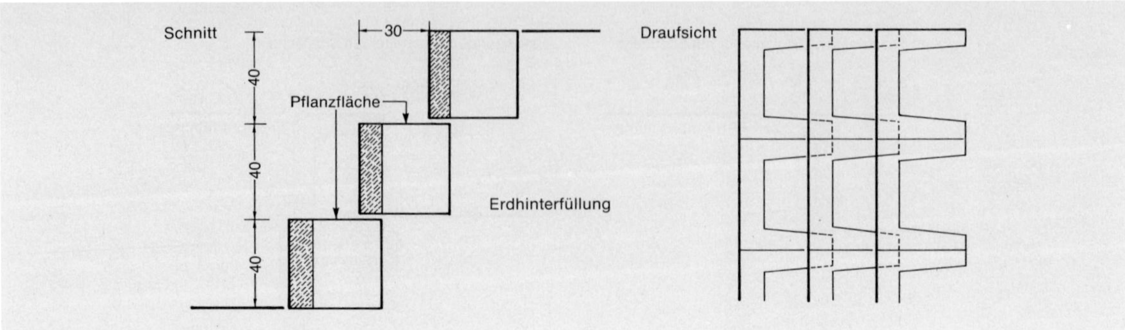

Abb. C 61. Böschungsterrassierung mit U-Steinen.

Senkrecht übereinander sollten nicht mehr als 2 Elemente verwendet werden. Sind größere Höhen aufzunehmen, ist abzutreppen (Abb. C 61).
Die Verwendung als freistehende Mauer ist möglich, aber dann meist aufwendig.
U-förmige Elemente gibt es in verschiedenen Größen, die Betonoberfläche glatt geschalt, mit Bretterschalung und mit Waschbetonvorsatz.

5.4.2 L-förmige Elemente

Sie finden Verwendung als Stützmauern zur Geländeterrassierung.
In dieser Form war wohl die sogenannte **Stadionstufe** der Vorreiter (Abb. C 62). Die Sichtflächen sind rauh und zementgrau, die Maße nicht sehr präzise. Für später bewachsene Stützmauern sind sie aber gut zu gebrauchen, wobei ihre Preisgünstigkeit Beachtung verdient.
Heute gibt es von vielen Firmen L-förmige **Mauerscheiben** mit Höhen von 40–200 cm; meist sind sie 50 cm (49 cm) breit und haben je nach Höhe Stützschenkel von 40–120 cm. Dazu werden Eckstützen für Innen- und Außenecken angeboten.
Die Gewichtsangaben machen deutlich, daß ein Einbau ohne Maschineneinsatz (Bagger, Radlader, Autokran) kaum möglich ist. Dafür haben die meisten Elemente an der Rückseite eine Öse, die aus der Bewehrung ragt, an der sie leicht aufgehängt werden können.
Die Mauerscheiben können ohne Beton auf Kiessand oder Schottergemische versetzt werden (Abb. C 63). Ab einer Höhe von 150 cm sollte allerdings ein Statiker zugezogen werden. Je nach der zu erwarten-

Beispiele für Größen und Gewichte

Höhe	Lagerfuß	Wanddicke	Breite	Gewicht/kg	Gewicht Eckstück
40	40	10	40	48	–
45	40	10	49	88	131
55	50	10	49	110	152
80	55	10	49	145	203
105	60	10	49	180	256
130	80	10	49	233	310
155	90	15	49	402	500
180	110	15	49	480	575
200	120	15	49	533	635

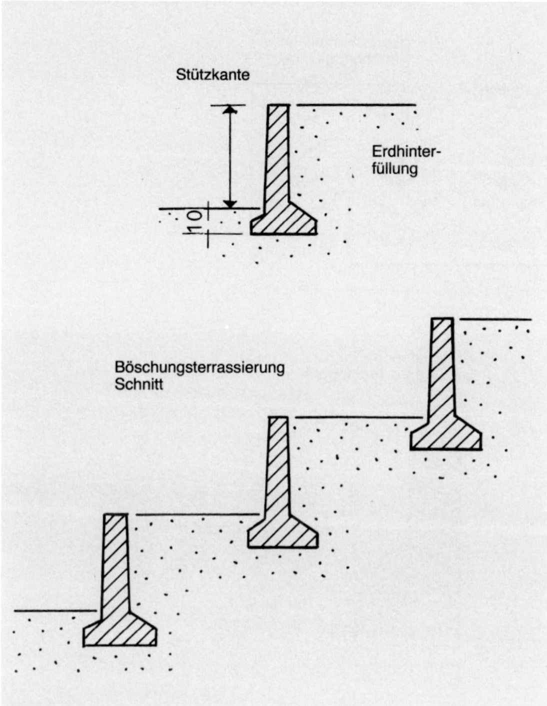

Abb. C 62. Stadionstufen.

den Belastung kann dann ein Betonfundament und eine zusätzliche Hinterbetonierung mit Bewehrung vorgesehen werden. Trotz der Ortbetonverwendung in diesem Fall hat man den Vorteil, nicht schalen zu müssen und einer vorgefertigten Oberfläche, die übrigens betonglatt, mit Brettschalung und mit verschiedenen Vorsätzen angeboten wird.

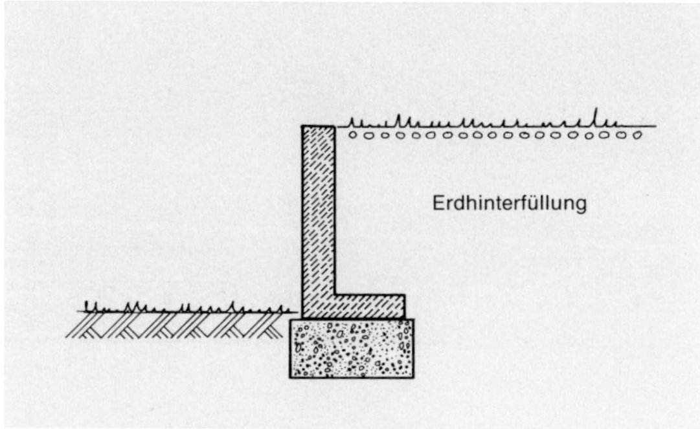

Abb. C 63. L-förmige Mauerscheibe.

5.4.3 Andere Formen

Es würde den Rahmen dieses Buches sprengen, wollte man alle Möglichkeiten nennen, die der Markt bietet.

Manche Formen, die zunächst gar nicht dafür entwikkelt wurden, bieten sich auch für den Mauerbau im Garten- und Landschaftsbau an, so z. B.:

Hohlblöcke für den Hochbau oder Betonrohre, die ähnlich wie Palisaden eingebaut und dann mit Erde verfüllt und bepflanzt werden können.

Daneben sind derzeit auf dem Markt zusammensteckbare Elemente für Stützmauern (Abb. C 64, C 65) und für freistehende Mauern (Abb. C 66), sowie einfache Blöcke, die für beide Arten von Mauern geeignet sind (Abb. C 67).

Schließlich gibt es noch Betonwerksteine, die wie Naturstein vermauert werden. Hier sind keine Natursteinimitationen gemeint, sondern Betonsteine, die gespalten wurden und damit eine ansprechende Oberfläche aufweisen und als Werksteine in verschiedener Größe vermauert werden können.

Abb. C 64. Zusammensteckbare Betonbalken (Dabau).

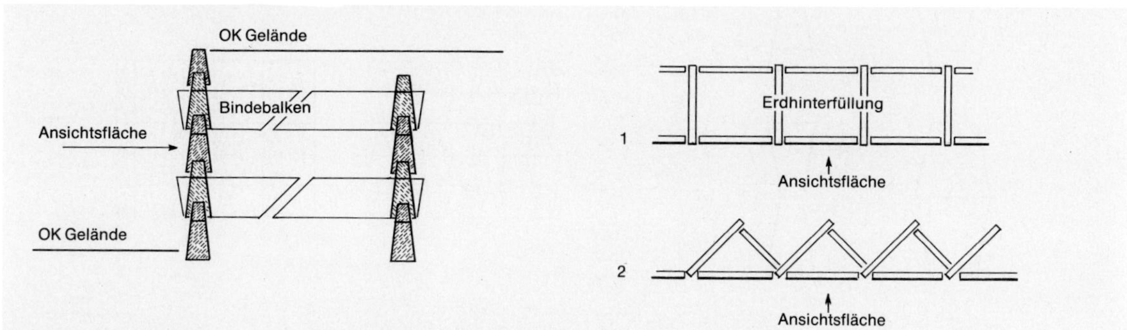

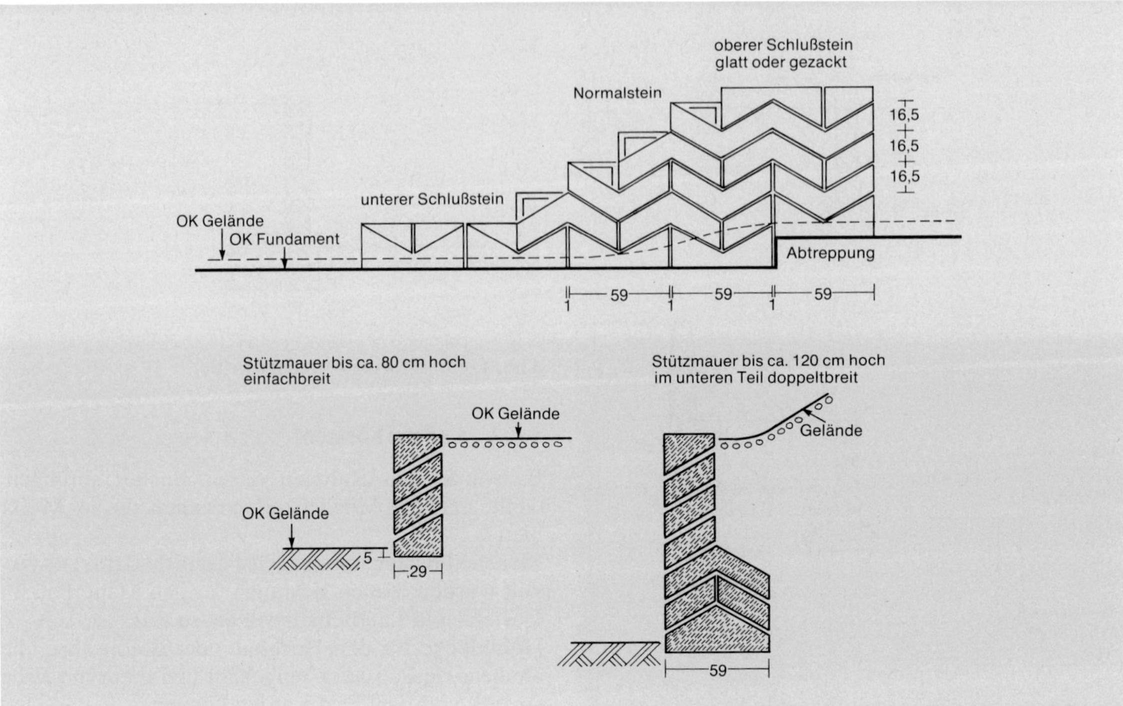

oberer Schlußstein
glatt oder gezackt
Normalstein
16,5
16,5
16,5
unterer Schlußstein
OK Gelände
OK Fundament
Abtreppung
59
59
59
1
1
1
Stützmauer bis ca. 80 cm hoch
einfachbreit
OK Gelände
OK Gelände
5
29
Stützmauer bis ca. 120 cm hoch
im unteren Teil doppeltbreit
Gelände
59

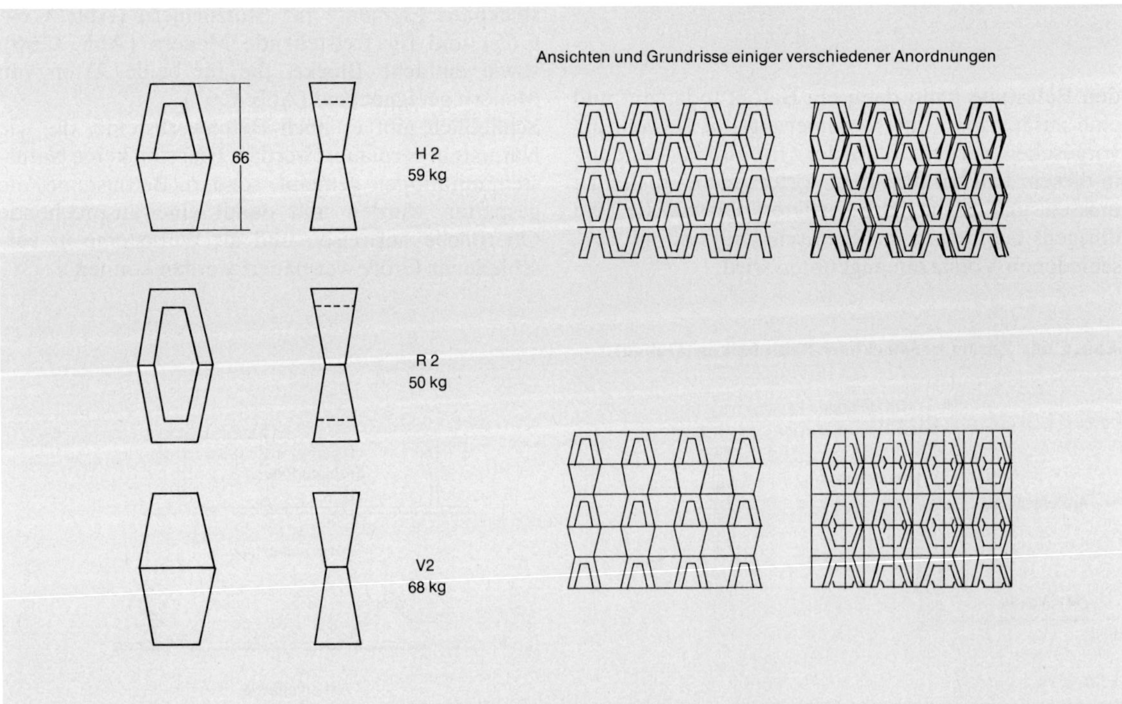

Ansichten und Grundrisse einiger verschiedener Anordnungen
66
H 2
59 kg
R 2
50 kg
V2
68 kg

Vertiefung und Kontrolle

1. Sammeln Sie Prospekte von Betonfertigteilen, und heften Sie diese, nach Formen und Verwendungsmöglichkeiten sortiert, in einem Ordner ab.
2. Fertigen Sie Skizzen von besonderen Anwendungsbereichen oder von besonderen Formen von Fertigteilen.
3. Besichtigen Sie ein Betonwerk.

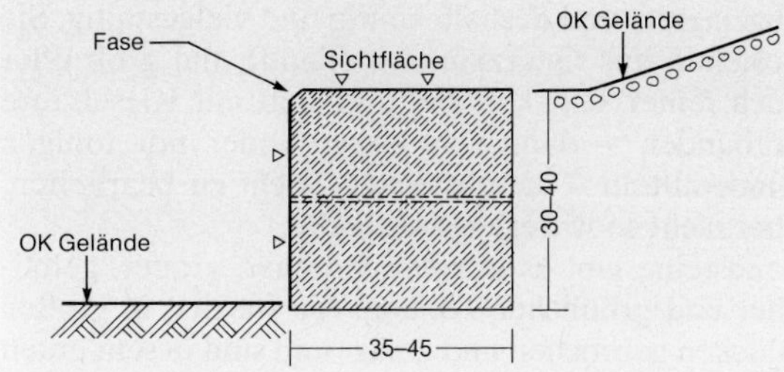

Abb. C 67. Stützmauern aus Betonblöcken.

5.5 Mauern aus Naturstein

Naturstein war schon immer ein Werkstoff des Landschaftsbaus. Zu einem Teil wurde er vom Beton, insbesondere vom Betonwerkstein abgelöst. Aber trotz der vielen arbeitstechnischen Vorteile, die Betonwerksteine bieten, wird es nie zu einer völligen Verdrängung des Natursteins kommen. Als ein direktes Produkt aus der Natur hat er eine Lebendigkeit und Ausstrahlung, die anderen Stoffen fehlt. Durch die Vielfalt seiner Farben und Strukturen sowie der verschiedenen möglichen Mauerformen ist er ein Baustoff, auf den nicht verzichtet werden kann.

5.5.1 Naturstein als Baumaterial

1. Hartgestein

Geologisch gesehen sind dies die Eruptivgesteine und kristalline Schiefer. Man unterscheidet:

Tiefengestein / Hauptvertreter *Granit*
Er ist im Untergrund unter Druck erkaltet und deshalb grob kristallin, grobkörnig. Es gibt ihn in vielen Variationen: grau, gelblich bis rot mit hellen und dunklen Einsprengungen.

Ergußgestein / *Basalt, Diabas, Melaphyr*
Durch vulkanische Tätigkeit kam flüssiges Material an die Oberfläche und erkaltete dort rasch. Es ist feinkörnig, fast ohne Struktur, Basalt und Diabas blauschwarz, Melaphyr grau, grünlich und graurot.

Abb. C 65. Zusammensteckbare Betonelemente (Dabau).

Abb. C 66. Zusammensteckbare Betonelemente für freistehende Mauern (Dabau).

Ganggestein / Hauptvertreter *Porphyr*
Bei vulkanischen Aktivitäten kam dieses Material nicht ganz an die Oberfläche, es blieb im »Gang« stecken und nimmt deshalb eine Zwischenstellung ein. In einer amorphen, feinkörnigen Grundmasse sind größere Kristalle eingesprengt. Es gibt grauschwarze und rötliche Porphyre, verwendet werden hauptsächlich die roten.

Kristalline Schiefer / *Gneis, Quarzit*
Das Ausgangsmaterial sind die oben genannten Gesteine, die jedoch unter Druck und Hitze (z. B. bei der Auffaltung der Alpen) umgeformt wurden. Durch den enormen Druck sind sie plattig, schiefrig geworden.

Die Bezeichnung Hartgestein bezieht sich auf die Schwierigkeit seiner Bearbeitung.
Die in der Natur schon in Schichten oder Platten vorkommenden Gneise werden häufig verwandt (z. B. als Gartenplatten, aber auch als Mauersteine).
Die anderen Hartgesteine begegnen uns hauptsächlich als Straßenpflaster, Granit und Porphyr auch als Kantenstein, Blockstufen und Mauerstein.

2. Weichgestein

Wenn man sich wegen des Namens bezüglich der Bearbeitung auch keine Illusionen machen darf, so sind diese Steine doch in der Regel leichter zu bearbeiten als die Hartgesteine. Dies hängt mit ihrer geologischen Entstehung zusammen. Es handelt sich um sogenannte Sedimentgesteine, die durch Wind- oder Wasserablagerungen entstanden sind. Durch diese Ablagerungen sind diese Steine schichtweise gewachsen und lassen sich heute auch so wieder brechen und spalten. Im wesentlichen haben wir drei Gruppen: Sandsteine, Kalksteine und Schiefer.

Sandsteine
Sie wurden in vielen Perioden der Erdgeschichte abgelagert, sind deshalb häufig und vielgestaltig. Sie bestehen aus Quarzkörnern (Sand), die grob oder auch feiner sein können, und sind mit Kieselsäure verbunden – dann sehr hart – oder mit tonigen Bindemitteln – dann weicher, leicht zu bearbeiten, aber nicht so witterungsbeständig.
Sandsteine gibt es in roter, brauner, grauer, gelblicher und grünlicher Tönung. Sie werden in großen Blöcken gebrochen und gesägt und sind in sehr guten Qualitäten im Handel.

Kalksteine
Auch sie stammen aus verschiedenen Perioden der Erdgeschichte. Ihr Bindemittel ist kohlensaurer Kalk, der sandige und tonige Bestandteile zusammenhält.
Der *Muschelkalk* ist eine Meeresablagerung und enthält – wie der Name andeutet – im Kalkschlamm abgelagerte Muscheln. Er ist in Süddeutschland weit verbreitet und wird viel als Schotter verwendet. Sehr schöne Werksteine kommen aus dem Maingebiet um Würzburg.
Kalktuffe sind zunächst porös und weich (sie lassen sich im frischen Zustand mit der Holzsäge sägen), werden an der Luft aber enorm hart und sind sehr witterungsbeständig. Sie sind von gelblicher heller Farbe.
Travertin nennt man einen gelben bis braunen Kalkstein, der im Raum Stuttgart, in Thüringen und vor allem in Italien gebrochen wird. Es ist ein sehr schöner Stein, dazu hart und dauerhaft.
Plattenkalke sind sehr fein strukturiert und brechen in dünnen Schichten (Name). Sie kommen aus dem Jura *(Solnhofen)* und sind für den Innenausbau vorzüglich geeignet. Da sie aber leider nicht frostbeständig sind, können sie im Freien kaum verwendet werden.

Schiefer
Vorkommen in der Eifel, im Hunsrück, im Raum Bonn–Koblenz, dunkelgraues bis schwarzes »schiefriges« Material, bekannt als Dachschiefer, in größeren Dicken auch für Mauerwerk.

3. Handelsformen von Natursteinen

Bruchsteine
werden so verkauft, wie sie aus dem Steinbruch anfallen. Sie haben unterschiedliche Schichtstärken und Einbandtiefen (Abb. C 68), sind aber deutlich länger als hoch. Sie werden nach Gewicht gehandelt und sind relativ preiswert. Dafür erfordern sie auf der Baustelle sehr viel Arbeit und verursachen hohe Transportkosten, weil der bei der Bearbeitung entstehende Abfall (bis zu 1/3) mittransportiert werden muß. Verwendung vorzugsweise in Steinbruchnähe.

Hammerrechte Steine
werden schon im Steinbruch bearbeitet, so daß sie bereits rechteckige Ansichtsflächen haben. Diese Handelsform war früher das allgemein übliche Material, heute wird sie selten angeboten.

Verblendmauersteine
Sie kommen aus der Natursteinindustrie, wo große Blöcke gesägt werden für Grabmale, Innenausbau, Fassaden usw., und stellen von daher ein Abfallprodukt dar. Die Anschnitte der Rohblöcke und auch für den vorgesehenen Zweck nicht geeignetes Kernmaterial werden zu Mauersteinen gespalten. Die Steine haben gesägte Lager, eine spaltrauhe Ansichtsfläche und meist eine geringe Einbandtiefe. Sie werden nach m^2 Ansichtsfläche gehandelt. Zum Teil sind die Steine nach Schichthöhen sortiert.

5.5.2 Mauerwerksarten

Quadermauerwerk (Abb. C 69)
Jeder Stein ist gleich groß, Fugenverlauf genau senkrecht und waagerecht. Das Haupt der Steine ist steinmetzmäßig bearbeitet: geflächt, gespitzt, gestockt oder scharriert.
Ein anspruchsvolles Mauerwerk, das schon aus der Antike bekannt ist. Es ist sehr material- und arbeitsaufwendig und kommt für den Garten wenig in Frage.

Bossenquadermauerwerk (Abb. C 70)
Wie das Quadermauerwerk, aber die Steine mit

Abb. C 68. Begriffe bei Natursteinmauern.

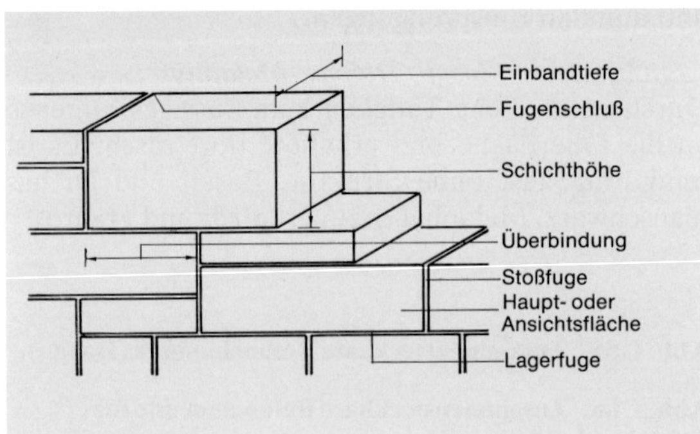

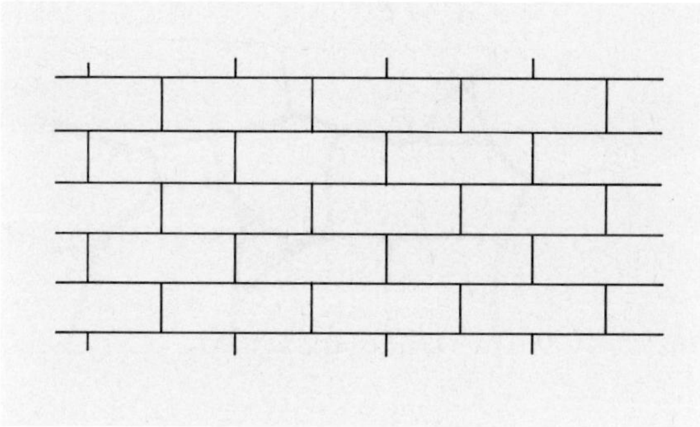

Abb. C 69. Quadermauerwerk der Antike.

starken Bossen. Exakt bearbeitet wurde nur der Rand, früher sicherlich aus Arbeitsersparnis, später aus Gestaltungsgründen.

Werksteinmauerwerk von heute
Es wird als Schichtenmauerwerk oder als Wechslermauerwerk ausgeführt. Sein Kennzeichen ist die rechtwinklige Ansicht der Mauersteine; aus ihr ergibt sich der waagerechte und senkrechte Fugenverlauf. Die Ansicht der Steine ist meist bossiert, aber auch spaltrauh oder flächig bearbeitet. Die Größe der Steine ist verschieden.

Schichtenmauerwerk (Abb. C 71)
Hier haben alle Steine einer Schicht dieselbe Höhe. Eine Schicht geht durch die ganze Mauer, die jedoch aus Schichten unterschiedlicher Höhe aufgebaut ist.

Wechslermauerwerk (Abb. C 72)
Kennzeichen ist der Wechsel der Schichthöhen durch größere Steine, die sogenannten Wechsler. Das

Abb. C 70. Bossenquadermauerwerk der Antike.

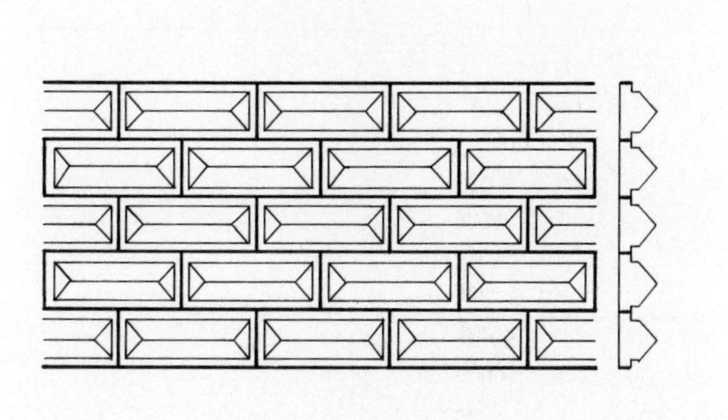

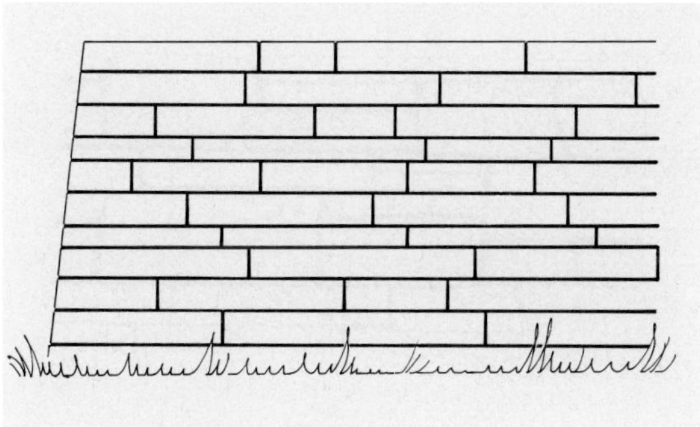

Abb. C 71. Schichtenmauerwerk.

Mauerwerk darf keine Kreuzfugen aufweisen, alle Steine sollten mindestens doppelt so lang wie hoch sein. Aufgestellte Steine sind zu vermeiden.
Das Werksteinmauerwerk wird heute hauptsächlich mit Verblendmauersteinen hergestellt.

Bruchsteinmauerwerk (Abb. C 73, Seite 98)
Es besteht aus lagerhaften Steinen mit bruchrauher Ansichtsfläche, die nicht immer rechteckig ist. Daraus ergibt sich, daß die Lager- und Stoßfugen auch schräg verlaufen. In gutem Bruchsteinmauerwerk sollten jedoch die Lagerfugen in der Mehrzahl in der Waagerechten sein.

Zyklopenmauerwerk (Abb. C 74)
Die hierzu verwendeten Steine sind nicht lagerhaft, sondern rundlich (Findlinge, Spaltkiesel). Deshalb ist der Fugenverlauf auch willkürlich und nicht mehr bestrebt, eine Richtung aufzunehmen. Das gute Mauerwerk ist auch hier durch enge Fugen gekennzeichnet.

Abb. C 72. Wechslermauerwerk.

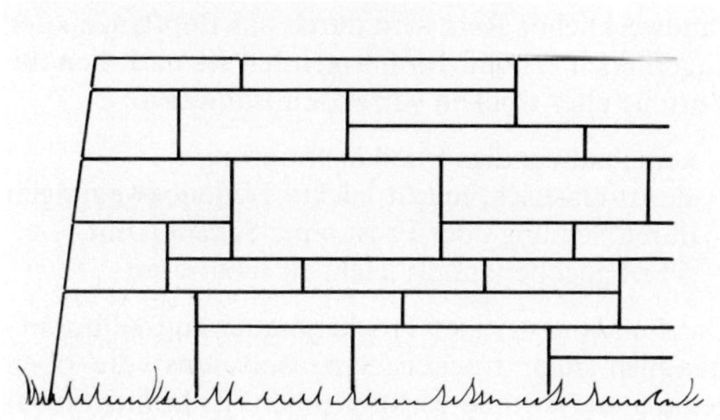

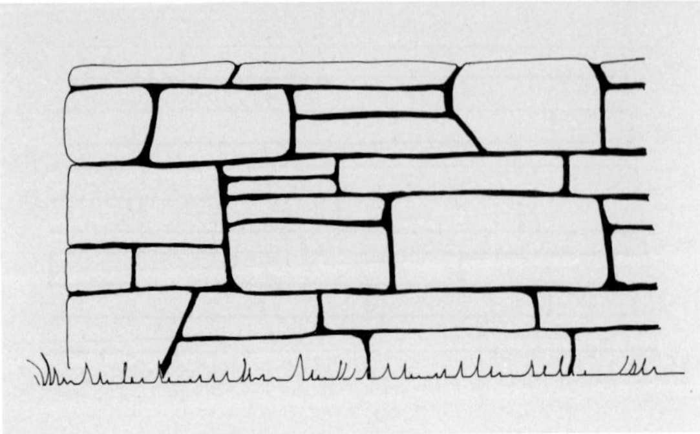

Abb. C 73. Bruchsteinmauerwerk.

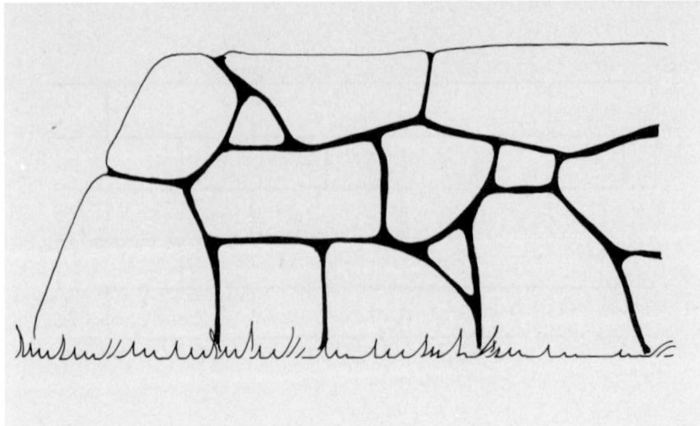

Abb. C 74. Zyklopenmauerwerk.

5.5.3 Herstellung von Natursteinmauern

Die alten Mauern in den Weinbergen waren *trocken* (also ohne Mörtel) aufgesetzt. Diese Art der Natursteinverarbeitung war früher auch im Landschaftsbau üblich. So wurden 1939 auf dem Stuttgarter Killesberg bei der damaligen Reichsgartenschau Trockenmauern errichtet, die heute noch stehen und als Beispiel für werkgerechtes Mauern gelten.
Damals standen aus den Steinbrüchen hammerecht bearbeitete Steine mit großen Einbandtiefen zur Verfügung.
Die Entwicklung in der Natursteinindustrie brachte uns den Verblendstein, der mit seiner geringen Einbandtiefe nicht trocken vermauert werden kann. Daraus entstand die *hinterbetonierte Mauer,* bei der die Natursteine nur vorgeblendet werden; die statische Funktion übernimmt der Beton.

Trockenmauern (Abb. C 75)
Sofern ein geeignetes Natursteinmaterial zur Verfügung steht (z. B. aus Abbrüchen alter Häuser), ist die Trockenmauer auch heute noch zu empfehlen. Sie wird in der Regel als Stützmauer ausgeführt. Ihr handwerklicher Reiz wird durch das Bepflanzen der Fugen noch erhöht. Im übrigen hat sie natürlich die Vorteile aller trocken versetzten Bauwerke:

- keine aufwendige Fundamentierung
- sie ist elastisch, macht leichte Bodenbewegungen durch Setzung oder Frost ohne Schaden mit
- sie ist gegebenenfalls leicht zu reparieren.

Das Fundament einer Trockenmauer muß selbstverständlich auch trocken sein, weil sonst die oben genannten Vorteile verlorengehen. Es braucht nicht frostfrei zu sein, muß aber auf gewachsenem Boden gründen. Verwendet werden Kiessand oder Schotter-Sand-Gemische in ca. 40 cm Dicke, die gut verdichtet werden.
Die Mauerstärke einer Trockenmauer muß am Fuß 1/3 der Mauerhöhe, mindestens aber 30–40 cm betragen.
Forderung: Jeder Stein muß satt aufliegen, er darf nicht wackeln; gegebenenfalls wird mit Steinsplitter verkeilt (nicht mit Erde oder Sand), wobei möglichst enge Fugen anzustreben sind. Ein Teil der Steine (mindestens 10 %) muß durch die ganze Mauerbreite gehen, sogenannte *Durchbinder.*
Wichtig ist, daß auch die Hintermauerung in der gesamten Mauerstärke sorgfältig durchgeführt wird. Der obere Abschluß muß mit besonders großen Abdecksteinen ausgeführt werden, die schon durch ihr eigenes Gewicht ihre statische Funktion erfüllen. Es ist zweckmäßig, die Abdecksteine als erstes aus dem zur Verfügung stehenden Material herauszusuchen und herzurichten.

Abb. C 75. Trockenmauer.

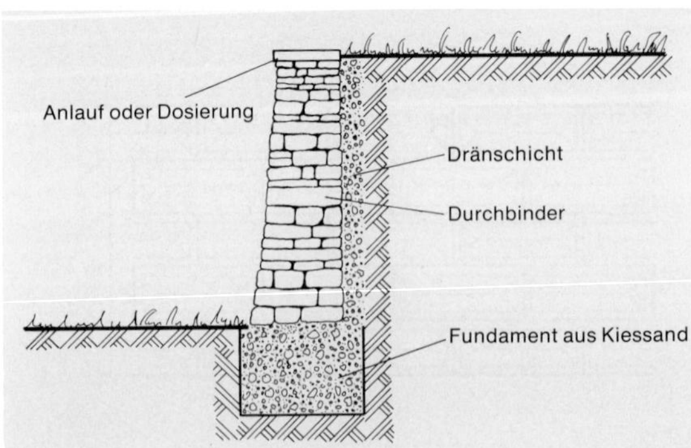

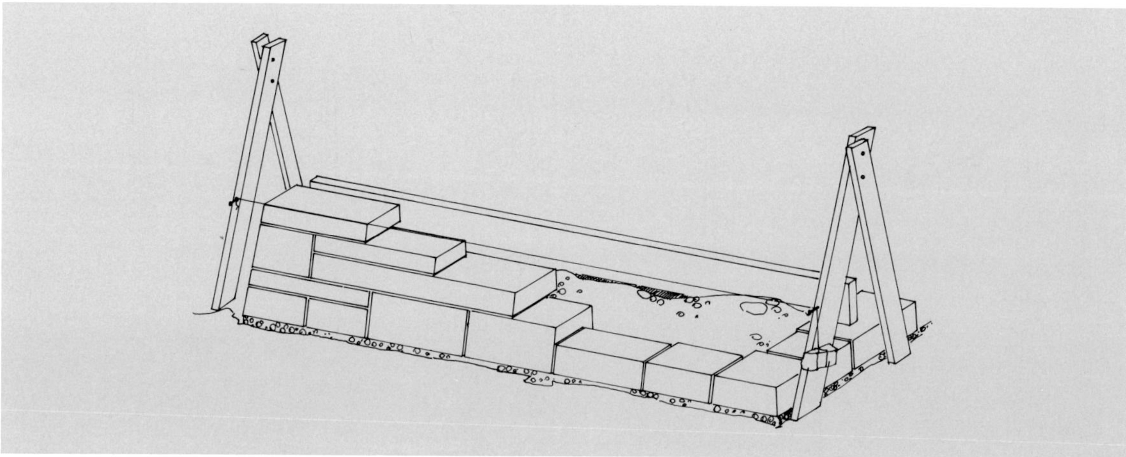

Abb. C 76. Schnurgerüst.

Um gerade und fluchtgerecht mauern zu können, ist ein **Schnurgerüst** erforderlich (Abb. C 76).

Hinterbetonierte Mauern (Abb. C 77)
Hier übernimmt die Hinterbetonierung die statische Funktion. Dabei ist immer ein frostfreies Betonfundament erforderlich.

Abb. C 77. Hinterbetonierte Mauer.

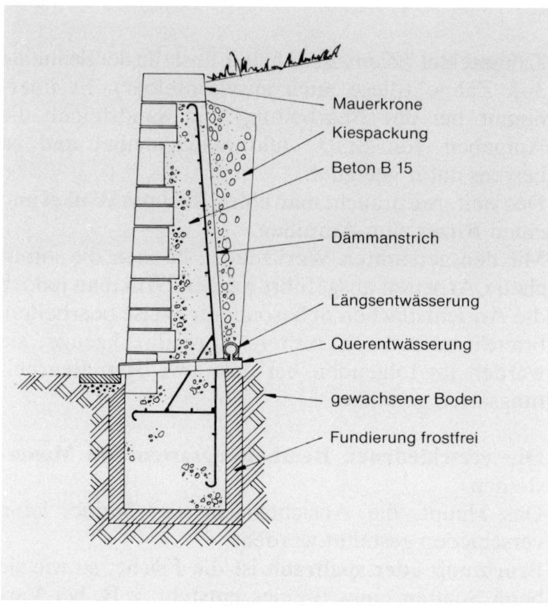

Es gibt zwei Verfahren:
Bei statisch nicht stark beanspruchten Mauern wird nur die Rückwand geschalt. Dann wird gleichzeitig mit dem Aufmauern der Verblendsteine der Hinterbeton eingebracht. Bei diesem Vorgehen spart man die zweite Schalwand, bekommt eine gute Verbindung zwischen Beton und Mauersteinen, kann aber den Hinterbeton nur mäßig verdichten *(einschalige Mauer)*.
Bei statisch stärker beanspruchten Mauern muß deshalb zunächst die Betonmauer in der üblichen Weise erstellt werden. Die Natursteine werden nach dem Ausschalen in einem eigenen Arbeitsgang vorgemauert *(zweischalige Mauer)*.

Bearbeitung der Natursteine
Bei der heute weit verbreiteten Verwendung von Verblendmauersteinen muß nicht mehr viel bearbeitet werden. Die Höhe der Steine liegt fest, verändert wird nur noch die Länge. Aufwendig ist noch das Herausarbeiten von Ecksteinen.
Die Natursteinwerke liefern jedoch auf genaue Angaben hin auch fertig vorbereitete, numerierte Steine, die ohne Bearbeitung vermauert werden können. Bei Bruchsteinen ist die Bearbeitung auf der Baustelle allerdings unerläßlich.

Welches Werkzeug braucht man? (Abb. C 78)
Maurerhammer, ca. 1500 g schwer, vorne eine waagerechte Schneidfläche, hinten hohlgeschmiedete Schlagkanten. In erster Linie wird mit der Schlagkante gearbeitet, die vordere Schneidkante dient nur der

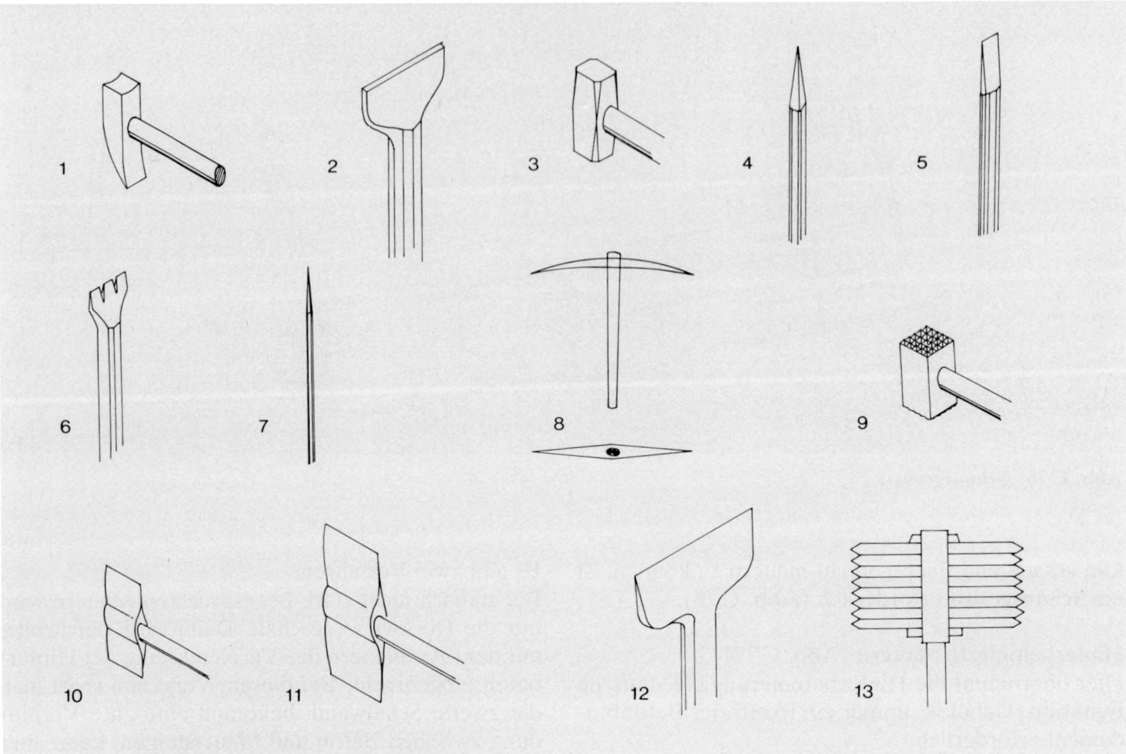

Abb. C 78. Werkzeuge zur Natursteinbearbeitung.
1 Maurerhammer, 2 Setzer, 3 Fäustel, 4 Spitzenmeißel, 5 Flachmeißel, 6 Zahnmeißel, 7 Ritzer, 8 Zweispitz, 9 Stockhammer, 10 Flächenhammer, 11 Beil, 12 Scharriereisen, 13 Krönel.

Nacharbeit. Mit dem Maurerhammer kann ein Könner die Steine komplett herrichten. Es erfordert Erfahrung und eine sichere Hand, um mit dem Maurerhammer gerade Kanten zu erzielen. Leichter geht dies mit dem Setzer.

Setzer, auch *Preller* oder *Stemmer* genannt; ein ca. 5 cm breiter Meißel mit abgeschrägter Bahn. Er ist das wichtigste Werkzeug geworden, mit ihm werden die Steine getrennt und bekantet.

Dabei wird er an der gewünschten Stelle angesetzt und mit dem Fäustel getrieben.

Fäustel nennt man den 1000–1500 g schweren Hammer mit zwei gleichen Seiten. Er wird zum Treiben der Setzwerkzeuge benutzt – dafür nie den Maurerhammer nehmen!

Spitzmeißel und **Schlagmeißel** (auch *Eisen* genannt) sind zum Nacharbeiten der Lager oder Ansichtsflächen erforderlich, wobei der erste Arbeitsgang mit dem Spitzmeißel erfolgt, dann mit dem breit geschmiedeten Schlagmeißel.

Zahnmeißel *(Zahneisen)* haben anstelle der Schneide 3–5 Zähne (diese auch auswechselbar). Er übernimmt bei der Bearbeitung von Sandsteinen die Aufgaben von Spitz- und Schlagmeißel und ist bestens dafür geeignet.

Des weiteren braucht man einen **Rechten Winkel** und einen **Ritzer** zum Anreißen.

Mit den genannten Werkzeugen können die »üblichen« Arbeiten ausgeführt werden. Will man jedoch die Ansichtsflächen in besonderer Weise bearbeiten, braucht man noch weitere Spezialwerkzeuge; sie werden im folgenden bei den jeweiligen Bearbeitungsarten genannt.

Die verschiedenen Bearbeitungsarten von Mauersteinen

Das Haupt, die Ansichtsfläche der Steine, kann verschieden gestaltet werden.

Bruchrauh oder spaltrauh ist die Fläche, so wie sie beim Spalten eines Steines entsteht, z. B. bei Ver-

blendmauersteinen. Die spaltrauhe Oberfläche ergibt sich auch bei der Verwendung von Bruchsteinen.
Der Bossen entsteht, wenn durch das Bekanten die Spaltfläche nachgearbeitet wird. Je nachdem, wieviel an den Kanten abgeschlagen werden muß, wird der Bossen größer, grober oder flacher. Er entsteht durch die Arbeit mit dem *Setzer* oder *Maurerhammer* sozusagen von selbst und ist deshalb neben der Spaltfläche am weitesten verbreitet.
Das Spitzen erfolgt mit dem **Zweispitz** oder **Spitzeisen.** Nach dem Bekanten der Steine wird es als gesonderter Arbeitsgang erforderlich. Es muß so gearbeitet werden, daß keine strichartigen Schlagspuren entstehen. Es kann grob oder fein gespitzt werden.
Das Stocken erfolgt mit dem **Stockhammer** und setzt eine ebene Bearbeitungsfläche voraus. Das Ergebnis ist ähnlich wie gespitzt, nur feiner.
Das Flächen kann mit dem **Zahneisen, Flächenhammer** oder **Beil** ausgeführt werden. Es ergibt eine glatte Oberfläche, wie sie heute auch durch Sägen erreicht werden kann. Vor dem Stocken, Scharrieren oder Kröneln muß der Stein geflächt (gesägt) sein.
Das Scharrieren wird mit dem **Scharriereisen** durchgeführt. Dieses wird so angesetzt, daß strichartige Schlagspuren entstehen (je nach Breite des Eisens). Mit den »Strichen« werden unter Umständen Muster gebildet; sehr aufwendig.
Das Kröneln ist auch dem Spitzen ähnlich, aber etwas feiner. Der **Krönel** hinterläßt parallele Schlagspuren, wodurch ein Muster entsteht.

Durchführung der Steinbearbeitung
In der Nähe der zu erstellenden Mauer wird ein Platz für das Zurichten der Steine hergerichtet. Der Platz soll einigermaßen eben sein und bei Bedarf überdacht. Zweckmäßig ist ein einfacher Arbeitstisch aus massiven Balken oder zurechtgesägten Stämmen mit entsprechendem Durchmesser, Höhe ca. 80 cm.
Auf dem zu bearbeitenden Stein wird zunächst angerissen, wo er gespalten, bekantet oder abgetrennt werden soll. Müssen größere Teile abgeschlagen werden, setzt man den Setzer nicht genau an der gewünschten Kante an, sondern etwas außerhalb, und arbeitet nach.
Der geübte Maurer wird ohne langes Suchen jeweils den Stein finden, der mit möglichst wenig Bearbeitung in die Mauer paßt. Beim Mauern beginnt man an den Ecken; man braucht immer ein längeres Mauerstück, um viele Verwendungsmöglichkeiten für die jeweils anfallenden Steine zu haben. Dabei ist es wichtig, die Steine der Reihe nach aufzuarbeiten, gegebenenfalls in der Hintermauerung oder im Beton, und nicht auszulesen, sonst hat man gegen Ende nur ungeeignetes Material.

5.5.4 Hinweise zur Gestaltung von Natursteinmauern

1. Fugenbehandlung

Preßfuge. Sehr aufwendig, sie charakterisiert das hochwertige Mauerwerk. Bei Mörtelfugen werden die Steine für die Lagerfugen keilförmig hergerichtet.
Mörtelfuge. Sie ist 8–15 mm dick. Innerhalb eines Mauerwerks müssen die Fugen immer gleich dick sein. Beim Mauern Fuge voll verfüllen, flach abstreichen, Oberfläche aufrauhen (nur bei Gebäuden Fuge glattstreichen).
Farbige Fugen (weiß, rot) sind nur in besonderen Fällen anzuwenden.

Abb. C 79. Führung und Verlauf von Lagerfugen.

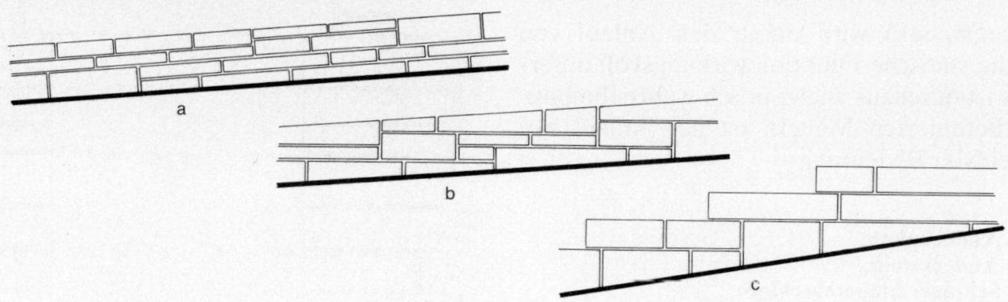

Ausgekratzte Fugen, sogenannte **Schattenfugen,** sind repräsentativ, aber sehr arbeitsaufwendig.

Führung der Lagerfugen. Grundsätzlich sollen sie horizontal verlaufen. Bei Bruchsteinmauern sind zeitweilige Abweichungen durchaus erlaubt und beleben das Bild.

Das Problem stellt sich bei Mauern entlang steigender Wege. Bei horizontaler Fugenführung enden die Fugen nach kurzer Zeit im Boden. Hier ist es möglich, die Lagerfugen mit dem Gelände zu führen. *Achtung:* Die Mauern dürfen in diesem Fall nicht zu kurz (Anfang und Ende nicht von einem Punkt aus sichtbar) und das Gefälle nicht zu stark sein (Abb. C79, Seite 101).

Dehnungsfugen müssen auch durch das Verblendmauerwerk gehen.

2. Oberer Mauerabschluß

Natursteinmauern müssen auf jeden Fall einen Abschluß haben. Daran erkennt man die Qualifikation des Erbauers! Einfach aufhören ist unmöglich. Genauso falsch ist es, die oberste Steinschicht mit einem Glattstrich aus Mörtel abzudecken. Diese Forderung ist nicht nur gestalterischer Art, sondern auch bautechnisch bedingt. Die oberste Schicht ist besonders gefährdet, und ein Glattstrich würde abplatzen.

Abdeckplatte aus gleichem Material wie die Mauer (Abb. C80). Sie ist von relativ geringer Dicke (5–8 cm) und deckt die Mauer in ganzer Breite ab. Es ist zunächst eine Frage der Gestaltung, ob sie mit oder ohne Überstand verlegt wird. Bei Mauern mit Anlauf ist der Überstand nicht zu empfehlen. Platten mit Überstand sollten eine Tropfrinne erhalten.

Abdeckstein (Abb. C81). Er ist in der Regel dicker als die Abdeckplatte und hat wechselnde Schichthöhen, wodurch er in den Mauerverband integriert ist. Er hat denselben Anlauf wie die Mauer und keinen Überstand. Bei **schrägem Mauerabschluß** ist der Abdeckstein die einzig gute Lösung (Abb. C82).

3. Anlauf, Dosierung (Abb. C75, Seite 98)

Bei Trockenmauern wird durch den Anlauf von 10–12 % die statische Funktion wirkungsvoll unterstützt; dies ist durchaus auch optisch wahrnehmbar. Bei hinterbetonierten Mauern ist der Anlauf nur gestalterisch von Bedeutung.

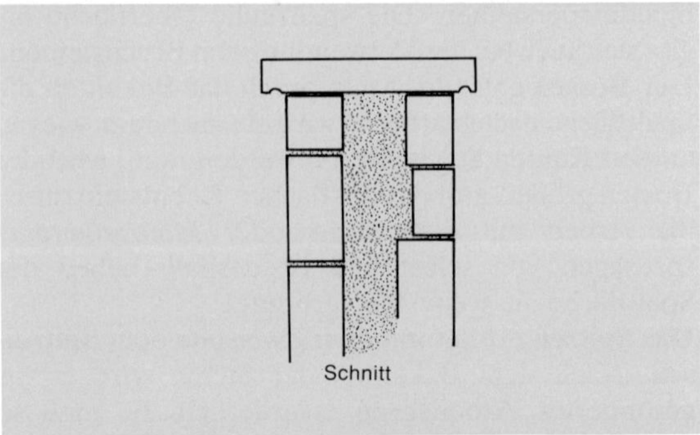

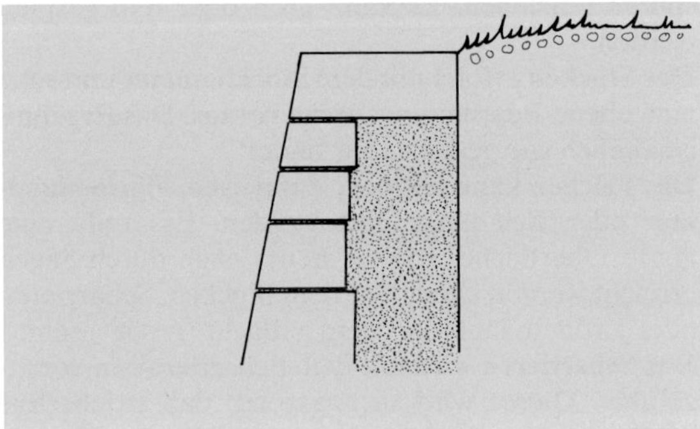

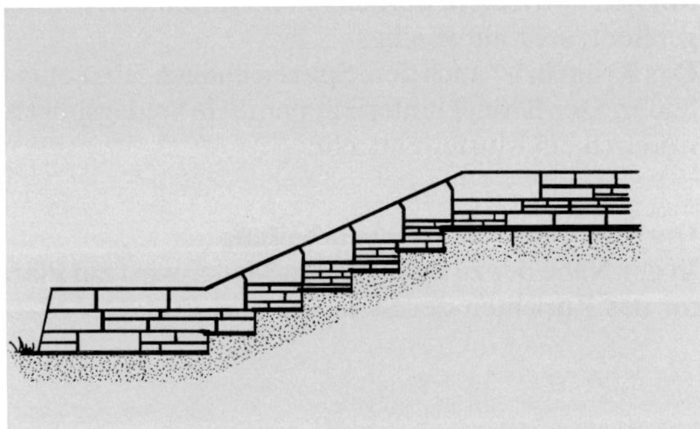

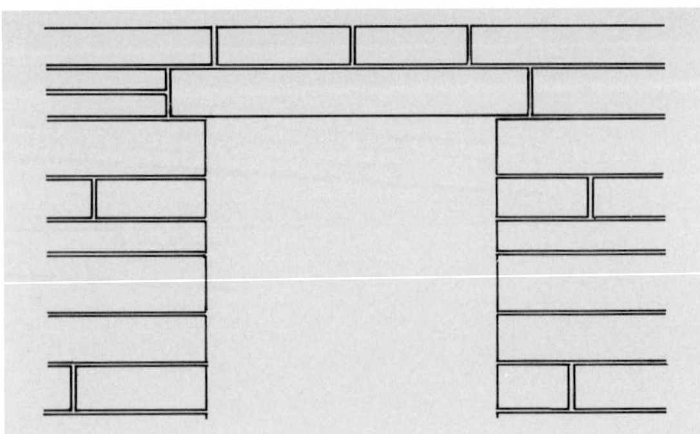

Abb. C 80. Abdeckplatte.
Abb. C 81. Abdeckstein.
Abb. C 82. Schräger Mauerabschluß.
Abb. C 83. Steinbalken.

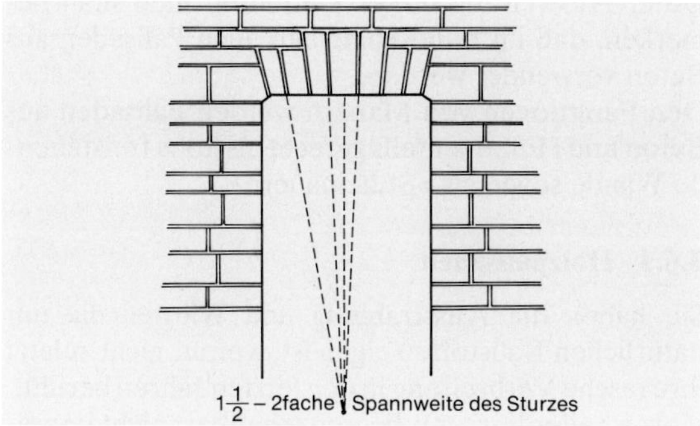

Abb. C 84. Gerader Sturz.

5.5.5 Ausbildung von Stürzen

Bei Durchlässen oder bei Gebäuden, die mit Naturstein verkleidet sind, werden bei Türen und Fenstern Stürze erforderlich. Sie können auf verschiedene Weise ausgebildet werden.
Der Steinbalken (Abb. C 83) stellt die einfachste Art dar, einen Sturz herzustellen. Er darf nicht zu weit gespannt werden, da Natursteine unterschiedliche und nicht sehr hohe Biegezugfestigkeiten aufweisen. Vor allem sind diese nicht prüf- und berechenbar.
Der gerade Sturz (Abb. C 84) besteht immer aus einer ungeraden Zahl von Steinen. Der mittlere Stein ist der *»König«*, die meist auch größeren Anfangssteine nennt man *»Kämpfer«*. Die Fugen aller Steine laufen auf einen Punkt zu, der auf der Mittelachse das 1,5- bis 2fache der Spannweite vom Sturz entfernt liegt.
Der Segmentbogen (Abb. C 85) oder **Stichbogen** ist recht elegant und nicht so repräsentativ wie z. B. der Rundbogen. Er darf nicht zu stark gebogen sein,

Abb. C 85. Segmentbogen.

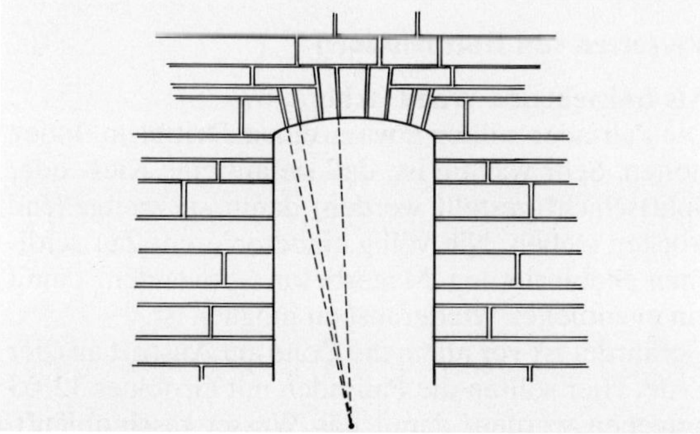

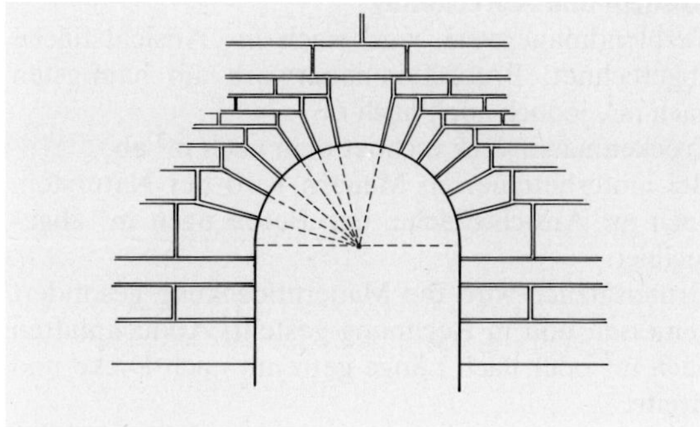

Abb. C 86. Rundbogen.

sonst wirkt er wie ein verunglückter Rundbogen. Der Fugenverlauf entspricht dem des geraden Sturzes.
Der Rundbogen (Abb. C 86) ist repräsentativ. Er sollte zu etwas hinführen, was seine Anwendung rechtfertigt – also keine Geschirrhütte. Alle Fugen laufen auf den Mittelpunkt des Bogens zu.
Hinweise zur Herstellung. Alle Stürze müssen eingeschalt werden, sie erfordern ein tragfähiges Baugerüst. Bei der Verwendung von Bossensteinen wird auf dem Gerüst aus Lehm oder Sand ein Bett bereitet, in dem die Steine ausgerichtet werden. Für das Baugerüst fertigt man eine Lehre; anhand dieser können die Steine am Boden vorbereitet werden.
Es ist zweckmäßig, aus einer Steinlieferung zuerst die für einen Sturz geeigneten Steine herauszusuchen und herzurichten und nicht erst dann, wenn die meisten (und schönsten) Steine vermauert sind.
Das Baugerüst darf erst nach dem Abbinden entfernt werden.

Materialbedarf
Wieviel m^2 Mauerwerk können aus 1 t Natursteinen hergestellt werden?

Handelsform	Sandsteine m^2	Kalkstein m^2
Hammerrechte Steine	1,5–1,8	1,6–1,7
Verblendsteine	2,7–3,3	2,5–3,0
Rundliche Bruchsteine	1,0–1,2	0,8–1,0
Lagerhafte Bruchsteine	1,5–2,0	1,5–1,75

Mörtelbedarf für 1 m^3 Mauerwerk:

Bruchsteinmauerwerk	240–400 l
Verblendmauerwerk	50–150 l

Aufmaß und Abrechnung
Verblendmauerwerk wird nach m^2 Ansichtsfläche abgerechnet, Bruchsteinmauerwerk am häufigsten nach m^3, jedoch auch nach m^2.
Trockenmauerwerk rechnet man nach m^3 ab.
Bei hinterbetonierten Mauern wird der Naturstein nach m^2 Ansichtsfläche, der Beton nach m^3 abgerechnet.
Grundsätzlich wird die Mauerabdeckung gesondert gemessen und in Rechnung gestellt, Abdeckplatten nach m^2 oder nach Länge getrennt nach Dicke und Breite.
Abdecksteine erfaßt man am besten nach m^3.
Für die Ausbildung von Ecken oder Stürzen wird ein Zuschlag je m berechnet.

Vertiefung und Kontrolle

1. Legen Sie sich eine Sammlung mit den wichtigsten Natursteinen an, beschriften Sie die Steine mit ihrer geologischen Bezeichnung, gegebenenfalls mit dem Handelsnamen und mit der Angabe der Herkunft.
2. Fertigen Sie maßstäbliche Skizzen von Natursteinmauern, an deren Herstellung Sie beteiligt waren.
3. Üben Sie das Herrichten von verschiedenen Natursteinen (gegebenenfalls Eckausbildungen, auch mit Anlauf) auch außerhalb der Arbeitszeit und an Steinen, die dann nicht vermauert werden.
4. Beginnen Sie mit weicherem Material, und üben Sie auch Bearbeitungsarten, die im Baubetrieb nicht häufig sind, wie z. B. Flächen, Kröneln und Scharrieren.
5. Achten Sie bei fertigen Mauern auf Fugenbehandlung, Abdeckung. Ziehen Sie Schlüsse aus der Wirkung der Mauern und aus evtl. sichtbaren Fehlern.

5.6 Palisaden

Palisaden sind nicht angespitzte Rundhölzer, die dicht aneinandergereiht die Funktion einer Wand übernehmen.
Unter Ausweitung dieser Definition muß man bemerken, daß im Landschaftsbau auch Palisaden aus Beton verwendet werden.
Den Funktionen von Mauern werden Palisaden aus Beton und Holz ebenfalls gerecht als hohe freistehende Wände sowie als »Stützmauern«.

5.6.1 Holzpalisaden

Sie haben die Ausstrahlung und Wärme, die nur natürlichen Baustoffen eigen ist, worauf nicht zuletzt ihre rasche Verbreitung in den letzten Jahren beruht.
Holz ist allerdings nur begrenzt haltbar; nicht imprägnierte Holzpalisaden müssen nach ca. 8–10 Jahren ausgewechselt werden.
Zu empfehlen sind in der Regel imprägnierte Hölzer, wobei dem *Kesseldruckverfahren* unbedingt der Vorzug zu geben ist. Imprägnierungen durch *Tauchen* oder *Anstrich* sind nicht in gleichem Maße wirksam.
Die »Gütegemeinschaft für kesseldruckimprägnierte Palisaden und Holzbauelemente« empfiehlt nur zugelassene Holzschutzmittel aus CKA-, CKB-, CKF- und CB-Salzen, deren Verwendung durch ein gültiges Prüfzeichen nachzuweisen ist.

Dabei ist zu beachten, daß die mit den genannten Holzschutzmitteln behandelten Hölzer zur Fixierung der Mittel einer ausreichenden Lagerung bedürfen, und zwar

- in der frostfreien Zeit 4 Wochen
- im Winter 6 Wochen

Die Hölzer dürfen erst nach der Fixierung eingebaut werden, da sonst die im Erdreich vorhandene Feuchtigkeit die Imprägnierung auswaschen kann.

Die genannten Holzschutzmittel erzeugen einen grünlichen Farbton. Wünscht man braune Palisaden, kann diese Färbung zusätzlich – nach der Fixierung der Holzschutzmittel – aufgebracht werden.

Versetzen von Holzpalisaden

Als freistehende Wand (Abb. C 87)
Die Palisaden sollten etwa zu einem Drittel im Boden stehen. Sehr wichtig ist, daß sie auf eine Kies- oder Splittschicht gestellt werden, damit sie weitgehend trocken stehen. Nie völlig einbetonieren! Zur seitlichen Stabilisierung Magerbeton verwenden, damit ein eventueller Wiederausbau möglich ist.
Gefährdet ist vor allem die Zone am Austritt aus der Erde. Hier sollten die Palisaden mit Grobkies 32/63 umgeben werden, damit das Wasser rasch abläuft.

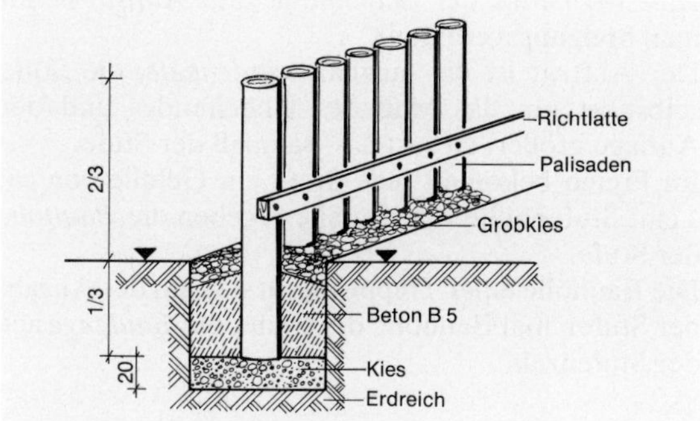

Abb. C 87. Freistehende Palisaden.

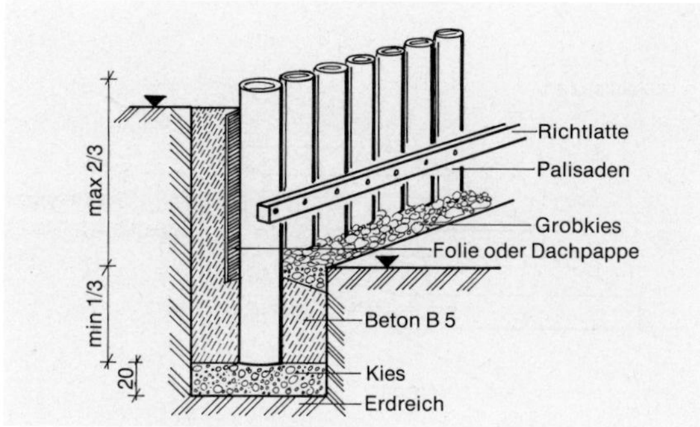

Abb. C 88. Palisaden mit Hinterbetonierung.

Aus diesem Grund ist auch der seitliche Beton nach außen abzuschrägen.

Als Stützmauer (Abb. C88)
Im Prinzip sind auch hier die vorgenannten Forderungen zu erfüllen. Zusätzlich ist jedoch hinter den Palisaden eine Dränung vorzusehen. Dazu wird an die Wand eine Folie oder Bitumenpappe angenagelt, am Fuß wird ein Dränrohr verlegt und der Arbeitsraum wird mit durchlässigem Material (Kies oder Splitt 8/16) verfüllt.
Will man auch bei hoher statischer Beanspruchung Palisaden verwenden, kann hinter der Folie auch betoniert werden. Die Palisaden übernehmen die Funktion der vorderen Schalung.

5.6.2 Betonpalisaden

Ihre Verwendung ist im Prinzip gleich.
Da sie eine höhere Eigenfestigkeit und vor allem eine längere Lebensdauer haben, werden sie auch mit Beton höherer Druckfestigkeit fundiert.
Verwendet man sie als Stützmauer, ist das Einlegen einer Folie oder Dachpappe ebenfalls zu empfehlen; in diesem Fall, um zu verhindern, daß Wasser mit Erde an den Fugen austritt und ein unsauberes Bild hinterläßt. Füllt man hinter den Betonpalisaden Kies oder Splitt auf, kann auf die Folie auch verzichtet werden.

Aufmaß und Abrechnung
Der Preis für Palisaden ist abhängig von ihrem Durchmesser und von ihrer Länge. So werden die einzelnen Palisaden auch auf der Baustelle entweder nach Stück oder nach m, getrennt nach Durchmesser, erfaßt. In der Regel werden Aushub und Fundamentmaterialien (Beton und Kies) gesondert verrechnet, ebenso die Dachpappe und die eventuelle Dränung.

Vertiefung und Kontrolle
1. Erkundigen Sie sich nach geeigneten Imprägnierungsmitteln.
2. Besichtigen Sie ein Holzwerk, und lassen Sie sich die Imprägnierung erklären.
3. Achten Sie bei bestehenden Palisaden auf die Haltbarkeit; suchen Sie gegebenenfalls zu ergründen, warum es (evtl. vorzeitig) zu Schäden kam.

6 Treppenbau

6.1 Aufgaben, Planungsgrundsätze

6.1.1 Wozu brauchen wir Treppen?

Neben einer durchaus bemerkenswerten gestalterischen Funktion dienen Treppen in erster Linie zur Überwindung von Höhenunterschieden.
Reicht die Steigung eines Weges dazu nicht mehr aus, braucht man eine Treppe. Bei Wegen mit glattem Belag (z. B. Platten) ist dies ab ca. 8 %, bei rauhem Belag (z. B. Natursteinpflaster) ab etwa 15 % Steigung der Fall.
Auf kurze Distanz können Wege auch stärkere Steigungen bzw. Gefälle aufweisen, die allerdings unbequem zu begehen sind. Im Bedarfsfall werden

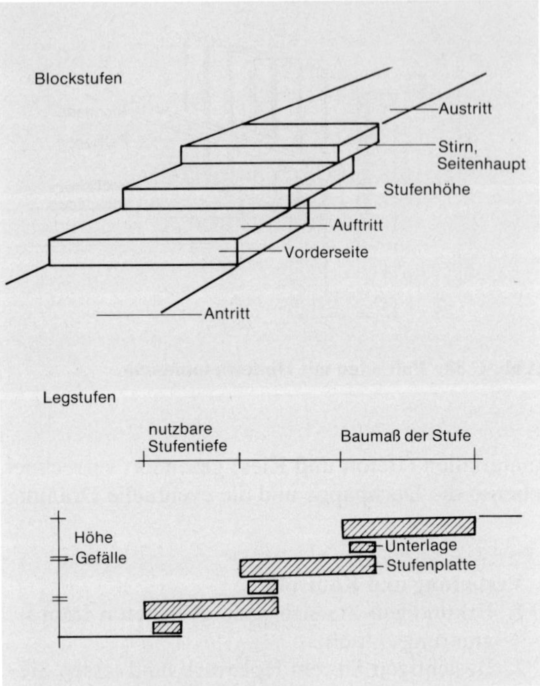

Abb. C 89. Begriffe bei Treppen.

Rampen angelegt, die (z. B. von Pflegefahrzeugen) befahren werden können.
Andererseits wird oft aus gestalterischen Gründen (z. B. bei Terrassen) ein Gefälle von 2 % ungern überschritten.

6.1.2 **Begriffe** (Abb. C 89 und C 95)

Eine Treppe besteht aus *Stufen.* Mehrere Treppen hintereinander ergeben einen *Treppenlauf.*

Das Verhältnis der *Stufenhöhe* zum *Auftritt* nennt man **Steigungsverhältnis.**
Der Auftritt ist die nutzbare *Stufentiefe;* die Stufe selbst ist um das Maß des Überstandes und der Auflage größer, dies ist das Baumaß der Stufe.
Im Freien bekommt jede Stufe ein Gefälle von ca. 1 cm; Stufenhöhe und Gefälle ergeben die *Bauhöhe* der Stufe.
Die Bauhöhe einer Treppe ergibt sich aus der Anzahl der Stufen mal Bauhöhe der Stufe, die *Baulänge* aus der Stufenzahl.

6.2 **Bauformen / Material**

6.2.1 **Blockstufe** (Abb. C 90)

Das ist die klassische Form für Stufen im Freien. Sie besteht aus einem Block, dessen Vorderseite mehr oder weniger profiliert ist. Bei Betonstufen sollte die Oberkante der Vorderseite abgefast sein. Durch ihr Eigengewicht und ihre Stabilität hat sie gute statische Eigenschaften und kann zum Teil ohne oder mit wenig Fundament verlegt werden.
Ihr einziger Nachteil ist unter Umständen ihr hohes Gewicht, was die Länge von Blockstufen auf etwa 2 m begrenzt.
Zum Verlegen verwendet man Hebezangen oder setzt Laderaupen oder Radlader ein.

Material
Geeignet sind alle wetterfesten Natursteine, z. B. Granit, Porphyr, Muschelkalk und Sandstein. Sie werden in der Regel mit gesägten Lagern und bruchrauhem Haupt geliefert.
Aus Gneis (Handelsname Maggia Granit) gibt es sehr ansprechende Blockstufen mit spaltrauhem Lager.

Abb. C 90. Blockstufen.

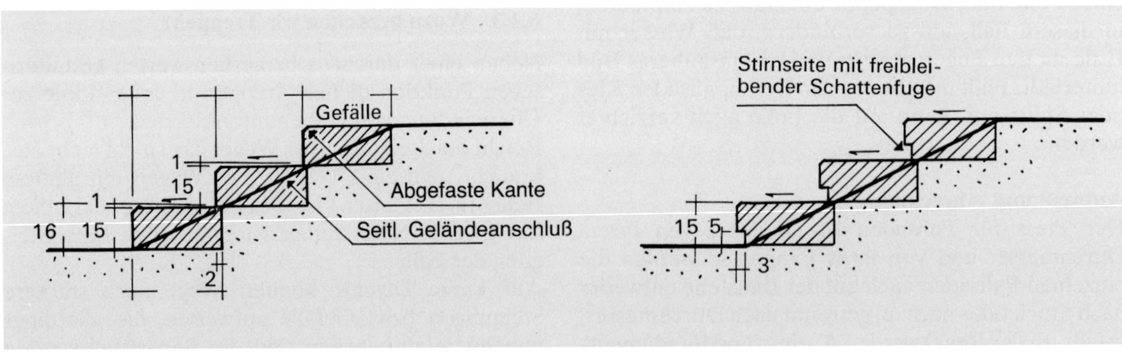

Sehr häufig sind Blockstufen aus Beton, der sich sehr gut dazu eignet. Neben einfachem Betongrau mit glatter Oberfläche gibt es viele Variationen mit Vorsatzbau aus Splitt- und Kieselmaterial in den verschiedensten Körnungen und Farben.
Die in den Betonwerken hergestellten Stufen sind bewehrt und haben eine hohe Betonfestigkeitsklasse (B 25/B 35), sie sind daher von guter Qualität und sehr dauerhaft.

6.2.2 **Legstufe** (Abb. C 91)

Sie besteht aus der Stufenplatte und der Unterlage. Treppen aus Legstufen wirken etwas »leichter« als solche aus Blockstufen, und sofern man diese Leichtigkeit wünscht, sind sie optisch recht ansprechend. Ihre geringere Eigenstabilität erfordert in der Regel ein Betonfundament.

Material
Die Legstufe entstand eigentlich durch vorhandenen plattigen Naturstein, dessen Schichtstärke für Blockstufen nicht ausreichte. Auch aus finanziellen Gründen wurde der dünner gesägten Stufenplatte der Vorzug gegeben. Naturstein in bruchrauhen Platten (Maggia Granit) oder mit gesägten Lagern ist für Legstufen geradezu prädestiniert. Bei Naturstein wiegt die Materialeinsparung durch die dünnere Stufenplatte gegenüber der Blockstufe den Mehraufwand für das Versetzen und das Fundament auf.
Legstufen sind in allen Variationen auch in Beton möglich. Hier wirkt sich die Materialeinsparung im Preis nicht aus, weil für das Versetzen und das Fundament ein Mehraufwand entsteht.

Abb. C 91. Legstufen.

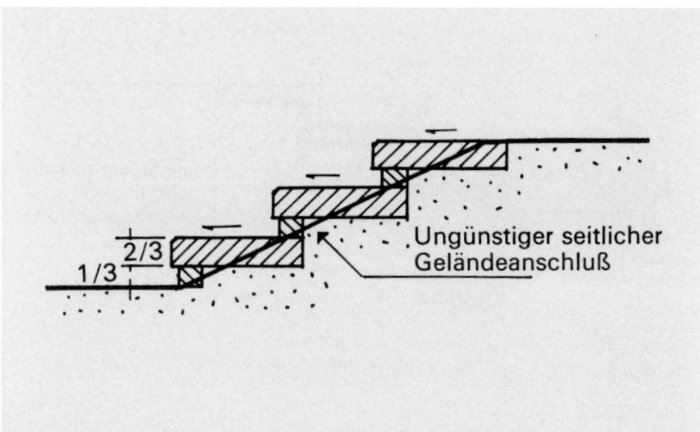

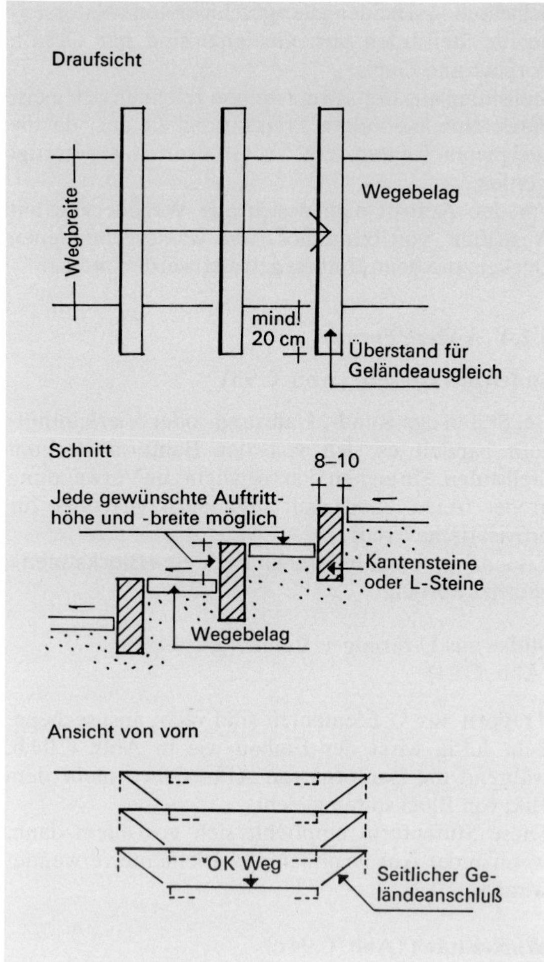

Abb. C 92. Stellstufen.

6.2.3 **Stellstufe** (Abb. C 92)

Das eigentliche Stufenelement wird hier nicht gelegt, sondern gestellt. Ist die Fundamentierung nicht ausreichend, neigt sich die Stellkante nach vorne, wodurch Stolperfallen entstehen. Bei richtiger Fundamentierung (trocken oder mit Beton) sind Stellstufen absolut gleichwertig mit anderen Bauformen und erlauben viele Variationen, wobei die Möglichkeit, den Wegebelag auf der Treppe fortzusetzen, besondere Beachtung verdient.

Material
Da Naturstein im Freien so gelegt werden muß, wie er »gewachsen« ist – also mit horizontal liegenden

Schichten –, scheiden alle »geschichteten« Natursteine für Stellstufen aus. Geeignet sind nur Granit, Porphyr und Gneis.
Stellstufen aus Betonwerksteinen zeichnen sich meist durch eine besondere Preiswürdigkeit aus, da die geeigneten Kantensteine in Großserien angefertigt werden.
Für den Auftritt eignen sich alle Wegedecken mit Ausnahme von bituminös- und wassergebundenen Decken, die beim Einbau gewalzt werden müssen.

6.2.4 Andere Formen

Stufen aus Hölzern (Abb. C93)

Bei Stufen aus Rund-, Halbrund- oder Vierkanthölzern handelt es sich von der Bauform her um Stellstufen. Sie eignen sich vor allem zur Verwendung in der freien Landschaft (Wanderwege) oder für provisorische Treppen.
Eisenbahnschwellen können auch als »Blockstufen« versetzt werden.

Stufen aus U-förmigen Betonwerksteinen (Abb. C 94)

Treppen aus U-Elementen sind recht ansprechend. Sehr luftig wirkt der Einbau wie in Abb. C94b, während die Bauform von Abb. C94a mehr dem Bild von Blockstufen gleicht.
Diese Stufenform empfiehlt sich vor allem dann, wenn in der Anlage ohnehin U-Elemente verwendet werden.

Winkelstufen (Abb. C94c)
Sie entsprechen im Aussehen den Blockstufen. Um Material bzw. Gewicht zu sparen, bestehen Winkelstufen jedoch nur aus Auftritt und Vorderseite. Sie erfordern eine Betonfundamentierung. Meist verwendet man sie mit entsprechendem Vorsatz zur Verkleidung von Ortbetonstufen.

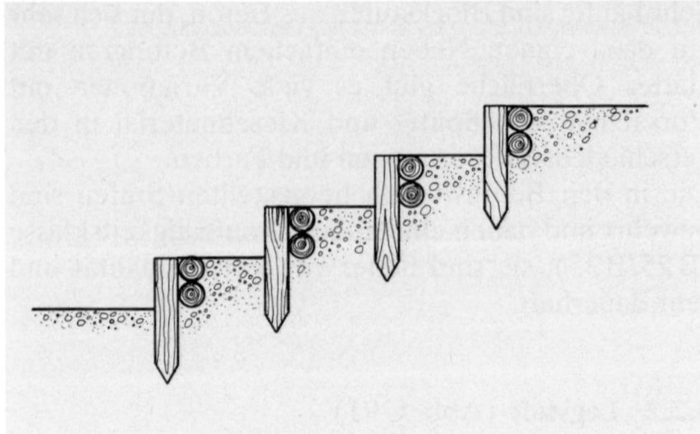

Abb. C 93. Stufen aus Rundhölzern.

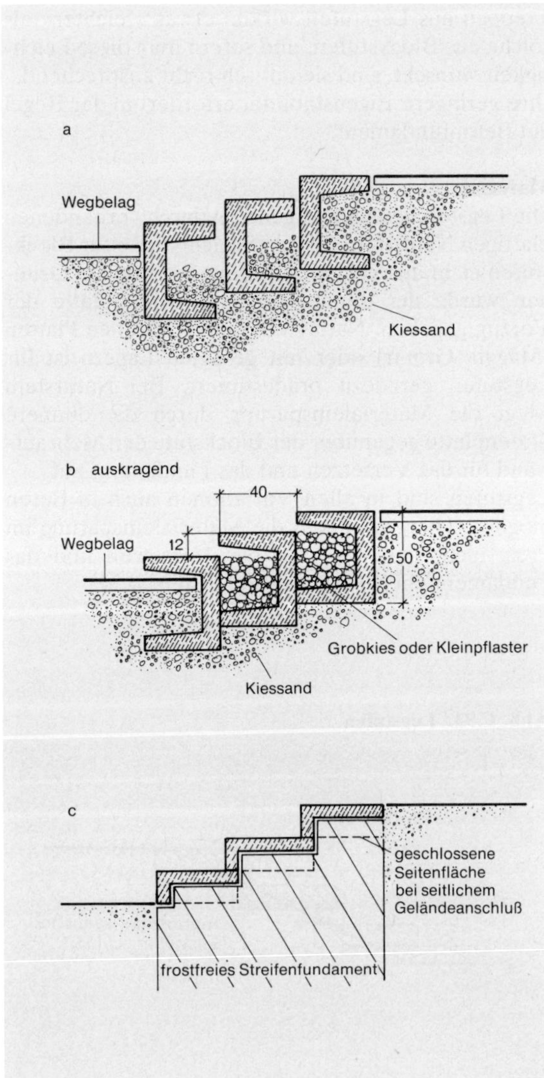

Abb. C 94. Weitere Treppenbauweisen.
a) U-Steine geschlossen,
b) U-Steine auskragend,
c) Winkelstufen.

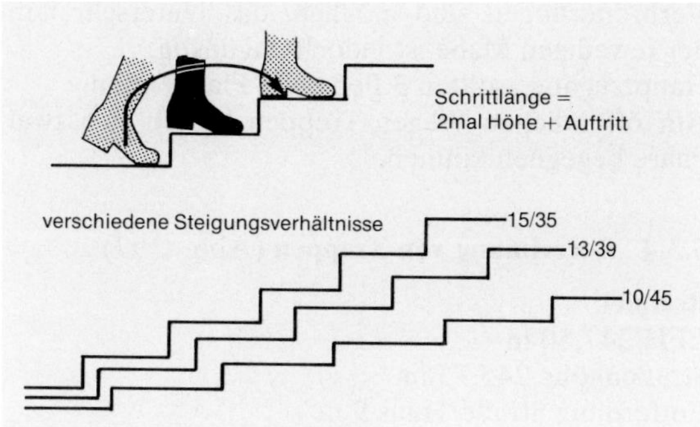

Abb. C 95. Steigungsverhältnis.

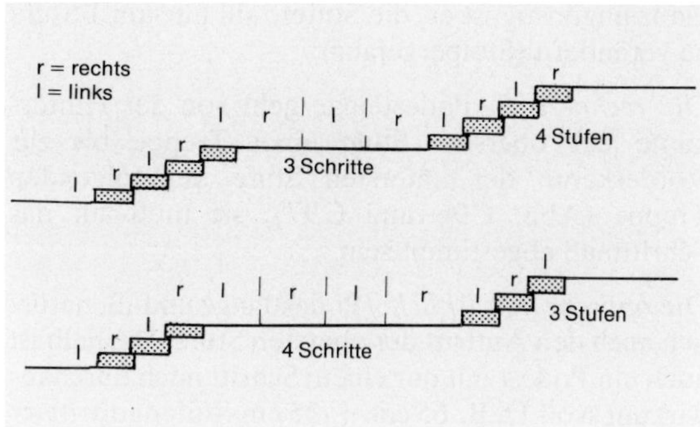

Abb. C 96. Schrittwechsel auf dem Podest.

6.3 Planungsgrundsätze

6.3.1 Steigungsverhältnis

Die Grundlage ist das Schrittmaß mit 65 cm. Bei einem Schritt auf der Treppe müssen 2 Stufenhöhen und 1 Auftritt überwunden werden (Abb. C95). Daraus ergibt sich die Formel:

2 × Stufenhöhe + Auftritt = Schrittlänge (65 cm)

Da eine vernünftige Stufenhöhe bei 10 cm beginnt und im Freien Stufenhöhen von 16 cm nicht überschritten werden sollen, ergeben sich folgende Steigungsverhältnisse:

Höhe	Auftritt	Schrittlänge
10	45	65
11	43	65
12	41 (40)	65 (64)
13	39	65
14	37	65
15	35	65
16	33	65

Je höher also eine Stufe wird, um so kürzer wird der Auftritt und umgekehrt. Die Steigungsverhältnisse sind im Freien unbedingt einzuhalten, sonst sind die Treppen unbequem zu begehen. Innerhalb einer Anlage darf das Steigungsverhältnis nicht gewechselt werden und schon gar nicht innerhalb einer Treppe.

6.3.2 Podestregeln

Die Fläche zwischen zwei Treppen nennt man Podest. Durch Podeste wird ein Treppenlauf dem Gelände angepaßt; sie machen das Begehen langer Treppen bequemer und stellen auch eine willkommene gestalterische Gliederung der Treppenläufe dar. Sind Podeste relativ kurz, was zunächst von der Geländebeschaffenheit abhängt, muß das Schrittmaß beachtet werden, weil der Benutzer der Treppe sonst »aus dem Tritt« kommt, den Rhythmus verliert.

Schrittregel

Folgen mehrere Treppen hintereinander, sollte der Benutzer jede Treppe mit einem anderen Bein antreten; muß er immer mit demselben Bein beginnen, ist dies recht ermüdend. Auf dem Podest sollte also ein Schrittwechsel stattfinden. Man erreicht dies, indem man auf eine gerade Stufenzahl auf dem Podest eine ungerade Schrittzahl folgen läßt und umgekehrt (Abb. C96):

- nach einer Treppe mit ungerader Stufenzahl sind Podestlängen mit 130 cm (2 Schritte) oder mit 260 cm (4 Schritte) angebracht und richtig
- nach einer geraden Stufenzahl ergeben sich Podestlängen von 65 cm (1 Schritt) oder von 195 cm (3 Schritte)

Bei größerer Schrittzahl bzw. längeren Podesten ist die Einhaltung der Schrittmaße nicht mehr so wichtig, weil der Rhythmus der Schritte nicht mehr bemerkbar ist.
Bei längeren Treppenläufen mit relativ kurzen Podesten ist auf einen bestimmten Gehrhythmus zu achten, indem man die Stufenzahlen der Treppen aufeinander abstimmt:
z. B. 2, 4, 6 Stufen oder 3, 5, 7 Stufen.

Ganz ungünstig ist es, die Stufenzahl nur um 1 Stufe zu verändern (Stolpergefahr).

Die *rechnerische* Podestlänge geht von der Hinterkante der obersten Stufe einer Treppe bis zur Vorderkante der untersten Stufe der folgenden Treppe (Abb. C96 und C97); sie muß auf das Schrittmaß abgestimmt sein.

Die *optische (tatsächliche)* Podestlänge umfaßt natürlich auch den Auftritt der obersten Stufe. Deshalb ist auch ein Podest mit nur einem Schritt noch durchaus wirkungsvoll (z. B. 65 cm + 35 cm Stufenauftritt = 100 cm Gesamtlänge).

6.3.3 Treppenbreiten

Die Breite hängt davon ab, wie stark eine Treppe benutzt wird.
Für 1 Person rechnet man 60 cm Breite; daraus ergeben sich die Maße:

- für 2 Personen 120 cm
- für 3 Personen 180 cm
- für 4 Personen 240 cm

Verbreiterungen sind möglich, das Unterschreiten der jeweiligen Maße ist jedoch ungünstig.
Hauptzugänge sollten 3 Personen Platz bieten.
Auf öffentlichen Wegen/Treppen sollten sich zwei Paare begegnen können.

6.3.4 Berechnung von Treppen (Abb. C97)

Beispiel
EFH 247,80 m
Straßenhöhe 245,75 m
Entfernung Straße/Haus 9 m
Gegeben: Stufen mit Baumaß 15/40, daraus resultierend das Steigungsverhältnis 15/35

Rechengang

1. Feststellen des Höhenunterschieds
   247,80 − 245,75 = 2,05 m
2. Berechnen der erforderlichen Stufenzahl
   205 cm : (15 + 1) cm = 12,8 also 12 Stufen
   12 Stufen × 16 cm (Bauhöhe) = 1,92 m Bauhöhe der Treppe
   2,05 m − 1,92 m = 0,13 m Gefälle für Podeste

Abb. C97. Beispiel zur Berechnung einer Treppe.

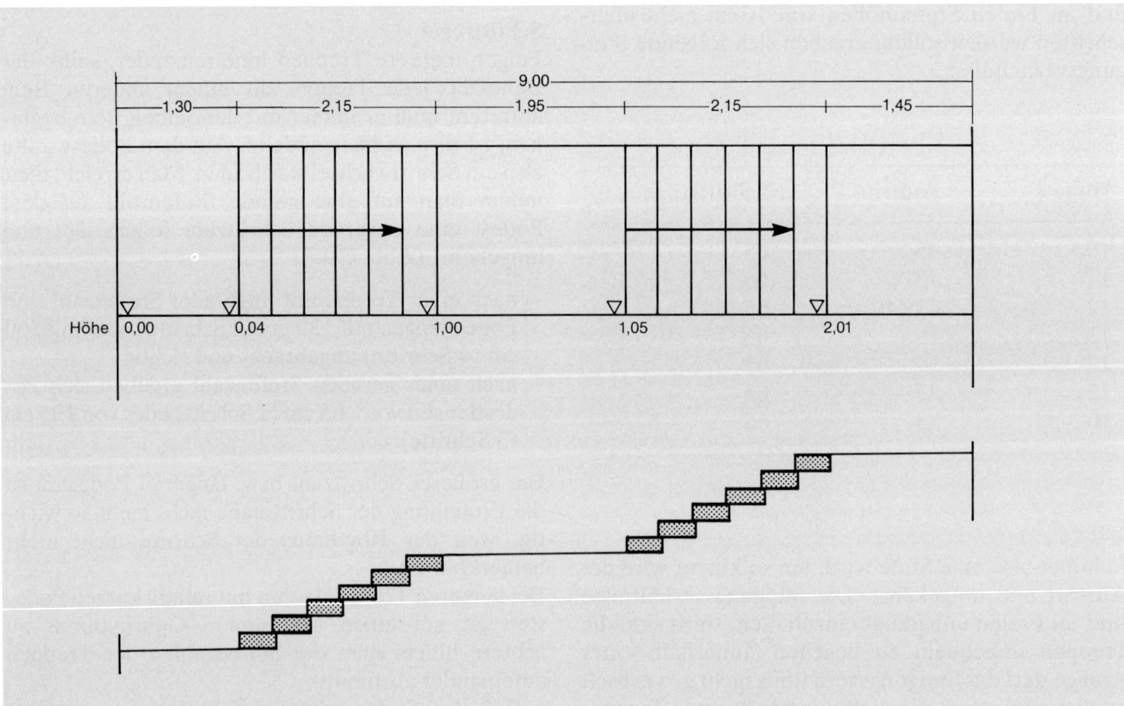

3. Berechnen der Baulänge
   $12 \times 0{,}35 = 4{,}20$ m
   vorhanden = 9 m
   $9{,}0 - 4{,}2 = 4{,}80$ m für Podeste

4. Festlegen des Treppenverlaufs, Einteilung von Stufen und Podesten
   Es ist zweckmäßig, die Überlegungen zeichnerisch festzuhalten (Abb. C 97).

Rechnerische Kontrolle	Länge
Eingangspodest (2 Schritte)	= 1,30 m
6 Stufen ($5 \times 0{,}35 + 0{,}40$)	= 2,15 m
Zwischenpodest (3 Schritte)	= 1,95 m
6 Stufen	= 2,15 m
Oberes Podest	= 1,45 m
	9,00 m

5. Kontrolle der Höhen/Gefälle

Gesamter Höhenunterschied	2,05 m
− Bauhöhe der Treppe	1,92 m
= Höhe für Podestgefälle	0,13 m

   Podestlängen $1{,}30 + 1{,}95 + 1{,}45 = 4{,}70$ m

   Gefälle $\frac{13}{4{,}70} = 2{,}7$ cm auf 1 m = 2,7 %

Eingangspodest, 1,30 m × 2,7 cm	
	= 0,04 m Gefälle/Steigung
6 Stufen, $6 \times 0{,}16$	= 0,96 m Gefälle/Steigung
Zwischenpodest, 1,95 m × 2,7 cm	
	= 0,05 m Gefälle/Steigung
6 Stufen, $6 \times 0{,}16$	= 0,96 m Gefälle/Steigung
Oberes Podest, 1,45 m × 2,7 cm	
	= 0,04 m Gefälle/Steigung
Höhenunterschied	= 2,05 m

6. Maße und Höhen in den Plan bzw. ins Gelände übertragen!

6.3.5 Führung von Treppen im Gelände

Die Treppe in der Böschung (Abb. C 98)
Das Gelände wird seitlich so anplaniert, daß die Stufenköpfe nicht sichtbar sind.
Vorteile: Die Stufenköpfe brauchen nicht bearbeitet sein, die Treppe paßt sich dem Gelände besser an.
Nachteile: Die nutzbare Treppenbreite wird geringer, Mähen wird schwierig.

Abb. C 98. Treppe in der Böschung.

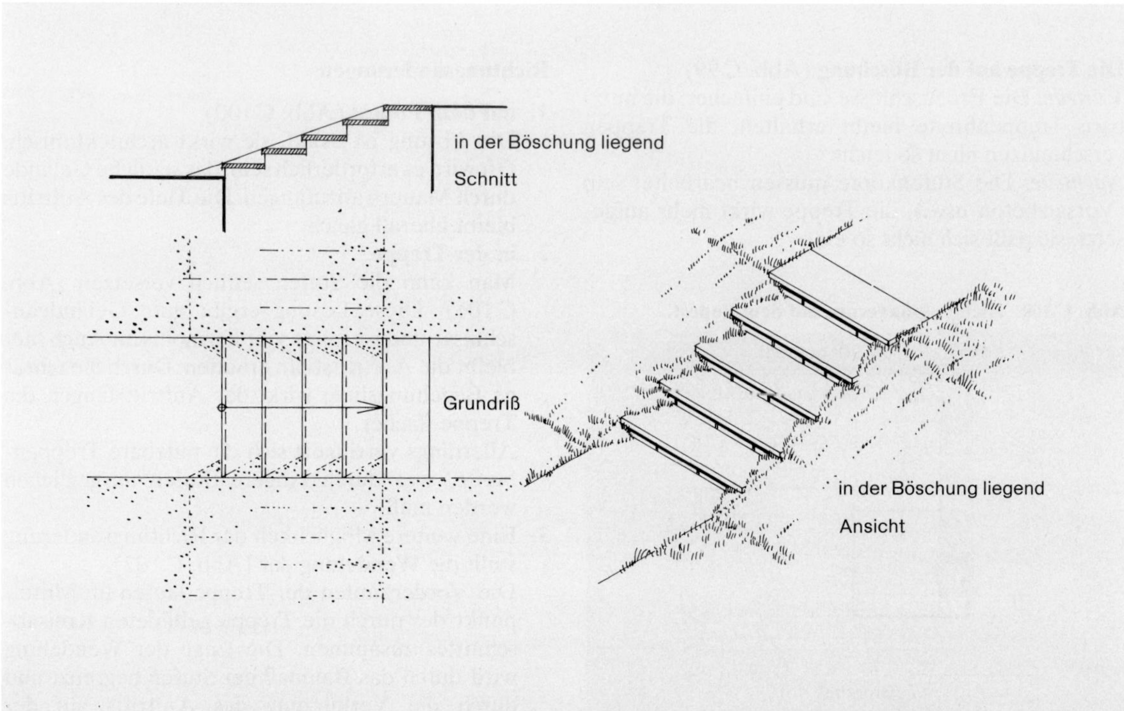

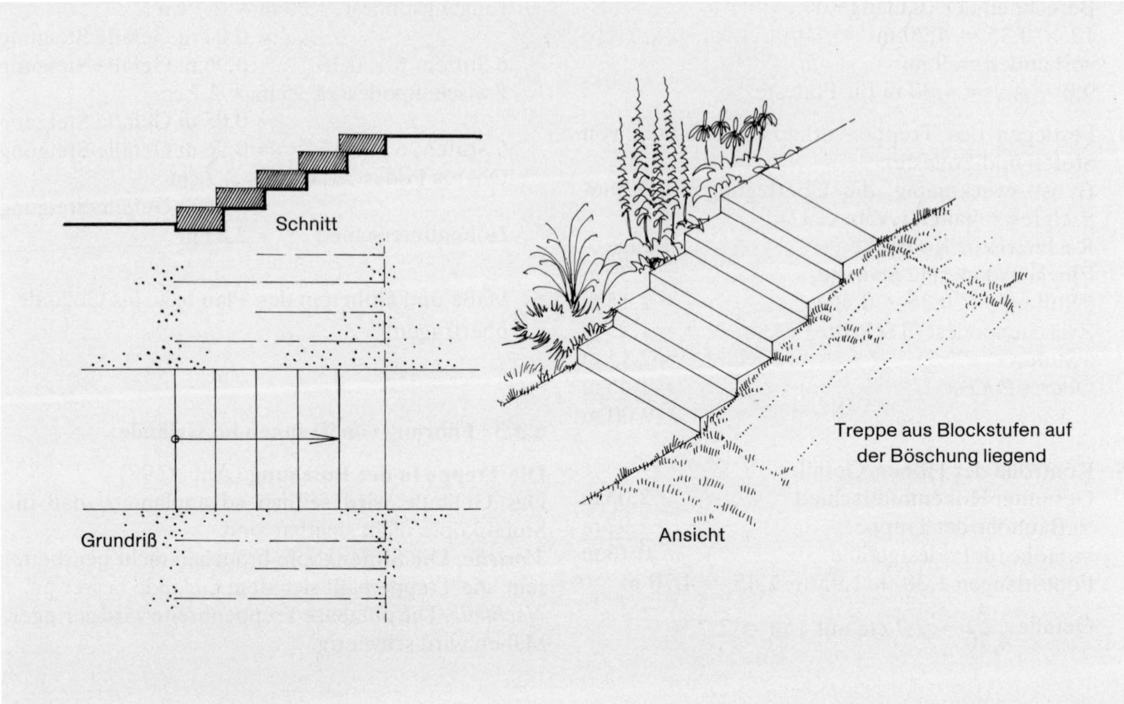

Abb. C 99. Treppe auf der Böschung.

Die Treppe auf der Böschung (Abb. C 99)
Vorteile: Die Erdanschlüsse sind einfacher, die nutzbare Treppenbreite bleibt erhalten, die Treppen verschmutzen nicht so leicht.
Nachteile: Die Stufenköpfe müssen bearbeitet sein (Vorsatzbeton usw.), die Treppe wirkt mehr aufgesetzt, sie paßt sich nicht so ein.

Abb. C 100. Richtungsänderung auf dem Podest.

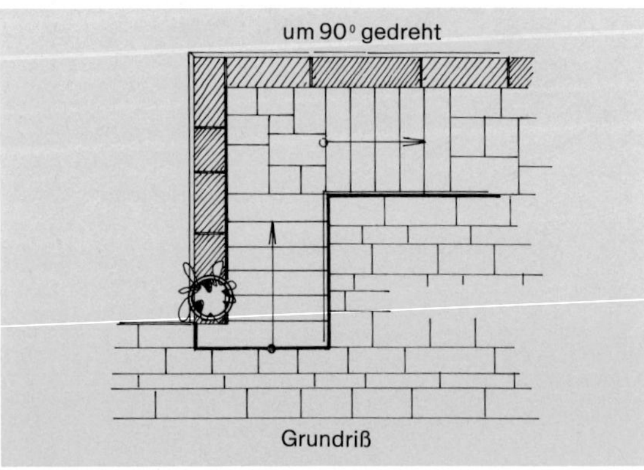

Richtungsänderungen

1. **auf dem Podest** (Abb. C 100)
   Die Lösung ist exakt, sie wirkt architektonisch. Oft wird es erforderlich sein, das seitliche Gelände durch Mauern abzufangen. Die Tiefe des Auftritts bleibt überall gleich.
2. **in der Treppe**
   Man kann die Stufen seitlich versetzen (Abb. C 101). Diese Lösung ergibt gute Geländeanschlüsse und ist somit sehr harmonisch. Auch hier bleibt die Auftrittstiefe erhalten. Durch die schräge Begehungslinie wirkt der Auftritt länger, die Treppe flacher.
   Allerdings verringert sich die nutzbare Treppenbreite, was durch längere Stufen ausgeglichen werden muß.
3. Eine weitere Möglichkeit der Richtungsänderung stellt die **Wendelung** dar (Abb. C 102).
   Die Vorderkanten der Treppe laufen im Mittelpunkt des durch die Treppe gebildeten Kreisabschnittes zusammen. Die Enge der Wendelung wird durch das Baumaß der Stufen begrenzt und durch die Verkürzung des Auftritts auf der

Kurveninnenseite. Sieht man von diesem Nachteil ab, ergibt diese Methode einen zügigen Treppenverlauf und eine harmonische Geländemodellierung.
Das Steigungsverhältnis muß in der Treppenmitte eingehalten werden.

6.3.6 Handlauf / Treppengeländer

Grundsätzlich sollte jede Treppe einen Handlauf bekommen, nur in Ausnahmefällen kann darauf verzichtet werden. Die Ausnahme gilt bei Treppen bis zu 5 Stufen, die in Höhe des Geländes liegen.
Der Handlauf muß über den Stufenvorderkanten 90 cm hoch sein. Liegt die Treppe mehr als 1 m über dem Gelände, muß der Handlauf so ausgebildet sein, daß Kindern das Durch- oder Überklettern erschwert ist.

6.4 Durchführung des Treppenbaus

6.4.1 Fundament

Bei Blockstufen ist auf gewachsenem Boden nur ein **Trockenfundament** aus Kiessand erforderlich, und zwar unter der ersten Stufe ca. 20 cm tief; unter den folgenden Stufen ist nur Sand zum besseren Verlegen nötig. Wichtig ist dabei, daß nicht zuviel Boden ausgehoben wird.
Bei anderen Bauformen ist in der Regel ein **Betonfundament** erforderlich. Meist ist dies ein

Flächenfundament (Abb. C 103)
Es wird unter der 1. Stufe verstärkt und sollte auf gewachsenem Grund stehen.
Nach dem Vermessen wird das Gelände ausplaniert und verdichtet. Vor dem Beton sollte eine Sauberkeitsschicht aus Kiessand eingebracht werden. Bei Bedarf legt man in das Fundament eine Baustahlmatte.
Zweckmäßig ist es, die Stufen in den frischen Beton zu verlegen, also Fundament und Stufen Hand in Hand miteinander einzubauen.

Streifenfundament (Abb. C 104)
In aufgefülltem Gelände und bei der Verwendung von Blockstufen kann ein Streifenfundament vorteilhaft sein. Das Fundament – und damit auch die Treppe – steht auf gewachsenem Boden. Die Geländeauffüllung erfolgt nach dem Treppenbau. Um aufwendige Schalarbeiten zu sparen, werden die

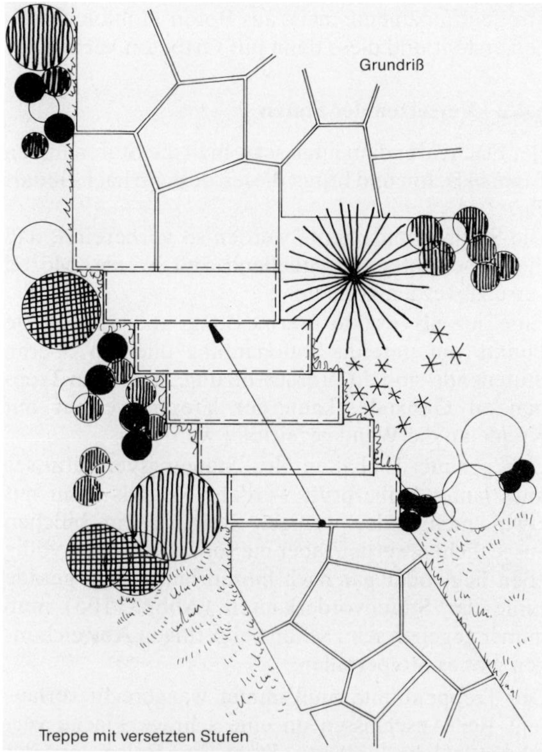

Abb. C 101. Richtungsänderung durch Versetzen der Stufen.

Abb. C 102. Richtungsänderung durch Wendeln.

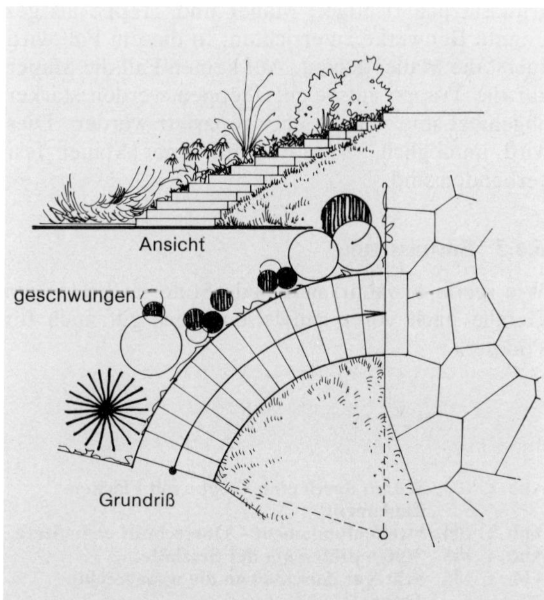

Streifenfundamente meist aus Beton-Hohlblocksteinen erstellt und diese dann mit Ortbeton verfüllt.

6.4.2 Versetzen der Stufen

Bei Flächenfundamenten setzt man die Stufen in den *frischen* Beton und bringt diesen deshalb nach Bedarf ein.

Die Streifenfundamente werden so vorbereitet, daß die Blockstufen anschließend mit wenig Mörtel versetzt werden können.

Eine jeweils exakte Vermessung und versicherte Punkte am unteren Stufenanfang und am oberen Stufenende sind die Voraussetzung. Setzt man Treppen an Gebäude, kann der Treppenverlauf mit Kreide an die Wand gezeichnet werden.

Das genaue Einhalten des Steigungsverhältnisses muß laufend überprüft werden. Notfalls kann mit etwas mehr oder weniger Steigung ein bißchen ausgeglichen werden, aber nie so, daß die Stufe völlig eben liegt oder gar nach hinten hängt. Die gerade Linie der Stufenvorderkanten (Abb. C 105) muß immer gegeben sein. Schon bei geringen Abweichungen gibt es Stolperfallen.

Die Treppenbreite muß immer waagerecht verlaufen! Bei Anschlüssen an eine schräge Fläche verschwindet die unterste Stufe im Belag, an der höchsten Stelle muß die Stufenhöhe eingehalten werden (Abb. C 106).

Versetzt man Treppen neben Mauern, so ist es grundsätzlich richtiger, Mauer und Treppe als getrennte Bauwerke zu errichten. In diesem Fall wird zuerst die Mauer gebaut. Auf keinen Fall die Mauer auf die Treppe aufsetzen! Treppen werden stärker abgenützt und müssen eher repariert werden. Dies wird unmöglich, wenn sie mit einer Mauer fest verbunden sind.

6.4.3 Entwässerung

Wie schon erwähnt, muß jede Stufe im Freien ein Gefälle nach vorne aufweisen. Dies gilt auch für Podeste.

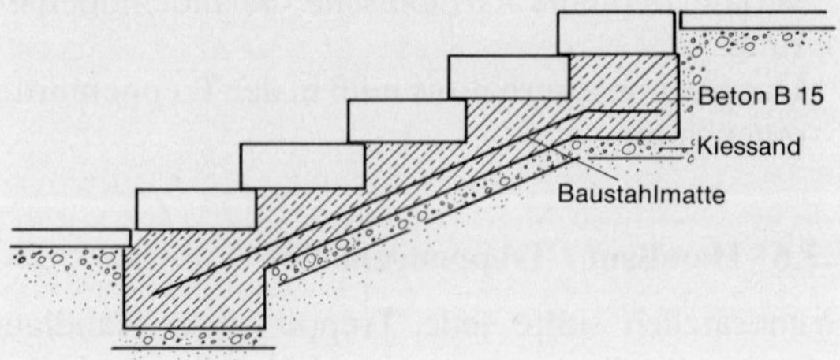

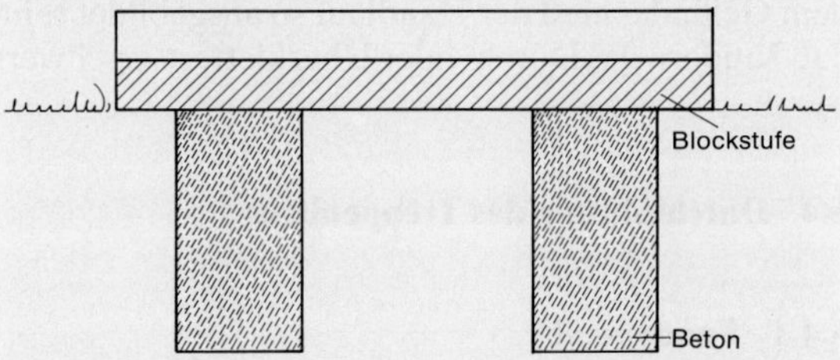

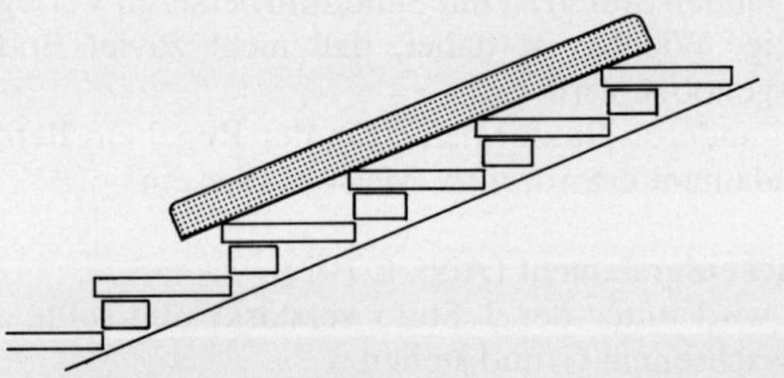

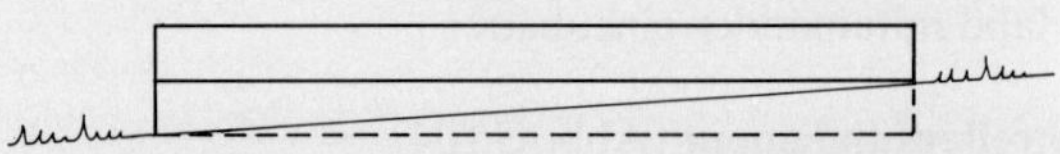

Abb. C 103. Schnitt durch eine Treppe mit Flächenfundament.
Abb. C 104. Streifenfundament – Querschnitt erste Stufe.
Abb. C 105. Stufen prüfen mit der Setzlatte.
Abb. C 106. Schräger Anschluß an die waagerechte Treppe.

Da die Stufen in der Breite waagerecht liegen, wird es oft schwierig, für die Podeste ein Quergefälle auszubilden. Das seitliche Ableiten des Wassers ins Gelände ist erschwert.
Wo das Oberflächenwasser nicht mehr problemlos ins anschließende Gelände geleitet werden kann, müssen Einlaufrinnen vorgesehen werden. Diese sind bei Treppenläufen jeweils oberhalb der Treppen anzuordnen, damit nicht das ganze Wasser über die Treppen läuft.

Aufmaß und Abrechnung
Das Aufmaß gestaltet sich meist einfach, weil die Treppen beim Schlußaufmaß zu sehen sind und die Abrechnung nach Längenmaß (m) erfolgt. Die Abrechnung nach Stück ist nur sinnvoll, wenn in einer Anlage alle Stufen das gleiche Maß haben.
Abrechnung der Fundamente:
Erdaushub grundsätzlich als gesonderte Leistung nach m^3, Beton nach m^3, Bewehrung – wenn vorhanden – nach kg oder m^2.
Trockenfundamente können in den Stufenpreis einkalkuliert werden. Grundsätzlich ist jedoch der gesonderten Abrechnung der Vorzug zu geben, entweder nach Gewicht (Nachweis durch Lieferscheine) oder durch Aufmaß nach m^3.

Vertiefung und Kontrolle
1. Beurteilen Sie die verschiedenen Bauformen von Stufen aufgrund Ihrer Baustellenerfahrung und der Beobachtung von fertiggestellten Treppen.
2. Zeichnen Sie verschiedene Steigungsverhältnisse maßstäblich im Querschnitt auf.
3. Berechnen Sie die erforderlichen Stufen und Podestlängen an gegebenen Objekten.
4. Messen Sie Treppen, die Ihnen besonders bequem oder unbequem erscheinen, kontrollieren Sie das Steigungsverhältnis, und ziehen Sie daraus Schlüsse für Ihre eigene Arbeit.
5. Vermessen und skizzieren Sie gelungene Handläufe an Treppen.
6. Beobachten Sie Passanten beim Benutzen gut oder weniger gut gelungener Treppenläufe.

7 Bau von Wegen und Plätzen

7.1 Grundsätze des Wegeaufbaus (Abb. C 107)

Zunächst unterscheidet man *Unterbau* und *Oberbau.* Die Grenze zwischen Unterbau und Oberbau ist das *Planum.*

Darauf kommen die verschiedenen Schichten des Oberbaus:
- die Frostschutz- oder Dränschicht
- die Tragschicht
- bei Bedarf die Ausgleichschicht
- und schließlich die Wegedecke

Die Dicke dieser Schichten hängt von der zu erwartenden Belastung des Weges, von der Art des verwendeten Materials und schließlich vom Unterbau ab. Auch sind nicht in jedem Fall alle Schichten erforderlich.

Für die Materialauswahl im Wegebau sind ausschlaggebend:
- die zu erwartende Belastung
- der spätere Pflegeaufwand
- gestalterische Gesichtspunkte
- das örtliche Materialangebot
- die finanziellen Möglichkeiten des Auftraggebers

Der Unterbau ist der verbesserte Untergrund, der Untergrund ist der anstehende Boden. Eine Verbesserung des Untergrunds erreicht man durch Verdichten oder durch Zugaben von geeigneten Materialien. Da beim Herrichten des Planums der Untergrund immer verdichtet wird (werden sollte!), entsteht auch immer ein Unterbau. Seine obere Abgrenzung ist das Planum, auch *Koffersohle* genannt. Den Bodenabtrag bis zur Koffersohle nennt man daher auch

Abb. C 107. Grundsätzlicher Aufbau eines Weges.

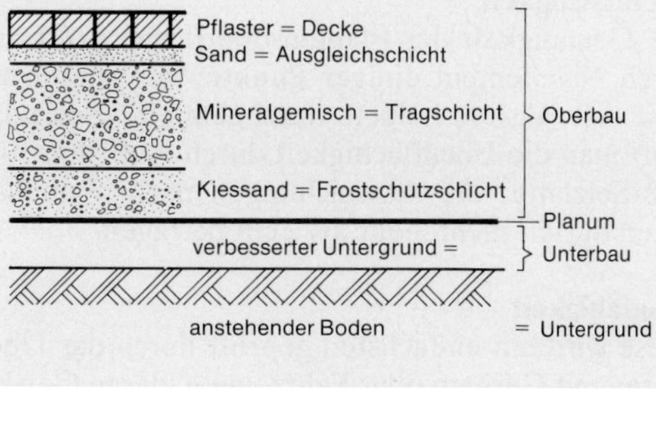

Auskoffern und die Gesamtheit der Oberbauschichten auch *Wegekoffer.*

Hinweis auf alte Begriffe:
Nach einer früheren Definition wurden nur die Decke und die Ausgleichschicht als Oberbau bezeichnet, die Frostschutz- und Tragschicht als Unterbau. Diese Bezeichnungen hört man vielfach noch in der Praxis und kann sie auch in älterer Literatur finden.

7.2 Unterbau

7.2.1 Funktion und Anforderung

Der Unterbau muß die Verkehrsbelastung aufnehmen und tragen. Die Tragschicht verteilt zwar die punktuelle Belastung (z. B. durch einen Raddruck) auf eine größere Fläche des Unterbaus, aber letztlich muß dieser die Last tragen, ohne sich zu verformen, ohne nachzugeben. Gibt der Unterbau nach, folgen auch bald Unebenheiten der Wegedecke.
Der Unterbau wird dieser Aufgabe nur gerecht, wenn er so optimal verdichtet ist, daß er durch die Verkehrslast nicht weiter zusammengedrückt werden kann.
Neben der Tragfähigkeit des Unterbaus ist die Ebenflächigkeit seiner Oberfläche, des Planums, von größter Bedeutung. Nur selten wird der Unterbau das vom Oberbau her durchsickernde Wasser aufnehmen können, es muß auf dem Planum aus dem Wegebereich abgeleitet werden. Sind Senkungen und Unebenheiten vorhanden, sammelt sich dort das Wasser, weicht an diesen Stellen den Boden auf und verringert dadurch seine Tragfähigkeit. Das Planum muß parallel zur Wegedecke verlaufen, wobei eine Genauigkeit von ± 2 cm gefordert wird.

7.2.2 Prüfungsmöglichkeiten

Ebenflächigkeit
Die Genauigkeit der Planumsoberfläche prüft man durch Nivellement einiger Punkte; von diesen aus wird mit Visierscheiben durchgetafelt. Zusätzlich prüft man die Ebenflächigkeit durch Auflegen einer 4-m-Setzlatte; die Abweichungen nach oben oder unten dürfen nicht mehr als 2 cm betragen.

Tragfähigkeit
Diese wird am einfachsten geprüft durch das Überfahren mit Geräten oder Fahrzeugen, deren Gewicht der späteren Nutzung in etwa entspricht. (Der Unterbau eines Sitzplatzes am Wohnhaus braucht also nicht das Gewicht eines 16-t-Lkw auszuhalten.)
Hält das Planum stand, gibt es beim Befahren nur geringe Spuren mit leichten Rissen, ist es ausreichend tragfähig. Gibt es jedoch tiefe Rinnen, weicht der Boden seitlich aus und schwankt die ganze Umgebung, ist das Planum nicht tragfähig.

Plattendruckversuch
Im Straßenbau und auch im Sportplatzbau gibt man sich mit der genannten Prüfung nicht zufrieden. Hier wird in Zweifelsfällen der Plattendruckversuch durchgeführt. Dabei wird mit einem schweren Lkw als Widerlager eine Platte auf das Planum gepreßt. Der aufgewandte Druck und die Setzung der Platte werden exakt gemessen und daraus die Verformbarkeit des Planums errechnet. Dabei müssen bestimmte vorgeschriebene Werte erreicht werden. Diesen Wert, das *Verformungsmodul,* nennt man **Ev2-Wert.** Er beträgt z. B. im Sportplatzbau bei bindigen Böden 20 N/mm^2. Wird der Wert bei der Prüfung nicht erreicht, muß das Planum verbessert werden.

Proctordichte
Diese wird durch den sogenannten *Proctorversuch* ermittelt. Es ist ein Laborversuch, bei dem das Maß der Verdichtung eines Bodens gemessen wird. Dabei wird das Gewicht des Bodens, bezogen auf den Rauminhalt, zugrunde gelegt. Man verdichtet nach einem genau festgelegten Verfahren mehrere Proben mit je 1 l Boden, trocknet diese 24 h und wiegt sie anschließend. Man erhält so das **Trockenraumgewicht** und nimmt dies als Maß der Verdichtung. Die Probe mit dem höchsten Gewicht ist am stärksten verdichtet.
So wird z. B. für ein Planum, das ausreichend tragfähig sein soll, eine Verdichtung von 97 % der Proctordichte verlangt. Nach dem Herstellen des Planums kann diese Verdichtung durch die Entnahme einer *ungestörten* Bodenprobe mittels Stechzylinder überprüft werden. Die Probe wird getrocknet und gewogen. Da der Inhalt des Stechzylinders bekannt ist, hat man das Trockenraumgewicht, das dem im Laborversuch ermittelten entsprechen muß.

7.2.3 Unzureichende Verdichtung, Ursachen und Gegenmaßnahmen

Hauptursache für die ungenügende Verdichtbarkeit eines Bodens ist ein **zu hoher Wassergehalt!**

Sind die Hohlräume des Bodens mit Wasser gefüllt, wird er weich, im Extremfall breiig bis hin zu Schlamm. Er verliert seine Scherfestigkeit und weicht seitlich aus. Rüttler oder Walze sinken ein.

Gegenmaßnahmen bei zuviel Wasser

1. Wasser fernhalten (s. Erdbau, Kap. C 2.2.2).
2. Trockenes Material (z. B. Grobschotter) zugeben.
3. Die vernäßte Bodenschicht entfernen und durch trockenes Material ersetzen (z. B. Bauaushub aus größerer Tiefe).
4. Stabilisierung des Bodens mit Kalk.
   Bei einem zu hohen Wassergehalt kommt nur Branntkalk in Frage, der sehr stark Wasser bindet. Außerdem wird durch Kalk bei bindigen Böden die Bodenstruktur verbessert, weil die Tonkolloide ausflocken.
   Die aufzuwendende Kalkmenge ist vom Zustand des Bodens abhängig. Die Angaben für Aufwandmengen schwanken von 2–10 kg je m^2. In der Praxis ist die erforderliche Menge durch einen Versuch zu ermitteln; ein Sack (40 kg) wird auf 20 m^2 verteilt, der nächste Sack auf 10 m^2 und ein weiterer auf 5 m^2. Das Hauptproblem ist ohnehin das Einarbeiten und Vermischen des Kalks mit dem Boden. Je nach Bodenzustand erfolgt dies mit einer starken Fräse, mit dem Grubber oder mit dem Aufreißhaken an der Raupe. Der Kalk wird auf einem Streifen in der Arbeitsbreite des Gerätes verteilt und eingearbeitet. Danach wird verdichtet. Die Menge, die eine ausreichende Verdichtung des Bodens erlaubt, wird dann auf der gesamten Fläche angewandt.
5. Oft hilft nur abwarten, bis die Fläche abgetrocknet ist.

Bindige Böden können auch **zu trocken** sein, sie federn beim Verdichten. Dies kommt allerdings relativ selten vor und ist leicht durch Wässern zu beheben.

Bei manchen Bodenarten ist die **Kornzusammensetzung** ungünstig. Dies ist bei gleichförmigen Böden (Sanden oder Schluffen) der Fall. Hier sind die im Boden vorhandenen Körnungen weitgehend gleich groß, man sagt, sie sind eng gestuft. Diese Böden lassen sich schlecht oder gar nicht verdichten. Ein extremes Beispiel dafür ist Kies der Körnung 8/16 oder 16/32, der bei Druck einfach seitlich ausweicht. Hier fehlen die kleinen Körnungen, die die Hohlräume ausfüllen und damit den Boden verkeilen und standfest machen.

Gegenmaßnahmen bei ungünstiger Kornzusammensetzung

1. Die fehlende Korngruppe zugeben.
   Da dies meist bei Sand- oder Schluffböden erforderlich ist, sind grobere Körnungen mit Splitt oder Kies zweckmäßig.
2. Stabilisierung mit Kalk bei Schluffböden.
3. Stabilisierung mit Zement oder Bitumen bei Sandböden.

Anwendung von Zement und Kalk wie bei zu hohem Wassergehalt, Bitumen wird als Kaltasphalt (Bitumenemulsion) aufgespritzt und eingearbeitet. Chemische Mittel zur Bodenstabilisierung sind im Handel, haben aber im Landschaftsbau bisher geringe Bedeutung.

Aufmaß und Abrechnung
Die Maßnahmen zur Verbesserung des Unterbaus sind keine Nebenleistungen, sie müssen jeweils mit dem Auftraggeber vereinbart werden.
Der Aushub der Kofferung wird nach m^3 gemessen und abgerechnet. Das Planum herstellen, also die genaue Ebenflächigkeit und das Verdichten, wird gesondert vom Aushub nach m^2 abgerechnet.

Vertiefung und Kontrolle
1. Achten Sie bei der Herstellung des Planums auf die Wirkung der eingesetzten Verdichtungsgeräte im Zusammenhang mit der Bodenart und dem Bodenzustand, und nennen Sie die Gründe für deren Einsatz.
2. Beobachten Sie auch die Arbeitsweise auf Großbaustellen (z. B. Autobahnen), und übertragen Sie die Erkenntnisse auf Ihre Arbeit.

7.3 Oberbau

7.3.1 Frostschutzschicht

Aufgabe
Sie hat mehrere sich ergänzende Funktionen und von diesen abgeleitet auch mehrere Bezeichnungen:

1. Als *Frostschutzschicht* soll sie das Aufsteigen von Kapillarwasser in den Wegekoffer verhindern.
2. Als *Sauberkeitsschicht* soll sie das Eindrücken der Tragschicht (z. B. Schotter) in den Unterbau verhindern. Dadurch würde das Planum zerstört und folglich der seitliche Wasserfluß behindert.

3. Als *Dränschicht* hat sie die Aufgabe, Wasser aus der Tragschicht aufzunehmen und abzuleiten.

Zwischen der Frostschutz- oder Dränschicht und der darüberliegenden Schicht muß unter Umständen eine Filterschicht eingebracht werden (s. Seite 65).

Material
Sie muß aus Material bestehen, das keine Kapillarität aufweist und wasserdurchlässig ist.
Dies sind Kiessand- oder Splittsand-Gemische der Körnung 0/32. Auf normalem Baugrund (Erde) verwendet man Gemische mit Sandanteil. Nur bei besonderen Dränfunktionen (z. B. auf Dächern oder im Sportplatzbau) verwendet man Kies oder Splitt in den Körnungen 16/32 oder 8/16 ohne Sandanteil. In diesen Fällen ist dann zusätzlich eine Filterschicht erforderlich, die eine abgestufte Körnung (also 0/16 oder 0/8) haben muß.
Gewaschenem Material ist der Vorzug zu geben, in Moränengebieten ist jedoch die Verwendung von sogenanntem Wandkies (also ungewaschenem Material mit Ton- und Schluffanteilen) durchaus üblich.

Herstellung
Mindesteinbaudicke 10 cm, jedoch mindestens dreimal dicker als das Größtkorn des verwendeten Materials. Die Dicke des Einbaus hängt natürlich auch von der Beschaffenheit des Unterbaus ab. Auf durchlässigem, kiesigen Bodenmaterial kann die Frostschutzschicht entfallen; bei ungünstigen Verhältnissen können dickere Schichten erforderlich werden.
Einbau nur auf kleinen Flächen in Handarbeit, sonst mit Planier- oder Laderaupe oder mit dem Grader.
Verdichten mit Vibrowalze oder Rüttelplatte.

Materialbedarf
Kiessand läßt sich etwa um den Faktor 1,3 verdichten. Will man z. B. eine 10 cm dicke verdichtete Kiessandschicht erreichen, muß man 1,3mal soviel aufschütten, also 10 × 1,3 = 13 cm Schutthöhe.
Da Kiessand in der Regel nach Gewicht (t) gehandelt wird, ist es erforderlich, den Bedarf auch nach Gewicht zu errechnen. Man ermittelt den Bedarf in kg je m^2.
Bringt man auf einen m^2 z. B. 13 cm Kiessand auf, entspricht dies 0,13 m^3. Da 1 m^3 1,7 t wiegt, also 0,13 × 1,7 = 0,221 t = 221 kg/m^2.
Es ergibt sich also folgende Formel:
Walzmaß × Verdichtungsfaktor (1,3) = Schütthöhe,
Schütthöhe × Schüttgewicht (1,7) = Materialbedarf pro m^2.

7.3.2 Tragschicht

Aufgabe
Wie der Name schon sagt, hat sie die Aufgabe, die Verkehrslast aufzunehmen und zu verteilen.

Material
Schottergemische mit den Körnungen 0/32, 0/40, 0/50. Es handelt sich um kornabgestufte Mischungen aus Schotter mit Fluß- oder Brechsand. Das grobe Material ist das Stützkorn, das feinere das Füllkorn. Schottergemische sind durch das eckige Stützkorn gut tragfähig. Die Gemische müssen erdfeucht eingebaut werden, damit sie sich nicht entmischen. Sie werden auch Mineralgemisch oder Mineralbeton genannt.
Schotter ohne Sandanteil wird nur verwendet, wenn die Tragschicht extrem wasserdurchlässig sein muß (z. B. bei wassergebundenen Decken). In diesem Fall muß durch den Einbau von abgestuften, kleiner werdenden Körnungen in mehreren Ausgleichsschichten verhindert werden, daß Deckenmaterial in den Schotter eindringt. Der getrennte Einbau von Schotter und Füllkorn ist heute nicht mehr üblich, weil er zu arbeitsaufwendig ist.
Kiessandgemische mit guter Kornabstufung werden überall dort verwendet, wo in Flußnähe oder im Moränengebiet Kies preiswert zu Verfügung steht. Die Tragfähigkeit der runden Kornformen ist nicht so groß wie die von Schotter; deshalb müssen Kies-Tragschichten um ca. 30 % stärker dimensioniert werden.
Tragschichten mit bituminösen Bindemitteln. Unter bituminöse Decken werden auch Tragschichten mit bituminöser Bindung eingebaut.
Bei Verwendung von gebrochenem Material spricht man von Makadam, sonst von Bitukies. Bitukies wird nicht als Decke, sondern nur als Tragschicht verwendet.
Vielfach ist es üblich, auf der Bitu-Tragschicht den weiteren Baustellenverkehr abzuwickeln und erst nach Abschluß aller Bauarbeiten die eigentliche Decke aufzubringen. Die Tragschicht muß dazu sorgfältig gesäubert und mit einem Haftkleber vorgespritzt werden. Baut man jedoch die einzelnen Schichten sofort nacheinander ein, ist das Anspritzen nicht nötig.
Betontragschicht. Unter stark belasteten Platten- oder Mosaikpflasterbelägen ist Beton erforderlich.

Eine Sandausgleichschicht würde der Belastung durch Befahren nicht standhalten. Es muß also Mörtel (MG III) verwendet werden. Da dies auf Kies oder Schotter sinnlos wäre, ergibt sich zwangsläufig bei den genannten Deckenbauweisen die Notwendigkeit einer Betontragschicht.
Auch bei anderen stark belasteten Decken kann eine Betontragschicht vorgesehen werden.

Packlage. Dies ist eine veraltete, wegen zu großem Arbeitsaufwand kaum mehr angewandte Bauweise. Es werden grobe Steinbrocken (15–30 cm ∅), sogenannte Schroppen, auf der Sauberkeitsschicht dicht an dicht von Hand aufgestellt. Mit einem Spezialhammer werden die Spitzen der Steine abgeschlagen und damit die Packlage verkeilt.
Die Packlage ist äußerst tragfähig und dauerhaft, so bauten schon die Römer ihre heute noch erhaltenen Straßen (Abb. C 108).

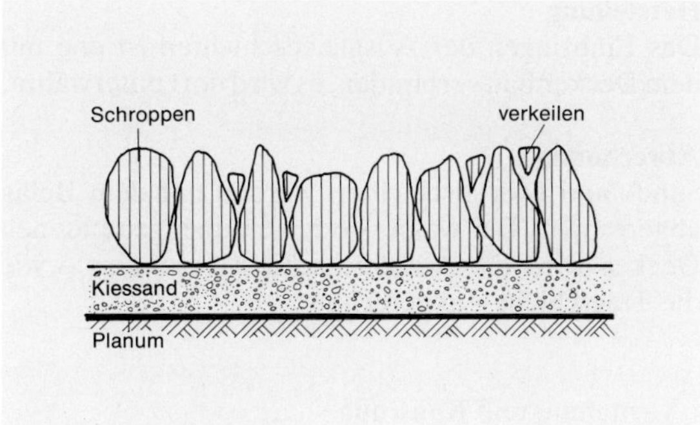

Abb. C 108. Packlage.

Herstellung

Die Schotter- und Kiesgemische werden wie die Frostschutzschicht mit Planier- oder Laderaupen oder mit dem Grader eingebaut und mit dynamisch wirkenden Verdichtungsgeräten in mehrerem Übergängen verdichtet.
Die Tragschicht darf sich beim Überfahren mit Lkw nicht wesentlich verformen. Die Einbaugenauigkeit darf auch hier um nicht mehr als 2 cm nach oben oder unten abweichen.
Beim Einbau einer Betontragschicht sind die Forderungen der Betontechnologie (Kap. C 4) zu berücksichtigen. Auf jeden Fall eine Sauberkeitsschicht vorsehen. Mindestdicke des Betons 10 cm, Beton B 10 oder – wenn Baustahlgewebe eingelegt werden – B 15.
Dehnungsfugen vorsehen.
Bitu-Tragschichten siehe Kap. C. 7.5.4.

Materialbedarf

Bei Schotter- oder Kiesgemischen wie bei der Frostschutzschicht.
Bei Schotter wird ein Schüttgewicht von 1,5 t/m^3 angenommen und als Verdichtungsfaktor 1,5 angesetzt.

Aufmaß und Abrechnung von Frostschutz- und Tragschichten

Bei Lieferung und Einbau von Kies- und Schottergemischen sind verschiedene Abrechnungsverfahren üblich.
Die Abrechnung nach Gewicht erfolgt durch Vorlage der Liefer- und Wiegescheine.
Es kann jedoch auch gemessen werden, und zwar nach m^2 unter Angabe der Schichtdicken oder nach m^3. In diesen Fällen muß die Verdichtung in den Preis einkalkuliert werden (bei der Abrechnung nach Gewicht nicht).
Bituminöse Tragschichten erfaßt man man meist nach Gewicht.
Tragschichten aus Beton werden nach m^3 gemessen.
Grundsätzlich sollte jede Schicht für sich angeboten, gemessen und abgerechnet werden.

7.3.3 Ausgleichschicht

Aufgabe

Die Aufgabe der Ausgleichschicht ist aus ihrer Bezeichnung ersichtlich, sie bildet einen Ausgleich zwischen der Tragschicht und der Wegedecke.
Bei Platten und Pflasterbelägen ist sie das Sandbett, welches das Verlegen dieser Beläge ermöglicht und eine satte Auflage schafft.
Bei wassergebundenen Decken unterstützt sie Elastizität und Tragfähigkeit der Decke, man spricht hier von der *Dynamischen Schicht.* Durch ihre Kornabstufung verhindert sie das Eindringen des Deckenmaterials in die Tragschicht.
Bei bituminösen Decken und Tragschichten nennt man sie *Binderschicht.* Sie dient hier zum Ausgleichen der Unebenheiten in der Tragschicht.
Sollen Platten- oder Pflasterbeläge auf eine Betontragschicht verlegt werden, muß Zementmörtel verwendet werden. Platten können auf *anderen* Tragschichten auch in Kalkmörtel (MG I) verlegt werden, dies vereinfacht das Verlegen! Hier dann keinen Zementmörtel verwenden. Der Kalkmörtel ergibt ein sattes Lager, bleibt aber elastisch, weil er nicht frostbeständig ist.

Herstellung
Das Einbringen der Ausgleichschichten ist eng mit dem Deckenbau verbunden, es wird dort miterwähnt.

Abrechnung
Sand- und Mörtelschichten werden mit dem Belag abgerechnet. Bei wasser- oder bitumengebundenen Decken wird die Ausgleichschicht gesondert – wie die Tragschicht – abgerechnet.

Vertiefung und Kontrolle

1. Achten Sie beim Einbau von Kiessand und Mineralgemischen auf die Schütthöhe und den Verdichtungsfaktor, erfassen Sie die Massen nach m^3, und vergleichen Sie anhand der Liefer- und Wiegescheine die tatsächlich eingebaute Menge.
2. Machen Sie Notizen über den Zeitaufwand beim Einbauen der Straßenbaumaterialien in Abhängigkeit von den eingesetzten Geräten.

7.4 Seitliche Begrenzungen

Aufgabe
Bauweisen mit bitumen- oder wassergebundenen Decken brauchen eine seitliche Begrenzung, weil sonst die Ränder ausbrechen. Pflasterungen ohne seitlichen Halt wandern nach außen oder senken sich am Rand ab.
Bei einer Entwässerung mit Hofabläufen brauchen die Wege nicht nur ein Längs-, sondern auch ein Quergefälle von ca. 2 %. Das Wasser wird an den Wegrand geleitet, und es ist dort dann eine Führung bis zum Einlauf erforderlich.
Unabhängig davon braucht der Unterbau ein seitliches Widerlager, sonst weicht er unter Belastung seitlich aus, was meist schon beim Einbau und Verdichten der Tragschicht der Fall ist.

Material/Herstellung
Bei Verbundpflaster-Belägen genügt meist schon eine seitliche Verbreiterung der Tragschichten (Abb. C 127, Seite 131). Darüber hinaus gibt es viele Möglichkeiten:

7.4.1 Kantenstein (Abb. C 128, Seite 131)

Aus Beton. Oberkante gerade oder gerundet, übliche Maße: 100 cm lang, 25–30 cm hoch, 5–8 cm dick.
Der gern verwendete *Siedlungsrandstein* hat vielfach einen Vorsatz aus Basalt- oder Granitsplitt.

Aus Naturstein. Geeignet sind nur Natursteine, die das »Aufstellen« ertragen, also kein geschichtetes, plattiges Sedimentgestein. Im Handel sind vor allem Steine aus Granit und Gneis. Übliche Maße: 30–100 cm lang, 25–30 cm hoch, 5–8 cm dick.

Einbau
Kantensteine werden in Beton versetzt, bei geringer Belastung nur an den Stößen. Nachdem die Sauberkeitsschicht auf das Planum gebracht ist, werden darauf die Kantensteine entlang einer Schnur versetzt. Dabei bringt man den Beton zunächst nur an den Stößen ein, wodurch sich die Steine leichter in Richtung und Höhe ausrichten lassen, als wenn sie überall im Beton aufliegen. Erst wenn sie richtig sitzen und der Beton an den Stößen schon etwas fest geworden ist, wird der restliche Beton angefüllt. Man verwendet Beton B 10, K_1; unter Umständen wird eine einfache seitliche Dielenschalung erforderlich.
Es ist unbedingt darauf zu achten, daß das Wasser in der Sauberkeitsschicht unter dem Betonstreifenfundament aus dem Wegekoffer austreten kann. Sollte gegebenenfalls ein tieferes Streifenfundament erforderlich sein, sind Dränrohre einzubauen, um den Wasserablauf zu sichern.

7.4.2 Roll- oder Läuferschichten auf Betonstreifenfundamenten

Das seitliche Widerlager wird von einem Streifenfundament übernommen, die Roll- oder Läuferschichten (Abb. C 129, Seite 131) werden nach gestalterischen Gründen ausgewählt. Möglich sind Klinker, Naturstein- oder Betonpflaster und auch Platten aus Naturstein oder Beton, die flach verlegt werden.

Einbau
Er geschieht im Prinzip wie bei den Kantensteinen, nur wird der Beton hier natürlich im voraus eingebracht. Meist ist auch eine Schalung erforderlich. Der Betonverbrauch ist nicht sehr groß; bei Verwendung von Transportbeton, der zwischengelagert werden muß, wird ein Zusatz von VZ-Mitteln (Erstarrungsverzögerer) empfohlen.

7.4.3 Bordsteine

Bei Parkplätzen oder sonst regelmäßig von Kraftfahrzeugen befahrenen Wegen ist die Verwendung von Bordsteinen angebracht. Es gibt sie in Naturstein (DIN 482) und in Beton (DIN 483).

Bordsteine aus Naturstein gibt es in 7 Größen, in Breiten von 100–300 mm und in Höhen von 250 und 300 mm. Die Form A hat vorne einen Anlauf, die Form B senkrechte Kanten. Ihre Oberflächen sind bruchrauh, gespitzt oder gestockt, die Anläufe auch scharriert. Sie sind meist aus Granit.
Bordsteine aus Beton gibt es in 4 Formen (s. Abb. C 109).
Sowohl in Naturstein als auch aus Beton gibt es Kurvensteine für Außen- und Innenbögen.
Einbau wie Kantensteine, jedoch nicht bodengleich, sondern mit überstehender Kante.

7.4.4 Begrenzungssteine aus Beton

Die Steine können auf ein Kiesbett verlegt werden und bieten durch ihr Eigengewicht, unterstützt durch seitliche Erdanfüllung, genügend Widerlager. Bei Makadambelägen können sie eine unsichtbare Kante bilden (Abb. C 134, Seite 132).

7.4.5 Nicht sichtbare Streifenfundamente

Meist sind sie aus gestalterischen Gründen erwünscht; außerdem ermöglichen sie den Wasserablauf in angrenzende Pflanzflächen. Herstellung und Material sind die gleichen wie bei den Rollschichten. Die Streifenfundamente mit der vorgesehenen Pflasterung werden zuerst erstellt; dann baut man die Tragschicht ein, darauf die Ausgleichschicht und den Belag.
Es ist – und das gilt auch für die anderen Begrenzungen – darauf zu achten, daß die vorgesehene Pflasterung mit ausreichend Fugen zwischen die beiderseitigen Begrenzungen hineinpaßt, sonst entsteht Mehrarbeit durch Einschneiden. Bei mangelnder Erfahrung ist es zweckmäßig, bestehende Beläge daraufhin nachzumessen.

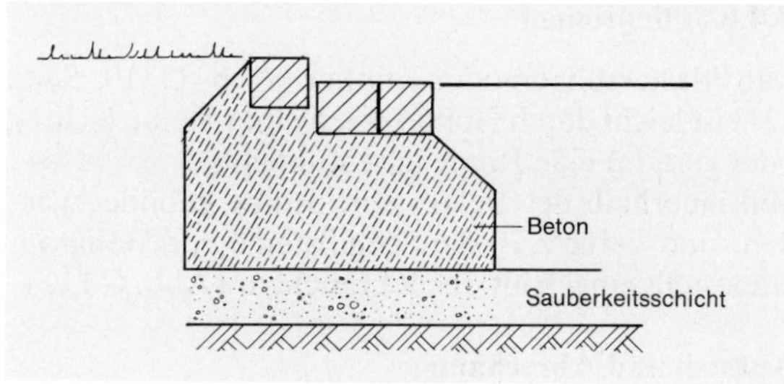

Abb. C 110. Fließrinne mit Pflaster.

Abb. C 109. Bordsteine.

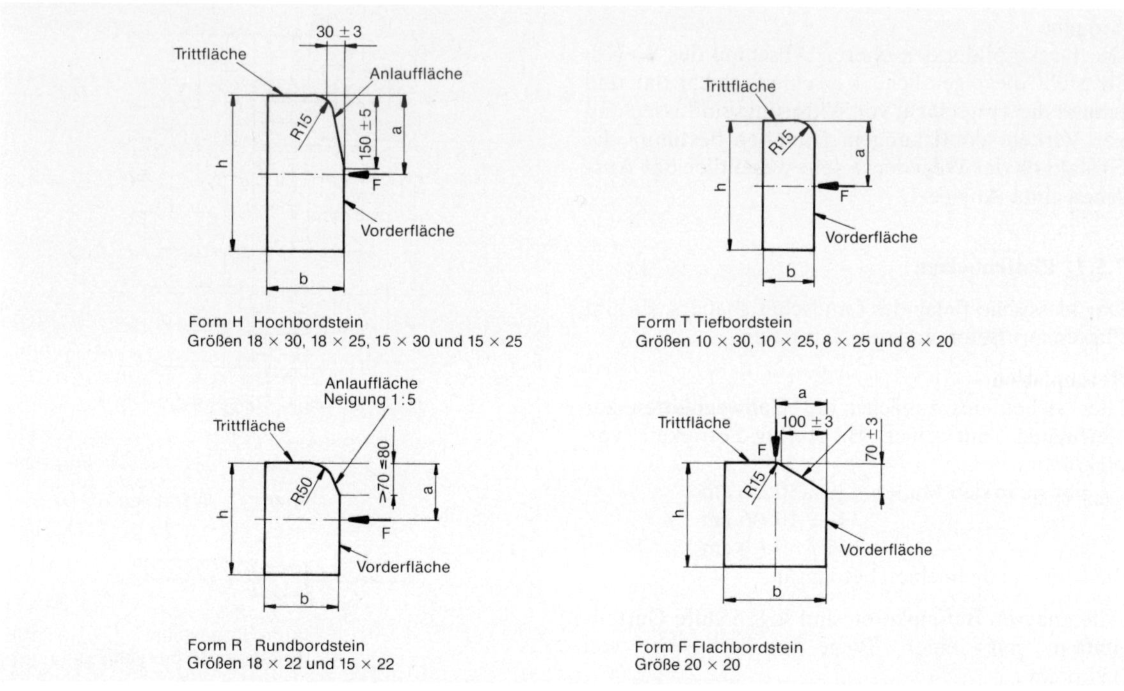

7.4.6 Fließrinnen

Mit Pflastersteinen oder Klinker (Abb. C 110, Seite 121) ist leicht durch Höhersetzen einer Reihe (schräg oder gerade) eine Rinne auszubilden.
Soll innerhalb des Belags eine Rinne gebildet werden, sind dafür z.B. die Schlußsteine von Behaton, aufgestellt eingebaut, recht brauchbar (Abb. C 111).

Aufmaß und Abrechnung
Randeinfassungen werden grundsätzlich gesondert vom Belag abgerechnet, üblich ist dabei die Berechnung nach Längenmaß. Der erforderliche Beton kann entweder zur Einfassung kalkuliert oder gesondert nach m^3 erfaßt werden. Auch bei der Schalung kann man so verfahren, entweder einkalkulieren in den Preis nach m oder gesondert nach m^2 abrechnen.

Vertiefung und Kontrolle
1. Skizzieren Sie die Querschnitte von seitlichen Begrenzungen, an deren Herstellung Sie beteiligt waren (M = 1:10).
2. Ermitteln Sie den Material- und Zeitbedarf für die verschiedenen Bauweisen für jeweils 1 m.

7.5 Wegedecken

Aufgabe
Die Decke bildet den oberen Abschluß des Weges. Sie stellt die eigentliche Verschleißschicht dar und schützt die Tragschicht vor Witterungseinflüssen und vor Verkehrseinwirkungen. Daneben bestimmt die Gestaltung der Wegedecke sehr wesentlich das Aussehen einer Anlage.

7.5.1 Plattenbeläge

Der klassische Belag des Landschaftsbauers. Es gibt Platten aus Beton und aus Naturstein.

Betonplatten
Hier stehen uns zunächst die **Gehwegplatten** zur Verfügung, mit einer Biege-Zug-Festigkeit von 60 kp/cm^2.
Es gibt sie in den Maßen: 30 / 30 / 6 cm
40 / 40 / 6 cm
50 / 50 / 6 cm
Sie sind im allgemeinen betongrau.

Alle anderen Betonplatten sind sogenannte **Gartenplatten** mit einer Biege-Zug-Festigkeit von 35 kp/cm^2.

Es gibt sie in vielen Größen und Formen,
übliche Maße: 20/40, 40/40, 40/60
25/50, 50/50, 50/75, 100/100

Daneben gibt es runde, sechseckige und andere Formen. Durch ihre Oberflächen – meist aus Vorsatzbeton – sind sie ungemein vielfältig (Waschbeton aus Kiesel oder Splitt aus den verschiedensten Materialien).
Eingefärbte Betonplatten sind meist auf Dauer nicht farbbeständig, auch wirken die Farben oft aufdringlich und unnatürlich.

Natursteinplatten
Bruchrauhe Platten gibt es aus Gneis, Quarzit und Grauwacke. Plattig brechende Sandsteine und Kalksteine sind meist nicht ausreichend frostbeständig.
Gesägte Platten sind aus Sandstein, Muschelkalk, Travertin, Granit, Porphyr, Marmor und anderem Material. Sie kommen aus der Natursteinindustrie und sind beidseitig gesägt. Es gibt sie in unterschiedlichen Dicken, die den Preis wesentlich beeinflussen, weil er sich vom Kubikmeterpreis ableitet.

Abb. C 111. Fließrinne mit Behaton-Schlußsteinen.

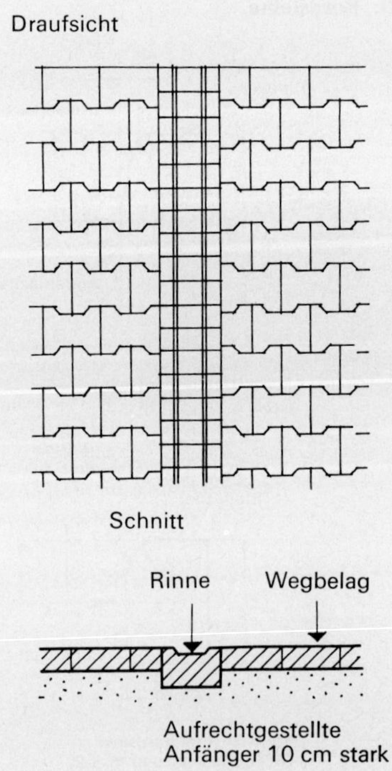

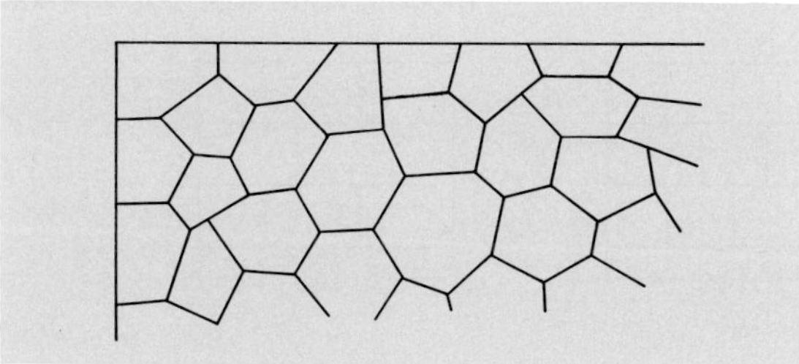

Abb. C 112. Polygonverband.

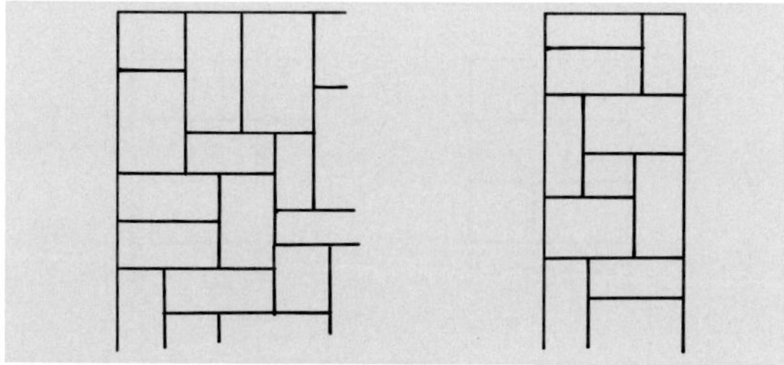

Abb. C 113. Römischer Verband.

Die DIN 18 332 schreibt, im Freien auf Sand verlegt, 3 cm Mindestdicke vor, im Mörtel verlegt, 2 cm (im Haus sind Plattendicken von 1,5 und 2 cm üblich).
Natursteinplatten gibt es rechtwinklig bekantet, wobei die Kanten meist gesägt sind, und unbekantet als sogenannte *Polygonplatten,* die auf der Baustelle nachgearbeitet werden müssen.
Eine Besonderheit sind die nur auf einer Seite gesägten sogenannten *Krustenplatten.* Dies sind sozusagen die Anschnitte der großen Blöcke mit unterschiedlicher Dicke. Sie sind relativ preiswert und deshalb sehr beliebt.

Verlegen

Vielfach kann man Plattenbeläge ohne Tragschicht nur in ein ca. 5 cm dickes Sandbett verlegen. Im öffentlichen Bereich (durch stärkere Benutzung erhöhte Unfallgefahr) ist zusätzlich eine 10 cm dicke Sauberkeitsschicht aus Kiessand zu empfehlen.
Sollen Plattenbeläge befahrbar sein, müssen sie auf eine Betontragschicht in Zementmörtel verlegt werden. Grundsätzlich sind Preßfugen vorzusehen, nur die in Zementmörtel verlegten Platten sind mit Mörtel auszufugen, Fugenbreite 1 cm.
Verlegt wird entweder
rückwärts, indem sich der Ausführende auf der Ausgleichschicht befindet, für jede Platte einzeln mit der Kelle das Lager richtet und die Platte mit dem Gummihammer oder Fäustel und Schlagbrett ausrichtet, oder
vorwärts: Die Sandunterlage wird durch Latten auf einer größeren Fläche höhengenau abgezogen. Der Ausführende bewegt sich auf dem fertigen Belag und legt die weiteren Platten auf das vorbereitete Sandbett. Anschließend werden die Platten mit einem Rollenrüttler abgerüttelt.
Das Vorwärts-Verlegen eignet sich nur bei Platten gleicher Dicke, die in Sand verlegt werden.

Plattenverbände

Der Polygonverband (Abb. C 112) ergab sich durch die Verwendung von Naturstein, wo er die beste Materialausnützung brachte. Er paßt zur bruchrauhen, handbekanteten Platte mit Preßfugen. Kreuzfugen sind zu vermeiden, ebenso lange durchlaufende Fugen, die den Belag »trennen«.
Polygone Beläge aus Betonplatten sind nicht materialgerecht.
Der Römische Verband (Abb. C 113) ist durch den rechtwinkligen Fugenverband mit unterschiedlichen Plattengrößen gekennzeichnet. Auch er ergab sich aus dem Wunsch nach einer möglichst guten Materialausnützung.
Aus Betonplatten hergestellt, ist er nicht ganz materialgerecht, aber durchaus möglich, wobei man mindestens 3 Plattengrößen benötigt (z. B. 20/40, 40/40, 40/60, nach Möglichkeit noch 40/80). Er darf keine Kreuzfuge aufweisen, eine durchgehende Fuge soll nicht mehr als 3 Platten berühren.
Der Schiffsverband (Abb. C 114) ist ein Streifenverband mit in einer Richtung durchlaufenden Fugen und unterschiedlichen Plattengrößen. Auch er darf keine Kreuzfuge aufweisen.
Der Streifenverband (Abb. C 115) mit gleichen Plattengrößen ist vor allem mit Betonplatten üblich.
Der Kreuzverband (Abb. C 116) ist im Gegensatz zu allen anderen Verbänden auf der Kreuzfuge aufgebaut, die konsequent immer angewendet werden muß. Der Verband ist sehr anspruchsvoll, sehr

Abb. C 114. Schiffsverband.

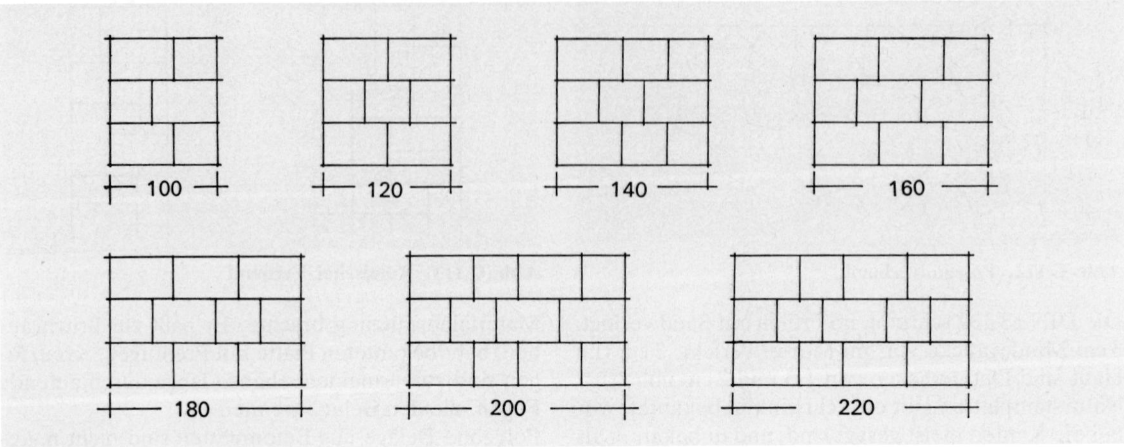

Abb. C 115. Streifenverbände.

repräsentativ. Er erfordert auch einen hohen Aufwand, weil der in beiden Richtungen durchgehende Fugenverlauf keine Ungenauigkeit duldet.
Schrittplatten (Abb. C 117) sind nur dort anzuwenden, wo der Weg als solcher gestalterisch in den Hintergrund treten soll und wo wenig gegangen wird. Das Begehen ist im Grunde immer etwas unbequem. Der Aufwand für das Verlegen ist in der Regel größer als bei zusammenhängenden Flächen.

Abb. C 116. Kreuzverband.
Abb. C 117. Schrittplatten.

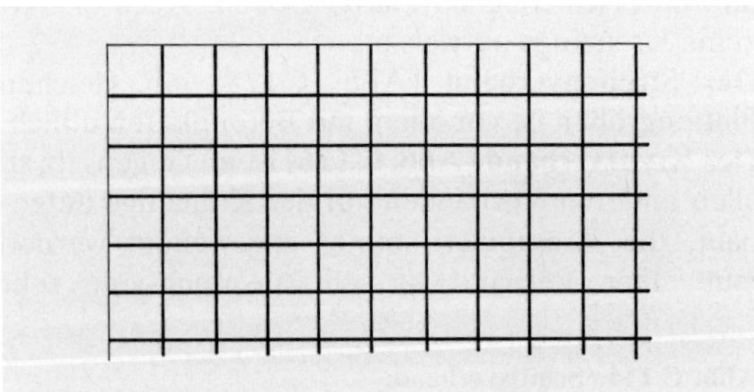

7.5.2 Pflasterungen

Pflasterungen sind grundsätzlich befahrbar, weil sie mit ihren kleinen Einzelgrößen die Verkehrslast besser aufnehmen. Dies gilt auch, wenn sie – was die Regel ist – in Sand verlegt sind. (Nur Mosaikpflaster kommt in Mörtel.)
Sie ergeben pflegeleichte, gut zu reparierende und ansprechend aussehende Beläge.

Aus Beton
Die Betonindustrie liefert heute Pflastersteine in einer Vielzahl von Größen und Formen, viereckig, rund und sechseckig, mit Oberflächen in einfachem Betongrau und mit verschiedenen Vorsätzen aus Granit-, Porphyr-, Basalt-, Quarzsplitt sowie mit Einfärbungen aller Art.
Steinen mit abgefasten Kanten ist der Vorzug zu geben, da gerade Kanten beim Abrütteln leicht abplatzen.
Eine Besonderheit stellt das sogenannte **Verbundpflaster** dar. Die Steinformen (Abb. C 118) bilden

Beispiele für übliche Größen

Länge	Breite	Höhe
5	5	5
10	10	6/8
20	10	6/8
16	16	14
16	24	14 u. v. a.

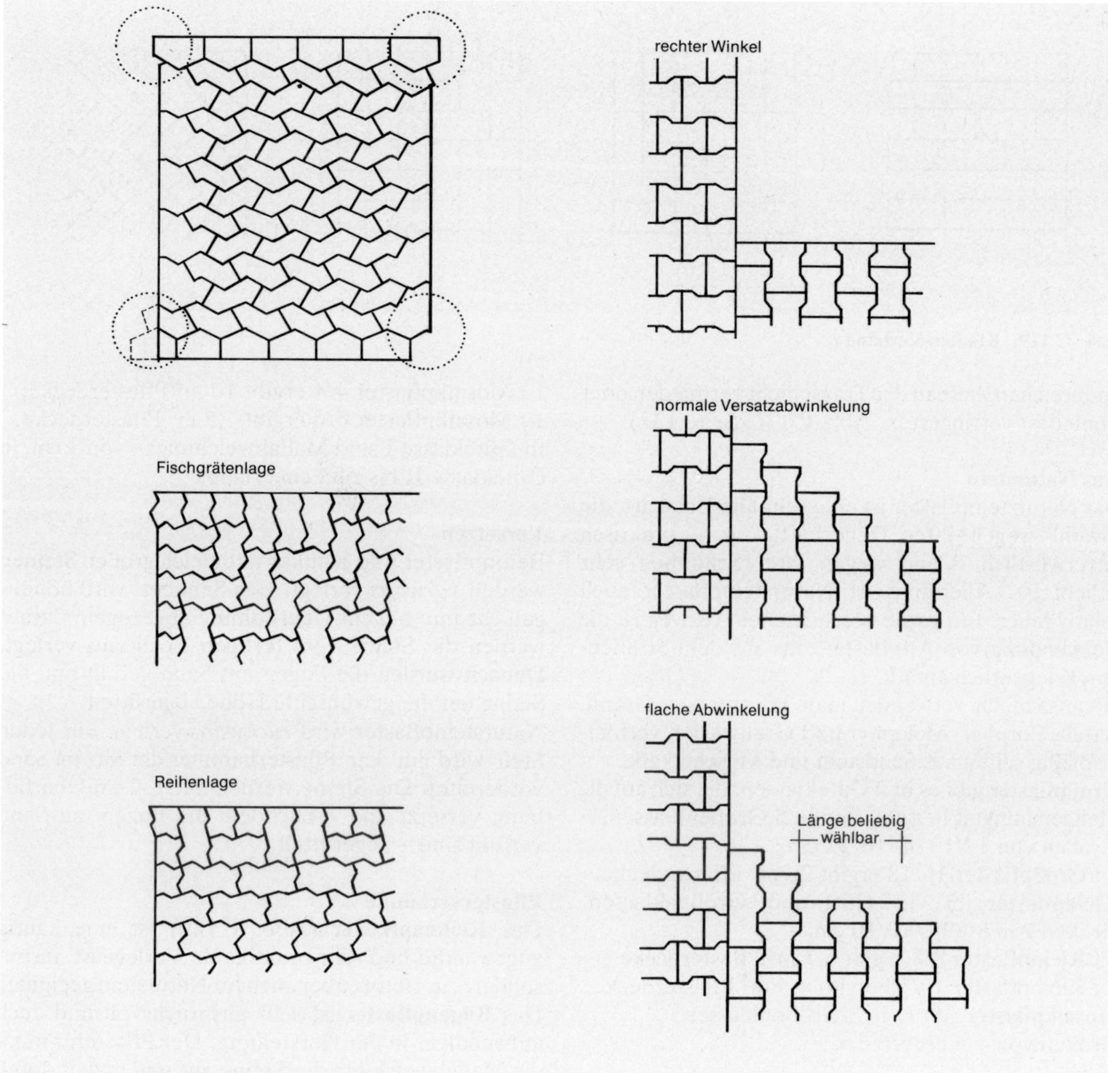

Abb. C 118. Verbundsteinpflaster-Verbände.

dabei einen Verband, der den Belag zumindest in einer Richtung zusammenhält. Auch hier gibt es eine Vielzahl von Formen.

Aus Klinker

Straßenbauklinker sind ungelochte Vollziegel mit einer Druckfestigkeit von 75 N/mm^2.

Für Gehwege und leichten Fahrverkehr können auch *Hochbauklinker* verwendet werden.

Üblich ist das Normalformat 24 / 11,5 / 7,1 cm.

Daneben ist der *Holländische Pflasterklinker* verbreitet; er hat die Maße 20 / 10 / 5 cm und ist mit seiner gesandeten Oberfläche recht ansprechend.

Die Klinker werden wie Betonpflaster in Sand verlegt (Klinkerverbände Abb. C 119).

Ein Problem stellen gelegentlich die bei Klinkern zu beobachtenden Ausblühungen dar, die sich als grauer Schleier bzw. graue Flecken an der Oberfläche bemerkbar machen. Sie werden durch einen hohl-

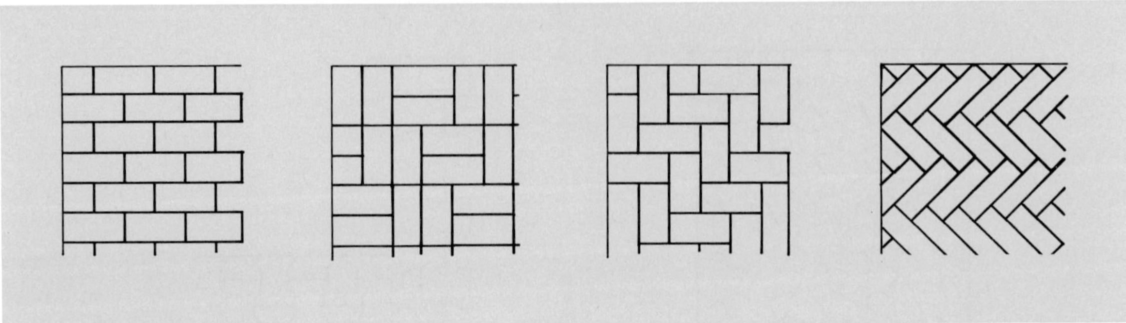

Abb. C 119. Klinker-Verbände.

raumreichen Aufbau der Tragschicht vermieden oder zumindest verringert (s. Abb. C 130, Seite 132).

Aus Naturstein

Das Natursteinpflaster ist eine sehr alte Belagart, die sowohl wegen ihrer Dauerhaftigkeit – praktisch unverwüstlich – und wegen ihrer Schönheit sehr beliebt ist. Allerdings ist Natursteinpflaster auch relativ teuer. Ein gerne beschrittener Ausweg ist die Verwendung von Altpflaster, das aus dem Straßenbau gelegentlich anfällt.

Hauptsächlich verwendet man Pflaster aus Granit, Basalt, Porphyr, Melaphyr und Grauwacke, verhältnismäßig selten aus Sandstein und Muschelkalk.

Großpflaster gibt es in 2 Güteklassen, die sich auf die Maßgenauigkeit bezieht, und in 5 Größenklassen.
Größen von 12/13 bis 16/22 cm.
1 t Großpflaster 16/18 ergibt 2,7m^2 Pflasterdecke.
Kleinpflaster gibt es in 2 Güte- und 3 Größenklassen.
Größen von 8/8 bis 10/10 cm.
1 t Kleinpflaster 8/8 ergibt 6,7 m^2 Pflasterdecke.
1 t Kleinpflaster 10/10 ergibt 4,5 m^2 Pflasterdecke.
Mosaikpflaster gibt es in 3 Größenklassen.
Größen von 4/4 bis 6/6 cm.

Abb. C 120. Reihenpflaster.

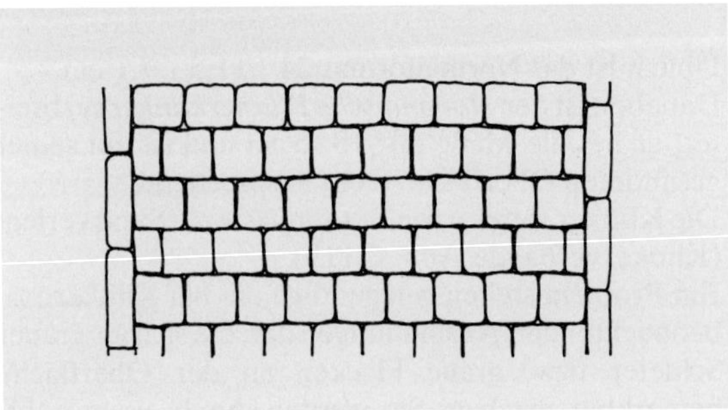

1 t Mosaikpflaster 4/4 ergibt 10 m^2 Pflasterdecke,
1 t Mosaikpflaster 6/6 ergibt 7,5 m^2 Pflasterdecke.
In Güteklasse I sind Maßabweichungen von 1 cm, in Güteklasse II bis zu 2 cm erlaubt.

Versetzen

Betonpflaster und Klinker mit gleich großen Steinen werden *vorwärts* verlegt. Das Sandbett wird höhengerecht mit 1–2 cm Überhöhung abgezogen, darauf werden die Steine vom fertigen Belag aus verlegt. Danach werden die Fugen mit Sand gefüllt und die Steine auf die gewünschte Höhe abgerüttelt.

Natursteinpflaster wird *rückwärts* verlegt. Für jeden Stein wird mit dem Pflasterhammer der Sitz im Sand vorbereitet. Die Steine werden mit 1–2 cm Überhöhung versetzt und – nachdem die Fugen mit Sand verfüllt sind – abgerüttelt.

Pflasterverbände

Das **Reihenpflaster** (Abb. C 120) ist eine häufig angewandte und sehr praktikable Verlegeart, insbesondere für Beton, aber auch für Naturstein geeignet.

Das **Bogenpflaster** ist sehr anspruchsvoll und auch aufwendiger in der Herstellung. Der Pflasterer nützt die Maßabweichung der Steine aus und erzielt durch das richtige Versetzen die Bögen. Man spannt sich Hilfsschnüre, die jeweils die Höhe des Bogenscheitels markieren. Mit dem Versetzen der Steine beginnt man in der Mitte zwischen zwei Schnüren und arbeitet nach außen. Der Bogenscheitel muß bei Steigungen bergwärts gerichtet sein. Es ist eine Pflasterung für Naturstein. Wohl gibt es auch konisch geformte Betonsteine, das daraus entstehende Bogenpflaster wirkt aber etwas steif.

Das **Schuppenpflaster** ist dem Bogenpflaster ähnlich, jedoch in der Ausführung wesentlich aufwendiger (Abb. C 121). Es entsteht ein anspruchsvolles Pflasterbild.

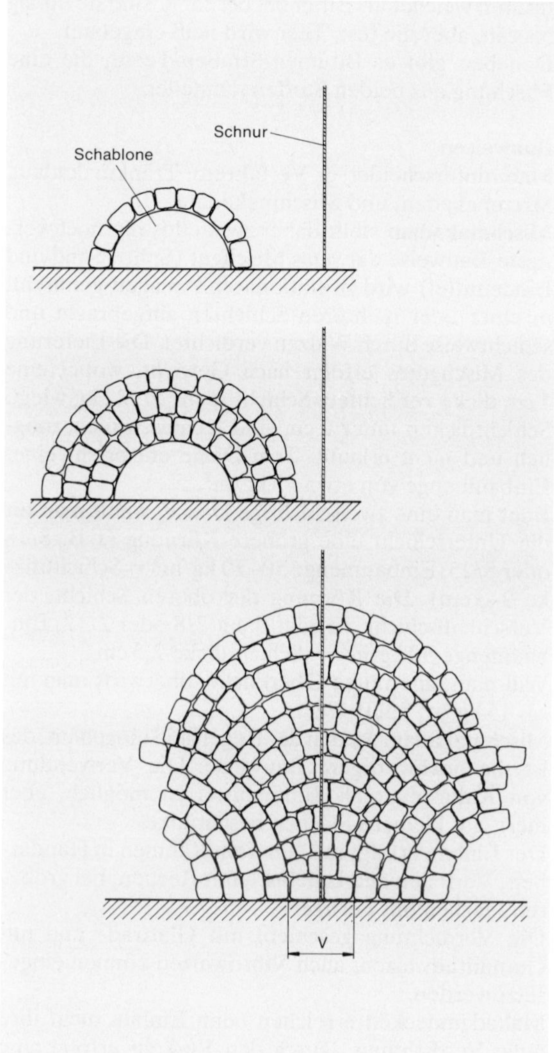

Abb. C 121. Schuppenpflaster.

Begonnen wird mit einem Halbkreis, für den man sich eine Schablone fertigt (alter Blechdosendeckel). Dann werden gleichmäßig breite Bögen um den Anfangsbogen herum gepflastert. Die Halbkreisform muß exakt eingehalten werden, mit gleichen Bogenhöhen. Zur Kontrolle werden quer Schnüre gespannt. Danach wird das Stück zwischen den Bögen ausgepflastert.
Das **Wildpflaster** (Abb. C 122) entstand wahrscheinlich durch die Verwendung von Altpflaster, das in unterschiedlichen Größen zur Verfügung stand.

Abb. C 122. Wildpflaster.

Holzpflaster
Zur Verwendung im Freien eignen sich vor allem Rundhölzer aus Fichte mit Durchmessern von 10–20 cm und Längen von 10–15 cm. Sie sollten nach dem Zuschneiden im Kesseldruckverfahren imprägniert werden. Da die Imprägnierung vor allem an den Stirnseiten ins Holz eindringt, ist somit das Holzpflaster fast durchgehend imprägniert und gut haltbar.
Es wird in Sand *vorwärts* versetzt und anschließend abgerüttelt. Die Zwischenräume (Fugen) werden mit Sand oder Splitt verfüllt. Bei trockenem Holz darf man nicht zu enge Fugen vorsehen, sonst kommt es zur Hochwölbung des Belags, wenn das Holz quillt.

Rundholzpflaster gibt einen recht ansprechenden Belag, doch sollte es nicht für täglich begangene Hauptwege verwendet werden, sondern mehr für gelegentlich benützte Freizeitbereiche, denn es ist mit relativ großen Fugen doch recht rustikal; außerdem wird Holz bei Nässe rutschig.

Das *rechtwinklig geschnittene Holzpflaster* aus Eiche wird viel als Industrieboden verwendet, wo es dann mit Bitumen vergossen wird.
In Außenanlagen werden die Fugen mit Sand verfüllt. Im Freien besteht die Gefahr, daß es quillt und sich wölbt – wenn es sich seitlich nicht ausdehnen kann –, weshalb es mehr für relativ schmale Wege und weniger für Plätze geeignet ist; es sei denn, diese sind überdacht.

7.5.3 Wassergebundene Decken

Dies sind die früher sehr häufigen Splitt- oder Kieswege. Sie werden heute seltener gebaut, weil sie in der Pflege aufwendig sind (Unkrautbewuchs, Staubentwicklung, keine Kehrmaschinen). Dabei

sind sie angenehm zu begehen, weil sie elastischer sind als Platten- oder Pflasterbeläge.
Beim Aufbau eines wassergebundenen Wegebelages kommt es darauf an, daß die Korngrößen von unten nach oben abnehmen (Abb. C 129, Seite 131).

Die Schichten werden getrennt eingebaut, ausplaniert und abgerüttelt oder gewalzt. Auf Einhaltung der Sollhöhen ist zu achten. Der Kalksteingrus ist das eigentliche Bindemittel. Er wird naß eingebaut (entweder naß bezogen oder trocken verteilt und dann gewässert) und gewalzt. Vor dem Abtrocknen wird er mit Splitt überworfen, dieser ebenfalls abgewalzt und damit in die Deckschicht eingedrückt.
Im Sportplatzbau werden die sogenannten Tennenbeläge angewandt, auch diese sind wassergebunden (nähere Angaben s. Kap. C 9).

7.5.4 Bituminös gebundene Decken

Verwendet man gebrochenes Gesteinsmaterial, also Schotter, Splitt und Sand, mit bituminösen Bindemitteln, spricht man von **Makadam.**
Für **Bitukies** verwendet man im Gegensatz dazu Naturkies. Bitukies braucht einen Oberflächenabschluß und wird deshalb nur als Tragschicht verwendet.

Bindemittel
Bitumen ist ein Destillationsrückstand von Erdöl, nachdem diesem Leicht-, Mittel- und Schweröle entzogen wurden.

Die folgenden Bezeichnungen nennen Weichheitsgrade, wobei die höheren Zahlen weicheres Bitumen bedeuten:
- B 300, B 200 = weich, zähflüssig
- B 80, B 65, B 45 = mittel
- B 25, B 15 = hart

Die mittleren und harten Bitumen sind bei 25 °C fest. Bitumen muß heiß eingebaut werden.
Bitumenemulsionen werden kalt eingebaut, man nennt sie auch **Kaltasphalt.** Bitumen ist hier in Wasser emulgiert (Emulsion = feinste Verteilung von fettigen, öligen Stoffen im Wasser). Die Verfestigung tritt durch das Verdunsten des Wassers ein.
Bauweisen mit Bitumen nennt man **Asphalt,** z. B. *Asphaltmakadam.*
Teer entsteht bei der Verkokung von Steinkohle. Die Straßenbauteere werden nach ihrer Viskosität (Zähigkeit) bezeichnet, hier bedeuten die niedrigeren Zahlen die weicheren, flüssigen Teere (zum Unterschied zu Bitumen). Teere sind bei gleichen Temperaturen weicher als Bitumen, bei 25 °C sind sie flüssig bis zäh, aber nie fest. Teer wird heiß eingebaut.
Daneben gibt es Bitumen-Straßen-Teere, die eine Mischung aus beiden Stoffen darstellen.

Bauweisen
Man unterscheidet 3 Verfahren: Tränkmakadam, Streumakadam und Mischmakadam.
Mischmakadam stellt dabei zweifellos die hochwertigste Bauweise dar. Das Mischgut (Splitt, Sand und Bindemittel) wird in stationären Anlagen gemischt, in einer oder mehreren Schichten aufgebracht und schichtweise durch Walzen verdichtet. Die Lieferung des Mischgutes erfolgt nach Gewicht, wobei eine 1 cm dicke verdichtete Schicht je m^2 ca. 22 kg wiegt. Schichtdicken unter 2 cm sind technisch nicht möglich und nicht erlaubt. 2 cm Dicke entspricht einer Einbaumenge von etwa 45 kg/m^2.
Baut man eine zweischichtige Decke, wählt man für die Unterschicht eine gröbere Körnung (z. B. 8/18 oder 8/25, Einbaumenge 50–70 kg/m^2 = Schichtdikke 2–3 cm). Die Körnung der oberen Schicht, der Verschleißschicht, beträgt dann 2/8 oder 2/12, Einbaumenge 50 kg/m^2 = Schichtdicke 2,5 cm.
Will man eine rauhe Oberfläche, überwirft man mit ca. 15 kg/m^2 Splitt 4/8.
Mischmakadam wird in der Regel heiß eingebaut, das ist die hochwertigere Bauweise. Die Verwendung von Kaltasphalt als Bindemittel ist möglich, aber meist auf kleinere Flächen beschränkt.
Der Einbau erfolgt in kleinerem Rahmen in Handarbeit, Verteilen und Einebnen mit Rechen, bei größeren Flächen mit Fertiger.
Die Verdichtung geschieht mit Glattrad- und mit Gummiradwalzen, auch Vibrowalzen können eingesetzt werden.
Makadamdecken erreichen beim Einbau nicht ihre volle Verdichtung. Durch den Verkehr erfolgt eine Nachverdichtung, die man berücksichtigt, indem man die Decke ca. ½ cm höher einbaut als die Anschlüsse, z. B. an Pflasterkanten oder Schächten.
Daraus folgert auch, daß Makadamdecken nur dort sinnvoll sind, wo eine bestimmte Verkehrsbelastung auftritt. Fehlt diese, erreicht die Decke nie ihre absolute Festigkeit und wird später porös und locker.
Tränkmakadam stellt eine einfachere Bauweise dar, bei der keine Mischanlage erforderlich ist. Roher Schotter und Splitt werden verteilt und gewalzt, dann mit Bindemittel »getränkt«. Die Verteilung der Bindemittel erfolgt mit Teerspritzen oder auf kleinen

Abb. C 123. Beton-Gras-Platten.

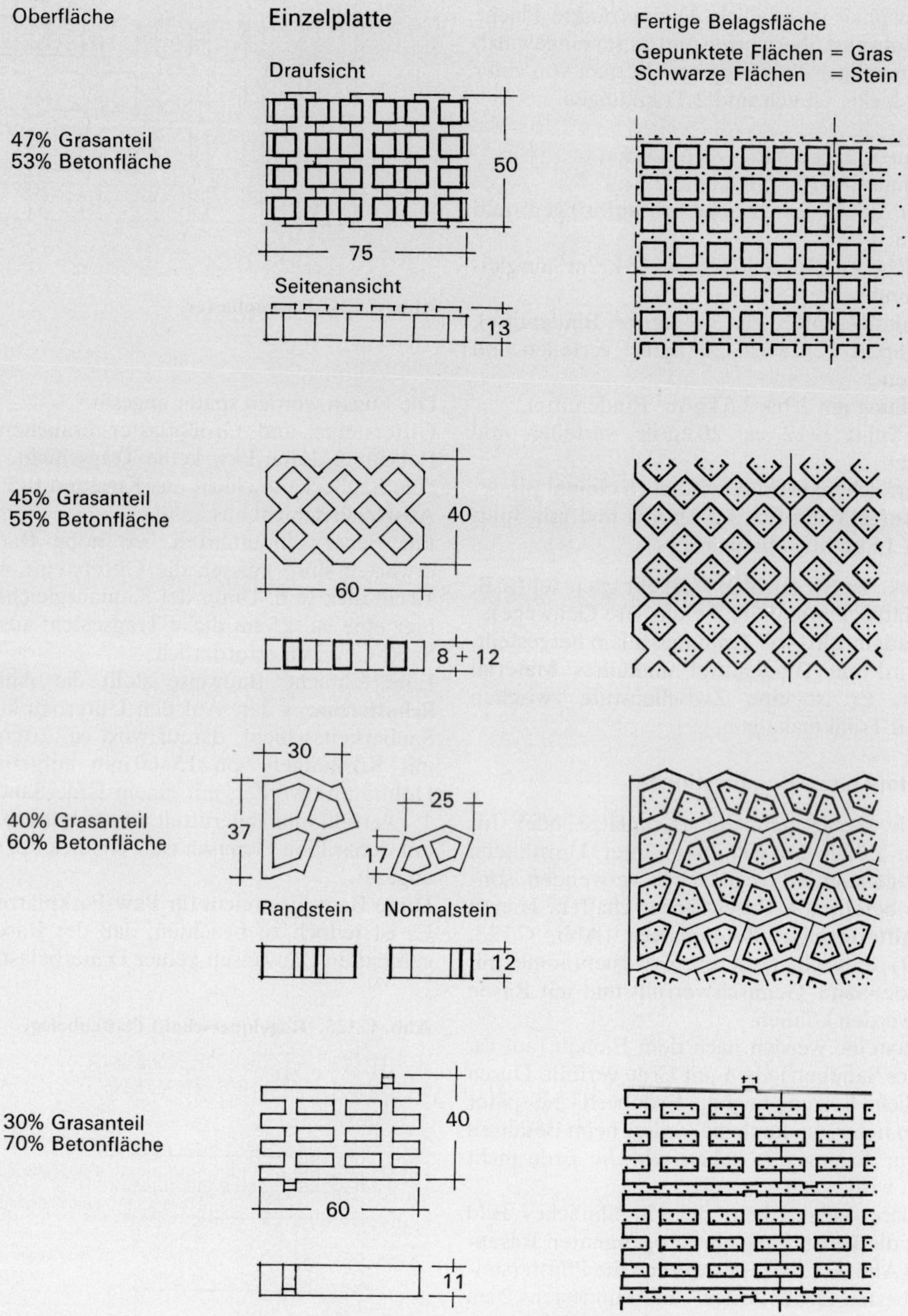
Oberfläche
Einzelplatte
Fertige Belagsfläche
Gepunktete Flächen = Gras
Schwarze Flächen = Stein
Draufsicht
47% Grasanteil
53% Betonfläche
50
75
Seitenansicht
13
45% Grasanteil
55% Betonfläche
40
60
8 + 12
30
37
25
17
40% Grasanteil
60% Betonfläche
Randstein
Normalstein
12
30% Grasanteil
70% Betonfläche
40
60
11

Flächen mit Gießkannen. Als Bindemittel verwendet man dünnflüssiges Bitumen oder Straßenteer (heiß), auch Kaltasphalt ist möglich. Die getränkte Fläche wird mit Rohsplitt überworfen und dieser eingewalzt. Bei nur einmaliger Tränkung spricht man von einer Halbtränkdecke. Üblich sind 2 Tränkungen.

Beispiel einer Decke mit 7–8 cm Dicke,
Arbeitsablauf und Materialbedarf:

- Schotter 35/55 ca. 120 kg/m² aufbringen und verteilen
- Oberfläche mit Splitt 12/25 ca. 15 kg/m² ausgleichen, dann walzen
- 1. Tränkung mit 3 bis 3,5 kg/m² Bindemittel, darauf Splitt 12/25 ca. 20 kg/m² verteilen und einwalzen
- 2. Tränkung mit 2 bis 2,5 kg/m² Bindemittel, darauf Splitt 8/12 ca. 20 kg/m² verteilen und einwalzen;
  als Oberflächenabschluß wird noch einmal Bindemittel aufgebracht (ca. 1,5 kg/m²) und mit Splitt 5/8 (ca. 15 kg/m²) überworfen

Diese Decke ist für leichten Verkehr geeignet (z. B. für Parkplätze, Pausenhöfe, befahrbare Gehwege).
Streumakadam wird wie Tränkmakadam hergestellt, jedoch wird mit Bindemittel umhülltes Material verwendet. Er ist eine Zwischenstufe zwischen Misch- und Tränkmakadam.

7.5.5 Beton–Gras–Kombinationen

Für relativ wenig genutzte Parkplätze oder für Feuerwehr-Zufahrten will man unter Umständen keine der genannten Wegedecken verwenden, sondern eine befahrbare Rasenfläche schaffen. Hierzu wurden **gitterförmige Betonplatten** (Abb. C 123, Seite 129) entwickelt, deren Zwischenräume mit einem Erde–Sand–Gemisch verfüllt und mit Rasen eingesät werden können.
Die Gittersteine werden nach dem Einbau (auf ca. 5 cm dickes Sandbett) eben mit Erde verfüllt. Durch die natürliche Setzung liegt die Erdoberfläche später ca. 1–2 cm tiefer, wodurch die Gräser beim Befahren immer eine Schutzzone haben und die Erde nicht verdichtet wird.
Eine andere Möglichkeit, die ein ähnliches Bild ergibt, ist die Herstellung eines sogenannten **Rasenpflasters** (Abb. C 124). Hier werden die Pflastersteine – am besten Großpflaster – mit mindestens 2 cm breiten Fugen ebenfalls auf Sandbett versetzt und vor dem Abrütteln mit einem Erde–Sand–Gemisch verfüllt.

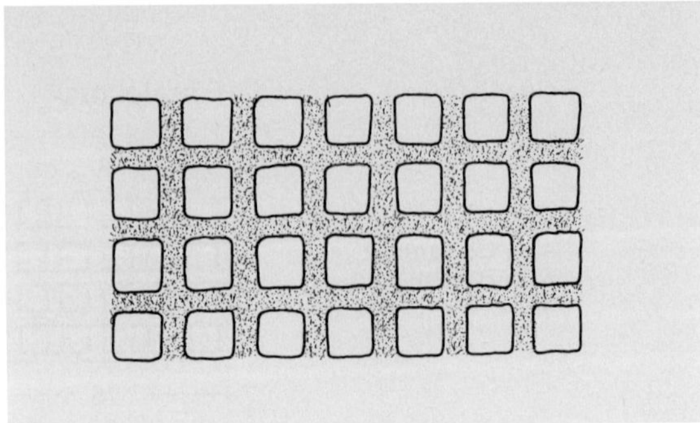

Abb. C 124. Rasenpflaster.

Die Fugen werden später angesät.
Gittersteine und Großpflaster brauchen für eine Belastung durch Pkw keine Tragschicht. Es genügt eine Sauberkeitsschicht aus Kiessand 0/32 und eine Ausgleichsschicht aus Sand.
Für Feuerwehrzufahrten, wo hohe Radlasten zu erwarten sind, müssen die Gittersteine mindestens 12 cm dick sein. Unter der Sandausgleichsschicht ist hier eine ca. 25 cm dicke Tragschicht aus Schotter-Sand-Gemisch erforderlich.
Eine einfache Bauweise stellt die Anlage eines **Schotterrasens** dar. Auf den Unterbau kommt eine Sauberkeitsschicht, darauf wird ca. 20 cm Schotter mit Körnungen von 15–60 mm aufgebracht. Die Hohlräume werden mit einem Erde-Sand-Gemisch 1:1 verfüllt und abgerüttelt. Die Schotterschicht wird mit demselben Gemisch ca. 2 cm dick überdeckt und angesät.
Diese Bauweise reicht für Pkw-Parkplätze aus.
Es ist jedoch zu beachten, daß der Rasen bei den genannten Bauweisen keiner Dauerbelastung stand-

Abb. C 125. Regelquerschnitt Plattenbelag.

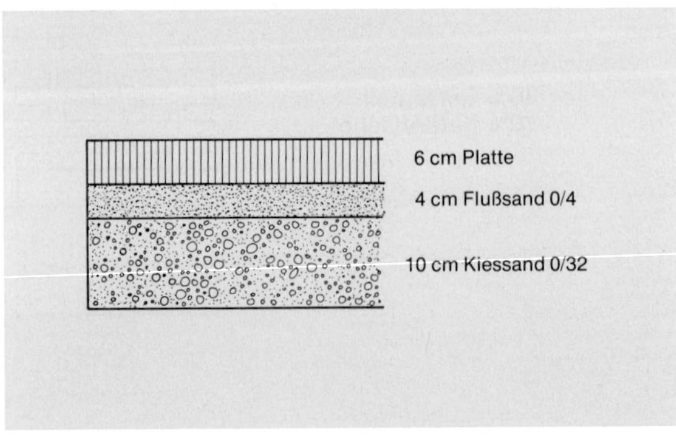

hält. So sind diese Bauweisen z. B. nicht für Abstellplätze von ständig parkenden Zweitwagen geeignet. Dagegen halten sie die Belastung auf Firmenparkplätzen oder an Schulen aus.
Die Fahrgassen sollten dabei nicht aus Rasen bestehen.

7.5.6 Beispiele für Wegeaufbauten für verschiedene Belastungen und für verschiedene Deckenbauweisen

Nicht befahrbare Gehwege (Abb. C 125)
Darunter verstehen wir Wege oder Plätze, die für Fahrzeuge auf keinen Fall erreichbar sind.
Platten und Pflasterungen erfordern hier keine Tragschicht.

Befahrbare Gehwege
Wege und Plätze, die in erster Linie für Fußgänger angelegt sind, aber gelegentlich befahren werden, wie z. B. Wege in Parkanlagen, Pausenhöfen usw., müssen auf die Belastung dieses gelegentlichen Verkehrs (Pflegefahrzeuge) ausgerichtet sein. Hier ist meist eine Tragschicht erforderlich, der gesamte Wegeaufbau beträgt ca. 30 cm (Abb. C 126 und C 127).

Flächen für leichten Verkehr
Sie werden für den Fahrzeugverkehr angelegt (z. B. für Parkplätze, Garagenzufahrten usw.), für zu erwartende Belastungen von Pkw oder leichten Lkw. Gesamte Aufbauhöhe ca. 40 cm (Abb. C 128–C 132).

Flächen für schweren Verkehr
Sie müssen regelmäßig Lkw- (Müllabfuhr, Öllieferung) oder Busverkehr aufnehmen. Es sind Zufahrten zu öffentlichen Gebäuden oder zu Betrieben. Die Dicke des Wegeaufbaus beträgt hier 50 cm und mehr (Abb. C 133–C 135).

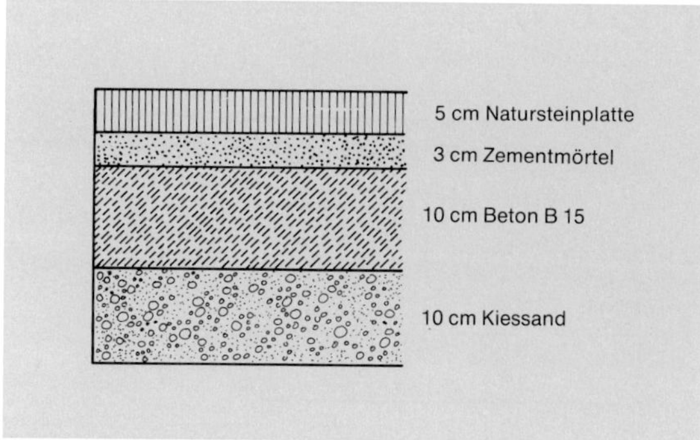

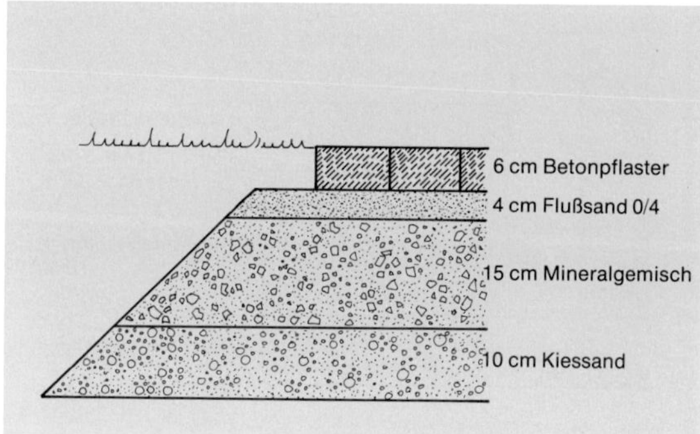

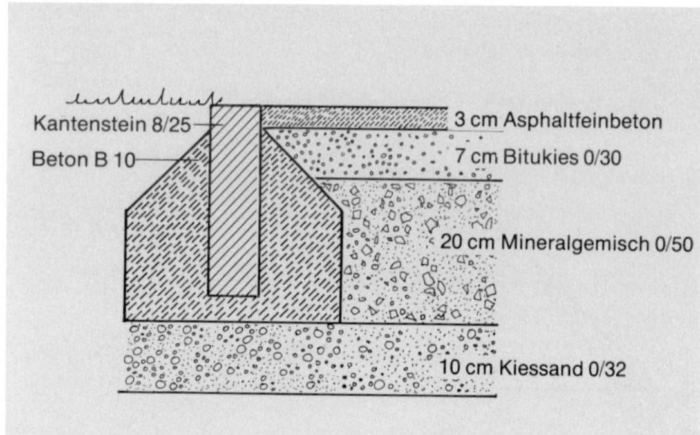

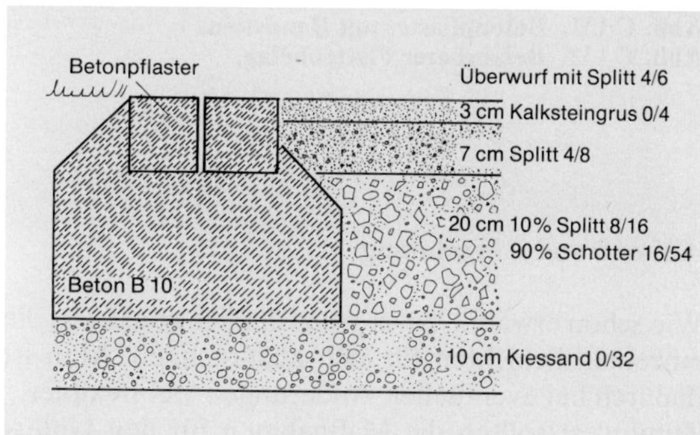

Abb. C 126. Natursteinplatten auf Beton.
Abb. C 127. Betonpflaster mit seitlicher Verbreiterung der Tragschicht.
Abb. C 128. Asphaltbelag mit Kantenstein.
Abb. C 129. Wassergebundene Decke mit Pflasterstreifen auf Beton.

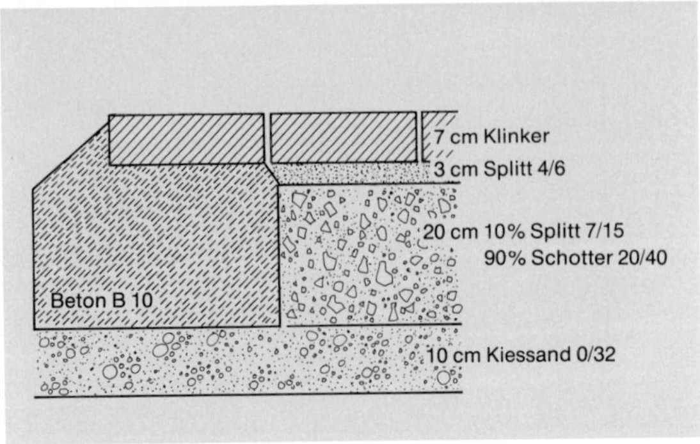

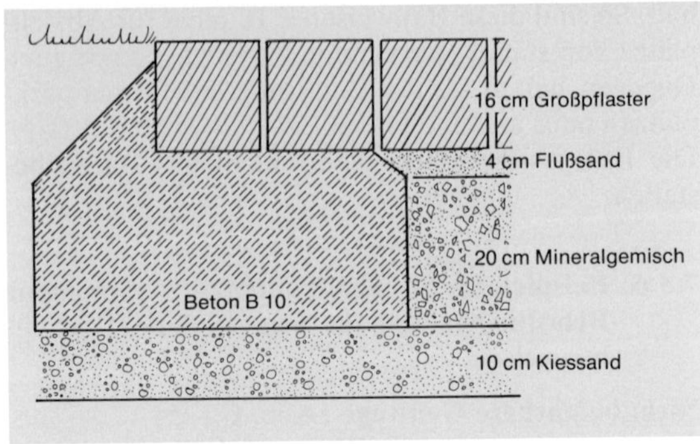

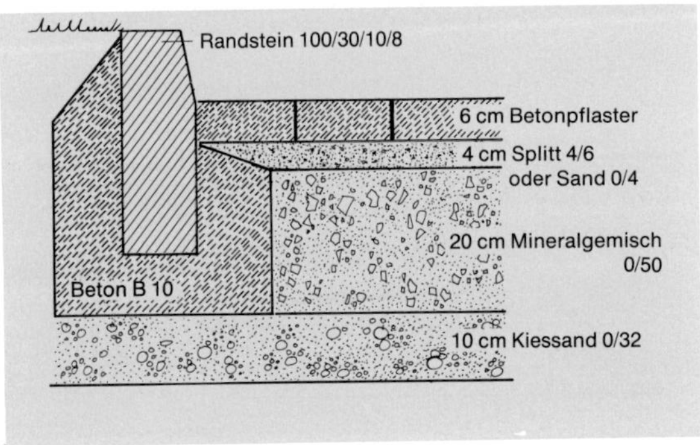

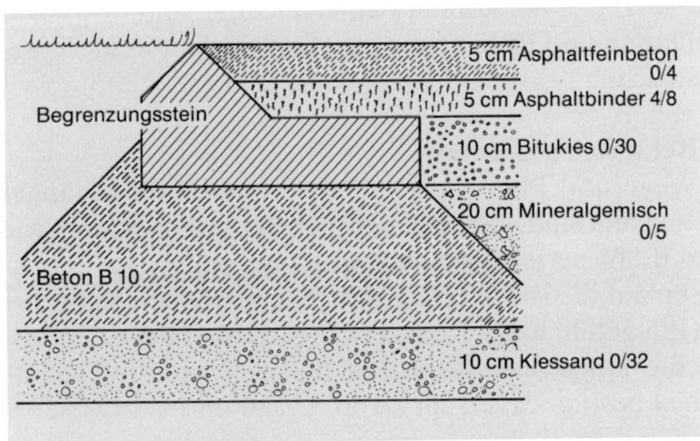

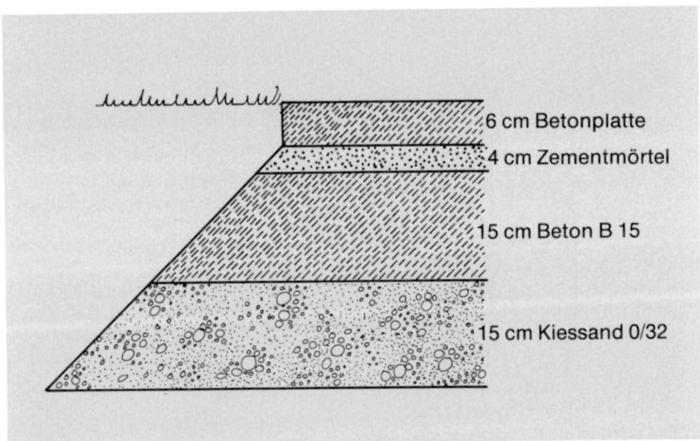

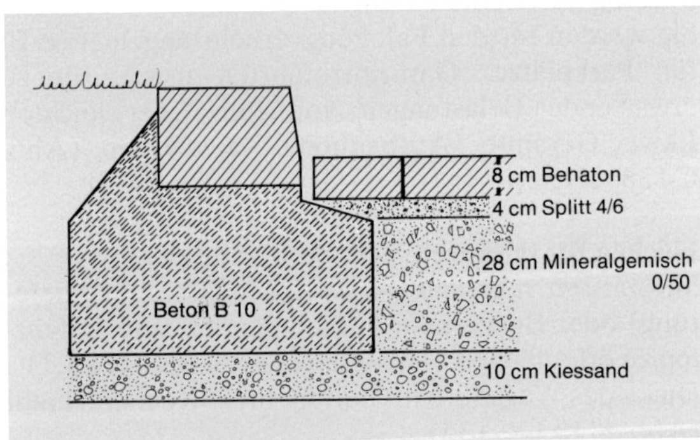

Abb. C 130. Klinkerbelag mit hohlraumreichem Aufbau.
Abb. C 131. Betonpflaster mit Randstein.
Abb. C 132. Befahrbarer Plattenbelag.

Abb. C 133. Großpflasterbelag.
Abb. C 134. Asphaltbelag, nichtsichtbare Kante mit Begrenzungsstein.
Abb. C 135. Behaton-Belag mit Bordstein.

Aufmaß und Abrechnung

Wie schon erwähnt, ist es grundsätzlich günstiger, die einzelnen Schichten für sich abzurechnen. Man ist dadurch bei eventuellen Änderungen viel flexibler. Zumindest sollten die Maßnahmen für den Unterbau, also Aushub und Planum, gesondert erfaßt werden.
Pflasterungen und Platten werden nach Flächenmaß abgerechnet, bitumen- und wassergebundene Decken meist nach Gewicht, jedoch ist auch hier die Abrechnung nach Flächenmaß möglich.

Vertiefung und Kontrolle

1. Skizzieren Sie maßstäblich einen Parkplatz für 20 Pkw, mit Grundriß, Regelschnitt und entsprechender Materialangabe, berechnen Sie aus der Zeichnung den Materialbedarf.
2. Machen Sie für gegebene Objekte (aus Ihrer Baustellenpraxis) alternative Vorschläge mit anderem Material; fertigen Sie maßstäbliche Skizzen mit Plattenverbänden, Pflaster- und Klinkerverbänden und jeweils mit einem Regelschnitt, aus dem die Art und Dicke der Oberbauschichten hervorgeht.
3. Beurteilen Sie fertige Wegebeläge in bezug auf ihre gestalterische Wirkung, Haltbarkeit, Tragfähigkeit, und ziehen Sie daraus Schlüsse.

8 Vegetationstechnische Arbeiten

8.1 Bodenvorbereitung

8.1.1 Bodenbearbeitung

Im Kap. C 2 über Erdbau wurden Sicherung, Lagerung und das Einbauen des Oberbodens besprochen. In der Regel erfolgt der Oberbodeneinbau erst, nachdem die bautechnischen Maßnahmen (Mauer-, Wege-, Treppenbau) abgeschlossen sind. In manchen Fällen muß man jedoch den Oberboden je nach Baufortschritt an Stellen einbauen, die später – zumindest mit Maschinen – nicht mehr zugänglich wären.

Wie schon in Kap. C 2.1.2 erwähnt wurde, ist es sehr wichtig, daß vor dem Auftragen des Oberbodens der Unterboden aufgelockert wird. Unterbleibt dies, entsteht Staunässe; die Durchlüftung des Bodens ist gestört, und es kommt dadurch sowohl bei Rasen als auch bei Pflanzungen zu Wachstumsstörungen, deren Ursachen – also Verdichtungen in tieferen Bodenschichten – später kaum mehr behoben werden können.

Es sei auch nochmals darauf hingewiesen, daß man beim Bodeneinbau auf dem bereits eingebauten Oberboden fährt und nicht auf dem nachher nicht mehr erreichbaren Unterboden.

Der Oberboden wird natürlich schon beim Einbauen so genau wie möglich ausplaniert; trotzdem wird in der Regel ein Nachplanieren erforderlich. Man spricht von der »*Schaufelplanie*«. Der Begriff charakterisiert die Genauigkeit gut, auch wenn diese Arbeit heute oft mit dem Heckplanierschild eines Schleppers erfolgt.

Um die Schaufelplanie ausführen zu können, muß der Boden zuerst gelockert werden. Dies geschieht mit Grubber oder Fräse. Meist wird gleichzeitig mit der Lockerung planiert.

Danach können die erforderlichen Bodenverbesserungsmittel und die Dünger verteilt werden. Sie werden in einem folgenden Arbeitsgang eingearbeitet und mit dem Boden vermischt. Damit ist das Gelände pflanzfertig hergerichtet.

8.1.2 Bodenverbesserungsmittel

Wir verstehen darunter Stoffe, welche die Bodeneigenschaften nachhaltig verbessern, insbesondere die Wasserführung, Durchlüftung und die Fähigkeit, Nährstoffe zu speichern.

1. Organische Substanzen

Torf

Organische Substanz aus Pflanzenresten, deren weitere Zersetzung durch Luftmangel verhindert wurde. Torf ist ein totes Substrat ohne Nährstoffgehalt. Er wirkt strukturverbessernd, erhöht die Wasserspeicherfähigkeit, die Nährstoffanlagerung und lockert den Boden. Er erhöht als Dauerhumus den Gehalt an organischer Substanz im Boden. Die Bodenreaktion wird beeinflußt, da Torf einen pH-Wert von ca. 4,5 hat.

Torf ist sauber und weitgehend geruchlos. Er wird im Torfsack oder als Torfsackballen geliefert und kann auch lose im Großcontainer bezogen werden. Großfaseriger Weißtorf ist zu bevorzugen, weil er noch wenig zersetzt ist und eine besonders gute Lockerung des Bodens bewirkt. Es wird jedoch auch Schwarztorf verwendet.

Anwendung. Überall, wo es die oben genannten Eigenschaften zu verbessern gilt, ist die Zugabe von Torf angebracht. In geringer Menge gegeben ist er im Grunde wirkungslos; deshalb eine kräftige Torfgabe dort, wo es nötig ist, oder ganz weglassen.

Torf sollte mindestens 2 cm dick aufgetragen werden.

1 cm Auftrag auf 1 a verteilt erfordert 1 m^3 Material, 2 cm Torf wären also 2 m^3 = 2000 l oder 6–7 Ballen 17 S auf 1 a.

Trotz der hervorragenden Eigenschaften von Torf sollten verstärkt andere organische Stoffe eingesetzt werden, damit der Torfabbau verringert werden kann.

Rinden-Humus

Durch den Einsatz von Großmaschinen zum Entrinden der gefällten Bäume fällt Rinde in großen Mengen an zentralen Orten an. Die Rinde wird kompostiert; sie macht dabei einen Fermentationsprozeß durch und wird zu Rinden-Humus. Nichtfermentierte Rinde wird als Rinden-Mulch gehandelt; dieser ist zur Bodenverbesserung nicht geeignet.
Rinden-Humus hat ähnliche Eigenschaften wie Torf. Anwendung wie Torf und Kompost.

Kompost

Durch Verrottung organischer Substanz entstandener humusreicher Boden, der Nährstoffe enthält und ein reiches Bodenleben aufweist.
Er ist nicht über den Handel zu beziehen, sondern muß selbst hergestellt werden. Dies ist nur möglich, wenn dazu ein geeigneter Platz zur Verfügung steht, auf dem alles verrottbare Material der Baustellen kompostiert wird.
Der Kompost wird in Zeiten mit geringerem Arbeitsaufwand mit Maschinen umgesetzt.
Die Kompostierung sollte nach Möglichkeit viel häufiger angewandt werden, weil Kompost zur Bodenverbesserung sehr gut geeignet ist, die Torfvorräte eines Tages erschöpft sein werden und weil es im Grunde unverantwortlich ist, organische Substanz auf die Mülldeponie zu bringen.
Anwendung. Vor allem zur Belebung toter Böden, wenn z. B. Unterboden als Oberboden verwendet werden muß.
Aufwand: ca. 2 m^3/a, bei Kombination mit anderen organischen Stoffen 1 m^3/a.
Die im Kompost vorhandenen Unkrautsamen spielen bei einer späteren Rasenansaat keine Rolle. Bei späteren Pflanzungen muß das Unkraut vor dem Pflanzen bekämpft werden (s. Kap. C 8.1.5).

Klärschlamm

Er fällt aus den Kläranlagen an, enthält ca. 20 % organische Substanz, ist stark alkalisch und nährstoffreich. Meist hat er eine ungünstige Struktur und enthält manchmal pflanzenschädliche Substanzen. Der gelegentlich hohe Anteil an Schwermetallen, wie Cadmium oder Blei, spielt im Landschaftsbau keine Rolle, weil ja keine Lebensmittel erzeugt werden. Klärschlamm wird oft umsonst abgegeben, zum Teil in bestimmten Entfernungen zum Klärwerk sogar frei Baustelle. Nur dadurch wird er interessant.
Anwendung. Auf schlechten Rohböden, in erster Linie für Pflanzungen. Auf Sport-, Liege- und Spielrasen kann er aus hygienischen Gründen nicht angewandt werden. Er sollte im Winter aufgebracht werden, so daß er durchfriert (Verbesserung der Struktur) und durch die Winterfeuchtigkeit eventuell vorhandene schädliche Stoffe ausgewaschen werden.
Aufwand: ca. 5 m^3/a, kleine Mengen sind wirkungslos.

Torfkompost

Mischungen von Torf und Klärschlamm, der einen Rotteprozeß durchgemacht hat. Die Kombination ist an sich günstig, der saure Torf und der alkalische Klärschlamm neutralisieren sich, der Klärschlamm wird in der Struktur verbessert und der Torf mit Nährstoffen und Bodenleben angereichert.
Derartige Mischungen sind unter verschiedenen Bezeichnungen im Handel (z. B. Biohum). Das Material ist erdfeucht und gebrauchsfertig.
Anwendung. Überall dort, wo toter Boden vorhanden ist, der belebt werden soll. Verwendung meist in Kombination mit Torf, da der Torfkompost relativ teuer ist. Aus hygienischen Gründen nicht auf Sport-, Spiel- und Liegerasen.
Aufwand: 1–2 m^3/a.

Müllkompost

Kompostierter Müll, der in unterschiedlicher Qualität – je nach Kompostierungsdauer – angeboten wird. Voll verrotteter, gesiebter Müllkompost ist recht gut brauchbar, wesentlich billiger ist allerdings halbverrottetes, ungesiebtes Material.
Von Nachteil ist die Geruchsbelästigung des halbverrotteten Materials und der Gehalt an Fremdstoffen, insbesondere Glas und Kunststoff.
Anwendung. Auf schlechten Rohböden für spätere Pflanzungen. Nach dem Pflanzen wird er auch gelegentlich als Mulchdecke verwendet. Nicht für Rasenflächen.
Aufwand: ab 5 m^3/a.

2. Synthetische Substanzen

Styromull

Aufgeschäumtes *Polystyrol;* das Substrat dient zur Lockerung, zur besseren Durchlüftung des Bodens. Es enthält keine Nährstoffe und speichert diese nicht, auch kein Wasser. Das Material ist flockig oder kugelig rund mit Körnungen von 4 bis 12 mm. Um die

Wasserdurchlässigkeit des Bodens wesentlich zu beeinflussen, müßte es viel kleinere Körnungen aufweisen. Das Material wird in großen Säcken geliefert. Sein geringes Gewicht bringt bei der Anwendung oft Probleme, weil es vom Wind verweht wird.

Anwendung. In Containern oder auf Dachgärten wird Styromull zur Herabsetzung des Gewichts dem Boden beigemischt.

Bis zu 20 % Anteil am Substrat.

Hygromull

Aufgeschäumte Aldehydharze in flockiger Form. Hygromull speichert – ähnlich wie Torf – Wasser und Nährstoffe; es zersetzt sich mit der Zeit, wobei noch Stickstoff frei wird.

Es wird in Säcken gehandelt. Zum Großeinsatz kann es auch als Blockware bezogen werden, Verflockung mit betriebseigenen Geräten wie Düngerstreuer oder Erdaufbereiter.

Anwendung. Im Grunde wie Torf. Auf Dachgärten oder in Containern wird Hygromull oft bevorzugt, weil es völlig geruchlos ist. In Substraten bis zu 30 % Anteil. Zur Bodenverbesserung 1–3 m^3/a.

Hygropor

Ein Gemisch aus 70 % Hygromull und 30 % Styromull vereinigt die Eigenschaften der beiden Stoffe. Es wird in Säcken gehandelt.

Anwendung wie die vorgenannten Stoffe.

3. Stoffe mit grober Körnung

Sand

Es besteht aus Quarz mit Korngrößen zwischen 0,06–2 bzw. 4 mm, und ist wohl das geeignetste Mittel, um schwere und bindige Böden nachhaltig wasserdurchlässig zu machen und sie auch besser zu durchlüften.

Sand ist als Baustoff überall im Handel und leicht zu beziehen. In manchen Gebieten ist er allerdings wegen hoher Transportkosten relativ teuer, weshalb dort z. T. Splitt in Frage kommt.

Anwendung. Überall dort, wo die Wasserdurchlässigkeit verbessert werden soll, insbesondere bei belastbaren Vegetationsflächen, wie Spielrasen, Parkplatzrasen. Geringe Mengen bringen nichts! Soll ein Substrat wasserdurchlässig sein, muß es bis zu 80 % Sandanteil enthalten. Abhängig von dem im Ausgangsmaterial enthaltenen Sandanteil muß eine entsprechende Sandmenge zugegeben werden.

Aufwand: 5–10 m^3/a.

Lavasand

Anwendung und Eigenschaften wie bei Sand. Lava hat jedoch gegenüber Sand zwei weitere Vorteile, die seine Verwendung gegebenenfalls erforderlich machen:

Durch seine rauhe Oberfläche hat dieses Material eine hohe Scherfestigkeit, was auf Spiel- und Sportrasen von Bedeutung sein kann. Außerdem ist es porös und kann bis zu 50 % seines Eigenvolumens Wasser speichern.

Bims

Verwendung wie Sand, durch sein geringes Gewicht dort, wo dies wichtig erscheint (z. B. auf Dachgärten).

8.1.3 Düngung

Bei der Neuanlage von Grünflächen ist der Aufwand für die Düngung – gemessen am Gesamtaufwand – sehr gering. Andererseits hat eine gute Versorgung mit Nährstoffen von Anfang an eine sehr große Bedeutung.

Deshalb ist in der DIN 18915 Teil 3 der Aufwand für die Grunddüngung vorgeschrieben. Sie macht folgende Angaben:

Vegetationsart	Reinnährstoffe in g/m² N	P	K
Pflanzung und Rasen	10	10	15
Landschaftsrasen	5	5	7,5

Mit diesen relativ hohen Mengen soll die Nährstoffversorgung gewährleistet werden.

Welche Dünger sind geeignet?*

Organische Dünger

Meist handelt es sich um Mischdünger aus Horn-, Knochen- und Blutmehl mit anderen organischen Materialien, wie z. B. Rhizinusschrot, Wollreste usw. Diese Dünger haben den Vorteil einer echten Langzeitwirkung, weil die Nährstoffe in organischer Form vorliegen und erst nach und nach durch den mikrobiologischen Abbau freiwerden. Deshalb sind bei

* Düngemittelverzeichnis s. »Der Gärtner«, Band 1, Seite 142 ff.

größeren Düngermengen auch keine »Verbrennungsschäden«* (durch unsachgemäße Verteilung) zu befürchten.

Als Nachteil ist zu sehen, daß diese Dünger relativ teuer sind. Auf toten Böden werden sie wegen der fehlenden Mikroorganismen nicht mineralisiert, wodurch die enthaltenen Nährstoffe für die Pflanzen nicht verfügbar sind. In solchen Fällen ist durch geeignete Bodenverbesserungsmittel das Bodenleben zu mobilisieren. Daneben sind wasserlösliche mineralische Dünger zu verwenden.

Die organischen Wirtschaftsdünger wie Stallmist stehen nur sporadisch zur Verfügung. Abgesehen von der eventuell auftretenden Geruchsbelästigung wären sie sehr gut geeignet, wobei sie allerdings mehr als Bodenverbesserungsmittel zu werten sind.

Mineralische Dünger

In der Regel werden Mehrnährstoffdünger, sogenannte Volldünger, verwendet, wobei die Blaukorn-Dünger der verschiedenen Hersteller eine große Rolle spielen.

Vielfach verwendet man jedoch sogenannte Langzeitdünger, bei denen der Stickstoff in synthetisch-organischer Form enthalten ist.

Berechnung der erforderlichen Düngermenge:

Bedarf = 10 / 10 / 15 g Reinnährstoffe je m²

Beispiel 1

Es soll ein Blau-Volldünger verwendet werden.

Nährstoffgehalt N / P / K = 12 / 12 / 17 %

12 g N sind in 100 g Dünger enthalten,

1 g N in $\frac{100}{12} = 8{,}33$ g Dünger,

10 g N also in $\frac{100 \times 10}{12} = 83{,}33$,

aufgerundet 85 g Dünger/m².

Beispiel 2

mit einem organischen Dünger N / P/K = 7,5 / 7,5 / 7,5

bezogen auf N

$\frac{100 \times 10}{7{,}5} = 133$ g Dünger, wobei noch Kali fehlt

bezogen auf K

$\frac{100 \times 15}{7{,}5} = 200$ g Dünger, mit Überdüngung von N und P

Die oben errechnete Menge für den wasserlöslichen Dünger erscheint sehr hoch. Auswaschungsverluste sind zu erwarten.

Günstig wäre eine Kombination, z. B.:

100 g/m² organischer Dünger 7,5 / 7,5 / 7,5,

der Rest mit Blau-Volldünger

Berechnung bezogen auf Kali, Bedarf	15,0 g,
durch den organischen Dünger gegeben	7,5 g,
Rest	7,5 g.

$\frac{100 \times 7{,}5}{17} = 44$, aufgerundet 45 g Dünger

Grunddüngung somit 100 g organischer Volldünger
45 g Blau-Volldünger

8.1.4 Gründüngung

Darunter versteht man den Anbau von Pflanzen ausschließlich zum Zweck der Bodenverbesserung.

Die Wirkung ist sehr positiv und vielgestaltig. Zunächst beschatten die Gründüngungspflanzen den Boden *(Schattengare),* dann lockern und erschließen sie ihn durch das Wurzelwachstum und erhöhen den Humusgehalt durch ihre organische Substanz. Daneben wirken sie unkrautverdrängend, weil die im Boden vorhandenen Unkrautsamen mit ihnen zusammen keimen.

Bei der Aussaat von Leguminosen kann dem Boden gleichzeitig Stickstoff zugeführt werden.

Leider herrscht auf unseren Baustellen sehr oft Zeitdruck, so daß die Gründüngung in vielen Fällen unterbleibt. Sie ist jedoch sehr zu empfehlen, vor allem auf Rohböden, aber auch immer dann, wenn Baustellen im Laufe eines Sommers fertiggestellt, aber erst im Herbst bepflanzt werden können.

Die DIN 18915 schreibt dazu vor:

Liegt zwischen der Bodenbearbeitung und der Bepflanzung in der Vegetationsperiode ein Zeitraum von mehr als 8 Wochen, so sind die Flächen durch eine Zwischenbegrünung oder Mulchung vor dem Austrocknen und vor Verunkrautung zu schützen.

Welche Pflanzen sind geeignet?

Die DIN 18915 nennt:

Bitterlupine, Senf, Persischer Klee, Alexandriner Klee und Ölrettich.

* Der Ausdruck Verbrennungsschaden kennzeichnet das Schadbild, d. h., die Pflanzen sehen aus, als seien sie verbrannt. Tatsächlich verhindert die hohe Düngersalzkonzentration der Bodenlösung die Wasser- und Nährstoffaufnahme durch die Pflanzenwurzel. Die Pflanze verdurstet und verhungert sehr rasch.

Diese Angabe ist dahingehend zu ergänzen, indem man sagen kann: alle Pflanzen sind geeignet, deren Saatgut leicht zu beschaffen und billig ist, die rasch wachsen und sich auch wieder leicht beseitigen lassen (so z. B. auch Wintergerste im Herbst und Sommergetreide im Frühjahr).

Durchführung
Der Boden wird gedüngt und saatfertig hergerichtet, dann wird angesät. Wenn die Pflanzen groß genug sind, aber bevor sie schossen oder verholzen, werden sie in den Boden eingearbeitet. Bei viel Grünmasse erst mähen und eine Woche liegenlassen, dann einfräsen. Günstig wäre z. B. im Herbst Gründüngung einarbeiten, im Frühjahr pflanzen. Bei Zeitknappheit muß unter Umständen die Grünmasse abgemäht und entfernt werden, damit sie beim Bepflanzen nicht stört. Man hat dann nicht die volle organische Masse im Boden, aber die anderen Wirkungen sind gegeben und rechtfertigen dadurch das Verfahren immer noch.

8.1.5 Vorbeugende Unkrautbekämpfung

In Pflanzflächen kann eine starke Unkrautentwicklung im ersten Jahr einen erheblichen Arbeitsaufwand verursachen, unter anderem auch deshalb, weil in der jungen Pflanzung die Anwendung von chemischen Unkrautbekämpfungsmitteln nicht möglich ist. Liegt also ein Boden vor, der eine starke Verunkrautung erwarten läßt, muß das Unkraut *vor* dem Pflanzen bekämpft werden.
Für spätere Rasenflächen ist dies nicht von Bedeutung, weil die im Boden vorhandenen Wurzeln und Samen von Ackerunkräutern stammen, die den später folgenden Rasenschnitt nicht ertragen und deshalb verdrängt werden. Sie wären auch erforderlichenfalls im Rasen leicht zu bekämpfen, weil dort von Anfang an chemische Mittel eingesetzt werden können.

Maßnahmen

1. Es kann zweckmäßig sein, für spätere Pflanzflächen keinen verunkrauteten Oberboden, sondern in der Struktur guten, aber noch toten und unkrautfreien Unterboden zu verwenden.
2. Eine Gründüngung durchführen.
   Durch sie und die damit verbundene Bodenbearbeitung werden Samenunkräuter ausgeschaltet, Wurzelunkräuter, wie Disteln, Winden oder Giersch, werden jedoch nicht sicher verdrängt.
3. Spritzung mit einem Herbizid
   Dazu muß die Fläche pflanzfertig hergerichtet sein. Man läßt das Unkraut keimen und Blattmasse bilden. Dann wird gespritzt (z. B. mit *Roundup*). Das Mittel wirkt nur auf die grünen Teile, wird von diesen aufgenommen und in die Wurzeln geleitet. Die gesamte Pflanze stirbt ab. Wirkung gegen Samen- und Wurzelunkräuter. Anwendung nur in der Vegetationszeit möglich. Mittel ca. 4 Wochen wirken lassen. Die abgestorbenen Pflanzen werden eingefräst, danach kann gepflanzt werden.
4. Anwendung von Bodenentseuchungsmitteln (z. B. *Basamid Granulat*)
   Das Mittel wurde zur Bodenentseuchung im Gemüsebau entwickelt. Es wirkt gegen Samenunkräuter sicher und gegen Wurzelunkräuter stark eindämmend.
   Das Granulat wird auf den pflanzfertig hergerichteten Boden ausgestreut und anschließend eingefräst. Das Mittel wirkt so tief, wie es im Boden verteilt ist. Es bildet giftige Gase, deren Austreten an der Bodenoberfläche durch kräftiges Wässern der behandelten Fläche verhindert wird.
   Wartezeit bis zum Pflanzen:
   bei Temperaturen über 15 °C 4 Wochen,
   bei Temperaturen über 18 °C 3 Wochen.
   Einige Tage vor dem Pflanzen die Flächen durchfräsen.
   Der Einsatz dieses Mittels erfordert nicht ganz soviel Zeit wie eine Gründüngung oder das Verfahren, bei dem man zunächst die Unkräuter wachsen läßt und anschließend ein Spritzherbizid verwendet.

8.1.6 Bodenbearbeitungsgeräte

Im Landschaftsbau kommt es zunächst darauf an, die durch Baumaschinen erfolgte Verdichtung zu beseitigen. Dafür können folgende Geräte eingesetzt werden:

Heckaufreißer
Am Heck von Lade- oder Planierraupen angebrachte Aufreißhaken. Zum Aufreißen ist eine hohe Zugkraft erforderlich, die im allgemeinen nur von Raupenfahrzeugen erbracht werden kann. Reifenfahrzeuge sind nicht geeignet.
Aufreißer an Raupen ab 60 kW erreichen eine Lockerung von 30–50 cm Tiefe, abhängig vom Bodenzustand. Ungünstig ist, daß die Raupenspur in

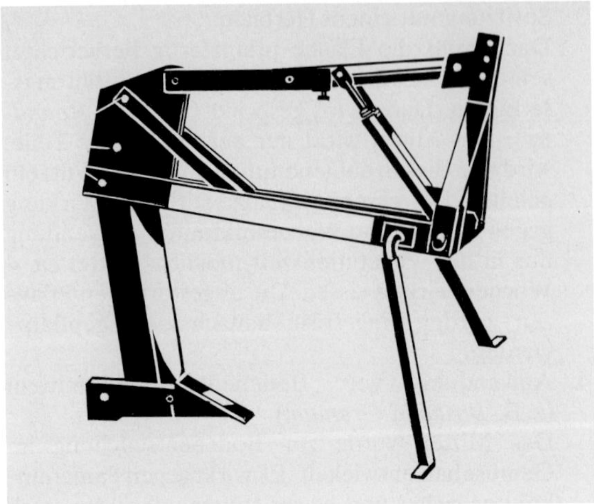

Abb. C 136. Heckaufreißer.

Abb. C 137. Hubschwenklockerer.

der Regel von den Aufreißern nicht erfaßt wird, wodurch wieder neue Verdichtungen entstehen (Abb. C 136).

Tiefenlockerungsgeräte mit Vibration

Der hohe Zugbedarf von tiefwirkenden Scharen oder Haken wird wesentlich verringert, wenn die Schare mit Vibration betrieben werden.

Dies ist bei den sogenannten **Hubschwenklockerern** (Abb. C 137) der Fall. Das Gerät wird in die Dreipunkthydraulik eines Schleppers eingehängt und mit der Zapfwelle angetrieben. Auf einer Querwelle sind senkrechte Schare angebracht, die durch Pleuel in Fahrtrichtung in Bewegungen versetzt werden; die Schare schwingen also im Boden vor und zurück. Die Arbeitstiefe wird durch Stützrollen eingestellt und beträgt 40–80 cm. Es gibt 2- und 4-scharige Hubschwenklockerer, die mit Schleppern ab 33 kW Leistung eingesetzt werden können.

Ähnlich funktioniert der **Wippscharlockerer.** Bei ihm ist der Scharrücken fest, nur der Scharfuß wird bewegt. Er ist für größere Tiefen konstruiert, braucht dann aber auch mehr Zugkraft. Der Lockerungseffekt der Geräte ist ausgezeichnet; die Flächenleistung ist relativ gering, da im Kriechgang gefahren werden muß.

Für die Bearbeitung des Oberbodens zur Vorbereitung für die Pflanzung oder Rasenansaat werden dieselben Geräte verwendet wie in der Landwirtschaft, wobei nur Geräte mit besonders robuster Bauweise zum Einsatz kommen.

Anbaufräse

Sie ist das im Landschaftsbau wichtigste Bodenbearbeitungsgerät (Abb. C 138). Sie hat starre, abgewinkelte Fräsmesser auf der vertikal rotierenden Fräswelle. Die Arbeitsbreite beträgt je nach Motorleistung 1,4–1,8 m und breiter; je m Fräsbreite werden ca. 26 kW benötigt. Der Boden wird durch die rotierenden Fräsmesser zerschlagen. Er wird um so feiner, je langsamer der Schlepper fährt und je höher die Umdrehungszahl der Fräswelle ist. Ein zu feines Zerkleinern ist nicht günstig, weil unter Umständen die Bodenstruktur zerstört wird.

Die Fräse ist sehr vielseitig einsetzbar und schafft bei eventuell mehreren Übergängen ein einwandfreies Saatbett. Deshalb wird sie auch oft dort eingesetzt, wo es nicht nötig wäre, wo man mit dem Grubber oder der Scheibenegge schneller zum Ziel käme.

Abb. C 138. Anbaufräse.

Abb. C 139. Grubber mit Krümlerwalze.

Für kleinere Flächen werden auch selbstfahrende Fräsen mit Einachsantrieb eingesetzt. Diese kleinen Fräsen haben meist keine starren, sondern gefederte Zinken. Sie haben hohe Fräswellen-Drehzahlen und krümeln dadurch den Boden sehr fein. Je nach Motorleistung (6–9 kW) haben sie Arbeitsbreiten von 40–80 cm.

Pflug
Er hat im Landschaftsbau wenig Bedeutung, weil die Verhältnisse seinen Einsatz meist nicht zulassen. Auf in Kultur befindlichen Flächen verwendet man ihn zum Ziehen der Winterfurche. Der Boden wird dabei gewendet und bleibt grobschollig liegen; durch die Einwirkung des Frostes wird er locker. Man verwendet einen Drehpflug, der an die Hydraulik des Schleppers angebaut wird.

Grubber (Abb. C 139)
Besteht aus einem Rahmen (Breiten von 2–2,6 m), an dem gefederte Zinken befestigt sind. Man erreicht Arbeitstiefen von 15–25 cm. Bei einer nicht zu starken Verfestigung des Bodens ist die Flächenleistung wesentlich größer als mit der Fräse, auch wenn mehrere Übergänge erforderlich sind, weil wesentlich höhere Fahrgeschwindigkeiten erreicht werden. Die Bodenstruktur wird mit dem Grubber schonender behandelt.

Abb. C 140. Scheibenegge.

Eggen
Sie dienen zur Oberflächenbearbeitung, zur Saatbettbereitung.
Die **Zinkenegge** (Abb. C 142) ist am bekanntesten. Für den Einsatz im Landschaftsbau haben sich Eggen mit starrem Rahmen am besten bewährt. Sie werden in die Schlepperhydraulik eingehängt. Durch große Arbeitsbreiten und relativ hohe Geschwindigkeiten ergeben sie auch hohe Flächenleistungen.

Abb. C 141. Rüttelegge.

Abb. C 142. Zinkenegge mit Krümlerwalze.

Sie werden nach der Fräse oder dem Grubber eingesetzt.
Scheibeneggen (Abb. C 140). Auf den in der Form eines liegenden X angeordneten Achsen sind tellerartig gewölbte Stahlscheiben befestigt. Durch die schräge Anordnung der Achsen wird der Boden von den Scheiben angeschnitten und aufgerissen. Der Boden wird dadurch gelockert und zerkleinert und erstaunlich gut planiert. Das Gerät ist robust und wartungsfrei.
Die **Rüttelegge** (Abb. C 141) ist ein modernes, sehr brauchbares Gerät, das auch in die Dreipunkthydraulik des Schleppers eingehängt wird. Zwei querliegende, mit langen Eggenzinken bestückte Balken werden durch Zapfwellenantrieb horizontal hin- und herbewegt und krümeln, mischen und verteilen den Boden in günstiger Weise. Die Rüttelegge kann auf nicht zu stark verfestigten Böden die Fräse ersetzen. Als Folgegerät eingesetzt, schafft sie ein hervorragendes Planum, vor allem, wenn sie mit einer angehängten Abziehbohle kombiniert wird.
Die **Krümlerwalze** (Abb. C 142) besteht aus Gitterwalzen mit ca. 20 cm Durchmesser, die in einem Rahmen aufgehängt sind, wobei meist zwei Walzen hintereinanderlaufen. Sie wird direkt hinter den Grubber, die Scheibenegge oder die Rüttelegge angehängt und schafft durch ihre feine Zerkleinerung das Saatbett.
Die **Kreiselegge,** auch Horizontalfräse genannt, hat an einer sich horizontal drehenden Achse starre oder gefederte Zinken. Sie ist zum Herrichten des Saatbettes geeignet.

Walzen
Sie werden zur Bodenbearbeitung eingesetzt, um die Oberfläche zu krümeln, Bodenklumpen zu zerdrükken und um den gelockerten Boden wieder soweit anzudrücken, daß die Kapillarität nicht unterbunden wird und damit ein sogenannter Bodenschluß entsteht.
Die **Cambridgewalze** (Abb. C 143) ist hierzu besonders geeignet.
Auf einer Achse sind Ringe angeordnet, und zwar immer im Wechsel ein glatter und ein gezähnter Ring. Meist werden Kombinationen von mehreren nebeneinander- und hintereinanderlaufenden Walzen eingesetzt.

Vertiefung und Kontrolle
1. Achten Sie auf die Art und Menge von in Ihrem Betrieb verwendeten Bodenverbesserungsmitteln; begründen Sie, warum und wann welches Mittel angewandt wird; beobachten Sie die Wirkung der Mittel auf die spätere Vegetation.
2. Legen Sie sich eine Sammlung mit den in Ihrem Betrieb verwendeten Düngern an; füllen Sie die Dünger in Glasröhrchen und beschriften Sie diese mit Namen, Nährstoffgehalt und Hinweisen auf die Wirkung.
3. Beobachten Sie die Wirkung der Düngung auf die Vegetation. Berechnen Sie für gegebene Objekte (z. B. Garten Abb. D 29, Seite 333) die erforderliche Düngermenge unter Berücksichtigung der Normangaben.
4. Beobachten Sie die Entwicklung der Unkräuter und deren Reaktion auf angewandte Bekämpfungsverfahren.
5. Beurteilen Sie die eingesetzten Bodenbearbeitungsgeräte im Hinblick auf ihre Flächenleistung und die Qualität der Bearbeitung, machen Sie Notizen.

Abb. C 143. Cambridgewalze.

8.2 Pflanzenverwendung / Pflanzenkenntnis

Es ist unerläßlich, daß der Gärtner seinen wichtigsten Werkstoff – die Pflanzen – kennt. Jeder sollte daher bestrebt sein, möglichst bald Pflanzenkenner zu werden.
Zunächst ist es wichtig, die Pflanzen zu *erkennen,* und zwar ausgewachsen im Garten oder Park stehend und als unbelaubte Jungpflanze. Dazu muß man sich ständig und immer wieder mit den Pflanzen befassen:

- Baumschulen und Parkanlagen besichtigen
- ein Herbar anlegen

- Pflanzen in verschiedenem Zustand fotografieren
- eine Kartei anlegen mit eigenen Fotos, Bildern aus Katalogen, Herbarmaterial und eigenen Aufzeichnungen

Nur so wird man mit den Pflanzen, die man verwendet, vertraut.
Die in diesem Kap. besprochenen Pflanzen stellen sozusagen ein Grundgerüst dar, das jeder Gärtner kennen sollte. Die Auswahl stimmt im wesentlichen mit der Pflanzenliste für Auszubildende überein. Die Zusammenstellung geht von der Verwendungsmöglichkeit der Pflanzen aus. Die Einteilung und Zuordnung der Pflanzen in bestimmte Gruppen soll eine Hilfe darstellen.
Die Listen sind aufgrund eigener Erfahrungen und Erkenntnisse zu ergänzen.
Wo in den Listen keine Angaben gemacht sind, ist die betreffende Eigenschaft unbedeutend (z. B. keine auffallende Blüte oder keine Herbstfärbung).

8.2.1 Große Laubbäume

Die hier aufgeführten Bäume sind geeignet für Parks und öffentliche Anlagen, die genügend Platz bieten, und auch zur Verwendung in der freien Landschaft. Für Hausgärten oder in kleineren Anlagen sind sie ungeeignet, weil sie zu groß werden.
Sie eignen sich zur Einzelstellung ebenso wie zur Bildung von Gruppen. Sie beherrschen die Situation, ihnen muß die übrige Pflanzung zugeordnet werden (s. Tabelle Seite 142).

8.2.2 Kleinere Laubbäume

Auch sie werden noch recht groß, sind insgesamt aber nicht so mächtig wie die unter 8.2.1 genannten Bäume und haben zum Teil auch ein etwas langsameres Jugendwachstum. Sie sind deshalb auch noch in kleineren Anlagen zu verwenden, wo sie dann die Leitfunktion übernehmen (s. Tabelle Seite 144).

8.2.3 Sträucher

Sträucher sind mehrtriebige Gehölze. Manchmal ist der Übergang zu Bäumen fließend, einige können durchaus baumartig wachsen. In der folgenden Zusammenstellung sind nur die strauchig wachsenden Gehölze erfaßt mit Ausnahme der Rosen und Rhododendren und der niederen Arten, die als *Bodendecker* Verwendung finden. Die Vielfalt ist trotzdem noch sehr groß.
Die Sträucher werden den Bäumen zugeordnet; sie haben eine dienende Funktion, sie bilden Rahmen, oft den Hintergrund. Dazu sind vor allem die heimischen Arten geeignet. Ihnen gesellt man die sogenannten Blütensträucher zu. Darunter versteht man Sträucher, die während der Blüte eine herausragende Wirkung haben. Man sollte sie nicht in Massen verwenden und nicht in der freien Landschaft. Es ist zu bedenken, daß die Blütezeit oft relativ kurz ist.
Pflanzen, die neben der Blüte noch Eigenschaften aufweisen, die sie im weiteren Jahresablauf bemerkenswert machen, sind wertvoller; sie sind *auch* zur Einzelstellung geeignet. Sind sie *nur* zur Einzelstellung geeignet, spricht man von Solitärs. Diese Pflanzen haben jeweils außer der Blüte einen malerischen Wuchs, reichen Fruchtschmuck, eine schöne Herbstfärbung; sie sind buntlaubig oder immergrün (s. Tabelle Seite 148).

8.2.4 Bodenbedeckende Pflanzen

Hier sind alle die Laubgehölze aufgeführt, die sich für eine flächendeckende Bepflanzung eignen und die nicht allzu hoch werden. An Pflanzen dieser Art besteht ein großer Bedarf, weil es in unseren Anlagen viele Flächen gibt, die aus pflegetechnischen Gründen nicht mit Rasen angelegt werden, aus gestalterischen Gründen aber auch nicht mit hochwerdenden Sträuchern bepflanzt werden sollen (es muß nicht immer *Cotoneáster* 'Skogsholmen' sein).
Die folgende Liste ist (wie alle) nicht vollständig, trotzdem besteht eine große Auswahlmöglichkeit.
Die aufgeführten Pflanzen können größtenteils nicht nur in großen Flächen, sondern auch einzeln verwendet werden. Auch einige Nadelgehölze können als Bodendecker verwendet werden (s. Tabelle Seite 158).

8.2.5 Nadelgehölze

Die mit wenigen Ausnahmen immergrünen Nadelgehölze verdienen eine besondere Beachtung. Sie sind auch im Winterhalbjahr attraktiv, wirken mit ihrem ganzen Habitus und sollten deshalb in keiner Anlage fehlen. Ihre Verwendung wird durch ihre große Formenvielfalt leichtgemacht.
Reine Nadelholzpflanzungen sind natürlich nicht zu empfehlen, aber den Laubgehölzen zugeordnet, sind sie von hohem Wert (s. Tabelle Seite 160).

Große Laubbäume

Botanischer Name	Deutscher Name	Familie	Wuchs	
			Höhe in m	Breite in m
Ácer platanoides	Spitzahorn	Aceráceae	20	10
Ácer pseudoplátanus	Bergahorn	Aceráceae	30	15
Ácer saccharinum	Silberahorn	Aceráceae	20	10
Aesculus x cárnea	Rotblühende Roßkastanie	Hippocastanáceae	15	8
Aesculus hippocástanum	Roßkastanie	Hippocastanáceae	25	12
Ailánthus altissima	Götterbaum	Simaroubáceae	25	8
Fágus sylvática	Rotbuche	Fagáceae	30	20
Fágus sylvática 'Atropunicea'	Blutbuche	Fagáceae	25	20
Fráxinus excélsior	Esche	Oleáceae	30	15
Liriodéndron tulipífera	Tulpenbaum	Magnoliáceae	25	10
Plátanus x hýbrida	Platane	Platanáceae	30	20
Pópulus álba	Silberpappel	Salicáceae	30	15
Pópulus-Canadensis-Hybriden	Hybridenpappel	Salicáceae	30	8
Pópulus nígra 'Italica'	Säulenpappel	Salicáceae	25	3
Pópulus trémula	Zitterpappel, Espe	Salicáceae	25	10
Quércus róbur	Stieleiche	Fagáceae	35	20
Quércus rúbra	Amerikanische Roteiche	Fagáceae	35	20

Wuchs				Blüte	Herbstfärbung		Besondere Hinweise
Wuchsform	stark	mittel	schwach	Farbe Blütezeit		Frucht-schmuck	
rundlich dicht		X		gelb IV	gelb		auf frische bis trockene Böden
breitkegelig dicht	X			grüngelb V	gelb		auf frische bis feuchte Böden
ausladend locker	X			bräunlich IV	gelb-rot		schnellwachsend, später brüchig
rundkronig			X	rot V	gelb		günstig, weil wenig und kleine Früchte
breitkronig dicht		X		weiß V	gelb	X	macht tiefen Schatten, darunter kein Wachstum
breitkronig		X		grünlich VI – VII		X	für trockene Standorte, industriefest
breite runde Krone			X		braun	X	bekannter heimischer Waldbaum
breite runde Krone			X				dunkelrotes Laub
große breite Krone		X		grün-braun IV – V			nicht auf zu trockene Standorte
hohe dichte Krone			X	grün-gelb VI	gelb		tulpenähnliche Blüten
runde Krone	X					X	erträgt das Stadtklima relativ gut
mächtige Krone	X				gelb		erträgt hohes Grundwasser, auch trockene Standorte
breit, säulenförmige Krone	X				gelb		schnellwachsend
schmal, säulenförmig	X				gelb		verlangt guten Boden
locker, manchmal strauchartig	X				gelb		Pioniergehölz, anspruchslos
mächtige runde Krone	X				gelb-braun		
jung kugelförmig, alte Bäume breit	X				rot		großes Blatt, glatte Rinde, schöne Herbstfärbung

Große Laubbäume (Fortsetzung)

Botanischer Name	Deutscher Name	Familie	Wuchs	
			Höhe in m	Breite in m
Quércus petraéa	Traubeneiche	Fagáceae	35	20
Sálix álba	Silberweide	Salicáceae	25	7
Sálix álba 'Tristis'	Trauerweide	Salicáceae	20	20
Tília cordáta	Winterlinde	Tiliáceae	20	15
Tília × euchlóra	Krimlinde	Tiliáceae	18	10
Tília platyphýllos	Sommerlinde	Tiliáceae	25	20
Tília tomentósa	Silberlinde	Tiliáceae	20	15
Úlmus glábra	Bergulme	Ulmáceae	30	20

Kleinere Laubbäume

Botanischer Name	Deutscher Name	Familie	Wuchs	
			Höhe in m	Breite in m
Ácer campéstre	Feldahorn	Aceráceae	15	8
Ácer ginnála	Feuerahorn	Aceráceae	6	4
Ácer negúndo	Eschenahorn	Aceráceae	15	8
Ácer palmátum	Japanischer Ahorn	Aceráceae	6	3

Wuchs: Wuchsform	stark	mittel	schwach	Blüte: Farbe, Blütezeit	Herbstfärbung	Fruchtschmuck	Besondere Hinweise
durchgeh. Stamm, lockere Krone		X			gelb-braun		auf etwas besseren Böden
lockere Krone, silbriges Laub	X			gelbe Kätzchen III – IV			Pioniergehölz, auf allen Böden
Äste an Enden senkrecht hängend	X			gelbe Kätzchen III – VI			ans Wasser pflanzen
hohe unregelmäßige Krone		X		hellgrün VI – VII			prächtiger schöner Baum, anpassungsfähig
Krone schmal und hoch		X		gelblich VII			relativ unempfindlich gegen Rote Spinne
hoch kegelförmig		X		grün-gelb VI			verlangt keine zu trockenen Standorte
breit gewölbt		X		grün-gelb VII, duftend			erträgt Stadtklima
hohe, mächtige unregelm. Krone		X		rot III		X	schöner Baum, leider durch Ulmenkrankheit gefährdet

Wuchs: Wuchsform	stark	mittel	schwach	Blüte: Farbe, Blütezeit	Herbstfärbung	Fruchtschmuck	Besondere Hinweise
dicht unregelmäßig		X		gelbgrün IV – V	gelb		heimisches Gehölz, anspruchslos
oft mehrstämmig strauchig		X		gelblich-weiß V	leuchtendrot		schöne Gartenform
breit, oft mehrstämmig, unregelmäßig	X			gelblich-weiß IV	gelb		nicht auf Kalkböden
schirmartige Krone			X	rosa IV	rot, gelb		auch rotblättrige und geschlitztblättrige Formen

Kleinere Laubbäume (Fortsetzung)

Botanischer Name	Deutscher Name	Familie	Wuchs	
			Höhe in m	Breite in m
Álnus glutinósa	Schwarzerle	Betuláceae	22	6
Bétula péndula	Sandbirke	Betuláceae	25	6
Cárpinus bétulus	Hainbuche, Weißbuche	Betuláceae	15	10
Castánea satíva	Eßkastanie	Fagáceae	20	10
Catálpa bignonioídes	Trompetenbaum	Bignoniáceae	15	10
Cercidiphýllum japónicum	Katsurabaum	Cercidiphylláceae	7	4
Córylus colúrna	Baumhasel	Betuláceae	15	6
Gledítsia triacánthos	Christusdorn	Legunimósae	20	10
Júglans régia	Walnuß	Juglandáceae	20	8
Nothofágus antárctica	Scheinbuche	Fagáceae	6	4
Prúnus ávium	Vogelkirsche	Rosáceae	20	10
Prúnus cerasífera Atropurpurea-Hybriden	Blutpflaume	Rosáceae	7	3
Prúnus pádus	Traubenkirsche	Rosáceae	15	8
Prúnus serruláta 'Amanogawa'	Säulenkirsche	Rosáceae	6	1
Prúnus serruláta 'Kanzan'	Zierkirsche	Rosáceae	12	6
Prúnus serruláta 'Shidare Sakura'	Hänge-Zierkirsche	Rosáceae	6	3
Rhus týphina	Essigbaum	Anacardiáceae	6	6

Wuchs				Blüte	Herbstfärbung		Besondere Hinweise
Wuchsform	stark	mittel	schwach	Farbe Blütezeit		Frucht- schmuck	
spitz kegelförmig, oft locker	X			gelb IV – V		X	Pioniergehölz, im Alter recht malerisch
schmal, kegelförmig, locker	X			gelb IV	gelb		weit verbreitet, doch als ausgesprochener Flachwurzler im Garten problematisch
eiförmig unregelmäßig			X	gelbgrün III	gelb		schönes Gehölz, auch als Heckenpflanze
jung kegelförmig, später breit ausladend		X		weiß-gelb VI	gelb-braun	X	nicht ganz frosthart
unregelmäßig		X		weiß VI – VII		X	Blüten ausgesprochen zierend, große Blätter, treibt spät aus
ei-/ kegelförmig			X	karminrot IV	gelb bis dunkelrot		Blüten ausgesprochen zierend
deutlich spitz kegelförmig			X	gelb II – III	gelb		anspruchslos, immer gut wirkend
schirmförmig locker			X	weiß VI – VII	gelb	X	mit lockerer Krone, gut für Höfe, große Dornen
weit ausgebreitet		X		gelb-grün V – VI		X	nicht ganz frosthart
sparrig locker malerisch			X		gelb		schönes kleines Gehölz zur Einzelstellung
regelmäßig, kegelförmig		X		weiß IV – V	gelb		heimischer Baum, anspruchslos
oben breit buschig		X		weiß-rosa IV			durch die roten Blätter besondere Wirkung
ausgebreitet unregelmäßig		X		weiß III – V			heimisches Gehölz für nicht zu trockene Standorte
straff säulenförmig		X		rosa IV – V	rot		bekannte Blütenkirschen
umgekehrt kegelförmig		X		rosa IV	rot		
ausladend hängend		X		rosa V	rot		schöne Hängeform
malerisch breit	X			gelb-grün VI – VII	rot	X	paßt gut zu Architektur, vor Hauswände

Kleinere Laubbäume (Fortsetzung)

Botanischer Name	Deutscher Name	Familie	Wuchs	
			Höhe in m	Breite in m
Robínia pseudoacácia	Scheinakazie	Leguminósae	25	10
Sórbus ária	Mehlbeere	Rosáceae	15	6
Sórbus aucupária	Eberesche, Vogelbeere	Rosáceae	15	6
Úlmus mínor	Feldulme	Ulmáceae	20	10

Sträucher

Botanischer Name	Deutscher Name	Familie	Wuchs		
			Höhe in m	Breite in m	Form
Amelánchier canadénsis	Felsenbirne	Rosáceae	7	3,5	breit aufrecht
Arália eláta	Aralie	Araliáceae	5	2	bizarr aufrecht
Bérberis candídula	Sauerdorn	Berberidáceae	1,5	2	buschig dicht
Bérberis juliánae	Berberitze	,,	3	2	buschig
Bérberis x stenophýlla	,,	,,	2,5	2,5	bogig überhängend
Bérberis thunbérgii	,,	,,	2	1,5	buschig
Bérberis thunbérgii 'Atropurpurea'	,,	,,	2	1,5	buschig
Bérberis verruculósa	,,	,,	1,5	1,5	dicht bogig
Buddléja davídii	Schmetterlingsstrauch	Buddlejáceae	3	2	locker
Búxus sempérvirens	Buchsbaum	Buxáceae	4	2	dicht buschig

Wuchs				Blüte	Herbstfärbung		Besondere Hinweise
Wuchsform	stark	mittel	schwach	Farbe Blütezeit		Frucht-schmuck	
oben breit, locker unregelmäßig	X			weiß VI			Pioniergehölz, macht Ausläufer
unregelmäßig		X		weiß V		X	heimischer Baum, kalkliebend
unregelmäßig, eiförmig			X	weiß V	orange	X	idealer Gartenbaum
malerisch locker		X		rot III			heimisches Gehölz für die Landschaft

Wuchs					Herbstfärbung	Blüte	Fruchtschmuck	Besondere Hinweise	
stark	mittel	schwach	immergrün	wintergrün		Farbe Blütezeit			
	X				rot	weiß V		anspruchslos, auch als Solitärgehölz	
X						gelb weiß VIII – IX		exotische Wirkung, Solitär, dornige Zweige	
X			i			gelb V – VI	blauschwarze Beeren	Solitär	alle Berberis stark bedornt
X			i			gelb V – VI	blauschwarze Beeren	10 cm lange schmale Blätter	
X			i			gelb V – VI	schwarzrote Beeren	sehr reichblühend	
X						gelb V	rote Beeren	auch als Heckenpflanze	
X						gelb V	rote Beeren	rotlaubig	
		X	i			gelb V – VI	blauschwarze Beeren	Solitärgehölz	
X						weiß bis rot VIII – IX		mehrere gute Sorten, jedes Jahr zurückschneiden	
		X	i					anspruchslos, nicht zu trocken	

Sträucher (Fortsetzung)

Botanischer Name	Deutscher Name	Familie	Wuchs		
			Höhe in m	Breite in m	Form
Caragána arboréscens	Erbsenstrauch	Leguminósae	4	2,5	aufrecht
Chaenoméles-Hybriden	Zierquitte	Rosáceae	1–2	1–2	buschig dicht
Chaenoméles japónica	,,	,,	1	1	buschig locker
Chaenoméles speciósa	,,	,,	2,5	2	buschig locker
Colútea arboréscens	Blasenstrauch	Leguminósae	4	2	breit aufrecht
Córnus álba 'Sibirica'	Rotholziger Hartriegel	Cornáceae	2,5	2,5	breit buschig
Córnus flórida	Blumenhartriegel	,,	5	2,5	breit aufrecht
Córnus koúsa	Blumenhartriegel	,,	7	2,5	sparrig
Córnus mas	Kornelkirsche	,,	4	2,5	buschig
Córnus sanguinea	Hartriegel	,,	4	2,5	buschig
Córnus occidentális (stolonífera 'Flaviramea')	Gelbholziger Hartriegel	,,	2,5	2,5	breit buschig
Corylópsis pauciflóra	Scheinhasel	Hamamelidáceae	1,5	1,5	breit buschig
Córylus avellána	Hasel	Betuláceae	6	4	breit aufrecht
Cótinus coggýgria	Perückenstrauch	Anacardiáceae	3,5	2,5	rundlich buschig
Cotoneáster bullátus	Cotoneaster	Rosáceae	6	3,5	breit aufrecht
Cotoneáster dielsiánus	,,	,,	3,5	2,5	breit bogig überhängend
Cotoneáster divaricátus	,,	,,	3,5	2,5	breit bogig überhängend
Cotoneáster salicifólius var. floccósus	Weidenblättriger Cotoneaster	,,	3	2	straff aufrecht Zweige waagrecht
Cotoneáster-Watereri-Hybriden	Cotoneaster	,,	3	2	breit aufrecht

Wuchs					Herbstfärbung	Blüte	Fruchtschmuck	Besondere Hinweise
stark	mittel	schwach	immergrün	wintergrün		Farbe Blütezeit		
	X					hellgelb V		anspruchslos, hart
	X					rote Farbtöne III – IV	große gelbe Früchte, eßbar	mehrere schöne Sorten } alle Chaenomeles-Arten auf gute Böden in volle Sonne
	X					ziegelrot III – IV	große gelbe Früchte, eßbar	
	X					scharlachrot III – IV	große gelbe Früchte eßbar	auch für Hecken
X						gelb V – VI	grüne Schoten	robust, Pionierpflanze
	X					weiß V		rotes Holz
		X			rot violett	weiß V	rote Frucht	Solitär
		X			rot	weiß VI	rote Frucht, himbeerähnlich	Solitär
		X			gelb	gelb II – III	rote Beeren, eßbar	sowohl in der Gruppe als auch in Einzelstellung sehr schön
X					rot	weiß V – VI	schwarz	robuster heimischer Strauch
		X				weiß V – VI	weiß	gelbes Holz
		X			gelb	gelb III – IV		schöner Frühjahrsblüher
	X					gelb II – III	Nüsse eßbar	heimisch, auch rotlaubige Art, Corylus 'Contorta' mit Drehwuchs
	X				rot	gelb VI – VII	Blütenstand bleibt	Solitär 'Royal Purple' rotlaubig
X					rot	rötlich V – VI	rote Beeren	große ledrige Blätter
	X				gelb-rot	weiß-rosa VI	rote Beeren	} in der Gruppe und auch zur Einzelstellung, auch im Halbschatten
	X				orange	weiß VI	scharlachrote Beeren	
	X		i			weiß VI	rote Beeren	Solitär
	X			w		weiß VI	rote Beeren	Solitär

Sträucher (Fortsetzung)

Botanischer Name	Deutscher Name	Familie	Wuchs		
			Höhe in m	Breite in m	Form
Cratáegus laevigáta	Rotdorn	Rosáceae	6	2,5	sparrig, z.T. baumartig
Cratáegus × lavállei (carriérei)	Weißdorn	,,	7	3	,, ,,
Cratáegus monógyna	Weißdorn	,,	6	2,5	,, ,,
Cratáegus pedicelláta (coccínea)	Weißdorn	,,	7	2,5	,, ,,
Cýtisus × práecox	Elfenbeinginster	Leguminósae	2,5	1,5	buschig
Cýtisus scopárius	Besenginster	,,	2,5	2	buschig
Dáphne mezeréum	Seidelbast	Thymelaeáceae	1,5	1	buschig
Déutzia grácilis	Maiblumenstrauch	Saxifragáceae	1	0,6	buschig, aufrecht
Déutzia-Hybriden	Deutzie	,,	3	1,5	aufrecht
Déutzia scábra 'Plena'	,,	,,	3	1,5	buschig
Elaeágnus angustifólia	Ölweide	Elaeagnáceae	7	2,5	sparrig malerisch
Euónymus alátus	Korkflügelspindel	Celastráceae	2,5	2	breit, sparrig
Euónymus europáeus	Pfaffenhütchen	,,	5	2,5	aufrecht
Forsýthia × intermédia	Goldglöckchen	Oleáceae	3,5	3	aufrecht locker
Forsýthia suspénsa var. fortúnei	,,	,,	2,5	3	bogig überhängend
Hamamélis móllis	Zaubernuß	Hamamelidáceae	2,5	3	breit ausladend
Hibíscus syríacus	Eibisch	Malváceae	2	1,2	buschig dicht
Hippóphaë rhamnoídes	Sanddorn	Elaeagnáceae	4	2,5	sparrig locker
Hydrangéa áspera ssp. sargentiána	Hortensie	Saxifragáceae	2,5	2,5	breit ausladend
Hydrangéa paniculáta 'Grandiflora'	Riesenhortensie	,,	3	3	breit buschig

Wuchs					Herbstfärbung	Blüte	Fruchtschmuck	Besondere Hinweise	
stark	mittel	schwach	immergrün	wintergrün		Farbe Blütezeit			
	X				gelb	rot V	rote Beeren		alle Crataegus-Arten auch als kleinkronige Bäume
	X				gelb	rosa V	rote Beeren	schöne Belaubung	
	X					weiß V – VI	rote Beeren	heimischer, robuster Strauch	
	X				rot	weiß V	rot	robust, krankheitsfrei	
	X		i			hellgelb V		schön zu Koniferen, unangenehmer Geruch	
	X					gelb und rot V		mehrere schöne Sorten	
		X				rosa III – IV	rote Beeren, giftig	für Steingärten	
		X				weiß V – VI		anspruchsloser Kleinstrauch	
X						weiß und rosa VI – VII		typischer Blütenstrauch	
X						rosa VI – VII		typischer Blütenstrauch	
		X				gelb silbrig VI		schöne silbrige schmalblättrige Belaubung, auch als kleiner Baum	
		X			karminrot	unbedeutend	rote Früchte	auffallende Korkleisten an den Zweigen	
		X			rot	unbedeutend	rot-gelb orange	heimischer Strauch	
	X					gelb IV – V		unentbehrlicher frühblühender Strauch	
	X					gelb IV – V		auch auf Mauern, herunterhängend	
		X			gelb	gelb I – II		wertvoller Winterblüher Solitär	
		X				blau, weiß u. rot VIII – IX		frostempfindlich	
	X					silbrig III – IV	orange Beeren, eßbar	anspruchslos, schmalblättrige silbrige Belaubung	
		X				weißviolett VII – VIII		große Blätter und Blütenrispen, tropischer Eindruck,	
		X				weiß VII – IX		in Schatten und Halbschatten ein eindrucksvoller Strauch	

Sträucher (Fortsetzung)

Botanischer Name	Deutscher Name	Familie	Wuchs		
			Höhe in m	Breite in m	Form
Ílex aquifólium	Stechpalme	Aquifoliáceae	7	2	gleichmäßig pyramidal
Ílex crenáta	Japanische Stechpalme	,,	3	3	breit buschig
Jasmínum nudiflórum	Echter Jasmin	Oleáceae	3	3	locker überhängend
Kérria japónica	Ranunkelstrauch	Rosáceae	2	2	dicht buschig
Kolkwítzia amábilis	Kolkwitzie	Caprifoliáceae	2,5	2	rundlich dicht, Zweige überhängend
Labúrnum x watéreri 'Vossii'	Goldregen	Leguminósae	7	3	aufrecht ausladend
Ligústrum ovalifólium	Liguster	Oleáceae	4	2	buschig
Ligústrum vulgáre 'Atrovirens'	Rainweide	,,	4	3	buschig
Lonícera tatárica	Tatarische Heckenkirsche	Caprifoliáceae	5	3	breit ausladend
Lonícera xylósteum	Heckenkirsche	,,	4	2,5	buschig
Magnólia x soulangiána	Garten-Magnolie	Magnoliáceae	6	3,5	ausladend
Magnólia stelláta	Stern-Magnolie	,,	3	2,4	buschig
Málus floribúnda	Zierapfel	Rosáceae	6	4	locker ausladend
Málus-Hybriden purpúrea 'Eleyi'	,,	,,	5,5	3,5	locker ausladend
Philadélphus coronárius	Falscher Jasmin Pfeifenstrauch	Saxifragáceae	4	2	buschig aufrecht
Philadélphus virginális	,,	,,	3	1,5	straff aufrecht
Píeris japónica	Lavendelheide	Ericáceae	3	3	breit buschig
Prúnus laurocérasus	Kirschlorbeer	Rosáceae	2,5	2,5	breit buschig
Prúnus spinósa	Schlehe Schwarzdorn	,,	4	2	buschig
Prúnus tríloba	Mandelbäumchen	,,	2	1,5	aufrecht buschig

Wuchs					Herbstfärbung	Blüte	Fruchtschmuck	Besondere Hinweise
stark	mittel	schwach	immergrün	wintergrün		Farbe Blütezeit		
		X	i			unbedeutend V – VI	rote Beeren, giftig	Solitär für den Schatten, auch baumartig
		X	i			unbedeutend V – VI	schwarze Beeren	dichte, buxusähnliche Belaubung
		X				gelb II – IV		wertvoller Frühjahrsblüher, auch an Spalieren und hängend
		X				gelb V – VI		wächst auch im Schatten, wuchert
		X				rosa V – VI		wertvoller Blütenstrauch, auch als Solitär
X						gelb V – VI		40 cm lange Blütenrispen, wertvoll, aber in allen Teilen giftig
	X			w		weiß VI – VII	schwarze Beeren	nicht ganz frosthart
	X			(w)		weiß VI – VII	schwarze Beeren	anspruchslos, heimischer Strauch, hält das Laub im Herbst lange
X						weiß rosa V – VI	rote Beeren, leicht giftig	anspruchsloser Deckstrauch
	X					gelblich weiß V – VII	rote Beeren, leicht giftig	heimischer anspruchsloser Strauch, auch für den Schatten
		X				weiß rosa IV – V		Solitär, nicht auf Kalk } beide mit der Blüte nicht ganz frosthart
		X				weiß III – IV		Solitär, nicht auf Kalk
	X				gelb	rosa V	gelbe Früchte	wertvoller Solitär, zum Teil baumartig
	X				rot	rot V	rot	wertvoller Solitär rötliche Belaubung
X						weiß V – VI		schöner Blütenstrauch, duftend
	X					weiß VI – VII		schöner Blütenstrauch, duftend
		X	i			weiß III – V		kalkfliehend
	X		i			weiß V		wertvoll, auch im Schatten, giftig
X						weiß IV – V	blaue Beeren, eßbar	anspruchsloser heimischer Strauch
	X					rosa III – IV		netter Blütenstrauch

Sträucher (Fortsetzung)

Botanischer Name	Deutscher Name	Familie	Wuchs		
			Höhe in m	Breite in m	Form
Pyracántha coccínea	Feuerdorn	Rosáceae	3	3,5	sparrig unregelmäßig
Ríbes alpínum	Alpenjohannisbeere	Saxifragáceae	2	1	buschig
Ríbes sanguíneum	Blutjohannisbeere	,,	2	1,5	buschig
Sálix cáprea mas	Salweide	Salicáceae	4	2	aufrecht buschig
Sálix matsudána 'Tortuosa'	Zickzackweide	,,	6	3	aufrecht buschig
Sálix purpúrea 'Nana'	Purpurweide	,,	2	1,5	rund buschig
Sambúcus nígra	Holunder	Caprifoliáceae	6	3,5	sparrig breit
Sambúcus racemósa	Traubenholunder	,,	5	4	sparrig breit
Spiraéa x argúta	Spierstrauch	Rosáceae	2	1,5	buschig, Zweige überhängend
Spiraéa x vanhoúttei	Prachtspiere	,,	3	2,5	breit buschig, Zweige überhängend
Symphoricárpos álbus var. laevigátus	Schneebeere	Caprifoliáceae	2,5	2	buschig
Symphoricárpos orbiculátus	Korallenbeere	,,	2	1,5	buschig aufrecht
Syrínga x chinénsis	Chinesischer Flieder	Oleáceae	4	2,5	hoch breit
Syrínga refléxa	Bogenflieder	,,	3,5	3	breit aufrecht überhängend
Syrínga-Vulgaris-Hybriden	Flieder	,,	5	3	breit eirund
Támarix parviflóra	Frühlingstamariske	Tamaricáceae	3,5	3	ausladend überhängend
Támarix pentándra	Sommertamariske	,,	4	3	ausladend überhängend
Vibúrnum fárreri (frágrans)	Duftschneeball	Caprifoliáceae	3	1,2	aufrecht locker
Vibúrnum lantána	Wolliger Schneeball	,,	4	3	breit aufrecht
Vibúrnum ópulus	Schneeball	,,	4	3	aufrecht rund
Vibúrnum x rhytido-phýllum	Immergrüner Schneeball	,,	3	2	breit aufrecht
Weígela-Hybriden	Weigelie	Caprifoliáceae	2	1,5	dicht buschig

Wuchs					Herbstfärbung	Blüte	Fruchtschmuck	Besondere Hinweise
stark	mittel	schwach	immergrün	wintergrün		Farbe Blütezeit		
X			i			weiß V – VI	orange Beeren	äußerst wertvolles Gehölz, als Solitär, in der Gruppe und als Heckenpflanze
	X					grünlich IV – V		anspruchsloser heimischer Strauch
	X					rot IV – V		wertvoller Blütenstrauch, schön in Kombination mit Forsythie
X						gelb III – IV		schöne Kätzchen, Bienenweide
X						unbedeutend IV – V		Solitär, gedrehter korkenzieherartiger Wuchs
	X				braun	gelb grün III – IV		wertvoll, anspruchslos, silbrige Belaubung
X						weiß VI – VII	schwarze Beeren	heimischer Strauch
	X					weiß IV – V	rote Beeren	heimischer Strauch, auch im Schatten
		X				weiß IV – V		schöner Blütenstrauch
	X					weiß V – VI		schön zu Flieder, Goldregen und Schneeball
	X					rosa weiß VII – IX	weiße Beeren	heimischer robuster Strauch
	X					blaß rot VII – VIII	rote Beeren	robuster Strauch, auch für den Schatten
		X				lila V		schön, auch als freiwachsende Hecke
	X					dunkelrosa VI		Solitär
	X					weiß, rosa, blau, rot, V – VI		viele Sorten, schönes Blütengehölz
X						hellrosa V		wirkungsvolle eigenartige Pflanze, jährlicher Rückschnitt nach der Blüte
X						rot VII – VIII		wirkungsvoll
		X			rotbraun	weiß rosa X – IV		schöner Winterblüher, duftend, zur Einzelstellung
	X					weiß V – VI	rote Beeren	robuster heimischer Strauch für trockene Lagen
	X					weiß V – VI	rote Beeren	robuster heimischer Strauch für feuchte Lagen
		X	i			weiß V – VI	rote Beeren	Solitär, robust
	X					rot V – VII		wertvoller Blütenstrauch

Bodendecker

Botanischer Name	Deutscher Name	Familie	Wuchs Höhe cm	Stückzahl pro m^2
Callúna vulgáris	Besenheide	Ericáceae	40	12 - 15
Cotoneáster adpréssus	Zwergmispel	Rosáceae	25	6 - 8
Cotoneáster congéstus 'Jürgl'	,,	,,	50	6 - 8
Cotoneáster dámmeri var. radícans	,,	,,	20	8 - 10
Cotoneáster dámmeri 'Skogholm'	,,	,,	60 - 80	4 - 6
Cotoneáster horizontális	,,	,,	bis 150	4 - 5
Cotoneáster-Hybriden 'Herbstfeuer'	,,	,,	20 - 40	4 - 6
Eríca cárnea	Schneeheide	Ericáceae	30	12 - 15
Euónymus fortúnei var. radícans	Spindelstrauch	Celastráceae	30	8 - 10
Euónymus fortúnei var. végetus	,,	,,	60	5 - 8
Gaulthéria procúmbens	Scheinbeere	Ericáceae	30	12 - 15
Hédera hélix	Efeu	Araliáceae	20	5 - 8
Hypéricum calýcinum	Johanniskraut	Guttíferae	40	8 - 12
Lonícera nítida	Niedere Heckenkirsche	Caprifoliáceae	120	4 - 6
Lonícera pileáta	,,	,,	100	4 - 6
Mahónia aquifólium	Mahonie	Berberidáceae	100	4 - 5
Pachysándra terminális	Ysander	Buxáceae	30	10 - 12
Potentílla fruticósa	Fingerstrauch	Rosáceae	120	4 - 8
Potentílla fruticósa 'Arbuscula'	,,	,,	60	6 - 8

immergrün	wintergrün	Blüte Farbe Blütezeit	Fruchtschmuck	Besondere Hinweise
		rosa lila VII – VIII		nur auf kalkfreien, sandigen humosen Böden mehrere schöne Sorten
		rötlich VI	rote Beeren	langsam wachsend, auch für Steingärten und Grabbe- pflanzung
i		weiß rosa VI	rote Beeren	nicht wuchernd, auch für Grabbepflanzung
i		weiß VI	rote Beeren	sehr dicht und flach, starkwachsend
i		weiß VI	rote Beeren	sehr stark wachsend, die Sorte 'Coral Beauty' hat einen besonders reichen Fruchtschmuck
		weiß rosa VI	rote Beeren	die fächerartigen Zweige schieben sich auch an Wänden hoch
	w	weiß rosa VI	rote Beeren	dicht aufliegend, einige Zweige bogig überstehend
i		weiß/rosa/rot XII – III		mehrere schöne Sorten, regelmäßiger Rückschnitt, wertvoll
i		unbedeutend		sehr dicht, auch im Schatten, anspruchslos, an Mauern kletternd
i		unbedeutend	rote Beeren	wie vorher, etwas stärker wachsend
i		weiß rosa VII – VIII	rote Beeren	im Schatten und Halbschatten, nur auf sauren Böden
i		grün IX	schwarze Fruchtdolden	für Schatten und Halbschatten, sehr schön, verlangt humose Böden
	w	gelb VII – IX		sehr wertvoll für Sonne und Schatten, Ende April zurück- schneiden
i		unscheinbar gelb V	violette Beeren giftig	für Halbschatten und Sonne, robust, von Zeit zu Zeit Rückschnitt
i		unscheinbar gelb V	violette Beeren giftig	wie vorher
i		gelb IV – V	blaue Beeren	dornige Blätter im Herbst braunrot, robust, wertvoll
i		weiß IV	blauschwarze Beeren	Schatten und Halbschatten, humoser Boden, langsame Anfangsentwicklung
		gelb V – IX		mehrere Sorten, wertvoller Dauerblüher, volle Sonne, auch in kleinen Gruppen
		gelb VI – X		wie vorher

Bodendecker (Fortsetzung)

Botanischer Name	Deutscher Name	Familie	Wuchs Höhe cm	Stückzahl pro m^2
Rósa nítida	Glanzrose	Rosáceae	80	6 - 8
Spiraēa-Bumalda-Hybriden 'Antony Waterer'	Spierstrauch	Rosáceae	90	3 - 5
Stephanándra incísa 'Crispa'	Kranzspiere	Rosáceae	80	3 - 5
Symphoricárpos × chenaūltii 'Hancock'	Schneebeere	Caprifoliáceae	80	3 - 5
Vínca mínor	Immergrün	Apocynáceae	15	8 - 12
Vínca májor	Großes Immergrün	,,	25	8 - 12

Nadelgehölze

Botanischer Name	Deutscher Name	Familie	Wuchs Höhe in m	Wuchs Breite in m
Ábies cóncolor	Koloradotanne	Pináceae	25	4
Ábies nordmanniána	Nordmannstanne	,,	25	6
Ábies balsámea 'Nana'	Balsamtanne	,,	1	2,5
Cédrus atlántica 'Glauca'	Blaue Atlaszeder	Pináceae	20	10
Cédrus deódara	Himalajazeder	,,	20	8
Chamaecýparis lawsoniána 'Alumii'	Scheinzypresse	Cupressáceae	10	2,5
Chamaecýparis nootkaténsis 'Pendula'	Nutka-Zypresse	,,	15	6
Chamaecýparis obtúsa 'Nana Gracilis'	Zwergscheinzypresse	,,	2	2
Chamaecýparis pisífera 'Filifera Nana'	,,	,,	1	1,5

immergrün	wintergrün	Blüte Farbe Blütezeit	Fruchtschmuck	Besondere Hinweise
		rosa VI - VII		schöne gelbrote Herbstfärbung, Ausläufer treibend
		karminrot VII - IX		sehr zierend, auch durch das weißbunte Blatt, mehr für kleinere Flächen, im Frühjahr Rückschnitt
		grünweiß VI - VII		braunrote Herbstfärbung, anspruchslos, dicht
		rosa VI - VII	rote Beeren	robust, sehr dicht werdend
i		blauviolett IV - V		im Schatten und Halbschatten, humoser Boden
i		blauviolett IV - V		

Wuchsform	Verwendung	Besondere Hinweise
schmal pyramidal waagerechte Äste	Einzelstellung	auffallend lange Nadeln (4–6 cm) blaugrau, industriefest, robust
breit pyramidaler Baum	Einzelstellung	darf nicht zu trocken stehen
flachkugelige Zwergform	Einzelstellung, auch in Steingärten	verlangt kultivierten Boden, wächst langsam
breit pyramidal steil aufsteigende Äste	Einzelstellung	sehr wirkungsvoll, intensiv blaue Benadelung, in Jugend etwas frostgefährdet
anfangs pyramidal, später breit, waagerechte bis hängende Äste	Einzelstellung	mehr grüne als blaue weiche Nadeln
schmal pyramidal	Einzel + Gruppe Heckenpflanzen	graublaue schuppige Nadeln, mehrere Sorten
schmal pyramidal Äste waagerecht hängende Zweige	Einzelstellung	sehr malerischer Baum, Benadelung blaugrau
buschig kegelförmig	Steingarten Grabbepflanzung	dunkelgrüne Nadeln, tütig/muschelförmig angeordnet, langsam wachsend
buschig kissenförmig bis kegelig	Steingarten Grabbepflanzung	malerisches, wertvolles kleinwüchsiges Nadelgehölz

Nadelgehölze (Fortsetzung)

Botanischer Name	Deutscher Name	Familie	Wuchs	
			Höhe in m	Breite in m
Gínkgo bíloba	Ginkgo, Fächerblattbaum	Ginkgoáceae	12	4
Juníperus chinénsis 'Pfitzerana'	Pfitzerwacholder	Cupressáceae	3	3
Juníperus commúnis 'Hibernica'	Säulenwacholder	,,	3,5	0,8
Juníperus horizontális 'Glauca'	Kriechwacholder	,,	0,3	2
Juníperus virginiána 'Glauca'	Virginischer Wacholder	,,	10	1,5
Lárix kaempferi	Japanische Lärche	Pináceae	25	6
Metasequóia glyptostroboídes	Urwelt-Mammutbaum	Taxodiáceae	24	4
Pícea omórika	Serbische Fichte	Pináceae	18	3
Pícea púngens 'Glauca'	Blaufichte	,,	20	6
Pícea ábies 'Nidiformis'	Nestfichte	,,	1	1,6
Pícea ábies 'Echiniformis'	Igelfichte	,,	0,6	0,8
Pínus múgo (montána)	Bergkiefer, Latsche	Pináceae	7	3
Pínus múgo ssp. múgo	Krummholzkiefer	,,	2	3
Pínus múgo ssp. pumílio	Zwergkiefer	,,	1	3
Pínus nígra ssp. nígra	Schwarzkiefer	,,	15	6
Pínus parviflóra 'Glauca'	Mädchenkiefer	,,	5	2,5
Pínus wallichiána	Tränenkiefer	,,	15	6,5
Pseudotsúga menziésii	Douglasfichte	Pináceae	35	6
Sequoiadéndron gigantéum	Mammutbaum	Taxodiáceae	40	6
Táxus baccáta	Eibe	Taxáceae	12	10
Táxus baccáta 'Fastigiata'	Säuleneibe	,,	4	1,5
Thúja occidentális	Lebensbaum	Cupressáceae	15	3
Tsúga canadénsis	Hemlockstanne	Pináceae	15	5

Wuchsform	Verwendung	Besondere Hinweise
Baum bizarr schmal und breit	Einzelstellung	frisch grüne fächerförmige Blätter, goldgelbe Herbstfärbung, laubabwerfend, schöner wertvoller Kleinbaum
breit ausladender Strauch	Einzel + Gruppe auch im Schatten	robuster vielseitiger unentbehrlicher Strauch, v. J. chin. mehrere schöne Sorten
schmale Säule	Einzelstellung	robust, vor allem auch im kleinen Garten geeignet
flach kriechend	Bodendecker	für kleinere und größere Flächen geeignet, ebenso J. sabina 'Tamariscifolia'
säulenförmiger Baum	Einzelstellung	robustes, schönes Gehölz
breit kegelförmiger Baum	Einzel + Gruppe	laubabwerfend, schöne Herbstfärbung
schmal kegelförmiger Baum	Einzelstellung	laubabwerfend, robust
fast säulenförmiger schmaler Baum	Einzel + Gruppe	durch den schmalen Wuchs auch für den kleineren Garten geeignet, weit verbreitet
schmal kegelig	Einzel + Gruppe	bekanntes weitverbreitetes Gehölz, Veredelungen oft malerisch gewachsen
nestförmig	Steingarten Grabbepflanzung	wertvolles kleinwüchsiges Nadelgehölz
kissenförmig	Steingarten Grabbepflanzung	wertvolles kleinwüchsiges Nadelgehölz
jung buschig später baumartig	Einzel + Gruppe	wächst in den Anlagen ohne Schneedruck baumartig, robuster kleiner Baum
flach, breit, dicht, gedrungen	Einzel + Gruppe Steingarten, Böschungen	kann durch Schnitt niedergehalten werden
flachkugelig dicht	Steingarten	wächst langsam
breitkegelig, später weit ausladender Baum	Einzel + Gruppe	schöner robuster Baum, für den Hausgarten zu groß werdend
pyramidal, unregelmäßig	Einzelstellung	wertvoller, malerischer kleiner Baum, bevorzugt humose Böden
mächtig breit, pyramidal	Einzelstellung	durch die 10–18 cm langen, schlaff herabhängenden Nadeln sehr dekorativ
großer schmal pyramidaler Baum, waagerechte Äste	Einzel + Gruppe	großer wirkungsvoller Parkbaum, erträgt in der Jugend Schatten
regelmäßig schmal pyramidal	Einzelstellung	mächtiger Parkbaum, nur für wärmere Lagen
breit ausladend, buschig, z.T. baumartig	Einzel + Gruppe auch als Unterpflanzung und Heckenpflanze	ungemein vielseitig, erträgt als einziges Nadelgehölz Rückschnitt ins alte Holz, schattenverträglich, braucht einigermaßen guten Boden, wächst langsam
dichte Säulenform	Einzelstellung	
schmal pyramidal	Einzel + Gruppe Heckenpflanze	robustes, vielseitiges und doch schönes Gehölz, zu Unrecht als Friedhofspflanze in Verruf
malerisch, breit ausladend Triebenden hängend	Einzel + Gruppe	sehr ansprechendes Gehölz, erträgt Schatten, bevorzugt kalkfreie Böden

8.2.6 Rosen

Rosen erfreuen sich seit altersher größter Beliebtheit. Zunächst waren es Wildarten, denen später Züchtungen folgten, vor allem die Teehybriden gegen Ende des 19. Jahrhunderts. Wir erfreuen uns heute sowohl an den Züchtungen der Teehybriden und Polyantharosen als auch an den vielen Strauch- und Wildrosenarten.
Um über die Vielfalt der Rosen einen Überblick zu bekommen, teilt man sie in Gruppen ein:

1. Edelrosen (Teehybriden)
2. Polyantha- und Floribundarosen
3. Zwergrosen
4. Immerblühende Strauchrosen
5. Kletterrosen
6. Wildrosen

Alle Rosenarten und -sorten zu beschreiben und auch nur zur erwähnen, würde den Rahmen dieses Buches sprengen. Es kann nur – wie auch bei den anderen Listen – sozusagen ein Gerüst erstellt werden, um einen Überblick zu bekommen.

1. Edelrosen
Sie sind aus Züchtungen hervorgegangen und sind alle auf *Rósa canína* und *Rósa multiflóra* veredelt. Sie sind gekennzeichnet durch die große edle Blüte auf langen Stielen, wodurch sie hervorragend zum Schnitt geeignet sind. Ihr Wuchsbild insgesamt ist meist nicht sehr ansprechend, da sie oft sehr hoch (langstielig) sind. Die Edelrosen lassen sich auch schwer mit anderen Pflanzen kombinieren. Der für sie geeignete Platz ist das Beet, auf dem sie zum Schnitt aufgepflanzt sind. Sie blühen von Juni bis in den Oktober hinein. Ihre Ansprüche an den Boden und eine regelmäßige Pflege sind hoch; es kommen nur vollsonnige Standorte in Frage. Edelrosen müssen jedes Frühjahr auf 4–6 Augen zurückgeschnitten werden, sie verlangen einen offenen Boden und eine kräftige Düngung; meistens müssen sie gegen Mehltau, Sternrußtau und Blattläuse gespritzt werden. Durch das Abschneiden der Blüten werden sie zur neuen Blütenbildung angeregt. Im Herbst werden sie auf eine Höhe von ca. 20 cm zurückgeschnitten, angehäufelt und mit Reisig abgedeckt.
Die Edelrosen werden teilweise auch auf Hochstämmchen veredelt und können in dieser Form im Garten einen bevorzugten Platz einnehmen.
Werden Kletterrosen auf Stämmchen veredelt, spricht man im Volksmund von »Trauerrosen«, weil sie hängende Zweige haben.

Hier eine kleine Auswahl von Edelrosen-Sorten

Rote Farbtöne
'Duftwolke', 'Roter Stern', 'Konrad Adenauer', 'Baden-Baden',

gelbe Farbtöne
'Sutters Gold', 'Golden Gate', 'Susan', 'Kings Ransom',

rosa Farbtöne
'Carina', 'Maria Callas',

orange
'Super Star',

mehrfarbig
'Gloria Dei',

weiß
'Virgo',

lachsfarben
'Königin der Rosen'.

2. Polyantha- und Floribundarosen
Im Gegensatz zu den Edelrosen haben sie nicht nur eine Blüte pro Stiel, sondern ein ganzes Büschel. Bei Rosen mit einfachen oder halbgefüllten Blüten spricht man von Polyantharosen, bei solchen mit mehr Edelrosen-Charakter, aber auch mit mehreren Blüten am Stiel von Floribundarosen.
Diese Rosen haben einen lockeren, weitgehend natürlichen Wuchs in Höhen von 40–80 cm und sind ungemein reichblühend, von Juni bis in den Winter hinein. Sie sind die idealen Gartenrosen und eigentlich unentbehrlich. Bei weitgehend gleicher Blütenhöhe eignen sie sich für größere Flächenpflanzungen ausgezeichnet, sind aber auch in kleinen Gruppen äußerst wirkungsvoll. Als Nachbarschaft bieten sich immergrüne Gehölze, Gräser sowie insbesondere blaublühende oder silberlaubige Stauden an.
Auch diese Rosen sind alle veredelt. Ihre Ansprüche an Bodenqualität und Pflege entsprechen denen der Edelrosen. Sie wirken ausgesprochen repräsentativ und werden nur an bevorzugten Plätzen – im Garten in Hausnähe – gepflanzt.
Es gibt sehr viele und auch immer wieder neue Sorten, von denen nur beispielhaft einige genannt sein sollen:

Farbton	Sorte	Höhe in cm
Rot	'Alain'	60
	'Europeana'	60
	'Fanal'	60
	'Käte Duvigneau'	100
	'Lilli Marleen'	50
	'Marlena'	40
	'Sarabande'	50
	'Schweizer Gruß'	60
Rosa	'Märchenland'	100
	'The Queen Elizabeth Rose'	100
	'Tip Top'	40
Gelb	'Allgold'	60
	'Friesia'	65
	'Golden Fleece'	40
	'Norris Prat'	45
Orange	'Esther Ofarim'	50
	'Neues Europa'	50
	'Taora'	50
Gelb + Rot	'Masquerade'	80

3. Zwergrosen

Sie haben eine durchschnittliche Höhe von 20–30 cm und zum Teil kaum Stacheln (»Dornen«). Man muß sie aus der Nähe betrachten können und dementsprechend pflanzen. Sie stehen gern auf gutem Boden und nicht zu trocken. Blütezeit Mai bis Herbst.

Einige Sorten	
gelb	'Bit o'Sunshine',
rot	'Coralin', 'Muttertag', 'Scarlet Gem'.
orange	'Starina',
rot + gelb	'Baby Maskerade'.

4. Immerblühende Strauchrosen

Es handelt sich um Hybriden der Wildrosen; sie ähneln sehr den Polyantharosen, werden jedoch durchweg höher und nehmen eine Mittelstellung zwischen diesen beiden Gruppen ein. Sie werden im Schnitt wie die Wildrosen behandelt. Im Unterschied zu diesen blühen sie jedoch nicht nur einmal, sondern den ganzen Sommer über. Sie haben einen sehr hohen Gartenwert; zunächst durch ihre lange und schöne Blüte, aber auch durch ihren harmonischen Wuchs, der es erlaubt, sie sowohl in Einzelstellung als auch in Gruppen mit anderen Pflanzen zu verwenden.

Einige Sorten

Farbton	Sorte	Höhe in cm
Rot	'Bischofstadt Paderborn'	150
	'Bonn'	200
	'Dirigent'	200
	'Lichterloh'	100
	'Elmshorn'	200
Rosa	'Stadt Rosenheim'	150
	'Weihenstephan'	250
Gelb	'Lichtkönigin Lucia'	150
	'Zitronenfalter'	150
Weiß	'Schneewittchen'	100

5. Kletterrosen

Trotz ihres Namens gehören sie nicht zu den Kletterpflanzen, da sie nicht ranken und winden. Man nennt sie richtiger *Spreizklimmer,* weil sie sich mit ihren stachelbewehrten Trieben zwischen Gerüsten und Zweigen anderer Pflanzen spreizen und halten.

Sie sind äußerst reizvoll und in unseren Gärten und Anlagen nicht zu entbehren. Neben den Standorten an Mauern, Zäunen, Pergolen und Rankgerüsten können sie auch freistehend an Böschungen oder an Maueroberkanten gepflanzt werden, wo sie dann weit ausladend, bogig überhängend stehen. Sie sind in ihrem Charakter den vorgenannten Strauchrosen sehr ähnlich. In rauhen Lagen brauchen sie etwas Frostschutz (eigentlich Sonnenschutz) durch Reisig.

Einige Sorten

Farbton	Sorte	Höhe in cm
Rot	'Flammentanz'	500
	'Gruß an Heidelberg'	300
	'Sympathie'	400
	'Parkdirektor Riggers'	300
	'Paul Scarlet Climber'	400
Rosa	'New Dawn'	300
Gelb	'Goldstern'	300
	'Leverkusen'	400

6. Wildrosen
Wie der Name schon ausdrückt, handelt es sich hier um natürliche Wildformen oder doch um züchterisch wenig beeinflußte Arten. Sie sind in der Regel anspruchslos und robust, sollten aber immer sonnig stehen. Meist blühen sie nur einmal, viele haben dafür aber im Herbst einen reichen Behang an zierenden Hagebutten.
Sie werden in der Pflege wie andere Sträucher behandelt, also nicht wie Polyantha- oder Edelrosen geschnitten.
Die im folgenden aufgeführten Arten werden in Katalogen auch als Parkrosen oder einmalblühende Strauchrosen bezeichnet.

8.2.7 Rhododendron

Diese wunderschönen, teils immergrünen Pflanzen mit ihren herrlichen Blüten stellen an Klima und Boden so ausgeprägte Anforderungen, daß ihre Verwendung in weiten Teilen Deutschlands problematisch ist.

Wildrosen

Botanischer Name	Deutscher Name	Wuchs		Wuchsform
		Höhe in m	Breite in m	
Rósa canína	Hundsrose	3	2,5	locker, bogig überhängend
Rósa hugónis	Frühjahrsrose	2	2	bogig überhängende Zweige
Rósa moyésii		3	2,5	locker, sparrig
Rósa multiflóra	Vielblütige Rose	1,5	3	locker, dünn überhängend, kletternd
Rósa omeiénsis pteracántha	Stacheldrahtrose	2	2	locker, bogig überhängend
Rósa pimpinellifólia	Dünenrose	2,5	2	locker sparrig
Rósa pimpinellifólia Hybriden 'Frühlingsgold'	Dünenrose	2	1,5	,,
Rósa pimpinellifólia Hybriden 'Frühlingsmorgen'	Dünenrose	2	1,5	,,
Rósa pimpinellifólia Hybriden 'Karl Förster'	Dünenrose	1,5	1	,,

Rhododendren sind sogenannte *Moorbeetpflanzen,* sie brauchen einen humosen, lockeren, sauren Boden mit viel Feuchtigkeit, aber ohne stauende Nässe. Sie ertragen keinen Kalk, selbst das Gießen mit kalkhaltigem Wasser nehmen sie übel. Die Ansprüche an den Boden können, wenn auch teilweise mit großem Aufwand, erfüllt werden. Schwierig ist es mit den klimatischen Bedingungen: sie wünschen hohe Luftfeuchtigkeit, milde Winter, keine volle Sonne, aber auch keinen tiefen Schatten – sonst blühen sie nicht. Diese Voraussetzungen sind mit Ausnahmen nur im Westen und Norden Deutschlands geboten.
In Gebieten, wo dies nicht der Fall ist, sollten nur in Ausnahmefällen Rhododendren gepflanzt werden; in Neuanlagen ist es praktisch unmöglich. Wenn überhaupt, dann gedeihen sie nur im Schutz älterer Bäume mit tiefgehenden Wurzeln, wie Eichen, Kiefern, Lärchen; ungünstig sind Birken, Fichten, Buchen und Linden.
Schädlich für Rhododendren ist die volle Sonne, auch die Morgensonne im Winter, sowie zugige, windige Plätze.

Kann man die Ansprüche an den Standort erfüllen, stehen uns im wesentlichen 5 Gruppen von Rhododendren zur Verfügung:

1. Immergrüne, starkwachsende, großblumige Hybriden
2. Immergrüne, niedere Hybriden
3. Sommergrüne, großblumige Hybriden (früher Azaleen)
4. Halbimmergrüne, niedere Arten
5. Wildrhododendron

1. Immergrüne, großblumige Hybriden
Rhododéndron-Catawbiénse-Hybriden

Im geeigneten Klima Norddeutschlands werden die Pflanzen bis zu 8 m hohe, mächtige Gehölze. In anderen Gebieten erreichen sie nur 2–3 m Höhe. Die lila Sorten scheinen etwas robuster als die roten und rosafarbigen zu sein. Auch ohne Blüte sind die immergrünen Pflanzen mit den großen, schmalen Blättern und ihrem buschigen, harmonischen Wuchs sehr wirkungsvoll. Zur Zeit der Blüte gibt es nichts Vergleichbares.

Blüte Farbe Blütezeit	Frucht	Hinweise
rosa VI	scharlachrot	anspruchslose Wildrose für trockene, warme Lagen
gelb V	rot	früheste und reich blühende Rose, sehr schönes Gehölz, auch für den Hausgarten
rot VI	5–6 cm lange rote Früchte	schöne Rose, kann mit Stauden und Gräsern unterpflanzt werden
weiß VI – VII	erbsengroße rote Früchte	anspruchslos, auch für größere Flächen wie z.B. Böschungen geeignet
weiß V		sehr schön sind die durchscheinenden, roten 2 cm breiten Stacheln, die sehr dicht angeordnet sind
gelb-weiß V – VI	schwarz-braun	frosthart und trockenheitsresistent
gelb V		schöne wertvolle Sträucher, robust
rosa V – VI		schöne wertvolle Sträucher, robust
weiß VI		schöne wertvolle Sträucher, robust

Wildrosen (Fortsetzung)

Botanischer Name	Deutscher Name	Wuchs		Wuchsform
		Höhe in m	Breite in m	
Rósa rubiginósa	Weinrose	3	2,5	locker sparrig, stark bestachelt
Rósa rugósa	Kartoffelrose	2,5	2	dicht buschig
Rósa rugósa 'Conrad Ferdinand Meyer'	Kartoffelrose	3	3	dicht buschig, aufrecht
Rósa rugósa 'Dagmar Hastrup'	Kartoffelrose	1	1	dicht buschig
Rósa sweginzówii 'Macrocarpa'		3	2,5	dicht, breit überhängend

Einige Sorten:

weißer Farbton – 'Album Novum', 'Cunningham's White',
rosa Farbton – 'Humboldt', 'Roseum Elegans',
roter Farbton – 'Caractacus', 'America', 'Edward S. Rand',
lila Farbton – 'Catawbiense Grandiflorum', 'Catawbiense Boursault'.

2. Immergrüne, niedere Hybriden

Diese Rhododendren sind wesentlich niedriger als die vorige Gruppe, haben aber große, glockenförmige Blüten. Es handelt sich um die *Williamsiánum*-Hybriden mit dichtem, kugeligen Wuchs, die bis zu 1,50 m hoch werden.

Einige Sorten:
'Görlitz' – hellrosa blühend,
'Lissabon' – karminrot blühend.

Rhododéndron forréstii, die ehemaligen *Répens*-Hybriden mit flachem, niederem Wuchs werden nur etwa 60 cm hoch und haben sich als nicht ganz so empfindlich gegen Kalk erwiesen.

Einige Sorten:
'Baden-Baden', 'Scarlet Wonder', 'Salute'.

3. Sommergrüne, großblumige Hybriden

Die nicht immergrünen Rhododendren sind gegen klimatische Unbilden widerstandsfähiger als die immergrünen. Ihre Blüten haben wunderschöne, zarte Farben; sie brauchen einen lichten Schatten und sollten vor einen ruhigen Hintergrund (z. B. vor Nadelgehölzen oder auch geschnittenen Hecken) gepflanzt werden. Auch sie verlangen einen durchlässigen, humosen, kalkfreien Boden.

Die laubabwerfenden Arten hießen nach der alten Nomenklatur Azalea, die heutigen Züchtungen stammen von Azalea móllis und Azalea póntica.

a) *Rhododéndron mólle* wird etwa 1,5–2 m hoch. Die Blüten erscheinen vor dem Blattaustrieb, was von eigenartigem Reiz ist.

   Einige Sorten:
   'Kosters Brilliant Red' – tief orangerot
   'Winston Churchill' – korallenrot
   'Direktor Moerlands' – gelb

b) *Rhododéndron lúteum* wächst etwas stärker und wird 2–5 m hoch. Er hat kleinere Blüten als *Rh. mólle,* dafür meist mehr. Blüte von Mai bis in den Juni hinein.

   Einige Sorten:
   'Bouquet de Flore' – karmin mit gelb – blüht spät
   'Corneille' – hellrosa – mittelfrüh
   'Nancy Waterer' – gelb – mittelfrüh
   'Pallas' – orangerot – früh

Sowohl von *Rh. lúteum* als auch von *Rh. mólle* gibt es außer den Namenssorten auch sehr schöne Sämlinge, die preiswerter sind.

Blüte Farbe Blütezeit	Frucht	Hinweise
rosa VI	rot	robuster Strauch, auch für Böschungen, geschnitten als Hecke
rosa VI - VIII	rot	robuste Rose, mehrmals blühend, gelbe Herbstfärbung, Ausläufer treibend
rosa VI - VIII	viele rote Früchte	reichblühend, auch zur Einzelstellung und zum Schnitt
rosa VI - VIII	viele rote Früchte	wertvolle niedrigbleibende Sorte
hellrosa VI	kräftig rot 5 cm lang in Büscheln	unentbehrlich für trockene Böschungen, auch als Hecke

c) *Englische Züchtungen*
Exbury- und Knap-Hill-Azaleen.
Wertvolle Sorten mit auffallend schönen Blüten. Sie werden 1–2 m hoch und sind gut winterhart.

Rosa und rote Farben – 'Cäcilie', 'Fireball', 'Gibraltar', 'Satan',
orange und lachs – 'Hotspur',
gelb – 'Golden Eagle', 'Golden Sunset', 'Klondyke',
weiß – 'Persil'.

4. Halbimmergrüne, niedere Arten

a) *Japanische Azaleen* (heute *Rhododéndron japónicum)*
Sie sind unseren im Winter blühenden Topfpflanzen sehr ähnlich. In geschützten Lagen behalten sie ihre kleinen Blätter bis zum Frühjahr, also in nordseitigen Steingärten und im lichten Schatten.

Ca. bis 1 m hochwachsende Sorten:
Rote Farben – 'Fedora', 'Beethoven', 'John Cairns',
rosa – 'Muttertag', 'Schubert',
weiß – 'Palestrina'.

Kleinblumige, niedriger bleibende Sorten:
Rot – 'Hatsugiri', 'Kermesina', 'Hinodegiri',
rosa – 'Hinomayo'.

b) *Diamant-Azaleen*
Niedere, bis 60 cm hohe, dicht buschige, sehr reichblühende Züchtungen, die gut winterhart sind.
Sie sind ohne Namenssorten nur nach Farben im Handel. Es gibt die Farben lachs, purpur, rosa, rot.

c) *Aréndsii-Hybriden*
Bewährte, ca. 1 m hohe zierliche, reichblühende Züchtungen.

d) *Arends'sche Zwergazaleen*
Aronénse-Hybriden sind 20–30 cm hohe, breitwüchsige Pflanzen für kleine Terrassen und Steingärten.

5. Wildrhododendron

Von den fast unzählbaren Wildarten Ostasiens sind nur wenige im Handel. Die klimatischen Verhältnisse sind bei uns nicht nachzuvollziehen. Es handelt sich vielfach um Gebirgspflanzen, die in voller Sonne stehen, aber auf feuchten Rohhumusauflagen, die gut entwässert sind. Zusätzlich erhalten sie durch die Gebirgsnebel Feuchtigkeit. Dies wird schon durch die zwei in den Alpen weit verbreiteten Arten deutlich; die behaarte Alpenrose *Rhododéndron hirsútum* und die rostblättrige Alpenrose *Rhododéndron ferrugíneum* überdauern in unseren Gärten nur an besonders geschickt ausgewählten Plätzen, nach entsprechender Bodenvorbereitung.

Die bedeutendsten bei uns gehandelten Arten bzw. Sorten:

Rhododéndron impedítum
Immergrün, dicht, buschig breit wachsend, ca. 50 cm hoch, blüht purpurviolett im Mai.
Die Sorte 'Blue Tit' wird 60 cm hoch und blüht blau. Die Sorte 'Moerheimii' ist etwas niedriger als die Art, erträgt etwas Kalk und hat sich gut bewährt.

Rhododéndron mínus
Stammt aus den USA und ist verhältnismäßig hart und widerstandsfähig. Er wird bis zu 1 m hoch und blüht im Mai-Juni karminrosa. Immergrün.

Rhododéndron prǣcox
Dies ist die sogenannte Vorfrühlingsalpenrose. Ein immergrüner, verhältnismäßig industriefester Strauch, der bis 1,50 m hoch wird, mit lila-rosa Blüten, die schon im Februar erscheinen, blüht bis April, läßt sich auch treiben.

Rhododéndron russátum
Immergrüne, niedrigbleibende, ganz winterharte Art für den Steingarten. Sie wird 50–80 cm hoch und blüht dunkelviolett im April bis Mai.

Kletterer, Klimmer, Ranker und Schlinger

Botanischer Name	Deutscher Name	Familie	Wuchseigenschaften		
			Höhe in m	Breite in m	Wuchsform
Aristolóchia macrophýlla	Pfeifenwinde	Aristolochiáceae	10	10	Schlinger
Cámpsis radicans	Trompetenblume	Bignoniáceae	8	6	Schlinger
Celástrus orbiculátus	Baumwürger	Celastráceae	10	7,5	Schlinger
Clématis montána 'Rubens'	Bergwaldrebe	Ranunculáceae	8	6	Ranker
Clématis tangútica	Goldwaldrebe	,,	3	3	Ranker
Clématis vitálba	Gemeine Waldrebe	,,	10	10	Ranker
Clématis-Hybriden	Waldrebe	,,	3	3	Ranker
Fallópia aubértii (Polýgonum aubértii)	Knöterich	Polygonáceae	20	12	Schlinger
Hédera hélix	Efeu	Araliáceae	20	15	Klimmer
Hydrangéa anómala ssp. petioláris	Kletterhortensie	Saxifragáceae	18	9	Kletterer
Lonícera caprifólium	Geißblatt	Caprifoliáceae	4	4	Schlinger
Lonícera heckróttii	,,	,,	3,5	2,5	Schlinger
Lonícera hénryi	,,	,,	3,5	2	Schlinger
Parthenocíssus quinquefólia	Wilder Wein	Vitáceae	15	12	Ranker

8.2.8 Kletterer, Klimmer, Ranker und Schlinger

Es ist besonders reizvoll, Mauern, Zäune, Rankgerüste und Pergolen mit Pflanzen bewachsen zu lassen. Damit kann fast jede Ecke begrünt werden, wenn man eine entsprechende Bodenverbesserung vornimmt und die geeigneten Pflanzen auswählt.
An Mauern ohne zusätzliche Kletterhilfe kommen nur die Klimmer mit Haftwurzeln hoch. Schlinger und Ranker brauchen Drähte oder Gerüste. Für die Kletterer sind Gerüste zum Spreizen günstig.

8.2.9 Giftige Gehölze

In den letzten Jahren ist, unterstützt von den Massenmedien, fast eine Hysterie ausgebrochen in bezug auf giftige Pflanzen. Wären diese wirklich so gefährlich, hätte dies zum Aussterben der Menschheit führen müssen, da es sie schon immer gibt. Ungenießbar ist praktisch fast alles, was der Mensch nicht aufgrund jahrhundertealter Erfahrungen als Obst und Gemüse in seine Gärten geholt hat (z. B. unreifes Obst, ungekochte Bohnen, grüne Teile der Kartoffel).

Blüte Farbe Blütezeit	Fruchtschmuck	Herbstfärbung	immergrün	Besondere Hinweise	
gelbgrün, pfeifenförmig VI				Halbschatten oder genügend Bodenfeuchte, große Blätter	
orange gelb VII - IX				warme Lage, volle Sonne, wertvoller Sommerblüher	
grün VI - VII	orange rote Früchte	gelb		starkwachsend, braucht Platz und Sonne	
rosa VI - VII				sehr reich blühend, braucht Sonne	alle Clematis schattigen Fuß
gelb VI + IX				auffallend durch die gelbe Blüte	
weiß VII - IX	weiße fedrige Büschel			raschwachsend, anspruchslos, zum Verwildern geeignet	
weiß, lila, rot, violett V - IX				viele schöne Sorten mit herrlichen Blüten, verlangen gute Böden, z.T. etwas empfindlich	
weiß VII - X				ungemein stark wachsend, schöner Spätsommer- und Herbstblüher	
grün IX	schwarze Früchte		X	für Sonne und Schatten, robust	
weiß V - VI				für Sonne und Schatten, robust	
gelblich weiß V - VI	rote Früchte			anspruchslos, bevorzugt Halbschatten	
gelb rot VII - IX	rote Früchte			stark blühend, duftend, auf gute Böden	
gelb rot VI - VIII	schwarze Früchte		X	wertvoller Schlinger	
unscheinbar		leuchtend rot		braucht an glatten Mauern Drähte, sehr wertvoll	

Kletterer, Klimmer, Ranker und Schlinger (Fortsetzung)

Botanischer Name	Deutscher Name	Familie	Wuchseigenschaften		
			Höhe in m	Breite in m	Wuchsform
Parthenocíssus tricuspidáta 'Veitchii'	Selbstklimmer	Vitáceae	15	12	Klimmer
Wistéria sinésis	Blauregen, Glyzinie	Leguminósae	10	10	Schlinger
	Kletterrosen				

Trotzdem ist bei einigen Pflanzen Vorsicht geboten. Man muß diese kennen; sie sollten nicht gerade da gepflanzt werden, wo sie eine Verlockung für Kinder darstellen.
Zusammenstellung giftiger Gehölze nach R. HANSEN:

x = giftig
x x = stark giftig, schwere Vergiftungserscheinungen
x x x = sehr stark giftig, geringe Mengen lebensgefährlich

8.2.10 Stauden

Stauden sind mehrjährige Pflanzen mit krautigem Wuchs.
Um die Stauden mit ihrer ungewöhnlichen Vielfalt zu gliedern, wird auf die von R. HANSEN, H. MÜSSEL und J. SIEBER aufgestellten *»Kennziffern für die Staudenverwendung«* zurückgegriffen; die Tabellen sind nach Lebensbereichen gegliedert.

Giftige Gehölze

Deutscher Name Botanischer Name	Giftige Pflanzenteile	Gefährlichkeitsgrad
Seidelbast Dáphne mezeréum und andere Arten	alle Pflanzenteile, Früchte	X X X
Pfaffenhütchen Euónymus europaéus und andere Arten	alle Pflanzenteile, Früchte	X X
Efeu Hédera hélix	Blätter, Beeren; das Fruchtfleisch ist besonders giftig	X
Stechpalme Ílex aquifólium	Früchte	X
Sadebaum Juníperus sabína	alle Pflanzenteile, vor allem Zweigspitzen	X X X
Virginische Zeder Juníperus virginiána	alle Pflanzenteile	X X X
Goldregen Labúrnum-Arten	alle Pflanzenteile, Früchte	X X
Heckenkirsche Lonícera alpígena Lonícera caerúlea Lonícera nígra Lonícera xylósteum	rote und schwarze Früchte	X

Blüte Farbe Blütezeit	Fruchtschmuck	Herbstfärbung	immer-grün	Besondere Hinweise
unscheinbar		orange rot		klettert an der glatten Wand
blau violett IV – V				sehr schöner Schlinger, humoser Boden, sonnige Lage
				siehe Rosenliste

1. Lebensbereiche

a) **Gehölz**

Hier werden Stauden aufgeführt, die Schatten beanspruchen oder ertragen. Diese Stauden gedeihen nur im Schutz von Gehölzen und brauchen gute, humusreiche Böden. Die Pflanzen ertragen durchaus zeitweise Besonnung, wenn sie feucht genug stehen.

In Neuanlagen sind derartige Pflanzungen in der Regel *nicht sofort* möglich. Die Stauden können erst gepflanzt werden, wenn die Gehölze eingewachsen sind und eine gewisse Schutzfunktion übernehmen können.

In diesem Bereich lassen sich sehr schöne und dauerhafte Pflanzengesellschaften aufbauen, die im eingewachsenen Zustand wenig Pflege beanspruchen.

Giftige Gehölze (Fortsetzung)

Liguster Ligústrum vulgáre	Blätter, Rinde, Früchte	X
Bocksdorn Lýcium-Arten	alle Pflanzenteile, Früchte	X X
Kirschlorbeer Prúnus laurocérasus	Blätter, Knospen, Rinde, Früchte	X
Rhododéndron-Arten	Früchte	X X
Korallenholunder Sambúcus racemósa	Früchte	X
Schneebeere Symphoricárpos-Arten	Früchte	X
Eibe Táxus baccáta	alle Pflanzenteile bis auf den roten Samenmantel	X X
Lebensbaum Thúja occidentális	Zweigspitzen, Zapfen	X X X
Morgenländischer Lebensbaum Thúja orientális	Zweigspitzen, Zapfen	X X X
Schneeball Vibúrnum-Arten	vor allem Früchte	X X X

b) **Gehölzrand**
Die in dieser Liste aufgeführten Stauden ertragen insgesamt mehr Besonnung als die im Lebensbereich a genannten. Sie sind auch dem Wechselschatten von Baulichkeiten gewachsen.

c) **Freie offene Fläche**
Dies sind die Stauden für die volle Sonne. Im Unterschied zu den im Lebensbereich e genannten Stauden handelt es sich jedoch weitgehend um Wildformen oder um züchterisch doch wenig beeinflußte Arten. Wenn sich diese Pflanzen entwickelt haben, brauchen sie wenig Pflege.

d) **Steingarten**
Der Begriff Steingarten wird hier weit gefaßt und kennzeichnet die Situation in Verbindung mit natürlichen Steinen bis hin zu Betonmauern oder Betonfertigteilen, also auch kleinen Terrassen. Große, schattenspendende Gehölze fehlen auf diesen Flächen meist, es handelt sich also um weitgehend sonnige Lagen. Die aufgeführten Stauden sind relativ starkwachsend und problemlos.
Spezielle Pflanzen für ein sogenanntes »Alpinum« sind nicht erfaßt; diese Arten erfordern eine individuelle Standortvorbereitung.

Stauden – Lebensbereich Gehölz

Botanischer Name	Deutscher Name	Familie	Wuchsform	Rang/ Stellung
Aconítum napéllus	Eisenhut	Ranunculáceae	Ca	L
Anemóne hupehénsis	Herbstanemone	Ranunculáceae	Ca	L
Aquilégia-Hybriden	Akelei	Ranunculáceae	Ca	B
Arúncus dioícus	Waldgeißbart	Rosáceae	Cb	L
Ásarum europaeum	Haselwurz	Aristolochiáceae	Aa	F
Astílbe-Arendsii-Hybriden	Prachtspiere	Saxifragáceae	Bb	L
Bergénia cordifólia	Bergenie	Saxifragáceae	Bb	L
Brúnnera macrophýlla	Kaukasus-Vergißmeinnicht	Boragináceae	Ca	B
Cimicífuga racemósa	Silberkerze	Ranunculáceae	Cb	L
Convallária majális	Maiglöckchen	Liliáceae	Ba	B
Corýdalis cáva	Lerchensporn	Papaveráceae	Bb	B
Dicéntra spectábilis	Tränendes Herz	Papaveráceae	Ca	B

e) **Beet**
Hier handelt es sich um die meist züchterisch stark beeinflußten Prachtstauden für sonnige Plätze. Diese Stauden verlangen tiefgründige, humose Gartenböden, die durch die Bearbeitung offengehalten werden müssen, regelmäßige Düngung und ständige Pflege. Von Ausnahmen abgesehen ist es nicht günstig, diese Pflanzen mit denen des Lebensbereiches c zu kombinieren.

f) **Wasserrand und Sumpf**
Es sind Stauden für das Ufer natürlicher Gewässer oder für speziell gebaute – also auch vom Wasser erreichbare – Uferzonen von künstlich angelegten Gewässern.

g) **Wasser**
Hier sind die direkt im Wasser lebenden Pflanzen aufgeführt.

h) **Solitärstauden**
Die in dieser Rubrik genannten Pflanzen können aufgrund ihres Wuchses in Einzelstellung verwendet werden. Auch in Verbindung mit Architektur kommen sie gut zur Wirkung. Wenn man ihre Eigenart beachtet, können sie natürlich auch mit anderen Pflanzen benachbart werden.

Geselligkeitsstufe	Stück pro m^2	Blüte Farbe Blütezeit	Gesamthöhe in cm	Besondere Hinweise
II	7	blau VII – VIII	120	
II	5	rosa VIII – X	80	sehr wertvoll
II	12	blau, rot, rosa, weiß V – VI	60	
I/II	3	weiß VI – VII	120	anspruchslos, langlebig
III	16	braun III – IV	10	langsame Jugendentwicklung
II/IV	7	weiß, rosa, rot VII – IX	60 – 100	sehr wertvoll, viele Sorten
II/III	7	rot, rosa, weiß IV – V	40	mehrere Sorten
III	7	blau IV – V	50	
III	5	weiß VII – VIII	180	
II	20	weiß V	20	
III	25	rot, weiß IV – V	20	unter Gehölzen zum Verwildern
II	3	rosa V – VI	80	zieht später ein

Stauden – Lebensbereich Gehölz (Fortsetzung)

Botanischer Name	Deutscher Name	Familie	Wuchsform	Rang/ Stellung
Dorónicum orientále	Gemswurz	Compósitae	Ca	B
Epimédium pinnátum	Elfenblume	Berberidáceae	Ba	F
Géum-Hybriden	Nelkenwurz	Rosáceae	Ca	F
Hellébōrus níger	Christrose	Ranunculáceae	Bb	B
Hósta eláta	Grüne Riesenblattfunkie	Liliáceae	Ca	L
Hósta fortúnei	Goldblattfunkie	,,	Ca	L
Hósta siebóldii	Weißrandfunkie	,,	Ca	L
Lámium amplexicáule	Goldnessel	Labiátae	Ba	F
Omphalódes vérna	Gedenkemein	Boragináceae	Ba	F
Polygónatum odorátum	Salomonssiegel	Liliáceae	Cb	B
Prímula denticuláta	Kugelprimel	Primuláceae	Cb	B
Rodgérsia aesculifólia	Schaublatt	Saxifragáceae	Cb	L
Tiarélla cordifólia	Schaumblüte	Saxifragáceae	Aa	F
Waldsteínia geoídes	Waldsteinie	Rosáceae	Bb	F
Waldsteínia ternáta	,,	,,	Ba	F
Gräser				
Cárex morrówii	Japansegge	Cyperáceae	Db	L
Cárex péndula	Riesensegge	,,	Db	L
Cárex plantagínea	Breitblattsegge	,,	Db	L
Lúzula silvática	Hainsimse	Juncáceae	Da	F/L

Geselligkeitsstufe	Stück pro m^2	Blüte Farbe Blütezeit	Gesamthöhe in cm	Besondere Hinweise
II	12	gelb IV – V	40	bei genügend Feuchtigkeit auch in der Sonne
III/IV	12	gelb IV – V	30	wintergrün
III	16	gelb, rot VI – IX	35	wintergrün
II	7	weiß XII – III	25	
II	3	hellblau-violett VII – VIII	90	
II	3	lila VII – VIII	60	Funkien sind unverwüstliche Stauden, zierendes Blattwerk
II	6	lila VII – VIII	60	
V	9	gelb V – VI	20	grüngraue Blätter, wintergrün
III/V	16	blau IV – V	20	
II	12	weiß V – VI	60	
II	12	weiß, rosa III – IV	30	
I/II	3	weiß VI – VII	100	auffallende, kastanienartige Blätter
V	16	weiß IV – V	20	wintergrün
II/V	16	gelb IV – V	20	
III/V	16	gelb IV – V	10	wintergrün
II/III	7	III – IV	40	Ähren straff aufrecht, wintergrün
II	3	VI – VII	100	Ähren hängend
II	12	V – VI	40	2 cm breite, frischgrüne Blätter
III/IV	5	bräunlich V – VI	30	

Stauden – Lebensbereich Gehölz (Fortsetzung)

Botanischer Name	Deutscher Name	Familie	Wuchsform	Rang/ Stellung
Farne				
Athýrium fílix-fémina	Frauenfarn	Athyriáceae	Eb	L
Dryópteris fílix-mas	Wurmfarn	Aspidiáceae	Eb	L
Matteúccia struthiópteris	Trichterfarn	Onocleáceae	Eb	L
Phyllítis scolopéndrium	Hirschzungenfarn	Aspleniáceae	Ea	L
Polypódium vulgáre	Tüpfelfarn	Polypodiáceae	Ea	L
Polýstichum setíferum	Schildfarn	Aspidiáceae	Ea	L

Stauden – Lebensbereich Gehölzrand

Botanischer Name	Deutscher Name	Familie	Wuchsform	Rang/ Stellung
Ájuga réptans	Günsel	Labiátae	Aa	F
Alchemílla móllis	Frauenmantel	Rosáceae	Ba	B
Astílbe chinénsis	Prachtspiere	Saxifragáceae	Ba	F/L
Campánula latifólia	Glockenblume	Campanuláceae	Ca	B
Campánula persicifólia	Pfirsichblättrige Glockenblume	,,	Ca	B
Digitális purpúrea	Fingerhut	Scrophulariáceae	Ca	B
Gerránium macrorrhízum	Storchschnabel	Geraniáceae	Ca	L/F
Geránium platypétalum	,,	,,	Ca	L
Geránium endréssii	,,	,,	Bb	F
Heúchera-Hybriden	Purpurglöckchen	Saxifragáceae	Bb	B
Ligulária dentáta	Greiskraut	Compósitae	Cb	L
Lithospérmum officinále	Steinsame	Boragináceae	Ba	F
Lysimáchia punctáta	Felberich	Primuláceae	Ca	L
Lysimáchia nummulária	Pfennigkraut	,,	Aa	F

Gesellig-keitsstufe	Stück pro m²	Blüte Farbe Blütezeit	Gesamt-höhe in cm	Besondere Hinweise
I/II	3		70	Wedel 2- bis 4-fach gefiedert
II/III	5		100	Wedel einfach gefiedert
III/V	3		80	
II	12		40	Wedel ungefiedert breit lanzettlich, wintergrün
II	25		20	
II	7		60	Wedel fein zerteilt
III/IV	16	lilablau IV – V	15	
II	5	hellgelb VI – VII	30	
III/V	12	rosa VIII – IX	25	sehr wertvoll
I II	5 12	rosa-lila VII – VIII blau VI – VII	90 100	 auch zum Schnitt
II	12	rot VI – VII	150	
IV/V II/IV IV	12 12 16	zart rosa V – VI blau-violett VII – VIII rosa VII – VIII	30 50 20	} wertvoll, robust, reichblühend
III	12	rosa, rot, weiß VI – VIII	70	
I	3	gelb-orange VII – IX	100	große herzförmige zierende Blätter
V	12	blau IV – V	20	grau-grüne Blätter
II/V III/IV	12 20	gelb VI – VIII gelb V – VII	80 5	robust, manchmal wuchernd

Stauden – Lebensbereich Gehölzrand (Fortsetzung)

Botanischer Name	Deutscher Name	Familie	Wuchsform	Rang/ Stellung
Prímula véris	Schlüsselblume	Primuláceae	Bb	B
Pulmonária angustifólia	Lungenkraut	Boragináceae	Ba	B
Sédum hýbridum 'Immergrünchen'	Fetthenne	Crassuláceae	Aa	F
Solidágo caésia	Goldrute	Compósitae	Ca	L
Stáchys grandiflóra	Ziest	Labiátae	Ca	B
Thalíctrum aquilegifólium	Raute	Ranunculáceae	Ca	B
Víola odoráta	Veilchen	Violáceae	Aa	B
Gräser				
Cárex montána	Bergsegge	Cyperáceae	Da	B
Deschámpsia caespitósa	Rasenschmiele	Gramíneae	Da	L
Molínia altíssima	Pfeifengras	Gramíneae	Db	L
Zwiebel- und knollenbildende Arten				
Eránthis hyemális	Winterling	Ranunculáceae	Zwiebel	B
Galánthus nivális	Schneeglöckchen	Amaryllidáceae	Zwiebel	B
Leucójum vérnum	Märzenbecher	Amaryllidáceae	Zwiebel	B
Muscári botryoídes	Traubenhyazinthe	Liliáceae	Zwiebel	B
Narcissus-Hybriden	Osterglocke	Amaryllidáceae	Zwiebel	B
Narcíssus poéticus	Narzisse	,,	Zwiebel	B
Narcíssus pseudonarcíssus	,,	,,	Zwiebel	B
Scílla sibírica	Blaustern	Liliáceae	Zwiebel	B

Gesellig-keitsstufe	Stück pro m^2	Blüte Farbe Blütezeit	Gesamt-höhe in cm	Besondere Hinweise
II	20	gelb IV – V	20	
II	16	blau IV – V	30	
III/V	16	gelb VI – VIII	15	wintergrün, anspruchslos
I	7	gelb IX – X	60	
II	9	purpur/rosa VII – VIII	40	sehr wirkungsvoll
I	3	blaßlila VI – VII	100	luftige, fedrige Blüten
II	20	blauviolett III – IV	15	
II	12	gelblich III – IV	20	dicht überhängend
II	5	VI – VII	100	Blätter dunkelgrün überhängend, Ähren straff aufrecht
I	3	VIII – IX	180	
III	25	gelb II – III	10	
III	25	weiß II – III	15	
III/IV	25	weiß II – III	20	
III/IV	25	blau IV – V	15	
II/IV	16	gelb IV – V	30	
II	25	weiß + gelb IV – V	30	
II/IV	16	weiß + gelb IV – V	30	
III/IV	25	blau III – IV	10	

Stauden – Lebensbereich Freie offene Fläche

Botanischer Name	Deutscher Name	Familie	Wuchform	Rang/ Stellung
Acǣna buchanánii	Stachelnüßchen	Rosáceae	Aa	F
Acǣna microphýlla	,,	,,	Aa	F
Achilléa clypeoláta	Schafgarbe	Compósitae	Ca	L
Achilléa filipendulína	,,	,,	Ca	L
Asphodelíne lútea	Junkerlilie	Liliáceae	Ca	L
Eremúrus robústus	Steppenkerze	Liliáceae	Cb	B
Erýngium plánum	Edeldistel	Umbellíferae	Ca	B
Euphórbia myrsinítes	Walzenwolfsmilch	Euphorbiáceae	Bb	B
Gypsóphila paniculáta	Schleierkraut	Caryophylláceae	Cb	B
Lavándula angustifólia	Lavendel	Labiátae	Bb	F/L
Népeta × faassénii	Katzenminze	Labiátae	Bb	F
Oenothéra missouriénsis	Nachtkerze	Onagráceae	Bb	B
Pulsatílla vulgáris	Küchenschelle	Ranunculáceae	Bb	B
Sálvia nemorósa	Salbei	Labiátae	Ca	L
Sédum spúrium	Fetthenne	Crassuláceae	Aa	F
Sédum kamtscháticum	,,	,,	Aa	F
Sédum teléphium	,,	,,	Ca	L
Stáchys lanáta	Wollziest	Labiátae	Ca	F
Thýmus pseudolanuginósus	Thymian	Labiátae	Aa	F
Verbáscum olýmpicum	Königskerze	Scrophulariáceae	Cb	B
Yúcca filamentósa	Palmlilie	Agaváceae	Cb	L

Gesellig-keitsstufe	Stück pro m^2	Blüte Farbe Blütezeit	Gesamt-höhe in cm	Besondere Hinweise
IV/V	12	unscheinbar VI - VII	10	borstige Fruchtstände im August, silbrige Blätter
IV/V	12	unscheinbar VI - VII	10	borstige Fruchtstände im August, braun-grüne Blätter
II	9	gelb VI - IX	40	grau-silbrige Blätter
II/III	5	gelb VI - IX	120	auch zum Schnitt
I/II	7	gelb V - VI	80	grasartige grau-grüne Belaubung
I/II	3	zartrosa VI - VII	200	ungemein attraktiv, zieht aber nach der Blüte ein
I	5	blau VI - IX	120	zum Schnitt, auch getrocknet
I	5	gelb V - VI	20	blaugrüne, schuppenförmige Blätter
I	3	weiß VII - VIII	100	wirkungsvoll
III/IV	12	blau VII - VIII	60	graulaubig, schön zu Rosen
III	12	lilablau VI - IX	30	grau-grüne Belaubung, anspruchslos
II	7	gelb VI - VIII	15	niederliegende Triebe, große Blüten
I	9	violett III - IV	20	
II/III	9	blau-violett VIII - X	50	sehr schön, anspruchslos
IV/V	16	weiß VII - VIII	15	
IV/V	16	gelb VIII - IX	15	reichblühend
I/II	5	bräunlich-rot IX - X	40	sehr wertvoll
III/IV	12	kaum blühend	30	robust, weißfilzige Blätter
III	16	rosa VI - VII	5	weißwollige Blätter, dichte Rasen bildend
I	3	gelb VI - VIII	200	große silbrige Blattrosetten
I	3	weiß VII - VIII	120	sehr dekorativ, palmenartige Blätter

Stauden – Lebensbereich Freie offene Fläche (Fortsetzung)

Botanischer Name	Deutscher Name	Familie	Wuchsform	Rang/ Stellung
Gräser				
Calamagróstis epigéjos	Reitgras	Gramíneae	Db	L
Festúca maīrei	Atlasschwingel	Gramíneae	Db	L
Helictótrichon sempérvirens	Blaustrahlhafer	Gramíneae	Db	L
Pennisétum alopecuroídes	Lampenputzergras	Gramíneae	Db	L
Stipa pennáta	Federgras	Gramíneae	Db	L
Zwiebel- und knollenbildende Pflanzen				
Állium gigantéum	Riesenlauch	Liliáceae	Zwiebel	B
Állium karataviénse	Zierlauch	,,	Zwiebel	B
Állium móly	Goldlauch	,,	Zwiebel	B
Túlipa fosterána	Wildtulpe	Liliáceae	Zwiebel	B
Túlipa kaufmanniána	,,	,,	Zwiebel	B

Stauden – Lebensbereich Steingarten

Botanischer Name	Deutscher Name	Familie	Wuchsform	Rang/ Stellung
Adónis vernális	Adonisröschen	Ranunculáceae	Bb	B
Alýssum saxátile	Steinkraut	Crucíferae	Bb	L
Antennária dioíca	Katzenpfötchen	Compósitae	Aa	F
Árabis caucásica	Gänsekresse	Crucíferae	Aa	B
Arméria marítima	Grasnelke	Plumbagináceae	Aa	B
Aubriéta-Hybriden	Blaukissen	Crucíferae	Aa	L
Campánula carpática	Glockenblume	Campanuláceae	Aa	B

Gesellig-keitsstufe	Stück pro m^2	Blüte Farbe Blütezeit	Gesamt-höhe in cm	Besondere Hinweise
I/II	3	bräunlich VII - VIII	150	straff aufrechte Ähren
II/III	3	VI - VII	60	locker überhängende graugrüne Büschel
I	3	VII - VIII	80	blaugraue überhängende Belaubung, Ähren straff aufrecht
I/II	5	VIII - IX	80	walzenförmige Ähren
I	5	V - VI	60	federartige Grannen
I	3	violett-blau VI - VII	180	sehr wirkungsvoll
I/III	16	lila-rosa IV - V	30	breite, blaugrüne Blätter, große Blütenkugeln
II	25	gelb V - VI	25	lockere Blütendolde
II	25	rot, gelb III - IV	25	
II	25	weiß-gelblich III/IV	20	
I	5	gelb IV	20	
II	16	gelb V - VI	30	
III/IV	20	rosa VI	15	für trockene Lagen
II	16	weiß IV - V	20	
II	16	rosa IV - V	30	dichte, grasartige Polster
II	16	blau, rosa, violett IV - V	10	bekannte Polsterstaude
II	16	blau VI - VIII	30	

Stauden – Lebensbereich Steingarten (Fortsetzung)

Botanischer Name	Deutscher Name	Familie	Wuchsform	Rang/ Stellung
Cerástium tomentósum	Hornkraut	Caryophylláceae	Aa	F
Corýdalis lútea	Lerchensporn	Papaveráceae	Bb	B
Cótula squálida	Fiederpolster	Compósitae	Aa	F
Diánthus plumárius	Federnelke	Caryophylláceae	Aa	B
Drába brunífolia	Hungerblümchen	Crucíferae	Ab	B
Drýas octopétala	Silberwurz	Rosáceae	Aa	F
Gentiána acaúlis	Stengelloser Enzian	Gentianáceae	Aa	B
Gypsóphila répens	Kriechendes Schleierkraut	Caryophylláceae	Bb	B
Heliánthemum-Hybriden	Sonnenröschen	Cistáceae	Bb	L
Ibéris sempérvirens	Schleifenblume	Crucíferae	Bb	L
Papáver nudicaúle	Islandmohn	Papaveráceae	Bb	B
Phlox subuláta	Polsterphlox	Polemoniáceae	Aa	L
Polýgonum affíne	Knöterich	Polygonáceae	Ba	F
Sagína subuláta	Sternmoos	Caryophylláceae	Aa	F
Saxífraga × aréndsii	Steinbrech	Saxifragáceae	Aa	L
Sédum álbum	Rotmoos-Sedum	Crassuláceae	Aa	F
Sempervívum-Hybriden	Hauswurz	Crassuláceae	Ab	B

Geselligkeitsstufe	Stück pro m^2	Blüte Farbe Blütezeit	Gesamthöhe in cm	Besondere Hinweise
III	16	weiß V - VI	15	manchmal wuchernd
II	16	gelb V - X	20	mehr für absonnige Plätze
III/IV	25	unscheinbar	5	fiedrige, bräunlich-grüne Teppiche
II/III	9	weiß, rosa, rot V - VI	30	auch zum Schnitt
II/III	25	gelb IV - V	5	
III/IV	16	weiß V - VI	10	immergrüne Teppiche, silbrig-fedriger Fruchtstand
II	25	blau V - VIII	10	
II	7	weiß V - VII	10	unverwüstlich, reichblühende Staude
II/III	12	rot, rosa, gelb VI - VIII	20	dankbarer Halbstrauch
II	12	weiß IV - VI	20	immergrün
II	20	gelb, rot V - IX	30	
II	16	rosa, weiß, rot, lila V - VI	15	immergrün, nadelförmig belaubt
III/V	12	rosa VII - IX	20	sehr attraktiv
III	20	weiß VI - VII	5	grüne Moospolster
III	16	weiß, gelb, rosa IV - V	15	reichblühend, mehr für den Halbschatten
III	16	weiß VI - VII	5	Herbstfärbung
II	16	rosa VI - VII	15	auch in Steinfugen

Stauden – Lebensbereich Steingarten (Fortsetzung)

Botanischer Name	Deutscher Name	Familie	Wuchsform	Rang/ Stellung
Verónica incána	Graublättriger Ehrenpreis	Scrophulariáceae	Ba	F
Verónica teúcrium	Ehrenpreis	,,	Bb	L
Víola cornúta	Hornveilchen	Violáceae	Aa	B
Gräser				
Festúca glaúca	Blauschwingel	Gramíneae	Da	L
Festúca scóparia	Bärenfellschwingel	,,	Da	L
Zwiebel- und knollenbildende Pflanzen				
Crócus chrysánthus	Krokus	Iridáceae	Zwiebel	B
Crócus-Hybriden	,,	,,	Zwiebel	B

Stauden – Lebensbereich Beet

Botanischer Name	Deutscher Name	Familie	Wuchsform	Rang/ Stellung
Áster dumósus	Kissenaster	Compósitae	Ca	L
Áster nóvae-ángliae	Rauhblattaster	,,	Ca	L
Áster nóvi-bélgii	Glattblattaster	,,	Ca	L
Chrysánthemum coccíneum	Bunte Margerite	Compósitae	Ca	B
Chrysánthemum-Indicum-Hybriden	Garten-Chrysantheme	,,	Ca	B
Chrysánthemum leucánthemum	Frühlingsmargerite	,,	Ca	B
Chrysánthemum Maximum-Hybriden	Sommermargerite	,,	Ca	B
Coreópsis verticilláta	Mädchenauge	Compósitae	Ca	L
Delphínium-Hybriden	Rittersporn	Ranunculáceae	Cb	L
Erígeron-Hybriden	Berufkraut, Feinstrahl	Compósitae	Ca	L
Filipéndula rúbra	Spierstaude	Rosáceae	Ca	B

Gesellig-keitsstufe	Stück pro m²	Blüte Farbe Blütezeit	Gesamt-höhe in cm	Besondere Hinweise
III	16	blau VI - VII	30	silbrig-weiße Belaubung
II	16	blau V - VI	25	
II	16	blau, lila, weiß V - IX	20	
II/III	12	VI - VII	20	blaulaubig, büschelig
II/III	12	VI - VII	10	hellgrüne dichte Polster
II	25	purpur II - III	10	
II	25	gelb, weiß, lila III - IV	15	
II/III	9	blau, rosa IX - X	50	sehr wertvoll, reichblühend
II	3	rot, blau, rosa IX - X	120-150	behaarte Blätter, sehr schöne Farben
II	5	weiß, rosa, blau, rot IX - X	80-120	sehr schöne Farben
II	7	rot, rosa V - VI	80	schöne Schnittstaude
II	7	viele Farben VIII - X	40- 80	wunderschöne Farben, braucht leichten Winterschutz, auch zum Schnitt
II	9	weiß V - VI	60	Gruppen- und Schnittstaude
II	9	weiß VII - IX	90	Gruppen- und Schnittstaude
II	9	gelb VI - IX	60	sehr wertvoller Sommerblüher
II	3	mehrere Blautöne VI - VII	160	durch Rückschnitt zweite Blüte im Herbst
II	7	blau, rosa, lila VI - VIII	60	wertvolle Gruppen- und Schnittstaude
II	5	rosa VII - VIII	80	dekorativ

Stauden – Lebensbereich Beet (Fortsetzung)

Botanischer Name	Deutscher Name	Familie	Wuchsform	Rang/ Stellung
Gaillárdia-Hybriden	Kokardenblume	Compósitae	Ca	B
Helénium-Hybriden	Sonnenbraut	Compósitae	Ca	L
Heliánthus decapétalus	Staudensonnenblume	Compósitae	Cb	L
Heliópsis scábra	Sonnenauge	Compósitae	Ca	L
Hemerocállis-Hybriden	Taglilie	Liliáceae	Ca	L
Íris germánica	Schwertlilie	Iridáceae	Cb	L
Kniphófia-Hybriden	Fackellilie	Liliáceae	Ca	B
Lupínus-Hybriden	Lupine	Leguminósae	Cb	B
Lýchnis chalcedónica	Brennende Liebe	Caryophylláceae	Ca	B
Monárda-Hybriden	Indianernessel	Labiátae	Ca	L
Paeónia lactiflóra	Chinesische Pfingstrose	Paeoniáceae	Cb	L
Paeónia officinális	Pfingstrose	,,	Cb	L
Papáver orientále	Mohn	Papaveráceae	Ca	B
Phlox paniculáta	Phlox, Flammenblume	Polemoniáceae	Ca	L
Physostégia virginiána	Gelenkblume	Labiátae	Ca	L
Rudbéckia fúlgida var. sullivántii 'Goldsturm'	Sonnenhut	Compósitae	Ca	L
Rudbéckia nitida 'Herbstsonne'	,,	,,	Cb	L
Scabiósa caucásica	Skabiose	Dipsacáceae	Ca	B
Solidágo-Hybriden	Goldrute	Compósitae	Ca	L

Gesellig-keitsstufe	Stück pro m^2	Blüte Farbe Blütezeit	Gesamt-höhe in cm	Besondere Hinweise
II	12	rot VII – IX	50	
II	5	gelb V – VI	100	zum Teil zweifarbig, wertvolle Gruppen- und Schnittstaude
II	5	gelb VIII – IX	120	
II	5	gelb VIII – IX	130	schöne Gruppen- und Schnittstaude
II/III	3	Gelbtöne VI – VIII	90	sehr wertvoll
II/III	7	blau V – VI	90	auch gelbe und braune Züchtungen
II	5	orange VII – IX	80	schilfartige Blätter
II	7	blau, rot, rosa, weiß V – VII	100	
II	9	scharlachrot VI – VII	100	Gruppen- und Schnittstaude
II	7	rot-rosa VII – IX	120	
I II	1 3	rosa, rot V – VI rosa V	100 80	schöne Sorten, auch mit ungefüllten Blüten
I	3	rot V – VII	100	nach der Blüte unansehnlich
II	5	weiß, rosa, rot, violett VI – IX	80	sehr wertvoll, oft durch Krankheiten beeinträchtigt
II	9	rosa VIII – X	80	
II/III II	9 3	gelb VIII – X gelb VII – IX	60 200	sehr wertvolle Gruppenpflanze prächtige Großstaude
II	9	hellblau VI – IX	80	Gruppen- und Schnittstaude
II	5	gelb VIII – IX	80	Züchtungen nicht wuchernd, wertvoll, ausdauernd

Stauden – Lebensbereich Beet (Fortsetzung)

Botanischer Name	Deutscher Name	Familie	Wuchsform	Rang/ Stellung
Tróllius-Hybriden	Trollblume	Ranunculáceae	Ca	B
Verónica longifólia	Ehrenpreis	Scrophulariáceae	Ca	L

Stauden – Lebensbereich Wasserrand und Sumpf

Botanischer Name	Deutscher Name	Familie	Wuchsform	Rang/ Stellung
Ácorus cálamus	Kalmus	Aráceae	Fd	
Alísma plantágo-aquática	Froschlöffel	Alismatáceae	Fd	
Cálla palústris	Sumpfcalla	Aráceae	Fd	
Cáltha palústris	Sumpfdotterblume	Ranunculáceae	Bb	
Íris kaémpferi-Hybriden	Japanische Sumpfiris	Iridáceae	Ca	
Íris pseudácorus	Sumpfiris	Iridáceae	Ca	
Lýthrum salicária	Blutweiderich	Lythráceae	Ca	
Myosótis palústris	Sumpfvergißmeinnicht	Boragináceae	Ba	
Petasítes-Hybriden	Pestwurz	Compósitae	Cb	
Prímula rósea	Primel	Primuláceae	Bb	
Scírpus tabernaemontáni	Binse	Cyperáceae	Fd	
Spargánium eréctum	Igelkolben	Sparganiáceae	Fd	
Týpha latifólia	Rohrkolben	Typháceae	Fd	
Týpha mínima	Zwergrohrkolben	,,	Fd	

Geselligkeitsstufe	Stück pro m²	Blüte Farbe Blütezeit	Gesamthöhe in cm	Besondere Hinweise
II	9	gelb V – VI	70	
II	9	blau VII – VIII	80	auch weiße Sorten

Geselligkeitsstufe	Stück pro m²	Blüte Farbe Blütezeit	Gesamthöhe in cm	Besondere Hinweise
II	9	gelblich-braun V – VI	60	braucht flaches Wasser
II	7	weiß-rosa VII – IX	70	braucht flaches Wasser
I/II	7	weiß VI – VII	20	
II	9	gelb IV – V	20	auch ins flache Wasser
I/II	7	rosa, blau, violett V – VII	80	braucht im Sommer feucht
I/II	5	gelb V – VII	100	
II	9	rosa VII – IX	150	
II/III	12	blau VI – IX	30	
II/III	3	weiß-rosa III – IV	100	Blüten erscheinen vor den Blättern, diese dann riesig
II	16	karminrot IV – V	20	
I/II	5	schwarz-braun VI – VIII	150	braucht flaches Wasser
II	9	grünlich weiß VI – VII	50	Stachelfrüchte
II/IV	3	schwarz-braun VII – VIII	250	braucht flaches Wasser
II	16	schwarz-braun VI – VII	40	braucht flaches Wasser

Stauden – Lebensbereich Wasser

Botanischer Name	Deutscher Name	Familie	Wuchsform	Rang/ Stellung
Bútomus umbellátus	Blumenbinse	Butomáceae	Fd	
Hippúris vulgáris	Tannenwedel	Hippuridáceae	Fd	
Núphar lútea	Teichmummel	Nymphaeáceae	Fa	
Nymphaea álba	Seerose	Nymphaeáceae	Fa	
Nymphaea-Hybriden 'Gloriosa'	,,	,,	Fa	
Nymphaea-Hybriden 'James Brydon'	,,	,,	Fa	
Nymphaea-Hybriden 'Marliacea Chromatella'	,,	,,	Fa	
Nymphaea-Hybriden 'Froebeli'	,,	,,	Fa	
Nymphaea-Hybriden 'Laydekeri Lilacina'	,,	,,	Fa	
Sagittária sagittifólia	Pfeilkraut	Alismatáceae	Fd	
Scírpus lacústris	Teichsimse	Cyperáceae	Fd	
Trápa nátans	Wassernuß	Trapáceae	Fc	

Geselligkeitsstufe	Stück pro m^2	Blüte Farbe Blütezeit	Gesamthöhe in cm	Besondere Hinweise
I	12	rosa VI – VIII	100	
II	16	unscheinbar	40	unter Wasser
II	1	gelb VI – VIII	–	Blätter und Blüten schwimmend
I		weiß VI – IX	150 ϕ	heimische Art. Wasserhöhe über 80 cm
I		rot VI – IX	130 ϕ	Wasserhöhe über 40 cm
I		rosa VI – IX	130 ϕ	Wasserhöhe über 40 cm
I		gelb VI – IX	150 ϕ	Wasserhöhe über 60 cm
II		karminrot VI – IX	50 ϕ	Wasserhöhe über 20 cm
I		rosa VI – IX	50 ϕ	Wasserhöhe über 20 cm
I/II	5	weiß VI – VII	50	pfeilförmige Blätter
II	3	schwarz-braun VI – VIII	150	zylindrische, peitschenförmige Blätter
–		unscheinbar	20 ϕ	schwimmend

Solitärstauden

Botanischer Name	Deutscher Name	Familie	Wuchsform	Rang/ Stellung
Heliánthus salicifólius	Weidenblättrige Sonnenblume	Compósitae	Cb	L
Heracléum mantegazziánum	Herkulesstaude	Umbellíferae	Cb	L
Macleáya cordáta	Federmohn	Papaveráceae	Cb	L
Polýgonum sachalinénse	Knöterich	Polygonáceae	Ca	L
Rhéum palmátum	Zier-Rhabarber	Polygonáceae	Cb	L
Gräser				
Cortadéria sellóana	Pampasgras	Gramíneae	Dc	L
Miscánthus sinénsis 'Silberfeder'	Chinaschilf	Gramíneae	Dc	L
Miscánthus sinénsis 'Gracillimus'	,,	,,	Dc	L
Sinarundinária muríelae	Bambus	Gramíneae	Dc	L

Gesellig-keitsstufe	Stück pro m^2	Blüte Farbe Blütezeit	Gesamt-höhe in cm	Besondere Hinweise
I	3	gelb IX – X	250	auch schön am Wasser
I	1	weiß VII – VIII	250	
I	3	weiß-rosa VII – VIII	300	sehr dekorativ, wuchernd
IV	3	weiß IX – X	300	wächst sehr üppig
I	1	rot V – VII	200	
I	1	weiß IX – XI	200	braucht Winterschutz, keine Staunässe
I	3	silbrig VIII – X	200	sicher blühend
I	3	bräunlich IX – X	150	
I	1		200	immergrün, gehölzartig

2. Wuchsform der Stauden (jeweils Spalte 4)
Die Angaben entsprechen den Formulierungen des AID-Heftes Nr. 412 und der Beschreibung der Qualitätsanforderungen der DIN 18916.

A Polsterstauden
Aa breitwachsende Polsterstauden
Ab alpine Kleinstauden

B niedere, nicht polsterbildende Stauden
Ba an den Trieben wurzelnde Stauden
Bb an den Trieben nicht wurzelnde Stauden

C halbhohe und hohe Stauden
Ca Stauden, die sich aus mehreren Trieben zusammensetzen
Cb Arten mit pfahlartiger Wurzel

D Gräser
Da niedrige Gräser
Db halbhohe und hohe Gräser
Dc hohe und immergrüne Gräser

E Farne
Ea niedrige und halbhohe Farne
Eb hohe Farne

F Sumpf- und Wasserpflanzen
Fa starkwachsend
Fb schwachwachsend
Fc See- und Teichrosen
Fd Sumpfpflanzen

3. Rang und Stellung der Staude (jeweils Spalte 5)
In vereinfachender Abwandlung der Kennziffersysteme wird hier unterschieden in

Leitstauden	L
Begleitstauden	B
Flächendeckende Stauden	F

Leitstauden sind während der ganzen Vegetationsperiode in der Pflanzung beherrschend, sie haben eine sogenannte Leitfunktion. Wie im Zusammenhang mit der Spalte 6 zu sehen ist, werden die Leitstauden nicht in Massen verwendet, sondern einzeln oder in

Sommerblumen

Botanischer Name	Deutscher Name	Familie	Höhe in cm	Blütenfarbe	Verwendungshinweise
1. einjährige Arten					
Agératum houstoniánum	Leberbalsam	Compósitae	15	blau	flächendeckend
Antirrhínum május	Löwenmäulchen	Scrophulariáceae	50	mehrere Farben	kleinere Gruppen
Begónia-Semperflorens-Hybriden	Begonie	Begoniáceae	20	rot, rosa, weiß	flächendeckend
Calceolária integrifólia	Pantoffelblume	Scrophulariáceae	30	gelb	auch im Schatten
Caléndula officinális	Ringelblume	Compósitae	50	gelb	anspruchslos, Aussaat am Ort
Callístephus chinénsis	Sommeraster	Compósitae	50	blau, weiß, rot, rosa	größere Gruppen
Cósmos bipinnátus	Cosmea	Compósitae	70	rot	lockere, luftige Pflanze, kleine Gruppen
Heliánthus ánnuus	Sonnenblume	Compósitae	220	gelb	kleine Gruppen
Lobélia erinus	Lobelie	Campanuláceae	10	blau	kleine Polster bildend
Petúnia-Hybriden	Petunie	Solanáceae	25	rot, blau, weiß	in Gruppen und in Pflanzgefäße
Tagétes-Erecta-Hybriden	Studentenblume	Compósitae	40-60	gelb, braun	kleine Gruppen
Tagétes-Patula-Hybriden	Studentenblume	Compósitae	15	gelb, braun	flächendeckend
Verbéna-Hybriden	Eisenkraut	Verbenáceae	30	bunt	kleinere Gruppen
Zínnia élegans	Zinnie	Compósitae	60	bunt	kleinere Gruppen, Schnittblume

kleinen Trupps; sie bilden neben den Gehölzen das Gerüst einer Staudenpflanzung.

Begleitstauden sind deshalb keine Leitstauden, weil sie nicht während der ganzen Vegetationszeit präsent sind. Sie ziehen nach der Blüte ein oder werden unansehnlich, weshalb sie auch nicht als Flächenpflanzen geeignet sind. Trotzdem will man auf sie nicht verzichten, weil sie zu ihrer Blütezeit die Pflanzung nicht unwesentlich bereichern. Man pflanzt sie etwas in den Hintergrund.

Flächendeckende Stauden sind meist niedrig oder halbhoch. Sie sind dauerhaft und bodenbedeckend und wirken vor allem in größeren Gruppen. Sie sind mit das tragende Element in einer Pflanzung.

4. Geselligkeitsstufe (jeweils Spalte 6)
Im AID-Heft 412 werden die Geselligkeitsstufen in einer fünfteiligen Skala zum Ausdruck gebracht. Diese Angaben sind hier übernommen.
Zweckmäßige Verwendung von Pflanzen in

Stufe I	möglichst einzeln oder in kleinen Tuffs pflanzen
Stufe II	kleine Trupps von 3–10 Pflanzen
Stufe III	größere Gruppen von 10–20 Pflanzen
Stufe IV	in großen Kolonien flächig pflanzen
Stufe V	vorwiegend großflächig pflanzen

8.2.11 Sommerblumen

Hierunter verstehen wir Pflanzen, die nur einjährig sind, oder aber mehrjährige, die keinen Frost ertragen. Eines ist diesen Pflanzen gemeinsam, sie sind den ganzen Sommer über äußerst reichblühend und werden ihrer Blütenfülle wegen verwendet.
Ihre Ansprüche sind relativ hoch. Sie können erst ab Mitte Mai, wenn kein Spätfrost mehr zu erwarten ist, ausgepflanzt werden. Ihre Lebenszeit endet mit den ersten Frösten im Herbst. Meist brauchen sie einen humosen Gartenboden sowie gute und regelmäßige Versorgung mit Wasser und Dünger.

2. zwei- und mehrjährige Arten					
Béllis perénnis	Gänseblümchen	Compósitae	15	weiß, rosa	Frühjahrs- und Herbstpflanze
Cheiránthus chēiri	Goldlack	Crucíferae	80	rot, gelb, orange, braun violett	blüht von April bis Juni
Díanthus barbátus	Bartnelke	Caryophylláceae	60	rosa, rot weiß	kleine Gruppen bildend
Myosótis sylvática	Vergißmeinnicht	Boragináceae	30	blau	flächendeckend und kleine Gruppen
Víola-Wittrockiana-Hybriden	Stiefmütterchen	Violáceae	15	blau, gelb, braun	flächendeckend für Herbst und Frühjahr
3. ausdauernde, aber frostempfindliche Arten					
Begónia x tuberhýbrida	Knollenbegonie	Begoniáceae	30–50	orange, rot, rosa, gelb	Gefäße, Halbschatten
Cánna índica	Indisches Blumenrohr	Cannáceae	100–150	rot, auch gelb	kleine Gruppen
Dáhlia-Hybriden	Dahlie	Compósitae	50–100	alle Farben	auf Beeten
Fúchsia-Hybriden	Fuchsie	Onagráceae	30–60	rot, rot-blau, rot-weiß	kleine Gruppen, Gefäße, brauchen etwas Schatten und genügend Feuchtigkeit
Gladíolus-Hybriden	Gladiole	Iridáceae	100	viele Farben	auf Beeten
Pelargónium-Grandiflorum-Hybriden	Edel-Pelargonie	Geraniáceae	30	rot, rosa, weiß	für Gefäße, etwas empfindlich
Pelargónium-Peltatum-Hybriden	Hänge-Geranie	,,	20	rot, rosa	für Gefäße
Pelargónium-Zonale-Hybriden	Geranien	,,	30	rot, rosa	für Gefäße und Gruppenpflanzungen

Schon aus diesen Gründen werden sie nur an besonderen Stellen verwendet, an denen die Pflege gewährleistet ist, wo der relativ hohe Aufwand zu vertreten ist: repräsentative Stellen im Park, auf dem Marktplatz am Rathaus, in den Hausgärten. Im öffentlichen Grün werden sie meist großflächig verwendet, in den Gärten bildet man kleinere Tuffs.
Wie man sie auch verwendet, immer bringen sie Leben und Farbe in eine Anlage hinein.

8.2.12 Unkräuter

Wildkräuter, die in Pflanzungen oder Rasenflächen auftreten und dort stören, bezeichnen wir kurz und treffend – wenn auch nicht gerade »liebenswürdig« – als Unkräuter. Nach ihrer Verbreitung sind sie hier in drei Gruppen zusammengefaßt: in Rasen-, Samen- und Wurzelunkräuter.

1. Rasenunkräuter
Sie treten auch in Pflanzungen auf und gehören dort zu den Samenunkräutern. Im Rasen haben sie sich aber so an die Gegebenheiten angepaßt, daß sie sich durchsetzen und lästig werden können. In einer Gruppe sind sie deshalb erfaßt, weil nur sie sich im Rasen durchsetzen.
Alle anderen, auch die so gefürchteten Wurzelunkräuter, werden allein durch die normale Rasenpfle-

Unkräuter

Botanischer Name	Deutscher Name	Familie	Hinweise
1. Rasenunkräuter			
Béllis perénnis	Gänseblümchen	Compósitae	bekanntes kleines weißes Blümchen, bildet ganze Blattnester
Capsélla búrsa-pastóris	Hirtentäschel	Crucíferae	weist auf starken Nährstoffmangel hin
Cerástium arvénse	Hornkraut	Caryophylláceae	bildet Nester, später ganze Platten
Plantágo májor	Breitwegerich	Plantagináceae	flachliegende Blattrosette, zähe Blütenstengel
Ranúnculus répens	Kriechender Hahnenfuß	Ranunculáceae	tritt gern bei Staunässe auf
Taráxacum officinále	Löwenzahn	Compósitae	bildet im Rasen eine ganz flache Blattrosette und bildet seine gelbe Blüte direkt am Boden (in Wiesen wird er 50 cm hoch)
Trifólium répens	Weißklee	Leguminósae	ist trittfest, blüht weiß, tritt auf Lehmböden auf
Verónica filifórmis	Ehrenpreis	Scrophulariáceae	wird nur 3 cm hoch, blüht blau, sieht nett aus, ist schwer zu bekämpfen, auch andere Arten
2. Samenunkräuter			
Chenopódium álbum	Weißer Gänsefuß Melde	Chenopodiáceae	Pflanze mit kräftiger Pfahlwurzel, Keimzeit Frühjahr-Herbst, Blüten grünlich, bis 150 cm hoch, typischer Erstbesiedler
Galinsóga parviflóra	Franzosenkraut	Compósitae	Entwicklung von Keimung bis Samenreife 6 Wochen, jährlich 2 bis 3 Generationen, Blüte knopfförmig (Knopfkraut), bis 75 cm hoch
Lámium purpúreum	Rote Taubnessel	Labiátae	ganzjährige Keimzeit, in milden Wintern fast ganzjährige Blüte, hell- bis purpurrot, bis zu 30 cm hoch
Póa ánnua	Rispengras	Gramíneae	Keimung ziemlich ganzjährig, ganzjährige Blütezeit, bis 15 cm hoch
Polýgonum lapathifolium	Ampferblättriger Knöterich	Polygonáceae	Keimung spät im Frühjahr, Höhe bis 1 m, auch andere Arten

ge (und zwar vor allem durch den regelmäßigen Schnitt) völlig verdrängt und sind deshalb im Rasen ohne Bedeutung.

2. Samenunkräuter

Sie verbreiten sich durch Samen und sind durch diesen allgegenwärtig. Einerseits bilden sie sehr rasch keimfähigen Samen aus, andererseits sind ihre Samen oft lange keimfähig, d. h., sie keimen, sobald irgendwo ein Stück Boden offenliegt. In unserem gemäßigten Klima duldet die Natur keinen offenen Boden. Die Besiedlung mit Pflanzen setzt sofort ein; dabei sind die Kräuter, die wir an störenden Stellen als Unkräuter bezeichnen, die ersten. Ihnen würden Gräser folgen und dann bald die Pioniergehölze Birke, Weide und – je nach Boden – Kiefer und Erle. Die Samenunkräuter sind relativ leicht zu verdrängen. Problematisch wird es erst dann, wenn sie durch eine vernachlässigte Pflege zur Blüten- und Samenbildung kommen.

3. Wurzelunkräuter

Diese Pflanzen vermehren sich natürlicherweise auch durch Samen, zusätzlich haben sie aber ein sehr tiefes und regenerationsfähiges Wurzelwerk, durch das sie sich zusätzlich verbreiten und mit dessen Hilfe sie wahre Überlebenskünstler sind, die sich gar nicht leicht verdrängen lassen.

Ráphanus raphanístrum	Hederich	Crucíferae	Keimung Frühjahr-Frühsommer, Blüte blaßgelb bis weiß, Höhe bis 60 cm
Sinápis arvénsis	Ackersenf	Crucíferae	Pflanze mit kurzer Pfahlwurzel, Keimung im Frühjahr, gelbe Blüte, bis 80 cm hoch
Stellária média	Vogelmiere	Caryophylláceae	Keimung ganzjährig, besonders Frühjahr und Herbst, Blüten klein, weiß fast ganzjährige Blüte, niederliegende bis 30 cm lange Triebe, nur auf N-reichen Böden
Urtíca úrens	Kleine Brennessel	Urticáceae	Keimung Frühjahr-Frühsommer, unscheinbare Blüten, grünlich, 30 cm hoch
3. Wurzelunkräuter			
Aegopódium podagrária	Giersch	Umbellíferae	widerstandsfähiges Unkraut mit stark verzweigten unterirdischen Ausläufern, Vermehrung durch Samen und Ausläufer, Höhe bis 50 cm, schwer zu bekämpfen
Agropýron répens	Quecke	Gramíneae	Vermehrung durch unterirdische Ausläufer bzw. abgetrennte Rhizomteile, Keimung des Samens Herbst und Frühjahr, Höhe bis 60 cm
Círsium arvénse	Ackerkratzdistel	Compósitae	tiefgehende Pfahlwurzel mit tiefreichenden Wurzelausläufern, Vermehrung durch Samen und Wurzelausläufer, Keimung im Frühjahr, Höhe bis 1,5 m
Convólvulus arvénsis	Ackerwinde	Convolvuláceae	Pflanze mit tiefgehender Pfahlwurzel mit vielen Seitenwurzeln, Keimung des Samens ganzjährig, Trichterblüten weiß bis rosa, Sprosse bis 1 m niederliegend oder linkswindend
Equisétum arvénse	Schachtelhalm	Equisetáceae	Pflanze mit tiefgehenden verzweigten Ausläufern, Vermehrung durch Sporen und Ausläufer, Höhe bis 50 cm
Sónchus arvénsis	Ackergänsedistel	Compósitae	Vermehrung durch Wurzelausläufer, Keimung des Samens Frühjahr-Sommer, Höhe bis 1,5 m
Tussilágo fárfara	Huflattich	Compósitae	kleine gelbe Blüten im März, dicht am Boden, später große Blätter bis 50 cm hoch
Urtíca dioíca	Große Brennessel	Urticáceae	horstbildendes Unkraut mit unterirdischen Ausläufern, Vermehrung generativ und vegetativ, rispenförmige Blütenstände mit kleinen grünen Blüten, bis 1,5 m Höhe

Vertiefung und Kontrolle

1. Legen Sie größten Wert darauf, ständig Ihre Pflanzenkenntnisse zu verbessern.
2. Besichtigen Sie Parkanlagen und Baumschulen.
3. Legen Sie ein Herbar an.
4. Versuchen Sie, von den im Buch genannten Pflanzen Abbildungen zu bekommen (Literatur, Kataloge, eigene Fotos) und stellen Sie eine Kartei zusammen, die Sie laufend durch eigene Beobachtungen, z. B. über Blühbeginn, Frosthärte usw., ergänzen.
5. Achten Sie auf gelungene Pflanzungen und fertigen Sie davon maßstäbliche Skizzen, aus denen Sie die Pflanzenart, -gattung und -sorte ersehen sowie die Stückzahlen je m^2.
6. Achten Sie auch auf negative Beispiele.
7. Die Arbeitszeit reicht zum Kennenlernen der Pflanzen nicht aus, da im Baubetrieb nur zu bestimmten Zeiten mit der Pflanze gearbeitet wird; man muß sich auch in der Freizeit mit den Pflanzen befassen, wobei jede Pflanze interessant ist, insbesondere auch die Wildpflanzen.

8.3 Qualitätsvorschriften für Pflanzen*

8.3.1 Qualitätsvorschriften für Gehölze

Gehölze sind mehrjährige Pflanzen mit verholzenden oberirdischen Trieben.

1. Laubgehölze

Nach der Anzuchtform wird unterschieden in Hochstämme, Halbstämme, Stammbüsche, Heister, Leichte Heister, Sträucher, Leichte Sträucher, Heckenpflanzen, Solitärpflanzen, Jungpflanzen. Die Norm nennt jeweils die Ansprüche an die Beschaffenheit und die Größen, nach denen sortiert wird.

Hochstämme, Kurzzeichen H (Abb. C 144)
Gehölze mit geradem, durchgehendem Stamm, Höhe 180 cm, und mit einer deutlich ausgeprägten Krone. Sie werden nach ihrem Stammumfang, gemessen in 1 m Höhe, sortiert. Maßangaben in cm, Mindeststammumfang 7 cm.
Staffelung 7/8, 8/10, 10/12, 12/14, bis 20 cm.

Halbstämme, Kurzzeichen h
Stammhöhe 80–180 cm, sonst wie Hochstämme.

Stammbüsche, Kurzzeichen StBu (Abb. C 144)
sind mindestens zweimal verpflanzte Gehölze aus weitem Stand von mindestens 250 cm Höhe mit besonders kräftigem Stamm und dichtem Besatz an Ästen und Zweigen.
Sortierung wie Hoch- und Halbstämme.

Heister, Kurzzeichen Hei (Abb. C 145)
Mindestens zweimal verpflanzte, baumartige Gehölze ohne Krone bis 400 cm Höhe. Sie müssen gerade gewachsen, mit Seitenholz besetzt und aus weitem Stand sein.
Sortierung nach Höhe über dem Erdboden in Staffelungen von 25 cm, also 125/150, 150/175 bis 200 cm Höhe, dann Staffelung von 50 cm.

Leichte Heister, Kurzzeichen lHei (Abb. C 145)
Mindestens einmal verpflanzte, baumartige Gehölze ohne Krone bis 150 cm Höhe.
Sortierung nach Höhe, bis 100 cm in Staffelungen von 20 cm, darüber von 25 cm. Sie können zu 5 Stück gebündelt werden.

Sträucher, Kurzzeichen Str (Abb. C 146a)
Zweimal verpflanzte Gehölze ohne stammartigen Mitteltrieb. Sie müssen mehrere der Art entsprechende, kräftig ausgebildete und verzweigte Triebe aufweisen.
Sortierung nach Höhe in Staffelungen von 10–50 cm. Bündelung zu 5 Stück.

Leichte Sträucher, Kurzzeichen lStr (Abb. C 146b)
Wie Sträucher, jedoch nur einmal verpflanzt, bis 120 cm Höhe.
Sortierung nach Höhen 40/70, 70/90, 90/120 cm. Bis 60 cm Höhe Bündelung zu 10 Stück, größere zu 5 Stück.

Heckenpflanzen, Kurzzeichen He (Abb. C 146d)
Sie müssen zweimal verpflanzt und von unten an voll verzweigt sein.
Sortierung: hochwachsende Arten nach Höhe in Staffelungen von 20–100 cm Höhe, darüber in Staffelungen von 25 cm;
niedrigere Arten werden zusätzlich nach der Anzahl der Triebe sortiert, Staffelung 3/4, 5/7, 8/12.

Solitärpflanzen, Kurzzeichen Sol (Abb. C 147)
Dies sind die oben genannten Gehölze, wenn sie mindestens dreimal verpflanzt wurden und aus weitem Stand kommen, so daß sie zur Einzelstellung geeignet sind.
Sortierung nach Höhe und wenn erforderlich zusätzlich nach Breite, gegebenenfalls nach Anzahl der Stämme.

* Auszug aus der DIN 18916 Pflanzen und Pflanzarbeiten

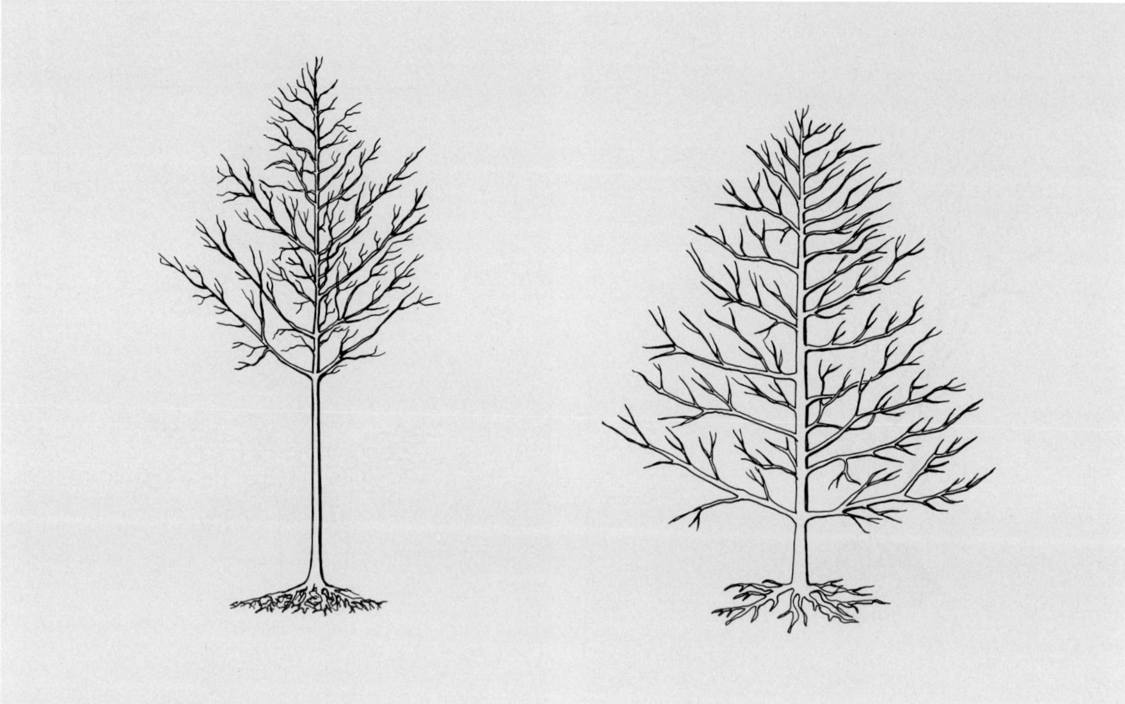

Abb. C 144. Hochstamm – Stammbusch.

Jungpflanzen, Kurzzeichen J (Abb. C 146c) sind alle Gehölze, die noch nicht den Beschaffenheitsanforderungen der vorstehend genannten Gruppen entsprechen.

2. Nadelgehölze

Alle Nadelgehölze müssen artentsprechend vom Boden aufwärts voll bezweigt und gleichmäßig gewachsen sein. Aufrecht wachsende Arten dürfen nur einen geraden, durchgehenden Mitteltrieb haben; Ausnahmen bei *Gínkgo, Táxus, Thúja* und *Tsúga*. Die Zweige müssen artentsprechend voll benadelt sein.

Nadelholz-Heckenpflanzen werden nach Größen sortiert, bis 40 cm Höhe in 10-cm-Staffelung, bis 100 cm Höhe in 20-cm-Staffelung.

Abb. C 145. Heister – Leichter Heister.

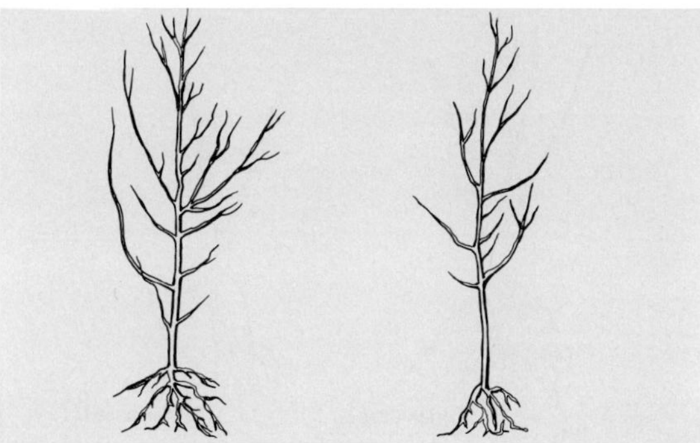

Abb. C 146. a) Strauch, b) leichter Strauch, c) Jungpflanze, d) Heckenpflanze.

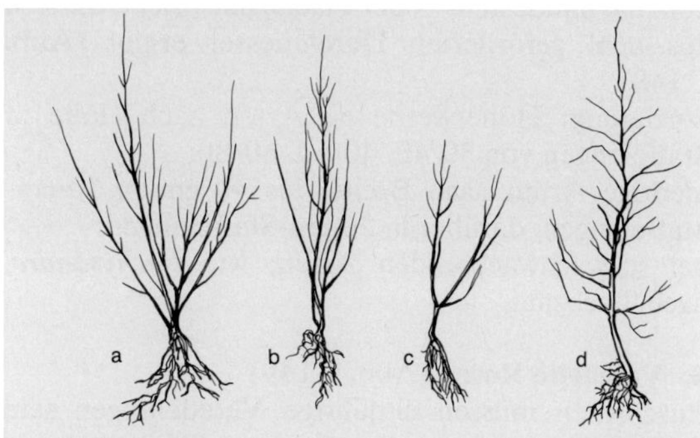

Abb. C 147. Solitärpflanze.

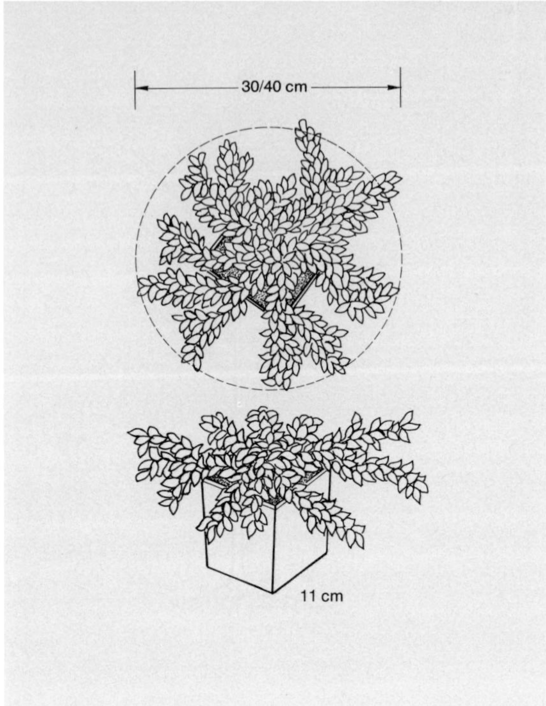

Abb. C 148. Bodendecker.

Sortierung der Nadelgehölze in rasch wachsenden Arten in Staffelungen von 20–50 cm, die langsam wachsenden bzw. niedrig bleibenden Arten in Staffelungen von 10–20 cm.

3. Bodenbedeckende Gehölze

Niedrige oder flachwachsende Gehölze, die zur Bodendeckung geeignet sind. Sie müssen während der Anzucht mindestens einmal zurückgeschnitten worden sein. Ihre Zweige sollten eine Fläche bedekken, die mindestens ²/₃ der Fläche entspricht, die sich aus dem geforderten Durchmesser ergibt (Abb. C 148).
Sortierung: Höherwerdende Arten nach Höhe in Staffelungen von 30/40, 40/60, 60/80;
niedrige Arten nach Breite, bis 40 cm in 10-cm-Staffelungen, darüber in 20-cm-Staffelungen;
bei schwachwachsenden Arten, wie *Pachysándra,* nach Triebzahl.

4. Veredelte Rosen (Abb. C 149)

Buschrosen müssen einjährige Veredelungen sein und mindestens drei voll entwickelte Triebe haben. Rosen-Hochstämme müssen einen kräftigen, geraden Stamm haben. Der Stammdurchmesser muß an der Veredelungsstelle mindestens 9 mm betragen. Die Krone muß mindestens drei Triebe aufweisen.
Sortierung: Buschrosen, die den genannten Forderungen entsprechen, Klasse A; mit nur zwei Trieben Klasse B. Hochstamm-Rosen nach Stammhöhe.

Abb. C 149. Veredelte Rosen.

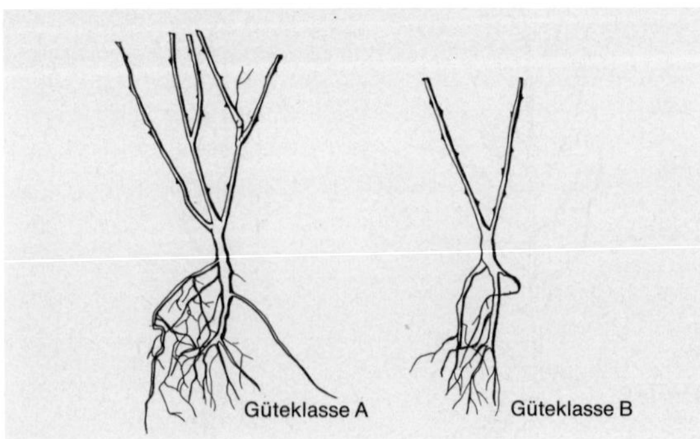

Bewurzelung
Die Bewurzelung der Gehölze muß der Art, dem Alter und der Zahl der Umpflanzungen entsprechen. Der Durchmesser des Wurzelballens soll das dreifache des Stammumfangs betragen.
Ballenpflanzen müssen einen ihrer Art und Größe entsprechend großen, durchwurzelten Ballen haben.

Kennzeichnung
Jedes Gehölz oder jede Sortierungseinheit muß mit einem Etikett versehen sein, aus dem der Name und die Sortierung hervorgeht.

8.3.2 Qualitätsvorschriften für Stauden

Stauden sind mehrjährige, krautartige Pflanzen mit ausdauernden Wurzeln und Rhizomen.

Herkunft
Stauden müssen aus fachgerechter Vermehrung stammen. Arten, die in der Regel vegetativ vermehrt werden, sind – falls eine Sämlingsnachzucht vorliegt – als solche zu kennzeichnen.
In der freien Landschaft gesammelte Pflanzen müssen als »Wildware« bezeichnet werden.

Allgemeine Beschaffenheit
Stauden müssen frei sein von pilzlichen und tierischen Schädlingen. Ihre Ballen bzw. ihr Wurzelwerk dürfen keine Unkräuter enthalten. Freilandpflanzen müssen eine artentsprechend normal entwickelte Bewurzelung aufweisen. Stauden im Topf, Container oder ähnlichen Gefäßen müssen einen durchwurzelten, festen Ballen haben.

Beschaffenheit der Stauden nach Wuchsform und Eigenart

Aa Breitwachsende Polsterstauden
Durchmesser von Freilandpflanzen mindestens 8 cm, Ballengröße bei Topfpflanzen mindestens 250 cm^3.
Artenbeispiele: *Árabis procúrrens, Aubriéta, Phlóx subuláta, Sédum, Saxífraga cespitósa, Víola cornúta.*

Ab Alpine Kleinstauden (Abb. C 150)
Sie müssen in Töpfen angezogen sein und einen Ballen mit mindestens 150 cm^3 Rauminhalt haben.
Artenbeispiele: *Drába, Saxífraga* (alpine Arten), *Sempervívum* (kleinrosettige Arten).

Ba Niedrige Stauden, an den Trieben wurzelnd
Ballengröße bei Topfpflanzen mindestens 250 cm^3, Freilandpflanzen mindestens 3 Austriebe.

Abb. C 150. Sempervivum.

Artenbeispiele: *Áster dumósus, Epimédium, Lámium.*

Bb Niedrige Stauden, an den Trieben nicht wurzelnd
Ballengröße bei Topfpflanzen mindestens 250 cm^3, Freilandpflanzen müssen gut ausgebildete Triebköpfe haben.
Artenbeispiele: *Aquilégia, Brúnnera macrophýlla, Helléborus, Oenothéra missouriénsis, Prímula, Waldsteínia geoídes.*

Ca Halbhohe und hohe Stauden
Ballengröße bei Topfpflanzen mindestens 500 cm^3, Freilandpflanzen müssen mindestens drei gut ausgebildete Triebe aufweisen.
Artenbeispiele: *Áster nóvi-bélgii, Astílbe, Erígeron, Helénium, Hemerocállis, Lysimáchia punctáta.*

Cb Halbhohe und hohe Stauden mit pfahlartigen Wurzeln oder sehr dicken Stammstücken (Abb. C 151)
Sie müssen einen starken Triebkopf haben. Die pfahlartige Wurzel muß gut entwickelt und je nach

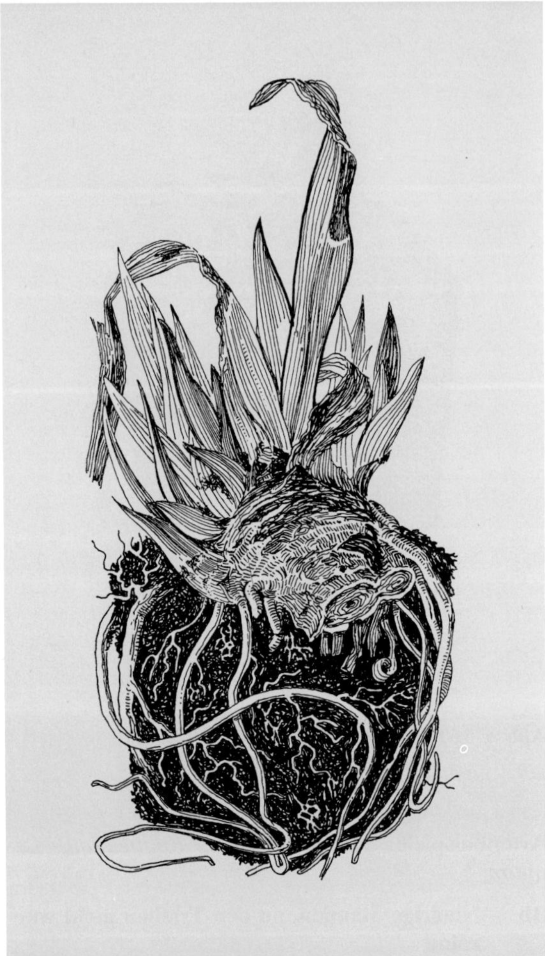

Abb. C 151. Iris germanica.

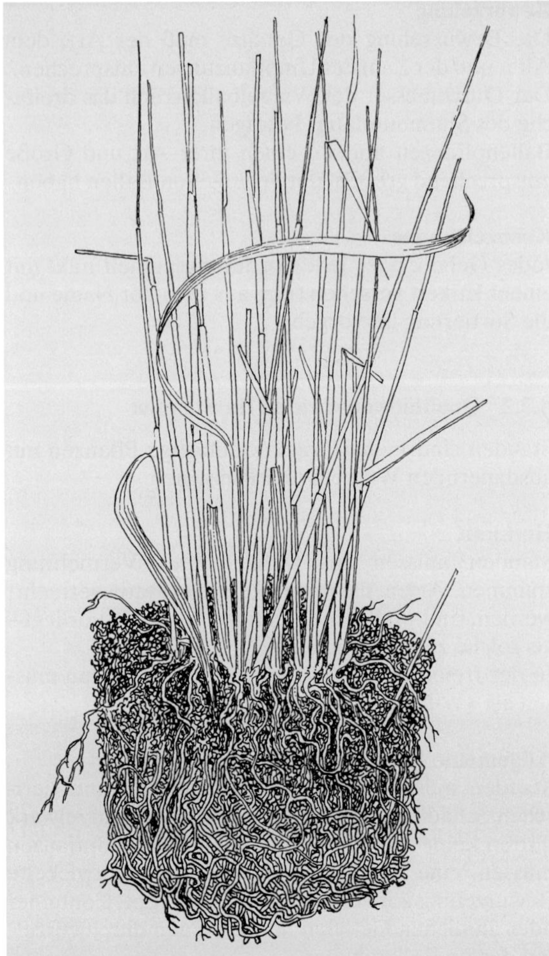

Abb. C 152. Molinia.

Art mit Faserwurzeln versehen sein. Ballengröße bei Topfpflanzen mindestens 500 cm^3.
Artenbeispiele: *Heracléum, Íris gėrmánica, Lupínus.*

Da Niedrige Gräser, polsterbildende und wintergrüne

Freilandpflanzen mindestens 8 cm Durchmesser, Ballengröße bei Topfpflanzen mindestens 250 cm^3.
Artenbeispiele: *Cárex* (niedrige Arten), *Festúca.*

Db Halbhohe und hohe Gräser mit festem Wurzelstock (Abb. C 152)

Sie müssen sichtbare Triebe haben und bei Topfpflanzen einen Ballen mit mindestens 600 cm^3 Rauminhalt.
Artenbeispiele: *Avéna, Cortadéria, Pennisétum.*

Dc Immergrüne, hohe Gräser mit Gehölzcharakter

Sie sind stets mit Ballen oder Topfballen mit mindestens 1500 cm^3 Rauminhalt zu liefern und müssen mit der Angabe ihrer Höhe versehen sein.
Artenbeispiel: *Sinarundinária.*

Ea Niedrige und halbhohe Farne (Abb. C 153)

Sie sind stets mit Ballen oder Topfballen mit mindestens 250 cm^3 Rauminhalt zu liefern.
Artenbeispiele: *Phyllítis, Polýstichum.*

Eb Hohe Farne

Ebenfalls mit Ballen oder Topfballen mit mindestens 500 cm^3.
Artenbeispiele: *Dryópteris, Mattéuccia.*

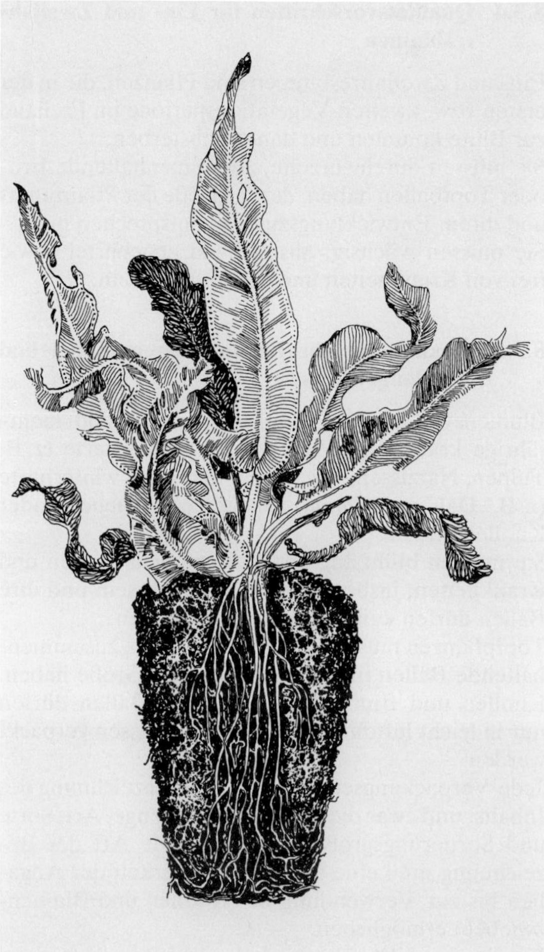

Abb. C 153. Phyllitis.

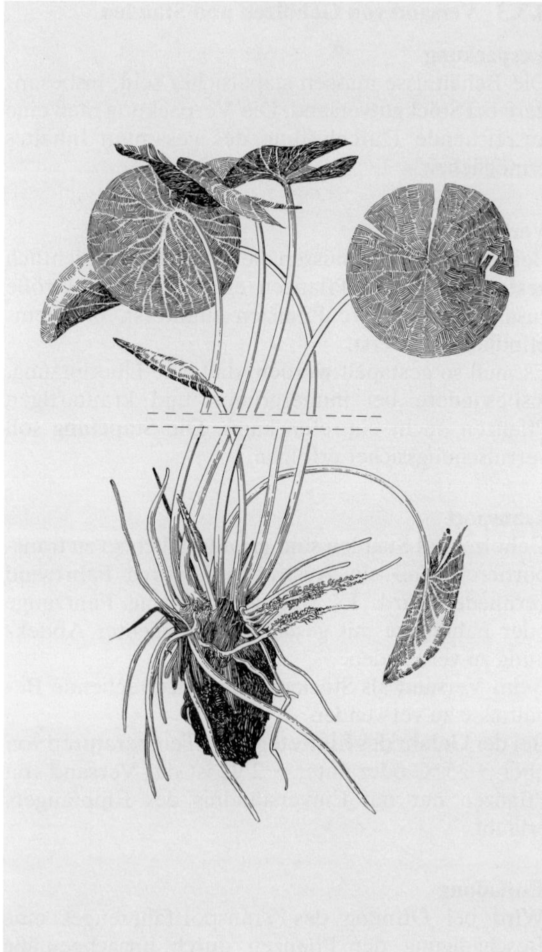

Abb. C 154. Seerose.

Fa Seerosen, starkwachsende Arten und Sorten (Abb. C 154)

Sie müssen ein Stammstück von mindestens 6 cm Länge haben, mit gut sichtbaren, kräftigen Triebknospen oder mindestens drei Blättern versehen sein. Ballengröße bei Topfkulturen mindestens 1500 cm³.
Artenbeispiele: *Nymphǣa álba* und Sorten.

Fb Seerosen, schwachwachsende Arten und Sorten

Stammstück mindestens 5 cm Länge und gut sichtbare, kräftige Triebknospen. Topfpflanzen müssen einen Ballen mit mindestens 800 cm³ Rauminhalt haben.
Artenbeispiel: *Nymphǣa*-Hybriden 'Laydekeri'.

Fd Sumpfpflanzen

Die Pflanzen müssen einen Alttrieb mit am Grund sichtbaren Augen oder einen gesunden Austrieb haben. Ballengröße bei Topfpflanzen von hochwachsenden Arten mindestens 250 cm³.
Artenbeispiele: *Bútomus, Hippúris, Íris pseudácorus.*

Kennzeichnung der Stauden

Grundsätzlich ist jede Einzelpflanze zu etikettieren. Gleichartige Pflanzen müssen je fest zusammengefügter Verpackungseinheit mit einem Etikett versehen sein, auf dem ihr vollständiger Name aufzuschreiben ist. Dabei kann der Name in üblicher, aber unverwechselbarer Weise abgekürzt werden.

8.3.3 Versand von Gehölzen und Stauden

Verpackung
Die Behältnisse müssen stapelsicher sein, insbesondere bei Stückgutversand. Die Verpackung muß eine ausreichende Durchlüftung des gesamten Inhaltes ermöglichen.

Verladung
Bei der Verladung müssen die Pflanzen übersichtlich gestapelt werden, Pflanzen einer Art und Größe zusammen, schwere Pflanzen zuunterst, bruchempfindliche zuoberst.
Es muß so gestapelt werden, daß eine Überhitzung, insbesondere bei immergrünen und krautartigen Pflanzen, nicht eintreten kann. Die Stapelung soll verrutschungssicher erfolgen.

Transport
Gehölze und Stauden sind grundsätzlich so zu transportieren, daß ein Austrocknen durch Fahrtwind vermieden wird. Es sind geschlossene Fahrzeuge oder Fahrzeuge mit geschlossener, dichter Abdekkung zu verwenden.
Beim Versand als Stückgut sind entsprechende Behältnisse zu verwenden.
Bei der Gefahr des Eintretens von Temperaturen von über +25 °C oder unter −2 °C ist der Versand von Pflanzen nur mit Einverständnis des Empfängers erlaubt.

Entladung
Wird bei Öffnung des Transportfahrzeuges eine Beschädigung der Pflanzen durch unsachgemäße Lagerung oder durch den Transport selbst festgestellt, sind Art, Umfang und gegebenenfalls Ursache des Schadens schriftlich festzuhalten und nach Möglichkeit von Zeugen zu bestätigen. Liegt ein Transportschaden vor, ist auch die Versicherung zu benachrichtigen.
Feuchtigkeitsverluste an den Pflanzen während des Transportes sind sofort durch Wässern auszugleichen.
Ist es infolge von Überhitzung zu einem vorzeitigen Austrieb der Gehölze gekommen, sind sie umgehend an schattiger Stelle einzuschlagen oder sofort zu pflanzen.
Gefrorene Pflanzensendungen sind abgedeckt in frostfreie, jedoch kühle Räume zu bringen und langsam aufzutauen. Nach dem Auftauen sind sie möglichst rasch zu pflanzen oder ungebündelt einzuschlagen und kräftig zu wässern.

8.3.4 Qualitätsvorschriften für Ein- und Zweijahresblumen

Ein- und Zweijahresblumen sind Pflanzen, die in der ersten bzw. zweiten Vegetationsperiode im Freiland zur Blüte kommen und danach absterben.
Sie müssen durchwurzelte, zusammenhaltende Erd- oder Topfballen haben, deren Größe der Pflanzenart und ihrem Entwicklungszustand entsprechen muß.
Sie müssen wüchsig, ausreichend abgehärtet sowie frei von Krankheiten und Schädlingen sein.

8.3.5 Qualitätsvorschriften für Blumenzwiebel- und Knollengewächse

Blumenzwiebel- und Knollengewächse sind mehrjährige krautartige Pflanzen, die winterharte (z. B. Tulpen, Narzissen, *Cýclamen*) und nicht winterharte (z. B. Dahlien, *Cánna,* Gladiolen) Zwiebeln oder Knollen bilden.
Sie müssen blühfähig und frei von Schädlingen und Krankheiten, insbesondere Schimmel, sein und ihre Ballen dürfen keine Unkräuter enthalten.
Topfpflanzen müssen gut durchwurzelte, zusammenhaltende Ballen in artentsprechender Größe haben.
Knollen und Blumenzwiebeln ohne Ballen dürfen nur in leicht luftdurchlässigen Behältnissen verpackt werden.
Jede Verpackungseinheit muß eine Bezeichnung des Inhalts, und zwar die Angabe über Menge, Art, Sorte und Sortierungsgröße, enthalten. Die Art der Bezeichnung muß eine deutliche Lesbarkeit der Angaben bis zur Verwendung der Knollen und Blumenzwiebeln ermöglichen.
Knollen und Blumenzwiebeln dürfen nur zu einer Jahreszeit zum Versand gebracht werden, die eine artbedingte Schädigung ausschließt.

Vertiefung und Kontrolle

1. Notieren Sie sich die Art der Sortierung bei Pflanzenlieferungen und vergleichen Sie diese mit den einschlägigen Vorschriften.
2. Üben Sie sich in der Beurteilung der Pflanzenqualität, indem Sie die Pflanzen bei Pflanzarbeiten daraufhin bewußt anschauen.
3. Stellen Sie zum Bepflanzungsplan (Abb. D 30, Seite 343) Pflanzenlisten mit Größen- und Qualitätsangaben zusammen.

8.4 Pflanzarbeiten

8.4.1 Wann wird gepflanzt?

1. Gehölze

Das Verpflanzen von Gehölzen ist während der Zeit der Vegetationsruhe, also von November bis April, möglich, sofern der Boden nicht gefroren oder dick mit Schnee bedeckt ist. Aus Termingründen wird diese Zeit auch zum Pflanzen genützt, obwohl Winterpflanzungen, insbesondere bei ungünstigem Witterungsverlauf, biologisch nicht günstig sind.

Empfehlungswert ist eine Pflanzung im frühen Herbst, schon ab Oktober. Es findet dann noch ein Wurzelwachstum statt, es kommt zur Ausbildung von Wurzelhaaren, womit die Wasser- und Nährstoffaufnahme der Pflanzen gesichert ist. Immergrüne Gehölze mit Ballen verpflanzt man aus diesem Grund schon im September.

Auf schweren, nassen Böden und bei rauhem Klima sind Frühjahrspflanzungen günstiger. Die Pflanzen überstehen den Winter in einem geschützten Einschlag besser. Grundsätzlich kann man sagen, daß die beste Anwachschance besteht, wenn während des Austriebs verpflanzt wird. Es ist natürlich unmöglich, alle Pflanzungen in dieser Zeit vorzunehmen, zumal sich die Austriebsphase in einem warmen Frühjahr auf wenige Tage zusammendrängt.

Wie kann man die Pflanzzeit verlängern?

Pflanzen aus *Containern* können – mit Ausnahme der Zeiten mit Frost oder starker Hitze – das ganze Jahr über gepflanzt werden. Von dieser Möglichkeit wird jedoch nur in Ausnahmefällen Gebrauch gemacht. Es hat sich auch aus allgemeinen arbeitstechnischen Gründen nicht bewährt, den ganzen Sommer über zu pflanzen. Der Aufwand, um größere Ausfälle zu verhindern, wird zu groß. Zur Verlängerung der Pflanzperiode im Herbst und Frühjahr sind Containerpflanzen jedoch bestens geeignet.

Durch Lagerung der Pflanzen im *Kühlhaus* wird im Frühjahr der Austrieb verzögert, wodurch bis in den Mai hinein gepflanzt werden kann. Vorsicht: die Kühlhauspflanzen treiben oft »explosionsartig« aus, sie bedürfen einer besonderen Betreuung.

Haben die Pflanzen schon ausgetrieben, wenn sie verpflanzt werden sollen, kann man sie mit *verdunstungshemmenden Mitteln* spritzen (z. B. mit *Alginure* oder *Dunstol*). Dadurch wird die Wasserverdunstung der jungen Blätter herabgesetzt und somit ein Ausgleich geschaffen zu der verminderten Wasseraufnahme der Wurzeln.

Hat man ein frühes Frühjahr mit hohen Temperaturen im April und damit einen verfrühten Austrieb, ist es besser, die Pflanzen im Einschlag austreiben zu lassen und dann in einer nachfolgenden kühleren Wetterperiode zu pflanzen, als bei hierfür ungünstigem, warmem trockenem Wetter auf Biegen und Brechen die Pflanzung durchzuziehen.

Durch *Entlauben* der Pflanzen kann die Pflanzsaison im Herbst verlängert bzw. vorgezogen werden; eine Möglichkeit, die bei günstigem Pflanzwetter ausgenützt werden sollte. Die Entlaubung ist mit chemischen Mitteln oder mechanisch mit einem Entlaubungsgerät möglich.

2. Stauden

Mit Topfballen können Stauden grundsätzlich immer gepflanzt werden. Diese Möglichkeit wird jedoch, wie bei den Gehölzen, nur in Ausnahmefällen angewandt. Ansonsten versucht man, die biologisch günstigen Zeiten auszunutzen.

Gräser sollten nur im Frühjahr verpflanzt werden, ebenso alle im Herbst blühenden Stauden.

Die im Frühjahr blühenden Stauden verpflanzt man nach der Blüte.

Herbstpflanzungen sind bei Stauden immer gefährdet und werden deshalb nicht gern ausgeführt.

8.4.2 Durchführen der Pflanzarbeit

Organisation

Da die Pflanzarbeiten in die kältere Jahreszeit fallen, wird die zur Verfügung stehende Zeit oft noch durch ungünstiges Wetter beeinträchtigt und verkürzt. In dieser relativ kurzen Zeit müssen nun alle Baustellen, die das ganze Jahr über fertiggestellt wurden, bepflanzt werden.

Wenn man hier nicht nur improvisieren will, muß man organisieren. Eine Voraussetzung dafür ist, den Pflanzenbedarf schon im Spätsommer zu ermitteln und rechtzeitig bei den Baumschulen zu bestellen. Liefertermine vereinbaren!

Größere Posten werden direkt auf die Baustelle geliefert. Für kleinere Pflanzungen im Betrieb einen zentralen Einschlag vorsehen, aus dem die Pflanzen zur Verfügung stehen, wenn man sie braucht.

Eintreffen der Pflanzen auf der Baustelle / Abnahme

In der Regel werden die Pflanzen durch eine Baumschule geliefert. Käufer der gelieferten Pflanzen ist entweder der Landschaftsgärtner oder auch direkt der Auftraggeber. In beiden Fällen muß der Ausführende die Pflanzenlieferung beim Eintreffen genau kontrollieren (dies gilt auch für Pflanzen aus dem eigenen Betrieb, der in diesem Fall als Lieferant für die Baustelle auftritt). In der Regel hat er ab jetzt für die Pflanzung die Gewährleistung zu übernehmen.

Worauf ist zu achten?
Jeder Pflanzenlieferung liegt ein *Lieferschein* bei, er ist der Prüfung zugrunde zu legen. Man prüft:

- ob die gelieferten Pflanzen mit den Angaben des Lieferscheins übereinstimmen
- ob die Lieferung mit der Bestellung übereinstimmt, dann Art, Gattung, Sorte der Pflanzen
- die Größen und Beschaffenheit (mit oder ohne Ballen)
- die Stückzahlen (bei Bündeln oder Kisten macht man Stichproben)

Ein besonderes Augenmerk ist auf den Zustand der Pflanzen zu richten (Qualitätsansprüche, Krankheiten, Schädlingsbefall, Transportschäden, Trockenschäden usw.).
Was in Ordnung ist, wird auf dem Lieferschein abgehakt, was zu beanstanden ist, wird dort geändert oder vermerkt. Eventuelle Beanstandungen müssen sofort anschließend geltend gemacht werden! Ungeeignete Pflanzen werden zurückgegeben. In Grenzfällen ist es möglich, die Pflanzen zwar zu übernehmen, aber Bedenken geltend zu machen.
Ist der Lieferschein unterschrieben, sind die Pflanzen abgenommen. Bei Ausfällen, die gegebenenfalls erst im nächsten Sommer auftreten, ist es dann schwierig, die Baumschule haftbar zu machen.

Einschlag

Nach der DIN 18916 müssen Pflanzen 48 h nach der Lieferung gepflanzt sein, anderenfalls müssen sie eingeschlagen werden. Die Wurzeln nicht ballierter Pflanzen sind besonders durch Austrocknen gefährdet. Es ist immer darauf zu achten, daß die Wurzeln abgedeckt sind. Dazu sind auf der Baustelle Planen, Strohmatten, dunkle Folien oder genügend lockerer, feuchter Torf bereitzuhalten.
Es gehört zur guten Organisation, daß nur soviel Pflanzen ausgelegt und verteilt werden, wie in kurzer Zeit gepflanzt werden können. Auf keinen Fall dürfen die Pflanzen stundenlang in Sonne und Wind liegen. Wenn die Wurzeln bereits hell und rissig werden, ist es um die Pflanze meist geschehen.
Natürlich ist es günstig, wenn eine Pflanzenlieferung direkt (ohne Einschlag) gepflanzt werden kann. Wo dies durch entsprechenden Personaleinsatz möglich ist, sollte es auch angestrebt werden. Ist vorauszusehen, daß innerhalb von 48 h nicht alle Pflanzen in den Boden kommen, ist ein Einschlag vorzunehmen. Man steht dann nicht dauernd unter Zeitdruck, die Pflanzen sind versorgt, die Arbeit kann im Bedarfsfall auch unterbrochen werden.
Der Einschlagplatz sollte gut anfahrbar, windgeschützt und evtl. auch schattig sein. Bei Bedarf können Windschutz und Schatten durch Gerüste hergestellt werden.
Der Boden muß locker sein, er ist vorbereitend zu fräsen und stark mit Torf zu vermischen.
Die Pflanzen stellt man in Gräben, die mit dem Aushub des nächsten Grabens verfüllt werden. Alle Wurzeln müssen mit Erde bedeckt sein. Die Pflanzen sind senkrecht, übersichtlich und mit genügend Abstand einzuschlagen. Bündel müssen aufgemacht werden. Man muß dem Einschlag jederzeit an jeder Stelle Pflanzen entnehmen können. Für höhere Pflanzen sind einfache Gerüste zweckmäßig. Einschläge über den Winter sind zum Schutz gegen Wildverbiß und Diebstahl einzuzäunen.

Pflanztechnik

Zuerst pflanzt man die größeren Gehölze. Sie werden verteilt und auch probeweise aufgestellt, um den optimalen Standort festzulegen.
Sind die Großgehölze gepflanzt, folgen die Sträucher und zum Schluß die Bodendecker und gegebenenfalls Rosen oder Stauden. Auf kleineren Baustellen wird man jeweils alle Pflanzen einer Größenklasse auspflanzen und dann die nächste Klasse folgen lassen.
Bei großen Baustellen hat man bei diesem Verfahren sehr viel Transport und Lauferei. Hier ist es besser, einzelne Pflanzabschnitte jeweils mit allen Pflanzen ganz fertigzustellen, wobei innerhalb der Abschnitte natürlich die Größenklassen nacheinander gepflanzt

Abb. C 155. Größe des Pflanzloches.

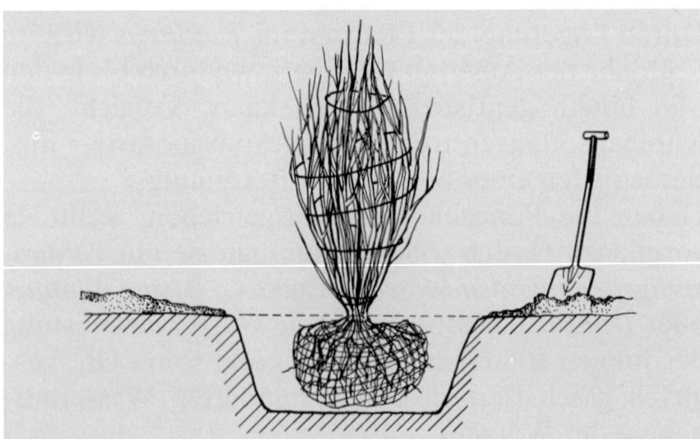

werden. Bei entsprechenden Mengen sind auch Teilanlieferungen (nach Bauabschnitten) durch die Baumschule möglich.
Die Pflanzgrube muß 1,5mal größer sein als der Wurzelballen (Abb. C 155). Der Aushub erfolgt für kleinere Pflanzen in Handarbeit, bei größeren Gruben mit Pflanzlochbohrern oder mit dem Bagger. *Die Sohle der Pflanzgrube darf nicht verdichtet sein!*
Bei Einzelpflanzen wird der Aushub mit Bodenverbesserungsmittel und Dünger vermischt. Bei Flächenbepflanzungen ist es zweckmäßiger, die Bodenverbesserung samt Düngung flächig zu verteilen und mit Fräse oder Grubber einzuarbeiten.
Die Verbesserungsmittel sind so im Boden gleichmäßig verteilt, außerdem ist der Aushub im lockeren Boden dann einfacher.
Es ist falsch, in das Pflanzloch einfach eine Schaufel Torf zu werfen, ohne diesen mit dem Boden zu vermischen. Wenn der Torf austrocknet, wird er nie mehr feucht und entzieht der Pflanze das Wasser.
Es ist darauf zu achten, daß die Pflanzen nicht tiefer in den Boden kommen, als sie es vorher waren. Nur Weiden und Eichen können tiefer gepflanzt werden. Bei Rosen muß die Veredelungsstelle *unter* dem Boden liegen, bei Obstgehölzen (Spindel- und Buschformen) *über* dem Boden.
Der Boden ist sorgfältig einzufüllen, so daß die Wurzeln umhüllt sind. Pflanzen ohne Ballen können beim Bodeneinfüllen auf die richtige Höhe hochgezogen werden, Ballenpflanzen müssen von Anfang an auf die richtige Höhe gesetzt werden. Das Ballentuch bleibt am Ballen, muß aber oben aufgebunden werden. Topfpflanzen werden ausgetopft.
Der eingefüllte Boden wird leicht angetreten. Mit dem überschüssigen Aushub wird ein Gießrand (Abb. C 156) geformt. Alle Pflanzen müssen kräftig angegossen werden. Dies ist nicht nur für die Wasserversorgung der Pflanzen wichtig, der Boden wird dadurch auch in die Hohlräume zwischen den Wurzeln eingeschwemmt und lagert sich fest an die Wurzeln an.

Abb. C 156. Gießrand ausbilden.

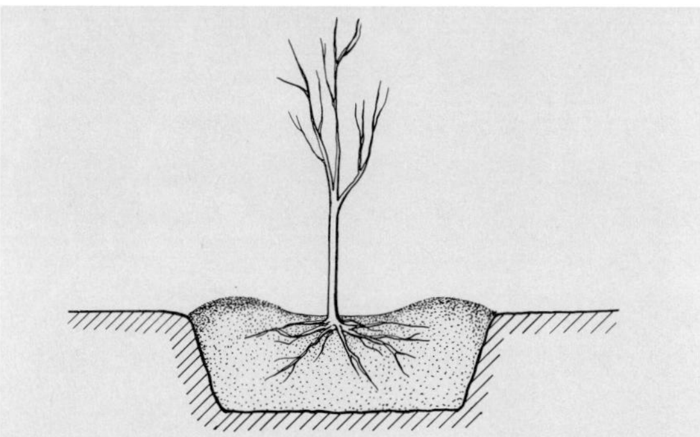

Pflanzschnitt
Er hat zwei Aufgaben: einmal soll ein Ausgleich geschaffen werden zwischen dem beim Ausgraben stark verkleinerten Wurzelwerk und den oberirdischen Pflanzenteilen, zum andern soll dadurch der Wuchs, die Entwicklung der Pflanze beeinflußt werden. Man spricht auch von einem *Erziehungsschnitt.*
Der Ausgleich zwischen Krone und Wurzel ist bei Ballenpflanzen natürlich nicht in dem Maß erforderlich wie bei Pflanzen ohne Erdballen. Bei Pflanzen mit Erdballen wird also nur zur »Erziehung« geschnitten. Man entfernt beschädigte oder kranke Zweige, ebenso Zweige, die stören (z. B. nach innen wachsen).
Nadelgehölze, ohnehin meist mit Ballen verpflanzt, schneidet man gar nicht.
Die Kronen von Laubbäumen werden in der oben angegebenen Weise ausgelichtet. Keinesfalls alle Triebe anschneiden, schon gar nicht die Stammverlängerung. Die Pflanzen sollen sich natürlich entwikkeln; keinen Obstbaumschnitt durchführen!
Sträucher, die ohne Erdballen gepflanzt werden, müssen um ein Drittel bis zur Hälfte zurückgeschnitten werden. Strauchrosen werden wie Sträucher behandelt. Veredelte Rosen schneidet man im Herbst auf 10–20 cm Länge, im Frühjahr auf 2–4 Augen zurück.

Wurzelschnitt
Beschädigte oder zu lange Wurzeln werden sauber abgeschnitten, natürlich ohne damit den Ballen unzulässig zu verkleinern. Alles sonstige Herumschnippeln an den Wurzeln schadet der Pflanze.

Anbinden
Es geht weniger darum, die Pflanzen vor Windbruch zu bewahren, als zu verhindern, daß die Wurzeln die Windbewegung der Pflanzen mitmachen und dabei immer wieder die feinen Wurzelhaare abgerissen werden, die ja für die Wasser- und Nährstoffaufnahme von größter Bedeutung sind. Es müssen also alle die Pflanzen angebunden werden, deren Zweige oder Stämme den Winddruck auf das Wurzelwerk übertragen.
Bei größeren Bäumen ohne Ballen wird im Pflanzloch zuerst der Pfahl gesetzt, dann wird der Baum gepflanzt. Anderenfalls kann der Baum bzw. dessen

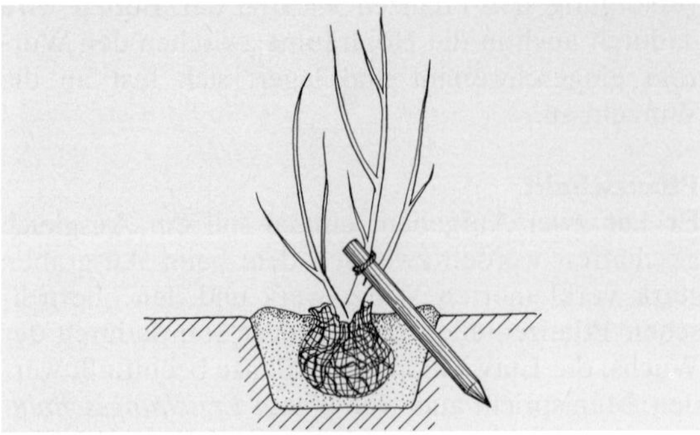

Abb. C 157. Schrägpfahl.

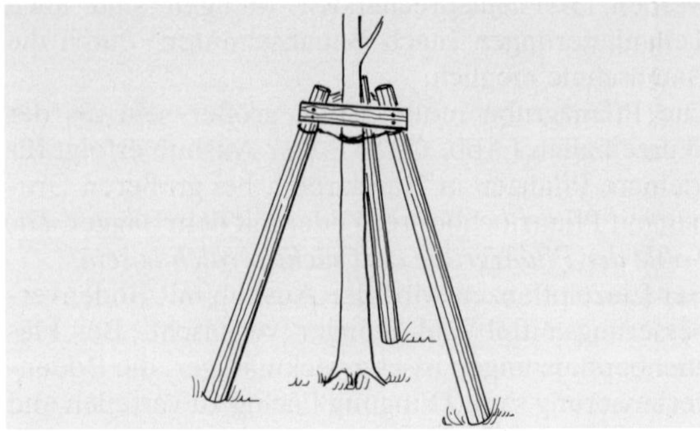

Abb. C 158. Dreibock.

Wurzeln beim Einschlagen des Pfahles leicht beschädigt werden. Bei Ballenpflanzen wird der Pfahl schräg eingeschlagen, um den Ballen zu schonen (Abb. C 157). Größere Bäume werden durch einen sogenannten *Dreibock* (Abb. C 158) verankert. Es muß grundsätzlich so angebunden werden, daß es keine Reibstellen gibt.
Das Verspannen mit Drähten ist relativ einfach, vielfach schafft man dadurch aber Stolperfallen.
Sind alle Pflanzen gepflanzt, angegossen und bei Bedarf angebunden, wird die Pflanzfläche von abgeschnittenen Zweigen, Verpackungsmaterial usw. gesäubert und aufgelockert.

8.4.3 Verpflanzung von Großgehölzen

Vielfach ist es erforderlich, bei einer Neuanlage gleich möglichst große Bäume zu pflanzen, damit von Anfang an die erwünschte Wirkung erreicht wird. Außerdem kann es vorkommen, daß vorhandene Pflanzungen wegen Baumaßnahmen entfernt werden müssen. Wo es möglich ist, werden die davon betroffenen größeren Gehölze verpflanzt.
Das Verpflanzen wird heute meist mit großen *Verpflanzgeräten* (Abb. C 159) durchgeführt. Das Gerät besteht aus hydraulisch betriebenen Spaten, die ein kegelförmiges Pflanzloch ausstechen. Je nach Größe ist das Gerät auf einem schweren Lkw oder auf einem Schlepper montiert.
Mit dem Pflanzgerät wird am zukünftigen Standort das Pflanzloch ausgehoben. Dann wird das zu verpflanzende Gehölz mit dem Gerät sozusagen gegraben, wobei die Spaten die Pflanze umstechen.
Sind die Spaten voll im Boden, berühren sie sich seitlich, wodurch sie einen geschlossenen Erdballen umschließen. Das Gehölz wird hydraulisch ausgehoben und mit dem Verpflanzgerät zum künftigen Standort gefahren, wo es in das vorbereitete Pflanzloch gesetzt wird, in das der Erdballen genau hineinpaßt. Dieses Verfahren wird überall dort angewandt, wo die Geräte an die Pflanze und an den Verwendungsort anfahren können; es hat sich gut bewährt.
Ist der Einsatz eines Verpflanzgerätes nicht möglich, muß das Gehölz in Handarbeit zunächst freigegraben

Abb. C 159. Verpflanzmaschine.

werden. Dazu gräbt man außerhalb des gewünschten Ballens (dessen Größe einen Kompromiß zwischen der biologischen Erfordernis und der Transportmöglichkeit darstellt) einen Graben. Der freigegrabene Ballen wird dann mit Brettern umstellt, die mit Draht fest zusammengebunden werden. Bei kleineren Ballen genügt eventuell ein Netz aus Maschendraht. Für den Transport muß nicht nur der Ballen geschützt werden, sondern auch Stamm und Krone. Der Stamm wird abgepolstert und mit Brettern geschützt, Äste werden hochgebunden.

Nachdem das Pflanzloch am künftigen Standort ausgehoben wurde, wird das Gehölz dorthin transportiert, je nach Größe und Entfernung mit Lkw oder Ladegerät. Der Einsatz eines Krans erleichtert die Arbeit wesentlich.

Maßnahmen am neuen Standort

Es ist darauf zu achten, daß ältere Gehölze am neuen Standort wieder so zur Himmelsrichtung ausgerichtet werden, wie sie vorher standen. In von Hand gegrabene Pflanzlöcher wird mit organischer Substanz verbesserter Boden eingebracht. Die Pflanze wird mehrmals kräftig angegossen und sorgfältig verankert. Um die Verdunstung herabzusetzen, wird der Stamm mit Jute umwickelt und mit Lehm verschmiert. Nach der Blattbildung wird mit verdunstungshemmenden Stoffen gespritzt.

8.4.4 Besondere Maßnahmen bei Straßenbäumen

Ursachen von Schäden

Bäume an Straßen haben es aus verschiedenen Gründen besonders schwer: Im Boden ist der Wurzelraum oft eingeengt durch Leitungen aller Art. Der Wurzelbereich ist mit wasserundurchlässigem Material abgedeckt. Es besteht also meist Wassermangel, und der Wurzelbereich ist schlecht durchlüftet. Vielfach kommen auch Tausalze in den Boden, die dort in hoher Konzentration »Verbrennungen« hervorrufen, zumindest aber die Bodenstruktur verschlechtern und die Nährstoffaufnahme stören.

Im oberirdischen Bereich werden die Stämme verletzt, die Kronen beengt, und schließlich leiden die Gehölze auch unter der Luftverschmutzung. Hinzu kommt weiter, daß in der Stadt zwischen der Bebauung oft hohe Temperaturen herrschen, verbunden mit hoher Lufttrockenheit.

Abb. C 160. Baumscheibenplatten.

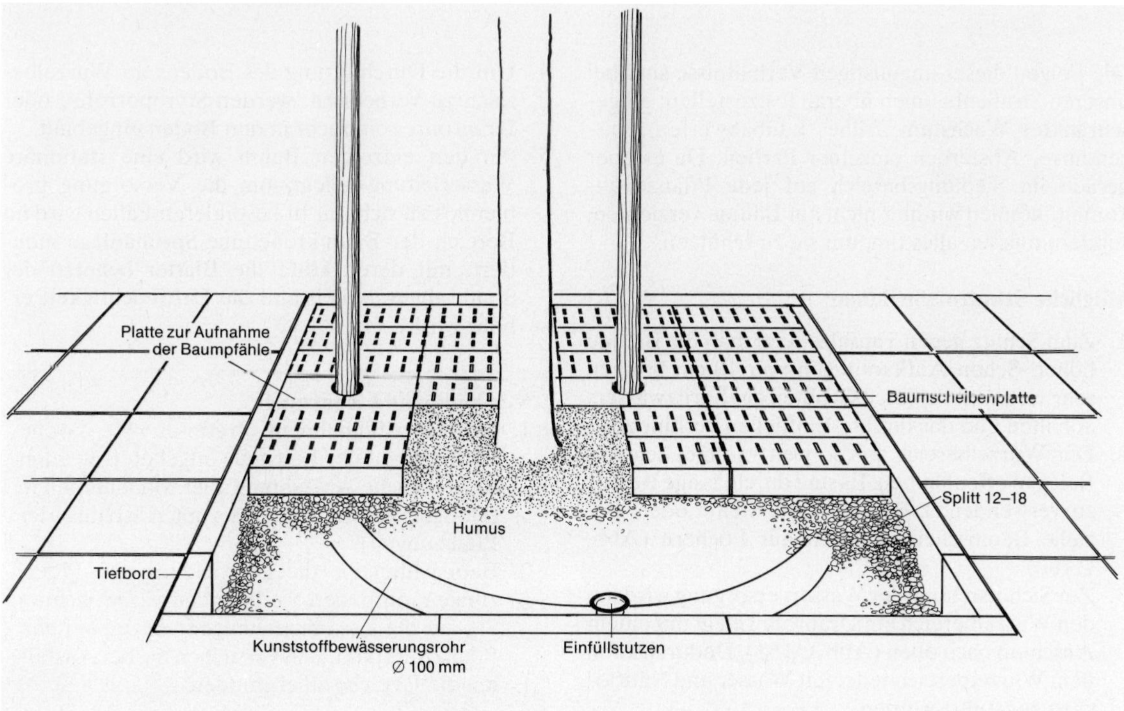

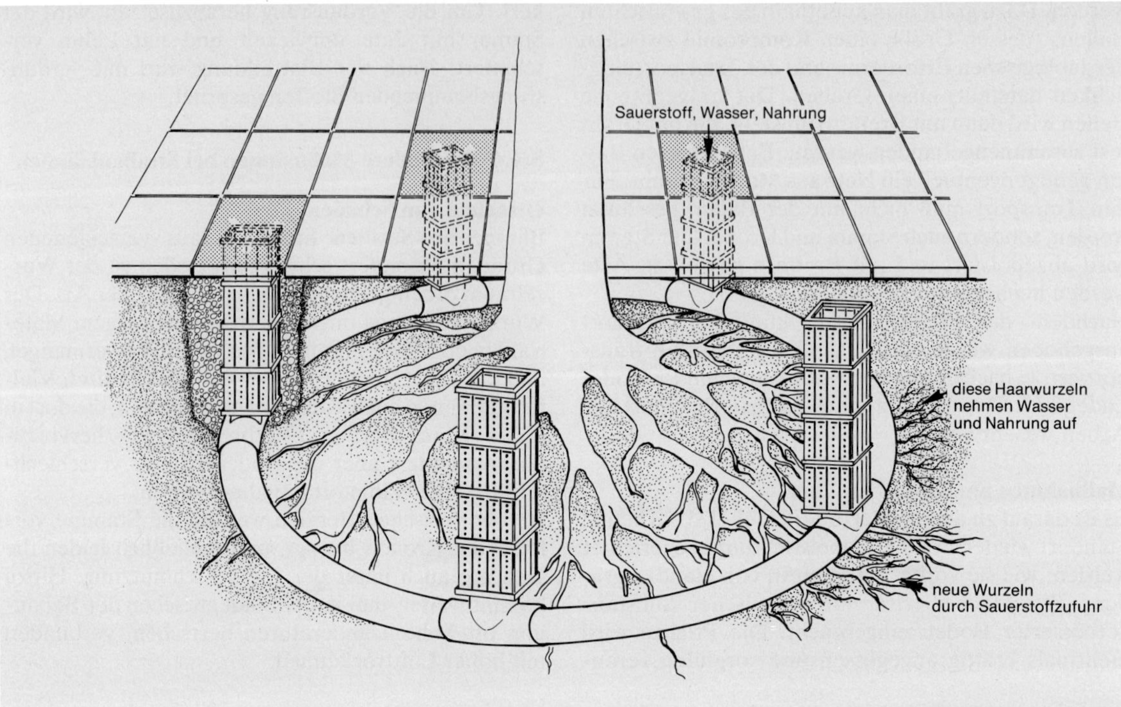

Abb. C 161. System zur Belüftung des Wurzelbereiches.

Die Folgen dieser ungünstigen Verhältnisse sind bei unseren Straßenbäumen überall festzustellen: eingeschränktes Wachstum, frühes Laubabwerfen, Spitzendürre, Absterben einzelner Partien. Da es aber gerade im Siedlungsbereich auf jede Pflanze ankommt, können wir hier nicht auf Bäume verzichten, sondern müssen alles tun, um sie zu schützen.

Mögliche Schutzmaßnahmen

1. Zum Schutz gegen Tausalze setzt man die Bäume höher. Schon Aufkantungen von 40 cm bringen sehr viel, weil sie einen Großteil des Spritzwassers abhalten und das direkte Einfließen verhindern.
2. Der Wurzelbereich soll so weit wie möglich von Belägen offenbleiben. Es sind durchlässige Beläge zu verwenden, z. B. Betongittersteine oder spezielle Baumscheibenplatten mit Löchern (Abb. C 160).
3. Zur Sicherstellung der Wasserversorgung wird um den Wurzelbereich ein Dränrohr gelegt mit einem Anschluß nach oben (Abb. C 161). Dadurch kann dem Wurzelbereich jederzeit Wasser und Nährlösung zugeführt werden.
4. Um die Durchlüftung des Bodens im Wurzelbereich zu verbessern, werden Styroporrohre oder Dränrohre senkrecht in den Boden eingebaut.
5. An den einzelnen Baum wird eine stationäre Wasserleitung gelegt, um die Versorgung problemlos zu sichern. In besonderen Fällen wird im Bereich der Baumkrone eine Sprühanlage montiert, mit deren Hilfe die Blätter benetzt, der Staub abgewaschen und die Luftfeuchtigkeit erhöht wird.

Vertiefung und Kontrolle

1. Welche Maßnahmen ergreifen Sie, wenn Pflanzen auf der Baustelle angeliefert werden (ausführliche Aufzählung aller Maßnahmen in richtiger Reihenfolge bis zum Abschluß der Pflanzungen)?
2. Beobachten Sie die Entwicklung von Pflanzungen, an denen Sie beteiligt waren; achten Sie auf die Zusammenhänge in bezug auf den Pflanzzeitpunkt, und versuchen Sie bei Ausfällen die Ursache zu ergründen.

8.5 Fertigstellungspflege für Pflanzungen

8.5.1 Aufgabe

DIN 18916, Ziffer 7.1:
Die Fertigstellungspflege umfaßt alle Leistungen nach der Pflanzarbeit, die zur Erzielung eines abnahmefähigen Zustandes von Pflanzungen erforderlich sind. Als abnahmefähiger Zustand gilt:
Pflanzen müssen ausgetrieben haben bzw. voll im Saft stehen. Trockene und beschädigte Pflanzenteile müssen entfernt sein. Die Pflanzen müssen frei von Schädlingen und Krankheiten sein und in ihrer Beschaffenheit den Qualitätsansprüchen der Norm entsprechen. Die Pflanzarbeit muß nach den Festlegungen der Norm erfolgt sein.
Pflanzflächen müssen in ihrer Beschaffenheit den Festlegungen der Norm entsprechen, ebenso Verankerungen und Schutzvorrichtungen.

Das bedeutet im einzelnen:

- die Pflanzen müssen den hier genannten Qualitätsvorschriften entsprechen
- die Pflanzflächen müssen sauber ausplaniert, gelockert und unkrautfrei sein; Steine über 5 cm Durchmesser dürfen sich nicht auf der Pflanzfläche befinden
- die Pflanzen müssen bei Bedarf ordnungsgemäß angebunden sein

Entscheidend ist die Forderung der Norm, daß die Pflanzung erst abgenommen werden kann, wenn sie ausgetrieben hat bzw. im Saft steht. Dies wird in der Regel im Mai/Juni der Fall sein. Bis zu diesem Zeitpunkt muß der Auftragnehmer die Pflanzung betreuen, bis zu diesem Zeitpunkt haftet er auch für die Pflanzung. Er muß ausgefallene Pflanzen ersetzen, wenn er nicht beweisen kann, daß sie aus Gründen, die er (der Auftragnehmer) nicht zu vertreten hat, eingingen.
Den geforderten Zustand erreicht man nur durch gezielte Pflegemaßnahmen.

8.5.2 Welche Leistungen werden erforderlich?

Lockern und Säubern der Pflanzflächen. Die Pflanzflächen müssen durchgehackt werden. Durch das flache Hacken wird das Unkraut bekämpft. Dabei ist es besonders wichtig, zu hacken, bevor man das Unkraut sieht; so ist die Bekämpfung am einfachsten. Durch das Hacken wird auch der Boden gelockert und die Kapillarität unterbrochen, was für den Wasserhaushalt und den Erhalt der Winterfeuchtigkeit sehr wichtig ist.
Ist beim Hackgang bereits Unkraut vorhanden, muß es danach abgelesen werden, ebenso hervortretende Steine und Unrat.
Eingetrocknete oder beschädigte Pflanzenteile sind abzuschneiden, nicht richtig austreibende Pflanzen schneidet man zurück.
Vor dem Austrieb, also etwa im April, ist zu düngen. Zu empfehlen ist hier ein wasserlöslicher Volldünger, ca. 40 g/m^2.
Bei Bedarf sind die Pflanzen ausreichend zu *wässern.*
Treten Krankheiten oder Schädlinge auf, sind geeignete *Pflanzenschutzmaßnahmen* durchzuführen.
Selbstverständlich muß der Auftragnehmer die genannten Leistungen nicht umsonst ausführen. Die Leistungen sind bereits im Angebot zu vereinbaren und dafür Preise anzusetzen, wobei ein Pauschalpreis nicht zu empfehlen ist, weil der Umfang der Arbeiten stark von der Witterung abhängt. Richtig ist, für jede Maßnahme (also z. B. für jeden Hackgang) einen Preis zu vereinbaren.

8.5.3 Problematik

Die Aussage der Norm schafft zunächst klare Verhältnisse. Der Auftragnehmer führt die Pflanzung durch und betreut die Pflanzen bis zur Abnahme. Die erforderlichen Maßnahmen werden vergütet. Dafür haftet der Auftragnehmer auch für den Erfolg, d. h., er ersetzt die ausgefallenen Pflanzen.
Fallen Pflanzen *nach* der Abnahme aus, muß der Auftragnehmer die Pflanzen nur ersetzen, wenn es dem Auftraggeber gelingt, dem Auftragnehmer die Schuld daran nachzuweisen.
Mit der Abnahme geht also das Risiko an den Auftraggeber über. Ebenso ergibt sich eine Umkehr der Beweislast.
Es kann auch vereinbart sein, daß der Auftraggeber die Maßnahmen der Fertigstellungspflege selber durchführt. Dies ist bei privaten Auftraggebern häufig der Fall, aber auch bei Gemeinden, die eigene Pflegekolonnen unterhalten. Tritt hier der Fall ein, daß eine ordnungsgemäß erstellte Pflanzung durch falsche oder mangelnde Pflege einen Schaden erleidet (z. B. Vertrocknen von Pflanzen, weil nicht gewässert wurde), ist die Frage der Haftung schwierig.
Der Auftragnehmer muß grundsätzlich dem Kunden die Fertigstellungspflege anbieten. Führt der Auftraggeber dann die Pflege selber aus, muß die Pflanzung entweder *vorher* abgenommen werden,

oder der Auftraggeber ist *schriftlich* darauf hinzuweisen, daß von seiten des Auftragnehmers keine Gewährleistung für Folgen einer falschen oder ungenügenden Pflege übernommen werden kann.

Vertiefung und Kontrolle

1. Begründen Sie die Art der Regelung der Fertigstellungspflege in der DIN 18916.
2. Notieren Sie, was Sie einem Kunden erklären müßten, der die Fertigstellungspflege selber durchführen will.

8.6 Rasen und Gräser

Was versteht man unter dem Begriff Rasen? Die DIN 18917 definiert ihn folgendermaßen:
Rasen im Landschaftsbau ist eine dichte, fest verwachsene, mit der Vegetationsschicht durch Wurzeln und Ausläufer verbundene Pflanzendecke aus einer oder mehreren Grasarten, die in der Regel keiner landwirtschaftlichen Nutzung unterliegt. Entsprechend dem Verwendungszweck kann sie auch Kräuter und Leguminosen enthalten.

Die Vegetationsform Rasen ist eine Pflanzengesellschaft, die in der Natur als Weide vorkommt. Dort wird durch den Biß und Tritt der Weidetiere eine ständige Selektion durchgeführt. Pflanzen, die Biß oder Tritt nicht ertragen, werden verdrängt. Pflanzen, die sich unter diesen Umständen regenerieren, entwickeln sich.
Auf unseren Rasenflächen ersetzt der Rasenmäher den Biß. Unterbleibt das Mähen, wird aus dem Rasen eine Wiese. Es entwickeln sich statt der *Untergräser* (die nicht hochwachsen, sondern Ausläufer treiben) die *Obergräser,* die durch viel Grünmasse hoch werden und Samen ausbilden. Je seltener die Wiese gemäht wird, um so mehr Kräuter werden in ihr wachsen.
Die Übergänge von Rasen zu Wiese sind fließend. Wenn wir jedoch eine gewisse Benützbarkeit anstreben, handelt es sich um Rasen.
Um nun die verschiedenen Formen von Rasen, vom Repräsentationsgrün im Kurpark bis zur Autobahnböschung, definieren zu können, wurde in der DIN 18917 der Begriff der Rasentypen geschaffen.
Durch die Festlegung dieser Begriffe sollen klare Verhältnisse zwischen Auftraggeber und Auftragnehmer geschaffen werden. Wird mit dem Kunden

8.6.1 Rasentypen nach DIN 18917

	Anwendungsbereich	Eigenschaften	Pflegeansprüche
Gebrauchsrasen	öffentliches Grün, Wohnsiedlungen, Hausgärten u. ä.	Beanspruchbarkeit, Widerstandsfähigkeit gegen Trockenheit	gering bis mittel
Spielrasen	Spielplätze,	ganzjährige hohe Beanspruchbarkeit	mittel bis hoch
Landschaftsrasen	Rasen in der freien Landschaft, Rasen an Verkehrswegen	hoher Erosionsschutz, Widerstandsfähigkeit gegen Trockenheit	gering
Parkplatzrasen	Parkplätze, Zufahrten	ausreichend belastbar bei ständig mäßiger oder periodisch starker Verkehrsfrequenz	gering bis mittel
Zierrasen	Repräsentationsgrün, Hausgärten	dichte, teppichartige Narbe aus feinblättrigen, farbintensiven Gräsern	hoch

die Anlage eines Gebrauchsrasens vereinbart, so kann kein Zierrasen erwartet werden. Wird ein Zierrasen vereinbart, so wird sich der dafür erforderliche größere Aufwand in einem höheren Preis niederschlagen.
Die DIN 18917 trägt durch einen weiteren Schritt zur Vereinfachung der Situation bei, indem für die jeweiligen Rasentypen sogenannte Regelsaatgutmischungen empfohlen werden.

8.6.2 Regelsaatgutmischungen

Durch sie ist eine Vielzahl von Rezepten und Mischungen mit Phantasiebezeichnungen abgelöst worden. Man ging davon aus, daß durch die Ansaat die Anfangsentwicklung eines Rasens beeinflußt wird, daß seine weitere Entwicklung aber von der dann folgenden Nutzung und Pflege abhängt.
Regelsaatgutmischung bedeutet nicht, daß sie immer zwingend vorgeschrieben ist, sondern eben »in der Regel«, und die Regel beinhaltet immer die Ausnahme. So wird man sich durchaus besonderen Gegebenheiten auf der Baustelle oder einem Angebot des Samenhandels anpassen können.
Die FLL gibt eine Broschüre (z. B. RSM 86) heraus, in der Empfehlungen für Regelsaatgutmischungen und dafür geeignete Rasensorten gegeben werden.
Die DIN 18917 gibt für die Mischungen die Gewichtsprozente an. Dies ist für die Zusammenstellung der Mischungen natürlich wichtig, gibt für die tatsächliche Zusammensetzung aber ein falsches Bild, weil dabei die unterschiedlichen Korngrößen der Rasensamen zu berücksichtigen sind (s. Kap. C 8.6.3).
In der folgenden Aufstellung ist neben den Gewichtsprozenten der prozentuale Anteil der Kornzahlen angegeben, aus dem die tatsächliche Verteilung der Arten in der jeweiligen Mischung zu ersehen ist.

Regelsaatgutmischungen nach DIN 18917

Grasarten	Kornanteil in %	Gewichtsanteil in %
Gebrauchsrasen		
Agróstis ténuis	30	5
Festúca ovína	12	20
Festúca nigréscens	7	20
Festúca rúbra	7	20
Póa praténsis	44	35
Spielrasen		
Cynosúrus cristátus	7	10
Festúca rúbra	13	30
Phléum praténse	9	10
Póa praténsis	71	50
Landschaftsrasen		
Agróstis ténuis oder Agróstis stolonífera	55	10
Festúca ovína oder Festúca tenuifólia	12	25
Festúca nigréscens	5	15
Festúca rúbra	12	35
Póa praténsis	16	15
Parkplatzrasen		
Cynosúrus cristátus	8	10
Festúca rúbra	12	25
Lólium perénne	2	10
Phléum praténse	9	10
Póa praténsis	69	45
Zierrasen		
Agróstis ténuis	74	15
Festúca nigréscens	14	45
Festúca rúbra	12	40

8.6.3 Rasengräser für die Regelsaatgutmischungen

Eigenschaften der Gräser
Die wichtigsten Gattungen sind: Agróstis, Festúca, Póa und Lólium.

Agróstis ténuis, Rotes Straußgras (Abb. C 162)
17 000 Korn je g Saatgut.
Ein sehr wichtiges, dichtes, feines, niedrigbleibendes Gras. Blatt mittelbreit, sattgrün, tiefschnittverträglich, mäßig trittfest, mittlerer Nährstoffbedarf, trokkenheitsgefährdet. Es wird in allen Mischungen – mit Ausnahme von Strapazierrasen – verwendet.

Agróstis stolonífera, Flechtstraußgras (Abb. C 163)
17 000 Korn je g Saatgut.
Ein niedriges, oberirdische Ausläufer treibendes Gras mit auffallend blaugrüner Färbung, die in anspruchsvollen Mischungen störend wirkt. Es ist sehr regenerationsfähig, das Blatt ist mittelbreit, es ist tiefschnittverträglich, mäßig trittfest, braucht wenig Nährstoffe, aber viel Wasser. Verwendung vorwiegend in Landschaftsrasen.
Festúca nigréscens *(rúbra commutáta),* Horstrotschwingel (Abb. C 164)
1000 Korn je g Saatgut.

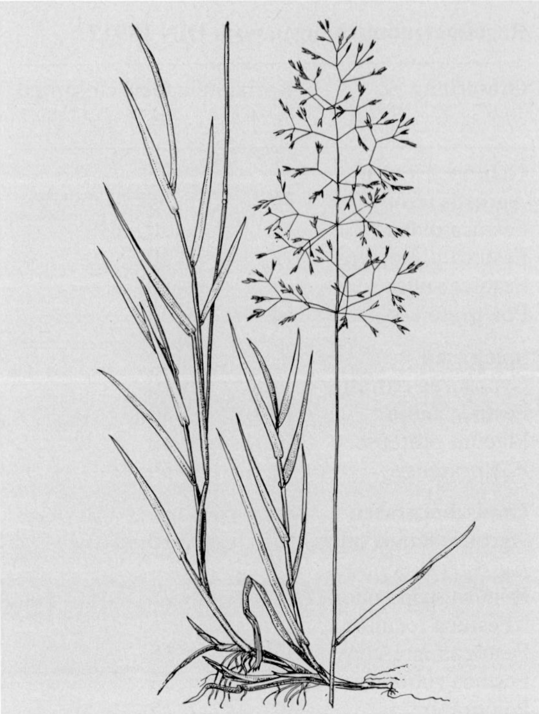

Ein sehr wichtiges Rasengras, niedrigbleibend, dicht, regenerationsfähig, Blatt schmal, grün, tiefschnittverträglich, mäßig trittfest, geringer Nährstoffbedarf, trockenheitsverträglich.

Festúca rúbra, Rotschwingel (Abb. C 165)
1000 Korn je g Saatgut.
Es wird zusammen mit dem Horstrotschwingel fast überall verwendet. Im Gegensatz zu diesem bildet es unterirdische Ausläufer, hat aber sonst dieselben Eigenschaften.

Festúca ovína, Schafschwingel
1300 Korn je g Saatgut.
Ein borstiges, kurzbleibendes Gras, das wegen seiner Trockenheitsresistenz in die Mischungen kommt. Blatt fein, grün, im Winter bräunlich, mäßig trittfest, geringer Nährstoffbedarf.

Póa praténsis, Wiesenrispe (Abb. C 166)
3300 Korn je g Saatgut.
Ein sehr wichtiges, vielleicht das wichtigste Rasengras.
Mittelbreites bis breites Blatt, sattgrün, einen dichten Rasen bildend, sehr regenerationsfähig, tiefschnittverträglich, strapazierfähig, stellt allerdings Ansprüche an Nährstoffe und Wasser.

Lólium perénne, Deutsches Weidelgras (Abb. C 167)
500 Korn je g Saatgut.
Ein bedeutendes und wertvolles Rasengras mit wechselhafter Geschichte. Es war bis vor ca. 20 Jahren das Rasengras überhaupt. Folgende Eigenschaften verhalfen ihm zu diesem Ruhm: Es bildet viel und große Samen und keimt außerordentlich schnell.
Leider hatte es den Nachteil, nicht ausdauernd zu sein; die Lolium-Rasen wurden nach einer glanzvollen Anfangsentwicklung bald lückig und schütter und verunkrauteten. In Mischungen verdrängte *Lólium* mit seiner raschen Anfangsentwicklung die anderen Gräser. So wurde es zu Beginn der 60er Jahre aus den Mischungen verbannt. Der Bannstrahl wirkte bis in die Zeit der Erstellung der DIN 18917 hinein, es taucht in den Regelsaatgutmischungen nur bei Parkplatzrasen auf.
Heute gibt es von *Lólium* neue Sorten mit sehr guten Eigenschaften, so daß es eigentlich wieder in die Mischungen aufgenommen werden muß.

Abb. C 162. Rotes Straußgras (links oben).
Abb. C 163. Flechtstraußgras (links unten).
Abb. C 164. Horstrotschwingel (Seite 219, links oben).
Abb. C 165. Ausläufertreibender Rotschwingel (Seite 219, rechts oben).
Abb. C 166. Wiesenrispe (Seite 219, links unten).
Abb. C 167. Deutsches Weidelgras (Seite 219, rechts unten).

Abb. C 168. Kammgras.

Abb. C 169. Lieschgras.

Es hat ein mittelbreites bis breites, sattgrünes Blatt, ist tiefschnittverträglich und strapazierfähig. Ansprüche an Nährstoffe und Wasser sind hoch.

Seine Verwendung ist vor allem wegen seiner raschen Anfangsentwicklung zu empfehlen. Der Anteil in den Mischungen sollte wegen der verdrängenden Wirkung des Grases aber nicht zu hoch sein.

Cynosúrus cristátus, Kammgras (Abb. C 168)
1700 Korn je g Saatgut.

Ein hartes Gras mit breitem Blatt, das in Zierrasen stören würde. Es ist schnittverträglich, strapazierfähig, hat hohe Ansprüche an Nährstoffe und Wasser.

Phléum praténse, Lieschgras (Abb. C 169)
2000 Korn je g Saatgut.

Ein äußerst regenerationsfähiges, dichte Narben bildendes Gras. In Mischungen stört seine gelblichgrüne Farbe. Das Blatt ist breit, das Gras ist schnittverträglich, strapazierfähig, hohe Ansprüche an Nährstoffe und Wasser.

Aufgaben der Gräser in den Mischungen

Aus den Eigenschaften der Gräser und den Anforderungen an die Rasentypen kann geschlossen werden, welche Gräser in welche Mischung hineinpassen.

Gebrauchsrasen

Die Gräser sollen bei relativ wenig Pflege doch noch eine bestimmte Belastung aushalten. Sie müssen also anspruchslos sein, trotzdem trittfest bis strapazierfähig und dürfen den Schnitt nicht übelnehmen.

Die *Wiesenrispe* erträgt die Belastung durch Tritt, das *Straußgras* bringt die Narbendichte, und bei Trokkenheit halten die *Schwingel* aus. Auf lehmigen, frischen Böden kann statt des Schafschwingels das *Weidelgras* verwendet werden.

Spielrasen

Die Gräser müssen auf jeden Fall trittfest, besser strapazierfähig sein. Daneben sollten sie auch nicht zu trockenheitsanfällig sein, weil Spielflächen sehr wasserdurchlässig sein müssen. Da es natürlich kein Wundergras gibt, das alles kann und aushält, werden Gräser mit entsprechenden Eigenschaften in die Mischungen genommen.

Der *Rotschwingel* ist zwar nur mäßig trittfest, dafür aber widerstandsfähig gegen Trockenheit. Die Strapazierfähigkeit wird durch die *Wiesenrispe* gewährleistet. Um hier nicht ausschließlich auf ein Gras angewiesen zu sein, wurden *Kammgras* und *Liesch-*

gras in die Mischung genommen. Sie können auch durch das *Weidelgras* ersetzt werden.

Landschaftsrasen
Hier sind schon in den Regelmischungen Alternativen genannt. Da sehr unterschiedliche Verhältnisse anzutreffen sind, werden die Mischungen auch nach Bedarf verändert; so wird man z. B. *Flechtstraußgras* auf feuchten Standorten bevorzugen, für saure Böden *Festúca tenuifólia,* den *Feinen Schafschwingel,* der sich sonst nicht wesentlich vom Harten Schafschwingel unterscheidet. Auch die Zumischung von 10–20 % *Weidelgras* ist zu empfehlen. Je nach Bedarf werden auch Kräuter beigemischt.

Parkplatzrasen
Es liegt auf der Hand, daß hier im Prinzip dieselben Gräser zu verwenden sind wie bei Spielrasen, weil ja auch die Anforderungen dieselben sind.

Zierrasen
Hier kommen die feinblättrigen Gräser, *Schwingel* und *Rotes Straußgras,* zum Einsatz. Die Gräser müssen schnittverträglich und regenerationsfähig sein und einen gleichmäßigen, sattgrünen Rasen bilden.

8.6.4 Saatgutverkehrsgesetz

Der Handel mit Rasen ist seit 1968 im Saatgutverkehrsgesetz geregelt. Danach darf nur anerkanntes Saatgut in den Handel kommen, das genau gekennzeichnet sein muß. Der Verbraucher hat dadurch die Gewähr, daß er einwandfreies, arten- und sortenechtes Saatgut erhält.

Das Saatgut ist in verschiedene Kategorien eingeteilt:
Basissaatgut. Es muß nach den Grundsätzen der Erhaltungszüchtung vom Züchter oder in dessen Auftrag erzeugt worden sein und dient nur der weiteren Erzeugung von Saatgut.
Zertifiziertes Saatgut. Es muß unmittelbar aus Basissaatgut entstanden sein. Das Zertifikat erhalten nur anerkannte Sorten. Wenn also sortenechtes Saatgut verwendet werden soll, muß zertifiziertes Saatgut gekauft werden.
Handelssaatgut. Ein Saatgut, das artenecht ist und den Anforderungen an sich genügt, aber nicht aus anerkannten Sorten stammt.
Behelfssaatgut ist ein Saatgut, das den jeweiligen Anforderungen entspricht und zugelassen ist, weil anderes Saatgut nicht zur Verfügung steht.

Das Saatgut muß **gekennzeichnet** sein und in verschlossenen Packungen geliefert werden.
Zertifiziertes Saatgut, das getrennt nach Sorten geliefert wird, hat *blaue Etiketten.* Auf diesen ist angegeben: Gattung, Art, Sorte mit Kategorie des Saatgutes, das Datum der Schließung der Packung sowie die Anerkennungsnummer.
Handelssaatgut hat *braune Etiketten* mit demselben Aufdruck, aber ohne Sortenangabe, und anstelle der Anerkennungs- ist die Zulassungsnummer angegeben.
Mischungen – also Saatgut, das nicht nach Arten und Sorten getrennt geliefert wird – haben *grüne Etiketten.* Sie müssen die Mischungsbestandteile nennen mit Gattung, Art und bei zertifiziertem Saatgut die Sorte, weiter die Anerkennungsstelle, den Verwendungszweck, die Mischungsnummer, Verschließung (Monat, Jahr) und Gewicht der Packung.

Der Verbraucher hat also bei der Verwendung von zertifiziertem Saatgut, das nach Sorten getrennt geliefert wird, die größte Sicherheit und das hochwertigste Saatgut.
Diese Sicherheit ist auch gewährleistet, wenn Mischungen mit Anerkennungsnummern in geschlossenen Packungen verwendet werden. Mengen über 15 kg dürfen nicht unverschlossen und unverplombt verkauft werden.
Damit soll nicht gesagt werden, daß unverplombte Kleinpackungen schlechtes Saatgut enthalten; die Sicherheit, die das Saatgutverkehrsgesetz bietet, kann bei Beachtung der obigen Vorschläge jedoch voll ausgeschöpft werden.

Rasensorten
Die Einführung des Saatgutverkehrsgesetzes machte auch für Rasengräser Sorten unumgänglich. Die Züchter hatten natürlich schon vorher ihre Stämme mit bestimmten Eigenschaften. In der Landwirtschaft waren Sorten selbstverständlich. Da der Verbrauch von Grassamen im Garten- und Landschaftsbau wesentlich höher ist als in der Landwirtschaft, war es nur logisch, daß dieses Saatgut dem Gesetz unterworfen wurde.
Es entstand eine Vielzahl von Sorten für die jeweiligen Gräser. Die Unterschiede der Sorten sind zum Teil beträchtlich, andererseits teilweise aber auch schwer feststellbar. Auf die Aufzählung von Sorten wird hier verzichtet. Es wird auf die Kataloge des Samenhandels und vor allem auf die »Beschreibende Sortenliste des Bundessortenamtes« verwiesen, diese wird laufend auf den neuesten Stand gebracht.

Auf jeden Fall ist zu empfehlen, bei der Auswahl der Gräser für eine bestimmte Mischung Sorten zu verwenden, die anerkannt sind. Man hat dann immer die Gewähr, hochwertiges und anerkanntes Saatgut zu bekommen.

Vertiefung und Kontrolle

1. Sammeln Sie das Saatgut der wichtigsten Grasarten in Glasröhrchen, damit Sie es auch in Mischungen erkennen.
2. Säen Sie auf kleinen Flächen die verschiedenen Grasarten an, beobachten Sie die Entwicklung der Gräser und prägen Sie sich die Erkennungsmerkmale ein.
3. Fassen Sie die wichtigsten Eigenschaften der Gräser in einer Übersicht zusammen.

8.7 Rasenansaat

8.7.1 Saatfläche herrichten

Die Saatfläche ist, wie in Kap. C 8.1 beschrieben, pflanzfertig vorbereitet. Es folgt das sogenannte Feinplanum. Auf großen Flächen setzt man hierzu Eggen, Kreiseleggen, Rütteleggen, vielfach in Kombination mit Abziehbohlen oder Krümlerwalzen ein. Auf kleineren Flächen wird das Feinplanum in Handarbeit mit Krail und Rechen hergestellt. Es geht darum, die Oberfläche des Bodens möglichst eben zu planieren. Großflächige Ausmuldungen können gestalterisch erwünscht sein, kleinflächige Unebenheiten sind immer unerwünscht und falsch. Natürlich wird für die Planumsgenauigkeit eines Landschaftsrasens nicht dieselbe Anforderung gestellt wie für einen Spiel- oder Zierrasen, aber der Fachmann wird immer bemüht sein, ein sauberes Planum herzustellen.
Bei geeigneter Bodenbeschaffenheit macht das Planieren keine Schwierigkeiten. Bindige Böden bilden jedoch beim Abrechen gerne Klumpen, die bei zunehmender Trockenheit steinhart werden können. Bei trockenem Wetter hilft unter Umständen eine Beregnung, so daß in einem folgenden Arbeitsgang mit dem Rechen oder der Egge die Klumpen zerfallen.
Im übrigen sind die Klumpen nicht so tragisch, sie stören nur optisch; beim anschließenden Walzen werden sie in den Boden gedrückt und sind verschwunden.

Viel problematischer sind Unebenheiten, die dadurch entstehen, daß beim Planieren der durch Fräsen gelockerte Boden an einigen Stellen ganz abgetragen und an anderer Stelle aufgetragen wird. Es ist z. B. 15 cm tief gefräst worden. Werden davon 10 cm abplaniert, so haben wir Stellen, die 5 cm tief gelockert sind und andere, die nun 25 cm gelockerten Boden aufweisen. Tritt dieser Fall ein – und das ist sehr häufig –, muß nach der Planierung nochmals gefräst werden, um eine gleichmäßige Lockerung zu erreichen und ungleiche Setzungen zu vermeiden.
Wenn man nicht unter Zeitdruck steht, läßt man die Flächen zunächst liegen, so daß vorhandener Unkrautsamen zu keimen beginnt und sich der Boden setzt und fräst nach ca. 8–14 Tagen nochmals flach durch. Dann wird das endgültige Planum erstellt und angesät.

8.7.2 Wann kann Rasen gesät werden?

Die DIN 18917 macht hier eine präzise Aussage: Günstige Auflaufbedingungen herrschen ab 8 °C Bodentemperatur bei ausreichender Bodenfeuchte.
In der Praxis bedeutet dies, daß man ab Mitte April bis in den Oktober hinein ansäen kann.
Es ist festzustellen, daß Rasen sowohl gegen Frost als auch gegen Trockenheit nur im Keimstadium empfindlich ist. Frühe oder späte Aussaaten können sehr gut gelingen, aber auch durch Frost geschädigt werden. Unter Umständen ergibt sich eine Verschiebung der Artenzusammensetzung zugunsten von Gräsern mit geringer Keimtemperatur.
Solange die Saat nicht keimt, spielt auch die Trockenheit keine Rolle. Hat der Keimvorgang jedoch eingesetzt, kann es zu Trockenschäden kommen, wenn nicht beregnet werden kann.
Frühe oder späte Aussaaten werden wegen der damit verbundenen Gefahr von Ausfällen also nicht die Regel sein. Aus Termingründen wird das Risiko gelegentlich eingegangen.
Von der Trockenheit her gibt es keine Probleme, wenn im Ernstfall beregnet werden kann. Sonst versucht man eben, mit der Ansaat nicht gerade in eine Trockenperiode zu kommen.

8.7.3 Wieviel Saatgut wird ausgesät?

Auch hier macht die DIN 18917 eine präzise Angabe: Je nach Bodenverhältnissen sollen auf 1 m^2 50 000–30 000 Samenkörner verteilt sein.
Bei ungünstigen Verhältnissen ist die höhere Zahl anzustreben. Kennt man die Korngewichte, kann

man daraus leicht die erforderliche Saatgutmenge in g/m² errechnen. Zu beachten sind dabei die Reinheit und die Keimfähigkeit des Saatgutes, die ja dem Sackanhänger zu entnehmen sind.

Beispiel:
1 g Gebrauchsrasenmischung enthält 2 615 Korn.

$$\frac{30\,000 \text{ Korn}}{2\,615 \text{ Korn}} = 11{,}46, \text{ aufgerundet } 12 \text{ g.}$$

Bei einer angenommenen Reinheit von 95 % sind bei 12 g aber nur 95 % Grassamen. Es wird gerechnet:

$$\frac{12 \times 100}{95} = 12{,}6 \text{ g.}$$

Bei einer Keimfähigkeit von 85 %:

$$\frac{12{,}6 \times 100}{85} = 14{,}8 = 15 \text{ g/m}^2 \text{ Aussaatmenge.}$$

Bei ungünstigen Verhältnissen (z. B. schlechter Boden oder Aussaatzeitpunkt Spätherbst) müßte die Berechnung von 40 000 oder 50 000 Korn/m² ausgehen.
Mengenangaben in älterer Literatur sind mit Vorsicht zu betrachten; sie beziehen sich oft auf reine *Lólium*-Ansaaten und sind damit sehr hoch.

8.7.4 Ansaat

Die Ansaat erfolgt heute in den meisten Fällen mit Rasenbaumaschinen oder zumindest einfachen Sämaschinen.
Die *Rasenbaumaschine* (Abb. C 170) wird mit Motor angetrieben oder ist am Schlepper angebaut. Mit ihr wird das Saatgut in einem Arbeitsgang verteilt, eingearbeitet und angewalzt. Das Verteilen geschieht sehr genau, die gewünschte Menge kann eingestellt werden. Von Zeit zu Zeit, insbesondere bei Umstellungen auf wesentlich andere Mischungen bzw. bei wichtigen Ansaaten, sollte die Maschine geeicht werden. Man überfährt auf einer ausgelegten Folie eine bestimmte Fläche, errechnet, wieviel Saatgut auf dieser Fläche verteilt werden soll, wiegt das ausgeworfene Saatgut und stellt die Maschine gegebenenfalls neu ein.

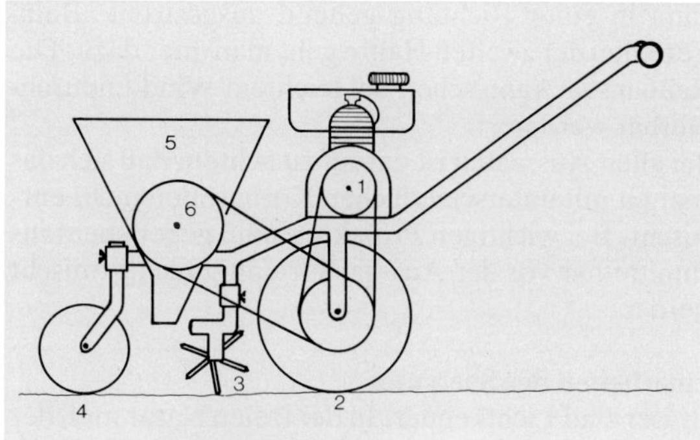

Abb. C 170. Rasenbaumaschine.
1 Motor,
2 Nachwalze,
3 Igel,
4 Vorwalze,
5 Saatgutwanne,
6 Saatgutförderung.

Beim Verteilen des Saatgutes mit einer *einfachen Sämaschine* (Abb. C 171) muß dieses noch gesondert eingearbeitet und gewalzt werden. Trotzdem ist der Einsatz eines derartigen Gerätes zu empfehlen, vor allem, wenn keine Erfahrungen mit Handsaat vorliegen. Die Sämaschine, die übrigens auch als Düngerstreuer verwendet werden kann, muß natürlich ebenfalls von Zeit zu Zeit geeicht werden.
Bei *Handansaat* wird die Saatgutmenge für die jeweilige Fläche abgemessen, die Menge halbiert und

Abb. C 171. Sämaschine.

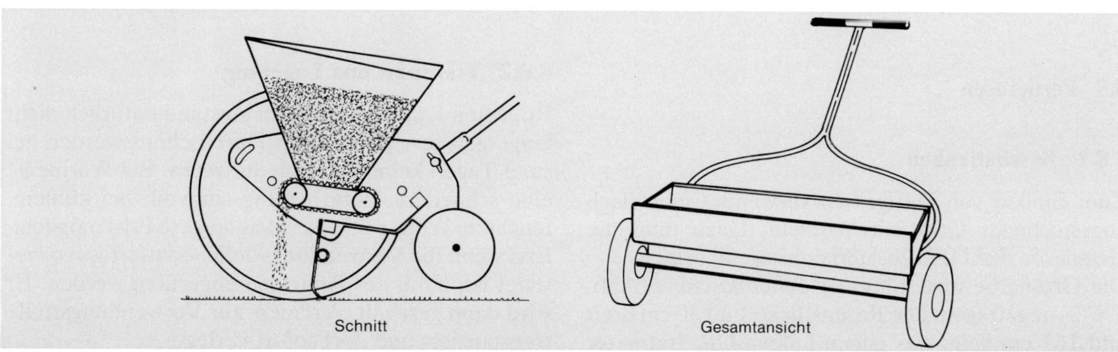

dann in einer Richtung gehend ausgestreut. Beim Verteilen der zweiten Hälfte geht man quer dazu. Die Handansaat kann schon bei leichtem Wind undurchführbar werden.
Bei allen Aussaaten ist darauf zu achten, daß sich das Saatgut mit unterschiedlichen Korngrößen nicht entmischt. Bei wichtigen Projekten muß gegebenenfalls unmittelbar vor der Aussaat sorgfältig nachgemischt werden.

Einarbeiten des Saatgutes

Gräser sind Lichtkeimer. In der freien Natur muß der vom Halm fallende Samen auf dem Boden liegend keimen. Daraus folgert: Grassamen darf nicht zu tief in den Boden. Die DIN 18917 gibt 0,5–1 cm an.
Soweit das Einarbeiten nicht mit der Rasenbaumaschine erfolgt, wird nur flach, meist mit Holzrechen oder einer Igelwalze, abgezogen. Bei rauher Bodenoberfläche ist oft kein Einarbeiten erforderlich. Das Saatgut fällt in die Unebenheiten und braucht nur gewalzt zu werden.
Wird bei feuchtem Boden eingesät, kann mit dem Walzen gewartet werden, bis der Boden abgetrocknet ist.
Das Walzen ist wichtig, damit der Samen Bodenschluß bekommt und hiermit Feuchtigkeit; weiter wird durch das Walzen die Bodenoberfläche geglättet, was Voraussetzung ist für das spätere Mähen.

Vertiefung und Kontrolle

1. Ermitteln Sie von Mischungen, die Sie im Betrieb verwenden, die Kornzahlen je g und je m^2.
2. Beobachten Sie den Zeitaufwand beim Herstellen des Rasenplanums und der Ansaat im Zusammenhang mit dem Einsatz von Maschinen, machen Sie Notizen.

8.8 Fertigrasen

8.8.1 Beschaffenheit

Zum Einbau von Fertigrasen verwendet man flach abgestochenes Gras mit Wurzeln. Dazu muß die Grasnarbe dicht und zusammenhängend sein.
Die Grasnarbe wird mit einer *Schälmaschine* (Abb. C 172) abgetragen. Die Rasenstücke sind 30 cm breit und 167 cm lang, was einem halben Quadratmeter

Abb. C 172. Rasenschälmaschine

entspricht. Der Rasen wird beim Abschälen aufgerollt, man spricht deshalb von **Rollrasen.**
Die Dicke des Rollrasens soll 2–3 cm betragen; dickere Rasensoden haben sich als nicht günstig erwiesen. Beim Abschälen muß ein Großteil der Wurzeln angeschnitten und damit zu einem Neuaustrieb angeregt werden, wodurch ein rasches Verwurzeln mit dem neuen Untergrund erfolgt und das Anwachsen gewährleistet wird.
Die Zusammensetzung der Grasnarbe muß den Regelsaatgutmischungen für den jeweiligen Rasentyp entsprechen. Deshalb wird Fertigrasen auf eigens dafür vorbereiteten Flächen herangezogen. Rollrasen wird vielfach von den großen Samenfirmen angeboten.
In kleinen Mengen kann der Rasen auch in Handarbeit mit dem Spaten abgestochen werden. Die Soden sind dann etwa 30 cm × 30 cm groß. Auch sie dürfen nicht zu dick sein.

8.8.2 Transport und Lagerung

Rollrasen kann in gerolltem Zustand natürlich nicht lange gelagert werden. Im Durchschnitt werden bei ca. 3 Tagen keine Schäden auftreten. Bei Wärme ist eine schnellere Verarbeitung sinnvoll, bei kühlem, feuchtem Wetter ist eine etwas längere Frist möglich.
Erst wenn die Verwendungsstelle »saatfertig« vorbereitet ist, kann der Rollrasen abgerufen werden. Er wird dann geschält, verladen, zur Verwendungsstelle transportiert und dort sofort verlegt.

Vor dem Schälen wird er kurzgemäht; er darf beim Schälen nicht zu feucht sein. Danach wird er gegen Austrocknen abgedeckt. Auch beim Transport darf er nicht austrocknen und sich nicht erhitzen. Erforderliche kurze Zwischenlager möglichst im Schatten anlegen, zusätzlich abdecken und die Abdeckung feuchthalten, damit eine gewisse Verdunstungskälte entsteht.

Bei zu langer Lagerung wird der Rasen sehr schnell gelb. In aller Regel erholt er sich wieder, treibt also frisch und grün durch. Aber es ist ja nicht der Sinn des relativ hohen Aufwandes für Rollrasen, daß dieser zunächst einige Wochen gelb aussieht.

8.8.3 Auslegen

Die Vorbereitung des Bodens, auf dem Rasen ausgelegt werden soll, entspricht genau der Vorbereitung für die Rasenansaat. Sowohl in bezug auf Lockerung, Düngung und Verbesserung als auch auf Ebenflächigkeit sind die Anforderungen dieselben.

Beim Verlegen sind lange, durchlaufende Fugen zu vermeiden. Günstig ist ein *Fischgrätmuster* (Abb. C 173). Verlegt wird *vorwärts,* der Verlegende befindet sich auf dem verlegten Rasen. Für den Zwischentransport sind Dielen auszulegen. Es ist besser, wenn der Boden vor der Auflage nicht zu locker ist. Günstig ist, wenn er sich gesetzt hat, sonst muß eventuell leicht gewalzt werden.

Der verlegte Rollrasen wird mit einem Sand-Boden-Gemisch (1:1) überworfen, das Gemisch wird mit Besen in die Fugen gekehrt. Rollrasen muß gründlich angegossen werden.

Mit Ausnahme von Frost- und Schneezeiten kann Rollrasen das ganze Jahr über verlegt werden. Während der Vegetationsruhe ist natürlich kein flottes Weiterwachsen zu erwarten. Allerdings ist zu bemerken, daß schon bei den relativ geringen Bodentemperaturen von 2–5 °C ein Wurzelwachstum stattfindet.

Kommt der Rollrasen vor dem Verwurzeln mit dem Boden in eine Trockenperiode, kann es zu erheblichen Ausfällen kommen, wenn nicht bewässert wird.

Abb. C 173. Rollrasen (Fischgrätmuster).

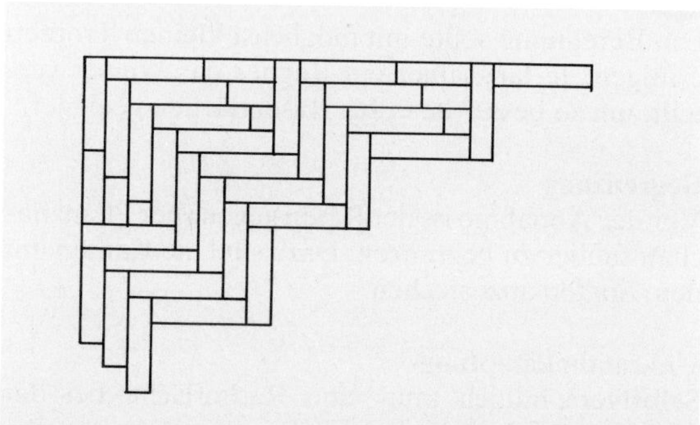

Grundsätzliche Bemerkung

Der Aufwand für Fertigrasen ist in bezug auf Bodenvorbereitung und anschließende Pflege derselbe wie für Ansaaten.

Zu vergleichen bleibt also der Aufwand für die direkte Ansaat mit dem Aufwand für den Rollrasen-Kauf und das Verlegen. Hier entsteht bei Fertigrasen etwa der 10fache Aufwand wie bei Ansaaten; allerdings bei einem Zeitvorsprung von 3 bis maximal 5 Monaten. Erst dann hat sich auch die Ansaat so entwickelt, daß sie gleichwertig ist.

Aus diesen Gründen wird die Verwendung von Fertigrasen immer eine Ausnahme sein, sie kommt nur für besondere Fälle in Frage.

Der Boden der Rasensoden sollte in der Struktur dem der Verwendungsstelle entsprechen.

8.9 Fertigstellungspflege für Rasenflächen

8.9.1 Aufgabe

Wie bei Pflanzungen hat die Fertigstellungspflege auch beim Rasen die Aufgabe, einen abnahmefähigen Zustand herzustellen. Die DIN 18917 definiert den abnahmefähigen Zustand von Rasenflächen so:

1. Durch Ansaat hergestellter Gebrauchsrasen, Spielrasen, Parkplatzrasen und Zierrasen muß einen betretbaren, in Wuchs und Verteilung gleichmäßigen Bestand haben, der im geschnittenen Zustand eine mittlere *projektive Bodendekkung* von 75 % mit Pflanzen der geforderten Saatgutmischung aufweisen muß. Der letzte Schnitt vor der Abnahme darf nicht länger als 5 Tage zurückliegen.
2. Durch Ansaat hergestellter Landschaftsrasen muß einen gleichmäßigen Bestand aus Pflanzen der geforderten Saatgutmischung haben, der einer mittleren projektiven Bodendeckung von 50 % entspricht, wenn die Besonderheiten des Standortes nicht andere Festlegungen in bezug auf Gleichmäßigkeit und Bodenbedeckung bedingen.
3. Fertigrasen muß gleichmäßig und nicht abhebbar verwurzelt sein.

Die projektive Bodendeckung bedeutet, daß die Fläche *genau senkrecht* von oben betrachtet wird. Dabei ist bei einem kurzgemähten Rasen noch Boden sichtbar, auch wenn der Rasen von weitem betrachtet durchaus dicht erscheint.

8.9.2 Welche Leistungen sind erforderlich?

Der geforderte Zustand ist natürlich mit der Ansaat allein nicht zu erreichen, der Rasen muß von Anfang an sorgfältig gepflegt werden.
Die Rasengräser haben (mit Ausnahme von *Lólium*) eine Keimzeit von 2–3 Wochen.
Nach der Rasenansaat keimen meist zuerst die Unkräuter. Wenn man dies vermeiden will, muß man – wie schon beschrieben – die saatfertig gerichtete Fläche ca. 14 Tage liegenlassen und dann nochmals durchfräsen, um dann erst anzusäen. Meist ist dies aus Termingründen nicht möglich.
Im übrigen ist das Vorhandensein und Keimen von Unkrautsamen im Boden ein durchaus gutes Anzeichen für eine gute Bodenqualität. Auch das Unkraut selbst ist nicht von Schaden. Sofern es nicht zu stark überhand nimmt, hat es eine Schutzfunktion *(Ammenwirkung)* für die Graskeimlinge, denen es Schatten spendet und sie vor sonstigen Unbilden (wie z. B. Schlagregen) schützt.

Rasenmähen
Wenn das Unkraut überhandnimmt, muß gemäht werden, auch wenn das junge Gras dies noch nicht erfordert. Die zu diesem Zeitpunkt vorhandenen Kräuter ertragen den Schnitt nicht und werden durch ihn zunächst so dezimiert, daß sich das Gras weiterentwickeln kann. Nach weiteren 2–3 Mähgängen haben die Rasengräser das Unkraut dann verdrängt.
Das rechtzeitige und regelmäßige Mähen ist also für die Entwicklung des jungen Rasens von größter Bedeutung. Bis der Rasen abnahmefähig ist, sind in der Regel mindestens 4 Schnitte erforderlich, oft sind es mehr.
Der Rasen ist bei einer Höhe von 5–8 cm zu mähen, Schnitthöhe 3–4 cm.
Das Mähgut muß abgerecht und entfernt werden.
Zum Mähen des jungen Rasens setzt man Sichelmäher ein.

Düngen
Um die Entwicklung des Rasens optimal zu fördern, ist nach dem Auflaufen – in der Regel nach dem ersten Schnitt – eine Düngung auszubringen. Die DIN 18917 fordert 5 g/m^2 Reinstickstoff. Man verwendet dazu einen wasserlöslichen Dünger, dessen Nährstoffe sofort zur Verfügung stehen.
Diese Düngung ist sehr wichtig, weil die jungen Gräser mit ihrem noch kleinen Wurzelwerk die Vorratsdüngung im Boden nicht erreichen; oft ist sie zu diesem Zeitpunkt noch gar nicht aufgeschlossen. Es kommt darauf an, die Wurzelzone direkt mit Nährstoffen zu versorgen.
Der Dünger muß sorgfältig ausgestreut werden, damit es keine »Verbrennungen« gibt. Entweder wird bei Regenwetter gedüngt, oder es wird nach dem Ausstreuen gründlich bewässert.

Beregnen
Wir haben schon gehört, daß Rasensamen während der Keimung sehr leicht durch Trockenheit geschädigt werden kann. Solange die Keimung nicht begonnen hat, schadet die Trockenheit nicht. Nach Beginn der Keimung ist die Wasserversorgung jedoch zu sichern.
Wasserbedarf: Rasen braucht während der Vegetationszeit wöchentlich ca. 20 l Wasser je m^2. Fällt diese Menge nicht als Regen, muß der junge Rasen zusätzlich bewässert werden, um seine Entwicklung nicht zu stören. Dabei ist es wichtig, ausreichend zu wässern; die 20 l sollen anfangs in zwei Gaben und wenn der Rasen den Boden weitgehend bedeckt auf einmal gegeben werden.
Durch das durchdringende Wässern versorgt man den Boden auch in tieferen Schichten mit Wasser. Dort wird es in den Hohlräumen – in den Bodenporen – gespeichert, wodurch die Gräser zu einem verstärkten Wurzelwachstum, vor allem in die Tiefe, angeregt werden.
Bewässert man dagegen zwar häufig, aber dabei wenig, dringt das Wasser nicht in den Boden ein, und die Graswurzeln haben keine Veranlassung, in die Tiefe zu gehen. Ein Rasen mit flachem Wurzelhorizont ist natürlich auch gegen Trockenheit viel anfälliger.
Die Beregnung sollte mit möglichst kleinen Tropfen erfolgen. Je langsamer ein Regner das Wasser verteilt, um so besser ist er für Rasenflächen geeignet.

Begrenzung
Vor der Abnahme ist der Rasen gegenüber Pflanzflächen sauber zu begrenzen. Dazu sind die Kanten mit dem Spaten abzustechen.

Unkrautbekämpfung
Selbstverständlich muß eine Rasenfläche bei der Abnahme unkrautfrei sein. Durch die rechtzeitig

ausgeführten Rasenschnitte wird in der Regel alles Unkraut verdrängt. Sind jedoch von Anfang an Rasenunkräuter vorhanden oder wurde ein Pflegegang nicht rechtzeitig durchgeführt, müssen *Herbizide* eingesetzt werden (s. Kap. C 10.2.4). Der Einsatz chemischer Mittel sollte aber erst dann erfolgen, wenn sich das Unkraut auf mechanischem Wege nicht verdrängen läßt.

Fertigrasen
Die Pflegemaßnahmen sind im Grunde dieselben wie bei Ansaaten.

Alle diese Leistungen, die zur Erzielung des abnahmefähigen Zustandes erforderlich sind, müssen vereinbart werden; d. h., der Landschaftsgärtner muß dem Kunden diese Leistungen anbieten. Dabei ist es nicht günstig, für den gesamten Umfang der Fertigstellungspflege einen Pauschalpreis zu vereinbaren, weil der Witterungsverlauf einen unterschiedlichen Aufwand erfordert. Es ist zweckmäßig, die Leistungen einzeln anzubieten (so z. B. Preis für 1 m^2 Rasenschnitt, für 1 m^2 Düngung, für 1 m Kantenabstechen, für eine Bewässerung der gesamten Fläche).

8.9.3 Problematik

Vor dem Erscheinen der Fachnormen war es üblich, eine Rasenfläche nach dem ersten Schnitt abzunehmen. Dies war bei der Verwendung von *Lólium* als Rasengras durchaus möglich.
Die anderen Rasengräser haben jedoch eine langsamere Anfangsentwicklung, sie bilden nach dem ersten Schnitt noch keinen dichten Rasen. So kam es zu der jetzt vorgeschriebenen Lösung, die an sich sehr logisch und sinnvoll ist.

Ähnlich wie bei Bepflanzungen kommt es auch bei Rasenanlagen häufig vor, daß der Auftraggeber die Fertigstellungspflege selbst übernimmt. Entstehen hierbei durch unsachgemäße oder nicht zum richtigen Zeitpunkt erfolgte Pflege Schäden am Rasen, dann ist die Problematik bezüglich der Haftung dieselbe wie bei den Bepflanzungen.
Der Gärtner muß durch klare und eindeutige Vereinbarungen sicherstellen, daß er nicht für Schäden haftbar gemacht wird, die er nicht zu vertreten hat.
Andererseits muß er – sofern er dazu beauftragt ist – die Fertigstellungspflege termin- und sachgerecht durchführen, weil sonst alle vorher noch so sorgfältig durchgeführten Maßnahmen – Bodenvorbereitung, Ansaat – umsonst waren, weil das junge Gras ohne Pflege einfach nicht gedeihen kann.

Aufmaß und Abrechnung von vegetationstechnischen Arbeiten
Die Bodenbearbeitungsmaßnahmen, wie Fräsen, Grubbern, Pflügen oder Aufreißen, werden nach m^2 abgerechnet.
Das Liefern und Verteilen von Bodenverbesserungsmittel und Dünger verrechnet man am besten nach der Liefereinheit, also nach kg oder m^3. Wichtig ist dabei der Nachweis durch Lieferscheine, die vom Auftraggeber anerkannt, also unterschrieben sein müssen.
Für die Pflanzarbeiten wird häufig ein Prozentsatz von den Kosten der Pflanzenlieferung verrechnet, wobei 25–60 % üblich sind. Dieses Verfahren ist bestechend einfach, hat aber den Nachteil, daß es nicht echt kalkuliert und darum unter Umständen nicht kostendeckend ist.
Pflanzungen, bei denen der Auftraggeber bzw. sein Bevollmächtigter – der Landschaftsarchitekt – intensiv mitgewirkt hat, werden oft im Stundenlohn abgerechnet.
Die korrekteste Lösung ist allerdings gegeben, wenn die Pflanzarbeiten kalkuliert werden, so daß der Preis für eine Pflanze die Lieferung und das Pflanzen umfaßt; eine Preisgestaltung, die bei anderen Werkstoffen ganz selbstverständlich ist.
Die Anlage von Rasenflächen ist problemlos abzurechnen, sie wird in aller Regel nach m^2 erfaßt.

Vertiefung und Kontrolle
Notieren Sie auch für Rasen, was Sie einem Kunden erklären müßten, der die Fertigstellungspflege selber durchführen will.

8.10 Blumenwiese

In letzter Zeit sind öfters Wünsche nach einer Blumenwiese zu hören. Statt des kurzgeschnittenen Rasens mit nur wenigen Arten hätte man gerne eine artenreiche, immerblühende Wiese. Eine wiesenartige Vegetation ist an vielen Stellen möglich und wünschenswert, so z. B. auf großen extensiv genutzten Flächen, auf Böschungen, evtl. als Straßenbegleitgrün, aber auch an den Rändern von Rasenflächen. Auch im Hausgarten können Teile des Rasens, die man nicht betritt, wiesenartig gehalten werden. Die Wiesenvegetation ist sehr empfindlich gegen Trittbelastung. Alle Flächen, die in irgendeiner Weise ge-

Einige für Blumenwiesen geeignete Kräuter (zum Teil im Handel erhältlich)

Botanischer Name	Deutscher Name	Samen-körner in 1 g	Ansprüche Wasser	Kalk	N	Blütezeit
Achilléa millefólium	Schafgarbe	7 000	–	○	○	VI – X
Anthýllis vulnerária	Wundklee	400	–	+	–	IV – VII
Aquilégia vulgáris	Akelei	750	○	+	○	V – VI
Árnica montána	Berg-Wohlverleih	800	○	–	–	V – VI
Artemísia vulgáris	Beifuß	9 000	○	–	+	VII – VIII
Béllis perénnis	Gänseblümchen	7 000	○	○	○	IV – VI
Campánula glomeráta	Knäuelglockenblume	8 500	○	+	○	VI – VIII
Campánula rotundifólia	Rundblättrige Glockenbl.	15 000	○	○	–	V – X
Centauréa jácea	Flockenblume	200	○	○	○	VI – X
Centauréa scabiósa	Skabiosen-Flockenblume	200	–	+	–	VII – VIII
Chrysántemum leucánthemum	Wiesen-Wucherblume	750	○	○	–	VI – IX
Cichórium íntybus	Wegwarte	750	○	+	○	VII – IX
Coronílla vária	Kronenwicke	280	○	+	–	V – IX
Dáucus caróta	Wilde Möhre	1 000	○	○	○	VI – IX
Diánthus carthusianórum	Karthäusernelke	600	–	+	–	VI – IX
Gálium mollúgo	Labkraut	1 800	○	○	○	VI – IX
Gálium vérum	Echtes Labkraut	2 000	○	+	–	VI – IX
Geránium praténse	Wiesen-Storchschnabel	100	–	+	–	VI – VIII
Heracléum sphondýlium	Bärenklau	75	○	○	○	VI – X
Hypéricum perforátum	Johanniskraut	8 500	–	○	○	V – VIII
Knáutia arvénsis	Witwenblume	200	○	○	–	V – IX
Láthyrus praténsis	Wiesenplatterbse	20	○	+	○	VI – VII
Linária vulgáris	Leinkraut	4 000	–	+	–	V – X
Lótus corniculátus	Hornschotenklee	900	–	+	–	V – IX
Lýchnis flos-cucúli	Kuckuckslichtnelke	2 650	○	○	○	V – VIII
Medicágo lupulína	Gelbklee	500	–	+	○	IV – X
Myosótis arvénsis	Vergißmeinnicht	1 200	○	○	○	V – VIII
Onóbrychis viciifólia	Esparsette	50	–	○	○	V – VII
Oríganum vulgáre	Brauner Dost	7 500	–	○	–	VII – IX
Pimpinélla saxífraga	Kleine Pimpernelle	2 200	–	○	–	VI – X
Plantágo lanceoláta	Spitzwegerich	850	○	○	○	IV – IX
Prímula elátior	Wald-Schlüsselblume	1 200	○	+	+	III – V
Prímula véris	Frühlingsschlüsselblume	1 200	○	+	–	IV – V
Prunélla grandiflóra	Großblütige Brunelle	850	–	+	–	VI – VIII
Prunélla vulgáris	Kleinblütige Brunelle	1 400	○	○	○	VI – IX
Pulsatílla vulgáris	Küchenschelle	1 300	–	○	–	III – IV
Rúmex acetósa	Großer Sauerampfer	1 000	○	○	○	V – VIII
Sálvia praténsis	Wiesensalbei	150	○	+	○	VI – VIII
Sanguisórba mínor	Kleiner Wiesenknopf	150	–	+	○	V – VI
Thýmus serpýllum	Feld-Thymian	7 000	–	○	–	VII – IX
Trifólium praténse	Rotklee	550	○	○	+	VI – VII
Trifólium répens	Weißklee	1 700	○	○	+	V – X

+ hoch ○ mittel – gering

nutzt werden sollen (z. B. als Liege- oder Spielflächen), müssen als Rasen gehalten werden.
Es ist auch zu beachten, daß der ein- oder zweimalige Wiesenschnitt in der Regel arbeitsaufwendiger ist als mehrmaliges Rasenmähen, bei dem das Schnittgut liegenbleiben kann. Nur auf großen Flächen, bei denen landwirtschaftliche Geräte eingesetzt werden können, wird der Aufwand wieder geringer.
Vielfach bestehen auch falsche Vorstellungen von dauernd blühenden Wiesen. Tatsächlich blühen Wiesen nur relativ kurze Zeit, und die Artenvielfalt läßt oft sehr zu wünschen übrig.
Auch die Maßnahmen der heutigen intensiven Landwirtschaft führen nicht zu artenreichen Wiesen. Sie werden zu früh gemäht und stark gedüngt, wodurch die Kräuter zurückgedrängt werden und die Gräser überhandnehmen. Unsere Großväter mähten viel später, wenn die Kräuter verblüht waren. Dann trockneten sie das Mähgut auf der Wiese mit mehrmaligem Umdrehen, wodurch die Samen liegenblieben. Gedüngt wurde mäßig, mit Jauche oder Gülle. Auch damit wurden wieder Samen auf die Wiese gebracht und somit ein erhebliches Keimlingspotential geschaffen.
Eine artenreiche Wiese läßt sich nicht kurzfristig herstellen; sie muß sich entwickeln. Hier dürfen keine zu hochgesteckten Erwartungen genährt werden.
Es kommt auch vor, daß in einer Wiese unerwünschte Kräuterarten auftreten und den Gesamteindruck stören, ohne daß man dagegen viel unternehmen kann. Unangenehm ist auch, daß sich »ungepflegte« Flächen an entsprechenden Stellen schnell in »Müllplätze« verwandeln. Dies hängt wahrscheinlich weniger damit zusammen, daß dort mehr weggeworfen wird, sondern damit, daß Flächen, die regelmäßig gemäht werden, saubergehalten werden können.

8.10.1 Umwandlung bestehender Rasenflächen

Dieses Verfahren ist erfolgsversprechender und billiger als eine Neuansaat. Beide Verfahren führen nicht kurzfristig zu befriedigenden Ergebnissen.
Maßnahmen. Einstellung der Düngung, Verringerung der Mähgänge. Vor allem den ersten Schnitt so spät wie möglich durchführen, erst nach der Samenbildung der Kräuter. Solange noch ein starkes Gräserwachstum festzustellen ist, wird man schon Ende Mai, dann Ende Juni mähen. Zunächst sind noch 3 bis 5 Schnitte pro Jahr erforderlich, dann reichen 2 Schnitte aus. Auf mageren Standorten ist nur 1 Schnitt, etwa im August, anzustreben. Auf Böden, die zum Versauern neigen, ist gelegentlich eine Kalkgabe erforderlich.
Man erreicht relativ rasch eine Kräutervegetation mit *Béllis, Verónica, Lótus, Trifólium* und *Taráxacum,* die im Frühsommer recht hübsch ist.
Das zusätzliche Einsäen von Kräutern ist nicht sehr erfolgreich; am ehesten gelingt es bei sehr lückigem Altrasen. Die Nachsaat kann mit Sand überdeckt werden, dabei nicht mehr als 0,5 m^3 Sand je Ar aufbringen.

8.10.2 Neuansaat

Das im Handel befindliche Saatgut enthält oft viele einjährige Kräuter und solche, die entweder den Schnitt oder den Frost nicht ertragen. Man erhält damit nach der Ansaat relativ rasch ein recht buntes Bild; die Enttäuschung kommt nach dem ersten Schnitt oder im nächsten Jahr, wenn die ungeeigneten Kräuter verschwunden sind und nur noch Gras wächst. Leider haben die in Wiesen erwünschten Kräuter ein kompliziertes Keimverhalten, das noch gar nicht richtig erforscht ist.
Als Saatzeit eignet sich das frühe Frühjahr oder der Herbst, wenn sich Wechseltemperaturen, evtl. sogar Kältegrade, auf die Keimung der Kräuter auswirken.
Das Saatbett ist wie für Rasen vorzubereiten (ohne Vorratsdüngung). Zuerst die Kräuter aussäen und etwas tiefer einarbeiten, dann die Gräser oben aufbringen und nur ganz flach einarbeiten. Wichtig ist, daß nicht zuviel Grassamen ausgesät wird; 3 bis 5 g/m^2 reichen aus. Geeignet sind *Póa, Agróstis* und *Festúca; Lólium* weglassen. An Kräutersaatgut verwendet man 2 bis 4 g/m^2.
Es wurde auch schon versucht, in lückige Altrasen bestimmte Kräuter auszupflanzen. Ob dies zu einem anhaltenden Ergebnis führt, ist nicht bekannt. Der Aufwand ist jedenfalls sehr hoch.

9 Sportflächenbau

9.1 Bedeutung und Anforderung

Eine wesentliche Aufgabe unserer Gemeinden und Städte ist die Bereitstellung und Unterhaltung von Flächen, auf denen sportliche Betätigung möglich ist. Dies beginnt schon bei der Einrichtung von Kinderspielplätzen. Hier werden neben den Spielmöglichkeiten für kleinere Kinder (Sandkästen) schon Anlagen erforderlich, die Spiele mit sportlichem Charakter ermöglichen. Sie reichen von Kleinspielfeldern für Ballspiele aller Art bis zum sogenannten Bolz-

platz, auf dem sich die etwas größeren Kinder – meist mit Fußball – austoben können.
Bei Schulen sind Sportflächen, auf denen sich im Freien der Schulsport abspielt, unentbehrlich.
Ebenso sind die Anlagen für den Vereinssport eine allgemein bekannte Einrichtung jeder Gemeinde. Diese Anlagen sind oft auch für den Schulsport nutzbar und werden darüber hinaus von weiteren Personen als Zuschauer zur Entspannung und Erholung aufgesucht.
Die große Bedeutung des Freizeitsportes vieler Menschen, die nicht in Vereinen organisiert sind, wird gerade in letzter Zeit immer mehr erkannt.
Daraus ergeben sich die Anforderungen an die Sportflächen.

Sie sollen:
- möglichst ganzjährig benützbar sein
- Laufaktivitäten ermöglichen
- mit Bällen bespielbar sein
- bei evtl. Stürzen der Sporttreibenden die Verletzungsgefahr mindern
- möglichst wenig Aufwand für die Anlage sowie die Unterhaltung und Pflege verursachen

Rasenflächen gehören dabei für die Benutzer sicher zu den beliebtesten Flächen. Sie sind elastisch, und eventuelle Stürze bringen kaum Probleme. Ihrer Benutzbarkeit sind allerdings biologische Grenzen gesetzt. Man geht – selbst bei bester Pflege – davon aus, daß Rasenflächen maximal 20 h pro Woche intensiv bespielt werden können. Auch durch Witterungseinflüsse, wie starke Niederschläge oder Frost, wird die Benutzung von Rasenflächen eingeschränkt. Geht die Belastung von Rasensportflächen über das genannte Maß hinaus, wird die Grasnarbe beschädigt, und die Fläche verliert ihre vorher für den Benutzer so guten Eigenschaften. Man ist bestrebt, Rasensportflächen herzustellen, die in hohem Maße den Anforderungen gerecht werden; um so höher wird dafür natürlicherweise auch der Aufwand.
Grundsätzlich muß davon ausgegangen werden, daß Rasenflächen, die häufig benutzt werden, auch einer ständigen Pflege bedürfen.

Der **Tennenbelag,** also die wassergebundene Decke, ist als Sportfläche ebenfalls nicht wegzudenken. Er ist sehr gut für die Ausübung von Laufsportarten geeignet und für das Tennisspiel; auch die klassischen Rasensportarten, wie Fußball, Hockey usw., sind auf Tennenflächen möglich. Nachteilig ist die größere Verletzungsgefahr bei Stürzen, von Vorteil ist die größere Benutzbarkeit. Hier gibt es keine biologische Grenze, außer der Pflegezeit ist ein Tennenplatz immer benutzbar.
Der Aufwand für die Pflege ist zeitlich gesehen etwa derselbe wie für Rasenflächen. Wird nicht regelmäßig gepflegt, ist auch ein Tennenplatz sehr bald unbespielbar – wie leider in der Praxis oft zu sehen ist. Durch den relativ hohen Pflegeaufwand ist den Tennenflächen eine Konkurrenz entstanden, die Kunststoffdecken.

Kunststoffflächen werden, meist mit der Begründung der pflegeleichten Unterhaltung, in zunehmendem Maße hergestellt. Es handelt sich um Beläge aus mehr oder weniger elastischen Körnungen, die mit Kunststoff gebunden sind, bis hin zu teppichbodenartigem Kunstrasen.
Kunststoffbeläge sind praktisch immer benutzbar; sie sind pflegeleicht, wenn auch keineswegs pflegefrei. Durch ihre Elastizität sind sie für den Benutzer angenehmer als Beton- oder Asphaltbeläge. Bei evtl. Stürzen sind sie nicht problemlos (bei Schürfungen kommt es zuweilen zu Verbrennungen). Die Elastizität reicht nicht an die von Rasen oder Tennenflächen heran. Dies ist bei Wettbewerben ein Vorteil; sonst ist die letztlich immer noch vorhandene Härte ein Nachteil, der Bewegungsapparat der Benutzer wird stark belastet.
Hinzu kommt noch, daß die Kunststoffbeläge in der Herstellung wesentlich teurer sind als Rasen oder Tennenbeläge.

Die Tatsache, daß sie trotzdem angewandt werden, unterstreicht die Bedeutung, die der Pflege und der Unterhaltung von Sportflächen zukommen.
Beim Bau von Sportflächen sind im Prinzip die Anforderungen des Wegebaus und der Vegetationstechnik zu beachten. Um aber den Besonderheiten bei Sportflächen mit ihren speziellen Anforderungen gerecht zu werden, wurde die DIN 18035 entwickelt; ihre Aussagen werden in den folgenden Abschnitten dargestellt.

Gliederung der DIN 18035:

Teil 1 – Planung und Abmessungen
Teil 2 – Bewässerung
Teil 3 – Entwässerung und Dränung
Teil 4 – Rasenflächen
Teil 5 – Tennenflächen
Teil 6 – Kunststoffgebundene Flächen
Teil 7 – Zementgebundene Flächen
Teil 8 – Leichtathletikanlagen

9.2 Rasensportflächen

9.2.1 Entwicklung der Bauweisen zum Normplatz

Der Bau der Anlagen für die Olympischen Spiele 1972 in München kann als ein Wendepunkt im deutschen Sportflächenbau bezeichnet werden. Natürlich war man auch vordem schon bestrebt, Rasenflächen herzustellen, die den Anforderungen des Sportbetriebs gerecht werden. Man war sich schon früher darüber im klaren, daß es sehr wichtig ist, daß die Rasentragschicht das Oberflächenwasser rasch ableitet. Ist der Boden mit Wasser vollgesogen, verliert er seine Scherfestigkeit, er gibt bei Druck nach. Wird nun ein Platz mit nassem, weichem Boden bespielt, wird er uneben und seine oberste Schicht sehr stark verdichtet. Und gerade in dieser obersten Bodenschicht sollen sich die Graswurzeln entwikkeln, was unter den eben genannten Gegebenheiten natürlich nicht möglich ist. Die Folge davon sind die vielfach zu beobachtenden Kahlstellen vor dem Torraum der Sportplätze.

Frühere Bauweise (Abb. C 174)
Um den Wasserabzug zu gewährleisten, wurden eine Dränschicht eingebaut und quer über den Platz Dränrohre verlegt. Auf die Dränschicht baute man den vorhandenen Oberboden ein, wobei Einbaustärken bis zu 40 cm keine Seltenheit waren. Der Oberboden wurde mit Torf und später auch mit Sand verbessert. Die Verbesserungsmittel wurden in die obere Bodenschicht eingefräst. Ergebnis: Trotz des hohen Aufwandes waren die Plätze nach kurzer Zeit der Bespielung nicht mehr wasserdurchlässig. Der Boden war stark verdichtet, an der Oberfläche standen Pfützen, die Dränung war – wie an den Kontrollschächten zu sehen – völlig trocken.

Warum brachte diese Bauweise keinen Erfolg?
Der verwendete Oberboden war meist zu feinerdig und von sich aus nicht genügend wasserdurchlässig.
Die Bodenschicht war viel zu dick.
Die Filterregel war nicht beachtet worden; das Wasser trat erst dann aus dem feinporigen Boden in die Dränschicht mit ihren extrem großen Hohlräumen aus, wenn der Boden völlig mit Wasser gesättigt war.

Erkenntnisse bei den Olympia-Bauten
Nachdem die bisher üblichen Verfahren nicht befriedigt hatten, suchte man nach neuen Bauweisen.

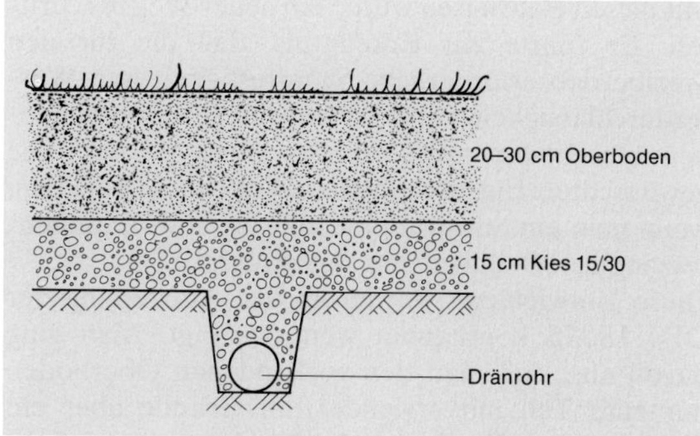

Abb. C 174. Früherer Aufbau von Rasensportflächen.

Unter Verwertung ausländischer Erkenntnisse wurde seinerzeit eine Versuchsfläche mit mehreren, jeweils verschiedenen Aufbauten angelegt, um die sich bewährenden Bauweisen dann zu übernehmen.

Im Olympia-Stadion München kam es dann zu folgendem Aufbau:

10 cm dicke Tragschicht aus Sand und Torf 60% : 40%
10 cm dicke Filterschicht aus Sand 0/3
20 cm dicke Dränschicht aus Kiessand 0/40
Planum
Der dortige Untergrund ist ein schluffiger Kies, der relativ gut wasserdurchlässig ist, so daß nur eine Ringdränung angelegt wurde.

Bis auf die Tragschicht hat sich die Bauweise bewährt. Hier erwies sich der Anteil an Torf, an organischer Substanz, als zu hoch, mit der Folge, daß die Tragschicht nicht genügend wasserdurchlässig war.
Bei der ebenfalls zu den olympischen Anlagen gehörenden Zentralen Hochschulsportanlage wurde ein anderer Aufbau angewandt, der sich – wie sich zeigte – besser bewährte:

12 cm dicke Tragschicht, bestehend aus:
4 cm Sand/Torf 60% : 40%
8 cm Substrat aus 30% Oberboden
30% Schwarztorf
30% Lavagrus 0/5
10% Sand 0/3
8 cm dicke Filterschicht aus Lavagrus 0/15
15 cm dicke Dränschicht aus Kies 0/40
Planum
Untergrund schluffiger Kies, Ringdränung

Mit diesen Bauweisen wurde ein neuer Weg beschritten. Er führte zur Erkenntnis, daß die für den Spielbetrieb erforderliche Scherfestigkeit und Wasserdurchlässigkeit mit dem üblicherweise vorhandenen Oberboden nicht erreicht werden kann. Die gewünschten Eigenschaften sind nur dann gegeben, wenn man ein Substrat einbaut, dessen Zusammensetzung den Bedürfnissen angepaßt ist.
Diese Entwicklung wurde bei der Aufstellung der DIN 18035 konsequent weiterverfolgt. Man ging davon aus, daß man den vorhandenen Oberboden nur zum Teil mitverwendet, im Grunde aber ein Substrat herstellt. Die Anforderungen an das Substrat kann man festlegen, also normen. Damit war der Weg frei für den Normplatz.

9.2.2 DIN 18035 Teil 4

Durch die Festlegung (und Einhaltung!) bestimmter Grenzwerte soll gewährleistet sein, daß eine Sportfläche entsteht, die den an sie gestellten Anforderungen gerecht wird.

1. Definition der Begriffe
Schichtaufbau nach DIN 18035 (Abb. C 175)
Baugrund
Bezeichnung und Aufgabe wie im Wegebau.
Der Baugrund ist der Boden, auf dem ein Sportplatz errichtet wird.
Der Untergrund ist der anstehende Boden.
Als Unterbau bezeichnet man eine Aufschüttung auf den Untergrund; wird sie verbessert, spricht man vom verbesserten Unterbau.
Das Erdplanum ist die technisch bearbeitete Oberfläche des Unterbaus.
Dränschicht
Bei nicht ausreichend durchlässigem Untergrund ist es die Schicht unter der Rasentragschicht zur Aufnahme des Sickerwassers, das in der Dränschicht zur Vorflut abgeleitet wird.
Rasentragschicht
Vegetationstragschicht über dem Baugrund oder der Dränschicht. Sie ist so aufgebaut, daß sie sowohl intensiv durchwurzelbar als auch in der Lage ist, Belastungen durch den Sportbetrieb aufzunehmen.

2. Anforderungen an den Unterbau

a) *an die Tragfähigkeit:*
Nach der Fertigstellung des Planums dürfen im Untergrund keine Setzungen auftreten, die sich letztlich auf die Oberflächengenauigkeit des Platzes auswirken. Bestehen Zweifel an der Tragfähigkeit des Unterbaus, müssen bei der bodenmechanischen Überprüfung folgende Werte erreicht werden:
– bei nichtbindigen Böden
über 0,95 (95 %) der Proctordichte
– bei bindigen Böden
über 0,92 (92 %) der Proctordichte
Bei einem Plattendruckversuch (s. auch Kap. C 7.2.2):
– bei nichtbindigen Böden
ein E_{v2}-Wert von 30 N/mm^2
– bei bindigen Böden
ein E_{v2}-Wert von 20 N/mm^2

Wird die geforderte Verdichtung nicht erreicht, sind geeignete Maßnahmen zu ergreifen, wie sie in Kap. C 7.2.3 beschrieben sind.

b) *an die Oberflächenbeschaffenheit* (Abb. C 176):
Das Baugrundplanum muß parallel zur späteren Oberfläche verlaufen; Gefälle nicht über 1 %, nicht über mehr als 40 m; Genauigkeit ± 2 cm, gemessen mit der 4-m-Latte.

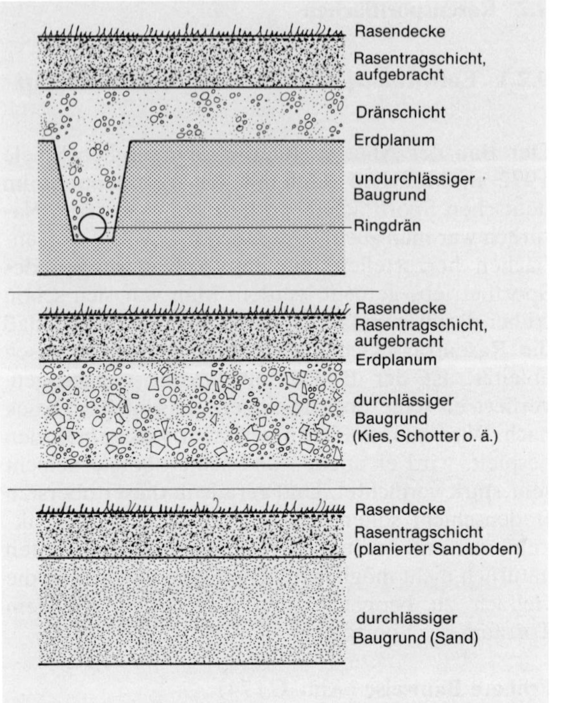

Abb. C 175. Rasenschichtaufbau, DIN 18035 Teil 4.

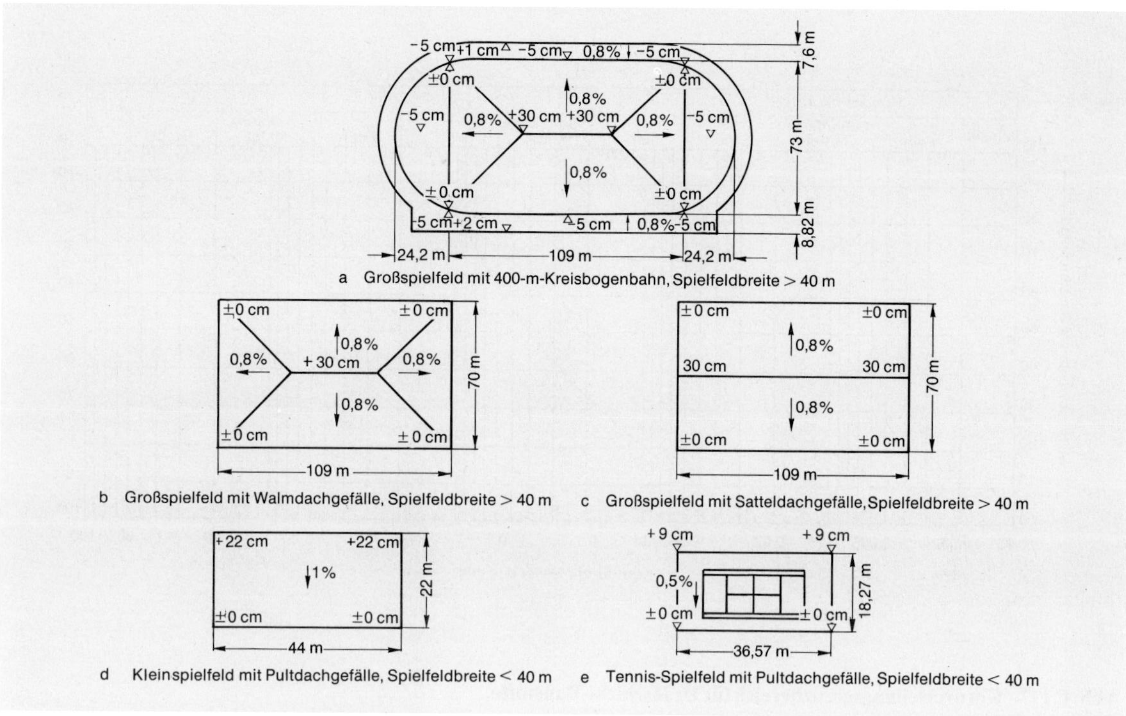

Abb. C 176. Gefällausbildung bei Sportflächen.

c) *an die Wasserdurchlässigkeit:*
Für den Baugrund ist eine Wasserdurchlässigkeit von k 0,0015 cm/s gefordert. Wird diese nicht erreicht, muß eine Dränschicht eingebaut werden. Die Prüfung der Wasserdurchlässigkeit ist ein Laborversuch, bei dem festgestellt wird, wie schnell das Wasser in den Boden eindringen kann. Der sogenannte k-Wert gibt die Eindringgeschwindigkeit in cm je Sekunde an.

3. Anforderungen an die Dränschicht

a) *an den Baustoff:*
Als Dränschichtbaustoffe werden die üblichen Wegebaustoffe verwendet. Es sind Kiessand- oder Splittgemische. Die Korngrößenverteilung ergibt sich aus der Abb. C 177. Die dargestellten Linien sind die sogenannten Grenzsieblinien. Eine Mischung muß in diesem Bereich liegen, der Spielraum ist verhältnismäßig groß. Es kann sich um ein Gemisch aus 30 % Sand und 70 % Kies handeln oder auch nur um Sand mit Korngrößen bis 2 mm. Entscheidend ist, daß der Anteil an Kleinteilen unter 0,06 mm Größe nicht über 10 % beträgt. Dies wird in der Regel nur mit gewaschenem Kiesmaterial möglich sein.

b) *an die Wasseraufnahme und Wasserdurchlässigkeit:*
Die Dränschicht soll in der Lage sein, pro m^2 mehr als 35 l Wasser aufzunehmen. Die Durchlässigkeit muß mindestens k 0,01 cm/s betragen.
Die Dränschicht ist an eine Ringleitung anzuschließen.

c) *an die Dicke der Dränschicht:*
Je nach Unterbau mindestens 10 cm, jedoch mindestens das Dreifache des Größtkorns (also z. B. bei Verwendung von Kiessand 0/40 mindestens 12 cm).

d) *an die Tragfähigkeit:*
Auf dem Dränschichtplanum muß mindestens ein E_{v2}-Wert von 30 N/mm^2 erreicht werden.

e) *an die Oberflächengenauigkeit:*
Die Dränschicht ist mit dem gleichen Gefälle wie die Tragschicht auszubilden; Genauigkeit ± 2 cm, gemessen mit der 4-m-Latte.

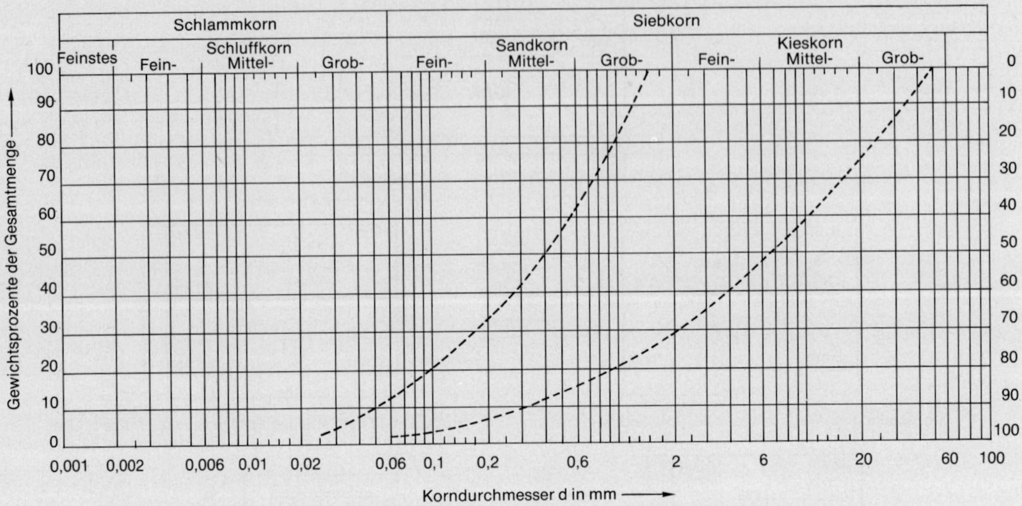

Abb. C 177. Kornverteilungsgrenzbereich für Dränschicht-Baustoffe.

4. Anforderungen an die Rasentragschicht

a) *an den Baustoff:*
Es wird unterschieden in *Gerüstbaustoffe* und *Zuschlagstoffe.* Die Gerüstbaustoffe sind verwitterungsbeständige Sande, deren Anteil an Körnungen unter 0,02 mm Größe nicht über 8 % betragen darf. Das Größtkorn soll 8 mm nicht überschreiten. Die Grenzbereiche sind in der Abb. C 178 dargestellt.
Die Zuschlagstoffe sind wasserspeichernde Substanzen und die Durchwurzelung fördernde Stoffe, wie z. B. Torf. Der Anteil an organischer Substanz darf 4 Gewichtsprozent nicht überschreiten.

b) *an die Wasseraufnahme und Wasserdurchlässigkeit:*
Die Rasentragschicht soll bis zu 35 l Wasser je m² aufnehmen können. Der Durchlässigkeitswert sollte k 0,0015 cm/s betragen.
Die Wasserspeicherfähigkeit, die sogenannte *Wasserkapazität,* soll nicht über 40 Volumenprozent betragen, weil sonst Tragfähigkeit und Durchlässigkeit beeinträchtigt werden.

Hier liegt die große Problematik, die sich aus den Anforderungen an Sporttragschichten ergibt: Damit ein Platz immer bespielbar ist, muß das Oberflächenwasser rasch abgeführt werden. Daneben sollte aber noch soviel Wasser im Boden verbleiben, daß das Gras wachsen kann. Die Festlegungen der DIN 18035 tendieren mehr zum raschen Durchfluß des Wassers. Das bedeutet, daß fest installierte Bewässerungsanlagen erforderlich werden. Trotzdem sind Trockenschäden nicht mit Sicherheit auszuschließen.
Die starke Bewässerung kann zur Auswaschung von Nährstoffen führen.

c) *an die Nährstoffversorgung:*
Je m² sind 30–40 g N,
30–40 g P und
30–50 g K einzubringen.
Der pH-Wert soll 5,5–6,5 betragen.

d) *an die Dicke:*
Die Rasentragschicht soll 10–15 cm dick sein.

e) *an die Einbaugenauigkeit:*
Das Gefälle darf 1 % nicht überschreiten; Genauigkeit ± 1 cm, gemessen mit der 4-m-Latte.

5. Gräserarten für den normgerechten Rasenplatz

Es werden folgende Regel-Saatgut-Mischungen (RSM) vorgeschrieben:

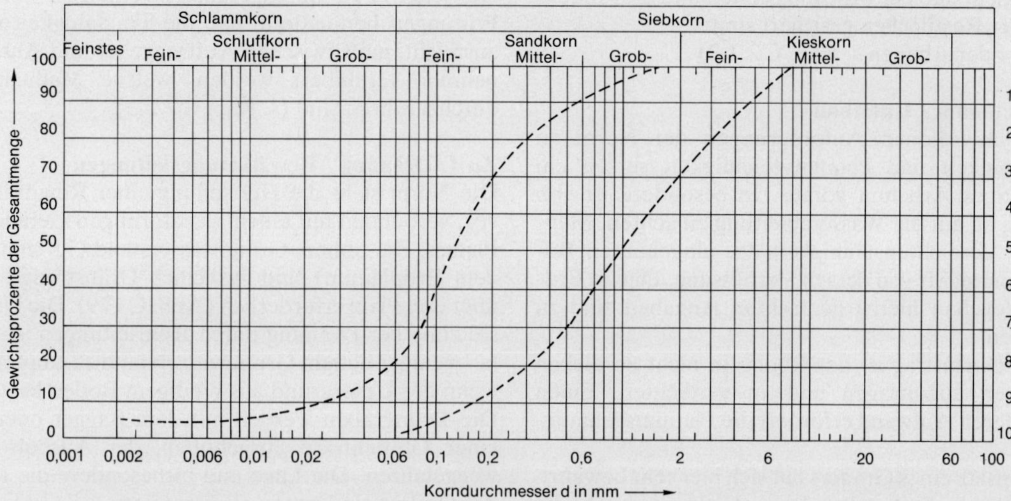

Abb. C 178. Kornverteilungsgrenzbereich für Rasentragschicht-Baustoffe.

	RSM A	RSM B
Póa praténsis	70 %	45 %
Cynosúrus cristátus	20 %	10 %
Phléum praténse	10 %	5 %
Lólium perénne	—	25 %
Festúca rúbra	—	15 %

Es hat sich herausgestellt, daß die Grasarten *Cynosurus* und *Phleum* entbehrlich sind und durch die neuen *Lolium*-Sorten ersetzt werden können.

9.2.3 Baudurchführung zur Erstellung eines Normplatzes

Reihenfolge des Arbeitsablaufes:

1. Vermessungsarbeiten
2. Oberbodensicherung
3. Planum / Unterbau herstellen
4. Dränung / Bewässerungsleitungen herstellen
5. Randeinfassung herstellen
6. Einbau der Dränschicht
7. Einbau der Rasentragschicht
8. Rasensaat
9. Fertigstellungspflege
10. Inbetriebnahme

Zu 1: Vermessungsarbeiten

Das Gelände mußte schon als Grundlage für die Planung und die Massenberechnungen aufgemessen werden.

Vor der Bauausführung wird der Platz lage- und höhenmäßig abgesteckt. Aus der Absteckung muß ersichtlich sein:

– von welchen Flächen der Oberboden abgetragen werden muß
– wo er gelagert wird
– die neue Planumshöhe (Bodenauf- und -abtrag)
– die Ausbildung der dabei entstehenden Böschungen

Nach der Ausführung des Planums werden weitere Absteckungen für die Dränung und sonstige Einzelheiten erforderlich.

Zu 2: Oberbodensicherung

Die Oberbodenarbeiten erfolgen unter Beachtung der Vorschriften der DIN 18915. Da für den späteren

Sportplatz nur ein Teil des Oberbodens gebraucht wird, muß nur soviel Boden auf der Baustelle verbleiben, daß der Mischungsanteil und die Andekkung der Restflächen gesichert sind.
(Oberbodenarbeiten s. Kap. C 2.1.2)

Zu 3: Planum / Unterbau
Die relativ hohen Anforderungen der Norm an Tragfähigkeit und Planumsgenauigkeit setzen ein sorgfältiges Arbeiten voraus. Insbesondere ist von Anfang an auf die Wasserableitung zu achten. Mangelnde Verdichtungsfähigkeit des eingebauten Bodens kommt oft von dessen Vernässung. Die im Erd- und Wegebau hierzu gemachten Angaben sind zu beachten.
Bei Bodenauftrag ist der Boden in nicht zu dicken Schichten aufzutragen und zu verdichten. Einen besonderen Aufwand erfordert die Planumsgenauigkeit.
Der Einsatz eines Graders hat sich hier sehr bewährt. Die Planierarbeiten werden erleichtert durch die Verwendung eines *Lasergerätes*. Der vom außerhalb des Platzes aufgestellten Gerät ausgesandte Laserstrahl wird vom Empfänger, der am Planierschild angebracht ist, aufgefangen und zeigt dem Fahrer an, ob er das Planierschild in der richtigen Höhe hat. Es gibt auch vollautomatisch arbeitende Laser-Planiergeräte. Die Lasergeräte sind allerdings sehr teuer und schalten die Möglichkeit einer fehlerhaften Planie nicht völlig aus.
Ohne Lasergerät wird es erforderlich sein, auf dem Platz noch einige Punkte durch Pflöcke zu markieren und an diesen die Höhe festzulegen. Dazu müssen die eingeschlagenen Pflöcke 60–80 cm aus dem Boden herausragen und durch Farbgebung deutlich sichtbar sein. Die Planumshöhe wird durch ein waagerecht angenageltes Lattenstück markiert.
Das Planum wird exakt hergestellt; bevor es jedoch den letzten »Schliff« bekommt, werden Dränung und seitliche Begrenzung gebaut. Sind dann die Drängräben verfüllt, wird das Planum zur *Abnahme* nochmals überarbeitet.
Das fertige Planum muß auf jeden Fall vom Bauherrn oder dessen Beauftragten abgenommen werden. Es ist unbedingt ein *Abnahmeprotokoll* zu erstellen.
Die Oberflächengenauigkeit wird durch Nivellement, mit Visiertafeln und durch Auflegen der 4-m-Latte geprüft.
Die Tragfähigkeit kann durch Überfahren mit einem Lkw geprüft werden. Im Zweifelsfall werden bodenmechanische Prüfungen (Plattendruckversuch, Proctordichte) durchgeführt. Diese Leistungen müssen vereinbart werden; manchmal sind sie schon in der Leistungsbeschreibung enthalten und werden dann auf jeden Fall durchgeführt. Wenn sich bei den Prüfungen herausstellt, daß die Tragfähigkeit nicht ausreicht, muß zwischen Auftraggeber und Auftragnehmer vereinbart werden, welche Maßnahmen durchzuführen sind (s. Kap. C 7.2.3).

Zu 4: Dränung / Bewässerungsleitungen
Die Norm sieht die Herstellung einer Ringdränung vor, verbunden mit einem dachförmigen Gefälle des Platzes. Bei hohem Grundwasserstand (75 cm unter dem Erdplanum) sind zusätzlich Dränstränge quer über den Platz erforderlich (Abb. C 179). Die Unterstützung der Dränung durch Rohrleitungen ist auch bei weniger hohem Grundwasserstand zu empfehlen, wenn der Untergrund aus bindigem Boden besteht.
Die Drängräben werden mit dem Bagger oder mit einer Grabenfräse ausgehoben, der Aushub wird weggefahren. Die Lage und insbesondere die Höhe der Gräben sind genau einzumessen.
Heute werden meist Kunststoffrohre verwendet, als Saugstränge etwa NW 100, als Ringdrän NW 125 oder 160. Die Rohre werden höhen- und fluchtgerecht verlegt und an die Vorflut angeschlossen. Bei Anschluß an die Kanalisation muß das Dränwasser zuerst durch einen *Sandfang* geleitet werden. Die fachgerecht verlegte Dränung muß von der Bauleitung abgenommen werden (s. auch Kap. C 3.1).
Ist eine stationäre Bewässerung vorgesehen – was meist der Fall sein wird –, so werden die dafür erforderlichen Gräben zusammen mit den Drängräben ausgehoben. Vielfach kann die Wasserleitung auch in den Drängraben gelegt werden. Das Verlegen der Leitung für die Bewässerung sowie die Herstellung der Anschlüsse muß jetzt erfolgen, denn die Abnahme der Wasserleitungen ist – wie bei der Dränung – nur bei offenen Gräben möglich (Bewässerung s. Kap. C 13.1).
Nach der Abnahme werden die Gräben mit demselben Material verfüllt, das auch für die Dränschicht vorgesehen ist.

Zu 5: Randeinfassung
Der Sportplatz erhält in der Regel einen Umgangsweg. Zur Trennung zwischen Weg und Platz wird ein Kantenstein aus Beton ebenerdig eingebaut. Seine Funktion ist dieselbe wie im Wegebau, der Einbau erfolgt wie dort beschrieben (s. Kap. C 7.4). Für den weiteren Bauablauf auf dem Rasensportplatz ist der genaue und exakt versetzte Rand noch zusätzlich bedeutsam, weil von ihm aus leicht die Höhe der

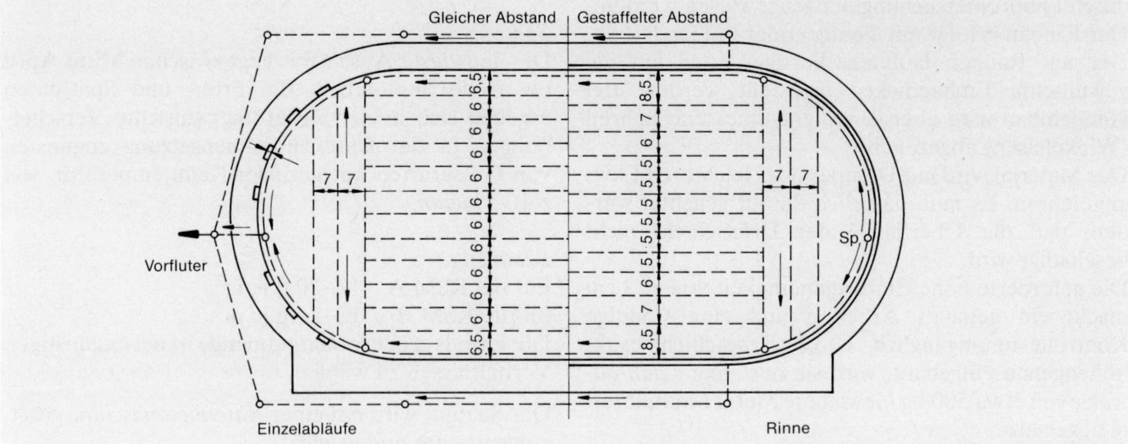

Abb. C 179. Beispiel eines Entwässerungsplanes mit gleichen und gestaffelten Abständen der Dränstränge bei einseitigem Anschluß am Vorfluter.

Drän- und der Rasentragschicht abgenommen werden kann, was bei der geforderten hohen Genauigkeit sehr wichtig ist.
Die Randeinfassung wird versetzt, wenn die Dränggräben verfüllt sind. Zur Anfuhr des Drän- und Tragschichtmaterials wird an geeigneter Stelle eine Durchfahrt offengelassen.

Zu 6: Dränschichteinbau

In der Regel wird es erforderlich sein, daß der zur Verwendung vorgesehene Baustoff durch Laboruntersuchungen überprüft wird, um seine Eignung im Sinne der DIN 18035 unter Beweis zu stellen. Dieser Eignungsnachweis wird deshalb meist vom Auftragnehmer vor Baubeginn verlangt. Die Prüfungen werden von unabhängigen Prüflabors durchgeführt. In Zweifelsfällen kann die Bauleitung während des Einbaus noch Prüfungen vornehmen lassen.
Das ordnungsgemäß verdichtete Planum kann von Lkws befahren werden; nur bei den Drängräben, in denen die Dränrohre mit geringer Überdeckung liegen, ist Vorsicht geboten. Die Überfahrten (möglichst dort, wo die Rohre tiefer liegen) werden mit Bohlen gesichert. Das Material wird mit Laderaupe oder Radlader verteilt und mit dem Grader einplaniert.
Unter ständiger Kontrolle der Einbaugenauigkeit wird die Dränschicht mit einer statisch wirkenden Glattradwalze oder mit einer Vibrowalze verdichtet. Um dabei die Planungsgenauigkeit zu erzielen, wird ein letztes Ausgleichen in Handarbeit unumgänglich sein. Dazu kann man sich je nach Bedarf Pflöcke schlagen und an diesen die Höhe markieren. Die beiden Endpunkte des »Firstes« bei einem Dachgefälle werden durch Nivellieren festgelegt; von ihnen aus kann jede Höhe durch Austafeln mit Visiertafeln leicht bestimmt werden.
Die Dränschicht muß vor dem Einbau der Tragschicht von der Bauleitung abgenommen werden. Auch hier ist unbedingt darauf Wert zu legen, daß ein *Abnahmeprotokoll* erstellt wird.

Zu 7: Tragschichteinbau

Die hohen Anforderungen, die an die Zusammensetzung der Tragschicht gestellt werden, erlauben es heute kaum mehr, die Materialien getrennt anzuliefern, zu verteilen und durch Fräsen zu mischen.
Das Tragschichtmaterial muß in der Regel vor dem Einbau außerhalb des Platzes gemischt werden. Man verwendet dazu *Mischgeräte* (Abb. C 180), die entweder aus Vorratsbehältern mittels Schnecke auf ein Förderband dosieren, oder *Trommelmischer*. In jedem Fall entsteht ein relativ hoher Aufwand.
Es sind deshalb fertige Tragschichtengemische im Handel, die den DIN-Anforderungen entsprechen. Die fertigen Tragschichtgemische sind geprüft und

zugelassen. Die Eignung von Mischungen aus Materialien der Baustelle und deren Umgebung muß durch Laboruntersuchungen nachgewiesen werden.
Der Einbau erfolgt mit *Fertiger* oder in Handarbeit. Der auf Raupen laufende Fertiger kann auf die gewünschte Einbaudicke eingestellt werden. Bei Handeinbau wird über genau eingemessene Lehren (Winkeleisen) abgezogen.
Das Material wird mit Dumper oder leichteren Lkws angefahren. Es muß natürlich darauf geachtet werden, daß die Oberfläche der Dränschicht nicht beschädigt wird.
Die geforderte hohe Einbaugenauigkeit von ± 1 cm macht ein genaues Arbeiten und eine ständige Kontrolle unumgänglich. Ist die Tragschicht exakt höhengenau eingebaut, wird sie mit einer *Glattradwalze* von etwa 500 kg Gewicht je Meter Mantelbreite abgewalzt.

Zu 8: Rasenansaat
Wie schon am Anfang des Abschnittes erwähnt wurde, ist der Sportplatzbau eine Kombination von Vegetationstechnik und Wegebau. So ist es eigentlich selbstverständlich, daß die Rasenansaat nach den Grundsätzen der Vegetationstechnik erfolgt.

Saatzeit
Die günstigste Ansaatzeit liegt zwischen Mitte April bis Ende September. Bei Früh- und Spätsaaten ergeben sich in der Regel unerwünschte Verschiebungen in der Rasenzusammensetzung zugunsten von Gräserarten mit geringer Keimtemperatur, wie z. B. *Phléum.*

Saatmenge
Für die RSM A 12–20 g je m^2,
für die RSM B 12–25 g je m^2.
Die jeweils größere Saatgutmenge ist bei ungünstigen Verhältnissen zu wählen.

Das Saatgut wird mit einer *Rasenbaumaschine* gesät, eingearbeitet und gewalzt.

Verwendet man Fertigrasen, so muß dieser in der Zusammensetzung den RSM entsprechen. Der Rasen muß auf einem Boden angezogen worden sein, der den Anforderungen an die Rasentragschicht

Abb. C 180. Erdmischgerät.

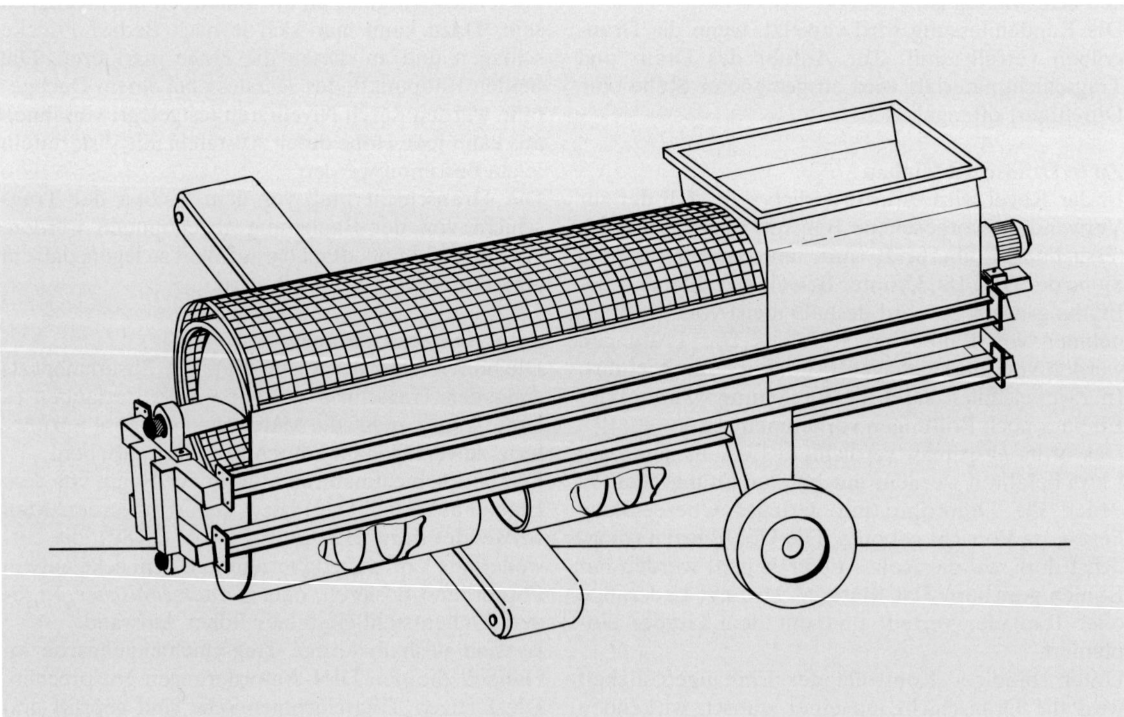

entspricht. Der Fertigrasen muß gesund, grün und wüchsig und frei von Unkräutern sein. Die Rasentragschicht ist vor dem Verlegen wie zur Ansaat vorzubereiten.

Zu 9: Fertigstellungspflege
Hierunter versteht man alle Leistungen, die zur Erzielung eines abnahmefähigen Zustandes von Sportplatzrasen erforderlich sind. Als abnahmefähiger Zustand gilt:

a) Durch Ansaat hergestellter Sportplatzrasen muß einen betretbaren, in Wuchs und Verteilung gleichmäßigen Bestand haben, der im geschnittenen Zustand eine mittlere projektive Bodendekkung von 90 % mit Pflanzen der geforderten Saatgutmischung aufweist.
Der letzte Schnitt vor der Abnahme darf nicht länger als 5 Tage zurückliegen.
b) Fertigrasen muß gleichmäßig und nicht abhebbar verwurzelt sein und im übrigen aus Gräsern der geforderten Mischung bestehen.

Leistungen

Beregnen. Bei der sehr wasserdurchlässigen Rasentragschicht ist eine regelmäßige Wasserzufuhr unerläßlich. Die Norm schreibt folgende Wassermengen vor:

– bis zum Auflaufen (Keimen) je Woche 4 Wassergaben zu je 5–7 l auf den m²
– nach dem Auflaufen 20–30 l Wasser je m² in zunächst zwei, später in einer Gabe

Sofern nicht genügend Niederschläge fallen, sind die gesamten Mengen zu verabreichen. Durch die meist fest installierte Regenanlage ist dies an sich kein Problem. Die Beregnung muß aber genau überwacht werden, damit es nicht zu Schäden durch unregelmäßiges Beregnen kommt. Die der Norm entsprechenden Rasentragschichten trocknen unter Umständen sehr schnell ab, wodurch der keimende Rasen geschädigt werden kann.

Düngen. Nach dem Auflaufen – meist nach dem ersten Rasenschnitt – ist mit 5 g Reinstickstoff je m² zu düngen. Da die Rasentragschicht eine geringe Sorbtionskapazität hat, ist es zweckmäßig, Dünger zu verwenden, die einen Teil ihres Stickstoffs in Langzeitform enthalten. Bei rein wasserlöslichen Düngern besteht die Gefahr von »Verbrennungen« und auch die Gefahr, daß ein Teil des Stickstoffs ungenutzt ausgewaschen wird. Geeignete Dünger werden auf den Seiten 256 und 252 ausführlich besprochen.

Mähen. Der Rasen ist bei einer Wuchshöhe von mindestens 5 cm und höchstens 8 cm zu mähen. Die Schnitthöhe darf nicht weniger als 3 cm betragen. Es dürfen nur Geräte eingesetzt werden, die einen sauberen Schnitt bringen und keine Spuren hinterlassen. Für die ersten Schnitte verwendet man Sichelmäher; erst wenn sich die Rasendecke geschlossen hat, Spindelmäher. Das Mähgut muß abgeräumt werden. Die Zeit von der Ansaat bis zur Abnahme beträgt 2–3 Monate. Die Norm sieht 4 Schnitte vor, meist wird man mehr benötigen.

Abnahme. Wenn der geforderte Zustand erreicht ist, kann der Rasen abgenommen werden. Die Abnahme wird durch den Auftragnehmer möglichst schriftlich beantragt.

Bei der Abnahme wird sowohl der Zustand des Rasens als auch das Planum genau geprüft. Über die Abnahme ist unbedingt ein Protokoll zu fertigen; in ihm sind festzuhalten: Datum, die Anwesenden, die durchgeführten Prüfungen mit dem jeweiligen Ergebnis, die Tatsache der Abnahme sowie gegebenenfalls noch durchzuführende Leistungen.

Die Abnahme ist immer ein sehr wichtiger Vorgang; mit ihr geht die Haftung auf den Auftraggeber über, und mit ihr beginnt die Gewährleistungsfrist, die entsprechend später auch endet. Bei einem Sportplatzrasen ist die Abnahme besonders wichtig, weil der Rasen zu diesem Zeitpunkt noch nicht voll benutzbar ist und durch weitere Pflege erhalten werden muß. Hinzu kommt, daß der Zustand eines Rasens raschen Veränderungen unterworfen sein kann, insbesondere durch mangelnde Pflege. Durch die Abnahme wird die vertragsgemäße Leistung des Auftraggebers festgestellt. Danach wird die Pflege oft durch andere (durch den späteren Benutzer oder kommunale Regiebetriebe) übernommen.

Zu 10: Inbetriebnahme
Ein Sportrasen sollte möglichst früh betreten und benutzt werden. Wenn man ihn (fälschlicherweise) schont, entwickeln sich nicht die trittfesten Gräser, sondern andere, die sonst durch die Benutzung zurückgehalten werden.

Die Benutzung von angesäten Rasensportflächen kann beginnen, wenn die Rasendecke völlig dicht ist. Bei einer völlig dichten Rasenfläche ist auch unmittelbar nach dem Mähen der Boden nicht sichtbar.

Der neue Rasen darf zunächst nur ohne Stollenschuhe und auch nicht punktweise, sondern gleichmäßig über die ganze Fläche verteilt benutzt werden. Dazu eignen sich z. B. Gymnastik, Konditionstraining oder weitläufiges Ballspiel. Die Benutzungszeit soll mit

zweimal 1 h pro Woche beginnen und kann nach einem Monat auf 1 h pro Tag erhöht werden, mit der Steigerung auf 2–3 h je Tag.
Der Aufnahme von Kampfspielen (Spiele, bei denen der Wettbewerb im Vordergrund steht ohne jegliche Rücksicht auf den Rasen) muß eine Überwinterung vorangehen. Bei Frühjahrsansaaten kann die Durchführung von Kampfspielen im folgenden Frühjahr einsetzen, bei Spätsommeransaaten ab Sommer des darauffolgenden Jahres.
Wenn das Training nicht überwacht werden kann, ist im Vereinssport die langsame und rücksichtsvolle Anfangsbenutzung oft nicht gewährleistet. In diesen Fällen muß die Benutzung simuliert werden, indem man den Rasen in den angegebenen Zeitintervallen mit Gitterwalzen abwalzt. Erst die etwa ein Jahr alte und feste Grasnarbe wird dann zum Bespielen freigegeben.
Bei Fertigrasen kann die Benutzung beginnen, wenn sich der Rasen nicht mehr abheben läßt. Die Art und Häufigkeit der Benutzung ist wie bei Ansaaten zu steigern. Kampfspiele können hier in der Regel ca. zwei Monate nach Beginn der Benutzung erfolgen.
Es liegt auf der Hand, daß ein Rasensportplatz sorgfältig, regelmäßig und fachgerecht gepflegt werden muß (s. Kap. C 10.2).

9.2.4 Problematik der DIN-Plätze

Ein altes Sprichwort sagt: Wo Licht ist, ist auch Schatten. Dies gilt auch für die DIN 18035, neben ihren Vorteilen hat sie auch Nachteile.
Die Vorteile sind darin zu sehen, daß die Norm die Begriffe klärt, daß sie klare Anforderungen stellt und dafür auch die Prüfungsmöglichkeiten aufzeigt.
Die Problematik beginnt mit den teilweise hohen Anforderungen.

Die Anforderungen an den Unterbau sind hoch, sie sind aber erfüllbar. Hier wird durch die Anforderungen der Norm der Blick dafür geschärft, daß eine Oberfläche nur dann eben ist und bleibt, wenn auch der Unterbau tragfähig ist.

Bei der Dränschicht aber gibt es grundsätzliche Bedenken, ob sie überhaupt sinnvoll ist, weil durch sie die Kapillarität völlig unterbunden wird. Die Wasserversorgung eines Platzes wäre unproblematischer, wenn aus dem Untergrund Wasser aufsteigen könnte. Im Kap. C 9.2.5 werden Bauweisen beschrieben, die auf die Dränschicht verzichten.
Andererseits hat sich gezeigt – und darauf wurde schon hingewiesen –, daß die Wasserabführung in der Dränschicht ohne zusätzliche Rohrdräne quer über den Platz nicht optimal ist.
Man kann sich vorstellen, daß das Wasser in der Dränschicht bei nur 0,8 % Gefälle nicht gerade rasch abläuft. Der Afluß wird durch Dränrohre wirkungsvoll unterstützt. Dadurch wird aber auch der ohnehin schon große Aufwand noch höher.

Auch bei der Rasentragschicht entsteht durch die hohen Anforderungen an Wasserdurchlässigkeit und Einbaugenauigkeit ein sehr hoher Aufwand. Um die Wasserdurchlässigkeit zu erreichen, müssen Materialien verwendet werden, die schon der Transport verteuert; dazu kommen die Kosten für das Mischen. Auch die fertigen Gemische sind durch ihre Herstellung und die Transportkosten nicht billig.
Die Einbaugenauigkeit von ± 1 cm ist praktisch kaum zu erreichen. Der hohe Aufwand wäre nicht zu beanstanden, wenn daraus ein Rasensportplatz entstünde, der problemlos allen Anforderungen gerecht würde. Dies ist leider nicht der Fall. Die DIN-Plätze erfordern eine sehr intensive, sorgfältige und fachgerechte Pflege. Ihre Ursache liegt in der hohen Wasserdurchlässigkeit der Rasentragschicht. Sie bedingt einen hohen Wasserverbrauch für die Beregnung und führt gleichzeitig zur Auswaschung der Nährstoffe. Die Nährstoffauswaschung ist auch bedingt durch das Fehlen des Kolloidkomplexes, der Ton- und Humusteile im Boden. Erhöht man ihren Anteil in der Rasentragschicht, geht die Wasserdurchlässigkeit rasch zurück.

Aus diesem Widerspruch der Anforderungen ergeben sich die Pflegeprobleme. Der Rasen erleidet sehr schnell Trockenschäden, die Nährstoffversorgung ist schwierig, der Rasen schwankt zwischen Mangelerscheinungen und »Verbrennungsschäden« durch Überdüngung. Der gesamte hohe Aufwand für die Herstellung kann hinfällig sein. Wenn einmal falsch gedüngt wird, »verbrennt« die Rasendecke und macht eine Wiederherstellung erforderlich, die mindestens 3 Monate Spielunterbrechung bedeutet.

Zusammenfassend ist die Norm grundsätzlich zu bejahen. Einzelne Anforderungen erscheinen sehr hoch und führen zu hohen Kosten. Der fertige Platz ist sehr pflegeintensiv und erfordert vor allem Fachkenntnisse, die von den mit der Pflege Beauftragten oft nicht erbracht werden.

Die Ursache liegt in der an sich richtigen Anforderung an die Wasserdurchlässigkeit, welche zwar die Tragschicht trittfest und bespielbar hält, aber den Gräsern kein optimales Wachstum gewährleistet.

Dies führte in der Vergangenheit dazu, daß neben dem Bau zahlreicher normgerechter Plätze viele Auftraggeber auch andere Bauweisen bevorzugt haben.

9.2.5 Andere Bauweisen für Rasensportplätze

System mit Schlitzdränung (Abb. C 181a)
Das Prinzip dieser Bauweise liegt darin, daß das Oberflächenwasser durch ca. 7 cm breite, bis zur Hauptdränung mit Kies 4/8 verfüllte Schlitze abgeführt wird, die in ca. 1 m Abstand in Längsrichtung über den Platz verlaufen. Die Sickerschlitze sind an die quer zu ihnen verlaufenden Drängräben, die ebenfalls mit durchlässigem Material verfüllt sind, angeschlossen.
Bei dieser Bauweise wird grundsätzlich **keine Dränschicht** eingebaut. Somit bleibt die Kapillarität erhalten. Grundwasser steigt durch die übliche Verdunstung bis zur Oberfläche auf und steht den Gräsern zur Verfügung. Man geht davon aus, daß durch das Wasserangebot von unten her die Gräser auch zu einer mehr in die Tiefe gehenden Wurzelbildung angeregt werden. (Auf Plätzen ohne Kapillarwasser ist die Bewurzelung oft erstaunlich flach.)
Andererseits wird das den Spielbetrieb störende Oberflächenwasser durch die Dränschlitze rasch abgeleitet.
In der Praxis werden oft auch verschiedene Bauweisen kombiniert. So hat sich eine nachträgliche Schlitzdränung auch auf älteren, wasserundurchlässigen Plätzen bewährt, wenn die Sickerschlitze an eine funktionierende Dränung angeschlossen werden können. Sogar der nachträgliche Einbau von Rohrdränungen ist ohne völlige Zerstörung der Grasnarbe möglich, wurde praktiziert und hat sich bewährt.
Eine Schweizer Firma ist mit ihrem System »Intergreen« für diese Bauweise führend. Sie hat in mehreren europäischen Ländern Lizenzfirmen. Ihr System wurde mehrfach modifiziert und paßt sich dadurch den jeweiligen Gegebenheiten an.

Grundsätzlicher Aufbau und Bauablauf: Der Platz muß in der üblichen Weise planiert werden. Die Anforderungen der DIN 18035 an die Tragfähigkeit und Genauigkeit des Planums sind auch hier zu erfüllen.
Danach werden die Drängräben ausgehoben. Die Dränung wird quer zum Platz in einem Abstand von 8–10 m angeordnet und an eine Ringleitung angeschlossen.
Man verwendet die üblichen Dränrohre. Die Drängräben werden mit Kiessand bis zur Oberkante des Planums verfüllt.
Auf das Planum kommt aber keine Dränschicht, sondern hier wird der vorhandene Oberboden eingebaut. Die Einbaudicke richtet sich nach der Menge des vorhandenen Bodens. Der Boden muß plangenau eingebaut werden; er muß tragfähig sein und wird deshalb abgewalzt. Diese Schicht hat die Aufgabe der Wasserspeicherung.
Darauf kommt die Rasentragschicht. Sie kann wie beim Normplatz entweder als fertiges Gemisch angeliefert oder außerhalb des Platzes gemischt werden und wird dann mit Fertiger eingebaut. Es ist ein Vorzug dieser Bauweise, daß die Materialien auch getrennt aufgebracht und dann durch Fräsen gemischt werden können.

Abb. C 181a. Rasensportfläche System »Intergreen«.
1 Grasnarbe, 2 Rasentragschicht, 3 Oberboden, 4 Sickerschlitze, 5 anstehender Boden, 6 Hauptdränung.

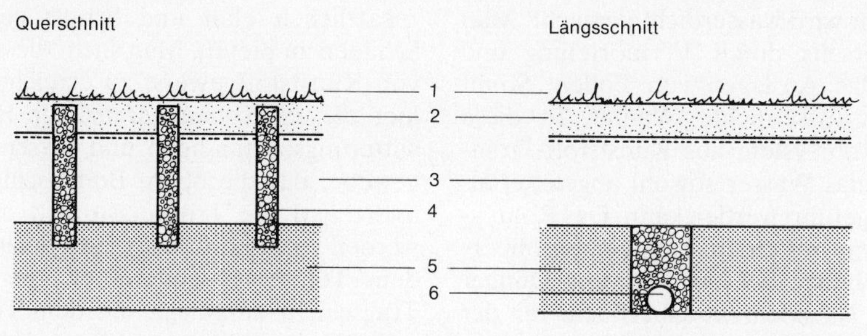

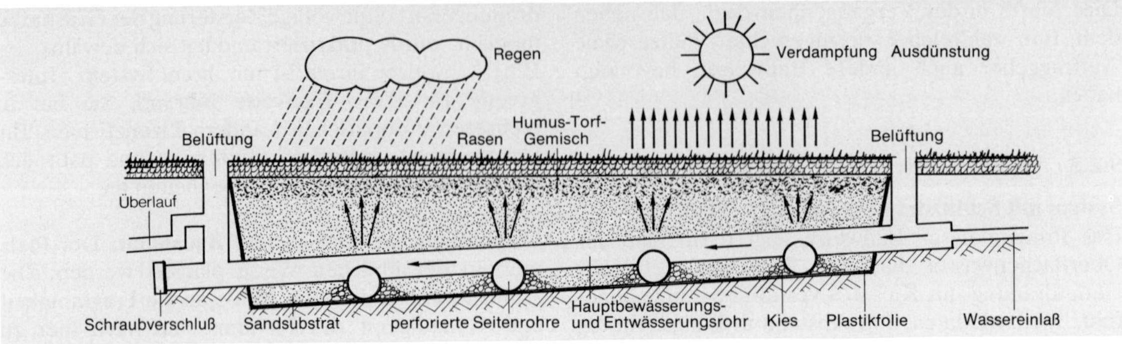

Abb. C 181b. System mit Anstaubewässerung.

Man bringt ca. 10 cm Sand und Torf auf; durch das Fräsen wird der vorher eingebaute Oberboden in die Tragschicht eingemischt. Die Oberfläche wird auf ± 2 cm genau planiert und wie beim Normplatz abgewalzt.

Danach werden mit einem Spezialgerät die Dränschlitze herausgefräst und im selben Arbeitsgang mit Kies 4/8 verfüllt. Der Platz wird mit Sand überworfen und abgeglättet. Es folgen Rasensaat und Fertigstellungspflege in der üblichen Weise.

System mit Anstaubewässerung (Abb. C 181b)

Die rasche Ableitung des Oberflächenwassers führt nicht nur die natürlichen Niederschläge ab, sondern auch das aus der Beregnung stammende Wasser. Der Aufwand für Wasser spielt bei den Kosten für die Unterhaltung von Sportplätzen eine nicht geringe Rolle. Somit liegt eigentlich der Gedanke nahe, das zwangsläufig so rasch von der Oberfläche abgeführte Wasser den Pflanzen anderweitig wieder zur Verfügung zu stellen. Auch hier werden mehrere Wege beschritten und differenzierte Verfahren angewandt. Das Grundprinzip ist dasselbe.

Das mit dachförmigem Gefälle in der üblichen Weise hergestellte Planum wird wasserdicht gemacht. Man erreicht dies einerseits durch Vermörtelung und zusätzlich durch das Auslegen von Folien. Somit schafft man eine wasserdichte Wanne. In diese verlegt man ein Rohrsystem aus Kunststoff-Dränrohren, durch die das Wasser sowohl abgeleitet als auch bei Bedarf zugeführt werden kann. Das Rohrsystem wird ca. 40 cm mit einem Sandgemisch überdeckt, in dessen oberste Schicht Torf und Dünger eingefräst werden. Nachdem die Oberfläche mit der geforderten Genauigkeit planiert wurde, wird angesät. Derartige Plätze sind waagerecht, haben in der Regel also kein Oberflächengefälle.

Diese Bauweise wird noch relativ selten angewandt. Sie soll vor allem Vorteile in der Pflege bringen. Durch den Sandaufbau wird das Oberflächenwasser rasch abgeleitet. Da aber keine eigentliche Dränschicht eingebaut ist, steigt es durch die Kapillaren wieder auf und steht den Wurzeln zur Verfügung. Bei Bedarf wird Wasser und auch Dünger durch Anstau zugeführt. Da nun Wasser und Nährstoffe von unten her angeboten werden, erhofft man sich auch hier ein tiefergehendes Wurzelwachstum und damit einen größeren Widerstand gegen Trockenheit, Nährstoffschwankungen und Trittbelastung.

Verstärkung der Rasentragschicht durch Gewebeeinlagen (Abb. C 182)

Die oberste Zone der Rasentragschicht wird durch den Spielbetrieb am stärksten belastet. In dieser Zone befinden sich die Graswurzeln; sie werden durch die mechanische Beanspruchung im Spielbetrieb direkt in Mitleidenschaft gezogen. Es wird angestrebt, diese Bewurzelungszone zu verfestigen, tragfähiger zu machen und damit den Wurzeln zusätzlichen Halt und Schutz gegen mechanische Schäden zu bieten. Man sucht dies durch die Einlage von Kunststoffgewebe zu erreichen. Im Handel ist hier die *»Enkamat«-Matte.* Sie besteht aus einem witterungsbeständigen und verschleißfesten Nylongewebe, das die obere Bodenschicht sozusagen armiert und die Trittbelastung verteilt. Die Matten werden vorzugsweise an stark belasteten Stellen (vor dem Tor usw.) angewandt. Sie werden auf der Tragschicht ausgelegt, mit dem Tragschichtsubstrat sorgfältig verfüllt und ca. 1 cm dick überdeckt.

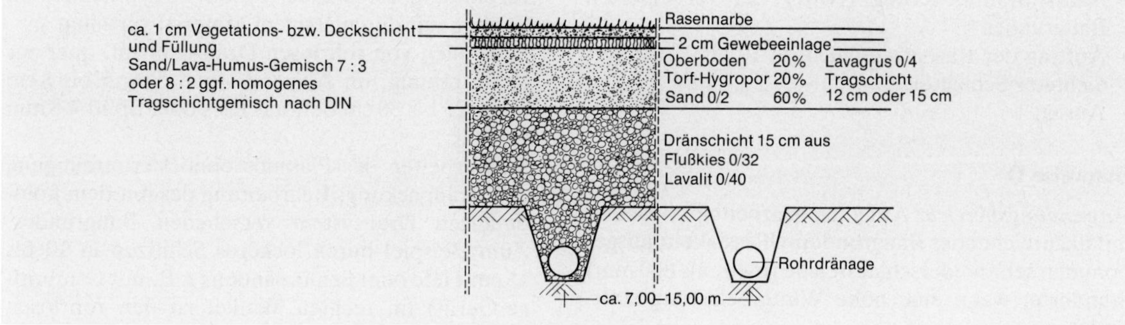

Abb. C 182. Verstärkung der Rasentragschicht durch Gewebeeinlagen.

Vorschläge zur Neufassung der DIN 18035 Teil 4

Die Diskussion geht dahin, anstatt *einer* vorgeschriebenen Bauweise (wie bisher) *mehrere* Bauweisen vorzusehen, die den unterschiedlichen Boden- und Klimaverhältnissen gerecht werden und unterschiedliche Benützungsgrade berücksichtigen (Abb. C 183).

Bauweise A

Anwendungsbereich: Gebiete mit genügend durchlässigem Baugrund (Untergrund, Unterbau) wie Sand- und Schotterflächen, z. B. in der norddeutschen Tiefebene, im Raum Frankfurt-Heidelberg oder Erlangen-Nürnberg.

Arbeitsschritte bei der Herstellung:
- Baugrundplanum
- Nährstoffanreicherung (NPK) des Baugrundes
- Auftrag der Rasentragschicht in 8 bis 12 cm verdichteter Schichtdicke
- Verzahnung von Rasentragschicht und Baugrund durch 20 bis 25 cm tiefes Aufreißen
- Feinplanum
- Ansaat

Bauweise B

Anwendungsbereich: Sportanlagen ohne nennenswerten Winterspielbetrieb; Gebiete mit längerer Winterspielpause, wie z. B. in Bayern, oder Ortschaften mit nur 1 bis 2 über Winter spielenden Mannschaften.

Arbeitsschritte bei der Herstellung:
- Baugrundplanum
- Auftrag einer Oberbodenschicht in 10 bis 15 cm gleichmäßiger Dicke (möglichst leichter Boden)
- Einbau einer Rohrdränung im Regelabstand von 4 bis 5 mm mit Sammleranschluß
- Zwischenplanum zum schichtgleichen Einbau einer Rasentragschicht ohne Verunreinigung der Dränpackung
- Auftrag der Rasentragschicht in 8 bis 12 cm verdichteter Schichtdicke
- Verzahnung der Rasentragschicht mit Oberboden sowie darunterliegendem Baugrund in 25 bis 30 cm Tiefe
- Feinplanum
- Ansaat

Bauweise C

Anwendungsbereich: Teildurchlässige sowie gut bearbeitbare, wenig durchlässige Böden.

Arbeitsschritte bei der Herstellung:
- Baugrundplanum
- Auftrag von gewaschenem Sand in 5 bis 10 cm verdichteter Schichtdicke, wobei sich die exakte Sandmenge nach der Durchlässigkeit des Baugrundes richtet
- Grobes Vermischen von Sand und Baugrund durch mehrmaliges Aufreißen und/oder Fräsen; das Mischungsverhältnis (1:2 bis 2:1) ergibt sich aus dem Grad der Baugrunddurchlässigkeit. Aus Gründen der Sandeinsparung soll der Baugrund in krümeligscholliger Form mit dem Sand (heterogen) vermischt und nicht porenverstopfend zerkleinert werden
- Einbau einer Rohrdränung in Regelabstand von 5 bis 6 m mit Sammleranschluß
- Zwischenplanum zum schichtgleichen Einbau einer Rasentragschicht, ohne Verunreinigung der Dränpackung

- Nährstoffanreicherung (NPK) des verbesserten Baugrundes
- Auftrag der Rasentragschicht in 10 bis 12 cm verdichteter Schichtdicke
- Ansaat

Bauweise D

Anwendungsbereich: Auf allen bearbeitbaren Böden mit unzureichender Baugrunddurchlässigkeit, ausgenommen sehr niederschlagsreiche (mehr als 800 mm) Standorte, wenn eine hohe Winterbelastung stattfindet.

Arbeitsschritte bei der Herstellung:
- Baugrundplanum, wenn möglich auf Oberbodenauftrag
- Dränleitungssystem aus Ringdränung mit Querverbindung (Abstände 10 bis 15 m) herstellen, Gräben mit durchlässigem Material verfüllen
- Herstellen von rohrlosen Dränschlitzen, quer zur Rohrdränung, im Abstand von 1,5 m, 5 bis 8 cm breit, 25 bis 30 cm tief, mit Kies oder Splitt 4/8 mm verfüllt
- Nacharbeiten des Planums ohne Verunreinigung der Dränpackung. Bearbeitung des mit dem kombinierten Dränsystem versehenen Baugrundes. Zum Beispiel durch lockeres Schlitzen in 10 bis 15 cm Tiefe oder Schlitzsanden (z. B. mit Cambridge-Gerät) im rechten Winkel zu den rohrlosen Dränschlitzen
- Auftrag der Rasentragschicht in 8 bis 12 cm verdichteter Schichtdecke, ohne Schädigung des bearbeiteten Baugrundes
- Ansaat

Abb. C 183. Neue DIN-Bauweisen (Vorschläge).

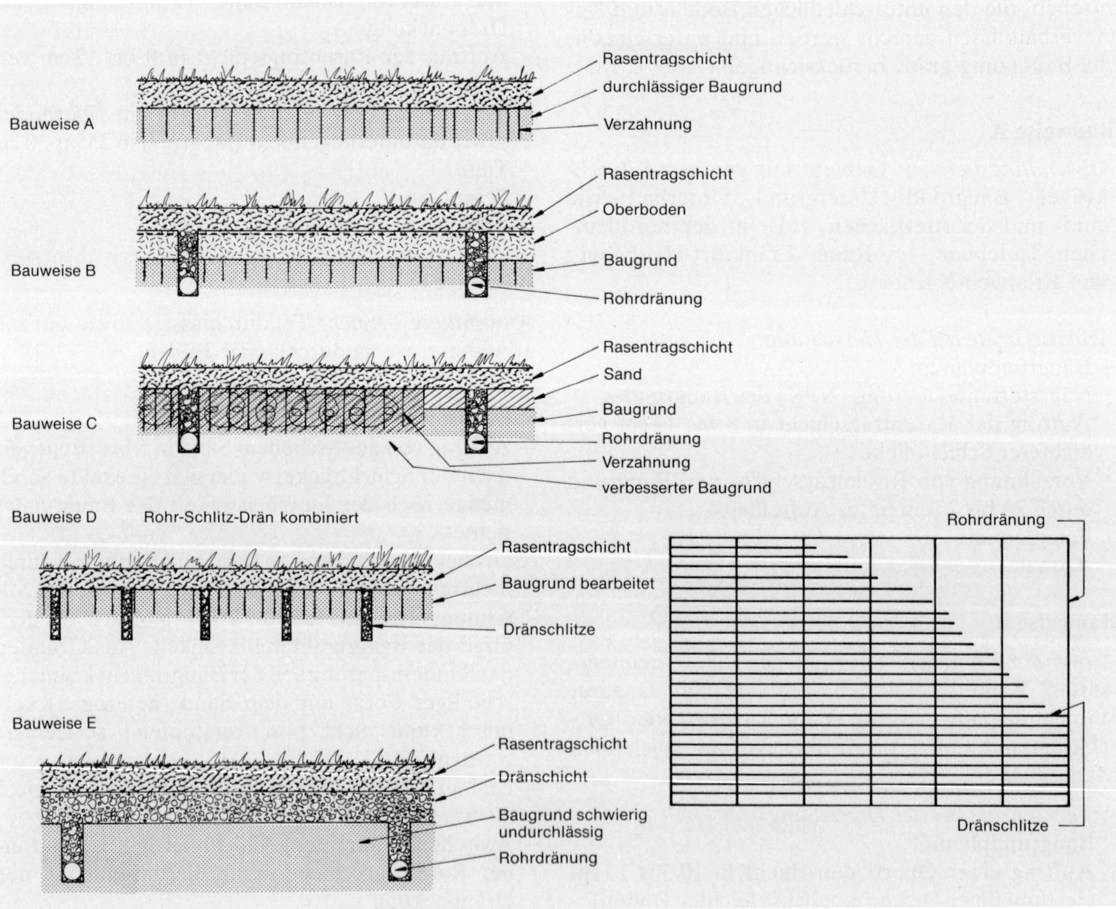

Bauweise E

Anwendungsbereich: Standorte mit unzureichender Baugrunddurchlässigkeit, vor allem mit schwierigen, wasserempfindlichen, wenig standfesten oder schwer bearbeitbaren Böden; sehr niederschlagsreiche Gebiete, insbesondere schneereiche Lagen sowie Tallagen mit Überschwemmungs- und Rückstaugefahr. Diese Bauweise entspricht dem heutigen DIN-Platz.

Arbeitsschritte bei der Herstellung:
- Baugrundplanum
- Einbau einer Rohrdränung im Abstand von 6 bis 8 m mit Sammleranschluß
- Auftrag einer sandreichen Dränschicht mit 12 bis 15 cm verdichteter Schichtdicke
- Auftrag einer Rasentragschicht mit 10 bis 12 cm verdichteter Schichtdicke
- Ansaat

Vertiefung und Kontrolle
1. Beobachten Sie den Zustand und die Bespielbarkeit von Rasensportplätzen, ergründen Sie die Ursachen für den jeweiligen Zustand.
2. Stellen Sie die Faktoren zusammen, die sich ungünstig auf Rasensportplätze auswirken.
3. Fertigen Sie Regelschnitte vom Aufbau der Rasensportplätze an, an deren Bau Sie beteiligt waren.
4. Beobachten Sie den Maschineneinsatz bei Anlage und Pflege von Rasensportplätzen, machen Sie Notizen über die Eignung und Leistung der eingesetzten Geräte.

9.3 Tennenflächen

Die Tennendecke ist eine wassergebundene Decke. Die Anforderungen an Tennenflächen sind in der DIN 18035 Teil 5 zusammengefaßt.

9.3.1 Begriffe aus der DIN 18035

Tennenflächen sind Sportflächen, deren Deckschicht aus mineralischen Korngemengen besteht, wasserdurchlässig ist und keine künstlichen Bindemittel enthält.
Die Begriffe Untergrund, Unterbau, Erdplanum sind dieselben wie bei Rasensportplätzen.

Der Oberbau einer Tennenfläche weist folgende Schichten auf (Abb. C 184):
- Tennenbelag
- Dynamische Schicht
- Tragschicht
- Filterschicht (Sauberkeitsschicht)

Angewandt werden Tennenflächen für Spielfelder, Laufbahnen, Übungssegmente und Tennisplätze.

Die **Filterschicht** dient wie im Wegebau als Frostschutz- und Sauberkeitsschicht und soll verhindern, daß Boden des Untergrundes in die Tragschicht eindringt.
Die **Tragschicht** erhöht durch ihr stabiles Korngerüst die Tragfähigkeit des Tennenbelages und nimmt aus diesem das Wasser auf.

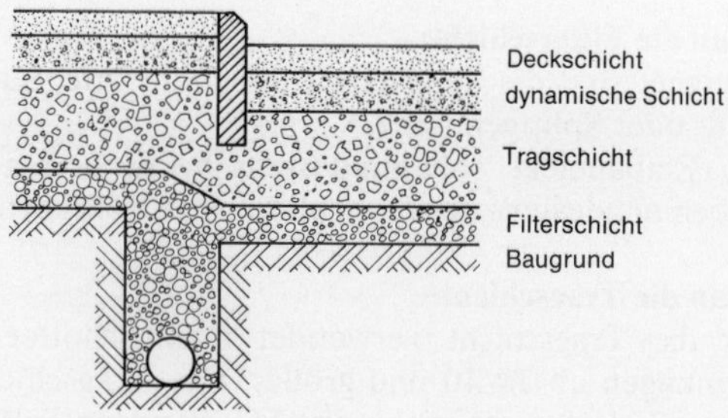

Abb. C 184. Oberbau einer Tennenfläche, DIN 18035 Teil 5.

Die **Dynamische Schicht** soll die elastische Nachgiebigkeit des Tennenbelages verstärken. Sie ist zugleich die Ausgleichsschicht zwischen der hohlraumreichen Tragschicht und der Decke und verhindert, daß kleine Deckenbauteile in die Tragschicht eingewaschen werden. Sie soll daneben noch eine gewisse Wasserspeicherfähigkeit aufweisen, die das Austrocknen des Tennenbelages verhindert.
Der **Tennenbelag** ist die Deckschicht des Tennenoberbaues. Sie muß so beschaffen sein, daß der Belag uneingeschränkt – außerhalb der Pflegezeiten – benutzt werden kann.

9.3.2 Anforderungen der DIN

1. an den Untergrund und Unterbau:
Im Prinzip sind die Anforderungen dieselben wie beim Rasensportplatz. An den Verdichtungsgrad und die Tragfähigkeit werden etwas größere Anforderungen gestellt; sie betragen:

- bei nichtbindigen Böden 100 % Proctordichte
- bei bindigen Böden 97 % Proctordichte

für den Plattendruckversuch:
- bei nichtbindigen Böden E_{v2}-Wert von 45 N/mm^2
- bei bindigen Böden E_{v2}-Wert von 30 N/mm^2

Die Oberflächenausbildung des Planums entspricht den Angaben der Abb. C 176, Seite 233. Die Abweichung darf nicht mehr als ±3 cm betragen, gemessen mit der 4-m-Latte.
Die Entwässerung ist wie bei Rasensportflächen durchzuführen. Die DIN verlangt auch hier nur eine Ringdränung, die bei undurchlässigen Böden zweckmäßigerweise durch quer verlaufende Dränstränge zu ergänzen ist.

2. an die Filterschicht:
Geeignet sind die üblichen Straßenbaustoffe, Kiessand- oder Splittgemische.
Die Einbaudicke soll mindestens 5 cm betragen, jedoch mindestens das Doppelte ihres Größtkorns.

3. an die Tragschicht:
Für die Tragschicht verwendet man Schotter in Körnungen ab 20/40 und größer. Das Tragschichtmaterial darf nicht mehr als 4 % Sand enthalten. Dadurch wird die Tragschicht hohlraumreich und extrem wasseraufnahmefähig. Auf durchlässigem Untergrund muß der k-Wert 0,1 cm/s betragen, auf weniger durchlässigem Untergrund genügt der k-Wert von 0,01 cm/s.
Die Dicke ist so zu wählen, daß die Tragschicht eine Tragfähigkeit mit einem E_{v2}-Wert von 50 N/mm^2 erreicht. Die Mindestdicke muß 15 cm betragen, bei mäßigem Untergrund mindestens 25 cm.
Die Oberflächengenauigkeit entspricht den Anforderungen an das Planum.

4. an die Dynamische Schicht:
Die Korngrößenverteilung der Dynamischen Schicht muß den Filterregeln entsprechen, so daß gewährleistet ist, daß die kleineren Körnungen der oberen Schichten nicht in die darunterliegenden eindringen können und daß der Wasserdurchfluß nicht behindert ist. Daraus folgert eine Körnung 0/20 oder 0/15. Die genaue Kornverteilung innerhalb der Mischung muß von Fall zu Fall durch Prüfungen festgelegt werden. Elastizität und Wasserspeicherung werden in der Regel nur mit porösem Material aus Schlacken oder Lava erreicht, weshalb diesem Material der Vorzug gegeben wird. Für einfache Bauweisen sind auch Splitt-Sand-Gemische möglich.
Die Dicke der Dynamischen Schicht muß mindestens 6 cm betragen.
Bezüglich der Oberflächengenauigkeit darf die Abweichung nicht mehr als ± 1,5 cm betragen, bei Tennisplätzen nicht mehr als 1 cm.

5. an den Tennenbelag:
Der Baustoff muß verschleiß- und wetterbeständig sein. Er hat eine Körnung von 0–3 mm.
Die Einbaudicke beträgt 4 cm, bei Tennisplätzen 2,5–4 cm.
Die Einbaugenauigkeit muß den in Abb. C 176 gemachten Angaben entsprechen. Bei der Prüfung mit der 4-m-Latte darf die Abweichung nicht mehr als 1 cm betragen.
Die Beschaffenheit des Deckenmaterials ist für die Platzqualität von großer Bedeutung. Verwendet werden poröse Lavagesteine, wie Pyrmogrand, Rotgrand und Lavalith, sowie Schlackenmaterial von Halden wie auch eigens dafür gebrannte Klinker.
Das Ausgangsmaterial wird gemahlen, gesiebt und in optimaler Kornverteilung zusammengemischt. Die Produktion unterliegt einer ständigen Eigen- und Fremdüberwachung in bezug auf Kornverteilung sowie Frost- und Verschleißbeständigkeit. Da aber das Ausgangsmaterial von Natur aus unterschiedlich ist, können immer wieder Abweichungen auftreten, die zunächst nicht erkennbar sind, aber später Schwierigkeiten machen können. So wird z. B. nicht so frostbeständiges Material nach einigen Wintern immer feiner und ist damit nicht mehr genügend wasserdurchlässig, es bilden sich Pfützen. Enthält ein Material zu wenig Nullkorn (Körnungen unter 0,02 mm), wird es nicht scherfest genug, der Belag gibt beim Bespielen wie loser Sand nach.
Die Materialbeschaffenheit ist deshalb durch Laborversuche zu prüfen, wie es die DIN 18035 auch vorschreibt.

9.3.3 Baudurchführung

Die Erdarbeiten und der Einbau der Filter- und Tragschichten erfolgen, wie beim Rasensportplatz beschrieben.

Beim Aufbringen der Dynamischen Schicht und des Tennenbelages ist darauf zu achten, daß das Material in feuchtem Zustand eingebaut wird, damit es nicht zur Entmischung und Korntrennung kommt.
Der Einbau erfolgt jeweils entweder mit dem Fertiger oder in Handarbeit, bei der über Lehren abgezogen wird. Das Material wird mit einer Glattradwalze, Gewicht 1000 kg je m Bandagenbreite, abgewalzt.
Der Tennenbelag ist danach 14 Tage lang regelmäßig zu wässern; Wassermenge 2–6 l je m^2 und Tag. In dieser Zeit sind noch mehrere Walzgänge durchzuführen.
Danach steht der Tennenbelag zum Bespielen zur Verfügung.

9.3.4 Pflege von Tennenflächen

Erhalten einer ebenen Oberfläche
Durch die Benutzung wird die Oberfläche des Tennenbelages uneben. Nicht der einzelne Tritt, aber die verstärkte Belastung an immer denselben Stellen schaffen Vertiefungen und Verdichtungen. Diese müssen rechtzeitig – nach jedem Spieltag – ausgeglichen werden. In vorbildlicher Weise wird dies auf den meisten Tennisplätzen praktiziert, wo nach jedem Spiel die von den Spielern verursachten Unebenheiten mit einem *Schleppbalken* ausgeglichen werden.
Auf größeren Flächen wird mit an einen Pflegeschlepper angehängtem Schleppnetz aus *Maschendrahtmatten* oder *Baustahlmatten* abgeschleppt.
Wird dies regelmäßig ausgeführt, kann die Decke nie beschädigt werden. Unterläßt man aber das Ausgleichen der Unebenheiten, wird die Decke bis zur Dynamischen Schicht durchgespielt. Wenn sich dann deren große Körnungen nach oben durcharbeiten, ist es meist zu spät. Diese Schäden können nicht durch einfaches Abschleppen behoben werden. Das Spielen auf einem derartigen Platz birgt erhebliche Unfallgefahren. Bei Schäden größeren Ausmaßes ist der gesamte Tennenbelag auszuwechseln.

Lockern und Walzen
Bei größeren Unebenheiten und bei stärkerer Verdichtung muß der Tennenbelag vor dem Abschleppen und Ausgleichen mit der *Harke* oder dem *Nagelbrett* aufgelockert werden. Aufreißen muß man immer dann, wenn sich die Unebenheiten durch das Abschleppen nicht ausgleichen lassen.
Nach einer derartigen Aktion hat man auf dem Platz Stellen, die weich sind (frisch aufgefüllt) und solche, die hart sind (abgeharkt). In diesem Fall muß nach dem Abschleppen gewalzt werden.
Auch im Frühjahr – nach der Frostperiode – sind Tennenflächen abzuwalzen.

Erhalten der Wasserbindung
Eine Tennenfläche darf nie stauben! Staubende Tennenbeläge sind schlecht gepflegt. Die wassergebundene Decke verliert ihre Funktion, wenn sie austrocknet. Sie wird zunächst hart, später kommt es zur Entmischung der Kornzusammensetzung, und die Oberfläche weist wechselnd harte und weiche Stellen auf. Die für die Bindung verantwortlichen Feinteile werden als Staub weggeweht.

Die vorher genannten Arbeiten dürfen nur auf feuchtem Platz ausgeführt werden. Wenn es bei diesen Maßnahmen staubt, muß unbedingt beregnet werden. Sofern keine natürlichen Niederschläge fallen, kann man im Grunde sagen: ein Tennenplatz muß täglich bewässert werden.
Es ist deshalb heute weitgehend üblich, auch auf Tennenflächen stationäre Beregnungsanlagen einzubauen.

Vertiefung und Kontrolle
1. Beobachten Sie den Pflegezustand und die Bespielbarkeit von Tennenplätzen, auch im Vergleich zu Rasenplätzen.
2. Fertigen Sie Regelschnitte vom Aufbau der Tennenbeläge an, an deren Bau Sie beteiligt waren.

9.4 Kunststoff-Flächen

Es handelt sich um mehrschichtig aufgebaute Sportflächen, deren Deckschicht aus synthetischen, überwiegend gummielastischen Stoffen besteht.
Die Kunststoffdecken wurden entwickelt und eingeführt in dem Bestreben, pflegeleichte Beläge zu bekommen, die elastische, dynamische Eigenschaften aufweisen, spikesfest und temperaturunabhängig sind und Verletzungsgefahren auf ein Minimum reduzieren.
Die offizielle Premiere der Kunststoffbeläge vollzog sich bei den Olympischen Sommerspielen 1968 in Mexiko. Da sie sich dort im wesentlichen gut bewährt haben, fanden sie eine rasche Verbreitung. Im Jahre 1978 erschien der Teil 6 der DIN 18035, in dem die Anforderungen an die Kunststoffbeläge aufgeführt sind.
Verwendet werden Kunststoffbeläge in erster Linie auf Laufbahnen und Kleinspielfeldern.

9.4.1 Begriffsdefinition der DIN 18035 Teil 6

Die Begriffe für den Unterbau und die Filterschicht sind dieselben wie bei den Tennenflächen.
Der Oberbau (Abb. C 185) der Kunststoff-Fläche besteht aus

- dem Kunststoffbelag
- der gebundenen Tragschicht
- der ungebundenen Tragschicht
- und gegebenenfalls der Filterschicht

Die **ungebundene Tragschicht** entspricht in Funktion und Material der Tragschicht der Tennenflächen, nur werden höhere Ansprüche an die Tragfähigkeit gestellt.
Die **gebundene Tragschicht** ist eine bituminös gebundene Decke in Makadambauweise, an die hohe Anforderungen bezüglich der Oberflächengenauigkeit gestellt werden. Auf sie wird der Kunststoffbelag aufgebracht.
Der **Kunststoffbelag** ist der obere Abschluß. Er kann ein- und mehrschichtig sein und besteht aus Bindemittel, Zusätzen und Zuschlagstoffen.
Die *Bindemittel* sind synthetische organische *Polymere* (= Verbindung vieler gleichartiger Moleküle), die bei der Verarbeitung flüssig und nach der Verfestigung gummielastisch sind. Das am häufigsten verwendete Bindemittel ist *Polyurethan.*
Zusätze sind feste oder flüssige Füllstoffe oder Hilfsstoffe, die zur Erzielung besonderer technischer und funktioneller Eigenschaften beigemischt werden.
Zuschlagstoffe sind gummielastische Granulate oder Fasern. Sie können aus demselben Stoff bestehen wie das Bindemittel, dann spricht man von Vollkunststoffbelägen. Sind es Gummigranulate, so spricht man von kunststoffgebundenen Belägen.
Die Kunststoffbeläge können wasserdurchlässig und wasserundurchlässig hergestellt werden.

9.4.2 Anforderungen der DIN 18035 Teil 6

An Unterbau und Filterschicht werden dieselben Anforderungen gestellt wie bei den Tennenflächen.

Anforderungen an die ungebundene Tragschicht
Als Baustoff verwendet man Schotter wie bei Tennenflächen. Bei einem wasserdurchlässigen Kunststoffbelag muß der k-Wert der Tragschicht 0,2 cm/s betragen.
Die Dicke der ungebundenen Tragschicht ist so zu bemessen, daß auf ihrer Oberfläche eine Tragfähig-

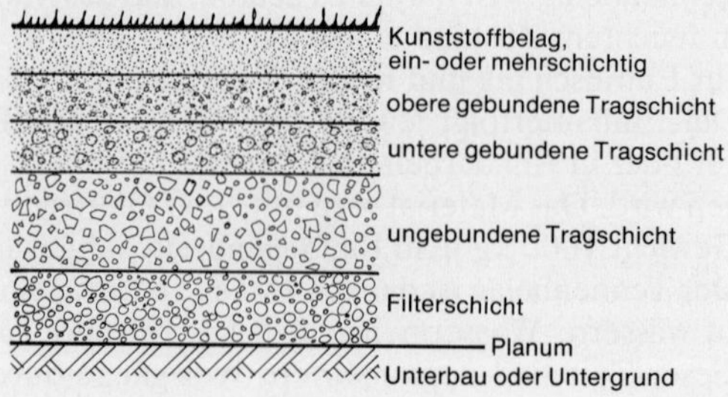

Abb. C 185. Aufbau einer Kunststoff-Fläche, DIN 18035 Teil 1.

keit mit einem E_{v2}-Wert von 80 N/mm^2 erreicht wird. Bei Großstadien wird für die Laufbahnen sogar ein E_{v2}-Wert von 120 N/mm^2 verlangt.
Als Mindestdicke der Tragschicht werden 15 cm angegeben. Bei der Prüfung der Ebenflächigkeit mit der 4-m-Latte darf die Abweichung nicht mehr als 1,5 cm betragen.

Anforderung an die gebundene Tragschicht
Es handelt sich um zweischichtig eingebaute Makadamdecken aus Mischmakadam oder auch Gußasphalt, für deren Einbau die Grundsätze des Straßenbaus gelten.
Die Anforderungen an die Oberflächengenauigkeit sind jedoch sehr hoch. Die Abweichungen von den Sollhöhen dürfen nicht mehr als ± 1 cm betragen. Bei der Überprüfung mit der 4-m-Latte dürfen nicht mehr als 6 mm bei maschinellem Einbau und nicht mehr als 8 mm bei Handeinbau gemessen werden.
Die Mindestdicke der unteren Schicht beträgt 4 cm, die der oberen Schicht 2–3,5 cm.
Die Korngrößen des Mischmakadams sind ebenfalls vorgeschrieben; ihre genaue Einhaltung ist vor allem bei durchlässigen Belägen wichtig.

Anforderungen an den Kunststoffbelag
Der Kunststoffbelag muß so beschaffen sein, daß seine Gebrauchstauglichkeit in sportfunktioneller und technischer Hinsicht sowie die Schutzfunktion gewährleistet sind. Die DIN setzt hierfür bestimmte Anforderungen an Nachgiebigkeit, Verschleißverhalten, Gleitverhalten, Ballreflexion, Ebenheit, Entwässerung, Widerstandsfähigkeit, Brennverhalten, Alterung und Haftfestigkeit und weist dafür geeignete Prüfverfahren auf.

9.4.3 Baudurchführung

Der Bauablauf ist im wesentlichen derselbe wie beim Bau von Tennenflächen. Dort wie auch hier muß von Anfang an exakt und sorgfältig gearbeitet werden, wenn man den Anforderungen der Norm gerecht werden will.
Die Genauigkeit ist deshalb erforderlich, weil der Kunststoffbelag in der Dicke nicht variieren darf, da er sonst eine unterschiedliche Elastizität bekommt.
Der Einbau der gebundenen Tragschicht muß mit dem Fertiger erfolgen; nur in Ausnahmefällen ist Handarbeit zulässig.
Auf die gebundene Tragschicht wird der Kunststoffbelag aufgebracht. Man unterscheidet *Ortseinbau* und *Fertigteil-Bauweise.* Beim Ortseinbau wird die gieß- oder schüttbare Belagmasse mit dem Bindemittel gemischt, auf die Tragschicht aufgebracht und in der erforderlichen Dicke verteilt und angewalzt. Dies geschieht zum Teil mit Spezialfertigern oder auch in Handarbeit. Bei der Fertigteil-Bauweise wird der Kunststoffbelag in Form von vorgefertigten Bahnen oder Platten auf der Tragschicht verklebt.
Die DIN 18035 gilt nicht für teppichartige Beläge (Kunstrasen). Diese werden auch in Fertigteil-Bauweise verlegt, wobei an den sonstigen Aufbau die gleichen Anforderungen zu stellen sind.

Oberflächenbehandlungen dienen zur Gestaltung der Oberfläche des Kunststoffbelages. Es kommen folgende Möglichkeiten in Betracht:

1. Einstreuen eines elastischen Granulats in die noch flüssige Belags- oder Beschichtungsmasse,
2. Aufspritzen oder Aufrakeln einer strukturbildenden Beschichtung in einer Dicke von etwa 0,3–1,0 mm,
3. Versiegelung in einer Dicke $< 0,3$ mm,
4. Prägung der Belagoberfläche in einem formgebenden Verarbeitungsprozeß bei der Herstellung.

9.4.4 Benutzung und Pflege von Kunststoffbelägen

Benutzung
Auf den Kunststoffbelägen sind nur die entsprechend zugelassenen Sportschuhe zu verwenden.
Es dürfen keine den Kunststoff schädigende Farbmarkierungen aufgebracht werden.
Kunststoffbeläge sollten nur in Ausnahmefällen (Wartung) befahren werden. Das Gesamtgewicht des Fahrzeugs darf 5 t nicht übersteigen, die durchschnittliche Radlast höchstens 2 t betragen. Grundsätzlich ist nur das Befahren mit luftbereiften Fahrzeugen zuzulassen. Ist das Befahren mit schwereren Fahrzeugen ausnahmsweise erforderlich, müssen Bohlen gelegt werden.
Es ist zu vermeiden, daß Öl oder Benzin aus den Fahrzeugen auf die Kunststoffbeläge gelangt.

Pflege
Kunststoffbeläge müssen von Zeit zu Zeit gereinigt werden. Die Verschmutzung ist abhängig vom Grad der Luftverschmutzung, von der Art der angrenzenden Flächen und dem Auftreten von Moosen, Algen, Laubfall und Blütenstaub. Verschmutzte Beläge werden bei Nässe glitschig und stellen eine Unfallgefahr dar.
Gröbere Verunreinigungen werden durch Abkehren beseitigt, wobei auch Kehrgeräte eingesetzt werden können. Gelegentlich (z. B. vor größeren Wettkämpfen) müssen die Flächen naß gereinigt werden. Hierzu sind chemische Mittel nur nach Empfehlung des Belagherstellers zu verwenden. Es hängt von der erforderlichen Häufigkeit ab, ob die Naßreinigung in Handarbeit erfolgt oder ob dazu entsprechende Waschgeräte eingesetzt werden.
Bei wasserundurchlässigen Belägen kann es nach starken Regenfällen durch einen Wasserfilm zu Behinderungen bei Wettbewerben kommen. Zur Beseitigung des Wassers sind Schwammwalzen oder Sauggeräte bereitzuhalten.

Vertiefung und Kontrolle
1. Machen Sie sich ein Bild über die Benutzbarkeit und Elastizität von Sportflächen aus Rasen, Tennen- oder Kunststoffbelägen, indem Sie selber auf derartigen Anlagen Sport treiben oder bei aktiven Sportlern Erkundigungen einholen.
2. Beobachten Sie den Zustand von Sportanlagen aller Bauarten (auch bei Fernsehübertragungen); ergründen Sie, warum der jeweilige Zustand evtl. nicht optimal ist.

9.5 Ausstattung und Einrichtung von Sportanlagen

Bei der Anlage von Sportflächen wird darauf geachtet, daß möglichst mehrere Sportarten ausgeübt werden können; insbesondere wird die Kombination von Feldspielen und Leichtathletik angestrebt.
Auf den Großspielfeldern (Tennen- und Rasenplätze) wird Fußball, Handball und Hockey gespielt. Leichtathletische Anlagen dienen Laufwettbewer-

ben, dem Hoch-, Weit- und Stabhochsprung und den Wurfdisziplinen Speer-, Diskus- und Hammerwurf sowie dem Kugelstoßen.
Für jede Sportart gibt es Vorschriften, welche die Größen und Anforderungen an die jeweiligen Flächen regeln. Unter Beachtung der Einzelvorschriften werden die Anlagen kombiniert.

9.5.1 Kombinationsanlagen nach DIN 18035 Teil 1

Entsprechend der durch Wettkampf und Training an sie gestellten Anforderungen werden folgende Typen unterschieden:
Kombinationsanlage Typ I (früher Typ A), bestehend aus Großspielfeld, 8bahniger Kreisbogenbahn und weiteren leichtathletischen Einzelanlagen innerhalb und außerhalb dieser Rundbahn (Abb. C 186).
Kombinationsanlage Typ II (früher Typ B), bestehend aus Großspielfeld, 6bahniger Kreisbogenbahn und weiteren leichtathletischen Einzelanlagen innerhalb dieser Rundbahn.
Kombinationsanlage Typ III, Variante a, bestehend aus Großspielfeld und leichtathletischen Einzelanlagen, jedoch ohne Kreisbogenbahn.

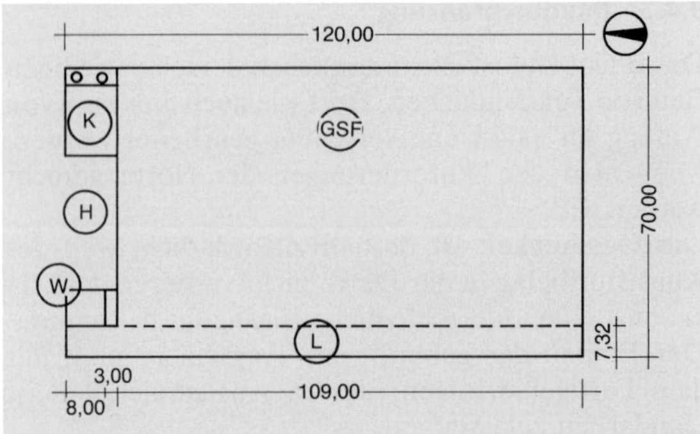

Abb. C 187. Kombinationsanlage Typ III, Variante b.

Kombinationsanlage Typ III, Variante b, bestehend aus Großspielfeld und leichtathletischen Einzelanlagen auf und neben dem Spielfeld (Abb. C 187).
Kombinationsanlage Typ IV, Variante a, bestehend aus Kleinspielfeld und leichtathletischen Einzelanlagen auf und neben dem Kleinspielfeld und mit angrenzender Kurzstreckenlaufbahn.

Abb. C 186. Kombinationsanlage Typ I, DIN 18035 Teil 1.

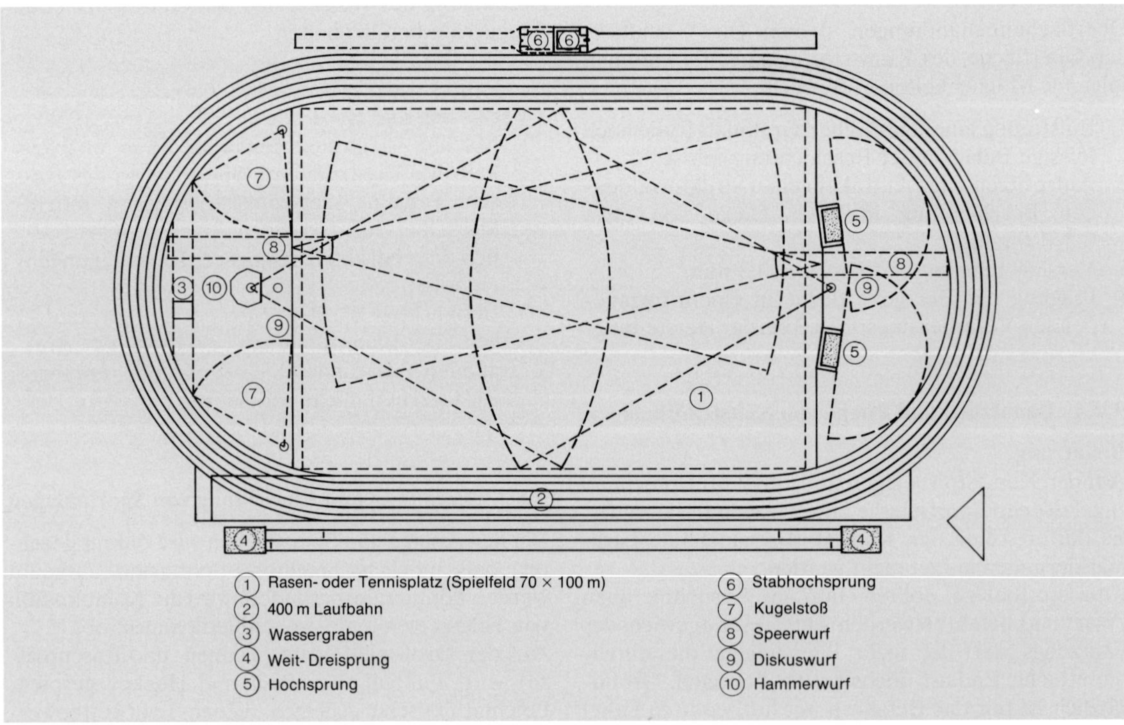

9.5.2 Abmessungen von Großspielfeldern nach DIN 18035 Teil 1

Sportart	Spielfeldgröße nach den Wettkampfbestimmungen Breite m	Länge m	Normgröße Breite m	Länge m	Sicherheitsabstände Längsseiten je m	Stirnseiten je m	nutzbare Sportfläche Normgröße Breite m	Länge m
Feldhandball	55–65	90–110	60	90	1	2	62	94
Feldhockey	50–55	91,40	55	91,40	2	4	59	99,40
Fußball	45–90	90–120	68	105	1*	2**	70	109
Korbball	30–40	75–90	35	80	1	2	37	84
Rugby	68,40	100	68,40	100	2	23***	72,40	146

* Bei längsseitigen Zuschaueranlagen 3 m
* * Bei stirnseitigen Zuschaueranlagen 5 m
*** Malfeld

9.5.3 Abmessungen von Kleinspielfeldern nach DIN 18035 Teil 1

Sportart	Spielfeldgröße nach den Wettkampfbestimmungen Breite m	Länge m	Normgröße Breite m	Länge m	Sicherheitsabstände Längsseiten je m	Stirnseiten je m	Gesamtgröße nutzbare Sportflächen Breite m	Länge m
Badminton	6,10	13,40	6,10	13,40	4	4	14,10	21,40
Basketball	13–15*	24–28*	14	26	2**	2**	18	30
Faustball	20	50	20	50	6	8	32	66
Kleinfeldhandball	18–22	39–44	20	40	1	2	22	44
Kleinfeldhockey	18–20	36–40	20	40	1	2	22	44
Kleinfeldfußball	15–25	30–50	20	40	1	2	22	44
Korbball	25	60	25	60	1	2	27	64
Prellball	8	16	8	16	2	4	12	24
Rollhockey	15–20	30–40	20	40	–	–	20	40
Rollkunstlauf	20	40	20	40	–	–	20	40
Tennis	10,97	23,77	10,97	23,77	3,65	6,40	18,27	36,57
Volleyball	9	18	9	18	2	3	13	24

* Gemessen von der Innenkante der Grenzlinie, zulässige Maße auch 13 m × 24 m und 15 m × 28 m
** Ggf. auch 1 m, dann jedoch zusätzliche Markierungslinie notwendig

Kombinationsanlage Typ IV, Variante b, bestehend aus Kleinspielfeld und leichtathletischen Einzelanlagen auf und neben dem Kleinspielfeld, jedoch ohne Kurzstreckenlaufbahn.

Kombinationsanlage Typ V, bestehend aus leichtathletischen Einzelanlagen mit zentralem Anlauffeld für Wurfdisziplinen.

9.5.4 Leichtathletikanlagen nach DIN 18035 Teil 8

1. Laufwettbewerbe

Sie werden auf Laufbahnen ausgetragen.

Die **Kurzstreckenbahn** soll alle Laufwettbewerbe bis zu 110 m Lauflänge ermöglichen.

Der Startraum beträgt	3 m,
der Auslauf	17 m,
daraus ergibt sich eine Bahnlänge von	130 m.

Die Laufbahn wird durch mindestens 6 Einzelbahnen gebildet, die jeweils 1,22 m breit sind, woraus sich ihre Breite von 7,32 m ergibt.

Sie wird entweder in die 400-m-Kreisbahn integriert (Abb. C 186, Seite 250) oder gesondert angelegt.

Die **Rundbahn** ist eine Kreisbogenbahn, deren Innenseite aus zwei parallelen Geraden mit je 84,39 m Länge und zwei Halbkreisbögen mit je 36,50 m Radius gebildet wird (Abb. C 188).

Die rechnerische Laufbahnlänge wird auf einer nicht markierten Linie 30 cm von der Innenkante gemessen. Die Innenkante ist 398,12 m lang. Diese Länge darf nicht unterschritten und um höchstens 4 cm überschritten werden.

2 × (36,50 + 0,30) × 3,1416	=	231,22 m für 2 Bögen
+ 2 Geraden à 84,39 m	=	168,78 m
rechnerische Gesamtlänge	=	400,00 m

Die Bahnbreite ergibt sich aus der Anzahl der Einzelbahnen.

Entwässerung der Laufbahnen

Tennenbeläge nehmen das anfallende Wasser direkt auf, die oberflächige Ableitung ist problemlos. Die Kantensteine werden mit Abständen von 2 cm versetzt, damit das Wasser an dem Schlitz austreten kann. Außerhalb der Laufbahn wird durch den Einbau von Kies ein Anschluß an die Ringdränung

Abb. C 188. Kombinationsanlage Typ I mit Vermaßung.

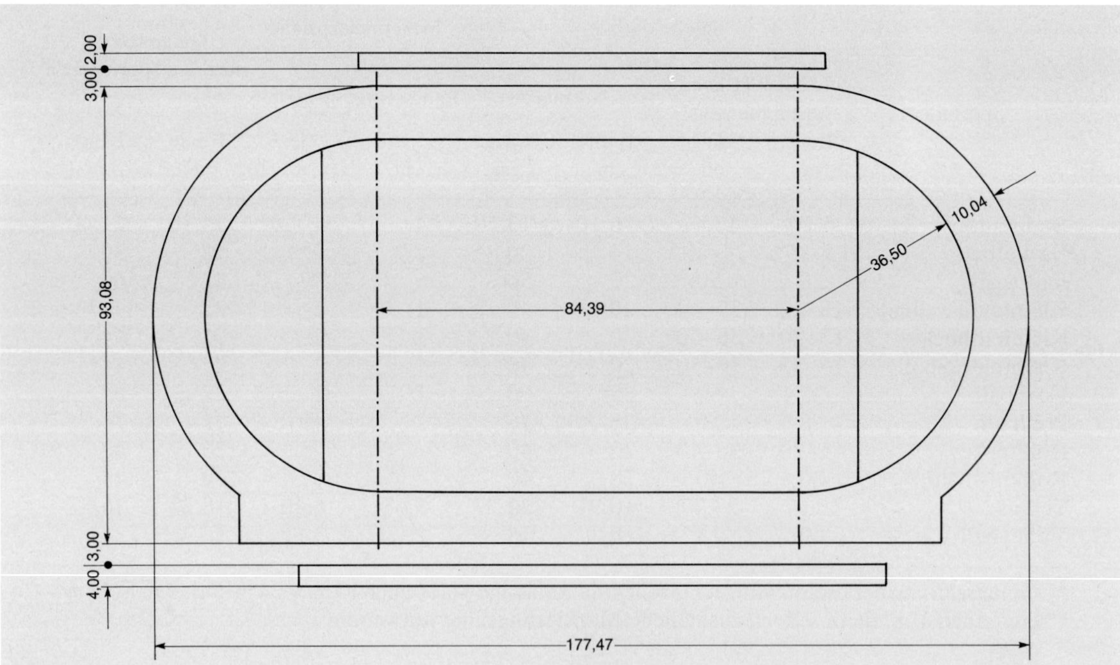

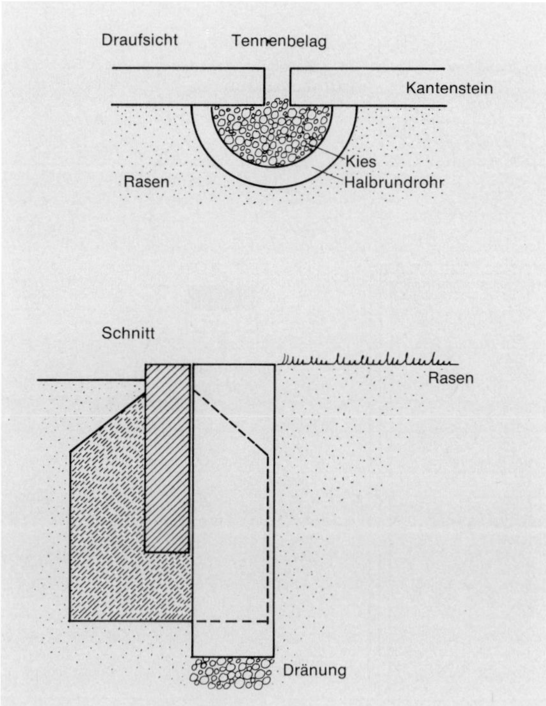

Abb. C 189. Entwässerung einer Tennen-Laufbahn.

hergestellt, durch welche das Wasser abgeleitet wird (Abb. C 189).

Bei wasserundurchlässigen Kunststoffbelägen muß das gesamte Niederschlagswasser oberflächig abgeführt werden. Hierzu verwendet man Einlaufrinnen, die so ausgebildet sind, daß sie zugleich die Begrenzung der Laufbahn und des danebenliegenden Spielfeldes darstellen (Abb. C 190).

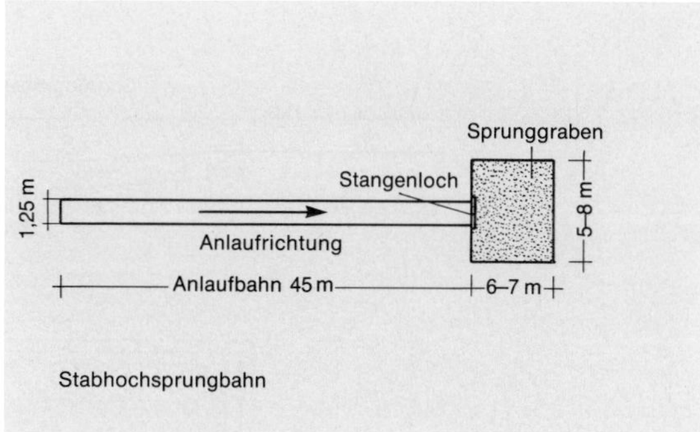

Abb. C 191. Stabhochsprung, Draufsicht

2. Sprungwettbewerbe

Die Abb. C 186, C 187 zeigen die verschiedenen Möglichkeiten der Anordnung der Sprunganlagen.

Hochsprunganlage

Sie besteht aus der Anlauffläche und der Aufsprungfläche. Beim Hochsprung muß ein 18 m langer Anlauf von allen Seiten möglich sein. Je nach Anordnung erfolgt der Anlauf im Segment der 400-m-Bahn oder auf dem Spielfeld, wenn dieses einen Tennenbelag hat.

Die Aufsprungfläche wird mit einem Sprungkissen belegt. Es wird auf einen 10 cm hohen Lattenrost aufgelegt, der zum Anlauf hin am Boden befestigt ist. Maße des Sprungkissens: 5,0 m × 4,0 m × 0,6 m.

Stabhochsprung (Abb. C 191)

Die Stabhochsprunganlage besteht aus der Anlaufbahn, 45 m lang, 1,22 m breit, dem Einstichloch und der Aufsprungfläche. Die Aufsprungfläche wird mit einem Sprungkissen (5,0 m × 5,0 m × 1,2 m) belegt. Als Auflage dient ein Lattenrost.

Abb. C 190. Entwässerung von Kunststoff-Laufbahnen.

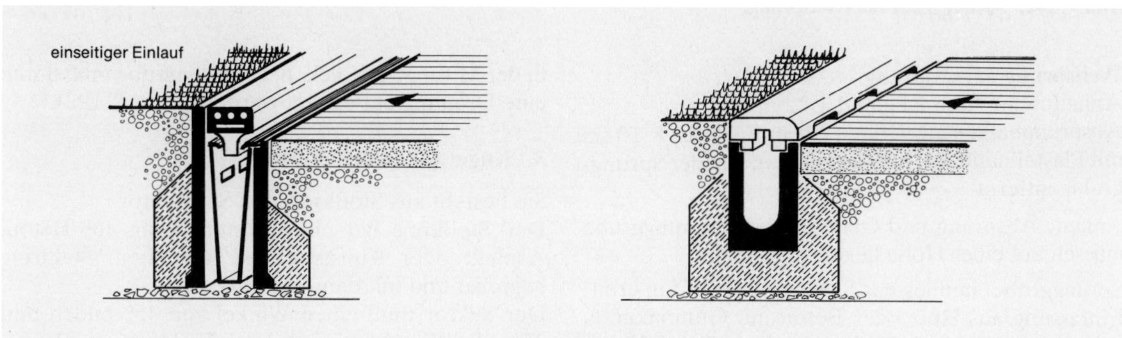

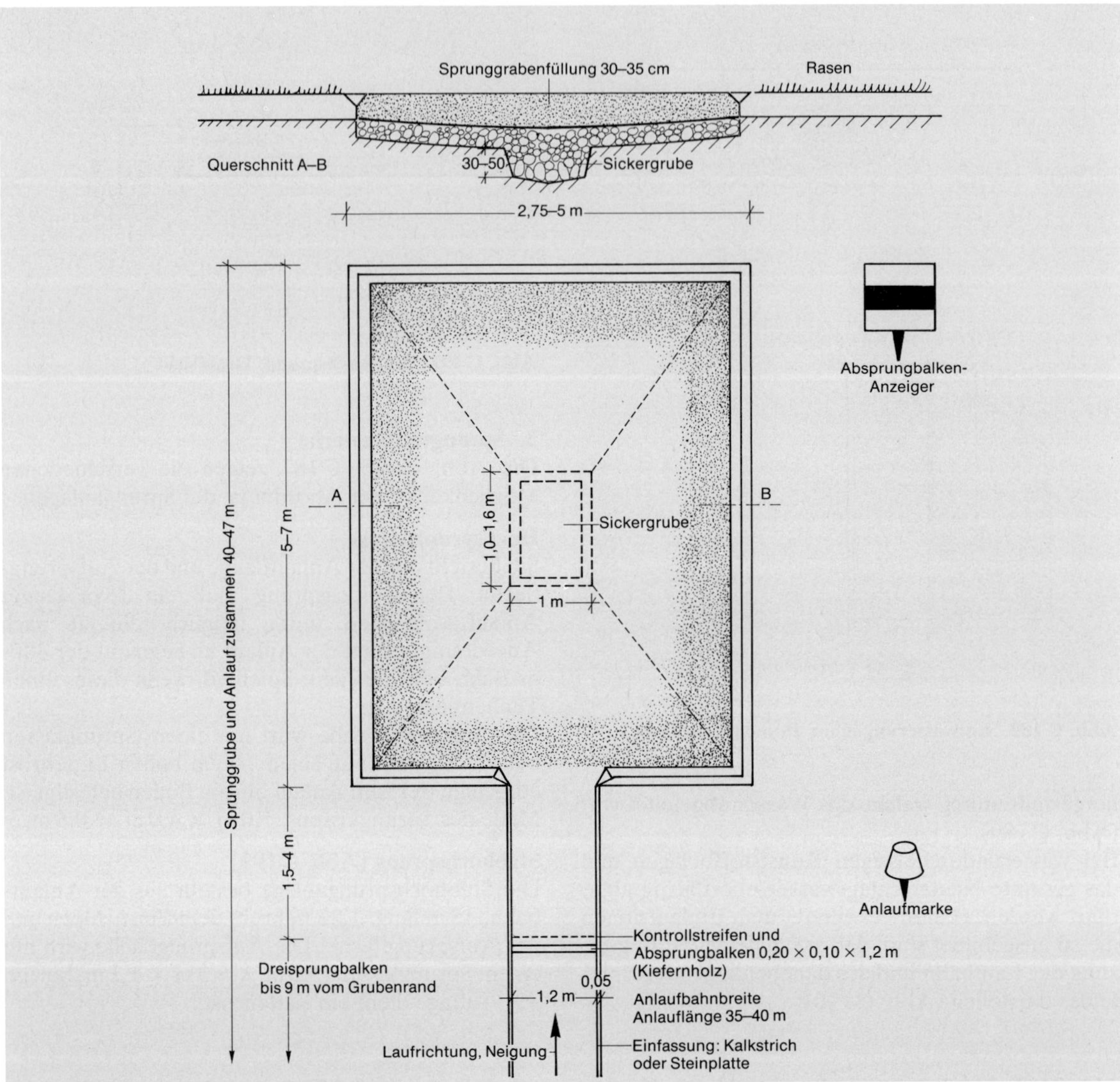

Abb. C 192. Sprunggrube für Weitsprung.

Weitsprung / Dreisprung

Anlaufbahn: 45 m lang und 1,22 m breit.
Absprungbalken aus Holz, 122 cm × 34 cm × 10 cm mit Plastelinauflage, mindestens 1 m von der Sprunggrube entfernt.

Anlauf, Absprung und Oberkante der Sprunggrube müssen auf einer Höhe liegen.

Sprunggrube: mindestens 8 m lang und 2,75 m breit; Einfassung aus Holz oder Beton mit Gummikante, ebenerdig, gefüllt mit Flußsand 0/2, am Rand 20 cm, in der Mitte 30 cm dick. Die Sprunggrube muß durch eine Dränung entwässert werden (Abb. C 192).

3. **Kugelstoßanlage** (Abb. C 193)

Sie besteht aus Stoßkreis und Stoßsektor.
Der Stoßkreis hat einen festen Belag aus Beton, Asphalt oder Kunststoff, ist mit einem Stahlring begrenzt und mit dem Stoßbalken.
Der Sektor muß einen Winkel von 45° bilden und 25 m Wurfweite ermöglichen. Er kann aus Rasen,

einem Tennenbelag oder einer Sandgrube bestehen; es muß nur gewährleistet sein, daß die Kugel einen deutlich sichtbaren Eindruck hinterläßt.

4. Wurfwettbewerbe

Diskuswurfanlage
Bestehend aus Wurfkreis und Wurfsektor.
Der Wurfkreis hat einen Durchmesser von 2,50 m, entspricht sonst dem Kugelstoßkreis.
Der Wurfsektor muß eine Tiefe von 80 m bei einem Winkel von 45° aufweisen. In der Regel wird der Wurfsektor auf einem Spielfeld angeordnet.

Hammerwurfanlage
Der Wurfkreis entspricht der Kugelstoßanlage, die Anforderungen an den Wurfsektor entsprechen der Diskusanlage. Am Wurfkreis muß ein Schutzgitter angebracht werden.

Speerwurfanlage
Sie hat einen Anlauf von mindestens 30 m Länge und 4 m Breite, der durch einen Abwurfbogen aus Holz oder Metall mit 8-m-Radius und 4 m Sehnenlänge begrenzt wird.

Abb. C 193. Kugelstoßanlage.

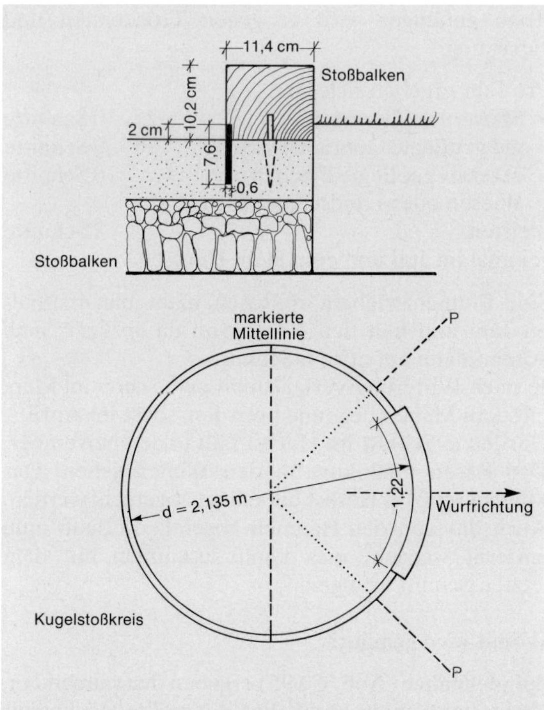

Der Wurfsektor (meist ein Spielfeld) muß eine Tiefe von 100 m bei einem Wurfwinkel von 29° aufweisen.

Aufmaß und Abrechnung von Sportflächen
Die Größe von Sportflächen ist genormt. Auch wenn keine Normgröße gebaut wurde, sind die Maße nach der Fertigstellung noch sichtbar. Das Aufmaß bringt also keine Probleme.
Die Leistungen sind im allgemeinen aufgegliedert in Erdarbeiten, Dränarbeiten usw. und werden wie dort jeweils beschrieben gemessen und abgerechnet.
Die hohen Anforderungen an die Genauigkeit bedingen eine ständige Kontrolle und Überprüfung. Ist ein Sportplatz also abgenommen, kann man davon ausgehen, daß entsprechend dem Leistungsverzeichnis gebaut wurde. Die Massen können also aus den Angaben des Leistungsverzeichnisses und aus den Regelzeichnungen entnommen werden.

Vertiefung und Kontrolle
Treiben Sie selber Sport oder besuchen Sie Sportveranstaltungen; beobachten Sie dabei den Ablauf und die Art der Benutzung der Einrichtungen und bilden Sie sich so eine Meinung über die Funktionsgerechtigkeit und Zweckmäßigkeit der Anlagen.

10 Pflege von Vegetationsflächen

10.1 Bedeutung

Während ein neues Haus mit der Fertigstellung seinen besten Zustand erreicht hat und – wenn zunächst auch langsam – dann seine Alterung beginnt, ist ein Garten nach der Fertigstellung noch lange nicht auf seinem Höhepunkt. Er muß sich erst entwickeln, er muß einwachsen, was ohne fachgerechte Pflege nur unvollständig der Fall sein wird. Eine weiterhin ständige Pflege ist dann die Voraussetzung dafür, daß dieser einmal erreichte Zustand auch erhalten wird.
Die Pflege von Vegetationsflächen ist also nicht nur Erhaltung und als solche unbedingt erforderlich, sondern immer auch Aufbau. Sie kann nur mit Fachkunde wirkungsvoll ausgeführt werden.
Neben der fachlichen Herausforderung ist auch die wirtschaftliche Bedeutung zu sehen, welche die

Pflegemaßnahmen für den Berufsstand haben. Dies ist durch den hohen Anteil der Pflegeaufträge am Umsatz unserer Betriebe belegt, wie auch durch die vielen Kollegen, die in staatlichen und kommunalen Betrieben tätig sind und sich dort nahezu ausschließlich mit der Pflege befassen. Da Pflegemaßnahmen ständig erforderlich sind, ergibt sich hierdurch ein kontinuierliches Aufgabengebiet.
Nicht zuletzt ist das Erhalten von Grünanlagen eine Notwendigkeit für die heutige Gesellschaft und damit eine ständige Dienstleistung für die Menschen, die ihre Umgebung erlebenswert macht.

10.2 Pflege von Rasenflächen

Große Teile unserer Grünanlagen bestehen aus Rasen. Er erfordert eine Reihe von Maßnahmen, die stark von den Anforderungen abhängig sind, die an den jeweiligen Rasen gestellt werden. Der Bogen spannt sich von der intensiven Pflege der Sport- oder Repräsentationsflächen bis zur Erhaltung der wiesenartigen Flächen großer Anlagen.

Um welche Maßnahmen handelt es sich?
Um Mähen, Düngen, Wässern, Unkrautbekämpfung, Belüften, Senkrechtschneiden sowie die Bekämpfung von Krankheiten und Schädlingen. Die Pflegemaßnahmen bei Vegetationsflächen sind in der DIN 18919 beschrieben.

10.2.1 Mähen

Warum?
Wie schon im Kap. C 8.6 ausgeführt wurde, bleibt ein Rasen nur dann ein Rasen, wenn er regelmäßig gemäht wird. Unterbleibt das Mähen, entwickelt sich eine Wiese mit hochwerdenden Gräsern und Kräutern. Soweit man dies anstrebt, werden nur wenige Mähgänge ausgeführt. Eine Benutzung durch regelmäßiges Betreten ist dann jedoch nicht möglich, weil sich im hohen Gras keine belastbare Grasnarbe ausbildet.

Wie oft soll gemäht werden?
Die Häufigkeit des Mähens hängt in erster Linie von der geplanten Benutzung ab. Daneben spielt der Arbeitsaufwand eine große Rolle. Wird seltener gemäht, muß anschließend das Mähgut entfernt werden. Abrechen muß man immer dann, wenn das Mähgut Klumpen oder Schwaden bildet. Da dies oft ein größerer Aufwand ist als das Mähen, ist man bemüht, lieber einmal öfter zu mähen, um nicht abrechen zu müssen.
Auf großen Flächen setzt man zum Entfernen des Mähgutes Kehrmaschinen ein.

Die DIN 18919 macht folgende Angaben

Rasentyp	Schnittzeitpunkt bei minimaler Wuchshöhe	Schnittzeitpunkt bei maximaler Wuchshöhe	Schnitthöhe auf
Gebrauchsrasen	6 cm	10 cm	3 cm
Spielrasen	6 cm	10 cm	3 cm
Parkplatzrasen	6 cm	12 cm	4 cm
Zierrasen	4 cm	7 cm	2 cm
Sportrasen*	6 cm	8 cm	3–4 cm

* nach DIN 18035

Im allgemeinen ist eine Schnitthöhe auf 4 cm anzustreben. Je kürzer ein Rasen geschnitten wird, desto anfälliger wird er gegen Trockenheit und Belastung.

Pro Jahr ergeben sich für:
- Sport- und Zierrasen 25–30 Schnitte
- gut gepflegte Gebrauchsrasen 16–20 Schnitte
- extensiv gepflegte Flächen ca. 10 Schnitte
- Wiesen oder Landschaftsrasen meistens 2 Schnitte (einmal im Juli und einmal im Herbst)

Sind Blumenzwiebeln im Rasen, mäht man erstmals im Juni und hält den Rasen von da ab kurz; man kommt dann auf etwa 6 Schnitte.
Je nach Witterungsverlauf muß evtl. schon im März mit dem Mähen begonnen werden, sonst im April.
Der letzte Schnitt im Herbst fällt in den November. Der Rasen muß kurz in den Winter gehen. Das Mähgut muß im Herbst unbedingt abgerecht werden. Auch das von den Bäumen abgefallene Laub muß entfernt werden; dies kann zusammen mit dem letzten Schnitt erfolgen.

Womit wird gemäht?

Spindelmäher (Abb. C 195) ergeben den saubersten, exaktesten Schnitt und haben die größte Flächenlei-

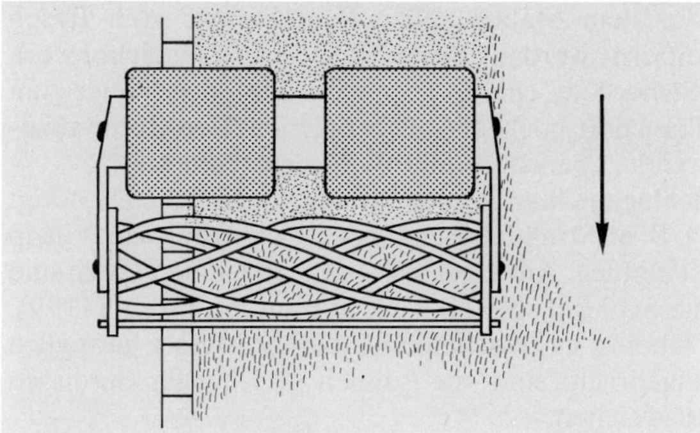

Abb. C 194. Mähspindel.

Abb. C 195. Spindelmäher.

stung. Ist das Gras jedoch zu hoch, kann man sie nicht mehr einsetzen. Sie sind somit nur für intensiv gepflegte Flächen geeignet.
Die Spindel ist eine horizontale Welle, an der zylindrisch geschwungene Messer angebracht sind. Sie dreht sich gegen das feststehende Untermesser (Abb. C 194). Das Gras wird scherenartig abgeschnitten.

Die Spindeln werden durch seitliche Laufräder über Ketten oder Keilriemen, bei größeren Mähern hydraulisch angetrieben. Die hohe Flächenleistung wird erzielt, da 3, 5 oder 7 Spindeln kombiniert werden können (Abb. C 196); Schnittbreiten von 1,5–5 m.

Sichelmäher sind robust; sie mähen auch hohes Gras und haben eine befriedigende Schnittqualität. Auf einer senkrechten Achse horizontal rotierende Messer schlagen das Gras ab (Abb. C 197). Durch die Rotation entsteht ein Sog, der das Gras vorher aufstellt.
Kleinere Geräte (Abb. C 198) werden geschoben; sie werden zum Ausputzen zwischen Pflanzungen eingesetzt, Schnittbreite 40–50 cm. Für größere Flächen benötigt man Mäher mit eigenem Antrieb und möglichst mit Fahrersitz, Schnittbreiten bis 150 cm.
Ebenso zum Ausputzen sowie vor allem auf Böschungen verwendet man sogenannte *Luftkissenmäher.* Der Mähbalken wirkt durch entsprechende Formgebung als Luftschraube, wodurch das Luftkissen erzeugt wird. Da diese Mäher keine Räder haben, können sie leicht seitwärts bewegt werden.
Die mit hoher Geschwindigkeit rotierenden Messer stellen eine Unfallgefahr dar, weshalb die einschlägigen UVV zu beachten sind. Insbesondere ist darauf

Abb. C 196. Pflegeschlepper mit 8 angehängten Mähern.

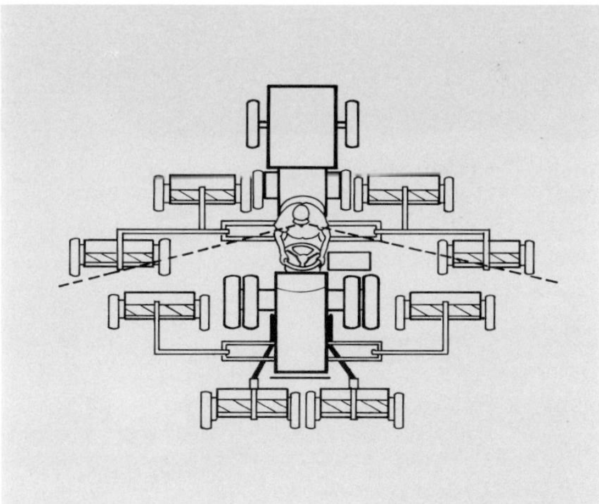

Abb. C 197. Messerbalken eines Sichelmähers.

Abb. C 198. Sichelmäher.

zu achten, daß die Messer voll abgedeckt sind und daß am Auswurf ein Prallblech angebracht ist. Dieses darf nicht entfernt werden, weil durch die Rotation der Messer Steine und dergleichen mit Wucht herausgeschleudert werden können.

Vor dem Mähen sollen Fremdkörper vom Rasen entfernt werden. Beim Mähen ist festes Schuhwerk (Sicherheitsschuhe) zu tragen. Muß der Mäher zum Transport hochgehoben werden, ist der Motor abzustellen, ebenso für alle Wartungsarbeiten.

Schlegelmäher werden für unebene Flächen benötigt (z. B. an Straßenböschungen). Das technische Prinzip ist einfach. Auf einer stabilen horizontalen Welle sind die Schlegel spiralig versetzt montiert (Abb. C 199). Dabei ist es entscheidend, daß die Messer beweglich angebracht sind; sie können also bei Hindernissen ausweichen.

Beim Mähen rotiert die Welle entgegen der Fahrtrichtung, wodurch das Mähgut so fein zerschlagen wird, daß es liegenbleiben kann.

Die schweren, robusten Mäher sind in der Regel an Zweiachs-Traktoren anbaubar und werden durch die Zapfwelle angetrieben. Für Böschungen setzt man Geräte ein, die an Auslegern montiert sind und hydraulisch angetrieben werden (Abb. C 200).

Balkenmäher dienen zum Mähen von hohem Gras (bei zwei Schnitten jährlich), und wenn das Schnittgut zu Futterzwecken verwendet werden soll. Sie sind oft an Einachsschlepper montiert. Zum Mähen unter Wasser (zur Grabenreinigung) sind sie an Auslegern befestigt.

Meist verwendet man die sogenannten *Mulchbalken,* bei denen sich der Messerbalken zwischen den dreieckig geformten Deckplatten hin- und herbewegt (Abb. C 201), oder das *Doppelmessermähwerk,* das zwar die besten Schneideigenschaften besitzt, aber gegen Fremdkörper empfindlich ist.

Die Schnittqualität reicht nur für extensive Flächen.

Abb. C 199. Schlegelmähaggregat.

Kreisel- oder Scheibenmäher haben sich in der Landwirtschaft durchgesetzt. Sie sind verhältnismäßig unempfindlich, mähen schnell und lassen das Schnittgut in voller Länge auf Schwaden liegen. Sie werden vorteilhaft auf Wiesen eingesetzt. Es stehen Arbeitsbreiten bis 2,5 m zur Verfügung. Nachteilig ist der relativ hohe Kraftbedarf (ab 50 kW).

Wuchshemmung durch chemische Mittel
Auf extensiven Grünflächen, wie Straßenböschungen oder -banketten, wurden seit Jahren derartige Mittel (z. B. *MH 30* oder *CF 125*) eingesetzt. Die Mittel wurden im Frühjahr gespritzt; das Gras blieb daraufhin relativ kurz und mußte nur noch einmal (im Herbst) gemäht werden. Die Straßenbauverwaltungen erlauben mittlerweile den Einsatz dieser Mittel nicht mehr.
Es gibt andere Mittel (z. B. *Embark*), die den Graswuchs nur vorübergehend hemmen (z. B. während des Urlaubs im Hausgarten). Ihr Einsatz bringt zwar eine deutliche Wuchshemmung, aber das Gras wird doch höher als bei normalem Mährhythmus.

Abb. C 200. Schlegelmäher mit Ausleger.
Abb. C 201. Balkenmäher.

Wird danach wieder kurzgemäht, gibt es Verfärbungen. Der Spareffekt ist vergleichsweise gering.

10.2.2 Düngen

Warum düngen?
Einmal wird den Pflanzen durch das Mähen ständig Masse entzogen, die sie wieder ersetzen müssen; zum anderen werden durch eine gute Nährstoffversorgung die Rasenunkräuter verdrängt. Diese Kräuter können sich meist nur deshalb im Rasen behaupten, weil sie so niedrig bleiben, daß sie vom Rasenmäher nicht erfaßt werden. Wird nun gedüngt, wachsen sie stärker bzw. werden durch die ebenfalls wachsenden Gräser dazu angeregt (Lichtkonkurrenz). Sie wachsen dabei in die Messer des Rasenmähers hinein und werden durch den Schnitt dezimiert und ausgerottet, da sie den Verlust der Grünmasse nicht verkraften. In einem gut ernährten und deshalb dichten Rasen finden sie natürlich schon weniger Möglichkeit, sich zu entfalten. Wenn man aber nicht oder wenig düngt, muß man in Kauf nehmen, daß man keinen unkrautfreien und auch keinen saftig grünen Rasen erhält.

Wann, wie oft und wieviel soll gedüngt werden?
Häufigkeit und Menge hängen wieder stark von den Anforderungen ab. Es wäre falsch, auf selten benutzten Flächen viel zu düngen, mit dem Erfolg, dann auch viel mähen zu müssen. Löwenzahn und Gänseblümchen sind auf derartigen Flächen keine Unkräuter, sondern als Belebung durchaus erwünscht. Hier wird nur gedüngt, um den Rasen zu erhalten.
Auf stark benutzten Spiel- oder Liegewiesen ist eine regelmäßige Düngung jedoch unerläßlich.

Düngermenge
Das Verhältnis von N : P : K soll 1 : 0,3 : 0,4 betragen. Eine zeitweilige Erhöhung der Kaligabe ist sicher vorteilhaft, wogegen in unseren Böden meist genügend Phosphorsäure vorhanden ist, so daß hier die angegebene Menge auch zeitweise unterschritten werden kann.
Für einen gut gepflegten Gebrauchsrasen rechnet man pro Jahr und m^2 einen Reinnährstoffbedarf von 15 g N, 4,5 g P und 6 g K.
Bei intensiv genutzten Spiel- und Sportrasen kann die doppelte Düngermenge erforderlich werden. Eine gute Versorgung wird auch mit 25 g N, 7,5 g P und 10 g K je m^2 und Jahr erreicht.
Bei einer Düngung sollten etwa 5 g N/m^2 gegeben werden. Von der Durchschnittsdüngung ausgehend wären dies 3 Düngungen im Jahr, bei Intensivrasen 5 Düngungen, ansonsten je nachdem weniger oder mehr.

Düngetermine
Als besonders wirkungsvoll hat sich eine Düngung im Herbst erwiesen.
Begründung: Der Rasen bleibt dadurch auch im Winter grün, während er sich in dieser Zeit sonst gerne gelb-braun verfärbt. Außerdem wird das Wurzelwachstum angeregt, denn die Gräserwurzeln wachsen auch bei relativ niederen Temperaturen von 3–5 °C.
Ausnahme: In schneesicheren Gegenden sollte man auf die Herbstdüngung verzichten, weil dadurch unter Umständen Pilzkrankheiten begünstigt werden und die grüne Färbung ohnehin nicht sichtbar ist.
Die Herbstdüngung sollte im Oktober oder Anfang November ausgebracht werden.
Des weiteren kann man beobachten, daß das Gras im Frühjahr nahezu von selbst wächst. Auch ungedüngte Flächen werden grün. Im Mai kommt man mit der Mäharbeit ohnehin kaum nach; eine Frühjahrsdüngung würde einen nur noch stärkeren Wachstumsschub verursachen. Man düngt also erst, wenn das natürliche Wachstum im Frühjahr nachzulassen beginnt; das ist in der Regel Ende Mai, Anfang Juni.
Ausnahme: Auf mageren Flächen – ohne Herbstdüngung – düngt man schon im April, damit das Wachstum in Schwung kommt. Dies gilt auch für stark belastete Flächen.
Weitere Düngetermine werden je nach Bedarf zwischen Juni und November verteilt.

- Düngt man nur einmal, dann im Oktober!
- Düngt man zweimal, dann im Oktober und Juni!

Womit wird gedüngt?
Es stehen drei Düngergruppen zur Verfügung, die sich grundsätzlich in der Wirkungsweise unterscheiden.

1. Leicht lösliche mineralische Dünger
Ihre Nährstoffe stehen schnell zur Verfügung; man düngt gezielt und sieht rasch den Erfolg.
Vom Preis her sind diese Dünger am günstigsten. Verwendet werden z. B. die *Blauvolldünger* und die physiologisch sauer wirkenden Stickstoffdünger *Schwefelsaures Ammoniak* und *Ammonsulphatsalpeter.*
Ihr Nachteil liegt darin, daß sie bei unsachgemäßer Anwendung »Verbrennungen« verursachen können und daß die Nährstoffe – vor allem der Stickstoff –

evtl. ausgewaschen werden. Man muß also öfter in kleineren Gaben düngen.

2. Organische bzw. organisch-mineralische Mischdünger

Es sind echte Langzeitdünger; zugleich wird mit ihnen die organische Substanz erhöht. Auch in der Hand von Unerfahrenen kommt es kaum zu Schädigungen.

Die Dünger bestehen aus *Horn-Knochen-Blutmehl* und anderen organischen Stoffen. Zum Teil sind ihnen mineralische Stoffe – meist Kali – beigemischt. Auch Dünger auf *Torfbasis* sind zu nennen; es handelt sich um granulierten Schwarztorf mit mineralischen Nährstoffen.

Ihr Nachteil besteht einmal in ihrem hohen Preis und zum anderen darin, daß die Wirkung nicht sogleich sichtbar wird.

Verwendet werden z. B. *Engelhardts, Oscorna, Hornoska* usw.

3. Synthetisch-organische Dünger

Bei diesen Düngern liegt der Stickstoff teilweise in (synthetisch) organischer Form vor. Das bedeutet, daß er den Pflanzen nicht sofort zur Verfügung steht, allerdings auch nicht ausgewaschen werden kann.

Man kann also größere Mengen auf einmal ausbringen, spart dadurch Streuvorgänge ein, und die Gefahr von »Verbrennungen« ist relativ gering.

Verwendet werden z. B. *Floranid, Rasenfloranid, Nitrophoska permanent, Park Rasendünger, Nitrozol* usw.

Ihr Nachteil liegt ebenfalls in ihrem relativ hohen Preis sowie darin, daß die Nährstoffe gelegentlich doch nicht immer in dem Rhythmus abgegeben werden, in dem man sich dies wünscht.

Die Auswahl der Dünger muß von Fall zu Fall getroffen werden. Günstig ist sicher die Abwechslung, die Kombination verschiedener Dünger, die auf die jeweiligen Gegebenheiten und Möglichkeiten Rücksicht nimmt.

Bei der Düngung ist zu beachten, daß die meisten Rasengräser einen schwach sauren pH-Wert bevorzugen (pH-Wert 5,5–6,5). Da die Rasenunkräuter mehr den alkalischen Bereich schätzen, erzielt man schon eine Eindämmung durch Verwendung entsprechender Dünger. Auf von Natur aus kalkhaltigen Böden düngt man deshalb mit physiologisch sauren Düngern.

Bei Wachstumsstörungen gibt eine Bodenuntersuchung Aufschluß.

Ausbringen

Nur bei kleineren Flächen und bei genügend Erfahrung des Gärtners werden die Dünger *von Hand* gestreut.

Die kleinen im Handbetrieb zu bedienenden *Düngerstreuer* arbeiten recht zuverlässig und mit guter Flächenleistung.

Bei größeren Mengen setzt man an Schlepper angebaute Düngerstreuer ein.

Auf jeden Fall muß sorgfältig gearbeitet werden; bei ungleichmäßiger Verteilung entstehen Verbrennungen oder sichtbar ungedüngte Stellen.

Soweit es möglich ist, wird dann gedüngt, wenn Regen zu erwarten ist oder wenn es schon regnet. Unabhängiger ist man, wenn hinterher künstlich beregnet werden kann. Wird der ausgestreute Dünger kräftig eingewässert, ist die Gefahr von »Verbrennungen« gering, die Wirkung setzt rasch ein, und eine nicht ganz exakte Verteilung wird etwas ausgeglichen.

10.2.3 Wässern

Auf lehmigem Boden wird eine alte eingewachsene Grasnarbe nicht so schnell durch Trockenheit völlig absterben. Der Rasen wird gelb und später braun, nach einem Regen treibt er aber durch und wird wieder grün. Allerdings kann die Trockenheit Veränderungen in der Zusammensetzung des Rasens hervorrufen, auch der Verunkrautung wird Vorschub geleistet.

Anders sieht es auf Sandböden aus sowie auch bei jungem Rasen; hier ist bei längerer Trockenheit mit Totalausfällen zu rechnen.

Daraus ist zu folgern: Wenn man bereit ist, zeitweise einen braunen und später auch etwas struppigen Rasen hinzunehmen, kann auf »normalen« Böden auf das Wässern verzichtet werden. Bei Sandböden, auf Spiel- und Sportrasen oder auf Repräsentierflächen (Kurpark) *muß* bewässert werden.

Diese Erkenntnis ist von Bedeutung, weil es in größeren Trockenperioden oft zur Wasserknappheit insgesamt kommt und weil das Wässern größerer Flächen eine Kostenfrage darstellt, die man nicht bagatellisieren sollte.

Der **Wasserbedarf** eines Rasens liegt bei etwa 20 l je m^2 in der Woche. Fällt diese Menge nicht als Regen, muß bewässert werden.

Es ist wichtig, daß kräftig und durchdringend gewässert wird. Nur dann dringt das Wasser in tiefere Bodenschichten, wird dort gespeichert und steht den Gräsern von da aus zur Verfügung. Um an dieses

Wasser zu kommen, werden die Gräser zur Ausbildung eines tiefergehenden Wurzelhorizontes angeregt. Bei zu kleinen Wassergaben wird nur die oberste Bodenschicht benetzt, und die Gräser werden geradezu zur flachen Wurzelbildung animiert. Es ist anzustreben, daß bei einer Beregnung mindestens 10 l/m^2 ausgebracht werden.

Die **Wasserverteilung** erfolgt mit Regnern. Den Regnern mit der langsameren Ausbringung und mit den kleinsten Wassertropfen ist der Vorzug zu geben, wobei man trotzdem nie an die optimale Wirkung eines Landregens herankommt.
Verwendung werden *Kreisel-* oder *Viereckregner.* Die ersteren sind einfacher in der Konstruktion und problemloser, die letzteren ermöglichen eine exaktere Abgrenzung der zu beregnenden Fläche.
Bei intensiven Anlagen werden *stationäre Regner* eingebaut (s. Kap. C 13.1).

10.2.4 Unkrautbekämpfung

Die beste vorbeugende Unkrautbekämpfung ist durch eine ausgewogene Nährstoffversorgung und den regelmäßigen Schnitt gewährleistet.
Es soll hier auch nicht zu einem Großangriff auf alle kleinen Kräutchen im Rasen geblasen werden; ein Gebrauchsrasen muß nicht immer völlig frei von Unkräutern sein. Andererseits haben Unkräuter in einem Zierrasen oder auf Sportflächen nichts zu suchen, auch nicht auf Liegewiesen, wo durch ihre Blüten Bienen angelockt werden.

Welches sind die hauptsächlichen Rasenunkräuter?
Wie schon im Abschnitt über die Rasendüngung ausgeführt, sind es vor allem solche Kräuter, die nicht hoch werden oder sich den Gegebenheiten anpassen. Sie sind in Kap. C 8.2.12 (Seite 200) aufgelistet.
Im Rasen sind die sonst sehr lästigen Ackerunkräuter kein Problem; sie ertragen den Schnitt nicht und verschwinden durch das Mähen völlig.

Grundsätzlich ist darauf hinzuweisen, daß die Bezeichnung *Unkräuter* sich immer nur auf die Pflanzen bezieht, die an einer bestimmten Stelle stören. Es handelt sich im Grunde um Wildkräuter. Wenn wir sie als Unkräuter bezeichnen, bedeutet das nicht, daß sie überall mit Stumpf und Stiel ausgerottet werden sollen, sondern nur dort, wo sie tatsächlich stören (Liegewiesen, Zierrasen, Sportflächen).

Auf größeren Flächen ist nur eine Bekämpfung mit chemischen Mitteln möglich. Man verwendet sogenannte *selektive Herbizide,* welche die Unkräuter dezimieren und die Gräser schonen.
Es handelt sich um Mittel auf *Wuchsstoffbasis.* Sie enthalten *Hormone,* welche auf die zweikeimblättrigen Pflanzen stärker wirken als auf die einkeimblättrigen Gräser. Ihre Wirkung auf die Kräuter beruht auch darauf, daß diese (mit Ausnahme von *Verónica*) wesentlich größere Blätter haben und demgemäß bei einer Spritzung mehr von den Wirkstoffen abbekommen.
Die Unkräuter nehmen die Mittel über das Blatt auf und werden dann zu einem verstärkten, unkontrollierten Wachstum angeregt, was sich schon wenige Tage nach der Spritzung in einem auffallenden Drehwuchs zeigt. Werden sie dann abgemäht, haben sie meist nicht mehr die Kraft, sich zu regenerieren.

Die Anwendung der Mittel muß während der Wachstumszeit erfolgen, am besten im Frühsommer. Es soll warm sein, die Tagestemperaturen sollen möglichst über 18 °C liegen. Nach der Ausbringung darf es 24 h nicht regnen. Der Rasenschnitt vor der Anwendung sollte ca. 5 Tage zurückliegen, es muß »Masse« da sein.
Nach der Anwendung soll erst gemäht werden, wenn eine deutliche Wirkung des Mittels sichtbar ist.
Anschließend muß der Rasen gedüngt werden, damit er in der Lage ist, die Lücken zu schließen, die die Unkräuter hinterlassen haben.
Die Ausbringung der Mittel muß sehr sorgfältig geschehen. Die Aufwandmengen sind genau einzuhalten. Es ist unbedingt zu vermeiden, daß Spritzbrühe abdriftet und dadurch andere Pflanzen geschädigt werden. Muß nahe an benachbarten Pflanzungen gespritzt werden, so ist, vor allem bei Wind, mit Spritzschild zu arbeiten.

Für die Unkrautbekämpfung im Rasen können die für die Landwirtschaft angebotenen Mittel verwendet werden. Führt ein Mittel nicht voll zum Erfolg, wird die Spritzung mit einem anderen Mittel wiederholt.

Es handelt sich um Mittel mit folgenden **Wirkstoffgruppen:**

- Joxynil + 2,4 DP
- MCPA + 2,4,5 T
- 2,4 D + MCPA
- Dichlorprop + 2,4,5 T
- Dicamba + MCPA

Aus diesen auszugsweisen Angaben ist zu ersehen, daß es Mittel mit Wirkstoffkombinationen sind, die eine möglichst breite Wirkung gewährleisten sollen.

Moos im Rasen

Die Ursachen für die Moosbildung im Rasen sind:
1. Nährstoffmangel, dadurch schwaches Rasenwachstum
2. Schatten
3. Bodenverfestigung, Staunässe

Der Hauptgrund Nährstoffmangel tritt oft in Verbindung mit Schatten auf, und zwar unter Gehölzen, die nicht nur Schatten werfen, sondern auch eine erhebliche Wurzelkonkurrenz darstellen.
Staunässe tritt seltener auf und wirkt nur insofern positiv auf die Vermoosung, weil sie ebenfalls zu einem schwachen Gräserwachstum führt.
Die Meinung, daß Moos auftritt, wenn sich die Bodenreaktion in saurem Bereich befindet, ist nicht richtig. Die aus dieser falschen Meinung resultierende Moosbekämpfung mit Kalk führt nur deshalb vorübergehend zum Ziel, weil Moose Reaktionsänderungen relativ schlecht ertragen. Dem Rasen wird mit dem Kalk aber in der Regel kein Dienst erwiesen.
Der Handel bietet eine Vielzahl von Mitteln an (z. B. *Moosex, Antimoos* usw.). Wenn sie nach Vorschrift angewandt werden, wirken sie auch recht gut, jedoch nur vorübergehend.
Grundsätzlich ist jedoch festzustellen: Wenn die Ursache der Vermoosung nicht beseitigt wird, kommt das Moos im nächsten Jahr wieder.

Dünger mit Herbizidzusatz
Sie haben sich von der Wirkung her recht gut bewährt. Bestechend ist auch ihre relativ einfache Anwendung im Vergleich zu Spritzungen. Hinzu kommt, daß durch sie ja nicht nur die Unkräuter bekämpft werden, sondern zugleich die Ursachen der Verunkrautung (Nährstoffmangel) beseitigt wird.
Diese Dünger sind relativ teuer und werden deshalb vorzugsweise auf kleineren Flächen verwendet.
Meist werden Langzeitdünger mit Herbizidzusatz versehen. Auf der Verpackung steht dann *mit Herbizid* oder *mit Unkrautvernichter,* manchmal abgekürzt *mit UV.*

Neuansaat
Ist eine Verunkrautung so weit fortgeschritten, daß schon mehr Unkraut als Rasen existiert, hat auch eine chemische Bekämpfung keinen Sinn mehr, weil der Rasen nachher dann nicht in der Lage ist, die entstandenen Lücken in einer absehbaren Zeit zu schließen.
In einem solchen Fall entschließt man sich besser für eine Neuansaat. Wichtig ist dabei jedoch, daß der Rasen vorher mit einem *Totalherbizid* abgespritzt wird. Erst wenn dadurch die Unkräuter sicher abgetötet sind, ist zu fräsen und der Rasen neu anzulegen. Anderenfalls sind die eingefrästen Unkräuter schneller wieder da als das neue Gras.
Man verwendet dazu Herbizide, die über das Blatt wirken und nicht vom Boden her; sonst müßte man mit der Ansaat zu lange warten. Geeignet sind Mittel wie z. B. *Gramoxone* oder *Roundup.*

10.2.5 Rasenfilz und seine Beseitigung

Im Laufe der Zeit kann sich im Rasen – direkt über dem Boden – eine Verfilzung bilden von trockenem Mähgut, Ausläufern und Wurzeln. Diese Filzschicht hält Wasser und Nährstoffe vom Boden fern und stört den Luftaustausch des Bodens. Sie ist dem Rasenwachstum in jeder Beziehung abträglich.
Auf humusreichen Böden mit reger Bakterientätigkeit ist die Filzbildung gering, weil dort die organische Substanz von eben diesen Bakterien abgebaut wird.
Auf stark belasteten Rasenflächen wird die oberste Bodenschicht laufend verdichtet; sie ist luftarm und hat meist wenig Kleinlebewesen. Hier bildet sich die Verfilzung besonders stark.
Gegenmaßnahmen sind:
Belüften, Senkrechtschneiden, Besanden.

Abb. C 202. Aerifiziergerät mit Messern.

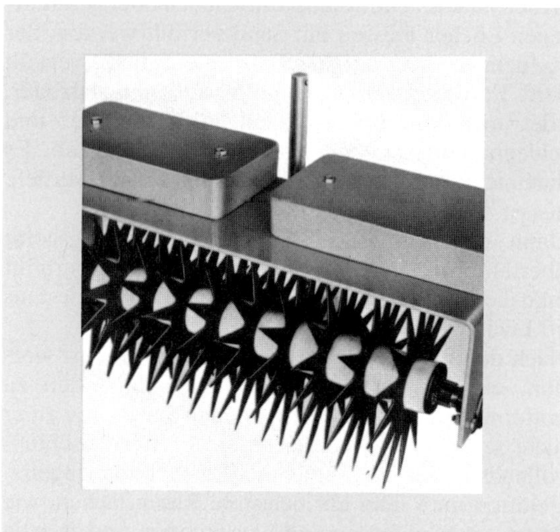

Abb. C 203. Aerifiziergerät mit Spuhns.

Belüften (Aerifizieren)

Mit einer Stachelwalze werden Löcher in den Rasen gestochen und anschließend mit Sand verfüllt. Dadurch wird die oberste Bodenschicht wieder luft- und wasserdurchlässig.
Man verwendet dazu Walzen mit Messern (Abb. C 202), die die Löcher herausschneiden, oder Walzen mit sogenannten *Spuhns* (Abb. C 203); das sind kleine Röhren, mit denen der Boden herausgestochen wird. Durch einen Federmechanismus wird der ausgestochene Boden aus dem Spuhn herausgeworfen, bevor er wieder neu in den Boden einsticht. Die Löcher werden ca. 5 cm tief. Die Geräte werden von Ein- oder Zweiachsschleppern gezogen.

Arbeitsablauf. Die herausgestochenen oder geschnittenen Löcher müssen mit Sand verfüllt werden, der *vor* dem Belüften auf dem Rasen gleichmäßig verteilt wird. Entweder verwendet man dazu Düngerstreuer, oder man verteilt den Sand in Handarbeit und schleppt hinterher mit einer Baustahlmatte ab. Es darf nicht mehr als 1/2 cm Sand aufgebracht werden, das ist 1/2 m^3 auf 1 a.
Dann wird der Rasen mit dem Belüftungsgerät überfahren. Durch mehrmaliges Überfahren erhöht man die Zahl der Löcher je m^2. Es sollten mindestens 50 Löcher je m^2 erreicht werden.
Nach dem Belüften muß der Rasen abgekehrt werden; einmal, um den ausgestochenen Boden zu entfernen, und zum andern, um den Sand – soweit er nicht schon beim Belüften in die Löcher rutschte – vollends zu verteilen und in die Löcher zu bringen.
Belüften muß man nur belastete Rasenflächen, wie Sport- und Spielrasen und Liegewiesen, und zwar je nach Belastung ein- bis viermal in der Vegetationsperiode.

Senkrechtschneiden (Vertikutieren)

An einer angetriebenen Walze sind senkrechte Messer angebracht, die mit hoher Geschwindigkeit rotieren (Abb. C 204). Damit zerschneidet man die oberste Grasnarbe und vor allem den Rasenfilz. Der Rasen wird dadurch zu einem neuen Austrieb angeregt; außerdem werden die Unkräuter dezimiert.
Man verwendet selbstfahrende Geräte ab ca. 60 cm Arbeitsbreite. Sie werden im Gehen geführt, oder es ist ein Arbeitssitz angehängt.

Arbeitsablauf. Vor dem Senkrechtschneiden muß der Rasen kurzgemäht werden. Mähgut entfernen!
Dann wird der Schneidvorgang durchgeführt. Das herausgeschnittene Material (es ist meist sehr viel) wird abgerecht und entfernt. Es wird Sand aufgebracht und verteilt und abschließend gedüngt und gewässert.
Nach dem Senkrechtschneiden braucht der Rasen eine Zeitlang Ruhe, in der er nicht betreten werden darf, bis er wieder völlig dicht geschlossen ist.
Beim Senkrechtschneiden handelt es sich um eine ausgesprochene Regenerationsmaßnahme, die nur bei Bedarf (im Abstand mehrerer Jahre) durchgeführt wird.

Besanden

Bei den genannten Verfahren wurde deutlich, daß sie nur in Verbindung mit einer Besandung sinnvoll sind.

Abb. C 204. Vertikutiergerät.

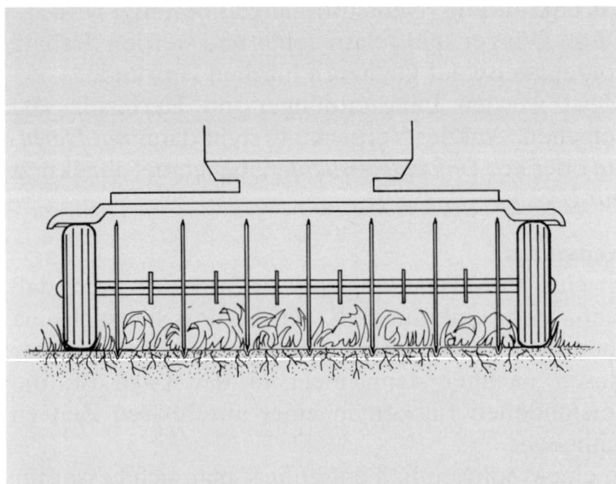

Durch den Sand wird die oberste Bodenschicht, die ja der Belastung und damit der Verdichtung am meisten ausgesetzt ist, wasserdurchlässiger, trittfester und besser durchlüftet. Das Aufbringen von Sand ist die einzige Möglichkeit, nachträglich diese Eigenschaften zu verbessern.
Es ist deshalb zweckmäßig, nicht nur in Verbindung mit dem Belüften oder Senkrechtschneiden, sondern auch sonst gelegentlich Sand aufzubringen. Dies verbessert die Oberfläche des Bodens bei allen belasteten Flächen, insbesondere auch bei Liegewiesen.
Das Besanden erfolgt am besten im Frühjahr; auf jeden Fall zu einem Zeitpunkt, nach dem das Gras wieder durch den aufgebrachten Sand durchwächst.
Es sei nochmals darauf hingewiesen, daß nie mehr als $^1/_2$ cm Sand aufgebracht werden soll. Besser sind geringere Mengen und dafür häufiger.

10.2.6 Krankheiten und Schädlinge auf Rasen

Auf Gebrauchsrasen treten im allgemeinen wenig oder kaum Krankheiten auf.
Dagegen kommt es auf intensiv genutzten Sportrasen häufiger zu Schädigungen. Dies liegt wohl zum einen daran, daß es durch die Strapazierung zur Ausbildung von Monokulturen kommt, und zum andern daran, daß die sandreichen Substrate wenig Bodenlebewesen (Pilze und Bakterien) haben, die eine natürliche Abwehr darstellen würden.

Schneeschimmel
Krankheitserreger: Fusárium nivále
Krankheitsbild: Im Frühjahr, nach dem Abtauen des Schnees, werden auf dem Rasen gelblich-braune, kreisrunde Flächen von ca. 30 cm Durchmesser sichtbar. Bei genauer Betrachtung sind flaumige weiße oder rötliche Auflagen sichtbar, die bei Feuchtigkeit zu einem Pilzmyzel zusammenwachsen. Im Bereich der Fleckenbildung stirbt der Rasen meist ab, und diese Flächen werden dann von Unkraut besiedelt.
Der Schneeschimmel tritt vor allem in schneereichen Gebieten auf, aber auch in der Folge eines nassen Herbstes.
Bekämpfung: Im Herbst vorbeugend mit organischen Fungiziden (z. B. *Tecto FL*) spritzen. Dies empfiehlt sich vor allem bei Flächen, auf denen im Frühjahr schon Schneeschimmel aufgetreten ist. Bei akutem Befall wird im Frühjahr gespritzt, um die Ausbreitung zu verhindern.

Rostkrankheiten
Krankheitserreger: Verschiedene Rostpilze, wie *Puccínia gramínis, Puccínia coronáta* u. a.
Krankheitsbild: Im Sommer bekommen die Grasblätter plötzlich eine braun-rötliche Färbung. An den Blatträndern sind kleine Pusteln festzustellen. Rasen, bei denen *Póa* überwiegt, werden häufiger befallen.
Bekämpfung: Bei den ersten Befallserscheinungen mit organischen Fungiziden spritzen (z. B. mit *Calirus* oder *Saprol*).

Hexenringe
Krankheitserreger: Verschiedene Pilzarten
Krankheitsbild: Kreisförmig angeordnete Hutpilze, die den Sommer über bis in den Herbst hinein auftreten. Auch wenn die Pilze selbst nicht sichtbar sind, ist doch der Ring deutlich dunkler gefärbt zu sehen.
Bekämpfung: Die Pilze haben sich bisher sehr widerstandsfähig gezeigt, auch nach großflächigem Bodenaustausch kamen sie wieder. Es sind organische Fungizide auf dem Markt (*Dithane Ultra* oder *Saprol*), die – mit viel Wasser gegossen – die Pilze zum Absterben bringen.

Engerlinge / Larven der Wiesenschnake / Drahtwürmer
Krankheitsbild: Auf zunächst kleineren, später größeren Flächen welken die Gräser, werden gelb und sterben schließlich ab. Die Ursache ist Wurzelfraß.
Bekämpfung: Mit *Hortex-* oder *Gamma-Streumittel,* die vorbeugend im Herbst auf Flächen gestreut werden, die schon befallen waren. Sonst Anwendung bei akutem Befall.

Regenwürmer
Diese an sich nützlichen Tiere stören vor allem auf Sportrasen und Liegewiesen.
Schadbild: Der Wurmkot, kleine Erdhäufchen, die auf dem Rasen herumliegen.
Bekämpfung: Verwendung von *Schwefelsaurem Ammoniak* oder *Ammonsulphatsalpeter* zum Düngen. Bei akutem Befall *rotenolhaltige Mittel.*

Maulwurf / Wühlmaus
Schadbild: Die bekannten Maulwurfshügel oder aufgeworfene Gänge.
Bekämpfung: Bei genügender Erfahrung ist das Abfangen der Tiere durch Fallenstellen am sichersten. Die Gänge können mit Gaspatronen ausgeräuchert werden. Ködermittel in die Gänge streuen, möglichst im Frühjahr vor der Vermehrung.

Vertiefung und Kontrolle

1. Notieren Sie die Flächenleistungen verschiedener Rasenmähertypen, und halten Sie den Zeitaufwand für das Abrechen und Aufnehmen von Mähgut auf denselben Flächen fest.
2. Beobachten Sie die Grasnarben von unterschiedlich oft gemähten Flächen in bezug auf Dichte, Unkrautbesatz und Benutzbarkeit.
3. Beobachten Sie die Wirkung der gebräuchlichsten Rasendünger; machen Sie sich Aufzeichnungen über die Nährstoffgehalte und Wirkungsweise dieser Dünger.
4. Berechnen Sie für gegebene Objekte die jeweils erforderlichen Düngermengen. Stellen Sie einen Düngeplan auf.
5. Stellen Sie die Unfallverhütungsvorschriften beim Einsatz von Rasenmähern zusammen, und beachten Sie diese.

10.3 Pflege von Pflanzungen

Sie umfaßt die Unkrautbekämpfung und die Bodenpflege, die besonders bei jungen Pflanzungen im Vordergrund stehen, Fragen der Nährstoffversorgung und des Pflanzenschutzes und schließlich die Schnittmaßnahmen.

10.3.1 Unkrautbekämpfung und Bodenpflege

Schon vor der Pflanzung ist – soweit erforderlich – auf die Unkrautbekämpfung zu achten. Werden die vorbeugenden Maßnahmen *nicht* durchgeführt, wird die Pflege in den ersten Jahren sehr aufwendig. Dies wirkt sich schon bei der Fertigstellungspflege aus; was am Anfang versäumt wurde, muß mit doppeltem Arbeitsaufwand nachgeholt werden.

In einer jungen Pflanzung können im ersten Pflegejahr keine chemischen Mittel eingesetzt werden. **Mechanische Hackgänge** sind unerläßlich. Dabei ist es wichtig, daß flach durchgehackt wird, *bevor* das Unkraut zu sehen ist. Durch das Hacken wird der Boden gelockert, die Kapillarität unterbunden und das keimende Unkraut vernichtet. Hat sich das Unkraut bereits entwickelt, ist der Aufwand wesentlich größer, weil es zum Teil erst entfernt werden muß, bevor gehackt werden kann.

Nach den ersten Hackgängen sind möglichst *naturnahe Verhältnisse* anzustreben! Was bedeutet das?

In der Natur gibt es keinen offenen, unbedeckten Boden. Offener Boden wird in kürzester Zeit von Kräutern bedeckt. Da wir die Wildkräuter in den Pflanzungen nicht brauchen können, streben wir durch eine dichte Bepflanzung möglichst rasch eine Bedeckung des Bodens an.
Zugleich greifen wir auf ein anderes Mittel der Natur zurück; wir bedecken den Boden, wie dies im Wald der Fall ist. Wir **mulchen!** Dazu kann man auch *Laub* verwenden. Da in jungen Pflanzungen allerdings die Gefahr besteht, daß das Laub durch den Wind überall herumgeweht wird, verwenden wir in diesen Fällen andere Materialien. Geeignet sind *Torf, Rinden-Mulch, Müllkompost* und alle organischen Stoffe, die nicht pflanzenschädlich sind, wie z. B. *Stroh-* oder *Heuhäcksel* usw.
Unter der Mulchdecke entsteht die so wertvolle Schattengare, und die Verunkrautung wird wesentlich eingedämmt.
Ohne Mulchung muß eine Fläche pro Jahr vier- bis sechsmal durchgehackt werden.
Mit Mulchung kommt man mit einem, höchstens zwei Pflegegängen im Jahr aus, wobei man nicht durchhacken muß, sondern nur vereinzelte Unkräuter entfernt.

Im zweiten Pflegejahr muß ganz früh – schon im März/April – durchgehackt werden. Das Prinzip ist: Unkraut bekämpfen, solange es klein ist, Boden lockern, Kapillaren unterbrechen und dadurch die Winterfeuchtigkeit erhalten. Es kommt dann zu keiner nennenswerten Verunkrautung.
Im Frühsommer wird ein zweites Mal gehackt, nochmals gemulcht, und im Herbst kann dann die Pflegearbeit mit einem weiteren Pflegegang abgeschlossen werden.

Chemische Unkrautbekämpfung
Im dritten Pflegejahr wird der Einsatz von chemischen Mitteln möglich. Selbstverständlich werden chemische Mittel nur eingesetzt, wenn der Unkrautbesatz dies erforderlich macht. Das kann der Fall sein, wenn z. B. die Pflege nicht von Anfang an konsequent durchgeführt wurde. Ist eine Fläche erst einmal voll mit Unkraut und kommt dieses zur Blüte und Samenbildung, wächst einem das Unkraut sozusagen über den Kopf. Der manuelle Aufwand steigt dann ins Unermeßliche.

Kerb 50 W. Gegen alle Gräser einschließlich der Quecke sowie gegen Knöterich, Vogelmiere, Ehrenpreis und Kriechenden Hahnenfuß wirkt das Mittel

recht gut. Es wirkt über den Boden und wird im Winter durch Spritzung ausgebracht, wobei es keine Rolle spielt, wenn die Gehölze mitgetroffen werden. Abdriften auf andere Flächen – insbesondere auf Rasen – ist zu vermeiden. Beim Ausbringen des Mittels soll der Boden schneefrei und nicht gefroren sein und vor allem die Lufttemperaturen nicht über 10 °C liegen.
Wichtig ist, daß bei der Ausbringung genügend Wasser verwendet wird. Abweichend von der üblichen Aufwandmenge von 1000 l/ha müssen bei Kerb 1500, besser 2000 l/ha ausgebracht werden.
Die Anwendung dieses Mittels bringt eine wesentliche Arbeitsersparnis, weil dadurch in der folgenden Vegetationsperiode ein Großteil des möglichen Unkrauts ausgeschaltet wird.
Nicht erfaßt werden Samen- und Wurzelunkräuter, weshalb noch auf andere Mittel mit anderen Wirkstoffen zurückgegriffen werden muß. Bewährt haben sich Mittel mit dem Wirkstoff Simazin.

Simazin. Dieser Wirkstoff ist im Boden schwer beweglich und verbleibt deshalb in den obersten Bodenschichten, wo er das Keimen der Unkrautsamen verhindert. Die aus größeren Tiefen durchtreibenden Unkräuter werden nicht erfaßt und eben auch nicht die Gehölzwurzeln, soweit sie tief genug im Boden liegen.
Simazin darf man in jungen Pflanzungen nicht zu früh anwenden, weil sonst die Gehölze geschädigt werden. Durch eine randscharfe Ausbringung gegenüber Rasen erspart man das sonst aufwendige Kantenstechen.
Nach dem Einsatz von Simazin darf nicht gehackt werden; dadurch würde das Mittel in tiefere Bodenschichten gelangen, wo es nicht erwünscht ist. Außerdem würde die Mittelkonzentration in der obersten Bodenschicht verringert, so daß die Wirkung nicht mehr ausreicht.
Simazin kann zusammen mit Kerb ausgebracht werden. Mit der Kombination dieser Mittel wird alles erfaßt bis auf die ausgeprägten Wurzelunkräuter Giersch, Winde, Distel und Schachtelhalm; aber ihre Bekämpfung ist dann nicht mehr so aufwendig, weil man sich auf sie allein konzentrieren kann. Das Entfernen in Handarbeit führt bei Distel und Winde durchaus zum Erfolg, wenn rechtzeitig gejätet wird. Schwieriger ist es mit Giersch; eine Eindämmung erreicht man durch Bestreuen der feuchten Unkräuter (nicht die Gehölze!) mit **Brennesselgranulat.**
Das Mittel **Roundup** wirkt systemisch, wird aber nur über die grünen Teile der Pflanze aufgenommen. Es kann somit zwischen nicht immergrünen Gehölzen (ohne Schaden für diese) gegen vorhandenes Unkraut gespritzt werden. Die gespritzten Kräuter und Gräser werden gelb und sterben ab. Sie sind aber noch sichtbar und müssen entfernt werden, wenn dies stört.
Das Mittel **Domatol** wirkt über die Blätter und durch den Boden. Im Boden verbleiben die Wirkstoffe in den oberen Schichten. Das Mittel wird gespritzt, wobei keine grünen Teile der Gehölze getroffen werden dürfen. Gelangt es auf die Blätter der Wurzelunkräuter, sterben diese ab.
Genannt sei noch das Granulat **Prefix,** das – im Frühjahr gestreut – ebenfalls auf Wurzelunkräuter eindämmend wirkt.

Betreuung älterer Pflanzungen

Grundsätzlich muß festgestellt werden, daß *jede* Vegetationsfläche einer Pflege bedarf. Der Aufwand dafür geht bei Gehölzpflanzungen jedoch mit den Jahren zurück. Es entstehen hohe Anlagekosten und in den ersten Jahren hohe Pflegekosten, dann nehmen die Pflegekosten ab. (Bei Rasen haben wir vergleichsweise niedrigere Anlagenkosten, aber laufend gleichbleibend relativ hohe Pflegekosten.) Trotzdem muß auch für ältere Gehölzflächen ein Minimum an Pflege aufgewandt werden.
In einem jährlichen Durchgang im Spätsommer oder Herbst werden vereinzelt auftretende Unkräuter und sonstiger Unrat entfernt.
Es ist falsch, in älteren eingewachsenen Pflanzungen immer wieder zu hacken oder etwa zwischen den Sträuchern im Winter umzugraben.
Richtig ist es, in Pflanzungen immer die natürlichen Verhältnisse anzustreben und den Boden bedeckt zu halten. Laub ist dazu sehr gut geeignet; in eingewachsenen Pflanzungen ist die Gefahr der Windverblasung geringer. Es können jedoch auch alle anderen schon genannten Stoffe verwendet werden. In dem durch das Mulchmaterial mit Humus angereicherten Boden gedeihen dann auch die Waldstauden, die eine natürliche Bodenbedeckung bringen (z. B. Waldmeister, Lerchensporn, Haselwurz, Bärlauch usw.).
Je mehr natürliche Verhältnisse erreicht werden, desto geringer wird der Pflegeaufwand.

Betreuung von Staudenpflanzungen

Stauden sind meist pflegeaufwendiger und müssen auch individuell betreut werden.
Den größten Aufwand verursachen Beetstauden. Sie verlangen offenen Boden, Rückschnitt, Aufbinden,

Wässern, Düngen und mehr oder weniger regelmäßig Pflanzenschutz.
Auch den Steingarten kann man nicht sich selbst überlassen; er erfordert eine ständige, fachlich hochqualifizierte Betreuung.
Der Pflegeaufwand ist geringer in Wildstauden-Pflanzungen, wobei die Schattenstauden besonders dichte und beständige Gesellschaften bilden, die wenig Pflege beanspruchen. In sonnige Pflanzungen wandern viel mehr Unkräuter ein.
Pflegegänge im Frühjahr und Sommer zur Unkrautentfernung und im Herbst zum Rückschnitt sind die Mindestanforderung. Gräser und Stauden mit attraktiven Fruchtständen schneidet man erst im Frühjahr.

10.3.2 Düngung

In den ersten beiden Jahren nach der Pflanzung sollte im Frühjahr (Ende April) der Austrieb durch eine Düngung unterstützt werden. Günstig ist ein kalibetonter Volldünger, der wasserlöslich ist (z. B. *Blaukorn*). Aufwand 20–40 g/m^2. Es soll nicht zu viel und nicht zu spät gedüngt werden, weil sonst das Holz im Herbst nicht ausreift.
Bei gut eingewachsenen Gehölzen ist normalerweise keine regelmäßige Düngung mehr erforderlich. Düngen wird man nur noch bei deutlich sichtbaren Wachstumsstockungen oder nach einem starken Verjüngungsschnitt. Eine Frühjahrsdüngung ist ebenso angebracht, wenn Blütensträucher zur Blütengewinnung stark geschnitten werden.
Edel- und Polyantharosen, die man jedes Jahr zurückschneidet, müssen auch jedes Jahr gedüngt werden. Richtig ist auch hier zunächst beim Austrieb ein mineralischer Volldünger; zwischendurch wäre auch ein organischer Dünger (z. B. verrotteter Kuhdung) günstig. Wenn dieser nicht zur Verfügung steht, wird Torf aufgebracht.
Rhododendren sind in der Nährstoffversorgung anspruchsvoll. Bei ihnen hat sich die Verwendung organischer Dünger auf Horn-Knochenmehl-Basis bewährt und zusätzlich im Frühjahr geringe Mengen (20 g/m^2) *Schwefelsaures Ammoniak*.

10.3.3 Pflanzenschutzmaßnahmen

Die Pflanzen in unseren Gärten und Anlagen sind zum Glück nicht so stark von Krankheiten und Schädlingen bedroht wie viele Kulturpflanzen in der Landwirtschaft und im Gartenbau, wo es sich aus anbautechnischen Gründen um Monokulturen handelt. Oft führt ein Befall auch nur zu vorübergehenden Störungen.
Man muß deshalb vermeiden, mit »Kanonen auf Spatzen zu schießen«, d. h., daß man nicht wegen einigen Blattläusen den ganzen Garten spritzt, sondern nur gezielt die befallene Stelle. Beim Einsatz chemischer Mittel ist immer dem ungiftigsten Mittel der Vorzug zu geben.
Bei vielen Anlässen genügt das Entfernen des befallenen Triebes.
Im folgenden sind einige typische Krankheiten und Schädlinge aufgeführt, die hin und wieder auftreten können.
(Allgemeine Angaben zum Pflanzenschutz s. »Der Gärtner«, Band 1, Seite 341 ff.)

Schädlinge

Schädling	Befallene Pflanzen	Schadbild	Bekämpfung
Rote Spinne (Spinnmilbe)	Linden, Rhododendron, zum Teil auch auf anderen Pflanzen	Blattoberseite wird fahl, später gelb, vorzeitiger Blattfall, Blattunterseite feine Gespinste	mehrmaliges Spritzen mit organischen Phosphorverbindungen, Dimethoat-, Kelthan- und Parathion-Mitteln
Blattläuse	Rosen, Ahorn, Schneeball, Pfaffenhütchen und viele andere	Blätter rollen sich ein, kräuseln sich, es bildet sich Honigtau, auf den Blattunterseiten grüne oder schwarze Läuse, später überall	mit Mitteln gegen saugende Insekten spritzen
Fichtenröhrenlaus (Sitkafichtenlaus)	Fichten	gelbe Flecken an alten Nadeln, später werden sie gelb, braun und fallen ab, an jungen Trieben grüne Läuse, häufig auftretend	im März mit Austriebmittel, wie Folidol-Öl oder Eftol-Öl oder Nexion-Öl spritzen, später Endosulphan einsetzen, gießen mit Metasystox

Fichtengallenlaus	Fichten, Lärchen	Läuse überwintern auf Lärchen, im Frühjahr nach dem Austrieb an der Triebbasis Gallenbildung, häufig auftretend	Lärchen mit Folidol-Öl oder Nexion-Öl im März spritzen, Fichten nach dem Austrieb mit Endosulphan
Gespinstmotte	Weißdorn, Pfaffenhütchen	im Frühsommer Gespinste mit Raupen, weißlich mit schwarzen Punkten	sofort nach dem Austrieb vor Anlage der Gespinste mit Phosphor-Mittel spritzen
Ulmensplintkäfer (Ulmensterben)	Ulmen	die Blätter einzelner Äste welken, später Übergreifen auf den ganzen Baum. Ursache ist ein Pilz, der die Leitungsbahnen verstopft	der Pilz wird durch den Ulmensplintkäfer übertragen, der schwer zu bekämpfen ist. Befallene Bäume fällen und rasch entfernen, Pflanzen aus resistenten Herkünften verwenden

Pilzkrankheiten

Krankheit	Befallene Pflanzen	Schadbild	Bekämpfung
Echter Mehltau	Weißdorn, Pfaffenhütchen, Eichen, Rosen und andere	auf der Blattoberseite weißlicher Überzug, Blätter eingerollt, vorzeitiger Blattfall, Verkümmerung der Triebspitzen	befallene Triebe abschneiden, Laub im Herbst entfernen, spritzen mit organischen Fungiziden, wie Saprol, oder mit Schwefelmittel
Falscher Mehltau	Rosen, Goldregen	auf der Blattunterseite grauer Schimmelrasen, auf der Blattoberseite gelbe Flecken	befallene Triebe abschneiden, Laub im Herbst entfernen, spritzen mit Zineb-, Captan- oder Kupfermitteln
Schorf	Feuerdorn, Weißdorn	auf Blättern und später auf Früchten samtige braune Flecken	resistente Sorten verwenden, spritzen mit organischen Fungiziden im Frühjahr nach dem Austrieb
Spitzendürre (Monilia)	bei allen Prunus-Arten	Welken, Bräunen der Triebspitzen zur Blütezeit, auf abgestorbenen Blättern grauer Pilzrasen	befallene Zweige zurückschneiden, Laub im Herbst entfernen, vor und nach der Blüte mit organischen Fungiziden (Saprol) spritzen
Zweigsterben	Scheinzypresse, Thuja, Wacholder	vor allem junge Triebe werden braun und sterben ab (ältere Triebe gesund)	tritt auf ungünstigen Standorten auf, Zweige ins gesunde Holz zurückschneiden, mit organischen Fungiziden spritzen
Sternrußtau	Rosen	kann auf dem Honigtau der Blattläuse auftreten, kreisrunde Flecken auf den Blättern, vorzeitiger Blattfall	Blattläuse bekämpfen, spritzen mit Rosenspritzmittel Euparen, Zineb, Saprol o.ä.
Kieferrindenblasenrost	Kiefer	an Zweigen und Ästen brechen aus der Rinde 1,5 cm lange gelbrote Rostsporenlager, es kommt zu Verharzung, die Äste sterben später ab	Befallstellen ausschneiden, mit Wundbehandlungsmittel streichen, bei starkem Befall Bäume entfernen
Weymouthskieferblasenrost	Weymouthskiefer	an der Rinde große hellgelbe Sporenlager, wirtswechselnder Rostpilz, Zwischenwirt Ribes	Ribes und Kiefern nicht benachbaren
Rostpilze	Wacholder	gelatineartige, weiche, rostfarbene Sporenlager am Stamm, wirtswechselnde Rostpilze, Zwischenwirte Birne, Eberesche, Weißdorn	nicht mit Zwischenwirten benachbaren, befallene Teile ausschneiden. Spritzen mit organischen Fungiziden ist bei allen Rostpilzen nicht sehr erfolgreich

Kiefernschütte	Kiefer	ältere Nadeln werden braunfleckig, später braun, Nadelfall im April/Mai	dichten Stand vermeiden, ab Juli mit Fungiziden spritzen

Andere Krankheiten

Krankheit	Befallene Pflanzen	Schadbild	Bekämpfung
Feuerbrand	Weißdorn, Cotoneaster und andere Vertreter der Familie Rosáceae	einzelne Triebe oder ganze Zweige welken und verdorren oft sehr schnell, sie sehen wie verbrannt aus	gefährliche Bakterienkrankheit, bei Verdacht den Pflanzenschutzdienst benachrichtigen
Clematissterben	Clematis	zunächst welken einzelne Triebe, dann die ganze Pflanze, sie stirbt ab, vor allem auf schweren Böden mit stauender Nässe	widerstandsfähige Arten und Sorten verwenden, gute Bodenlockerung, Dränung. Evtl. trotzdem Pilzbefall, dann mit Tecto FL gießen
Omorikasterben	Omorika-Fichte	Absterben der Nadeln an den Triebspitzen, Nadelfall	saure Böden meiden, kein Torf in die Pflanzlöcher, Mg-Versorgung der Pflanzen sichern, bei Befall mit Magnesiumsulphat düngen

Vertiefung und Kontrolle

1. Schildern Sie geeignete Maßnahmen zur Unkrautbekämpfung ohne den Einsatz chemischer Mittel.
2. Nennen Sie Gründe für den Einsatz von chemischen Mitteln zur Unkrautbekämpfung in Pflanzungen.
3. Beobachten Sie die Wirkung der jeweiligen Maßnahmen der Bodenpflege und Unkrautbekämpfung und machen Sie Notizen über den jeweils dafür erforderlichen Zeitaufwand.
4. Schildern Sie Möglichkeiten des Pflanzenschutzes ohne den Einsatz chemischer Mittel.
5. Nennen Sie alle Vorsichtsmaßnahmen, die beim Verwenden chemischer Pflanzenschutzmittel unbedingt beachtet werden müssen.

10.4 Schnittmaßnahmen

In der Natur können wir Bäume und Sträucher bewundern, die nie geschnitten wurden. Daraus dürfen wir allerdings nicht schließen, daß bei den in Gärten und Anlagen stehenden Gehölzen keine Schnitte erforderlich sind.
Es ist unser Ziel, die natürliche Wuchsform eines Gehölzes zu erreichen und zu erhalten. Da wir teilweise züchterisch beeinflußte Gehölze und fremdländische Gehölze verwenden und oft auch bestimmte Anforderungen an diese stellen (z. B. Blütenreichtum), bedarf es dazu gelegentlich eines Eingriffes.

Grundsätzlich müssen wir die Schnittmaßnahmen nach ihren Zielen unterscheiden:

- den Pflanzschnitt (s. Kap. C 8.4.2)
- den Aufbau- oder Erziehungsschnitt
- den Erhaltungsschnitt
- den Verjüngungsschnitt

10.4.1 Aufbauschnitt

Es liegt auf der Hand, daß die Weichen für die Wuchsform einer Pflanze im wesentlichen durch den Schnitt in der Jugendzeit gestellt werden. Der Aufbauschnitt erfolgt in der Regel bei der Pflanzung (Pflanzschnitt), sonst in den ersten Jahren danach.

Bei Bäumen
Hier ist zunächst die Wachstumsart zu beachten.
Zu baumartigem Wuchs führt die **Akrotonie** (Abb. C 205), bei der immer die oberste Knospe bevorzugt wird und deshalb weitertreibt (z. B. Eichen, Eschen, Ahorn, Buchen u. v. a.).
Bei Pflanzen mit akrotonem Wuchs kann man nur in Ausnahmefällen einen strauchartigen Wuchs erziehen; sie treiben immer wieder durch und neigen von unten her zum Verkahlen.
Dies muß schon beim Aufbauschnitt Berücksichtigung finden: Bei baumartigen Gehölzen muß man

immer die Stammverlängerung fördern (nicht herausschneiden) und die Seitenzweige entsprechend kürzen.
Die natürliche Wuchsform ist der *Heister* oder *Stammbusch,* bei dem nur die zu dichten und störenden Zweige entfernt werden.
Der *Hochstamm* muß erzogen werden (meist schon in der Baumschule). Die seitliche Bezweigung wird entfernt bzw. kurzgehalten. In Höhe der gewünschten Krone wird der Stamm »angeschnitten« und dadurch die Bildung von Seitenästen gefördert.
Da nun durch Schnittmaßnahmen eingegriffen wur-

Abb. C 205. Akrotonie.

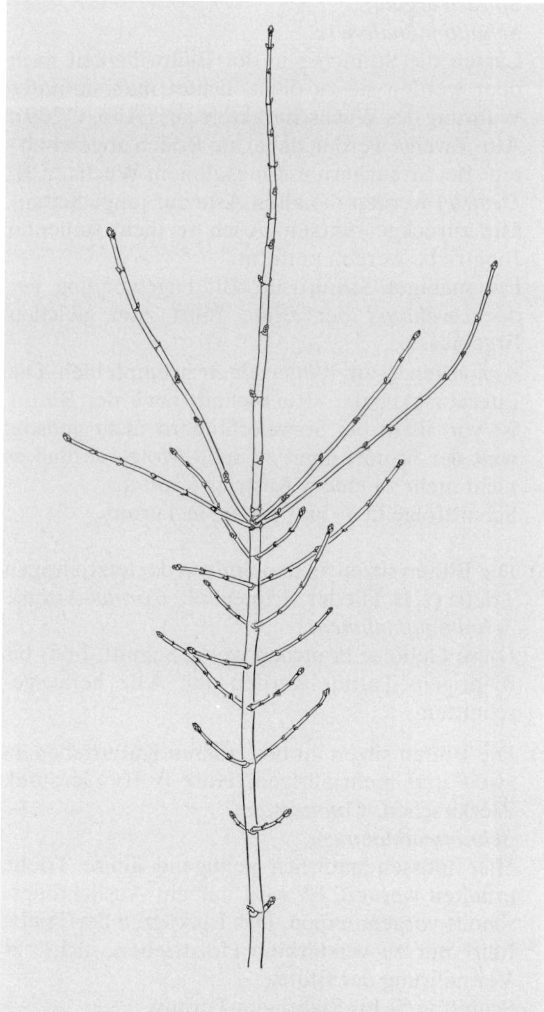

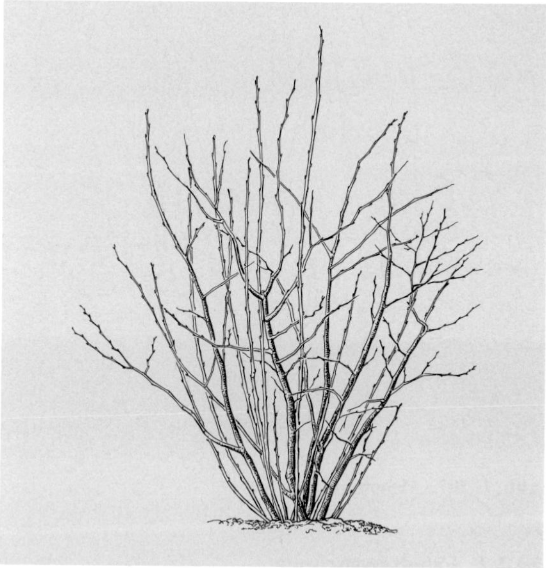

Abb. C 206. Basitonie.

de, muß auch meist in die Ausbildung der Krone eingegriffen werden. Es ist dafür zu sorgen, daß die Stammverlängerung gerade durchführt. Konkurrenztriebe sind zu beseitigen, damit es nicht zu Gabelungen oder Trichterkronen kommt, die später bei Wind oder Schneelast brechen. Wieweit die einzelnen Zweige eingekürzt werden müssen, hängt von der Größe und Art des Wurzelballens ab. Nach Möglichkeit ist das Anschneiden der Äste zu unterlassen.

Bei Sträuchern

Die Wuchsform der Sträucher bezeichnet man als **Basitonie** (Abb. C 206). Es ist das typisch strauchartige Verhalten, von der Basis aus mehrere Triebe zu bilden.
Meist wachsen die einzelnen Triebe dann wieder akroton.
Bei Sträuchern haben wir jedoch auch die **Mesotonie** (Abb. C 207), bei der durch den bogigen Wuchs bedingt (Wildrosen) immer die Knospen an der Bogenoberseite bevorzugt austreiben und nicht die an den Triebspitzen.
Die akroton-wachsenden Sträucher können eingekürzt oder ganz zurückgeschnitten werden; sie treiben meist wieder aus.
Bei mesoton-wachsenden Sträuchern ist es günstiger, immer einige Zweige auf der »Bogenhöhe« zurückzuschneiden.

Abb. C 207. Mesotonie.

10.4.2 Erhaltungsschnitt

Wie das Wort ausdrückt und auch anfangs schon gesagt wurde, geht es um die Erhaltung des artgemäßen, natürlichen Wuchses und nicht um eine Uniformierung oder Verstümmelung. Pflanzen, die an einem bestimmten Platz zu groß werden und deshalb immer geschnitten werden müssen, stehen eigentlich falsch.

Bei Bäumen (Abb. C208)
Nicht laufend herumschnippeln! Das Augenmerk richtet sich darauf, daß sich keine Konkurrenztriebe entwickeln, also keine Gabelungen oder senkrechten Wasserschosse. Störende Äste *ganz* herausnehmen. Dieselben Maßnahmen gelten für Hochstammkronen und Heister.
Muß ein Heister zu einem Hochstamm geformt werden, sollte man nicht alle unteren (unerwünschten) Äste auf einmal entfernen, sondern diese nacheinander einkürzen und immer nur einzelne ganz entfernen.
Will man dagegen mehrstämmige Bäume, muß man den Mitteltrieb frühzeitig herausnehmen. Bei den nun favorisierten Seitenästen ist darauf zu achten, daß sie nicht zu steil stehen.
In den ersten 10 Standjahren sollten die Bäume insgesamt etwa dreimal durchgesehen werden; danach 5–7jähriger Turnus.

Bei Sträuchern
Es gibt Sträucher, die ein weitgehend natürliches Wachstum haben und kaum eines Schnittes bedürfen. Dazu gehören z. B. die immergrünen *Vibúrnum, Stranvǣsia, Rhododéndron, Pyracántha,* Kirschlorbeer, *Magnólia, Labúrnum, Ílex, Hamamélis,* Seidelbast, *Corylópsis,* immergrüne *Cotoneáster* und *Amelánchier.* Bei ihnen werden nur beschädigte oder störende Äste herausgeschnitten.
Soweit bei den anderen Sträuchern ein Schnitt durchgeführt wird, hängt er stark von den Blütenverhältnissen ab.

1. Die Blüten sind im Herbst vorgebildet

a) Die Blüten sitzen auf der ganzen Länge der letztjährigen Triebe (z. B. *Philadélphus, Deǘtzia, Weígela, Spirǣa,* Kletterrosen) oder an zweijährigen Trieben (z. B. *Forsýthia und Spirǣa argúta).*
Schnittmaßnahmen:
Lassen die Sträucher in der Blühwilligkeit nach oder werden sie zu dicht, lichtet man sie unter Wahrung des Wuchscharakters aus (Abb. C209). Alte Zweige werden dabei am Boden abgeschnitten. Bei Sträuchern mit mesotonem Wuchs (z. B. *Deútzie*) werden die alten Äste auf junge Seitenäste zurückgenommen. Auch zu dicht stehende Jungtriebe werden entfernt.
Ein mäßiger Schnitt zur Blütengewinnung *vor* oder *während* der Blüte führt zum gleichen Ergebnis.
Ansonsten ist ein *Winterschnitt* zu empfehlen. Die Literatur-Angabe »Rückschnitt nach der Blüte« ist vor allem bei Sommerblühern nicht günstig, weil der Schnitt dann zu spät erfolgt, so daß es nicht mehr zu einem Austrieb kommt.
Schnittfolge in 3- bis 5jährigem Turnus.

b) Die Blüten sitzen an den Spitzen der letztjährigen Triebe (z. B. Flieder, Schneeball, *Córnus*-Arten).
Schnittmaßnahmen:
Diese Gehölze brauchen wenig Schnitt. In 5- bis 8jährigem Turnus werden alte Äste herausgeschnitten.

c) Die Blüten sitzen an besonderen Kurztrieben an zwei- und mehrjährigem Holz (z. B. Zieräpfel, Zierkirschen, *Cotoneáster*).
Schnittmaßnahmen:
Hier müssen natürlich genügend ältere Triebe erhalten werden. Es wird nur ein Auslichtungsschnitt vorgenommen. Das Einkürzen der Triebe führt nur zu verstärkten Holztrieben, nicht zur Vermehrung der Blüte.
Schnitt in 5- bis 8jährigem Turnus.

Abb. C 208. Erhaltungsschnitt.

Abb. C 209. Forsythie vor und nach dem Schnitt.

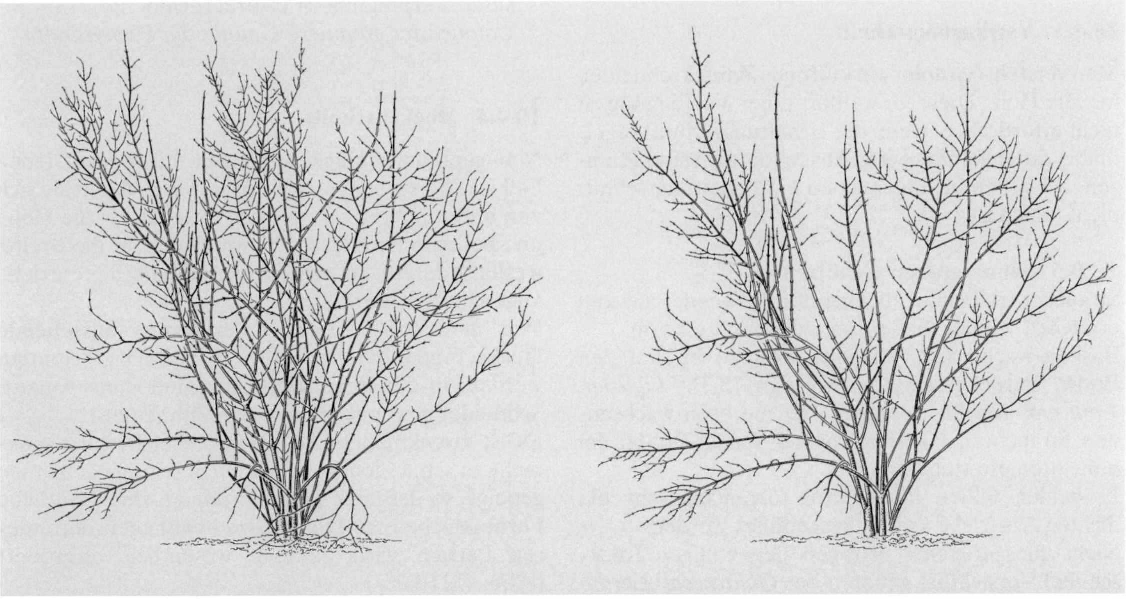

2. Die Blüten bilden sich an den wachsenden Jahrestrieben

a) Die Blüten sitzen am Ende des Jahrestriebes und sind praktisch der Abschluß des Jahreswachstums (z. B. *Buddléja, Spiræ̃a bumálda,* Edelrosen, Polyantharosen, *Hydrangéa paniculáta).*
Schnittmaßnahmen:
Bei diesen Pflanzen ist jährlich ein starker Rückschnitt erforderlich. Werden sie nicht geschnitten, treiben bei ihrem akrotonen Wachstum nur die obersten Knospen, wodurch die Pflanzen von unten her verkahlen.
Der Rückschnitt herunter aufs alte Holz erfolgt am besten im Spätwinter, wenn keine schädigenden Fröste mehr zu erwarten sind.

b) Die Blüten entwickeln sich aus den Blattachseln der Sommertriebe (z. B. *Hibíscus, Colutéa).*
Schnittmaßnahmen:
Es ist eigentlich kein Schnitt erforderlich; hier genügt ein Auslichten bei Bedarf.

c) Die Blüten kommen aus diesjährigen Trieben aus der Basis der Pflanze. Es sind dies die sogenannten Halbsträucher, deren Triebe nicht ausreifen und die deshalb auch meist zurückfrieren (z. B. *Perówskia).*
Schnittmaßnahmen:
Hier ist im Spätwinter jährlich ein starker Rückschnitt erforderlich

10.4.3 Verjüngungsschnitt

Man versteht darunter ein kräftiges Zurückschneiden ins alte Holz. Diese Gewaltkur einer Verjüngung ist nicht erforderlich, wenn der Erhaltungsschnitt regelmäßig durchgeführt wird. Ausgenommen sind Pflanzen, bei denen im allgemeinen ein Erhaltungsschnitt nicht üblich ist.

1. Bei sommergrünen Gehölzen
Sträucher treiben im allgemeinen gut wieder aus und erreichen schnell wieder ihre gewünschte Form.
Basiton-wachsende Sträucher können bis auf den Boden zurückgeschnitten werden (z. B. *Ligúster, Lonícera, Kérria, Bérberis*). Bei mesoton-wachsenden Sträuchern läßt man besser einige 30–60 cm hohe Stümpfe stehen.
In beiden Fällen müssen im folgenden Jahr die dichten Austriebe kräftig ausgedünnt werden.
Nicht alle Sträucher ertragen den völligen Rückschnitt; Vorsicht ist geboten bei *Goldregen, Zieräpfel, Ginster.* Man sollte hier – und immer, wenn man sich nicht ganz sicher ist – die Verjüngung auf mehrere Jahre verteilen.

2. Bei immergrünen Gehölzen
Von den Nadelgehölzen kann man nur die *Eibe* so stark schneiden, daß man von einer Verjüngung sprechen kann.
Chinesischer Wacholder und Bergkiefern kann man insofern verjüngen, als man jeweils die am weitesten ausgreifenden Äste an der Basis abnimmt.
Alle baumartigen Nadelgehölze *(Fichte, Tanne, Kiefer)* kann man nicht verjüngen; auch *Scheinzypressen* und *Thúja* nicht, obwohl diese den Schnitt ins *grüne Holz* sehr gut ertragen.
Die immergrünen Laubgehölze ertragen zum größten Teil einen starken Rückschnitt und treiben wieder aus.

3. Bei bodendeckenden Gehölzen
Diese werden oft sehr dicht und hoch, so daß ein starker Rückschnitt sehr von Vorteil ist und wieder ein völlig neues Bild schafft.

- Einen regelmäßigen Rückschnitt brauchen:
  Callúna, Érica, Hypéricum, Spiræ̃a bumálda;
- einen Rückschnitt in mehrjährigem Abstand brauchen:
  Cotoneáster 'Skogsholmen', Lonícera, Mahónia, Potentílla, Vínca, Stephanándra;
- keine Verjüngung ist erforderlich bei:
  Cotoneáster dámmeri, Gaulthéria, Pachysándra.

10.4.4 Heckenschnitt

Neu gepflanzte Heckenpflanzen müssen auf jeden Fall kräftig zurückgeschnitten werden, damit sie sich von unten an gut verzweigen. Das gilt für die Höhe und bei schon größeren Pflanzen auch für die Breite, weshalb darauf zu achten ist, daß alle Seitentriebe angeschnitten werden.
Will man später eine immer sauber aussehende Hecke, muß mindestens zweimal jährlich geschnitten werden; in der Regel Ende Juni und Ende August. Schneidet man nur einmal, dann im August.
Es ist zweckmäßig, die »Wände« nicht ganz senkrecht zu schneiden, sondern leicht schräg nach innen geneigt, so daß eine Annäherung an eine natürliche Form gegeben ist. Die Austriebswilligkeit der unteren Partien wird dadurch wesentlich vergrößert (Abb. C210).

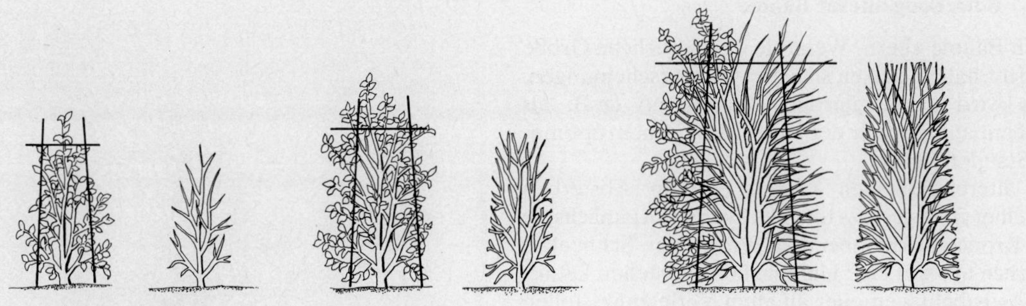

Abb. C 210. Heckenschnitt.

Bei Nadelgehölzen (außer Eibe) darf nur im grünen Holz geschnitten werden. Schneidet man in mehrjähriges Holz zurück, treiben sie nicht mehr aus.
Alte vernachlässigte, unten verkahlte Laubholz-Hecken können entweder völlig (Abb. C211) oder auf eine gewünschte Höhe zurückgeschnitten werden. Wichtig ist nur, daß man dann bis unter die durch den jahrelangen Schnitt entstandenen Verdickungen

Abb. C 211. Verjüngung einer Hecke.

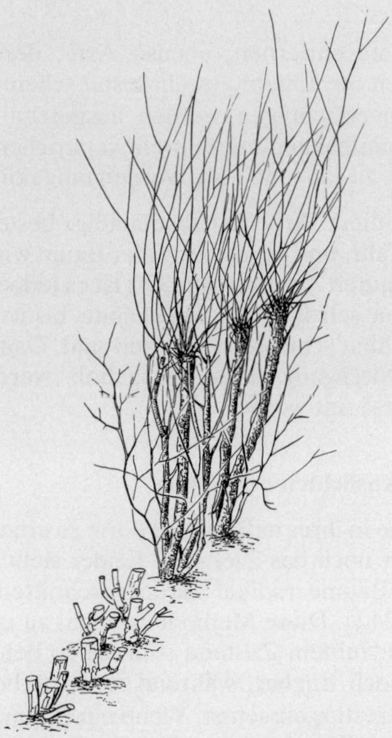

zurücknimmt und das Seitenholz entsprechend anpaßt.
Der Heckenschnitt erfolgt heute nur in Einzelfällen in Handarbeit; in der Regel werden elektrisch betriebene Heckenscheren eingesetzt. Wo kein direkter Stromanschluß vorhanden ist, wird der nötige Strom mit einem fahrbaren, motorgetriebenen Generator erzeugt.
Bei der Arbeit mit Heckenscheren ist auf die Einhaltung der Unfallverhütungsvorschriften zu achten.

Verwendung von Wachstumsreglern
Seit einiger Zeit ist das Mittel *Atrinal* auf dem Markt und hat sich in der Anwendung bewährt. Die Schnittarbeiten werden damit deutlich eingeschränkt.
Das Mittel wird im Frühjahr auf den 5–10 cm langen Austrieb der Hecken gespritzt und bewirkt dann eine Einschränkung des Längenwachstums. Behandelte Hecken müssen nur im Spätsommer einem Säuberungsschnitt unterzogen werden.
Bei gut entwickelten Pflanzen kann etwa ab dem 4. Standjahr die Behandlung durchgeführt werden. Gegenüber dem normalen Schnitt ist eine bessere und dichtere Verzweigung zu beobachten.

Vertiefung und Kontrolle

1. Beobachten Sie Gehölze, und ordnen Sie diese den jeweiligen Wuchsformen zu; ziehen Sie daraus Schlüsse für einen evtl. erforderlichen Schnitt.
2. Nennen Sie die Unfallverhütungsvorschriften, die beim Einsatz von elektrisch betriebenen Heckenscheren zu beachten sind.

10.5 Betreuung älterer Bäume

Auch Bäume altern. Wenn sie ihre natürliche Größe erreicht haben, zeigen sich die Alterserscheinungen. Dies wird an ungünstigen Standorten (z. B. als Straßenbaum) früher der Fall sein, bei einem optimalen Standort später.

Bei älteren Bäumen kommt es zum Absterben einzelner Zweige. Das tote Holz verbleibt zunächst in der Krone, bricht aber bei Wind oder Schneelast plötzlich ab, was eine Unfallgefahr darstellen kann. An Astgabelungen oder an alten Verletzungsstellen tritt oft Fäulnis auf, wodurch die Tragfähigkeit an dieser Stelle beeinträchtigt wird; für die darüberstehenden Äste oder Astteile besteht Bruchgefahr.

10.5.1 Regelmäßige Überwachung

Diese ist die Voraussetzung dafür, daß man Schäden an Bäumen rechtzeitig erkennt und beseitigt. Der 5- bis 7jährige Überwachungsturnus für junge Bäume, die noch im Aufbau begriffen sind, reicht für ausgewachsene, also große Bäume nicht mehr aus. Bäume, unter denen ständig Publikumsverkehr ist (an Straßen, Sitzplätzen, Spielplätzen, Freibädern, Gartenwirtschaften und ähnlichen Plätzen), müssen jährlich kontrolliert werden.

Nicht so exponiert stehende Bäume werden alle 3 oder 2 Jahre kontrolliert.

Über die Kontrollen, die Feststellungen und die daraufhin erfolgten Maßnahmen sind *Aufschriebe* dringend zu empfehlen. Dies ist die einzige Möglichkeit, bei eventuellen Unfällen den Nachweis zu führen, daß man der Aufsichtspflicht nachgekommen ist. Das Feststellen von Schäden erfolgt zweckmäßigerweise im Spätsommer, wo die Belaubung schon auf den Zustand einzelner Partien oder auch des ganzen Baumes hinweist. Es genügt dabei nicht, einen Baum nur von unten anzuschauen, sondern man muß mit einer Leiter in die Krone hinaufsteigen.

Kontrolliert und im Aufschrieb vermerkt werden:
- Gesamtzustand des Baumes
- Größe, von Zeit zu Zeit (nicht jährlich) messen
- erkennbare Schäden am Stamm (Rinde/Holz), in Zweifelsfällen wird der Baum angebohrt
- erkennbare Schäden an den Wurzeln, soweit von oben sichtbar
- erkennbare Schäden an den Ästen (Anwuchsstellen, Bruchstellen)

Im folgenden Winter werden dann die **erforderlichen Arbeiten** durchgeführt:

Abb. C 212. Verstümmelter Baum.

- tote Äste entfernen; ebenso Äste, deren Tragfähigkeit nicht mehr gewährleistet scheint
- Rindenverletzungen werden ausgeschnitten und mit Wundbehandlungsmitteln verstrichen
- zu weit ausladende Äste werden eingekürzt

Erfolgen diese Arbeiten regelmäßig, besteht keine Unfallgefahr, und ein so betreuter Baum wird immer in einem guten Zustand sein. Oft ist es jedoch so, daß sich Bäume selbst überlassen bleiben, bis sie in einem unübersehbar schlechten Zustand sind. Dann muß in einem Durchgang alles nachgeholt werden, was bisher versäumt wurde.

10.5.2 Auslichten der Krone

Die Krone in ihrer natürlichen Form zu erhalten muß auch jetzt noch das Ziel sein. Leider sieht man oft, wie alte Bäume radikal zurückgeschnitten werden (Abb. C 212). Diese Methode ist nicht zu befürworten. In belaubtem Zustand sind die so behandelten Bäume noch tragbar, während sie in unbelaubtem Zustand trostlos aussehen. Wenn ein Baum in seiner natürlichen Form nicht mehr zu erhalten ist, muß

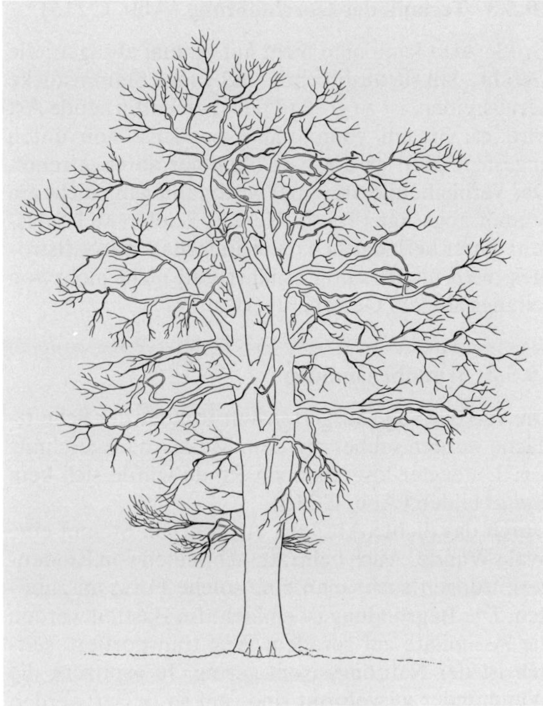

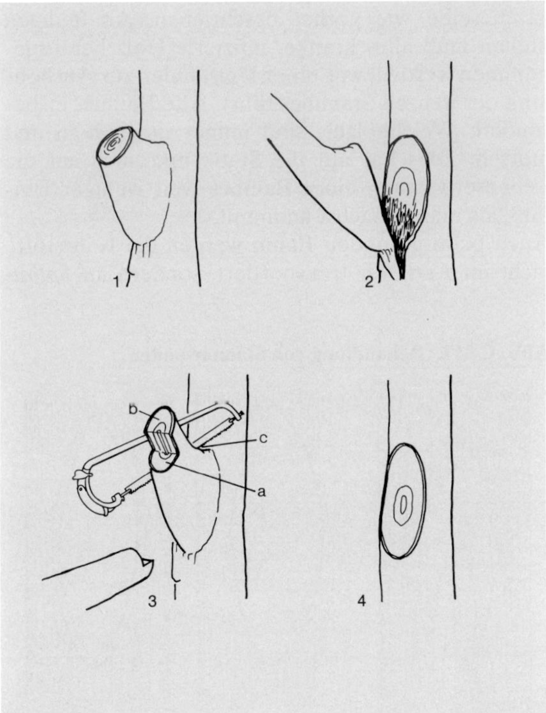

Abb. C 213. Krone vor dem Auslichten.

Abb. C 214. Krone nach dem Auslichten.

Abb. C 215. Vorgehen beim Abschneiden von Ästen.
1 keine Stümpfe stehenlassen,
2 wird nur ein Schnitt durchgeführt, reißt der Ast aus,
3 Schnitte in der Reihenfolge a b c durchführen,
4 die Schnittwunde dicht am Stamm, damit sie im Saftstrom liegt und gut überwallt wird.

überprüft werden, ob nicht eine Neupflanzung zu einem besseren Ergebnis führt, denn einmal kommt das Ende eines so mißhandelten Baumes doch.

Eine große Krone kann durchaus sinnvoll ausgelichtet und auch so reduziert werden, daß sie statisch wieder sicher ist und trotzdem eine ansprechende Form aufweist.

Zuerst muß alles beschädigte und abgestorbene Holz aus der Krone entfernt werden.

Danach entfernt man unmittelbar gefährdete Äste. Wenn die Krone dann noch zu dicht ist, beseitigt man zunächst die herabhängenden und wenn nötig die seitlich wachsenden Äste. Die aufstrebenden, nach außen gerichteten Äste versucht man zu erhalten. Bei allem muß natürlich auf das Gleichgewicht der Krone geachtet werden (Abb. C213, C214).

10.5.3 Technik der Durchführung (Abb. C215)

Große Äste kann man nicht auf einmal absägen; die Gefahr, daß sie ausbrechen und ganze Stammstücke herausreißen, ist zu groß (2). Der zu entfernende Ast wird ca. 30 cm vom Stamm zunächst von unten angesägt, dann wird er von oben her durchgetrennt. Der verbleibende Stummel wird dann ganz dicht am Stamm abgesägt (3+4). Keinen Zapfen stehenlassen; dieser befindet sich dann außerhalb des Saftstromes, wird nicht richtig ernährt und nicht mehr von teilungsfähigem Gewebe überwallt (1).

10.5.4 Wundbehandlung

Die von der Säge ausgefransten Ränder der Schnittfläche werden sauber mit dem Messer nachgeschnitten. Unter der losgerissenen Rinde würde sich kein *Kallus* bilden (Abb. C216).
Durch das dichte Absägen entsteht am Stamm eine ovale Wunde. Auch beim Ausschneiden von Rindenverletzungen sucht man eine solche Form auszubilden. Die Begründung ist einfach: Im Bastteil werden die Assimilate auf geradem Weg transportiert, seitlich ist der Nahrungsstrom gering. Je »spitzer« die Wundränder ausgeformt sind, um so besser werden sie versorgt, um so besser können sie folglich überwallen (Abb. C217).
Zum Schutz gegen Wasser und evtl. eindringende Holzpilze müssen diese Wunden mit einem *Wundverschluß* versehen werden. Die Mittel müssen pflanzenunschädlich sein, wasserabweisend, haltbar und möglichst pilzabstoßend; es gibt sie auf Harz-, Wachs- und Plastikbasis. Sie müssen von der Biologischen Bundesanstalt anerkannt sein.
Hat man tiefer ins Holz gehende Wunden (z. B. von herausgebrochenen Ästen oder Faulstellen) zu behandeln, so gilt es, alles beschädigte oder kranke Holz mit dem Meißel herauszustemmen. Die Wunden müssen so ausgeformt werden, daß eindringendes Wasser nach vorne ablaufen kann, auch wenn dadurch weiter in gesundes Holz eingeschnitten werden muß. Auch hier ist es wichtig, die Wundflächen mit dem Messer sauber nachzuarbeiten, daß möglichst glatte Flächen entstehen.
Tief ins Holz gehende Wunden streicht man mit einem *Holzschutzmittel.* Erst wenn dieses angetrocknet ist, wird der Wundverschluß aufgetragen.

10.5.5 Baumchirurgie

Davon spricht man, wenn größere Eingriffe an alten Bäumen vorgenommen werden. Manchmal entsteht der Eindruck, daß hier zu weit gegangen wird, wenn nur noch Baumruinen übrigbleiben. Wenn man jedoch das anfangs schon zitierte Ziel im Auge behält, die natürliche Kronenform weitgehend zu belassen, kann durch fachlich richtige Maßnahmen die Lebenserwartung von wertvollen Bäumen doch um einiges verlängert werden.
Die Arbeiten setzen Können, Erfahrung und Einfühlungsvermögen voraus und werden meist von spezialisierten Firmen durchgeführt. Die Arbeitsmethode ist dieselbe wie vorher beschrieben. An fauligen Stellen muß alles kranke, infizierte Holz herausgenommen werden, was unter Umständen zur Aushöhlung des ganzen Stammes führt. Alte Bäume, insbesondere Weichhölzer, sind immer innen hohl und morsch. Dies hat auf die Statik und auch auf die Lebenserwartung eines Baumes weit weniger Einfluß, als man zunächst annimmt.
Auch beim gesunden Baum werden die Nährstoffe nicht im *Kernholz* transportiert, sondern im *Splint-*

Abb. C 216. Wundbehandlung.

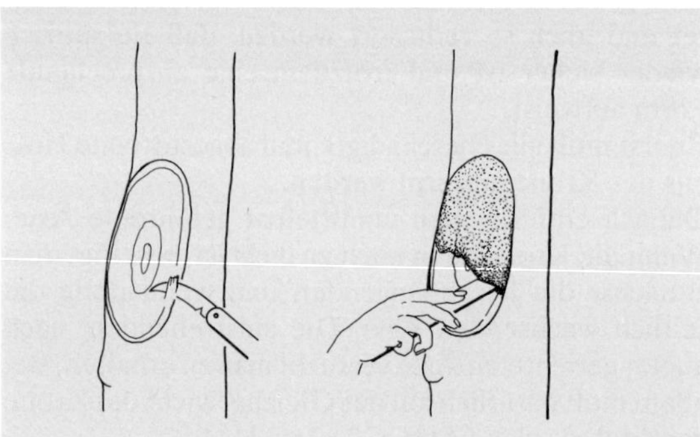

Abb. C 217. Behandlung von Stammwunden.

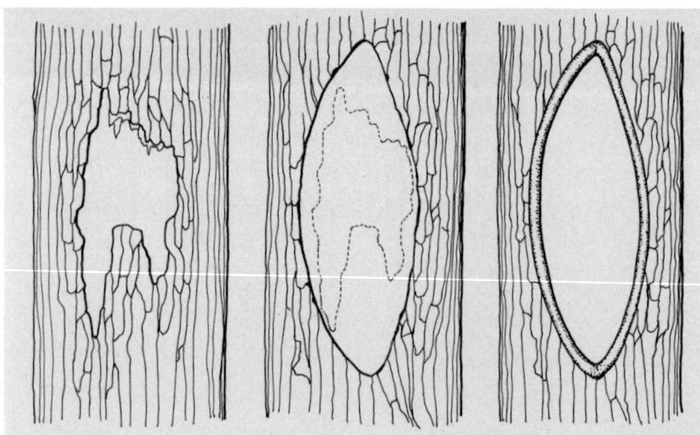

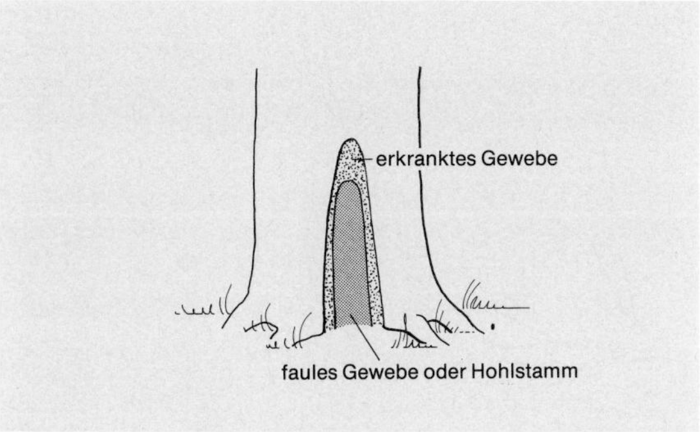

Abb. C 218. Öffnen eines Stammes.

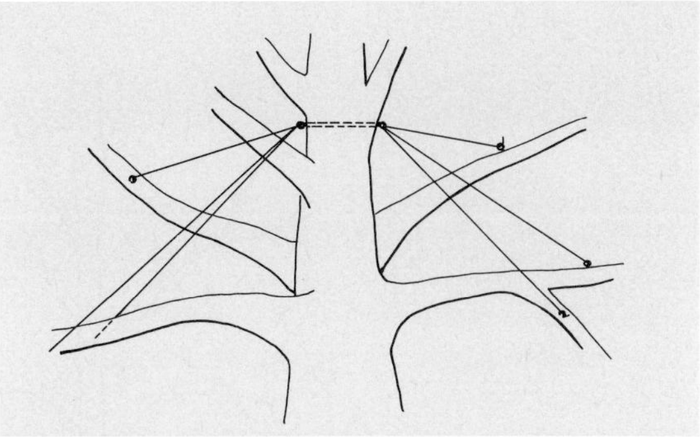

Abb. C 220. Verspannen einer Krone mit Drahtseilen.

holz. Ebenso übernimmt nicht der Kern, sondern die äußere Zone (Röhre) die statische Funktion. Bei den Pflegemaßnahmen kommt es nun darauf an, alles kranke, oft von Holzpilzen befallene, morsche Holz zu entfernen. Dazu muß der Stamm geöffnet werden. Es wird so aufgeschnitten, daß eine lange schmale Wunde entsteht, die oben spitz zuläuft. Nun kann das kranke Holz entfernt werden. Auch hierbei muß ins gesunde Holz geschnitten werden. Nach dem sauberen Abglätten werden die Flächen mit einem Holzschutzmittel gestrichen.

Der beste Schutz gegen das Weiterfaulen ist die Luftzufuhr und das Trockenhalten der ausgeräumten Stellen. Das früher praktizierte Zumauern von Bäumen hat sich nicht bewährt. Die Behandlungsstellen sind offen zu halten und so auszubilden, daß das Wasser abläuft (Abb. C 218).

Gelegentlich sieht man, daß die Öffnungsstelle durch Verschraubungen stabilisiert wird (Abb. C 219). Dadurch soll die *»Ringkraft«* des Baumes wieder geschlossen werden.

Abb. C 219. Verschraubung.

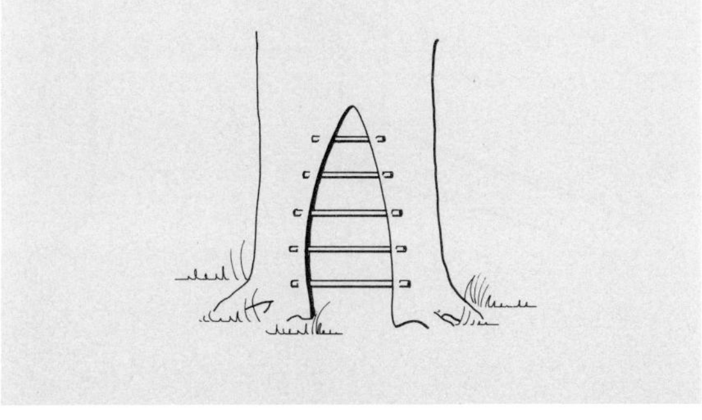

Eine weitere wirkungsvolle Maßnahme zur Erhaltung alter Bäume ist die Verspannung der Krone mit Drahtseilen, durch welche die Tragfähigkeit der Äste verbessert werden soll (Abb. C 220). Die Drahtseile dürfen dabei nicht durch Manschetten an den Ästen befestigt werden. Es hat sich sehr gut bewährt, hierzu die Äste zu durchbohren und einen Anker durchzuziehen. Bei sorgfältiger Wundbehandlung überwallen diese Verankerungsstellen rasch und behindern den Ast nicht.

10.5.6 Unfallverhütung

Sie ist bei allen Arbeiten in Bäumen oberstes Gebot. Die Gefahren durch Abstürzen oder durch herabfallende Äste sind relativ hoch; deshalb größte Vorsicht, keine Hektik!

Alle mit Baumarbeiten Beschäftigten müssen Schutzhelme tragen.

Bei Arbeiten im Baum Sicherheitsgurt benutzen.

Bäume nur bei ausreichender Sicht besteigen.

Besteigen bei Wind, Schneebelag, Rauhreif oder Eis ist verboten.

Zum Besteigen nur sichere Geräte verwenden:

- gegen Abrutschen gesicherte Stehleitern
- mechanische Leitern
- Hubbühnen

Im Fallbereich von Ästen darf sich niemand aufhalten. Absperrung, Aufsicht! Die Sicherheitszone zeigt Abb. C 221 auf der nächsten Seite.

Abgesägte Äste, die beim Fallen Schäden anrichten können, müssen über höher gelegene Äste abgeseilt werden (Abb. C 222). Sie dürfen sich dabei nicht

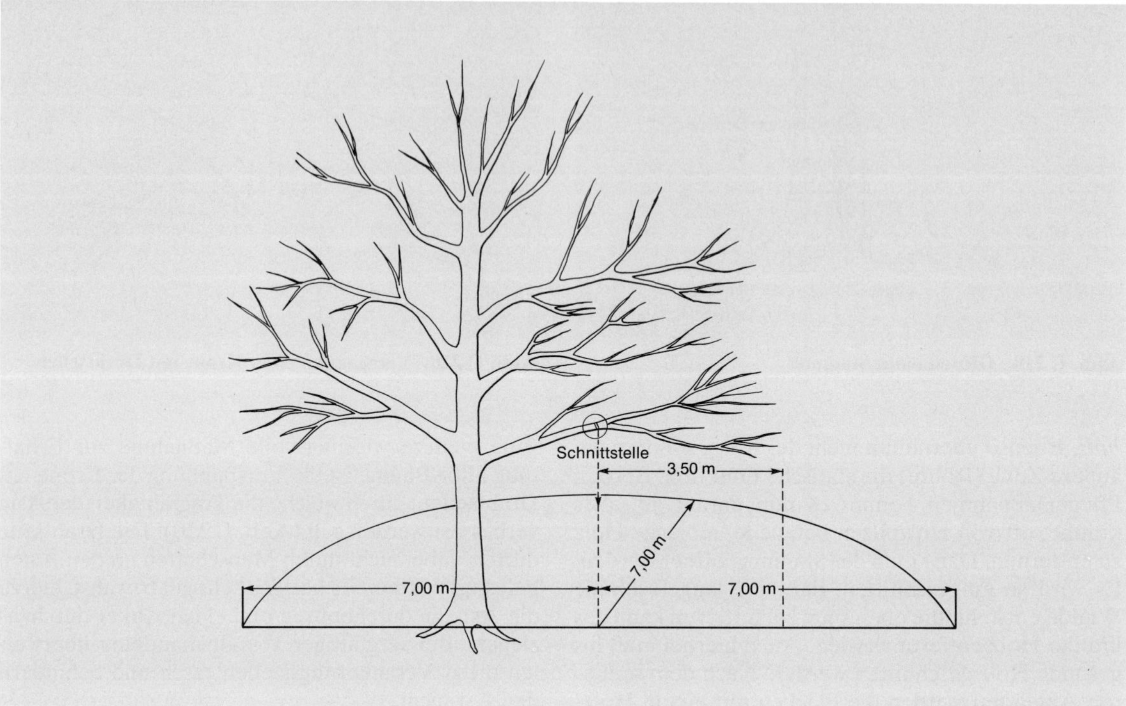

Abb. C 221. Fallbereich von Ästen (UVV).

überschlagen und müssen so gesichert sein, daß sie nicht pendeln können.

Beim Einsatz von Motorsägen auf Bäumen dürfen nur Geräte mit einem Gewicht unter 6,5 kg und einer Schwertlänge bis 40 cm benutzt werden.

Der Säger muß auf einem sicheren Standplatz (Hubbühne mit Arbeitskorb, mechanischer Leiter, Gerüst) stehen.

Die Säge muß am Boden gestartet und mit stehender Kette an einem Seil hochgezogen werden.

Sägen über Kopfhöhe ist verboten.

Um die Sicherheit bei Baumpflegearbeiten zu gewährleisten, muß in Gruppen von 3–4 Arbeitskräften gearbeitet werden. Zeitweise »arbeitet« davon nur einer, die anderen sind zur Sicherung eingesetzt. Dadurch wird der Aufwand für derartige Maßnahmen relativ hoch.

Eine laufende Überwachung und rechtzeitige Pflege der Bäume stellt einen wesentlich geringeren Aufwand dar als eine nachträgliche Sanierung.

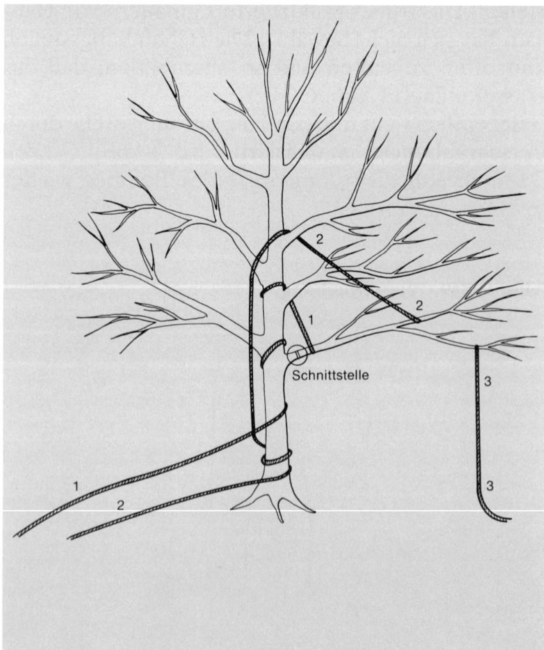

Abb. C 222. Abseilen von Ästen. 1 und 2 Halteseile, 3 Führungsseil.

Vertiefung und Kontrolle

1. Beobachten Sie ältere Bäume, und erwägen Sie aufgrund Ihrer bei Pflegemaßnahmen erworbenen Kenntnisse die dort erforderlichen Pflegemaßnahmen.
2. Achten Sie auf den Zeitaufwand einer Arbeitsgruppe für die Baumpflege, machen Sie Notizen, vergleichen Sie gegebenenfalls den Einsatz von Hubbühnen und Leitern.

10.5.7 Mitläufer und Mitesser

Der Efeu *(Hédera hélix)*
An älteren Bäumen können wir oft einen herrlichen Bewuchs mit Efeu feststellen, der den ganzen Stamm bedeckt und bis in die Spitzen hineinreicht. Das Aussehen eines Baumes wird dadurch – vor allem im Winter – positiv beeinflußt.
Es stellt sich die Frage – manchmal sogar bei Gärtnern –, ob der Efeu dem Baum schadet und ob er deshalb entfernt werden muß? Dies ist einwandfrei mit *nein* zu beantworten. Der Efeu ist kein Schmarotzer, er ernährt sich mit eigenen Wurzeln völlig selbst. Er kann dadurch in geringem Umfang für den »Wirtsbaum« eine Konkurrenz darstellen, der aber ein gesunder wüchsiger Baum gewachsen ist. Die Haftwurzeln, mit denen sich der Efeu an der Borke festkrallt, sind nicht in der Lage, Nährstoffe aufzunehmen. Die »Stämme« des Efeus winden sich auch nicht um den Baum, sondern gehen gerade empor, so daß keine Rede davon sein kann, daß der Efeu einen Baum einschnürt oder erwürgt. Durch die Efeublätter wird der Stamm beschattet und geschützt.
Es ist deshalb falsch, den Efeu von alten Bäumen herunterzureißen. Der so plötzlich schutzlose Stamm kann danach durchaus Rindenschäden bekommen. Auf jungen Bäumen wird man den Efeu durch Rückschnitt im Rahmen der üblichen Pflege etwas zurückhalten. Es ist auch nicht zweckmäßig, schwachwachsende Bäume mit Efeu zu beranken. Nimmt der Efeu überhand, kann er auch auf alten Bäumen durch Rückschnitt gezähmt werden.
Efeu ist im wahrsten Sinne des Wortes ein Mitläufer, ein Begleiter, der mehr nützt als schadet.

Die Mistel *(Víscum álbum)*
Sie ist ein Mitesser, ein *Halbschmarotzer,* der zwar selber *assimiliert,* aber die Rohstoffe nicht aus dem Boden, sondern aus dem Wirtsbaum holt.
Trotzdem sollten wir diesen eigenwilligen Vertreter unserer Flora nicht als Schädling sehen, sondern uns an seinem Anblick erfreuen. Die Mistel tritt auch auf Nadelbäumen auf, eine besondere Auffälligkeit hat die immergrüne Pflanze jedoch auf den im Winter kahlen Laubbäumen.
In Anlagen zur Obsterzeugung hat sie natürlich nichts zu suchen, aber auf den Bäumen unserer Anlagen sollten wir sie als Belebung und Zierde ansehen.

10.6 Betreuung von nicht mit Vegetation bedeckten Flächen

Die Betreuung einer Anlage umfaßt nicht nur die Vegetation, sondern auch die anderen Einrichtungen. Obwohl dies keine typisch gärtnerische Tätigkeit ist, wird sie doch im Rahmen der Pflege von Gärtnern mit ausgeführt.
Es handelt sich dabei ja gerade um die Flächen, die vom Publikum direkt benutzt und strapaziert werden.

10.6.1 Wege und Plätze

Reinigung
Sie ist eine ständig wiederkehrende Leistung. Wo es möglich ist, werden dazu Kehrmaschinen eingesetzt; auf kleinen, nicht anfahrbaren Flächen bleibt die Reinigung Handarbeit.
Dazu gehört auch das Bereitstellen und Leeren von Abfallbehältern. Es hängt von der Intensität der Benutzung ab, wie oft diese Reinigungsgänge durchgeführt werden müssen. Bei innerstädtischen Anlagen ist dies täglich der Fall, bei weniger genutzten Anlagen wöchentlich.

Unkrautbekämpfung
Sie wird in den Fugen von Plattenbelägen und Pflasterungen sowie auf wassergebundenen Decken immer wieder erforderlich. Es ist – wie bei den Vegetationsflächen – auch hier ein großer Vorteil, wenn man nicht wartet, bis alles verunkrautet ist, sondern vorbeugend eingreift.
Aus arbeitstechnischen Gründen kann dabei heute nicht mehr auf den Einsatz von chemischen Mitteln verzichtet werden. Das Angebot an entsprechenden Mitteln ist sehr groß und vielfältig. Die Mittel sollen randscharf wirken, also nicht abgespült werden und selbstverständlich keine Schäden an Bäumen oder sonstigen Pflanzen hervorrufen.
Zur Anwendung im Frühjahr – auch unter Bäumen: Mittel mit den Wirkstoffen *Amitrol* + *Diuron* (z. B.

Ektorex, Hedit, Ustinex PA und andere) oder Mittel mit den Wirkstoffen *Amitrol + Diuron + Simazin* (z. B. *Vorox, Gesal* und *Novanox M,* die auch gegen Moos wirken).
Wie gesagt, bei vorbeugender Bekämpfung ist der Aufwand gering. Sind die Unkräuter da, wird er groß, denn die durch chemische Behandlung abgetöteten und nun gelben Unkräuter sind immer noch vorhanden und müssen mit zusätzlichem Aufwand entfernt werden.

Behebung von Schäden
In erster Linie sind hier die Schäden gemeint, die zu Unfällen führen können. Durch regelmäßige Kontrollen müssen Schäden rechtzeitig erkannt und beseitigt werden, weil bei evtl. Unfällen sonst Haftungsansprüche auftreten.
Hier geht es um lose Platten oder Stufen, Unebenheiten und Löcher, die Stolperfallen darstellen.

10.6.2 Betreuung von Einrichtungen

Alle Einrichtungsgegenstände müssen laufend auf ihre Betriebssicherheit und ihre Funktionserfüllung hin überprüft werden. Hierzu gehören vor allem die *Spielgeräte:* Schaukeln, Wippen, Rutschen, Klettergerüste, Sandkästen usw., aber auch *Bänke* und *Papierkörbe.* Alles muß sich in einem Zustand befinden, der eine gefahrlose Benutzung erlaubt. Auch *Zäune* erfüllen ihre Funktion nur, wenn sie dicht sind. Ausgefallene *Beleuchtungseinrichtungen* dienen ebenfalls nicht der Sicherheit.
Abschließend sei noch einmal darauf hingewiesen, daß ohne Betreuung keine Anlage ihre Funktion erfüllen kann. Wege, Plätze, Einrichtungen, Rasen, Stauden, Sträucher und Bäume erfordern eine ständige Pflege. Diese Pflege setzt nicht nur Fachkenntnis, sondern auch in hohem Maß Verantwortungsbewußtsein voraus.

Aufmaß und Abrechnung von Pflegemaßnahmen
Das Aufmaß der Pflegearbeiten ist weitgehend problemlos. Es bietet sich an, Leistungen wie Mähen, Hacken oder chemische Unkrautbekämpfung nach m^2 abzurechnen.
Bei Düngungsmaßnahmen oder sonstigem Materialaufwand wird auch von der Menge ausgegangen, also von kg, t oder m^3.
Schnittmaßnahmen können je Baum oder Strauch pauschaliert werden. Heckenschnitte verrechnet man nach m oder m^2. Aufwendige Baumsanierungen werden am besten auf Nachweis (Stundenlohn) ausgeführt.
Etwas problematisch ist die Erfassung der Pflegemaßnahmen bei längerfristigen Verträgen, bei denen der Angebotspreis für mehrere Arbeitsgänge im Jahresverlauf gilt, evtl. sogar für mehrere Jahre. Hier muß entweder jede Leistung durch Rapport nachgewiesen werden, oder die vereinbarte Vergütung wird zu bestimmten Terminen (monatlich, vierteljährlich) fällig. Bei Mehrjahresverträgen sind Lohngleitklauseln üblich.

11 Sicherungsbauweisen

11.1 Definition und Zielsetzung

Es geht um die Sicherung von Böschungen und Ufern durch den Einsatz von Vegetation.
Die Sicherung bezieht sich auf den Schutz vor Erosion und Rutschungen sowohl von Abtragsböschungen als auch von geschütteten und natürlichen Böschungen. Auch ein Ufer stellt eine Böschung dar; hier wird jedoch ein zusätzlicher Schutz gegen die Angriffe des fließenden oder Wellen schlagenden Wassers erforderlich.
Der Einsatz von Vegetation verlangt oft eine Unterstützung durch tote Baustoffe, doch ist nur die Vegetation in der Lage, einen nachhaltigen, sich immer wieder selbst erneuernden Schutz zu bieten und das zu schützende Erdbauwerk zugleich in die umgebende Landschaft einzubinden.
Die Maßnahmen wurden in der Vergangenheit unterschiedlich benannt. Begriffe wie *Lebendbau, Vegetationsbau, Biotechnik, Grünverbau* und *Ingenieurbiologie* waren üblich und sind teilweise heute noch in Gebrauch. Verbindlich ist der Begriff *Sicherungsbauweisen* seit dem Erscheinen der DIN 18918.
Unabhängig von der Benennung ist das Ziel gleichgeblieben: Landschaft und Landschaftsteile zu pflegen und zu erhalten.

11.2 Böschungssicherung

Der Begriff Böschung wird hier angewandt sowohl für relativ kleine, nur einen oder wenige Meter hohe Straßenböschungen als auch für große Hänge.
Ist ein Boden in Hanglage offen, ohne Vegetation, setzt sofort die *Erosion* ein. Bei Gewitterregen kann sie schon in kurzer Zeit recht gewaltige Ausmaße

annehmen. Die Schutzmaßnahmen müssen also unmittelbar nach dem Erdbau durchgeführt werden, wobei es gilt, Maßnahmen zu ergreifen, die eine Schutzwirkung bis zum Wirksamwerden der Vegetation übernehmen.
Möglichkeiten der Sicherung sind: Buschlage, Faschinen, Flechtzaun, Fertigrasen, Saatmatten, Rasengittersteine, Naßsaaten und Strohdecksaaten.

11.2.1 **Buschlage** (Abb. C223)

1. Anwendung und Ziel
Beruhigung und Festlegung von Steilböschungen mit Rutschtendenz. Bei Verwendung von lebendem Material soll dessen Austrieb zu einer Dauerbegrünung führen. Anwendbar bei Abtrags- und Schüttböschungen.

2. Herstellung
In Abtragsböschungen: Aushub von hangparallelen Terrassen von 50–80 cm Breite mit bergseitigem Gefälle. Das Buschwerk wird in einer Dicke von ca. 15 cm eingelegt und mit dem Aushub der nächsten, oberen Terrasse verfüllt. Das herausragende Buschwerk wird auf ca. 20 cm Länge abgeschnitten. Abstand der Buschlagen 2–4 m.
In Auftragsböschungen wird das Buschwerk während des Schüttvorgangs eingebaut. Meist wird deshalb auch längeres Material verwendet, wodurch eine tiefer wirkende Sicherung zu erreichen ist. Sonst wird wie in der Abtragsböschung verfahren.
Material. Austriebsfähige Weidenäste und anderes Reisig. Austrieb der Weiden nur beim Bau in der Vegetationsruhe; sonst spricht man von einer toten Buschlage, bei der die Zwischenflächen standortgerecht bepflanzt werden müssen.

3. Vorteile
Sofort wirksamer Schutz in die Tiefe, bis zu einem gewissen Grad auch oberflächig. Insbesondere bei Schüttungen einfache Bauweise. Auch mit totem Material wirksam. Bei Verwendung von Weiden ist der Austrieb gut. Mehrere Abwandlungen und Kombinationen beim Material sind üblich.

4. Nachteile
Die Bauweise ist nur auf weichem Boden anwendbar, nicht auf Fels.

Ein **Cordon** wird wie die Buschlage hergestellt, aber mit austriebsfähigen, ca. 60 cm langen Steckhölzern.

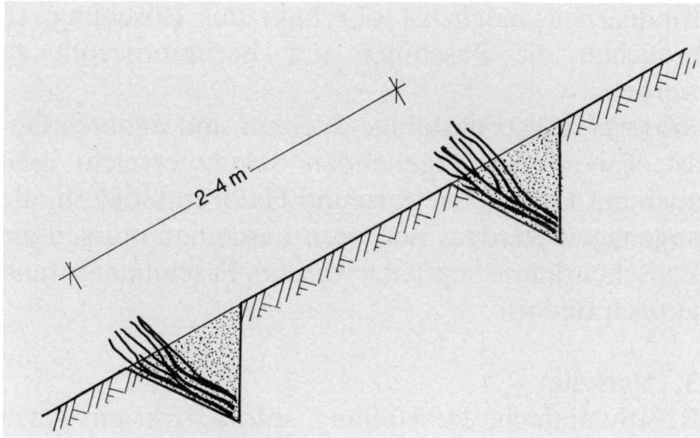

Abb. C 223. Buschlage.

Eine **Heckenlage** entspricht ebenfalls der Bauweise der Buschlage, nur verwendet man hier Heckenpflanzen.
Bei der **Heckenbuschlage** wird das Buschwerk mit Heckenpflanzen gemischt.

11.2.2 **Faschinen** (Abb. C224)

1. Anwendung und Ziel
Faschinen sind mit Draht zusammengebundene Reisigbündel, die – an Pfählen befestigt – die oberste Bodenschicht halten. Bei Verwendung von austriebsfähigem Material wird der Boden durchwurzelt und damit dauerhaft festgelegt. Faschinen sind auch als Uferschutz verwendbar.

2. Herstellung
Die Äste werden zu ca. 3–5 m langen Walzen zusammengebunden, in einer Dicke von 30–50 cm. In der Böschung werden sie an Pfählen befestigt; auf felsigen Böden sind z. B. auch Eisenstäbe möglich.

Abb. C 224. Faschinen.

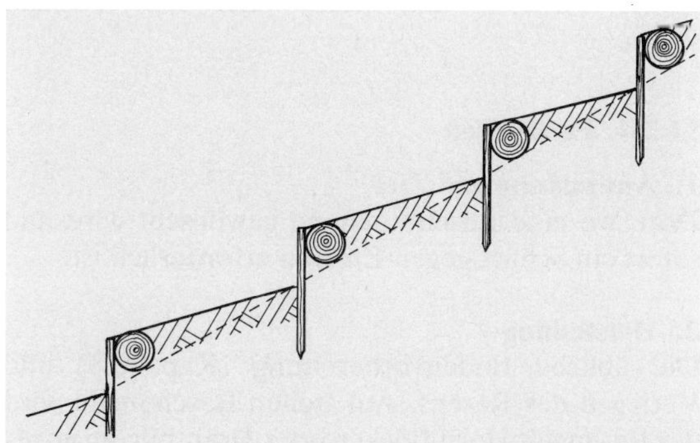

Bindearbeit möglichst oberhalb der Böschung, so brauchen die Faschinen nur heruntergerollt zu werden.
Material. Austriebsfähige Weiden und anderes Geäst. Einen vorübergehenden Schutz erreicht man auch mit Latten, Brettern und Halbrundhölzern, die angenagelt werden. Bei toten Faschinen müssen die Zwischenräume bepflanzt werden. Faschinenabstand je nach Bedarf.

3. Vorteile
Relativ einfache Herstellung, sofort wirksam. Auch auf klüftigem Fels möglich.

4. Nachteile
Bei Lebendfaschinen hoher Materialverbrauch, schlechter Austrieb.

11.2.3 Flechtzaun / Zopfgeflecht (Abb. C225)

1. Anwendung und Ziel
Wie bei Faschinen, aber immer mit lebendem Material, deshalb auch ein dichter Austrieb.

2. Herstellung
Die Weidenruten werden ca. 20 cm tief in den Boden gesteckt und dann zwischen ebenfalls in den Boden geschlagenen Pflöcken verflochten. Sie werden mit Krampen an den Pflöcken befestigt. Die ca. 20–30 cm hohen Geflechte werden parallel oder diagonal am Hang angeordnet, die Zwischenräume mit Erde verfüllt, Abstand 1,5–3 m.
Material. Flechtfähige, austriebsfähige Weidenruten.

3. Vorteile
Sicherer Austrieb, sofort wirksam, auch auf Fels.

4. Nachteile
Hoher Arbeits- und Materialaufwand, deshalb selten.

11.2.4 Fertigrasen

1. Anwendung und Ziel
Dort, wo eine Rasenböschung gewünscht wird und sofort ein Schutz gegen Erosion erforderlich ist.

2. Herstellung
Die übliche Bodenvorbereitung (Kap. C8) und Verlegen des Rasens. Auf steilen Böschungen wird der Rasen mit Holzpflöcken oder Drahtbügeln angenagelt. Es ist auch möglich, Fertigrasen nur streifenweise zu verlegen und dazwischen anzusäen.
Material. Rollrasen oder Rasensoden.

3. Vorteile
Sofort geschlossene Vegetationsdecke, Erosionsschutz, zeitlich weitgehend ungebunden.

4. Nachteile
Hoher Material- und Zeitaufwand, hilft nicht gegen Rutschungen, auch gegen Wellenschlag nicht sehr wirksam.

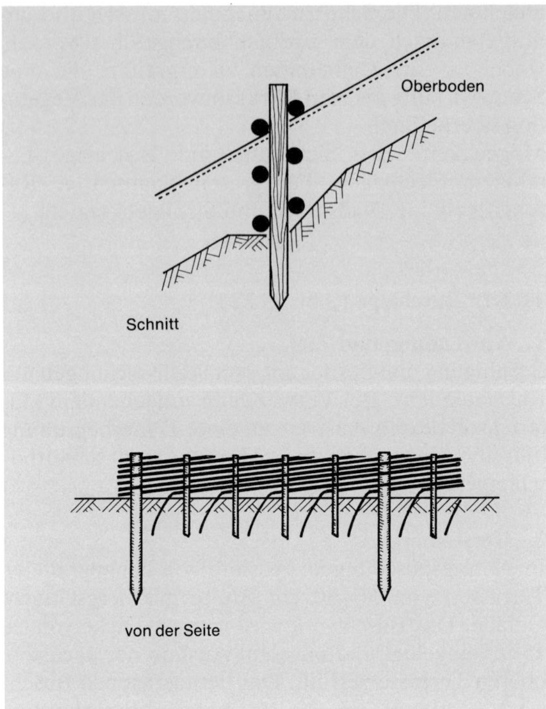

Abb. C 225. Flechtzaun.

11.2.5 Rasensaatmatten

1. Anwendung und Ziel
Dort, wo eine Rasenböschung gewünscht wird und sofort ein Schutz gegen Erosion erforderlich ist.

2. Herstellung
Die Matten werden nach der üblichen Bodenvorbereitung auf der Böschung ausgelegt und mit Drahtbügeln befestigt.

Material. Matten von verschiedenen Herstellern aus Papier, Kokos- oder Kunststoffgeflecht, auf die das Saatgut und zum Teil auch Dünger angeklebt ist.

3. Vorteile
Die Matten sind leicht zu verlegen, sie bieten sofort Schutz, beschatten den Boden und halten ihn feucht. Das Material ist billiger und der Aufwand geringer als bei Verwendung von Fertigrasen.

4. Nachteile
Bei ungenügendem Bodenschluß schlechter Austrieb. Sorgfältige Bodenvorbereitung erforderlich.

11.2.6 Rasengittersteine

1. Anwendung und Ziel
Für exponierte Böschungen, wo sofort ein massiver Schutz erforderlich ist. Verwendung eventuell nur am Böschungsfuß. Die Zwischenräume können angesät oder bepflanzt werden, auch Steckhölzer sind möglich.

2. Herstellung
Einbau der Steine wie im Wegebau (Kap. C 7.5.5.) auf ein Sandbett. Der Einbau kann schon während der Planierung erfolgen. Die Zwischenräume sollten mit durchlässigem Bodenmaterial verfüllt werden.

3. Vorteile
Sofort wirksamer und dauerhafter Schutz. Durch die Kombination mit der Vegetation später nicht als »tote« Verbauung zu erkennen.

4. Nachteile
Hoher Material- und Zeitaufwand. Für die Bepflanzung kommen nur Jungpflanzen oder Steckhölzer in Frage.

11.2.7 Naßsaaten

1. Anwendung und Ziel
Verwendung dort, wo Rasen- oder Grasböschungen gewünscht werden bei sofortigem Schutz der Böschung und der Saat bis zur Verwurzelung. Die Ansaat ist auch ohne Oberboden möglich. Große Flächenleistung.

2. Herstellung
Einer Spritzbrühe werden Saatgut, Dünger, Kleber und Mulchstoffe zugegeben und alles gemeinsam

Abb. C 226. Naßsaat.

(meist in einem Arbeitsgang) auf die Böschung gespritzt. Dazu verwendet man Spezialgeräte, auf einem Lkw montiert: einen Tank mit Rührwerk und Pumpe und eine Spritzkanone, die bis zu 30 m weit die Brühe verteilt (Abb. C 226). Mit Schlauchverlängerungen sind Spritzungen bis zu 100 m vom Lkw entfernt möglich. Es werden sehr hohe Flächenleistungen erreicht, wobei entscheidend ist, in welcher Entfernung Wasser für die Herstellung der Spritzbrühe zur Verfügung steht.

Material
Das **Saatgut** wird dem Standort entsprechend zusammengestellt. Teilweise werden auch Gehölze mit angesät.
Als **Dünger** verwendet man meist sogenannte Langzeitdünger, von deren Nährstoffen ein Teil sofort, der andere erst später zur Verfügung steht, und rein organischen Vorratsdünger.
Die **Kleber** sind für das Verfahren von größter Bedeutung; durch sie wird es erst möglich. Sie verkleben die oberste Bodenschicht und schützen sie vor Erosion; zugleich wird das Saatgut und das Mulchmaterial an die Böschung geklebt und bis zum

Austreiben der Gräser festgehalten. Verwendet werden:

Bitumenemulsion (Kaltasphalt), wie sie auch im Wegebau genommen wird. Bitumen ist zwar vergleichsweise billig, die Verwendung geht allerdings zurück, weil es auf die Pflanzen leicht giftig wirkt; auch die schwarze Farbe stört etwas. Die angesäten Böschungen sind außerdem feuergefährdet.

Thanneremulsion, eine organische Emulsion, die nicht giftig und sogar hygroskopisch ist, also Luftfeuchtigkeit bindet, was sich günstig auf die Sämlinge auswirkt.

Latex-Bitumen-Emulsion. Latex, der Grundstoff der Gummiherstellung, ist allein zu teuer und wird deshalb mit Bitumenemulsion gemischt.

Kunststoffemulsionen wie *Curasol, Hüls 801* und *Tylose 666;* sie sind leicht verdünnbar, pflanzenverträglich und vermörteln sozusagen die oberste Bodenschicht.

Die *Hydrosilikate Alginure, Collopex, Verdyol* und *Agrosil* verwendet man zur Bodenverfestigung und Bodenverbesserung. Zum Verkleben der Mulchstoffe setzt man noch Zellulose (Leim) zu.

Als **Mulchstoffe** verwendet man gehäckseltes Stroh oder besser Heu.

3. Vorteile

Da mit der Ansaat zugleich die Düngung und Bodenverbesserung ausgebracht wird, vereinfacht sich die Bodenvorbereitung wesentlich. Auch an die Oberflächengenauigkeit werden bei der Naßsaat geringere Anforderungen gestellt.

Die große Flächenleistung ist nicht nur arbeitstechnisch interessant, sondern auch vegetationstechnisch, weil dadurch z. B. im September noch großflächige Begrünungen möglich sind, die in Handarbeit nicht mehr rechtzeitig durchführbar wären.

4. Nachteile

Solange Standorte begrünt werden, die üblicherweise in der Lage sind, Vegetation zu tragen, gibt es keine Nachteile.

Naßsaaten auf ungeeigneten Standorten führen zum Mißerfolg.

11.2.8 Strohdecksaat

1. Anwendung und Ziel

Die Strohdecksaat wird nach ihrem Erfinder, Ingenieur SCHIECHTL, auch *Schiechteln* genannt. Das Ergebnis ist dasselbe wie bei den Naßsaaten. Sie wird dort angewandt, wo keine Naßsaatgeräte einsetzbar sind, weil es keine mit Lkw befahrbaren Straßen gibt, oder auf kleineren Flächen.

2. Herstellung

Ansaat der Böschung in herkömmlicher Weise (Kap. C 8). Danach wird die Böschung mit Strohhäcksel abgedeckt, das in Handarbeit verteilt wird. Diese Strohabdeckung wird nun mit einer Bitumenemulsion übersprüht und somit verklebt. Die Bitumenemulsion kann mit Rückenspritzen verteilt werden.

3. Vorteile

Herstellung ohne Spezialgeräte möglich. Das verklebte Stroh bleibt ganz gut liegen und bietet einen Schutz gegen Austrocknung, Schlagregen und Verkrustung und bis zu einem bestimmten Grad auch gegen eine Erosion.

4. Nachteile

Das mit Bitumen übersprühte Stroh ist brandgefährdet. Auch werden keine großen Flächenleistungen erreicht.

11.3 Uferschutz

Bei starker Beanspruchung durch Wellenschlag oder bei rasch fließenden Gewässern sind lebende Verbauungen meist nicht ausreichend. Solche Ufer werden durch Mauern, Palisaden oder Pflasterungen geschützt. Auch unter der Wasserlinie verwendet man meist tote Baustoffe.

Durch die Vegetation erreicht man bei stehenden Gewässern an der eigentlichen Uferlinie und bei fließenden Gewässern an den höherliegenden Zonen, die unter Umständen zeitweilig von Hochwasser bedroht sind, einen wirkungsvollen und dauerhaften Schutz. Zugleich wird das Gewässer dadurch in die Umgebung eingebunden.

Bei stehenden Gewässern mit flachen Ufern ist kein eigentlicher Schutz erforderlich. Hier steht die Einbindung in die Landschaft im Vordergrund, was nur durch die Schaffung einer natürlichen Vegetation möglich ist.

Direkt an bzw. *unter* der Wasserlinie pflanzt man *Schilf, Binsen* und *Rohrkolben; über* der Wasserlinie werden *Seggen, Mädesüß, Pestwurz* und *Rohrglanzgras* verwendet sowie *Weiden, Erlen* und *Pappeln.*

Ist kein flaches Ufer vorhanden, muß es ausgebildet werden (Abb. C 227). Diese Maßnahme ist bei der

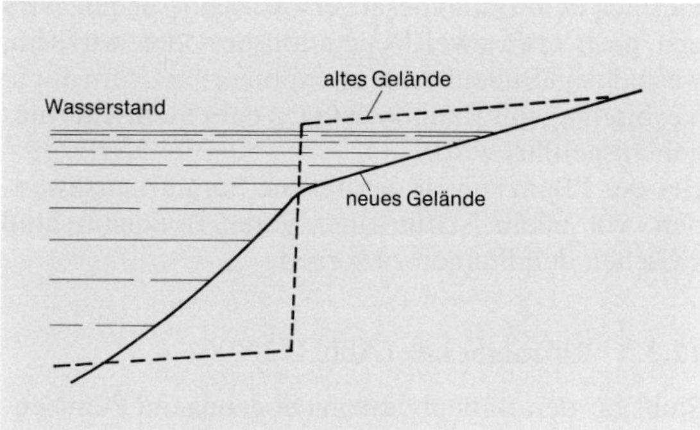

Abb. C 227. Flache Uferausbildung.

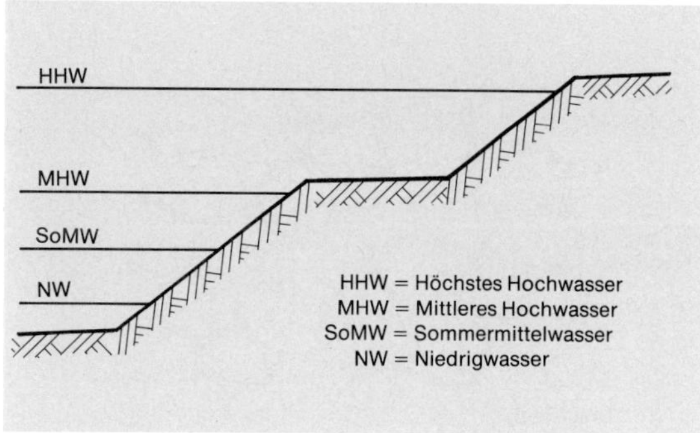

Abb. C 228. Bezeichnung der Wasserstände.

Rekultivierung von Baggerseen meist die dringlichste Voraussetzung.

Bei fließenden Gewässern haben wir jahreszeitlich wechselnde Wasserstände (Abb. C228), die zu berücksichtigen sind. Der bei Baumaßnahmen maßgebende Wasserstand ist das sogenannte *Sommermittelwasser* (SoMW), also die übliche Wasserhöhe im Sommer während der Vegetationszeit. Unter dieser Wasserlinie verwendet man eine *Steinschüttung* oder eine *Rauhpackung,* die an der Wasserlinie durch *Ballenbesatz* oder *Rhizome* von Schilf und Binsen ausgestattet werden kann.
Im Bereich zwischen *Sommermittelwasser* und *mittlerem Hochwasser* genügen oft *Rasenböschungen,* die im Bedarfsfall durch *Pflasterungen* verstärkt werden, oder man verwendet Weiden in Form einer *Spreitlage/Faschine* oder *Steckhölzer.*
Für die Zone zwischen *mittlerem* und *höchstem Hochwasser,* die wesentlich seltener unter Wasser steht wie die vorige, genügt *Rasen.* Als Bäume verwendet man *Erlen, Eschen* und *Ulmen.*

11.3.1 Steinschüttung (Abb. C229)

Anwendung unter Wasser an gefährdeten Ufern, zum Teil auch im Hochwasserbereich. Es ist eine einfache Bauweise, bei der das Ufer mit geschüttetem Steinmaterial abgedeckt wird. Man verwendet dazu Schotter oder Kies (je nach Vorhandensein) in möglichst großen Körnungen über 30 mm.
Bei starker Strömung wird das Steinmaterial mit Drahtgeflechten gegen Abtrag geschützt.
Die Steinschüttung wird bis knapp über die Linie des Sommermittelwassers ausgeführt, wobei an der Uferlinie *Schilf* und *Binsen* zur Einbindung in die Landschaft angesiedelt werden können.

11.3.2 Rauhpackung (Abb. C230, Seite 288)

Anwendung hauptsächlich unter der Wasserlinie, aber auch im Hochwasserbereich. Bei der Rauhpackung handelt es sich um eine Pflasterung, die mit rohen, wenig bearbeiteten Natursteinen ausgeführt wird; man bezeichnet sie auch als *Rauhpflaster.* Unter Wasser werden die Fugen zum Teil vermörtelt oder mit Bitumen ausgegossen. Über dem Sommermittelwasser können die Fugen mit Erde verfüllt und angesät werden oder einen Steckholzbesatz mit Weiden aufnehmen.
Für die Hochwasserzone verwendet man heute statt Naturstein auch Betongittersteine (Beton-Gras-Platten).
Nach dem Ausplanieren des Ufers wird die Rauhpackung in ein Sandbett versetzt.

11.3.3 Ballenbesatz (Abb. C231, Seite 288)

Direkt *unter* der Linie des Sommermittelwassers werden *Schilf, Binsen* und *Rohrkolben* als Ballen gepflanzt.

Abb. C 229. Steinschüttung mit Ballenbesatz.

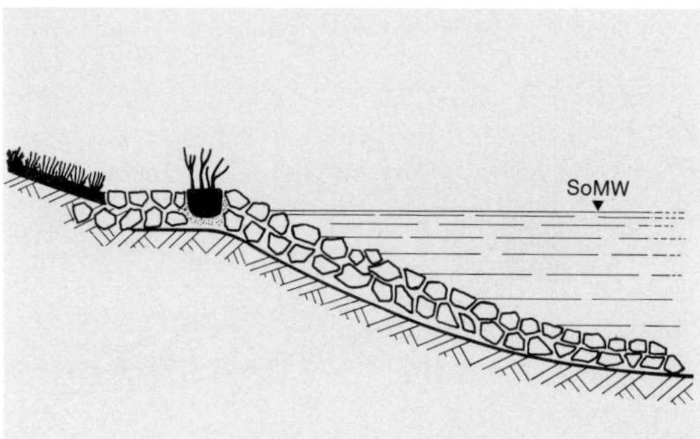

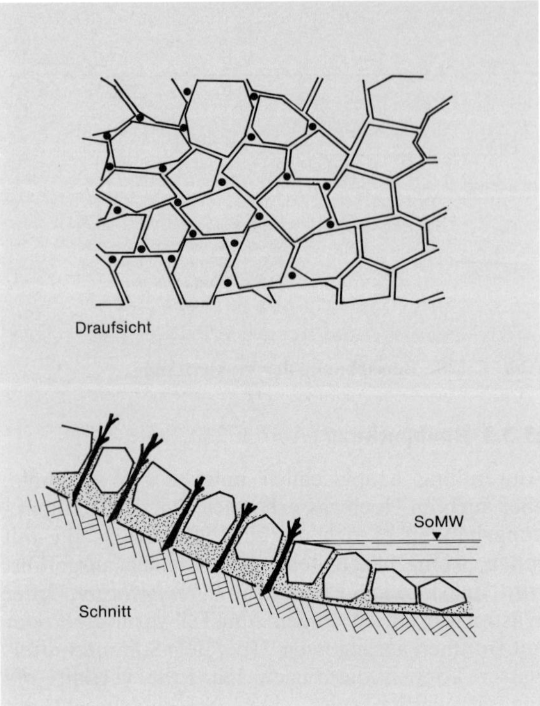

Abb. C 230. Rauhpackung mit Steckhölzern.

Direkt *über* die Linie des Sommermittelwassers pflanzt man *Rohrglanzgras, Seggen* und *Mädesüß.*
Die Pflanzen kommen aus Anzuchten von Staudenbetrieben oder werden natürlichen Beständen entnommen, falls solche in der Nähe zur Verfügung stehen. Die günstigste Pflanzzeit liegt im März und April, jedoch kann in Ausnahmefällen auch zu anderen Zeiten gepflanzt werden.

Der aus dem Ballenbesatz erwachsende Schutz wird erst nach etwa zwei Vegetationsperioden wirksam, weshalb ein Ballenbesatz an exponierten Ufern nur in Verbindung mit Rauhpackungen oder Steinschüttungen ausgeführt wird.
Bei der Pflanzung ist die übliche Sorgfalt anzuwenden, vor allem ist für einen guten Bodenanschluß zwischen den Steinen zu sorgen.

11.3.4 **Rhizombesatz** (Abb. C 232)

Steht für den Ballenbesatz nicht genügend Pflanzenmaterial zur Verfügung, werden aus Beständen durch Teilung Rhizome entnommen. Sie müssen mindestens aus einem unverletzten *Internodium,* einem Rhizomstück mit zwei Knoten, bestehen.
Geeignet sind vor allem die *Teichbinse* und *Schilf.*
Die Rhizome werden in einem 20–30 cm tiefen Graben ausgelegt und mit einem mit Sand vermischten Boden abgedeckt. Dabei soll die Grabensohle etwa auf der Höhe des Wasserspiegels liegen.
Da die Schutzwirkung von Rhizompflanzungen noch später als beim Ballenbesatz eintritt, wird sie mehr an ruhigeren Gewässern angewandt oder durch eine Steinschüttung gesichert, wobei man auf der Wasserseite mit den Steinen einen kleinen Wall bildet.

11.3.5 **Spreitlage** (Abb. C 233)

Sie wird im Bereich der Hochwassergefährdung angewandt, also über dem Sommerwasserstand. Durch eine Auflage von Reisig, das mit Draht und Pflöcken am Boden festgehalten wird, erreicht man einen sofortigen Schutz gegen das fließende Wasser. Mit austriebsfähigen Weiden erzielt man zusätzlich einen dauerhaften Weidenbewuchs.

Abb. C 231. Ballenbesatz.

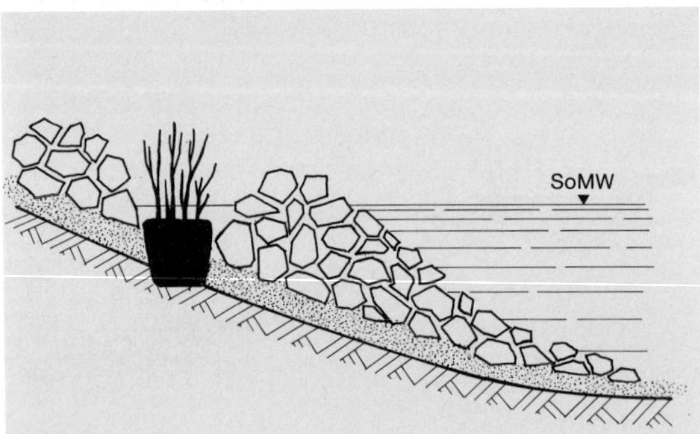

Abb. C 232. Rhizombesatz.

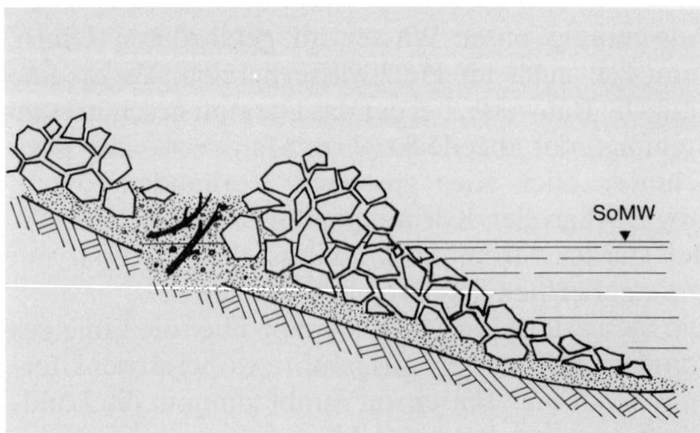

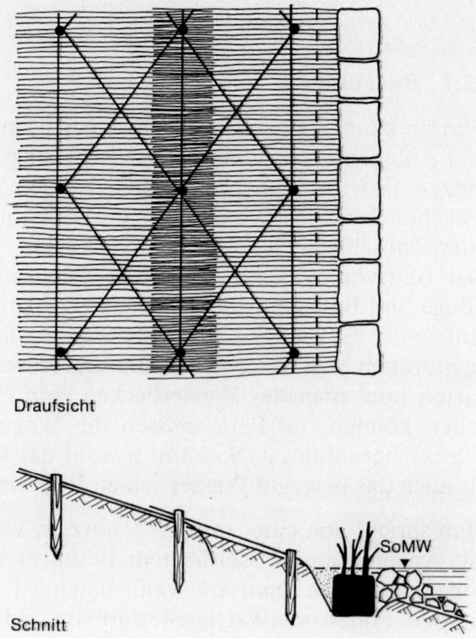

Abb. C 233. Spreitlage.

Verwendet man nichtaustriebsfähiges Reisig, spricht man von einer toten Spreitlage, die nur einen vorübergehenden Oberflächenschutz bietet. Sie muß zusätzlich mit Weidensteckhölzern versehen werden, damit diese nach dem Austrieb den Schutz des Ufers übernehmen.

Ausführung

Das Ufer wird sorgfältig ausplaniert und mit durchwurzelbarem Boden abgedeckt. Darauf legt man die Weiden dicht an dicht, senkrecht zum Wasser. Man steckt sie mit dem unteren Ende ca. 20 cm tief in den Boden, wozu ein kleiner Graben ausgehoben wird, den man nach dem Legen der Weiden verfüllt. Bei Mangel an austriebsfähigen Weiden legt man diese mit Abstand und dazwischen anderes Material.

Im Abstand von ca. 1 m schlägt man ca. 80 cm lange Pfähle in den Boden; für eine Rutenlänge mindestens zwei Reihen Pfähle, für mehrere Rutenlängen entsprechend mehr. Die Pfähle werden mit Draht verbunden. Durch das nachfolgende völlige Einschlagen der Pfähle wird die Spreitlage auf den Boden gedrückt und festgehalten. Nach dem Verankern werden die Weiden ca. 2 cm dick mit Boden überdeckt.

Bei Verwendung von totem Material wird in der gleichen Weise verfahren, nur unterbleibt das Eingraben und Überdecken mit Boden. Die tote Spreitlage kann ganzjährig angelegt werden, die lebende Spreitlage nur während der Vegetationsruhe, wobei man den besten Austrieb bei einer Bauzeit im März und April erreicht.

Am Fuß der Spreitlage, der in der Regel direkt über der Wasserlinie liegt, kann ein Ballenbesatz oder – zum besseren Schutz – eine Faschine angebracht werden (Abb. C234). Die Faschine aus Weiden treibt aus und bringt eine zusätzliche Verankerung.

11.3.6 Steckholzbesatz

Bis zur Verwurzelung und dem Austrieb bieten Steckhölzer allein keinen Schutz. Man kombiniert deshalb mit einer toten Spreitlage, mit einer Steinschüttung oder mit einer Rauhpackung. Die Steckhölzer werden im Frühjahr in den Uferboden gesteckt. Die Löcher hierzu stellt man mit einem Pflanzholz her. Ist der anstehende Boden von ungünstiger Beschaffenheit, wird das Pflanzloch mit gutem Boden verfüllt.

In Spreitlagen bringt man die Steckhölzer nach deren Fertigstellung ein.

Bei Steinschüttungen (Abb. C235) können die Steckhölzer nur nach der Schüttung gesteckt werden. Man entfernt einige Steine, macht das Pflanzloch, steckt das Holz und verfüllt mit Erde.

In Rauhpackungen (Abb. C230) können die Steckhölzer (während der Vegetationsruhe) fortlaufend mit der Pflasterung eingebracht werden. Ansonsten

Abb. C 234. Faschine am Fuß einer Spreitlage.

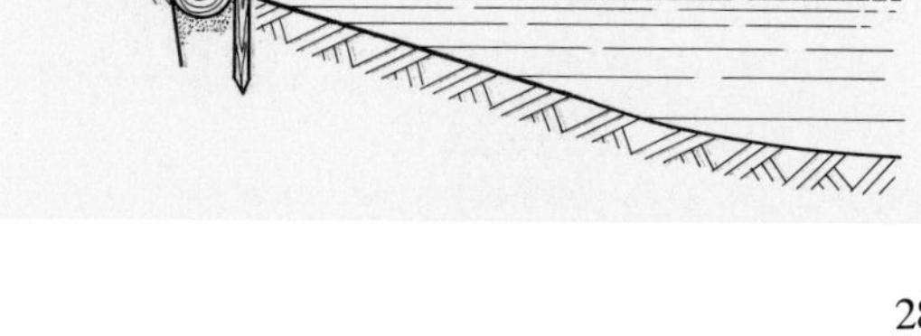

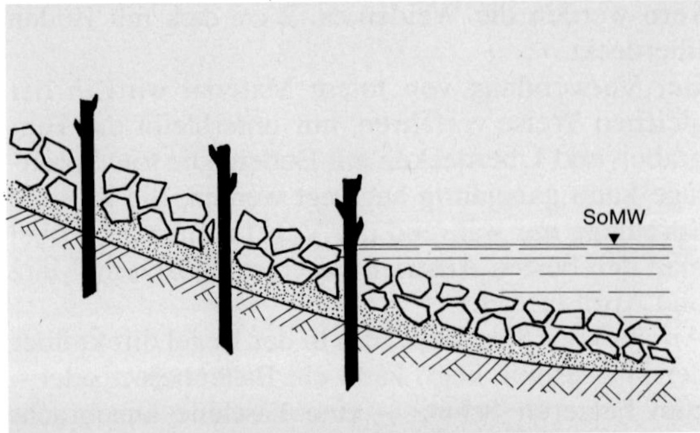

Abb. C 235. Steckholzbesatz in Steinschüttung.

läßt man beim Herstellen der Pflasterung entsprechende Lücken für die Steckhölzer, die dann zu geeigneter Zeit nachträglich gesteckt werden.

Aus der Vielfalt von Möglichkeiten von Uferausbildungen an den verschiedensten Gewässern ergibt sich von selbst, daß auch die Sicherungsbauweisen sehr verschieden sein können. Sie werden je nach Bedarf kombiniert.

Aufmaß und Abrechnung

Buschlagen, Faschinen und Geflechte werden nach m gemessen und berechnet,
Rasen in allen Formen nach m^2,
ebenso Spreitlagen.
Steckhölzer, Rhizome und Ballenpflanzungen erfaßt man nach Stückzahl.
Steinschüttungen und Pflasterungen können nach m^2, aber auch nach Gewicht abgerechnet werden.

12 Bau von Wasseranlagen

12.1 Bedeutung

Wasser kann man sehr verschiedenartig in Gärten und Anlagen als wirkungsvolles Gestaltungselement nutzen. Es wirkt immer anziehend, das kleine Brünnlein ebenso wie der See im Park, die reine Zieranlage oder Planschbecken und Schwimmbecken.
Der Bau von Wasseranlagen und insbesondere die Pflege und Betreuung erfordern einen relativ hohen Aufwand. Es ist zweckmäßig, Wasseranlagen so anzuordnen, daß sie erlebbar sind. Bei einem Privatgarten muß man das Wasserbecken vom Haus aus sehen können; im Park müssen die Wege an das Wasser heranführen. So kann sowohl das stehende als auch das bewegte Wasser seinen Reiz entfalten.

Man spricht von einer *stabilen Bauweise,* wenn man die Anlagen aus wasserdichtem Beton erstellt und von einer *labilen Bauweise,* wenn man mit Ton, Bitupappen, Folien oder Fertigteilen arbeitet, oder Beton nur als Fundament verwendet.
Für Zieranlagen eignen sich alle Bauweisen.
Badeanlagen werden ungleich stärker beansprucht, weshalb hierfür Ton- und Bitumendichtungen nicht verwendet werden; verbreitet sind Fertigbecken oder Becken aus Fertigteilen.
Um einigermaßen vernünftig schwimmen zu können, müssen Badebecken relativ groß sein, was auch den Aufwand erhöht.
Badebecken im Freien müssen auch als Zieranlage gesehen werden, eine Forderung, die durch *nachträglich* aufgestellte Fertigbecken oft nicht erreicht wird.

Vertiefung und Kontrolle

Beobachten Sie die Entwicklung von Sicherungsmaßnahmen, auch von solchen, die von Fremdfirmen ausgeführt werden. Vergleichen und beurteilen Sie Durchführung und Ergebnisse mit den eigenen Erfahrungen.

Abb. C 236. Tondichtung.

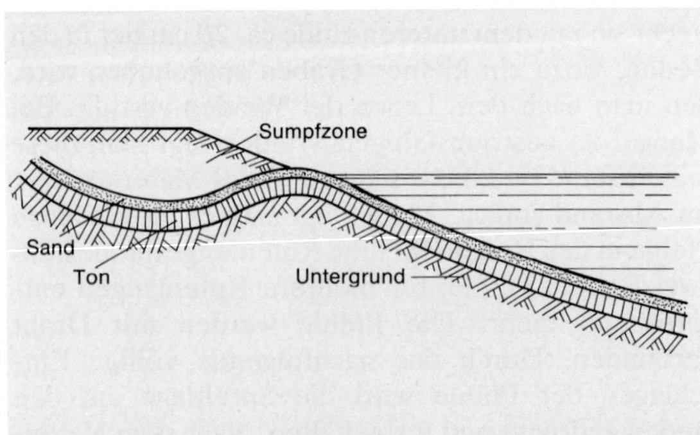

12.2 Labile Bauweisen

12.2.1 Tondichtung

Die Abdichtung mit Ton eignet sich für kleinere und mittlere Teiche mit flach ausgebildetem Ufer. Größere Teiche mit natürlichem Zulauf werden durch die natürliche Schlammbildung meist von selbst dicht. Nur auf sehr durchlässigem Boden wird der Einbau einer Tonschicht erforderlich.

Ausführung
Der Teich wird in der gewünschten Größe und Form ausgehoben, planiert und mit Flächenrüttlern verdichtet. Ufer nicht steiler als 1 : 2.*
Auf das Planum bringt man den tonigen Boden in einer Dicke von mindestens 15 cm auf. Er wird gleichmäßig verteilt, gestampft oder eingewalzt und seine Oberfläche abgeglättet, wobei man ihn annäßt. Danach wird der Ton sofort mit ca. 10 cm Sand abgedeckt, damit er nicht austrocknet und dabei Risse bekommt und auch, damit nicht zu viele Tonteilchen das Wasser trüben.
Die Tonschicht wird über den Rand hinaus weitergeführt, damit es durch einen zu hohen Wasserstand nicht zu Hinterspülungen kommt. Dadurch ist es auch möglich, eine sumpfige Uferzone zu schaffen (Abb. C 236).
Das Tonmaterial kann aus Ziegeleien bezogen werden. Wird unbekanntes Material verwendet, ist unter Umständen eine bodenphysikalische Untersuchung erforderlich.
Für relativ kleine Teiche kann man auch ungebrannte Ziegel verwenden, die man dicht aneinandersetzt. Die Oberfläche wird angenäßt und verstrichen. Auf die nasse Oberfläche setzt (klebt) man die zweite Ziegelschicht, deren Oberfläche ebenfalls naßgemacht und verstrichen wird. Natürlich muß auch hier sofort mit Sand abgedeckt werden, bevor der Ton abtrocknet. Solange der Ton naß bleibt, ist er erstaunlich dicht.
Problematisch sind »Einbauten« für Ab- und Überläufe oder ähnliches. An ihren Rändern muß feuchter Ton besonders sorgfältig eingestampft werden.

* So wird das *Böschungsverhältnis* bezeichnet. Die erste Zahl steht für die Höhe der Böschung, die zweite Zahl für die Länge. Bei einem Böschungsverhältnis 1 : 1 sind Länge und Höhe gleich, bei 1 : 2 ist die Böschung also doppelt so lang wie hoch.

12.2.2 Dichtung mit Bitupappe

Diese einfache Art der Dichtung ist für nicht zu große, teichartige Wasserbecken geeignet, die als Zieranlagen dienen.

Ausführung (Abb. C 237)
Die Anlage wird in der gewünschten Form ausgehoben, planiert und verdichtet. Um eine exakte Wasserlinie zu erhalten, wird ein Rand aus Kantensteinen versetzt und an diese der Boden sorgfältig anplaniert. Wichtig ist auch hier eine flache Uferausbildung (nicht steiler als 1 : 2). Das eben abgeglättete Planum wird mit ca. 5 cm Sand abgedeckt, um Beschädigungen der Bitupappe zu vermeiden.

Man benötigt zwei bis drei Lagen Pappe, die – mit heißem Bitumen verklebt – eine recht dichte und stabile Schicht ergeben. Das Bitumen wird mit einer Bituspritze, wie sie auch im Straßenbau Verwendung findet, erhitzt und aufgespritzt.
Erste Lage: Die Bahnen sollen sich seitlich jeweils ca. 20 cm überlappen und werden dort mit Bitumen verklebt.
Die nächste Lage verlegt man quer dazu, und zwar werden die Bahnen zunächst ausgelegt, zugeschnitten, angepaßt und dann wieder eingerollt. Nachdem dann abschnittweise Bitumen angespritzt ist, werden sie auf diese angespritzte Fläche wieder ausgerollt. Sie kleben sofort, weil das Bitumen relativ rasch erkaltet.
Auf die letzte Pappelage wird nochmals Bitumen aufgespritzt und verteilt, das heiße Bitumen wird dann mit Sand überworfen, der festklebt. Nach dem Erkalten kehrt man den überflüssigen Sand ab. Der Sandüberwurf ergibt eine angenehme Oberfläche, sie wäre sonst glänzend schwarz.

Abb. C 237. Dichtung mit Bitupappe.

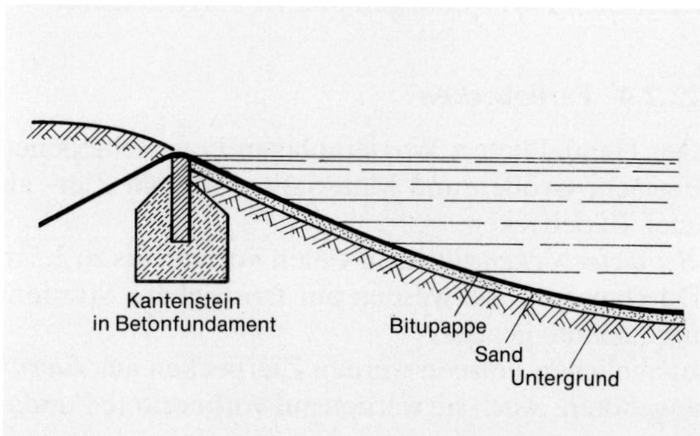

Bei diesen Arbeiten dürfen die Bitupappelagen nur mit weichen Schuhen (Turnschuhe) betreten werden. Wie auf Abb. C 237 zu sehen ist, muß die Bitupappe am Außenrand kräftig überlappen, damit sie nicht ins Becken zurückrutscht und auch ein Schutz gegen Überlauf und Hinterspülung besteht.

12.2.3 Folien- und Gewebedichtungen

Bitumenfolien bestehen aus einem Jute- oder Kunststoffgewebe mit Bitumen (z. B. KPM-Mammuthaut, System Karnatz). Die Folien werden auf einen vorher bituminierten Untergrund aufgeklebt (Abb. C 238).

Ausführung
Die Beckensohle erhält eine ca. 20 cm dicke Tragschicht aus Kiessand oder Schottergemischen. Darauf kommt ein Ausgleichsbeton B 10 in 8–10 cm Dicke. Er wird abgerüttelt und auf der Oberfläche möglichst eben abgeglättet. Auf dem abgebundenen Beton werden die Folien mit heißem Bitumen angeklebt.
Die KPM-Haut kann mit Spezialfarben gestrichen werden und ist auch an senkrechten Wänden anwendbar.

Kunststoff-Folien aus Weich-PVC, in Dicken von 0,8–1,5 mm, werden nicht auf den Untergrund geklebt, sondern lose verlegt oder verspannt und durch Aluminiumleisten gehalten. Die Folien werden untereinander verschweißt. Sie werden in verschiedenen Farben und unter verschiedenen Bezeichnungen angeboten. Unter Sonneneinstrahlung altern diese Folien und werden spröde (s. Kap. C 12.4.2).

Kunstharz-Dichtung. Auf einem Unterbau (wie für die Bitumenfolien) werden Glasfasergewebe ausgelegt und mit Polyester-Kunstharz, dem Härter und Katalysatoren zugegeben sind, getränkt. Das Kunstharz härtet zu großer Festigkeit aus. Es erlaubt alle möglichen Formgebungen und ist korrosionsfrei.

12.2.4 Fertigbecken

Der Handel liefert Wasseranlagen in verschiedenen Formen, Größen und Materialien, sowohl Zier- als auch Badebecken.
Betonzierbecken gibt es in vielen Formen bis zu 2,5 m Durchmesser. Sie werden auf frostsichere Streifenfundamente gesetzt.
In ähnlichen Formen werden Zierbecken aus *Eternit* angeboten. Auch sie werden auf vorbereitete Fundamente gesetzt.

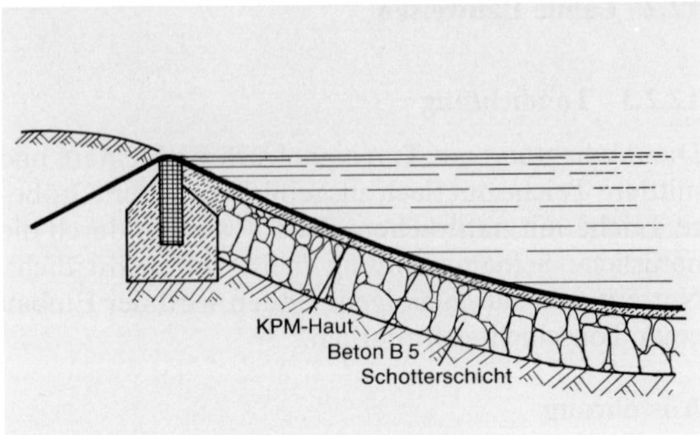

Abb. C 238. Dichtung mit KPM-Haut.

Kunstharzbecken sind als fertig ausgehärtete Becken bis zu 8 m Länge im Handel, womit sie als Badeanlage nützbar sind. Doppelwandige, ausgeschäumte Bekken sind besser isoliert als einwandige. Größere Becken werden als Bauelemente geliefert und an Ort und Stelle montiert.
Des weiteren sind Becken aus *Stahl* und *Aluminium* auf dem Markt, in kleineren Formen als fertige Becken, sonst als Elemente.
Kunstharz-, Stahl- und Alubecken werden häufig zusätzlich mit Folieneinlagen versehen.

Die Becken werden auf eine Frostschutzschicht aus Kiessand gestellt. Sie müssen auch seitlich ganz mit Kies umgeben sein, weshalb der Arbeitsraum entsprechend verfüllt wird.

12.2.5 Wasserläufe

Sofern das nötige Gefälle vorhanden ist, erzielt man mit einem Wasserlauf sehr viel Lebendigkeit in einer Gartenanlage. Steht eine natürliche Quelle zur Verfügung, kann man den Wasserlauf weitgehend ohne Abdichtung gestalten. Bei tonigem Boden und genügend Fließgeschwindigkeit kommt es kaum zu Versickerungen.
Speist man den Wasserlauf mit einer Umwälzpumpe, sind als Dichtung Bitupappen oder Folien auf Magerbeton geeignet. Sie werden mit Kies abgedeckt, der nahtlos in die seitliche Begrenzung übergeht.

12.3 Stabile Bauweisen

Darunter versteht man an Ort und Stelle betonierte Anlagen. Soweit die Anforderungen der Betontechnologie (s. Kap. C 4) erfüllt werden, erhält man sehr

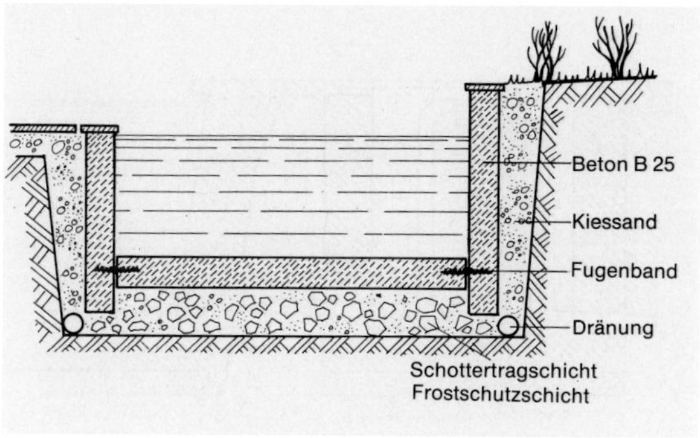

Abb. C 239. Querschnitt durch ein Betonbecken.

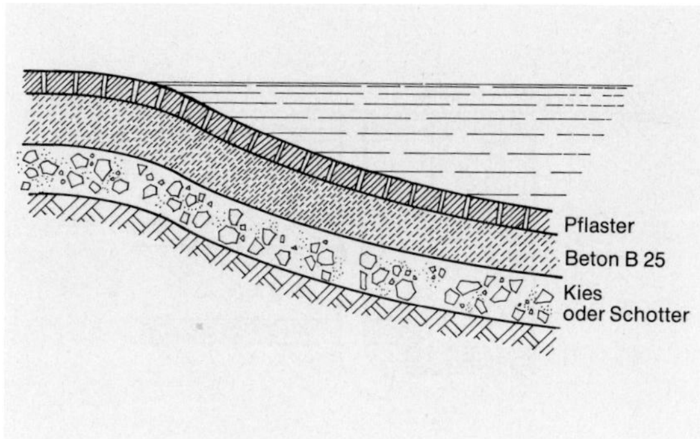

Abb. C 240. Betonbecken ausgepflastert.

dauerhafte und dichte Wasserbecken. Man sollte sich hierbei allerdings auf kleinere Anlagen beschränken, so daß keine Dehnungsfugen erforderlich werden; sonst wird der Aufwand groß. Anlagen unter Größen von etwa 8–10 m sind weitgehend problemlos.

Betonbecken sind frostfrei zu gründen. Unter der Beckensohle und seitlich ist frostsicheres Material (Kiessand) einzubauen und an eine Dränung anzuschließen (Abb. C239).

Ein Beton mit einem Wasserzementwert unter 0,6 ist – wenn bei der Herstellung und beim Einbau keine Fehler gemacht werden – wasserdicht. Eine zusätzliche Putzschicht ist nicht erforderlich. Die Außenwände von Betonbecken erhalten jedoch – wie jede andere Mauer im Erdreich – einen Isolieranstrich.

In die Arbeitsfugen, die zwischen den Seitenwänden und dem Boden entstehen, müssen Fugenbänder eingelegt werden.

Ist zur Abglättung der Beckensohle ein Mörtelglattstrich erforderlich, muß dieser auf den frischen, noch feuchten Beton aufgebracht werden.

Das Zugeben von Dichtungsmitteln zu Beton für Wasserbecken ist zu empfehlen, was aber nicht zum Nachlassen der Sorgfalt beim Betonieren führen darf.

Betonbecken mit flacher Randausbildung können mit Kiesel oder Pflastersteinen ausgepflastert werden (Abb. C240). Die Pflasterung erfolgt entweder direkt in den frisch eingebrachten Beton oder in Zementmörtel auf eine vorbetonierte Unterlage. Es ergeben sich recht ansprechende Oberflächen.

Beton kann mit Farbanstrichen versehen werden. Man verwendet Chlorkautschuk-, Kunstharz- oder Betonfarben. Bei Anstrich sind die Angaben der Hersteller genau zu beachten, da Beton bekanntermaßen ein schlechter Farbträger ist.

Vertiefung und Kontrolle

1. Fertigen Sie maßstäbliche Skizzen von Wasseranlagen, an deren Bau Sie beteiligt waren.
2. Vergleichen Sie den Aufwand für betonierte Anlagen mit dem Aufwand für labil gebaute, und achten Sie bei bestehenden Anlagen auf deren Haltbarkeit.

12.4 Detaillösungen

12.4.1 Zulauf, Überlauf, Entleerung

Zulauf

Kleine Becken können mit dem Schlauch gefüllt werden, für größere Anlagen ist die Wasserzuleitung fest zu installieren. Wird das Frischwasser unter der Wasseroberfläche zugeführt, muß in der Zuleitung ein *Rückschlagventil* eingebaut sein.

Die Wasserzuleitung kann natürlich auch gestalterisch genutzt werden; das Wasser muß ja nicht unbedingt einem sitzenden Fisch aus dem Maul rinnen.

Um beim Wasserverbrauch zu sparen, verwendet man auch *Umwälzpumpen.* Diese werden dann in zugänglichen Schächten (frostfrei) oder im Haus montiert. An- und Abschalten muß bequem (ohne in einen Schacht zu steigen) möglich sein, aber einen Mißbrauch ausschließen (Abb. C250, C251, Seite 297).

Überlauf

Jede Wasseranlage braucht einen Überlauf, der verhindert, daß überschüssiges Wasser irgendwo Schaden anrichtet.

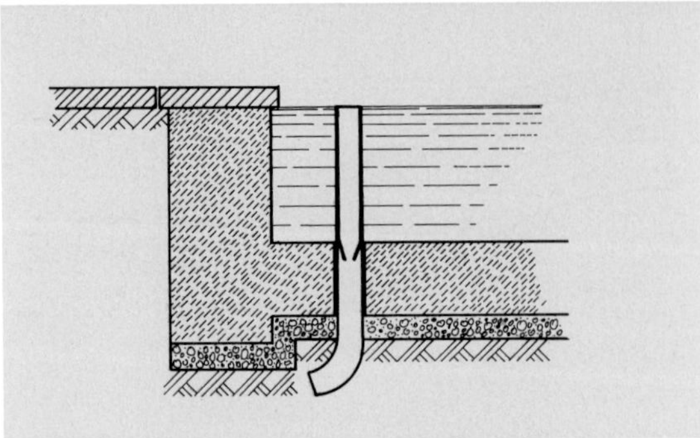

Abb. C 241. Überlauf. Ablauf durch Standrohr.

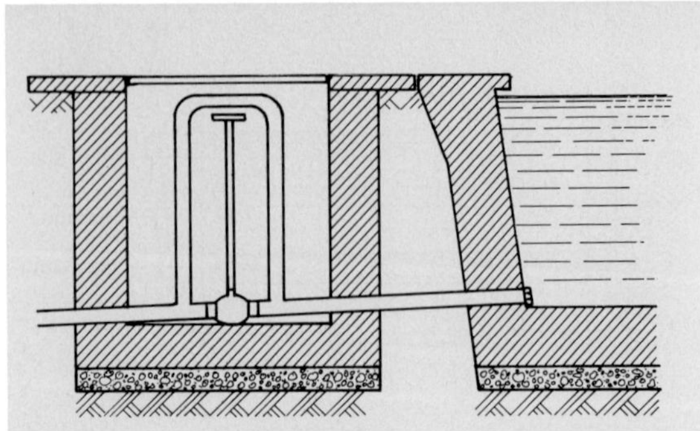

Abb. C 243. Überlauf im Schacht.

Eine einfache Lösung ist ein *Standrohr* (Abb. C 241), das im Ablauf steckt. Das oben offene Rohr hat den Nachteil, daß es das erwärmte, sauerstoffreiche Wasser abführt und daß es durch an der Oberfläche schwimmende Blätter oder dergl. leicht verstopft. Diese Nachteile werden durch ein *Doppelrohr* mit unterem Einlauf vermieden (Abb. C 242).

In öffentlichen Anlagen sind Standrohre ungeeignet,

Abb. C 242. Doppelrohr mit unterem Einlauf.

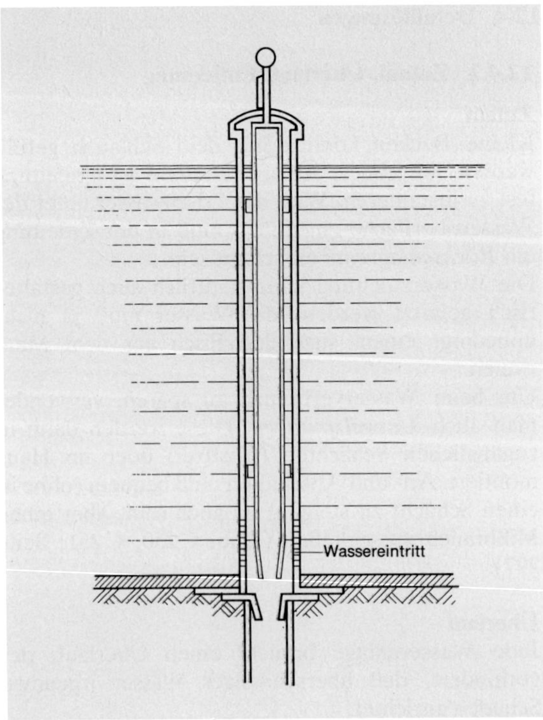

weil sie von Unbefugten herausgezogen werden können und sich somit die Becken entleeren. Hier wird der Überlauf, der ja zugleich die Wasserhöhe regelt, außerhalb des Beckens in einem Schacht angebracht (Abb. C 243). In das U-förmige Rohr muß oben ein kleines Loch gebohrt werden, damit Luft eintreten kann, sonst wird das Becken leergesaugt.

Bei größeren Badebecken sind die genannten Lösungen auch möglich, sie reichen jedoch bei einer Wasserumwälzung nicht aus. Die Becken erhalten eine *Überlaufrinne* (Abb. C 244), die rundum am Beckenrand das Wasser aufnimmt.

Entleerung

Die Möglichkeiten, den Ablauf anzuordnen, sind aus den Abb. C 241–C 244 zu ersehen. Festzuhalten ist, daß der festinstallierte Ablauf wichtiger ist als der Zulauf, um die Wasseranlage problemlos zu entleeren. Der Querschnitt des Ablaufes soll das Drei- bis Fünffache des Zulaufs betragen.

Dessen ungeachtet kann ein Becken auch mittels Pumpe oder – bei genügend Gefälle – mit dem Schlauch als Saugheber entleert werden; insbesondere dann, wenn das Wasser zum Gießen verwendet werden soll.

12.4.2 Randausbildung

Bei labilen Bauweisen:

Hier ist der Rand einer Wasseranlage die schwierigste Zone. Bitupappe, Folie und Ton halten sich unter Wasser und unter dem Boden vortrefflich, an der Sonne nehmen sie Schaden.

Wie aus Abb. C 236 auf Seite 290 zu ersehen ist, muß das Gelände am Beckenrand höher liegen und kurz abgeböscht werden. Bei einer zu flachen Überdek-

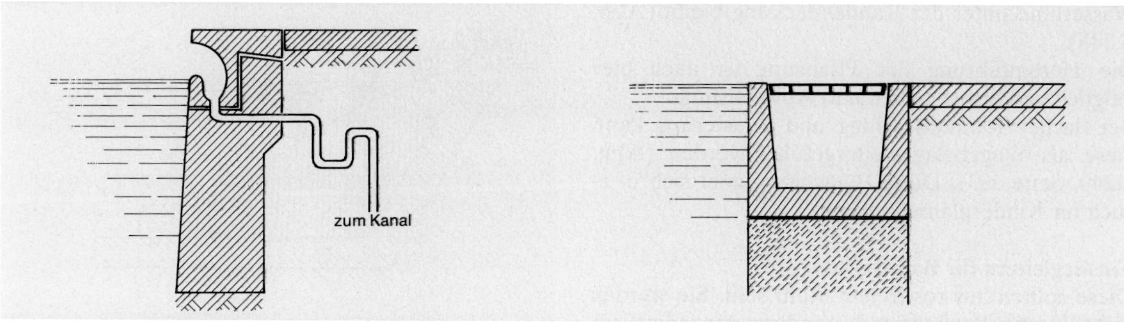

Abb. C 244. Überlaufrinnen bei Badebecken.

kung des Randes trocknet der Boden aus, und es bildet sich eine unschöne Zone.

Besondere Sorgfalt ist auf die absolut waagerechte Oberkante des Becken- oder Teichrandes zu legen; bei gefülltem Becken sind hier Fehler schonungslos zu sehen.

Überdeckung mit Kies. Flache Beckenränder werden am besten mit Kies abgedeckt (Abb. C 245). Durch

Abb. C 245. Randausbildung mit Pflanzen und Kies.
Abb. C 246. Randausbildung mit Platten.

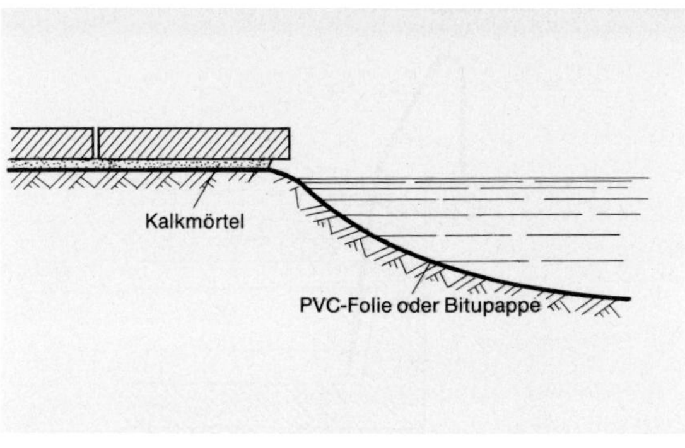

die zusätzliche Verwendung von großen Kieselsteinen wird die gestalterische Wirkung erhöht. Zwischen dem Kies beginnt die Bepflanzung.

Sumpfzone. Durch die Ausbildung einer Uferzone mit Sumpf erreicht man ebenfalls ein völlig natürlich wirkendes Bild.

Plattenbelag. Will man den Wegebelag direkt an das Wasser führen – was an sich wünschenswert ist, legt man die Randplatte auf Kalkmörtel (Abb. C 246). Es müssen Natursteinplatten verwendet werden oder Platten, bei denen der Vorsatz über die Kante reicht.

Palisaden. Bei Teichen mit Tonabdichtung kann eine Palisadenreihe gesetzt werden, hinter der die Tonschicht weitergeführt wird (Abb. C 247).

Betongittersteine/Rasenpflaster. Soll das Ufer betretbar sein, verwendet man Betongittersteine oder Rasenpflaster, die in der Uferzone auf der Tonschicht sitzen.

Bei stabilen Bauweisen:

Es gibt viele Möglichkeiten, die unproblematisch sind, solange der Rand sichtbar gestaltet ist und die

Abb. C 247. Randausbildung mit Palisaden.

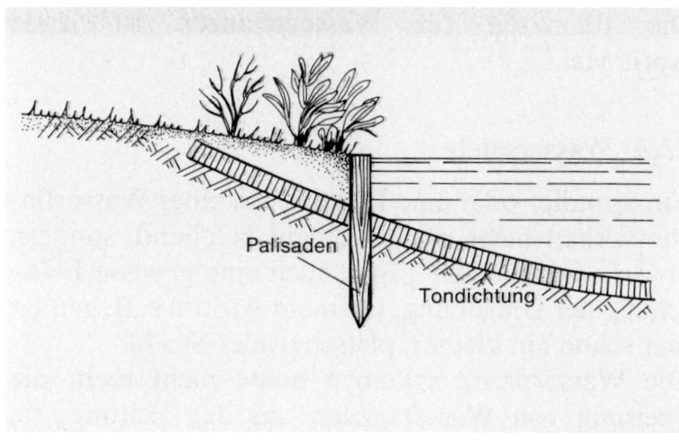

Wasserlinie unter der Randabdeckung bleibt (Abb. C 248).
Die Hereinführung der Pflanzung ist auch hier möglich und bringt Leben und Abwechslung.
Bei flacher Randausbildung und Pflasterung kann diese als Wegebelag weitergeführt werden (Abb. C 240, Seite 293). Diese Bauweise eignet sich u. a. auch für Kinderplanschbecken.

Einstiegleitern für Badebecken
Diese sollten aus rostfreiem Stahl sein. Sie werden nicht in die Beckenwand, sondern gesondert am Rand einbetoniert und am Beckenboden aufgestellt (Abb. C 249).

12.5 Pflanzungen im Wasser

Becken mit Wasserpflanzen sollten voll besonnt sein und keine Wasserspiele haben. Die Wasserpflanzen lieben warmes, ruhiges Wasser, das angemessen tief sein muß (s. Kap. C 8.2.10). Bei der Anlage von Becken ist zu berücksichtigen, daß die für die Pflanzen erforderliche Wassertiefe erst ab der Erdanfüllung nutzbar ist.
Der Einbau von festgemauerten Pflanzkammern ist nicht erforderlich; dies erschwert nur die Reinigung und spätere Umgruppierungen.
Günstig ist das Aufsetzen von Trockenmauern aus Naturstein oder Ziegel (Abb. C 245), hinter denen die Erde angefüllt wird. Durch Terrassierung erreicht man die gewünschte Wassertiefe.
Es besteht auch die Möglichkeit, die Wasserpflanzen in Kübeln (z. B. Blecheimer mit Löchern) einfach ins Wasser zu stellen. Dabei hat man insbesondere die wuchernden Arten besser im Griff.
Für die Wasserpflanzen nimmt man lehmigen, nährstoffreichen, nicht zu humosen Boden. Er wird nach der Pflanzung mit Kies 4/8 oder mit Sand 0/8 abgedeckt. Danach läßt man das Wasser ein.
Die Pflanzzeit für Wasserpflanzen ist Ende April/Mai.

12.6 Wasserspiele

Ein Sprudler oder eine Fontäne auf einer Wasserfläche wirken nicht nur ungemein belebend, sondern bewirken an heißen Tagen auch eine gewisse Erfrischung der Umgebung. In einem Atrium z. B. genügt hier schon ein kleiner, plätschernder Strahl.
Die Wasserpreise erlauben heute nicht mehr die Speisung von Wasserspielen aus der Leitung; sie werden durch *Umwälzpumpen* betrieben. Die ein-

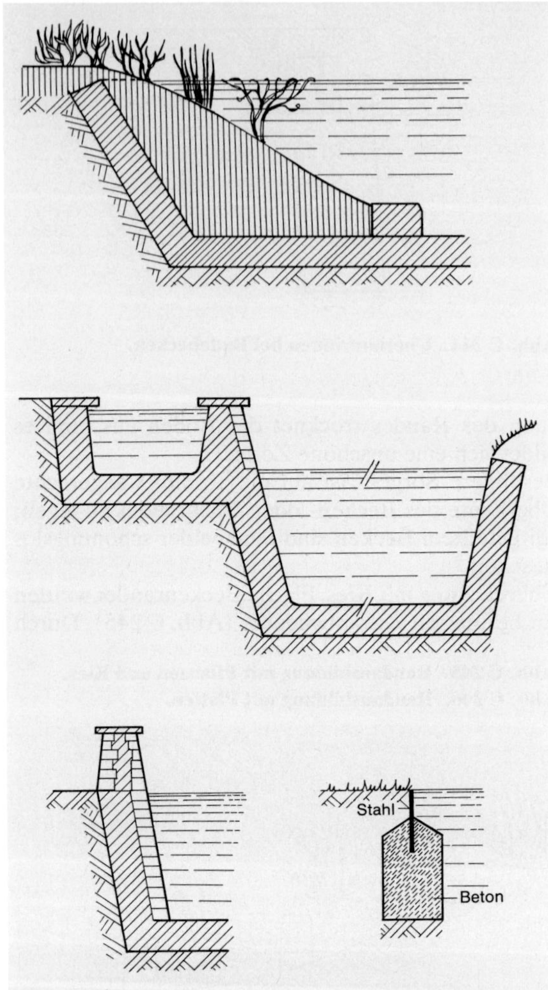

Abb. C 248. Verschiedene Randausbildungen.

Abb. C 249. Einstiegsleiter.

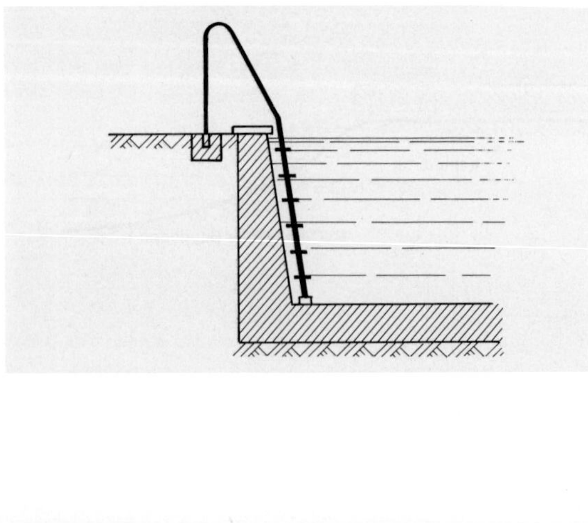

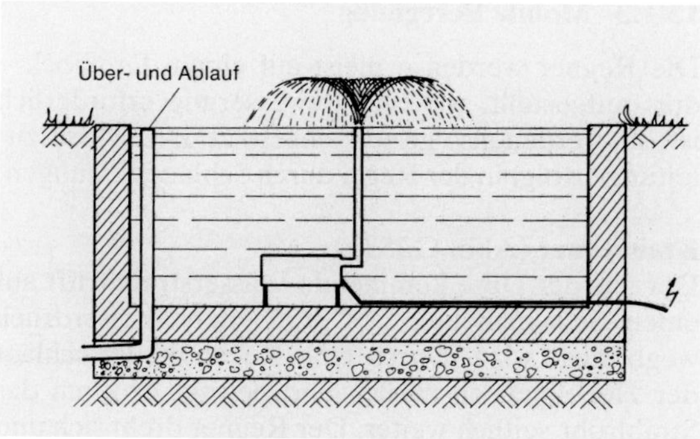

Abb. C 250. Umwälzpumpe unter Wasser.

Vertiefung und Kontrolle
Achten Sie bei Wasseranlagen auf die Details, wie Randausbildung, Zu-, Über- und Ablauf, und skizzieren Sie gelungene Lösungen.

fachste Lösung stellt eine *Unterwasserpumpe* dar, die direkt im Becken montiert ist und das Wasser durch eine Düse pumpt (Abb. C 250).
Die bessere, aber aufwendigere Lösung ist die außerhalb montierte Pumpe. Dazu wird ein separater Schacht oder ein Pumpenhaus benötigt. Im privaten Bereich bietet sich eine Unterbringung im Keller des Wohnhauses an.
Das Umwälzwasser läuft in einen Tank, der durch einen Überlauf an die Kanalisation angeschlossen ist. Zugleich hat er einen durch *Schwimmerventil* gesteuerten Zulauf, der den Wasserverlust durch Wind und Verdunstung ausgleicht und verhindert, daß die Pumpe trocken läuft. Aus dem Tank wird das Wasser wieder über das Wasserspiel in das Becken gepumpt (Abb. C 251).
Das Wasser kann über die verschiedensten Düsen von außen ins Becken spritzen oder im Becken vor sich hinplätschern; sehr ansprechende Effekte werden erzielt, wenn die Düsen unter Wasser angeordnet sind.

Abb. C 251. Umwälzpumpe im Haus.

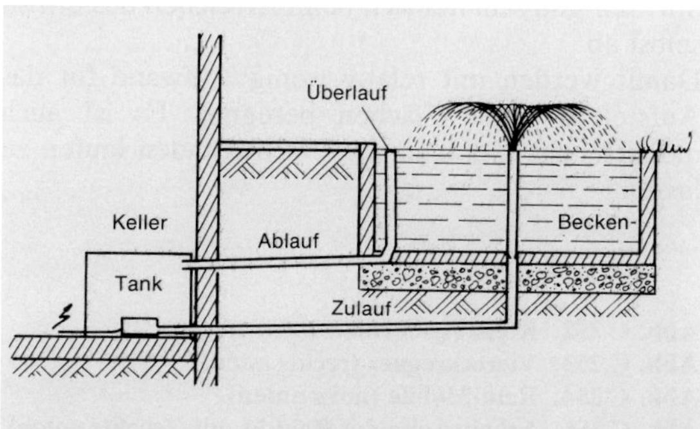

13 Ausstattung von Außenanlagen

13.1 Bewässerung

In den gärtnerischen Anlagen ist zu deren Pflege und Unterhaltung Wasser erforderlich. Es muß an die Verbrauchsstellen herangeführt werden.
Das dazu nötige Rohrnetz muß bereits bei der Neuanlage installiert werden; ein nachträgliches Verlegen ist meist sehr aufwendig.

13.1.1 Rohrleitungen

Man unterscheidet sogenannte *Sommerleitungen,* die nur in der frostfreien Zeit in Betrieb sind, und sogenannte *Winterleitungen.*
Die Sommerleitungen liegen relativ flach im Boden, ca. 30–40 cm tief, und müssen so verlegt sein, daß sie ein Gefälle zur Entleerungsstelle haben. Sie kommen in erster Linie für die gärtnerische Wasserversorgung in Frage.
Die Winterleitungen liegen 1–1,20 m tief (frostfrei) im Boden und werden im Winter nicht abgestellt. Es handelt sich dabei meist um die Wasserzuleitung für Gebäude.
Bei mehreren Anschlüssen sind die Leitungen in einem geschlossenen Ring zu verlegen; dann hat man an allen Anschlüssen denselben Druck. In einer Stichleitung nimmt der Druck mit der Entfernung ab.

Material für Rohrleitungen
Stahlrohre. Es sind nahtlose Rohre mit Wanddicken von 2–4,8 mm, die in Längen von 4–8 m geliefert werden. Die Oberfläche ist verzinkt. Sie haben an

den Enden Gewinde und werden durch Schraubmuffen verbunden.
Ihre Nennweite wird in Zoll angegeben, es ist der Innendurchmesser.

Übliche NW:

1/2	3/4	1	5/4	1 1/2	2	2 1/2	Zoll
15	20	25	32	40	50	65	mm

Rohre aus Polyäthylen PE. Schwarze Rohre, die in Ringbünden geliefert werden. Verbindungsstücke aus Messing. Die Nennweiten in mm beziehen sich auf den Innendurchmesser.
Die Rohre sind korrosions- und abriebfest und bis zu einem gewissen Grad verformbar und deshalb nicht empfindlich gegen eine etwas unebene Lage.
Rohre aus Polyvinylchlorid PVC. Dunkelgraue Rohre, die in Stangen von 5–12 m Länge geliefert werden. Verbindung durch Steck- und Klebemuffen. NW in mm = Innendurchmesser. Eigenschaften wie PE-Rohre.

An Wasserleitungen wird zur Abnahme bei offenem Graben eine *Druckprüfung* durchgeführt, um die Dichtigkeit der Leitung festzustellen.
Die Lage von Wasserleitungen muß vermessen und in einem Plan festgehalten werden.

13.1.2 Zapfstellen

In Anlagen, die gelegentlich bewässert oder gereinigt werden müssen, sind so viele Zapfstellen anzuordnen, daß man mit handlichen Schlauchlängen (40 m) alle zu bewässernden Stellen erreicht.
In geschlossenen oder privaten Anlagen wird die Zapfstelle an einem Standrohr, das am Haus oder an einem Pfosten befestigt wird, aus dem Boden geführt, so daß ein bequemer Anschluß möglich ist.
Dort, wo ein Mißbrauch nicht ausgeschlossen werden kann, verwendet man Unterflurhydranten, deren Deckel nur mit einem Schlüssel zu öffnen ist.
In Hausgärten, Kleingartenanlagen und auch auf Friedhöfen sollten Zapfstellen so gestaltet sein, daß eine Wasserentnahme auch mit der Gießkanne möglich ist. Geeignet sind Schöpfbrunnen oder Anlagen, bei denen das Wasser nur läuft, solange ein Druckventil betätigt wird. Die Möglichkeit eines Schlauchanschlusses ist natürlich trotzdem vorzusehen.
Im Bereich der Zapfstellen muß für eine rasche Wasserableitung gesorgt werden, damit durch verspritztes oder danebenlaufendes Wasser kein Morast entsteht.

13.1.3 Mobile Beregnung

Die Regner werden – meist auf einem Dreibock – dort aufgestellt, wo eine Bewässerung erforderlich ist; sie werden also gezielt eingesetzt. Die Wasserzuleitung erfolgt in der Regel durch Schlauchleitungen.

Kreisregner (Abb. C 252)
Der aus der Düse kommende Wasserstrahl trifft auf einen Schwinghebel, der durch den Wasserdruck wegbewegt wird. Durch eine Rückholfeder schlägt der Hebel jedoch zurück und bewegt dadurch das Strahlrohr seitlich weiter. Der Regner dreht sich und beregnet eine kreisförmige Fläche. An den Regnern ist eine Einstellmöglichkeit, die bewirkt, daß nur sektorenweise (Viertel- oder Halbkreis) beregnet wird.
Es handelt sich um sogenannte Langsamregner, die pro h etwa 7 l je m^2 verteilen.

Viereckregner (Abb. C 253)
Das in den Regner eingeleitete Wasser treibt ein Turbinenrad, dessen Umdrehung durch einen Schneckentrieb auf eine Kurbel übertragen wird. Diese schwenkt die Bogendüse langsam hin und her. Der Regner beregnet eine viereckige Fläche, was in kleineren Anlagen und zur randscharfen Beregnung wichtig ist. Die Viereckregner sind allerdings teurer und auch anfälliger als die Kreisregner, weshalb sie nur in den Fällen eingesetzt werden, wo eine genau abgegrenzte Beregnung gefordert wird.

Rain-Mobile (Abb. C 254, C 255)
Auf ebenen Flächen (Sport- und Spielplätze) hat sich das Gerät gut bewährt. Ein Kreisregner ist auf ein Fahrgestell montiert. Dieses wird durch den Wasserdruck angetrieben, indem sich ein Drahtseil auf eine Trommel aufrollt. Das Seil wird über das zu beregnende Feld gespannt und durch einen Stahlstift am Boden verankert. Das Gerät zieht sich nun zu dem Stift hin und schaltet sich beim Erreichen des Stiftes selbst ab.
Damit werden mit relativ wenig Aufwand für das Aufstellen große Flächen beregnet. Es ist auch möglich, das Gerät in den Nachtstunden laufen zu lassen.

Abb. C 252. Kreisregner (links oben).
Abb. C 253. Viereckregner (rechts oben).
Abb. C 254. Rain-Mobile (links unten).
Abb. C 255. Arbeitsweise des Rain-Mobile (rechts unten).

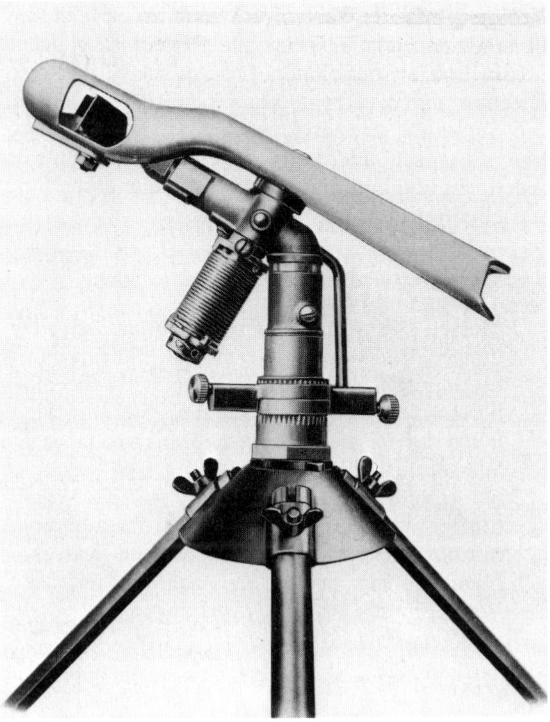

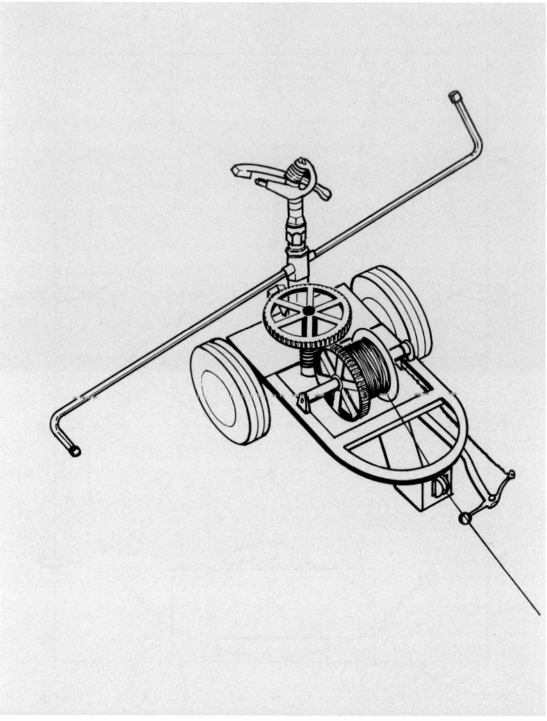

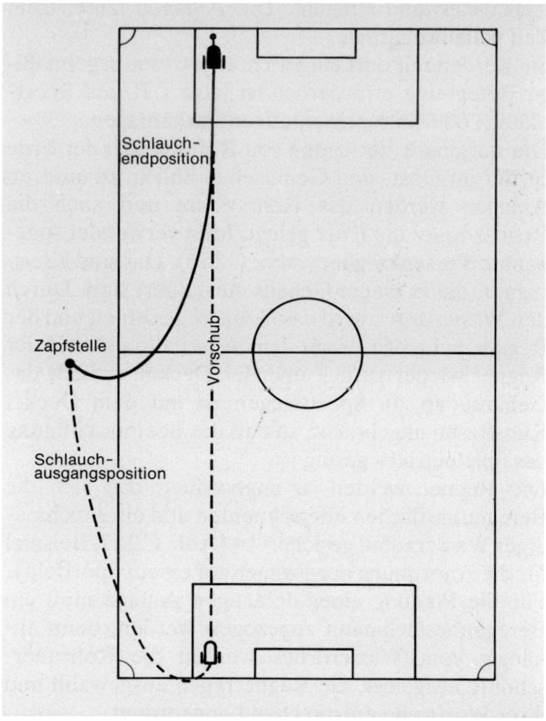
Schlauch-
endposition
Zapfstelle
Vorschub
Schlauch-
ausgangsposition

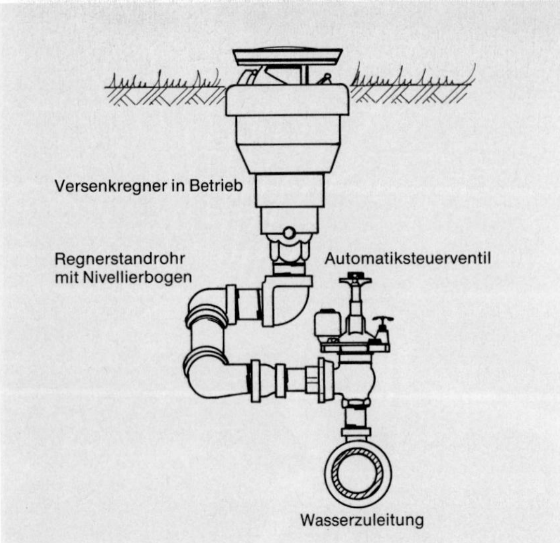

Abb. C 256. Versenkregner.

13.1.4 Stationäre Beregnung

Die Einrichtung stationärer Anlagen ist relativ aufwendig. Dafür wird der Betrieb billiger, weil kaum Arbeitsaufwand entsteht. Die Anlagen laufen zum Teil vollautomatisch.
Sie werden nur dort eingerichtet, wo eine regelmäßige Beregnung erforderlich ist, also z. B. auf Sportplätzen oder in repräsentativen Parkanlagen.
Die stationäre Verlegung von Rohren *über* der Erde ist nur im Obst- und Gemüsebau üblich. In unseren Anlagen werden das Rohrsystem und auch die Regner *unter* die Erde gelegt. Man verwendet sogenannte **Versenkregner** (Abb. C 256). Das sind Kreisregner, die in einem Gehäuse installiert sind. Durch den Wasserdruck wird das Gehäuse geöffnet, und der Regner hebt sich. Nach dem Abschalten gleitet der Regner wieder zurück und der Deckel schließt das Gehäuse ab. In Sportflächen ist auf dem Deckel Kunstrasen angebracht, so daß die Beeinträchtigung des Spielbetriebs gering ist.
Die Regner werden so angeordnet, daß sich die Beregnungsflächen überschneiden und ein gleichmäßiger Wasseranfall gesichert ist (Abb. C 257, Beispiel für die Anordnung der Regner auf einem Sportfeld). Für die Planung einer derartigen Anlage muß ein Beregnungsfachmann zugezogen werden, denn abhängig vom Wasserdruck werden die Rohrquerschnitte ausgelegt, die Regnertypen ausgewählt und ihrer Wurfweite entsprechend angeordnet.

Der zur Verfügung stehende Wasserdruck reicht im allgemeinen nicht aus, um alle Regner zu gleicher Zeit in Betrieb zu nehmen. Die Anlage wird also so gesteuert, daß die Regner nur abschnittsweise laufen. Die Steuerung erfolgt je nach System hydraulisch oder elektrisch und kann an einer Schaltzentrale überwacht und automatisch oder mit Handschaltung betrieben werden.

Vertiefung und Kontrolle

1. Messen Sie von Regnern in Ihrem Ausbildungsbetrieb die Wassermenge, die in einer bestimmten Zeit durchläuft; messen Sie die beregnete Fläche, und rechnen Sie aus, wie lange der Regner laufen muß, bis pro m^2 10 l Wasser ausgebracht sind.
2. Kontrollieren Sie nach Beregnungen den Wasserverbrauch anhand der Wasseruhr, und ermitteln Sie daraus die ausgebrachte Wassermenge je m^2; prüfen Sie nach, wie tief das Wasser in den Boden eingedrungen ist.

Abb. C 257. Regneranordnung auf einem Sportfeld.

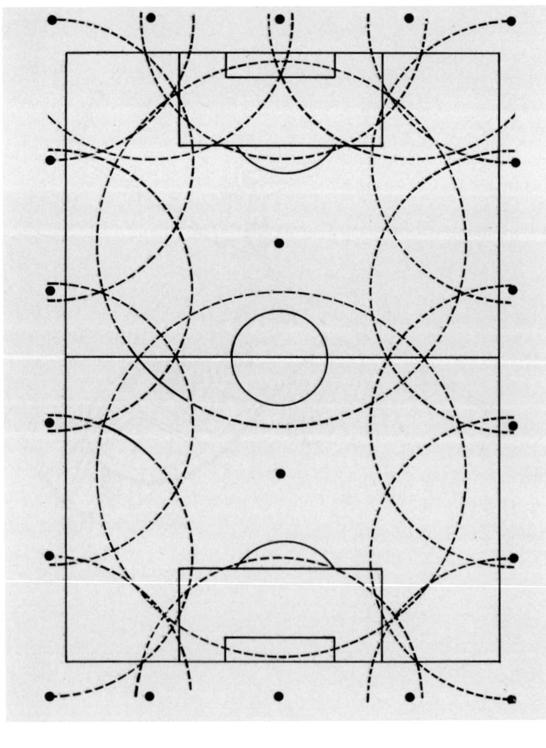

13.2 Verwendung von Holz

Im Landschaftsbau wird Holz als Hilfsmittel und als Baustoff verwendet:

- als Hilfsmittel für Schalungen, Gerüste und Absperrungen
- als Baustoff für Palisaden, Holzpflaster, Zäune, Sichtschutzwände, Pergolen, Bänke, Spielgeräte

13.2.1 Holzarten

Nadelhölzer

Fichte. Sie hat ein leichtes, weiches, gut zu bearbeitendes Holz und auch den niedersten Preis. Das Holz ist ohne Imprägnierung im Freien nicht sehr dauerhaft und sollte deshalb dort, wo es der Witterung ausgesetzt ist, nur imprägniert verwendet werden. Verwendung als Bretter, Dielen, Kantholz, Pfähle, in allen Formen.
Tanne und **Douglasie** haben ähnliche Eigenschaften, werden aber selten im Freien verwendet.
Kiefer. Das Holz ist widerstandsfähiger gegen Witterungseinwirkungen und deshalb für Pfähle, Palisaden oder Pergolen gut geeignet. Auch viele Eisenbahnschwellen sind aus Kiefernholz.
Lärche. Ist sehr witterungsbeständig, aber teuer und wird deshalb in Gartenanlagen kaum verwendet.

Laubhölzer

Auch sie kommen im Landschaftsbau wenig zur Anwendung. Im Freien und auch im Boden sind **Eiche** und **Akazie** sehr gut geeignet. Ein Großteil der Eisenbahnschwellen ist aus **Buche.**

Tropische Hölzer

Sie haben eine größere Bedeutung, sind ohne Imprägnierung sehr dauerhaft, allerdings teilweise schwer zu bearbeiten. Es handelt sich meist um mehrere (botanische) Arten, die aber unter einheitlichen Handelsnamen geführt werden.
Verwendung der tropischen Hölzer als Uferverbauung (Geflechte, Pflöcke), für Rankgerüste und Pergolen sowie für Gartenmöbel.
Bongossi ist sehr hart und schwer; es ist gut spaltbar und wird deshalb auch als Geflecht angeboten.
Afzelia ist ebenfalls sehr hart und schwer, schwierig zu nageln, aber von hoher Dauerhaftigkeit.

Handelsformen

Im Forstbetrieb wird nach Brennholz und Nutzholz unterschieden, das Nutzholz wiederum nach Rundholz und Schnittholz.

Rundholz wird eingeteilt in Stämme und Stangen; Stämme mit Durchmessern *über* 15 cm und Stangen mit Durchmessern *unter* 15 cm. Für den Landschaftsbau entstehen daraus Palisaden, Pfähle und Halbrundhölzer für Zäune usw. Sie werden nach Stück angeboten, wobei sich der Preis nach Länge und Durchmesser staffelt.
Schnittholz (Abb. C258) wird in Gattern gesägt. Man unterscheidet:

Balken	Abmessungen in cm	8/20–20/26
Kantholz	Abmessungen in cm	6/10–18/18
Latten	Abmessungen in mm	24/48–50/80
Bohlen/Dielen	Dicken ab 40 mm	
Bretter	Dicken von 10–40 mm	

Bretter gibt es gesäumt und ungesäumt sowie gefalzt und mit Nut und Feder.
Je nach Bedarf können alle Schnitthölzer gehobelt oder ungehobelt bezogen werden.

Da sich massive Bretter verziehen, werden von der Holzindustrie **Platten** gefertigt, deren Eigenschaften in dieser Hinsicht verbessert sind.
Sperrholzplatten. Mehrere Holz- und Furnierschich-

Abb. C 258. Schnittholz.

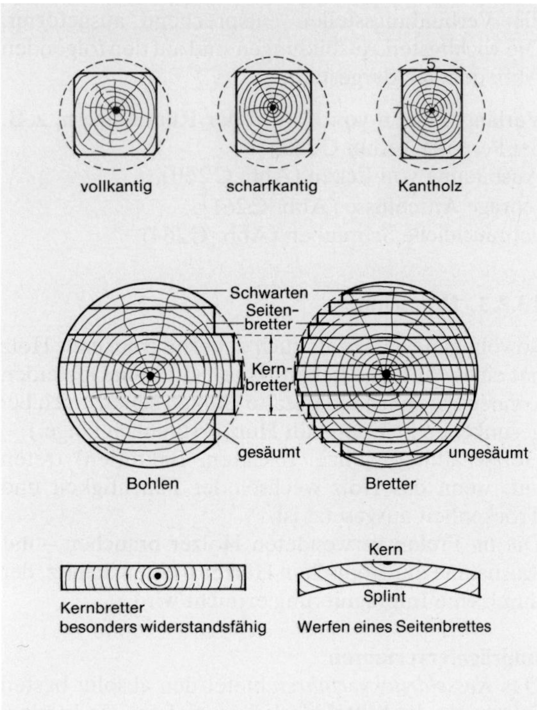

ten sind mit sich kreuzender Faserrichtung miteinander verleimt.
Tischlerplatten. Der Kern besteht aus verleimten Holzstäben, außen ist beidseitig Furnier aufgeleimt.
Spanplatten. Holzspäne werden verleimt und gepreßt. Meist nicht witterungsbeständig.
Hartfaserplatten. Holzfasern werden witterungsbeständig verleimt und gepreßt.
Die genannten Industrieprodukte werden vorwiegend für den Innenausbau verwendet.

Der Schnittholzpreis ab Sägewerk errechnet sich aus dem Preis für den Festmeter Holz.
Bretter werden zwar nach m^2 angeboten, der Preis ist aber abhängig von der Dicke.

Für Schnittholz gibt es drei Güteklassen:

- die Klasse I stellt eine Auslese dar, die kaum im Handel ist
- am weitesten verbreitet ist die Klasse II
- für einfache Zwecke reicht Klasse III gut aus, sie enthält mehr Äste

13.2.2 Holzverbindungen

Im Freien wird Holz nicht geleimt, sondern genagelt oder verschraubt. Zur besseren Haltbarkeit werden die Verbindungsstellen entsprechend ausgeformt. Die wichtigsten Ausbildungen sind auf den folgenden Abb. deutlich dargestellt:

Verlängerungen von Kant- oder Rundhölzern, z. B. bei Pergolen (Abb. C 259)
Ausbildung von Ecken (Abb. C 260),
schräge Anschlüsse (Abb. C 261),
gebräuchliche Schrauben (Abb. C 264).

13.2.3 Holzschutz

Sowohl ganz nasses als auch dauernd trockenes Holz hat eine sehr lange Lebensdauer. (In alten Gebäuden können wir jahrhundertealte Balken sehen, auch bei gesunkenen Schiffen hält Holz erstaunlich lange.)
Holzschädlinge (Pilze, Insekten, Bakterien) treten auf, wenn das Holz wechselnder Feuchtigkeit und Trockenheit ausgesetzt ist.
Die im Freien verwendeten Hölzer brauchen – mit Ausnahme der tropischen Hölzer – einen Schutz, der durch eine Imprägnierung erreicht wird.

Imprägnierverfahren
Das *Kesseldruckverfahren* bietet den absolut besten Schutz, da die Mittel hierbei am tiefsten eindringen, was für die Schutzwirkung von größter Bedeutung ist. Das Holz sollte vor dem Imprägnieren auf die gewünschte Länge gesägt werden, sonst entstehen ungeschützte Schnittflächen. Diese müssen auf jeden Fall durch Anstreichen nachbehandelt werden.
Anstrich mit Imprägniermitteln. Bei ihm wird das Mittel gleichmäßig verteilt, es zieht langsam in das Holz ein. Vielfach ist es die einzige Möglichkeit, nachträglich Mittel aufzubringen.
Tauchen bringt nur nach mehreren Stunden eine gute Bedeckung und eine einigermaßen befriedigende Eindringtiefe.
Kurztauchen und *Sprühen* sind nicht zu empfehlen.

Imprägniermittel
Die Mittel sind in ihrer Wirkung gleichwertig. Entscheidender ist die Eindringtiefe. Eine Pflanzenschädlichkeit besteht nur in der Anfangszeit. Bei öligen Mitteln tritt Geruchsbelästigung auf, sie färben zum Teil auch ab. Salzige Mittel bringen eine grünliche Farbe. Bis auf Chlornaphtalin-Präparate sind alle giftig. Durch Kesseldruckverfahren grün gefärbte Hölzer können nach der Fixierung (Festlegung der Imprägnier-Salze) mit braunen Mitteln gestrichen werden.
Gebräuchliche Mittel (Auszug)
Ölige Mittel (Carbolineen und Teerölpräparate): *Carbolineum, Avenarol, Bauholz-Basileum, Bayer Holzschutzöle, Impra D*
Chlornaphtalin-Präparate: *Xylamon Echtbraun, Xylamon Hell, Xylamon Naturbraun*
Öl- und Salzgemische: *Basilit-Paste, Xylamon-Paste* (dienen zur Nachbehandlung)
Wasserlösliche Mittel (Salzbasis): *Basilit U spezial, Corbal U 15* (pflanzenverträglich), *Flurasil, Impralit U extra, Wolmanit U hochlöslich*

Holzanstriche
Deckende Farbanstriche, z. B. mit Ölfarben, sind nicht zu empfehlen, wenn das Holz der Witterung ausgesetzt ist. Bei der Erneuerung des Anstriches muß der alte Anstrich vorher vollständig entfernt werden.
Lasierende Anstriche sind günstiger. Das Holz kann atmen. Bei nachfolgenden Anstrichen braucht das Holz nur gesäubert zu werden, den alten Anstrich kann man überstreichen.

Abb. C 259. Holzverlängerungen.

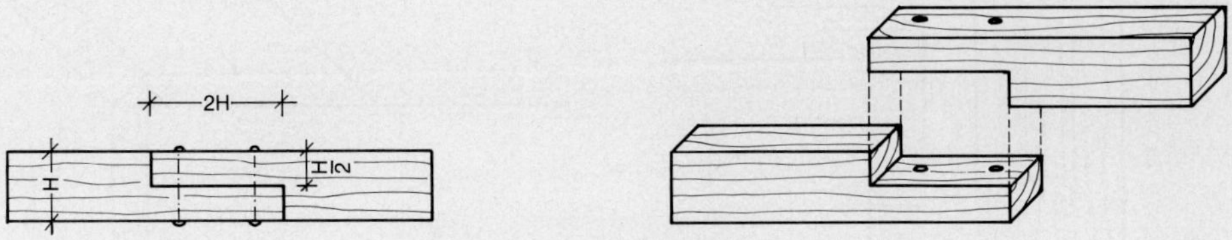

gerades Blatt mit geradem Stoß

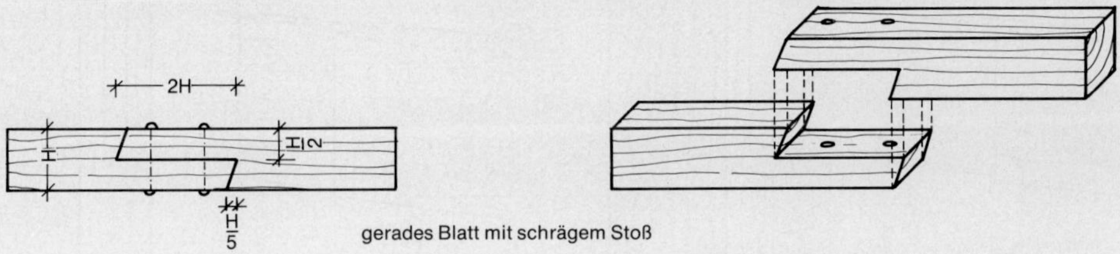

gerades Blatt mit schrägem Stoß

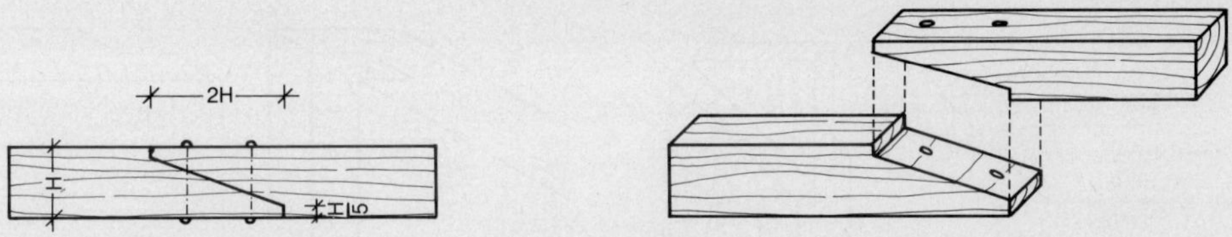

schräges Blatt mit geradem Stoß

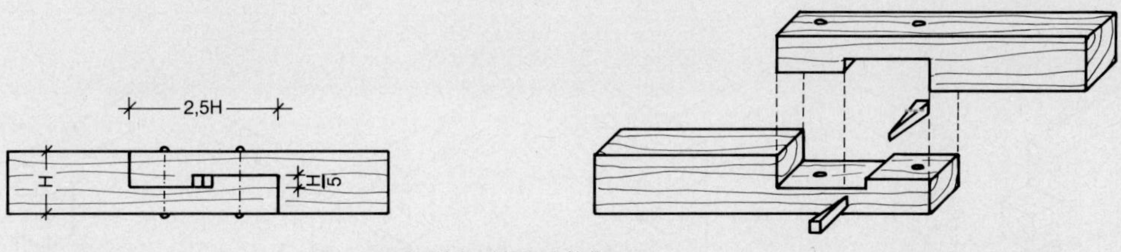

gerades Hakenblatt mit Keilen

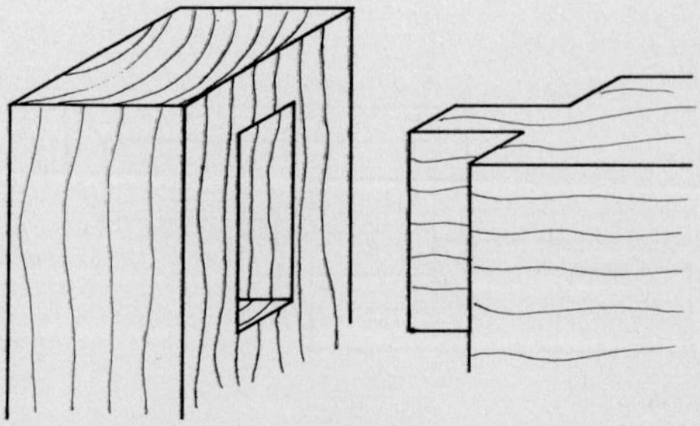

a) Stemmloch

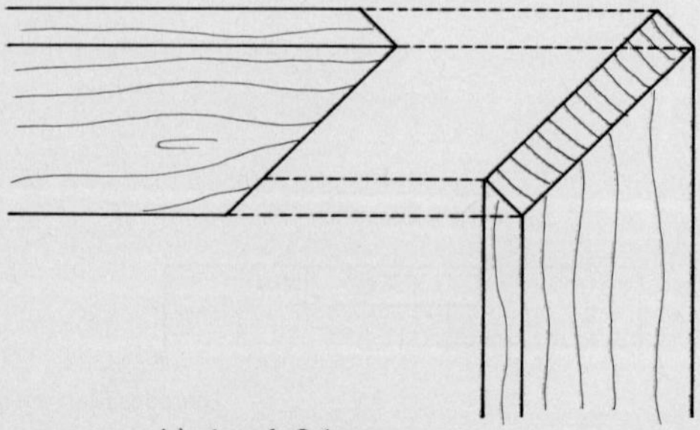

b) stumpfe Gehrung

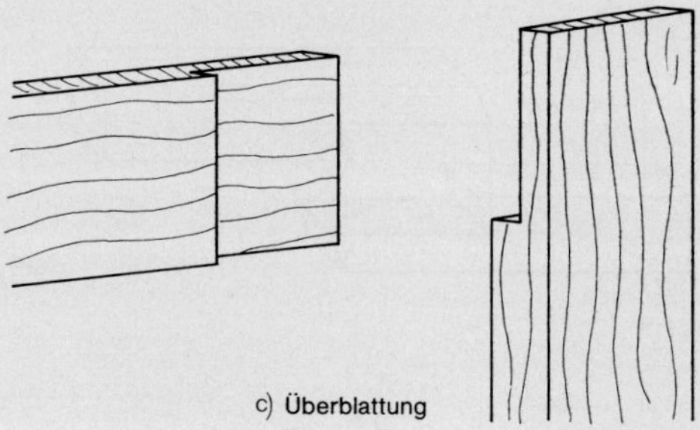

c) Überblattung

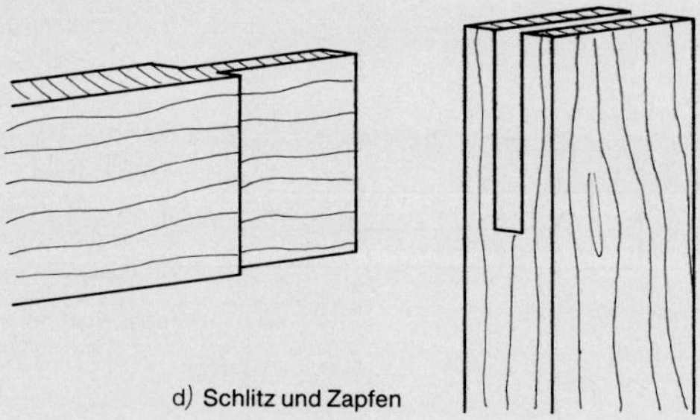

d) Schlitz und Zapfen

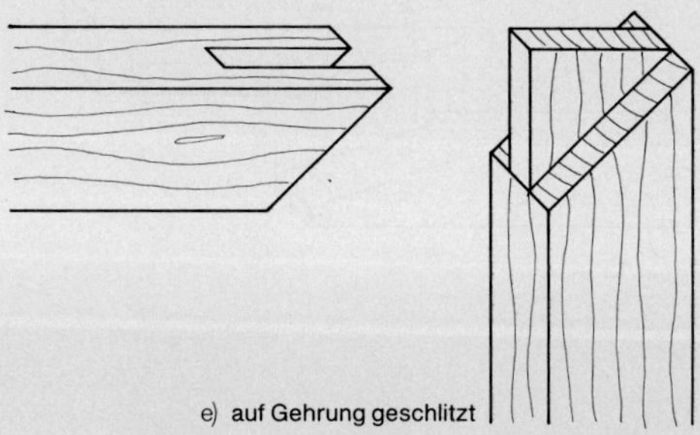

e) auf Gehrung geschlitzt

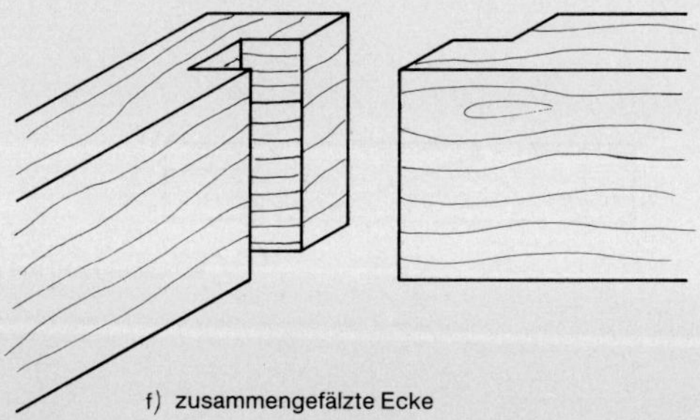

f) zusammengefälzte Ecke

g) Fingerzinken

h) Schwalbenschwanz

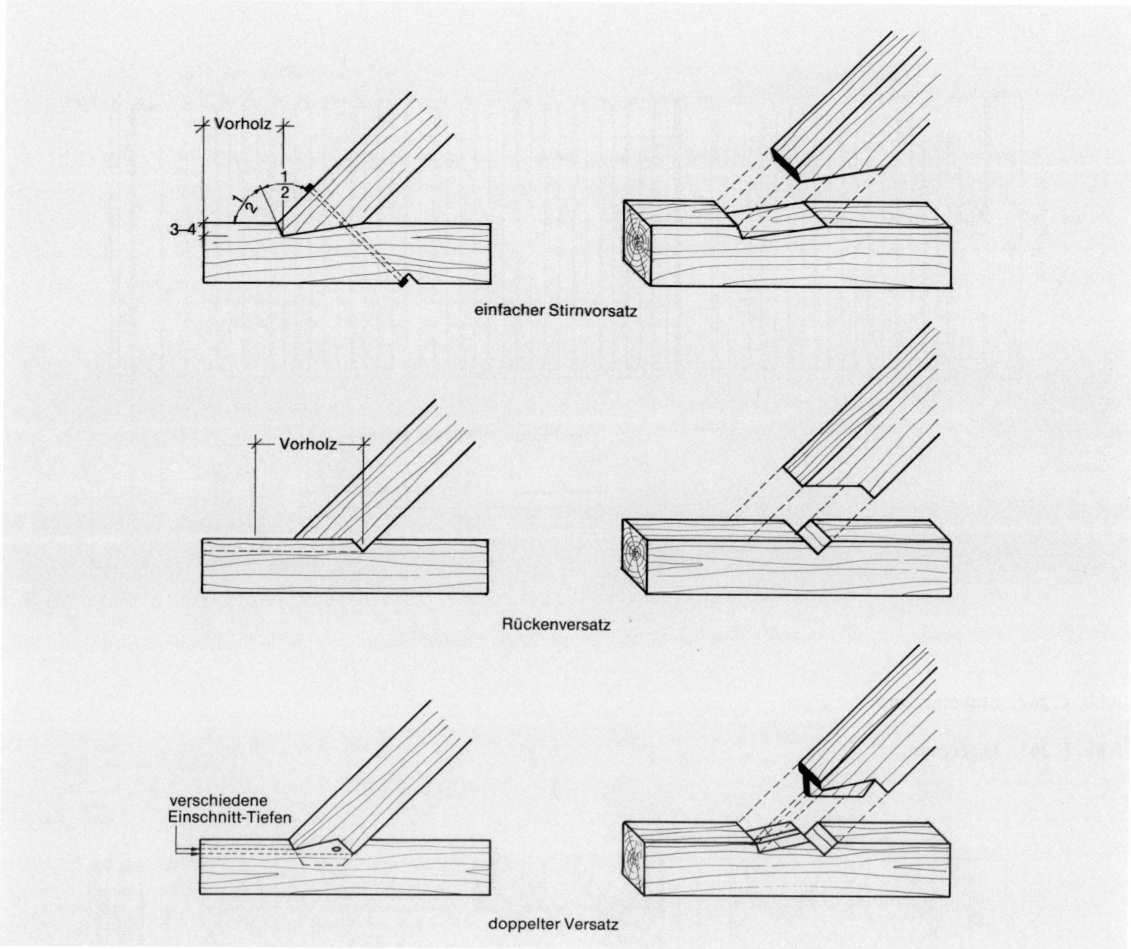

Abb. C 261. Schräge Anschlüsse (oben).

Abb. C 260. Eckausbildungen (Seite 304).

Die Mittel sind bläuewidrig, trotzdem ist ein bläueschützendes Grundiermittel zu empfehlen.
Als Anstriche sind im Handel: *Xylamon-Goldgelb, Xylamon-Lasur, Color Basileum, Sadolin* u. v. a.

13.2.4 Zäune, Sichtschutz, Rankgerüste

Bei Zäunen ist die Stelle, an der die Pfosten aus dem Boden kommen, am meisten gefährdet. Zäune mit Holzpfosten haben deshalb eine begrenzte Haltbarkeit.
Verwendet man Pfosten aus verzinkten Stahlrohren, die in einem Betonfundament stehen, ist der Aufwand für die Herstellung zwar größer, dafür aber auch die Lebensdauer wesentlich verlängert.
Bei einfachen Zäunen werden Halbrundhölzer an Pfetten angenagelt; man erhält den *Staketenzaun* (Abb. C 262, Seite 306).
Werden die Hölzer diagonal gekreuzt, spricht man vom *Jägerzaun* (Querriegel) (Abb. C 263).
Bei starker Beanspruchung wird die Lattung nicht an Pfetten angenagelt, sondern an Winkeleisen angeschraubt. Man verwendet dazu durchgehende Schrauben mit Kopf und Mutter (Abb. C 264).

Zäune über 1,5 m Höhe bieten zugleich einen sehr guten, wenig Platz beanspruchenden und sofort wirksamen Sichtschutz. Die Verwendung von Lat-

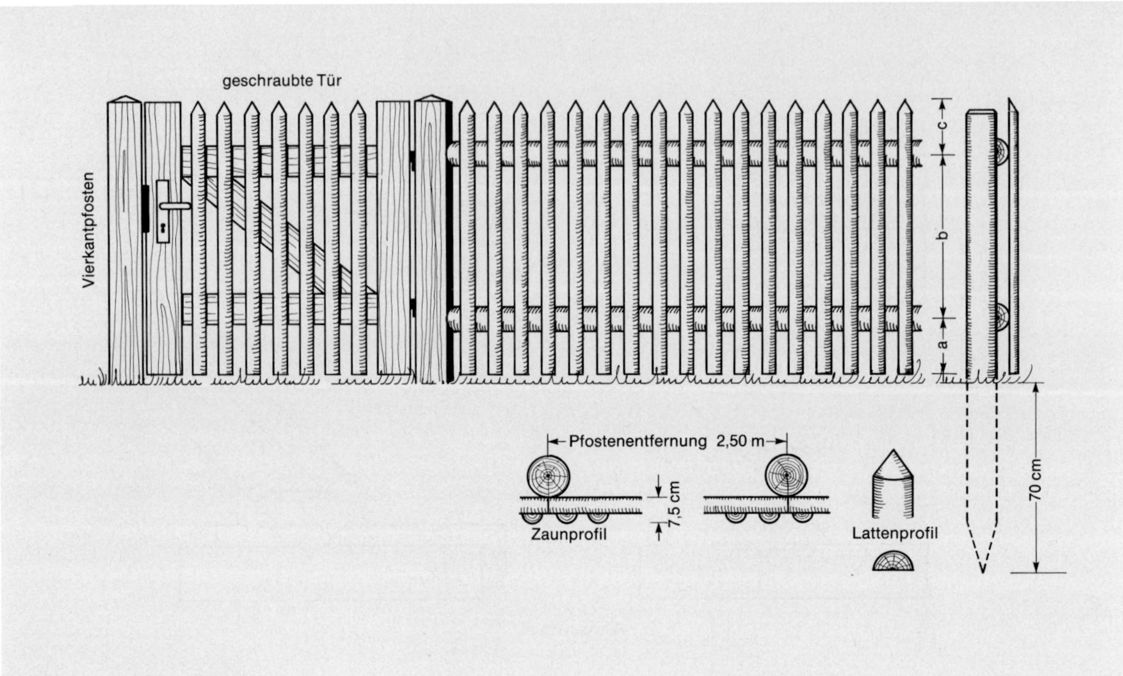

Abb. C 262. Staketenzaun.

Abb. C 263. Jägerzaun.

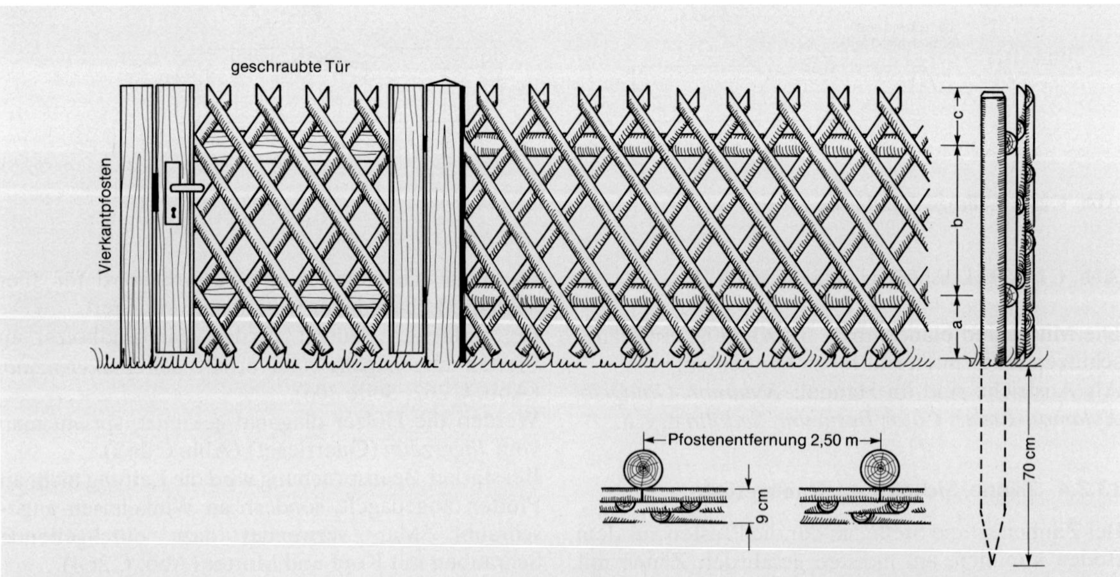

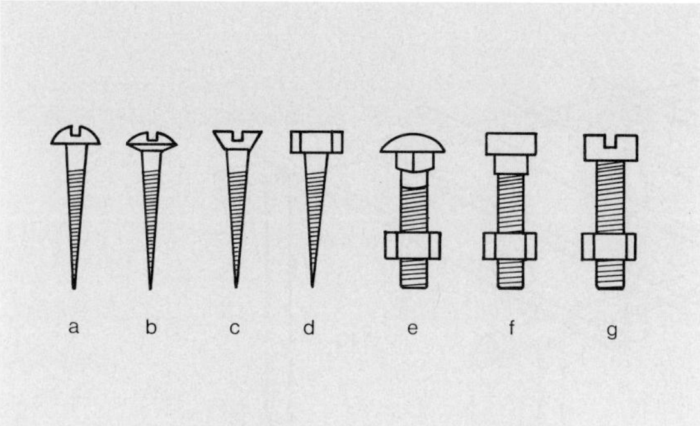

Abb. C 264. Schrauben.
a) Holzschraube mit Rundkopf,
b) Holzschraube mit Linsenkopf,
c) Holzschraube mit Senkkopf,
d) Schlüsselschraube,
e) Schloßschraube mit Mutter,
f) Maschinenschraube mit Mutter,
g) Zylinderschraube mit Mutter.

tungen oder Brettern erlaubt viele Variationen (Abb. C265).
Beliebt sind auch *Holzgeflechte* (Abb. C266) aus tropischen oder nordischen Hölzern. Das Flechtwerk ist in Rahmen eingespannt und in unterschiedlichen Maßen erhältlich. Die Rahmen werden an entsprechende Stützen angeschraubt.
Die Holzbauweise für einen Sichtschutz erfordert relativ wenig Aufwand und sieht ansprechend aus. Wird sie noch entsprechend bepflanzt, erzielt man sehr gute Wirkungen.

13.2.5 Pergolen (Abb. C267, C268, Seite 308)

Die Pergola besteht aus Pfosten, Pfetten und dem Rankgerüst. Sinn der Pergola ist die Bepflanzung mit Schling- oder Kletterpflanzen, die das Ganze begrünen, so daß man sich unter einem Blätterdach befindet.
Baugrundsätze: Eine Pergola sollte nicht völlig frei stehen; sie muß eingebunden sein, anschließen an ein Haus, eine Mauer, eine Sichtschutzwand oder an Bäume.
Die Pergola darf nicht zu hoch sein; Pfettenunterkante etwa 2,30 m, Pfostenabstand ca. 3 m, Abstand der Rankhölzer ca. 80 cm.
Das Baumaterial nicht zu schwach dimensionieren; nachdem die Pergola bewachsen ist, können erhebliche Lasten (z. B. bei Schnee) auftreten.
Pfostenmaterial: Rund- oder Kantholz (auch Stahlrohre und Rohre aus Schleuderbeton). Holzpfosten sollten, an einem Metallschuh verschraubt, erst über dem Boden beginnen (Abb. C269). Als Pfosten können auch Monolithe oder Pfeiler dienen.
Pfettenmaterial: Rund- oder Kanthölzer (auch Stahlrohre). Holzpfetten sollen so dick sein, daß sie das Pfosten-Stirnholz abdecken (Abb. C270, Seite 309).
Rankgerüstmaterial: Rund- oder Kanthölzer.

Eine Pergola aus Rundhölzern wirkt rustikaler und ist einfacher. Kanthölzer verziehen sich leicht. Es können auch *Leimbinder* verwendet werden.

Vertiefung und Kontrolle

1. Achten Sie bei Bauteilen aus Holz in Ihrer Umgebung auf deren Haltbarkeit insgesamt und auf die Beständigkeit des Farbanstrichs; verwerten Sie die Erkenntnisse.
2. Fertigen Sie maßstäbliche Skizzen von Zäunen, Pergolen und sonstigen Holzbauwerken, an deren Herstellung Sie beteiligt waren oder deren Ausführung Ihnen besonders gut erscheint.

Abb. C 265. Sichtschutz mit Lattung (Draufsicht).

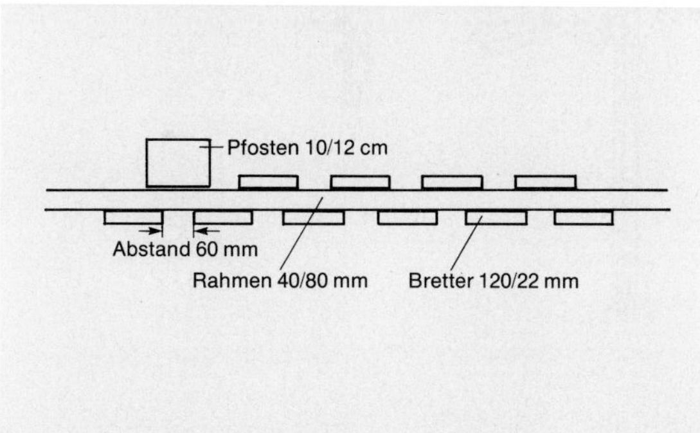

Abb. C 266. Zaun aus Holzgeflecht.

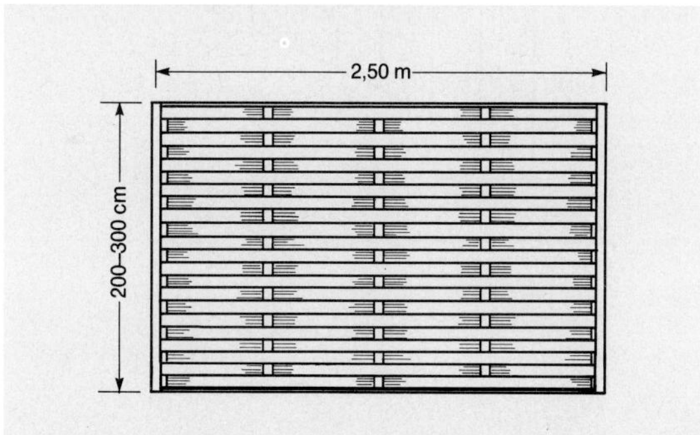

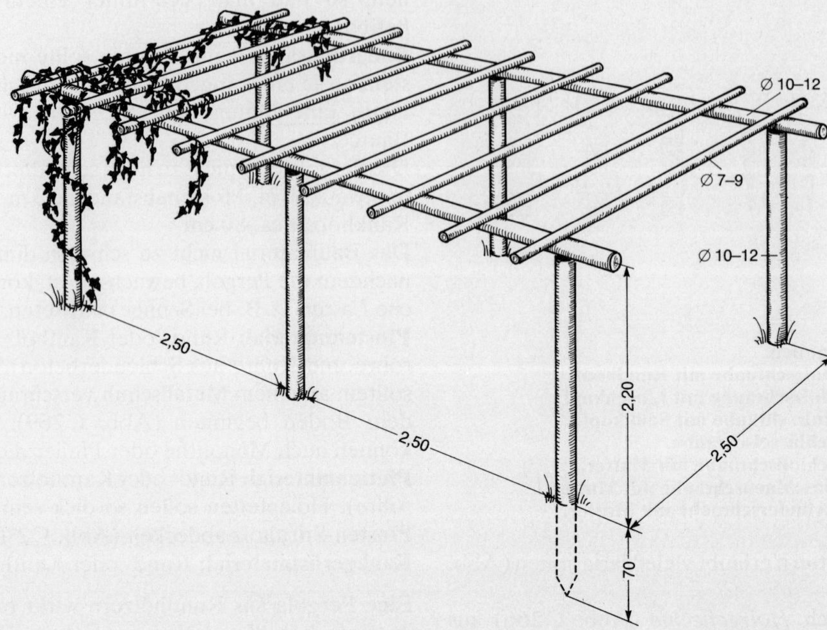

Abb. C267. Pergola aus Rundhölzern.

Abb. C 268. Pergola aus Vierkanthölzern.

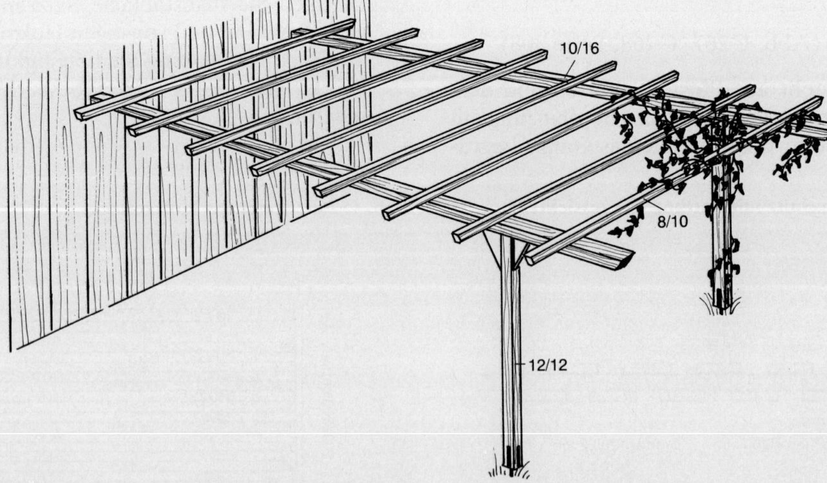

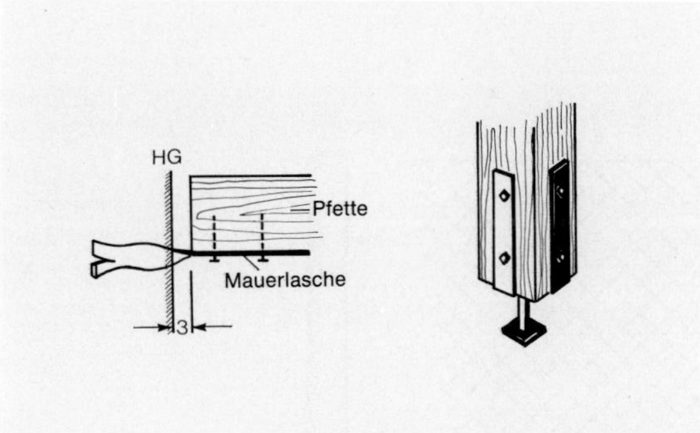

Abb. C 269. Pergola-Details/Pfosten und Pfette.

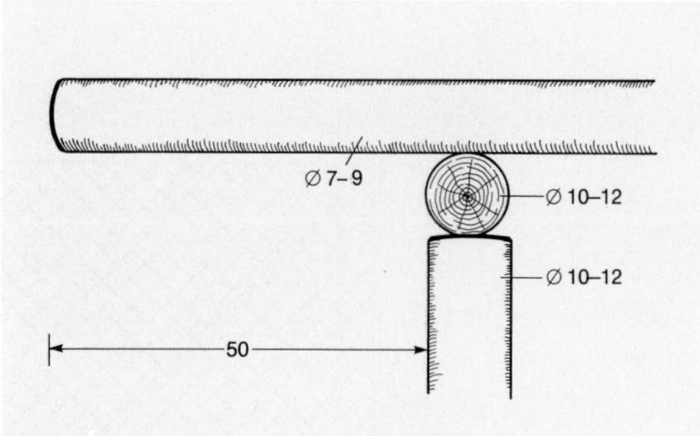

Abb. C 270. Maßverhältnis von Pfosten und Pfette.

13.3 Verwendung von Stahl

Wir verwenden Stahl als Rund- und Vierkantrohre sowie als Winkel- und T-Profile für Zäune, Handläufe (Geländer) und Pergolen. Stahl ist sehr haltbar, entscheidend ist dafür der Oberflächenschutz.

13.3.1 Oberflächenschutz

Stahloberflächen müssen gegen Rost geschützt werden. Dies kann durch Anstriche geschehen, mit denen der Vorteil einer individuellen Farbgebung verbunden ist, oder durch Verzinken.
Verzinkte Oberflächen können erst gestrichen werden, wenn sich eine Patina gebildet hat. Dies dauert einige Jahre; streicht man zu früh, blättert die Farbe ab.

Entrosten
Bei allen Anstrichen auf Stahl ist die gründliche Rostentfernung und Reinigung der Oberfläche unabdingbare Voraussetzung. Die Oberfläche wird mit Drahtbürste und Sandpapier gesäubert und anschließend mit *Bleimennige* gestrichen. Nach der Austrocknung des ersten Anstriches wird ein zweiter Menniganstrich aufgebracht. Bei gewissenhafter Rostentfernung ist dieses Verfahren das sicherste.

Rostumwandler
Das sind Farben, die den Rost in eine festhaftende Eisenphosphatschicht umwandeln. Durch ihre Verwendung spart man die aufwendige Entrostung. Voraussetzung: die Rostauflage muß gleichmäßig und nicht zu dick sein, sonst wird der Rost nicht restlos umgewandelt und der Vorgang der Rostbildung setzt sich fort.

Deckanstriche
Es gibt viele Möglichkeiten. Grundsätzlich ist es besser, mehrere dünne, jeweils gut angetrocknete Schichten aufzutragen als nur eine dicke Schicht aufzupinseln.
Grelle und glänzende Farben sind nicht zu empfehlen.

Feuerverzinken
Dieses Verfahren stellt einen äußerst wirksamen Schutz dar. Es wird von Spezialfirmen durchgeführt. Der gründlich gereinigte Stahl wird in flüssiges Zink getaucht; nach dem Herausnehmen lagert sich eine Zinkschicht auf der Oberfläche ab und erhärtet.
Gute Verzinkungen haben an allen Stellen eine haftfeste Zinkschicht, die bei der Hammerprobe oder beim Biegen nicht abblättern darf.
Die Bauteile aus Stahl werden fertig hergestellt und nachträglich verzinkt, so daß alle der Witterung ausgesetzten Teile einen Zinküberzug haben. Es ist zu empfehlen, auch alle Zubehörteile, wie Schrauben, Draht usw., zu verzinken.

13.3.2 Drahtzäune

Man unterscheidet Maschendraht- und Knotengeflechte.
Bei **Maschendraht** verlaufen die Drähte diagonal mit Maschenweiten von 40, 50 und 60 mm, Drahtstärken von 2,0–2,5 mm (Abb. C 271, Seite 310).
Bei **Knotengeflechten** (Weidezaun) verlaufen die Drähte waagerecht und senkrecht in meist größeren Abständen, z. B. Längsdrähte 15 cm Abstand (zum Teil nach unten abnehmend), senkrechte Drähte 30 cm Abstand. Knotengeflechte wirken dadurch etwas luftiger (Abb. C 272). Drahtstärken 2–2,5 mm.

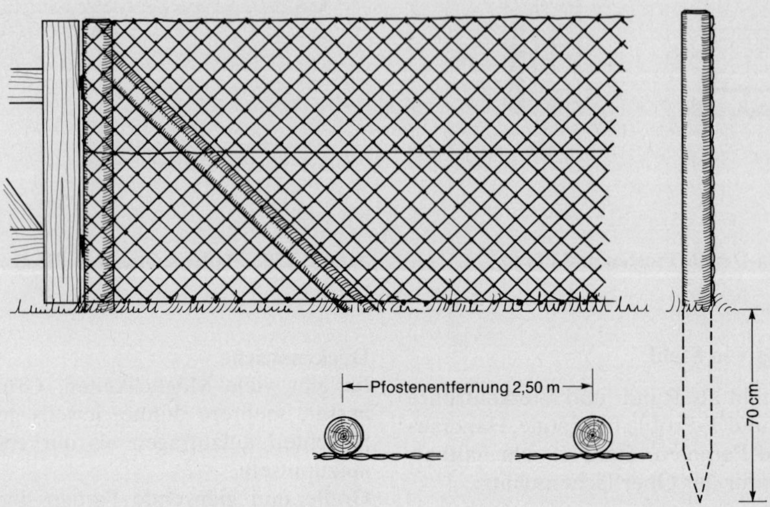

Abb. C 271. Maschendrahtzaun.

Verwendet werden auch **Wellengitter** mit Drahtstärken von 3–4 mm und einer Maschenweite von 40 und 50 mm mit senkrecht und waagerecht verlaufenden Drähten (Abb. C 273).

Das Zaunmaterial ist meist feuerverzinkt, gelegentlich auch mit Kunststoff ummantelt.

Befestigung. Wellengitter werden meist in Rahmen eingeschweißt.

Maschendrahtgeflechte werden an *Spanndrähten* befestigt. Bis 1 m Höhe benötigt man 2 Spanndrähte, bei höheren Zäunen 3 und mehr.

Die Spanndrähte werden zuerst angebracht und mit *Spannschlössern* gespannt (Abb. C 274); dann wird das Geflecht daran befestigt. Dazu werden die Haken an den Drahtenden aufgebogen, eingehängt und wieder zugedrückt. Die mittleren Drähte werden mit Bindedraht befestigt.

Abb. C 272. Knotengeflecht

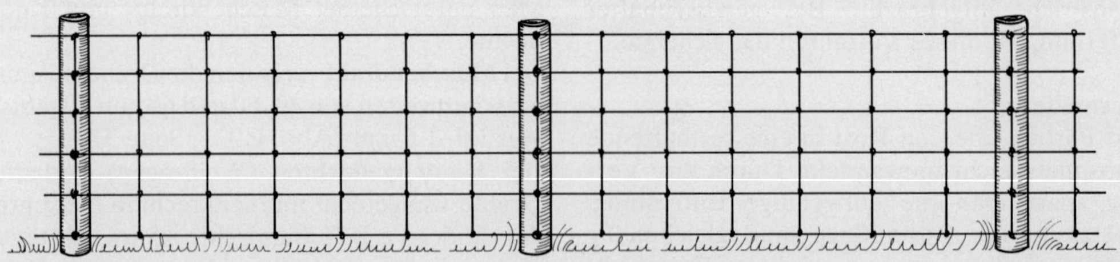

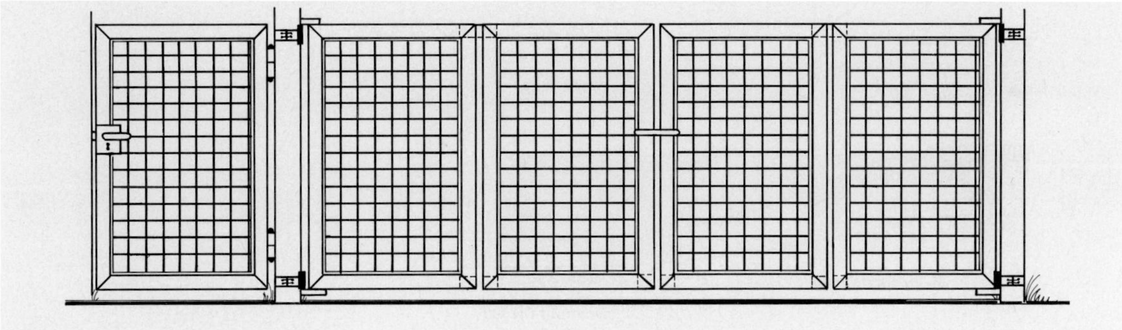

Abb. C 273. Wellengitterzaun.

Bei Knotengeflechten werden die waagerechten Drähte mit Spannschlössern gespannt.

Vertiefung und Kontrolle

1. Achten Sie auf das Verhalten von Stahl- und Holzbauteilen in Bauwerken und Anlagen; beurteilen Sie, wo welches Material besonders geeignet ist und warum.
2. Beurteilen Sie Maßnahmen zum Rostschutz vom Aufwand her und durch Beobachtung der Wirksamkeit.

13.4 Spielanlagen

Spielmöglichkeiten für Kinder werden an vielen Stellen geschaffen; in privatem Bereich werden sie oft ohne vorherige Planung eines Architekten gebaut. Deshalb muß der Erbauer neben den allgemeinen gestalterischen Grundsätzen (s. Kap. A 2.7) vor allem auf die Sicherheit achten.

Abb. C 274. Spannschloß.

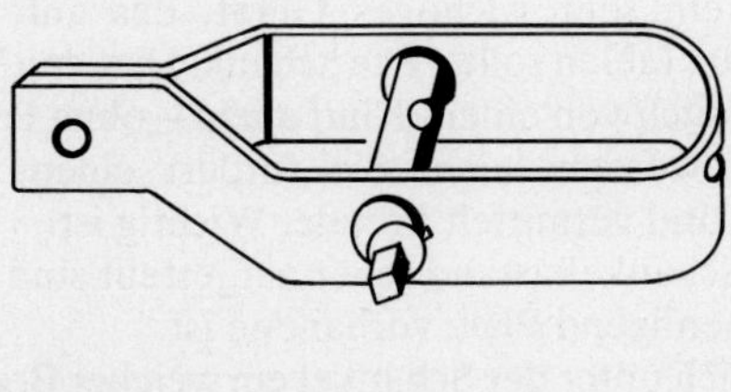

Die DIN 7926 schreibt vor, wie bestimmte Geräte beschaffen sein müssen und wie sie aufzustellen sind, wobei u. a. auf die Bodenbeschaffenheit, die entsprechenden Sicherheitsabstände und die Standsicherheit zu achten ist.
Die Bodenbeschaffenheit hängt von der möglichen Fallhöhe der aufgestellten Geräte ab. Bis zu 1 m Fallhöhe bestehen keine Vorschriften. Bei möglichen Fallhöhen über 1 m müssen die Geräte auf Rasen stehen, bei über 2 m Fallhöhe sind 20 cm Sand erforderlich oder jeweils Kunststoffe mit gleichwertigen Dämpfungseigenschaften.
Neben den üblichen Wegen und Rasenflächen (der Bau ist in den Kap. C 7, 8 und 9 beschrieben) kommt auf Spielbereichen den Sandplätzen besondere Bedeutung zu. Deshalb im folgenden noch einige Anmerkungen zum Bau von Sandflächen/Sandkästen.

13.4.1 Sandplätze

Sie dienen als Grundfläche für aufgestellte Spielgeräüte und auch direkt zum Spielen. Der Sand darf nicht vernässen. Um dies sicherzustellen, muß eine Entwässerung vorgesehen werden.
Unter dem Sand sollte sich also eine wasserdurchlässige Schicht befinden, die eine gewisse Stabilität aufweisen muß, um den Sand aus hygienischen Gründen von Zeit zu Zeit (alle 1 bis 2 Jahre) auswechseln zu können.
Abb. C 275 zeigt verschiedene Bauweisen mit unterschiedlicher Randausbildung und mit Einkornbeton als Boden. Statt Einkornbeton kann auch Mischmakadam ohne Sandanteil verwendet werden.
Bei größeren Plätzen werden Dränrohre in ca. 5 m Abstand verlegt. Bei der einfachen Bauweise (Abb.

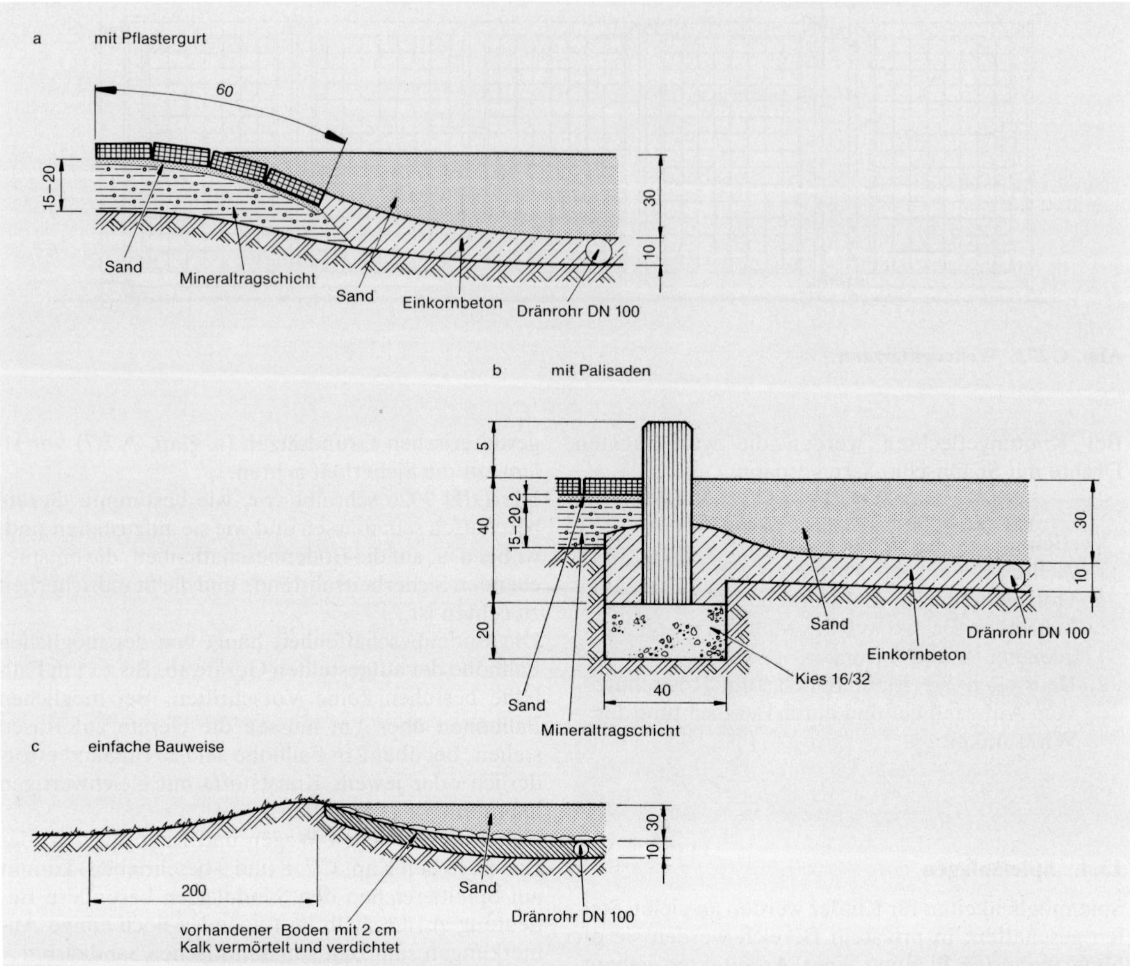

Abb. C 275. Sandplatzeinfassungen.

C 275c) ist das »Hochziehen« der anschließenden Rasenfläche wichtig, damit unerwünschtes Wasser ferngehalten wird.

13.4.2 Spielgeräte

Wie schon erwähnt, müssen die Geräte den Anforderungen der DIN 7926 genügen. Man sollte nur entsprechend geprüfte Geräte verwenden und beim Aufstellen genau die Hinweise des Herstellers beachten.
Es ist unbedingt darauf zu achten, daß industriell gefertigte Geräte den DIN-Vorschriften entsprechen und daß im Eigenbau ebenfalls nichts erstellt wird, was nicht diesen Vorschriften entspricht.

Es werden Spielgeräte aus Kunststoff, Stahl und Holz angeboten. Die ansprechendsten Formen sind dabei wohl die aus Holz.

Schaukel (Abb. C 276)
Sie ist ein sehr wichtiges Gerät, das auf keinem Spielplatz fehlen sollte. Die Schaukel hat den Vorteil, daß sie auch von einem Kind allein – ohne Partner – benutzt werden kann. Sie fordert einen aktiven Einsatz und vermittelt Freude. Wichtig ist:
- daß Schaukeln standsicher aufgestellt sind
- daß genügend Platz vorhanden ist
- daß sich unter der Schaukel ein weicher Boden aus Sand, Rasen oder zumindest elastischen Platten befindet

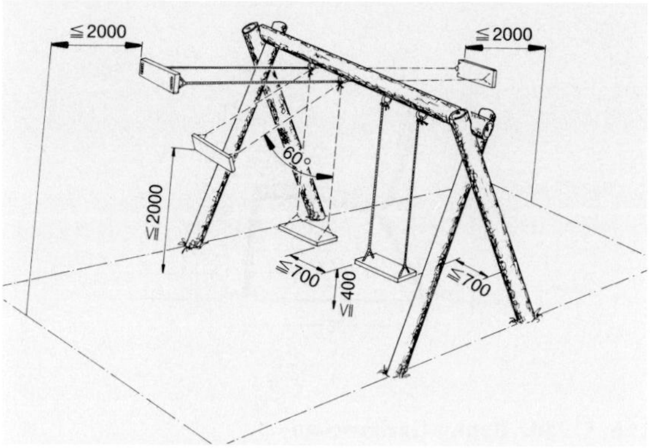

Abb. C 276. Schaukel.

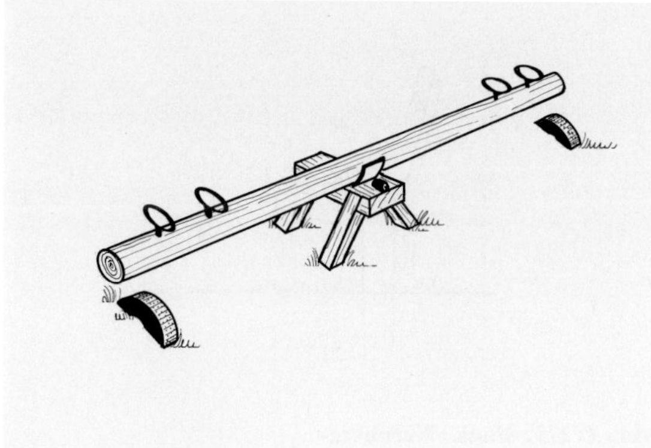

Abb. C 277a. Wippe.

Wippe (Abb. C 277a)
Ebenso beliebt, aber nur mit Partner zu benutzen, sind Wippen. Die in der Abb. dargestellte Wippe erfüllt in einfacher Weise die Anforderungen; durch die alten Reifen wird der Aufschlag gefedert und ein Schutz gegen Einklemmen der Beine am Boden geboten.

Rutsche (Abb. C 277b)
Sie ist vor allem für die kleineren Kinder ein enormer Anreiz. Sind mehrere Kinder auf dem Platz, kommt es oft zu Rangeleien, was gelegentlich zu Unfällen führen kann. Für die Hersteller von Rutschen besteht eine Vielzahl von Vorschriften. Rutschen müssen auf einem der Fallhöhe entsprechenden Boden (in der Regel Sand) aufgestellt werden.

Klettergerüste (Abb. C 278)
Sie sind in allen denkbaren Formen bei Kindern ebenfalls sehr beliebt. Zu empfehlen sind Formen, die in Verbindung mit anderen Aktivitäten stehen (z. B Laufstege, Rutschen, Hütten usw.), so daß das Kind sozusagen für das Klettern belohnt wird.

13.5 Einrichtungsgegenstände

13.5.1 Bänke

Eine gärtnerische Anlage ohne Sitzgelegenheit ist undenkbar. Es gibt dafür viele Möglichkeiten:

- frei aufgestellte Bänke
- fest eingebaute Bänke
- Sitzmauern

Leider ist in öffentlichen Anlagen immer die Gefahr gegeben, daß mit frei aufgestellten Bänken Unfug getrieben wird, weshalb man sie dort fest einbaut. Da sie im Winter nicht gebraucht werden, aber unter der Witterung besonders leiden, bevorzugt man Typen, die im Herbst leicht abgebaut, im Lager überholt und

Abb. C 277b. Rutsche.

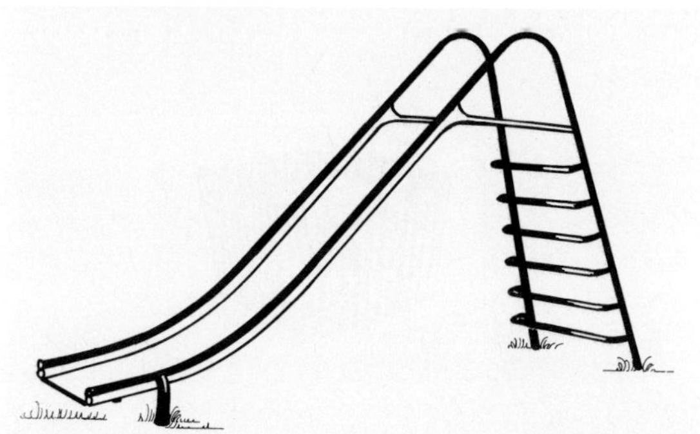

Abb. C 278. Klettergerüst.

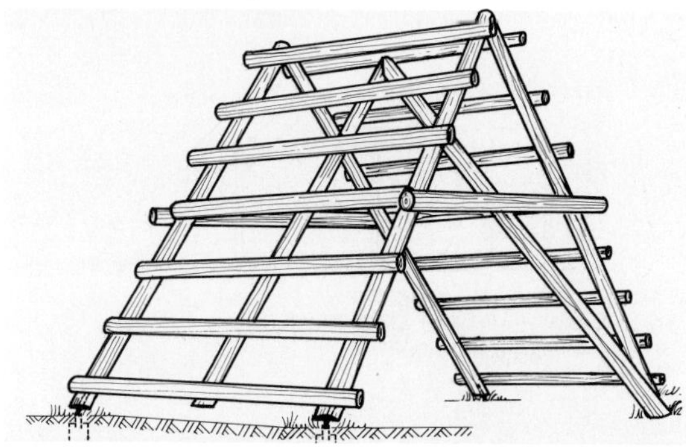

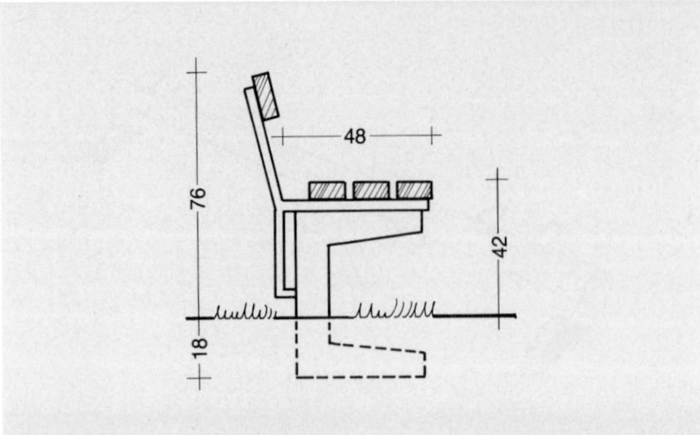

Abb. C 279. Bank »Nürnberg«.

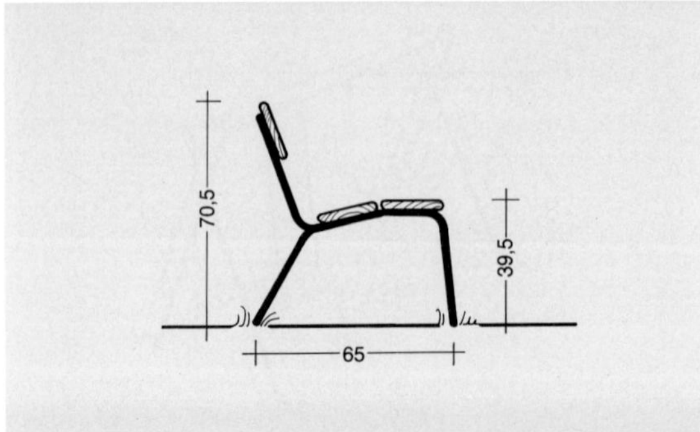

Abb. C 280. Bank »Gartenschau«.

im Frühjahr wieder montiert werden können (Abb. C 279), oder leichte Bänke, die ganz entfernt werden können (Abb. C 280).
Bankauflagen aus Kunststoffen haben sich nicht bewährt; am ehesten können Bänke mit Auflagen aus tropischen Hölzern im Freien belassen werden.

13.5.2 Abfallbehälter

Die Verschmutzung von öffentlichen Anlagen durch weggeworfenen Unrat ist recht groß. Die Beseitigung des Unrats erfordert einen großen Aufwand und ist auch eine nicht gerade beliebte Arbeit.
Eine Möglichkeit, das Wegwerfen einzudämmen, ist durch das Aufstellen von Abfallbehältern und Papierkörben an den richtigen Stellen (z. B. an Sitzplätzen, Grillstellen, Wegkreuzungen) und vor allem in der Nähe von Müll-Verursachern, wie Kiosken, Eis- oder Würstchenbuden, gegeben.
Die Abfallbehälter sollen robust und leicht entleerbar sein und auch ordentlich aussehen. Der Metallbehälter (Abb. C 281) erfüllt die Anforderungen weitgehend. Er ist in einem Betonfundament fest verankert und kann mit einem Schlüssel gelöst und dann entleert werden.
In Anlagen, die mehr überwacht oder auch nachts geschlossen werden, kann man auch aufgestellte, also nicht fest eingebaute Behälter verwenden (Abb. C 282). Derartige Behälter können auch bei zeitweiligem Mehrbedarf zusätzlich aufgestellt werden.

13.5.3 Beleuchtung

In öffentlichen Anlagen, die bei Dunkelheit zugänglich sind, ist eine Beleuchtung unerläßlich. Dies trifft auch für Hauszugänge und Einfahrten zu. Darüber hinaus können sowohl im privaten als auch im öffentlichen Bereich äußerst wirkungsvolle Effekte durch eine gezielte Beleuchtung erreicht werden.
Die vom Handel angebotene Formenvielfalt an Beleuchtungskörpern ist groß, so daß darauf nicht weiter eingegangen werden kann. Es ist darauf zu

Abb. C 281. Papierkorb fest montiert.

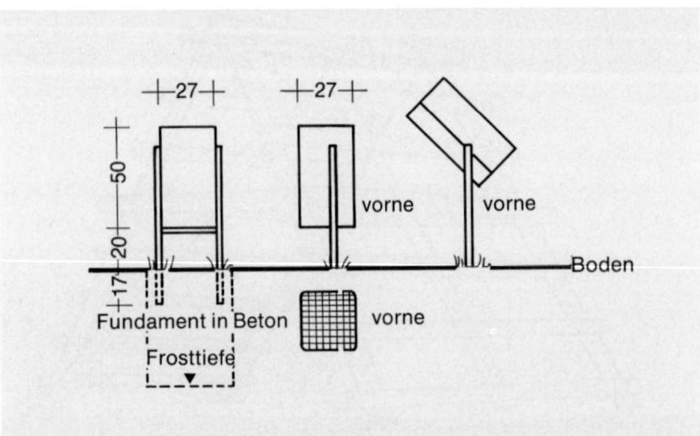

Abb. C 282. Papierkorb zum Aufstellen.

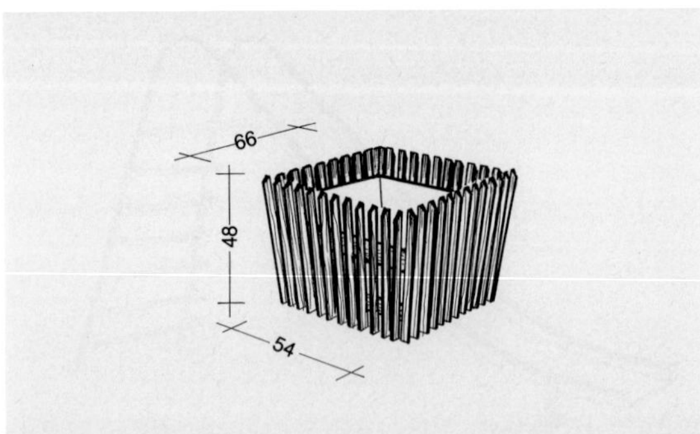

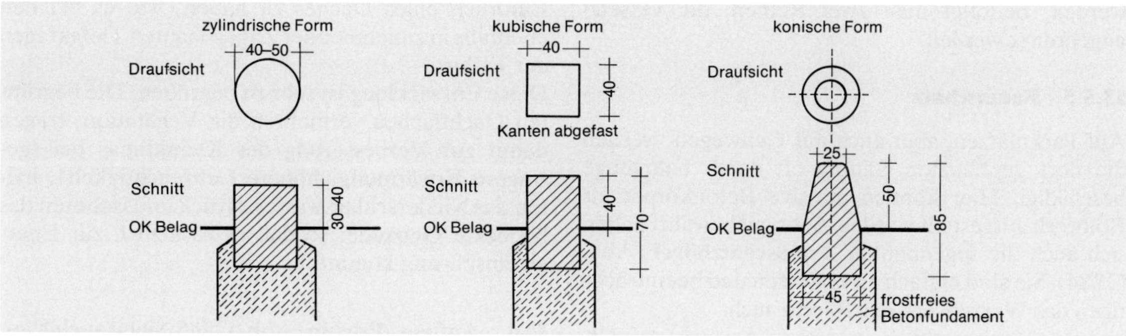

Abb. C 283. Verkehrsabweiser aus Beton.

achten, daß die zu verwendenden Lampen für den Einsatz im Freien geeignet sind. Für öffentliche Wege kommen nur Lampen in Frage, die – über Kopfhöhe angebracht – möglichst viel Fläche ausleuchten. An Sitzplätzen oder im privaten Bereich sind niedere Lampen, die nach oben abgeschirmt sind, von besonderem Reiz.

Abb. C 284. Baumschutzbügel.

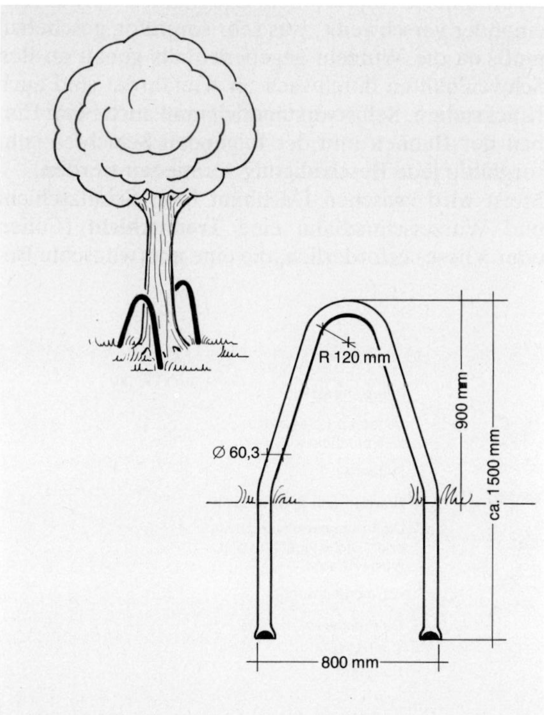

Die eigentliche Installation muß von einem Elektriker durchgeführt werden; der Landschaftsbauer leistet die Vorarbeiten. Die Lampen erfordern in der Regel ein Betonfundament. Durch dieses muß ein Leerrohr führen, um die Stromzuleitung zu ermöglichen. Die Kabelgräben sollten tief genug sein (ca. 40 cm), damit die Kabel durch die Bodenbearbeitung nicht beschädigt werden können. Man bringt auf der Grabensohle eine ca. 5 cm dicke Sandschicht ein, darauf werden die Kabel verlegt und mit Halbschalen aus Ton abgedeckt. Stehen diese nicht zur Verfügung, können die Kabel auch mit Ziegeln abgedeckt werden. Führen die Leitungen unter Wegen oder Mauern durch, werden die Kabel hier in Kanalrohre (Beton) gelegt, damit man sie ohne Aufbrucharbeit herausziehen kann.

Die Lage von Leitungen muß vermessen und in einem Lageplan festgehalten werden.

13.5.4 Verkehrsabweiser

Oft sollen Wege in gärtnerischen Anlagen nicht von Fahrzeugen befahren werden. Eine Absperrung durch Schranken, die an sich wirkungsvoll wäre, ist aber nicht erwünscht, weil die Wege für den Fußgängerverkehr offen sein sollen.

In diesen Fällen werden Verkehrsabweiser eingebaut oder aufgestellt.

Neben vielen anderen Möglichkeiten haben sich hier Betonteile in viereckiger oder runder Form gut bewährt (Abb. C 283). Betonwürfel sind schon durch ihr Gewicht ausreichend stabil, so daß sie vielfach nicht eingebaut, sondern nur aufgelegt werden.

Eine erhöhte Stabilität erreicht man natürlich durch einen Einbau.

Man setzt die Steine so eng, daß ein Auto nicht durchkommt. Sollen auch Zweiradfahrer abgehalten werden, benötigt man zwei Reihen, die versetzt angeordnet werden.

13.5.5 Baumschutz

Auf Parkplätzen, aber auch auf Gehwegen, werden die dort gepflanzten Bäume oft durch Fahrzeuge beschädigt. Hier können massive Betonkörper als Bollwerk aufgestellt werden. Sehr gut bewährt haben sich auch die sogenannten **Baumschutzbügel** (Abb. C 284). Sie sind einfach zu versetzen und beeinträchtigen das Wurzelwerk der Bäume nicht.

Vertiefung und Kontrolle

1. Vermessen und skizzieren Sie Einrichtungsgegenstände, wie Spielgeräte, Bänke, Fahrradständer, Beleuchtungen usw., deren Form und Funktionsgerechtigkeit Ihnen gut erscheinen.
2. Beurteilen Sie bei Einrichtungsgegenständen, ob das verwendete Material geeignet ist oder ob ein anderes Material günstiger wäre.

14 Bau von Dachgartenanlagen

In den skandinavischen Ländern war es eine übliche Bauweise, die Dächer mit Rinde und Rasensoden abzudecken.
Bei uns wurde die Begrünung der Dächer mit dem Zunehmen der Flachdachbauweise aktuell. Vielfach hat man eine »Dachgartenanlage« vor sich, ohne den Eindruck eines Daches zu haben, wie es bei den ebenfalls in zunehmender Zahl gebauten Tiefgaragen der Fall ist.
Diese Entwicklung ist sehr zu begrüßen. Die begrünten Dachflächen vermehren die Vegetation, tragen damit zur Verbesserung des Kleinklimas bei (geringere Erwärmung, höhere Luftfeuchtigkeit), halten das Niederschlagswasser zurück und isolieren das bedeckte Gebäude, so daß es zusätzlich zur Energieeinsparung kommt.

14.1 Aufbau / Prinzip (Abb. C 285, siehe auch Kap. C 3, Abb. C 31, Seite 65)

Auf dem eigentlichen Dach befindet sich eine **Dachhaut,** welche die Aufgabe hat, das anfallende Wasser seitlich abzuleiten. Die Herstellung dieser Dachhaut sollte man den Spezialfirmen überlassen, da es hier immer wieder Probleme mit der Dichtheit gibt.
Wichtig ist, daß auf der Dachhaut eine **Schutzschicht** angebracht wird. Dies kann eine Beton- oder Estrichschicht sein oder eine Schutzfolie. Ist die Dachhaut nicht wurzelfest – das ist u. U. bei Bitudichtungen zu erwarten –, muß zusätzlich eine **Wurzelschutzbahn** aufgebracht werden. Es sind verschiedene Materialien im Handel, z. B. auf PVC-Basis oder beschichtete, bitumierte Kupferfolien. Die Bahnen werden miteinander verschweißt, was sehr sorgfältig geschehen muß, da die Wurzeln gegebenenfalls genau an den Schweißnähten durchwachsen. Gefährdet sind auch Knickstellen. Selbstverständlich muß auch beim Einbau der Bahnen und der folgenden Schichten sehr sorgfältig jede Beschädigung vermieden werden.
Meist wird zwischen Dachhaut bzw. Schutzschicht und Wurzelschutzbahn eine **Trennschicht** (Folien oder Vliese) erforderlich, die eine unerwünschte Be-

Abb. C 285. Dachaufbau Extensivbegrünung.

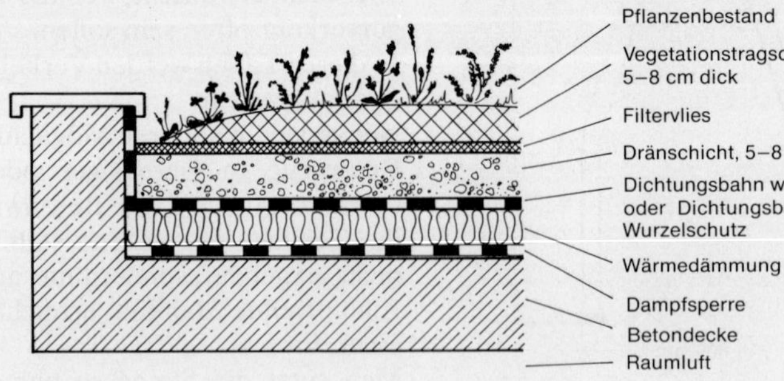

einflussung der unterschiedlichen Materialien verhindern soll.
Unverzichtbar ist die **Dränschicht,** die den Wasserabzug aus der Vegetationsschicht sichern muß (geeignete Materialien siehe Kap. C3.1).
Neben den Schüttgütern (Kies, Blähton u. a.) sind Platten (z. B. *FF-Drän*) oder Matten (z. B. *Enkadrän*) dort interessant, wo es auf Gewichtsersparnis und einfachen Transport ankommt. Auf größeren Flächen verlegt man zur besseren Wasserführung in der Dränschicht zusätzlich Dränrohre. Dicke der Dränschicht 5 bis 10 cm.
Auf die Bedeutung der **Filterschicht** wurde mehrfach hingewiesen; sie ist unverzichtbar. Auf einem Dach wird es meist ein Vlies sein.

14.2 Substrate

Bei zunehmender Dicke (ca. ab 40 cm) kann die *Vegetationstragschicht* aus normalem Oberboden bestehen, sofern diese Dicken aus statischen Gründen möglich sind.
Bei abnehmender Dicke der Vegetationstragschicht muß man die vegetationstechnischen Eigenschaften optimieren. Gefordert sind Wasserdurchlässigkeit, das Vermögen, Wasser und Nährstoffe zu speichern, eine gute Durchlüftung und evtl. ein geringes Gewicht.
Wünschenswert ist ein hoher Humusgehalt; man erreicht ihn durch *Torf, Rinden-Humus* und *Kompost.* Reine Humus-Substrate neigen zu starkem Zusammensacken. Die Zugabe mineralischer Stoffe ist zur Stabilisierung zu empfehlen; sie sind im Kompost enthalten oder werden als Lehm oder Ton zugegeben. Zur besseren Durchlüftung setzt man auch grobkörniges Material zu; verwendet werden *Blähton, Blähtonsplitt, Hydroperlit* und *Lavasplit.* Dort, wo die Gewichtseinsparung wichtig ist, werden bis zu 20% *Styromull* zugesetzt.
Es sind verschiedene Fertig-Substrate im Handel, die zum Teil in Säcken verpackt und dann leicht zu transportieren sind. Man kann das Substrat auch nach eigenen Vorstellungen selbst mischen.
Die Dicke der Vegetationstragschicht hängt von der gewünschten Nutzung ab. 5 bis 8 cm Dicke genügen für eine extensive Begrünung. Ab 20 cm Substrat gibt es für Stauden, Bodendecker oder gegebenenfalls Rasen keine Probleme. Für Sträucher oder baumartige Gehölze sollten ca. 40 cm Substrat vorhanden sein.
Für extensive Begrünung werden u. a. Platten aus *Polyurethanschaumstoff* angeboten; es wird dann ganz ohne eigentliches Substrat oder nur mit geringer Überdeckung gearbeitet.

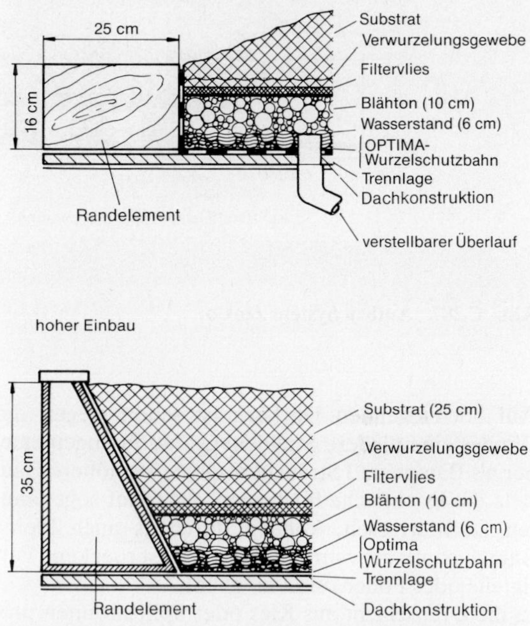

Abb. C 286. Aufbau System Optima.

14.3 Herstellung

Ob man auf Gartenniveau auf einer Tiefgarage arbeitet oder auf dem 8. Obergeschoß, in beiden Fällen besteht das Problem des *horizontalen Materialtransports,* weil die einzelnen Schichten wenig Transportbelastung vertragen. Ein robuster Schutzbeton kann gelegentlich befahren werden, auf den folgenden Schichten ist dies meist nicht mehr möglich. Es muß abschnittsweise gearbeitet werden, vielfach wird das Verlegen von Laufstegen (auch für Schubkarren) erforderlich.
Auf dem höhergelegenen Dach kommt noch der *senkrechte Transport* dazu, der von außen mit Kran oder Schrägaufzug bewältigt wird, manchmal auch mit dem Personenaufzug innerhalb des Hauses.
Es ist größte Sorgfalt erforderlich, weil auf keinen Fall die Dachhaut, die Wurzelschutzbahn oder das Filtervlies beschädigt werden dürfen.
Gestalterisch ist vieles möglich, wenn die Statik stimmt und genügend Geld vorhanden ist.

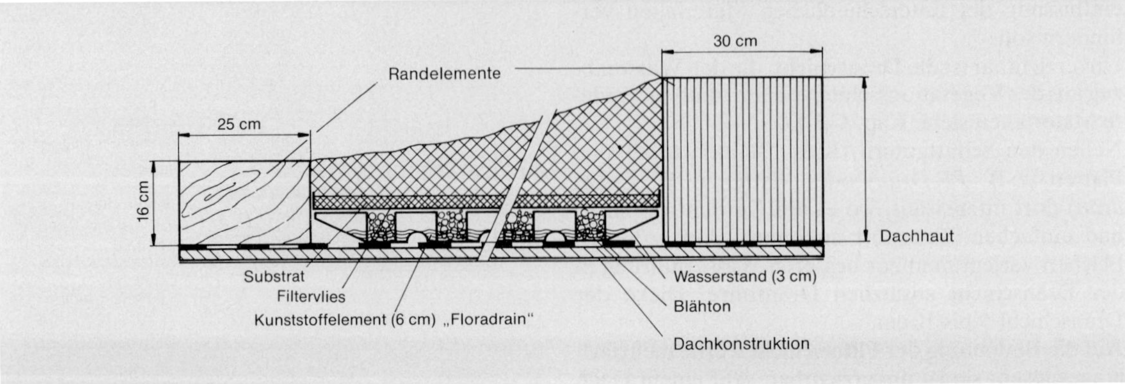

Abb. C 287. Aufbau System ZinCo.

Auf hochliegenden Dächern ist schon wegen des Windes eine niedere Staudenvegetation angemessener als Bäume und Sträucher. Dort, wo höhere Bauteile die Dachfläche überragen, auch auf sogenannten Dachterrassen, können durchaus auch kleine Bäume gepflanzt werden. Auch Wasserbecken (Fertigteile oder Folien) sind möglich.
In die Dränschicht aus Kies oder Splitt können problemlos Platten verlegt werden. Holzroste als Belag sind optisch recht ansprechend und bringen weniger Gewicht.
Für Aufkantungen zur Aufnahme von Substrat und Pflanzung stehen Natursteine, Betonfertigteile, aber auch Holz und Eternitelemente zur Verfügung. Es ist noch darauf hinzuweisen, daß von verschiedenen Firmen spezielle **Dachgartensysteme** angeboten werden.
Es gibt z. B. das System *Optima* (Abb. C 286), bei dem in der Dränschicht Wasser angestaut wird, das dann den Pflanzen zur Verfügung steht. Es kann sich dabei um überschüssiges Niederschlagswasser handeln oder um Leitungswasser, das durch Schwimmerventile zugeteilt wird.
Das System *ZinCo* (Abb. C 287) verwendet als Dränschicht Bauelemente aus Styropor, die eine Arbeitsersparnis beim Einbau bringen sowie eine höhere Wärmedämmung. Es werden auch Kunststoffelemente verwendet, durch die man Schüttmaterial für die Dränschicht spart; zugleich erreicht man durch diese Elemente einen gewissen Wasseranstau.
Das System *Brecht* verwendet Behälter aus Styropor, in der Regel 50 × 100 cm groß, in welche die Drän- und Filterschicht eingebaut ist. Die Behälter brauchen nur aufgestellt und mit Substrat gefüllt zu werden. Sie können auch komplett bepflanzt – eventuell schon eingewachsen – an Ort und Stelle gebracht werden.
Das System der *Fränkischen Rohrwerke* verzichtet auf Schüttgüter (Kies, Blähton) und verwendet als Dränschicht FF-Dränplatten aus Styropor. Über dem Filtervlies wird als Wasserspeicher eine Schicht aus Hygromull-Blockware eingebaut (Abb. C 288).
So gibt es unzählige Möglichkeiten und Verfahren, mit denen Dächer jeglicher Größe, von der Einzelgarage bis zur Industriehalle, begrünt werden können. In Anbetracht dieser Möglichkeiten sind noch zu viele Dächer kahl.

Abb. C 288. Aufbau System Fränkische Rohrwerke.

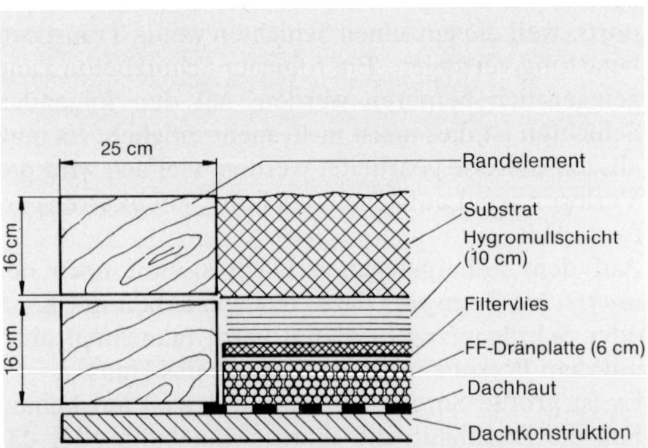

D Zeichnerische Darstellung

1 Warum zeichnen wir?

1.1 Aufgaben der Pläne

Im Bereich der Technik und des Bauwesens ist es üblich, die gedanklichen Vorstellungen nicht nur durch das gesprochene oder geschriebene Wort auszudrücken, sondern auch durch Zeichnungen, die man in diesem Fall Pläne nennt.
Auch die Bauvorhaben im Landschaftsbau werden in der Regel durch Pläne zum Ausdruck gebracht.
Die Gesamtsituation wird meist in der Draufsicht dargestellt. Man spricht vom Lageplan. Die Zeichnung wird dabei gegenüber der Wirklichkeit stark verkleinert.
Will man Einzelheiten herausstellen, zeichnet man sie größer; sie werden detailliert und meist auch in der Ansicht oder sogar räumlich dargestellt.
Aus den Plänen muß ersichtlich sein, was der Planer will. Zunächst muß dies der Kunde, der Auftraggeber, erkennen. Er ist oft Laie, für ihn müssen die Pläne also sehr anschaulich sein. Man beschränkt sich in der Darstellung auf das Wesentliche und arbeitet mit grafischen Effekten, gelegentlich auch farbig.
Für die Bauausführung kommt es mehr auf die Genauigkeit an. Ausführungspläne sind technische Pläne, sie werden mit zunehmender Kompliziertheit der zu bauenden Anlage erforderlich. Für gärtnerische Anlagen brauchen wir Bepflanzungspläne, Höhenpläne, Entwässerungspläne und Pläne für die Erdmassenberechnungen. Pergolen, Brunnen, Wasserbecken und ähnliche Anlagen müssen detailgenau mit Schnitten und Ansichten gezeichnet werden.

1.2 Grafische Darstellungen

Zahlenvergleiche werden anschaulich gemacht, wenn man die Zahlen als Flächen darstellt und man sie somit optisch vergleichen kann.
Der Verlauf einer Entwicklung wird z. B. als Kurve dargestellt und damit auf einen Blick erkennbar, anschaulich.
Auch zeitliche Abläufe können, grafisch dargestellt, übersichtlicher und anschaulicher werden; so stellt man z. B. Bauzeitenpläne als Balkendiagramm dar.

1.3 Freihandzeichnen

Neben der exakten maßstabsgetreuen Darstellung dient auch die Skizze – die Freihandzeichnung – dazu, eine Sache anschaulich zu machen. Sie wird jedoch nicht nur in der Planung eingesetzt, wo sie die Gedanken und Vorstellungen des Planers sichtbar machen soll, sondern auch, um eigene Eindrücke festzuhalten. Dabei ist von großer Bedeutung, daß man einen Gegenstand, den man skizzieren will, sehr genau betrachten muß. Nur dadurch nimmt man Einzelheiten wahr, die man sonst nicht sehen würde.

1.4 Bedeutung

Der Landschaftsbauer hat im Arbeitsablauf täglich mit Plänen zu tun. Er muß in der Lage sein, Pläne zu lesen. Diese Fähigkeit wird durch das Bemühen, selber Pläne zu zeichnen, am besten gefördert. Zugleich wird er in die Lage versetzt, seine eigenen Vorstellungen zeichnerisch darzustellen, und er wird dazu angeregt, die Dinge genau zu betrachten und dadurch ihr Wesen und ihren Sinn zu ergründen.

2 Zeichenmaterial

Für jede Arbeit braucht man geeignetes Werkzeug, ohne dieses gelingt das Werk nicht. Die angeführten Geräte braucht man nicht nur für die Schule, sondern auch später immer wieder in der Praxis. Es ist nicht ratsam, nur das Billigste zu kaufen; Qualität hat ihren Preis. Mit ungeeignetem Gerät macht die Arbeit keine Freude.

2.1 Papier

Für einfache Bleistiftzeichnungen (auch zur Übung) kann man normales Schreibpapier verwenden.
Zeichnet man mit Tusche, braucht man geleimtes Papier mit glatter Oberfläche, weil die Tusche sonst »fließt«, also keine randscharfen Striche hinterläßt.
Ein großer Nachteil des normalen Papieres ist, daß man Tusche darauf nicht radieren, also nicht entfernen kann.
Zeichnungen auf normalem (weißem) Papier kann man nur durch Kopieren vervielfältigen, was allerdings nur für kleine Formate möglich ist. In der Regel erfolgen deshalb Zeichnungen auf Transparentpapier.

Transparentpapier
Dieses ist – wie schon der Name sagt – transparent, durchsichtig. Tusche kann man auf Transparentpapier gut radieren, man kann Zeichnungen auf diesem Material durch Lichtpausen vervielfältigen, und man kann das durchsichtige Papier auf den vorher gefertigten Entwurf legen und diesen »ins Reine« durchzeichnen.
Die Qualität des Papieres drückt sich im Gewicht je m^2 aus. Einfaches Skizzenpapier sollte etwa 40 g/m^2 wiegen, für Zeichnungen verwendet man 60 g/m^2, besser 80 g/m^2.

Papierformate
Die Papiergrößen sind genormt. Das Ausgangsformat ist die Größe A0. Dieses Format hat die Größe von 1 m^2 bei einem Seitenverhältnis von $1:\sqrt{2} = 1:1{,}41$.
Die Maße von DIN A0 sind 841 mm × 1189 mm. Durch Halbieren erhält man jeweils die nächste Einheit (Abb. D 1):

DIN A1 594 × 841 mm
DIN A2 420 × 594 mm
DIN A3 297 × 420 mm
DIN A4 210 × 297 mm
DIN A5 148 × 210 mm
DIN A6 105 × 148 mm
DIN A7 74 × 105 mm

Das Papier ist in den kleineren Formaten in Blöcken erhältlich (DIN A3 und das meist übliche DIN A4).

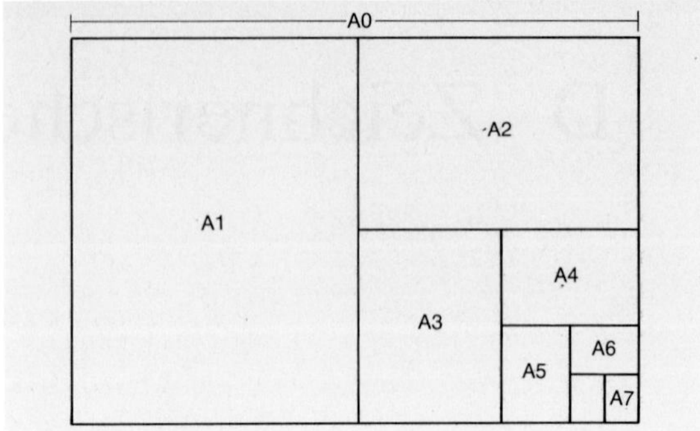

Abb. D 1. Papierformate

In der Berufsschule werden für die meisten Zeichnungen diese Formate ausreichen. Für größere Zeichnungen bezieht man das Papier in Rollen.

Millimeterpapier
Für manche technischen Zeichnungen ist es günstig, ein Papier zu verwenden, auf dem ein feiner Raster mit Millimeterabstand und ein grober Raster mit Zentimeterabstand aufgedruckt sind.

Tesakrepp
Zum Befestigen des Papiers auf der Zeichenunterlage verwendet man Klebestreifen. Reißzwecken sind nicht mehr üblich.

2.2 Bleistifte

Zunächst genügen die einfachen *Holzbleistifte*. Sehr praktisch sind allerdings die *Minenhalter*.
Bleistifte gibt es in unterschiedlichen *Härtegraden*.
Die harten Stifte H, 1H, 2H (mit steigender Zahl härter werdend) sind zum Aufreißen von Konstruktionen mit dünnen Linien erforderlich.
Die weichen Stifte B, 1B, 2B (mit steigender Zahl weicher werdend) sind zum Nachziehen von Linien und zum Freihandzeichnen geeignet.
Mittlere Härtegrade weisen die Stifte HB und F auf.
Diese Härtegrade gelten auch für Minen.
Der Berufsschüler braucht maximal 3 Abstufungen: 2H, HB und B.

Auf jeden Fall erforderlich ist ein **Bleistiftspitzer** oder ein **Minenspitzer,** denn nur mit einem spitzen Stift kann man richtig zeichnen (Abb. D 2).

Genauso wichtig ist der **Radiergummi,** denn nicht jeder Strich sitzt richtig. Der Radierer für Bleistift muß weich sein.

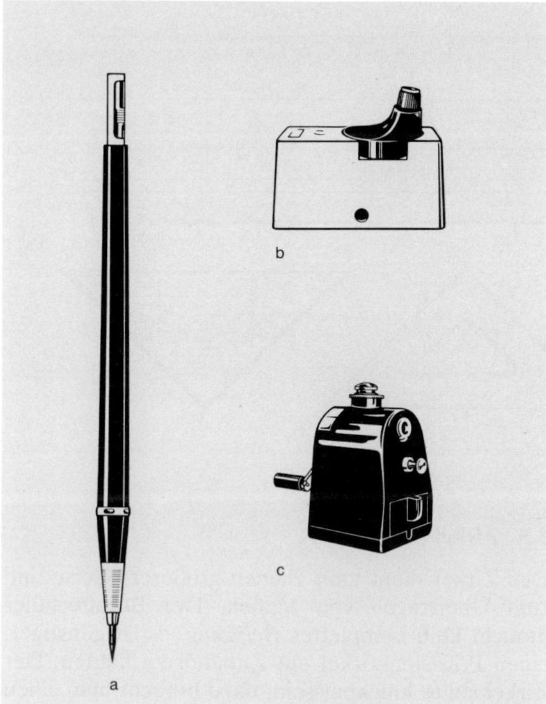

Abb. D 2. a) Minenhalter, b) Minenspitzer, c) Bleistiftspitzer.

2.3 **Tuschefüller** (Abb. D 3)

Das Zeichnen mit Federn ist heute nur noch für spezielle Zeichnungen und Schriften üblich.
Für den Anfänger ist der Tuschefüller, der auch zum Schreiben mit Schablonen geeignet sein soll, besonders zu empfehlen. Die Tuschefüller haben Tankeinsätze, die nachgefüllt werden können, oder Tuschepatronen, die nur ausgewechselt werden. Wir benötigen Tuschefüller mit der Linienbreite 0,35 und 0,5 und evtl. noch 0,7. Man kann sie als komplette Füller oder auch nur den Einsatz kaufen.

Auch bei Tuschestrichen gelingt nicht alles, weshalb das Beschaffen eines **Tuscheradierers** wichtig ist. In Abb. D 3 ist ein Radierer zu sehen, der ein Bürstchen aus Glasfasern enthält, das sich abnützt und nachgedreht werden kann.
Zum Radieren sehr gut geeignet sind jedoch nach wie vor einfache Rasierklingen.

2.4 **Zeichendreiecke / Lineale** (Abb. D 4)

Um gerade Linien zu erhalten, verwendet man Zeichendreiecke. Man braucht immer zwei Dreiecke, und zwar

- eines mit 30°/60°/90° (Abb. D 4, links unten)
- und eines mit 45°/90° (Abb. D 4, Mitte unten).

Die Seitenlänge soll mindestens 25–30 cm betragen, zu kleine Dreiecke sind ungünstig.

Das *Geometerdreieck* mit Winkelmesser und Zentimetereinteilung (Abb. D 4, rechts) ist ebenfalls zu empfehlen; es ist kleiner als die Zeichendreiecke.
Die Geräte sind aus durchsichtigem (manchmal eingefärbtem) Kunststoff. Holzgeräte sind nicht mehr zu empfehlen.

Eine Streitfrage ist immer, ob die Zeichengeräte eine *Tuschekante* (Abb. D 5 links) haben sollten oder nicht. Wie auf Abb. D 5 rechts zu sehen ist, geht es auch ohne. Die Tuschekante verhindert unter Umständen das »Verlaufen« der Tusche, wirft aber einen zusätzlichen Schatten, der stören kann.

Abb. D 3. Tuschefüller.

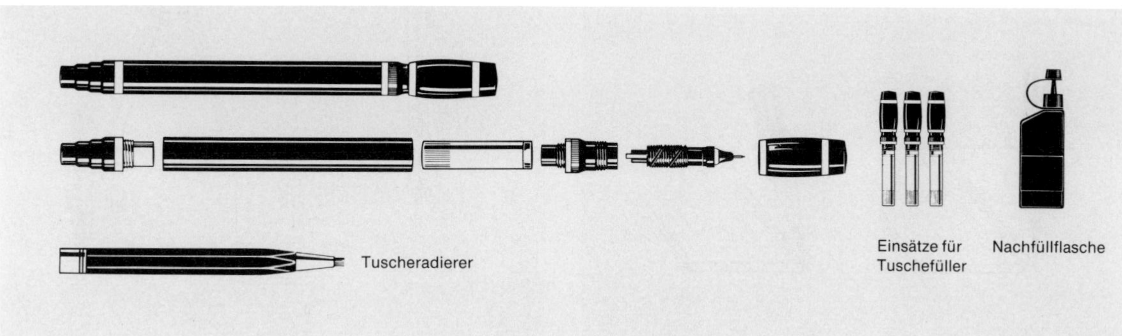

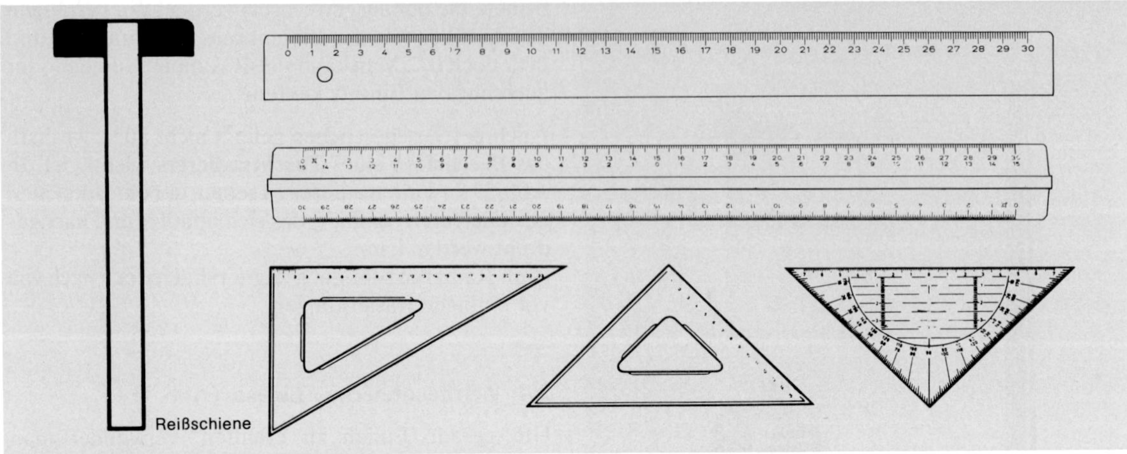

Abb. D 4. Zeichendreiecke, Lineale, Reißschiene.

Die **Reißschiene** (Abb. D 4 links) verwendet man zum Anlegen am Zeichenbrett oder am Zeichentisch. Sofern man keine Zeichenmaschine hat, ist sie für größere Zeichnungen unentbehrlich. Für kleinere Zeichnungen braucht man sie nicht unbedingt.

Stabmaß / Lineal (Abb. D 4 oben)
Das Lineal verwendet man zum Antragen der Maße. Es sollte nicht zum Ziehen der Linien verwendet werden, weil sonst die Millimetereinteilung verschmiert wird. Sehr günstig sind *Dreikantlineale,* die mehrere Maßstäbe haben. Für die Schule genügen die abgebildeten Lineale völlig.

Abb. D 6. Zirkel (rechts).
a) mit Verlängerungsstange und Tuschefüller-Einsatz,
b) als Stechzirkel,
c) Einsatz für Tuschefüller.

Abb. D 5. Mit oder ohne Tuschekante.

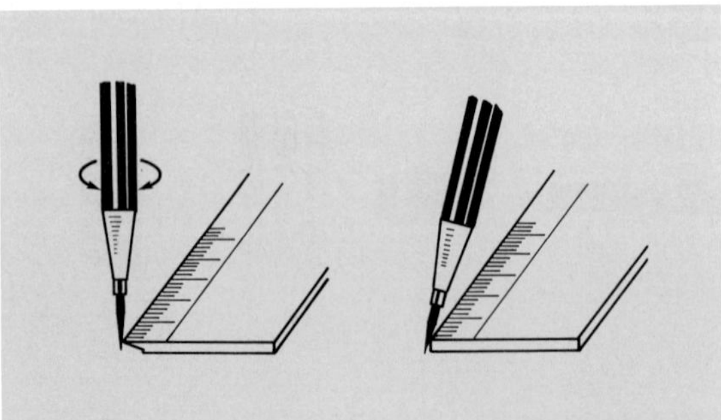

2.5 Zirkel (Abb. D 6)

Der Zirkel dient zum Ziehen größerer Kreise und zum Übertragen von Maßen. Der Berufsschüler braucht kein komplettes *Reißzeug;* es ist günstiger, einen Präzisionszirkel mit Zubehör zu kaufen. Der Zirkel sollte knickbar sein, dazu braucht man einen

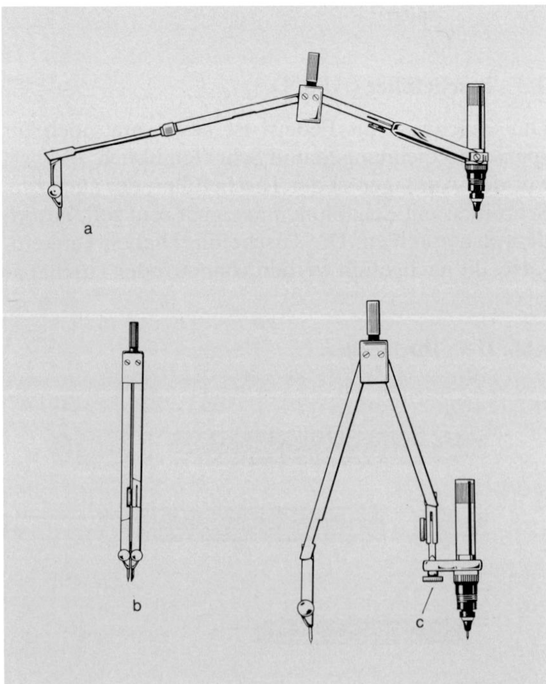

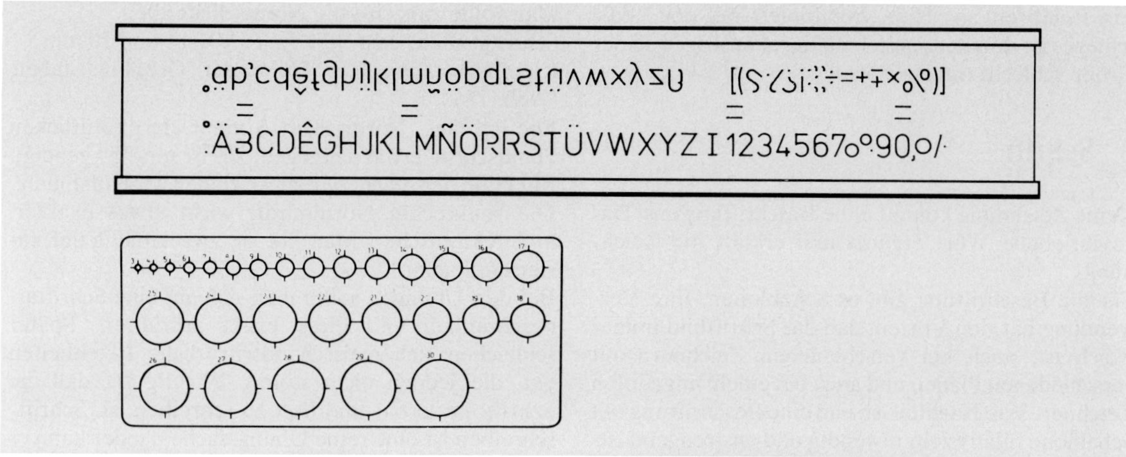

Abb. D 7. Schrift- und Kreisschablone.

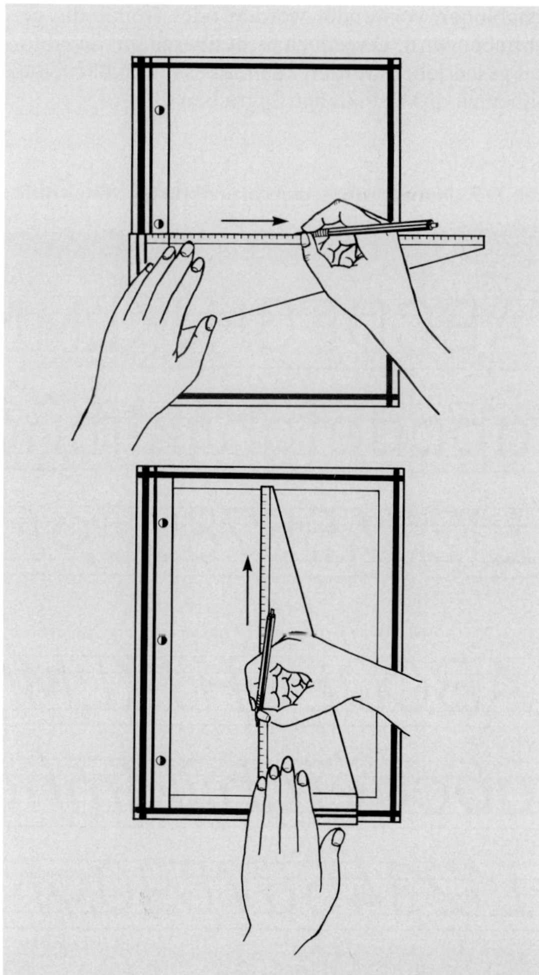

Abb. D 8. Zeichenplatte.

Bleistifteinsatz, einen *Stechzirkeleinsatz,* eine *Verlängerungsstange,* einen *Ansatz für den Tuschefüller.* Separate Nullenzirkel oder Stechzirkel sind entbehrlich.

2.6 **Schablonen** (Abb. D 7)

Für gärtnerische Pläne, insbesondere Bepflanzungspläne, benötigt man auf jeden Fall eine **Kreisschablone** mit Kreisen von 1–30 mm. Die Schablonen sind aus durchsichtigem Kunststoff. Sie sollten an der Unterseite Nocken aufweisen, damit sie nicht ganz auf dem Papier aufliegen und die Tusche verschmieren. Die Löcher sollten eine Tuschekante haben.

Die Verwendung von **Schriftschablonen** muß man üben; dies sollte aber nicht dazu führen, daß das freihändige Schreiben vernachlässigt wird.
Wenn überhaupt erforderlich, genügen zwei Größen, und zwar 3,5 und 5 mm.

2.7 **Zeichenplatten** (Abb. D 8)

Sehr gut haben sich Zeichenplatten aus Hart-PVC bewährt. Die Platten erlauben durch die seitlich angebrachten Klemmschienen das Einspannen der Papiergröße DIN A3. Das mitgelieferte Zeichendreieck läuft in einer Führungsnut und ermöglicht ein genaues Zeichnen; es erübrigen sich dann die vorher genannten Zeichendreiecke.

Ein Reißbrett aus Holz, kombiniert mit der Reißschiene, ist durchaus zweckmäßig, aber wegen seiner Größe schlecht transportabel.

3 Schrift

Keine Zeichnung kommt ohne Beschriftung aus. Das geschriebene Wort ergänzt und erklärt die Zeichnung.
Für die Beschriftung gibt es Schablonen. Ihre Verwendung hat den Vorteil, daß das Schriftbild immer gleich ist, auch bei verschiedenen Zeichnern auf verschiedenen Plänen und auch bei einem ungeübten Zeichner. Von Nachteil ist, daß eine Beschriftung mit Schablone relativ zeitaufwendig und anstrengend ist. Es kommt auf die jeweiligen Umstände an, ob Schablonen verwendet werden oder freihändig geschrieben wird. Da jedoch nicht überall mit Schablonen geschrieben werden kann, ist es unerläßlich, daß man auch das freihändige Schreiben übt.

Man sollte zunächst die **Normschrift** üben.
Schriftgrößen: 2,5 / 3,5 / 5 / 7 / 10 / 14 und 20 mm, Kleinbuchstaben 7/10 Höhe der Großbuchstaben (Abb. D 9).
Die schräge Normschrift kommt der natürlichen Handschrift etwas entgegen; sie ist um 75° geneigt. Mit Hilfe der Zeichendreiecke ziehen wir Hilfslinien.
Die senkrechte Normschrift wirkt etwas exakter, architektonischer. Man übt sie zweckmäßig auf kariertem Papier.
Bei den Übungen sollte man sich auf eine Schriftart beschränken und diese exakt ausführen. Später schleichen sich meist handschriftliche Eigenheiten ein, die jedoch nicht stören. Wichtig ist, daß die Schrift gut lesbar und flott zu schreiben ist. Schriftschreiben ist eine reine Übungssache – jeder kann es lernen!
Auf Planbeschriftungen ist die ausschließliche Verwendung von Großbuchstaben üblich. Bei längeren Texten sind diese jedoch schlecht lesbar, hier sind Groß- und Kleinbuchstaben angebracht.

Abb. D 9. Normschrift (senkrecht und schräge Mittelschrift).

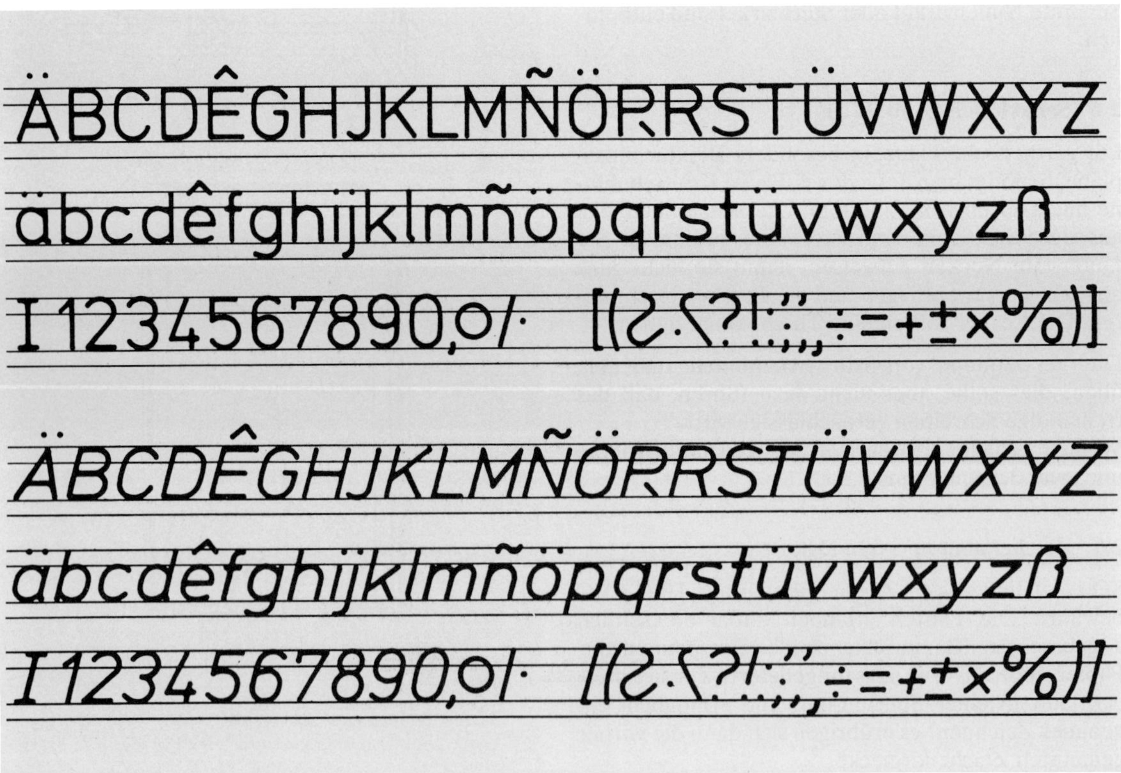

4 Darstellung

4.1 Linien

Wir unterscheiden Voll-, Strich-, Strichpunkt- und Freihandlinien. Die Linienbreiten (früher Liniendikken) betragen 0,13 / 0,18 / 0,25 / 0,35 / 0,5 / 0,7 / 1,0 / 1,4 mm. In einer Zeichnung sollen nur Linien einer Liniengruppe, also z. B. 0,5 oder 0,7 verwendet werden. Die Linienbreiten stehen in einem bestimmten Verhältnis a : b : c = 1 : 0,5 : 0,7;
z. B. für Liniengruppe 0,5 = 0,5 : 0,25 : 0,35
für Liniengruppe 0,7 = 0,7 : 0,35 : 0,5.

a) Vollinien	breit ausgezogen für sichtbare Kanten und Umrisse
b) Vollinien	schmal ausgezogen für Hilfslinien und Maßlinien
c) Strichlinien	für verdeckte, nicht sichtbare Kanten
d) Strichpunktlinien	breit für Schnittverlauf
e) Strichpunktlinien	schmal für Mittellinien
f) Freihandlinien	für Bruchkanten

a	0,7
b	0,35 (0,5 × 0,7)
c	0,5 (0,7 × 0,7)
d	0,7
e	0,35 (0,5 × 0,7)
f	0,35 (0,5 × 0,7)

Vollinien dürfen nicht überstehen
und auch nicht zu kurz sein.

Bei den Strichlinien sind die gleichen Abstände zu beachten. Ferner müssen die Ecken voll ausgebildet werden. Strichpunktlinien beginnen und enden stets mit einem Strich; Anfang und Ende sollen nicht zu weit über die Fläche hinausragen. Bei kreuzenden Mittellinien müssen sich zwei Striche schneiden, damit der Schnittpunkt gekennzeichnet ist.

4.2 Vermaßung

Papier verändert durch Feuchtigkeit und Temperatur seine Größe, es dehnt sich aus und zieht sich zusammen. Es ist deshalb immer problematisch,

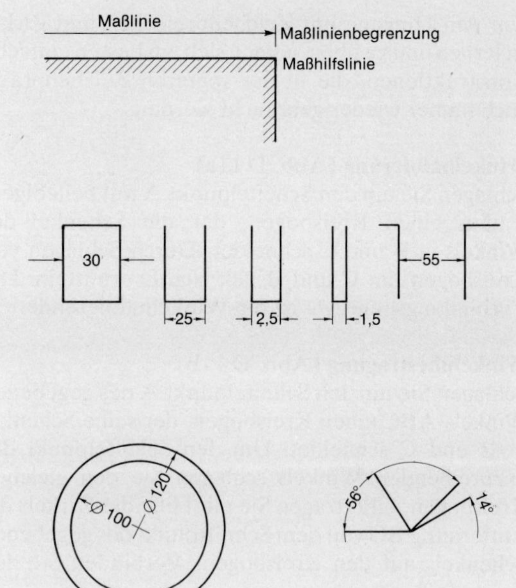

Abb. D 10. Beispiele für das Vermaßen.

wenn man Maße aus einem Plan herausmessen muß. Ausführungspläne müssen deshalb vermaßt werden.

Maßzahlen sind nicht durch Linien zu trennen oder zu kreuzen. Die Zahlen sind so einzutragen, daß sie von unten oder von rechts lesbar sind, wenn die Zeichnung in der Gebrauchslage gehalten wird. Die Maße einer Zeichnung sind in der gleichen Maßeinheit anzugeben (mm, cm oder m).
Beispiele für das Vermaßen s. Abb. D 10.
Maßlinien ermöglichen die Angabe der Maße. Sie werden als schmale Vollinien einer Liniengruppe dargestellt und parallel zu der anzugebenden Abmessung angeordnet.
Maßhilfslinien und Maßlinien werden in gleicher Linienstärke dargestellt. Sie werden erforderlich, wenn die Maße nicht zwischen zwei Körperkanten eingetragen werden können. Im allgemeinen stehen sie rechtwinklig zur Maßlinie und gehen 1–2 mm über diese hinaus. Maßhilfslinien sollen sich nicht mit anderen Linien und möglichst nicht untereinander schneiden.
Maßlinienbegrenzungen oder **Maßpfeile** kennzeichnen das Ende der Maßlinien.

4.3 Konstruktionsübungen

Um den Umgang mit Zeichendreiecken und Zirkel zu lernen und zu üben, eignen sich am besten einfache Konstruktionen, die in der späteren Zeichenpraxis auch immer wieder gebraucht werden.

Winkelhalbierung (Abb. D 11a)
Schlagen Sie um den Scheitelpunkt A mit beliebigem Radius einen Kreisbogen, der die Schenkel des Winkels in B und C schneidet. Durch Schlagen von Kreisbogen um C und B läßt sich D ermitteln. Die Verbindungslinie AD ist die Winkelhalbierende.

Winkelübertragung (Abb. D 11b)
Schlagen Sie um den Scheitelpunkt A des gegebenen Winkels ABC einen Kreisbogen, der seine Schenkel in B und C schneidet. Um den Scheitelpunkt des anzureißenden Winkels schlagen Sie den gleichen Kreisbogen. Übertragen Sie mit Hilfe des Zirkels die Entfernung BC von dem Schnittpunkt des gegebenen Schenkels auf den Kreisbogen. Verbinden Sie den Scheitelpunkt mit dem auf dem Kreisbogen gefundenen Schnittpunkt.

Streckenteilung (Abb. D 11c)
Die Strecke AB soll ohne Maßstab in 5 gleiche Teile eingeteilt werden. Ziehen Sie von A eine Gerade unter beliebigem Winkel (etwa 45°), und tragen Sie auf ihr 5 gleiche Teile ab. Verbinden Sie B mit dem Teilpunkt 5, und ziehen Sie zu dieser Linie Parallelen durch die Teilpunkte 4, 3, 2 und 1. Die Schnittpunkte auf der Strecke AB begrenzen die gesuchten gleichen Teile.

Konstruktion eines Korbbogens (Abb. D 11d)
Die kleine Achse AB ist mit 4,8 cm gegeben. Halbieren Sie die Achse AB. Ziehen Sie durch M eine waagerechte Achse. Teilen Sie AM in 3 gleiche Teile, und schlagen Sie um M einen Kreisbogen mit 2/3 AM, der die waagerechte Achse in C und D schneidet. Ziehen Sie von A und B durch C und D Hilfslinien. A und B sind die Mittelpunkte der großen Bogen, C und D die der Schlußbogen.

Abb. D 11. Konstruktionsübungen.
a) Winkelhalbierung,
b) Winkelübertragung,
c) Streckenteilung,
d) Korbbogen, gegeben ist eine Achse,
e) Korbbogen, gegeben sind beide Achsen.

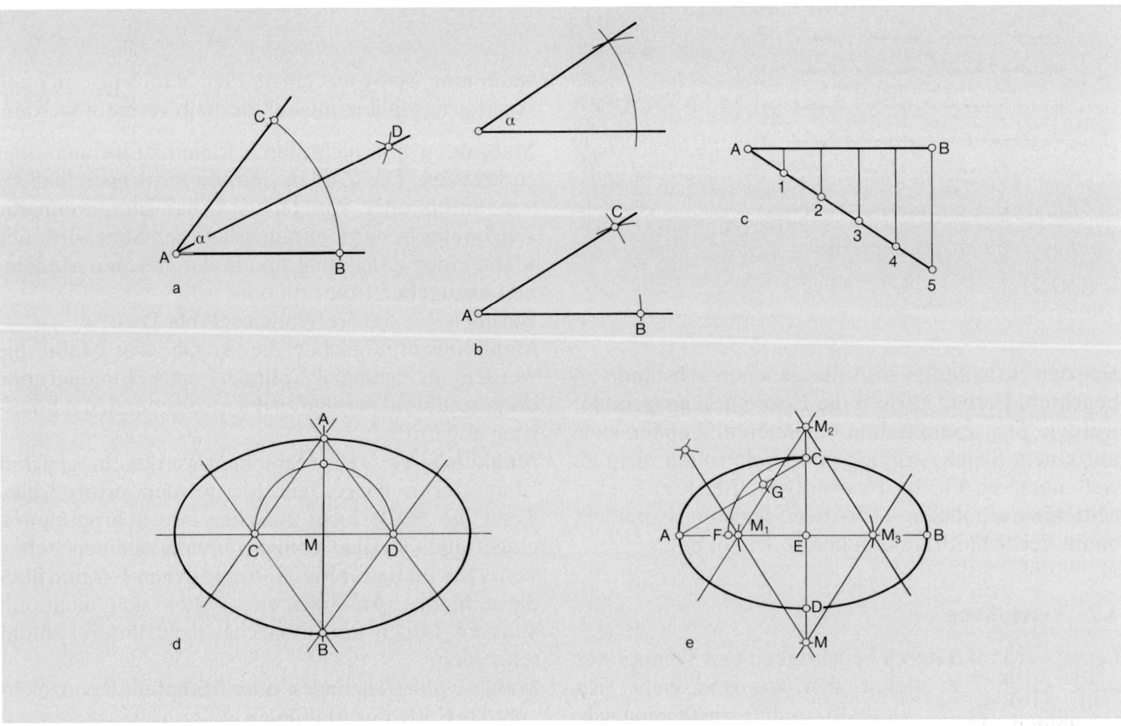

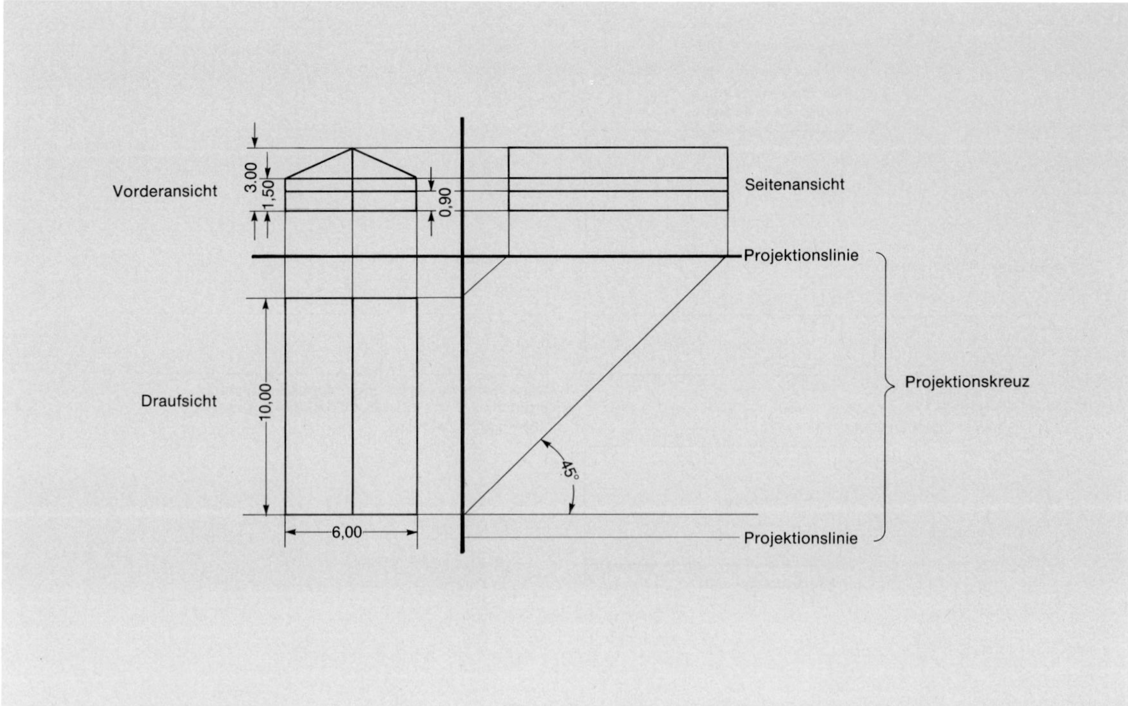

Abb. D 12. Dreitafelverfahren.

Konstruktion einer Ellipse (Abb. D 11e)
Beide Achsen sind gegeben, AB 6 cm, CD 3 cm. Schlagen Sie um E, dem Schnittpunkt der Achsen, mit CE einen Viertelkreis, der AE in F schneidet. Verbinden Sie A mit C, und tragen Sie auf dieser Verbindungslinie AF von C bis G ab. Halbieren Sie AG, ziehen Sie durch die Schnittpunkte die Mittelsenkrechte, die die große Achse in M_1, die Verlängerung der kleinen Achse in M schneidet. Tragen Sie EM_1 von E nach M_3 und EM von E nach M_2 ab. M, M_2, M_1 und M_3 sind die Mittelpunkte für die Konstruktion der Bögen.

4.4 Draufsicht und Ansichten

Die Betrachtung eines Gegenstandes von oben ist die Draufsicht. Bei Grundstücken und Gebäuden bezeichnet man die Draufsicht als Grundriß. Er stellt sozusagen einen horizontalen Schnitt durch den abzubildenden Gegenstand dar.
Wenn aus dem Grundriß oder der Draufsicht nicht alles zu sehen ist, was für die Darstellung eines Gegenstandes wichtig ist, muß man zusätzlich Ansichten (Vorder- und gegebenenfalls auch Seitenansichten) zeichnen.

Dies erfolgt im sogenannten **Dreitafelverfahren** (Abb. D 12). Im Beispiel wird ein Gewächshaus dargestellt.
Als erstes zeichnet man die Vorderansicht. Senkrecht darunter zeichnen wir die Draufsicht, wobei die in der Vorderansicht ablesbaren Maße direkt übernommen werden. Als zusätzliches Maß ist die Länge anzutragen. Die Seitenansicht kann aus der Draufsicht und der Vorderansicht konstruiert werden. Die Maße der Vorderansicht werden direkt übertragen, die der Draufsicht werden auf eine Hilfslinie projiziert und mit parallelen Linien im Winkel von 45° übertragen.

Die Anordnung der Ansichten, wie sie Abb. D 13 zeigt, ist in der DIN 6 genormt. Man nennt dies **ISO-Methode-E.**

Zunächst zeichnet man die Konstruktion mit Bleistift, dann wird mit Tusche nur die gewünschte Ansicht durchgezeichnet. Die Konstruktions- und Hilfslinien radiert man weg, bzw. man legt für die

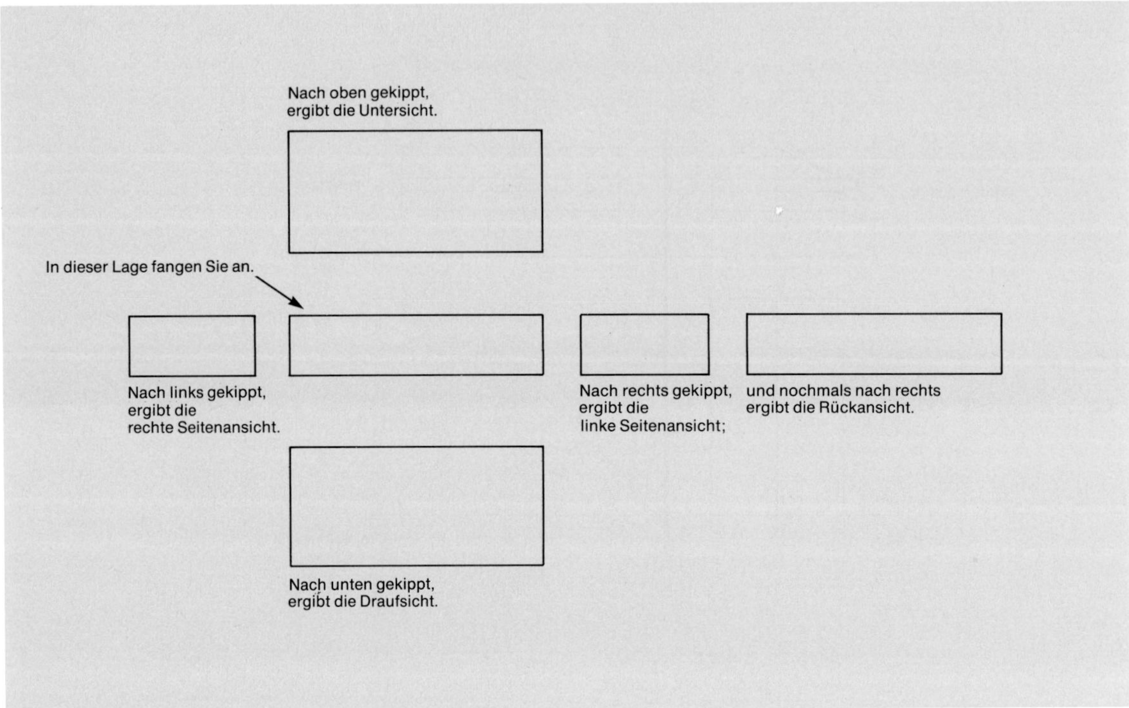

Abb. D 13. Darstellung nach der ISO-Methode E.

Reinzeichnung ein neues Blatt Transparentpapier auf.

4.5 Räumliche Darstellung

Die räumliche Darstellung soll den Gegenstand insgesamt zeigen und kommt so der Vorstellung am weitesten entgegen.
So wie der Gegenstand nach der ISO-Methode dargestellt wird, sieht man ihn in der Wirklichkeit eigentlich nicht. Im technischen Bereich kann man jedoch auf die ISO-Methode nicht verzichten; nur sie erlaubt das Herausnehmen der Maße und die tatsächliche Darstellung. Die räumliche Darstellung dient dem besseren Verständnis.
Die beste räumliche Darstellung für den Betrachter wäre die **Perspektive;** sie ist jedoch sehr zeitaufwendig und stellt die Linien perspektivisch verkürzt dar. Man wendet deshalb einfache Verfahren an, aus denen die Maße herausgegriffen werden können.

Isometrie nach DIN 5 (Abb. D 14a)
Länge, Breite und Höhe des Gegenstandes werden mit den gleichen Maßen bezeichnet, also im gleichen Maßstab; daher der Name Isometrie. Die räumliche Wirkung erreicht man dadurch, daß nicht rechtwinklig gezeichnet wird, sondern in einem Winkel von 30° zur Grundlinie.

Schiefe Parallelprojektion (Abb. D 14b)
Es ist die sogenannte Kavalierperspektive; die Vorderseite wird maßgenau parallel zur Grundlinie gezeichnet, die Seiten im Winkel von 45° angetragen und auf die Hälfte verkürzt. Wir haben also zwei Maße und somit eine **Dimetrie.**

Dimetrische Projektion nach DIN 5 (Abb. D 14c)
Dieses Verfahren ähnelt am meisten der richtigen perspektivischen Darstellung, ist aber wesentlich weniger aufwendig als diese. Die Vorderkante wird in einem Winkel von 7° zur Grundlinie angetragen, die Seite auf die Hälfte verkürzt im Winkel von 42°.

Die erstgenannten Zeichnungsarten können mit den normalen Zeichendreiecken gezeichnet werden, für die Dimetrie nach DIN 5 braucht man ein spezielles Zeichendreieck mit 42°. Alle Verfahren nennt man **Parallelperspektiven,** weil die Linien im Gegensatz zur richtigen Perspektive parallel verlaufen.

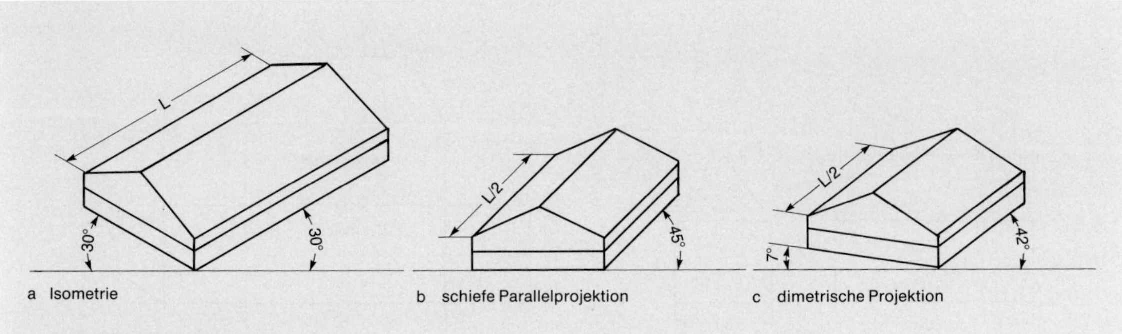

Abb. D 14. Räumliche Darstellung.

4.6 Abwicklung

Neben der Einzeldarstellung der Ansichten und der räumlichen Darstellung des Gesamtgegenstandes ist es gelegentlich auch wichtig, die Abwicklung in ihrer tatsächlichen Größe zu zeigen. Bei Körpern mit geraden bzw. parallelen Wänden zeigt die Ansicht zugleich auch die Maße für die Abwicklung, z. B. das regelmäßige vierseitige Prisma (Abb. D 15).

Schwieriger ist die Darstellung tatsächlicher Flächen, z. B. von Walmdächern (Abb. D 16, Seite 330). Aus den technischen Ansichten sind Maße und Neigungen bekannt. Wir zeichnen die Vorderansicht und ohne Abstände darunter die Draufsicht, unter sie nochmals die Vorderansicht ohne Dach und neben die Draufsicht die Seiten ohne Dach.

Die zeichnerische Walmschräge CE wird mit dem Zirkel auf die verlängerte Linie BC zum Schnittpunkt

Abb. D 15. Regelmäßiges vierseitiges Prisma.

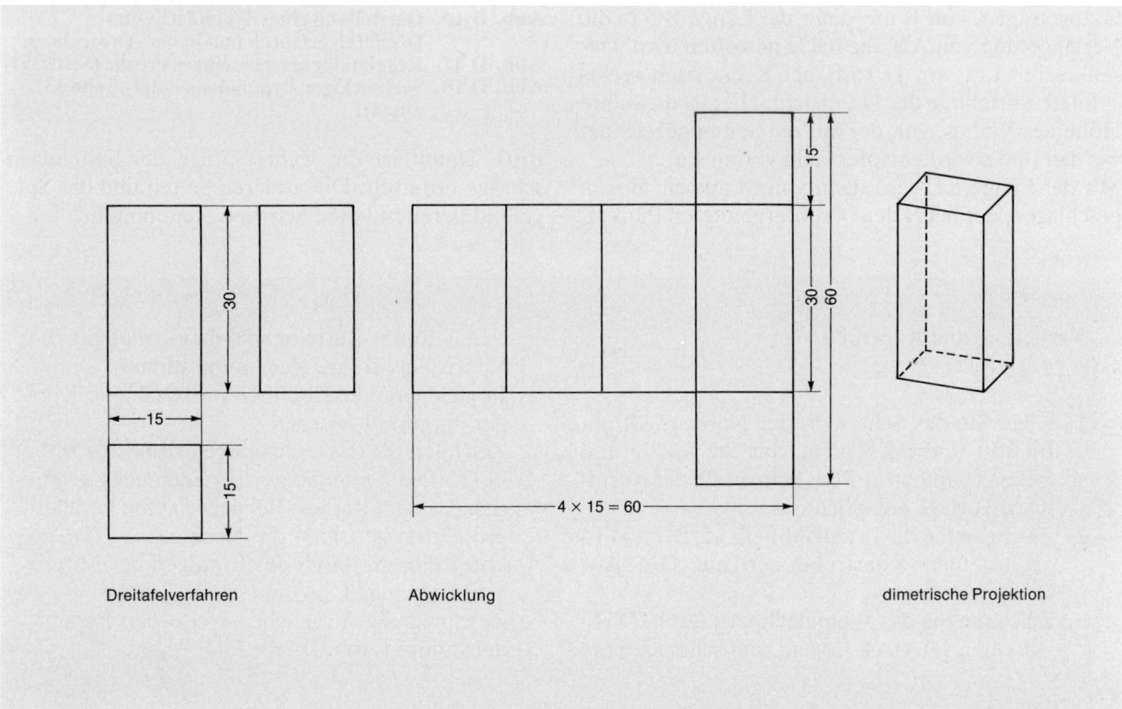

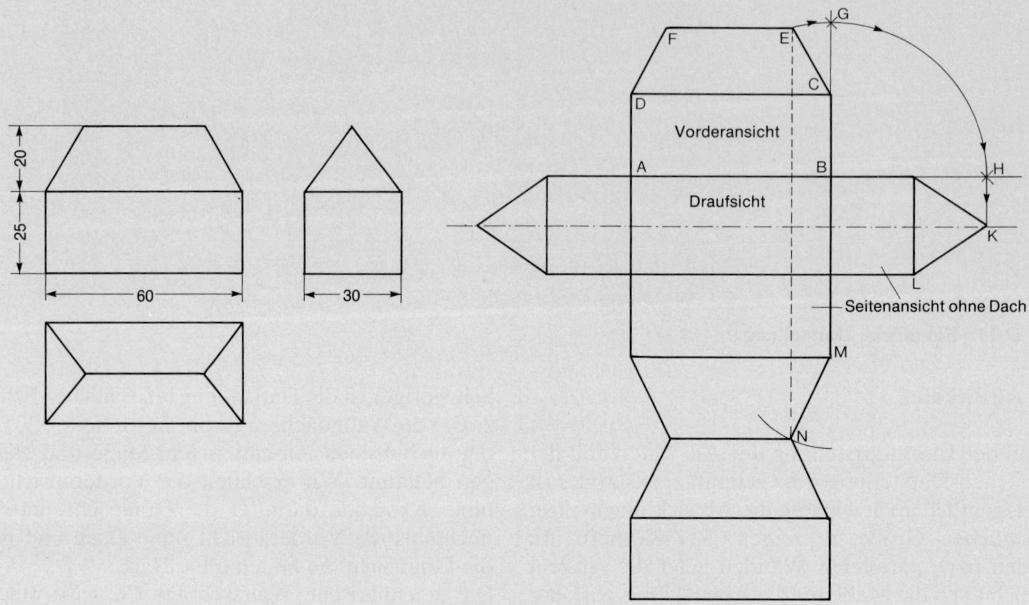

G abgetragen, von B aus dann die Länge BG in die Verlängerung von AB, die bei H getroffen wird. Das senkrechte Lot von H trifft bei K die nach rechts gelotete Mittellinie der Draufsicht. Hier ist die wahre Höhe des Walms, von der aus die Seiten gezeichnet werden (links wird entsprechend verfahren).
Mit der Länge KL wird dann von M aus ein Bogen geschlagen, der bei N den heruntergeloteten Punkt E trifft. Damit ist die wahre Länge der Seitendachschräge ermittelt. Die anderen Seiten und das Spiegelbild bereiten keine Schwierigkeiten mehr.

Abb. D 16. Darstellung eines Walmdaches im Dreitafelverfahren und in der Abwicklung.
Abb. D 17. Regelmäßiges sechsseitiges Prisma (Seite 331).
Abb. D 18. Sechseckiger Pyramidenstumpf (Seite 331, unten).

Vertiefung und Kontrolle

1. Üben Sie das Schreiben der Normschrift mit Bleistift und mit Tusche, bis Sie flüssig und locker schreiben und das Schriftbild der Normschriftvorlage entspricht.
2. Zeichnen Sie die in den Abb. D 11, D 12, D 14 dargestellten Konstruktionen auf DIN-A4-Blätter.
3. Zeichnen Sie das Walmdachhaus (Abb. D 16) auf einen DIN-A4-Bogen, und schneiden Sie es aus. Beim Zusammenkleben haben Sie die Kontrolle, ob Ihre Zeichnung stimmt.
4. In gleicher Weise können praktisch alle Körper dargestellt werden.
   Zeichnen Sie das sechsseitige Prisma aus Abb. D 17. Die Seitenlänge des Sechsecks ergibt sich aus dem Radius. Bei der schiefen Parallelprojektion ist zuerst das Rechteck 2/3/5/6 zu konstruieren, durch das Einfügen der Mittelachse gewinnen Sie die Punkte 1 und 4.
5. Zeichnen Sie in gleicher Weise den Pyramidenstumpf (Abb. D 18).

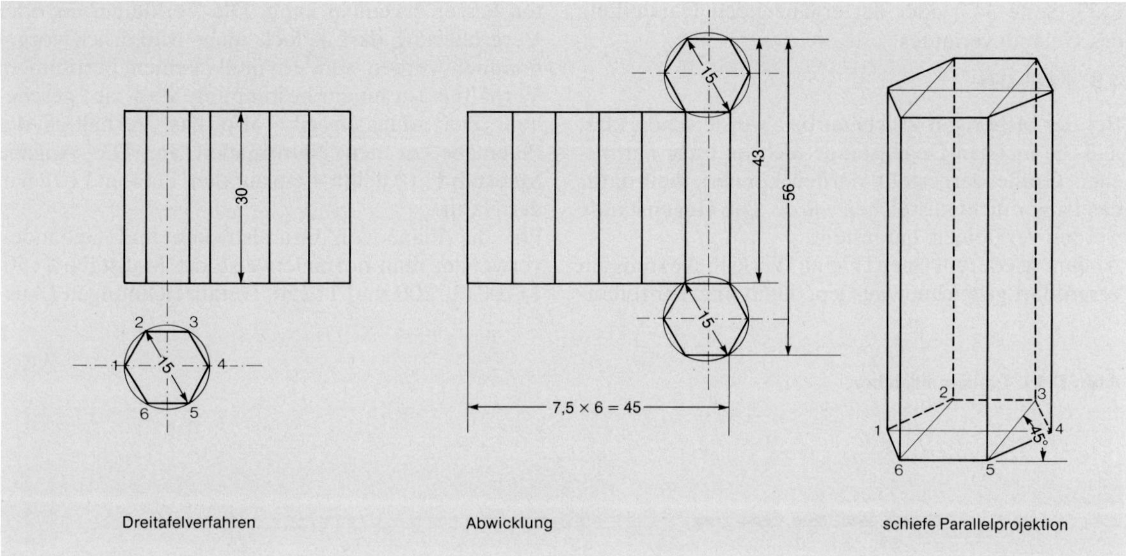

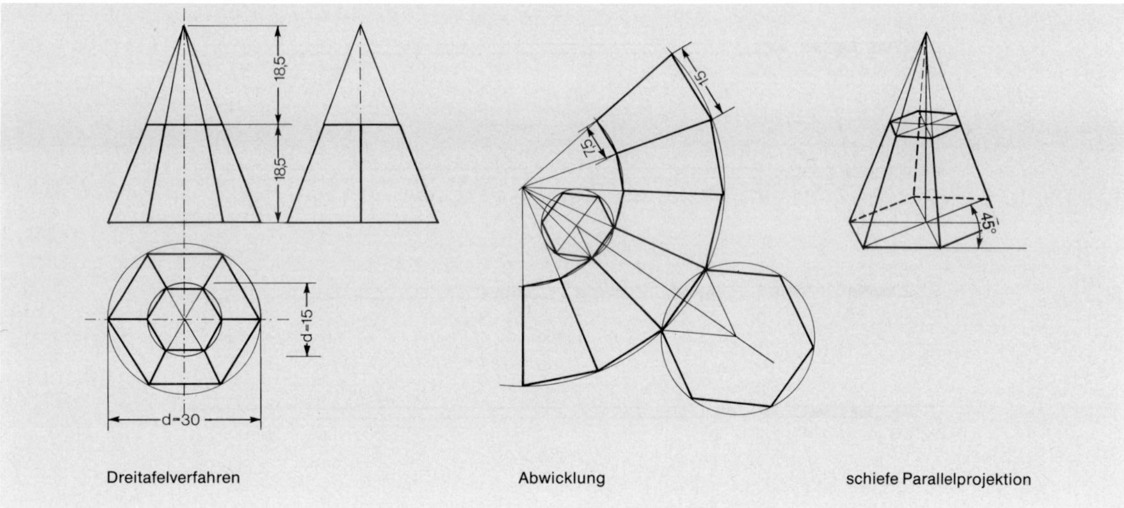

4.7 Schnitte

Um Einzelheiten von Gegenständen herauszustellen, genügen manchmal die geschilderten Möglichkeiten der Darstellung nicht; es wird ein **Schnitt** durch den darzustellenden Gegenstand erforderlich. Dies ist z. B. aus den Abb. C 94 und C 103 bei den Treppen (Seite 108 ff.) und aus den Abb. C 75 und C 77 bei den Mauern (Seite 98 ff.) ersichtlich.

Die Abb. C 125–C 135 aus dem Wegebau (Seite 130 ff.) stellen sogenannte **Regelschnitte** dar, was bedeutet, daß dieser gezeigte Querschnitt in der Regel einzuhalten ist.

Bei der Zeichnung eines Schnittes werden alle geschnittenen Teile schraffiert oder durch eine bestimmte Signatur herausgehoben. Für unterschiedliche Materialien verwendet man verschiedene Schraffuren. Wird ein Bauteil im Schnitt mehrmals sichtbar, muß es immer mit derselben Schraffur dargestellt werden.

Einen Schnitt durch ein Gelände nennt man auch **Profil.** Es dient der Erdmassenberechnung (Abb.

D 33, Seite 347) oder der ergänzenden Darstellung des Geländeverlaufes.

4.8 Maßstäbe

Bei der bisherigen Zeichenarbeit wurde schon klar, daß die meisten Gegenstände nicht in ihrer natürlichen Größe dargestellt werden können, weil dafür das Papier nicht ausreichen würde. Die Gegenstände werden verkleinert dargestellt.
Andere wiederum (meist kleine Werkstücke) müssen vergrößert gezeichnet werden, damit man Einzelheiten besser erkennen kann. Die Verkleinerung oder Vergrößerung darf jedoch nicht willkürlich vorgenommen werden, sondern muß in einem bestimmten Verhältnis (in einem bestimmten Maßstab) geschehen. Der Maßstab gibt also das Verhältnis der Planmaße zu den Naturmaßen an. Die Angabe Maßstab 1 : 10 heißt: 1 cm auf dem Plan sind 10 cm in der Natur.
Für die Pläne von Grundstücken und Gebäuden verwendet man normalerweise die Maßstäbe 1:50, 1:100, 1:200 und 1:250. Detailzeichnungen (Aus-

Abb. D 19. Linearmaßstäbe.

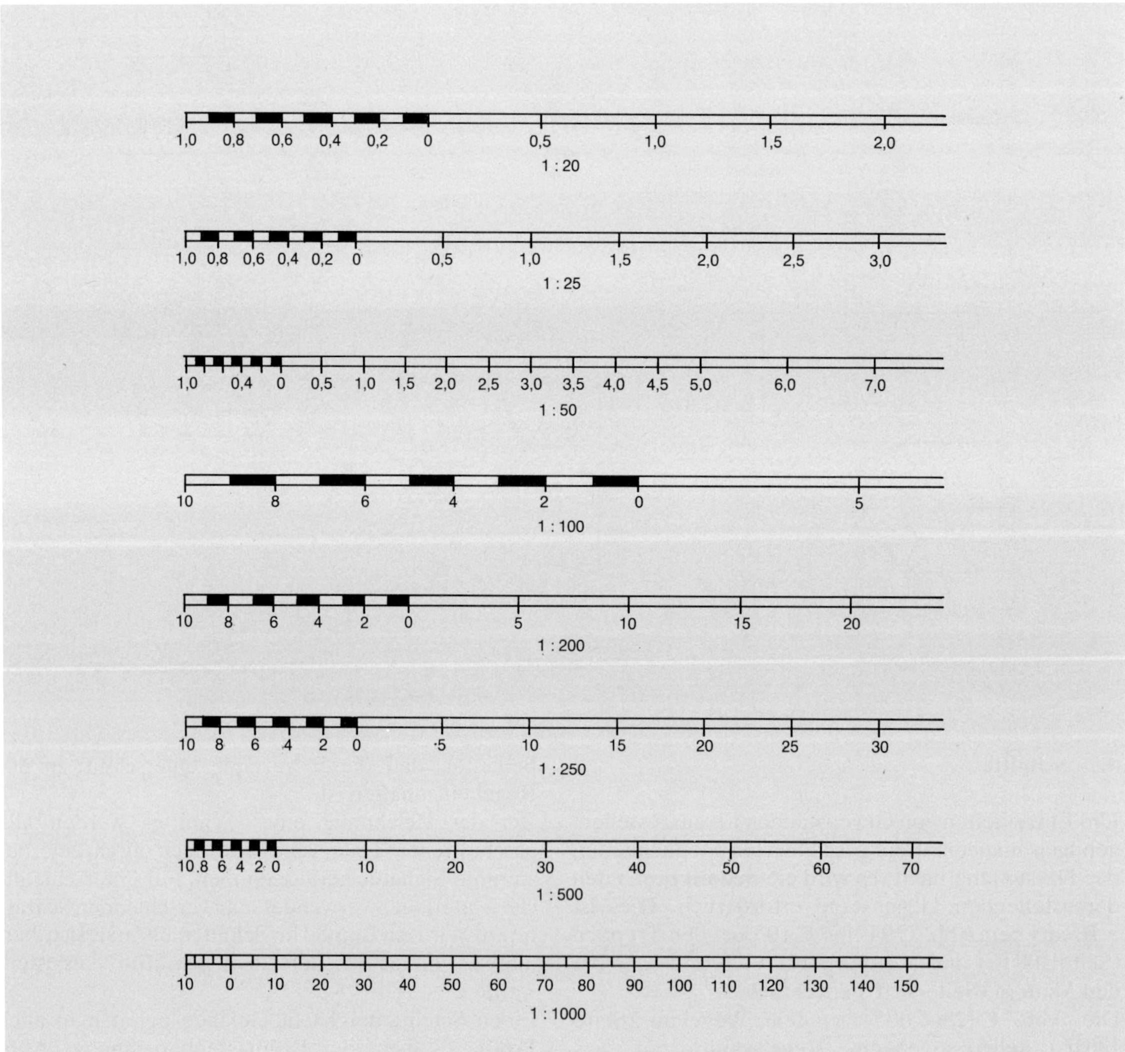

schnitte aus Gartenplänen wie z. B. Sitzgruppen, Treppen, Pergolen, Wasserbecken, Einzelrabatten usw.) führt man meist in den Maßstäben 1 : 5, 1 : 10 oder 1 : 20 aus. Lagepläne sind in den Maßstäben 1 : 500 oder 1 : 1000 gezeichnet. Noch größere Maßstäbe begegnen uns bei Landkarten, z. B. Wanderkarten 1 : 50 000, Straßenkarten 1 : 200 000 usw.

Auf jeder Zeichnung muß der Maßstab angegeben sein. Bei allen technischen Plänen sollte der gewählte Maßstab nicht nur als Zahl angegeben, sondern zusätzlich in Form eines *Linearmaßstabes* (linear = gradlinig) gezeichnet werden. Dadurch können interessierende Entfernungen mit dem Stechzirkel, einem Streifen Papier oder einem Lineal aus dem Plan entnommen und am gezeichneten Maßstab sofort abgelesen werden (Linearmaßstäbe s. Abb. D 19).

Vergrößerung oder Verkleinerung

Häufig muß in der Zeichenpraxis ein Plan oder ein Planausschnitt in einem größeren oder kleineren Maßstab gezeichnet werden als die Vorlage.

So weisen z. B. die *Katasterpläne* (Amtliche Lagepläne) die Grundstücke im Maßstab 1 : 500 aus; will man einen Gartenplan zeichnen, wählt man dafür z. B. den Maßstab 1 : 100. Die Vorlage muß also vergrößert werden.

Im großen Stil erfolgt dies heute auf fotografischem Wege.

Soweit ein *Pantograf* oder *Storchschnabel* (Abb. D 20) im Büro zur Verfügung steht, kann damit vergrößert oder verkleinert werden. Er besteht aus vier gleichlangen Schienen, die parallel verlaufen und gegeneinander, je nach Maßstab, verstellbar sind. Mit dem *Fahrstift* wird die Zeichnung nachgefahren, der *Zeichenstift* zeichnet dieselbe Linie je nach Einstellung größer oder kleiner.

Abb. D 20. Storchschnabel.

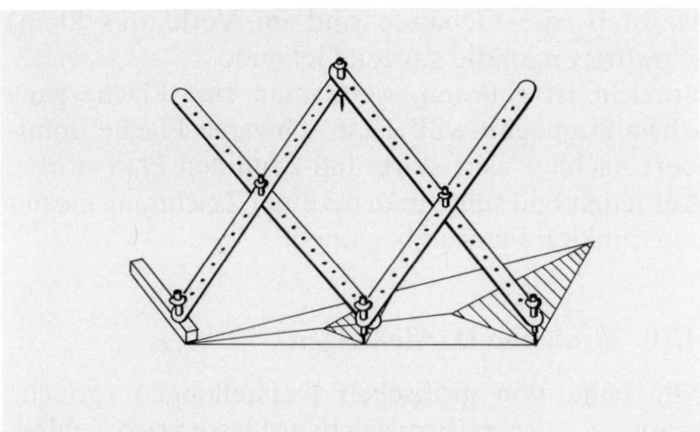

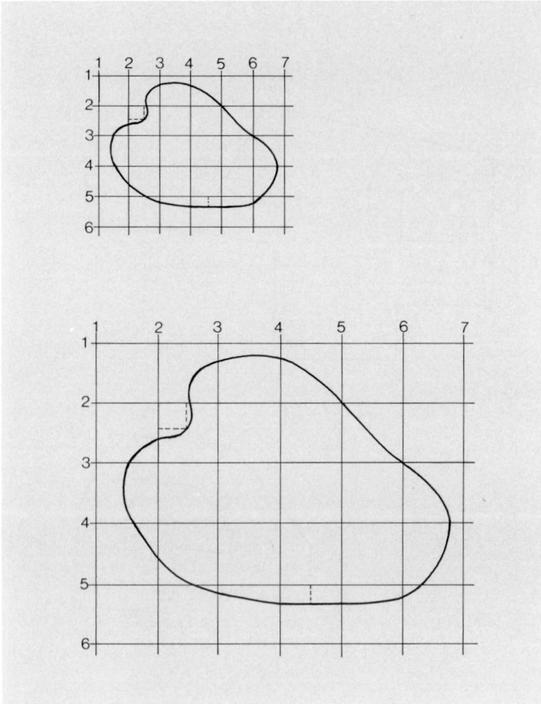

Abb. D 21. Vergrößerung mit einem Quadratnetz.

Für kleinere Objekte wendet man folgende Verfahren an:

Neukonstruktion

Einfache Figuren werden anhand der aus der Vorlage entnommenen Maße im gewünschten Maßstab neu aufgezeichnet. Man überträgt schräge Winkel mit dem Zirkel (s. Kap. D 4.3, Seite 326).

Quadratnetz (Abb. D 21)

Bei Vorlagen mit vielen gewundenen oder geschlängelten Linien läßt sich mit dem Quadratnetz gut arbeiten. Auf die Vorlage wird in einem gewünschten Abstand ein Raster gezeichnet, ebenso im neuen Maßstab auf das Zeichenblatt. Die vom Raster geschnittenen Punkte lassen sich dann leicht übertragen. Dazwischenliegende Punkte werden durch Koordinaten erfaßt.

Polverfahren (Abb. D 22)

Die Vorlage wird mit dem Transparentpapier für die neue Zeichnung überdeckt. Ein geeigneter Punkt wird als Pol angenommen. Er kann am Rand (günstig

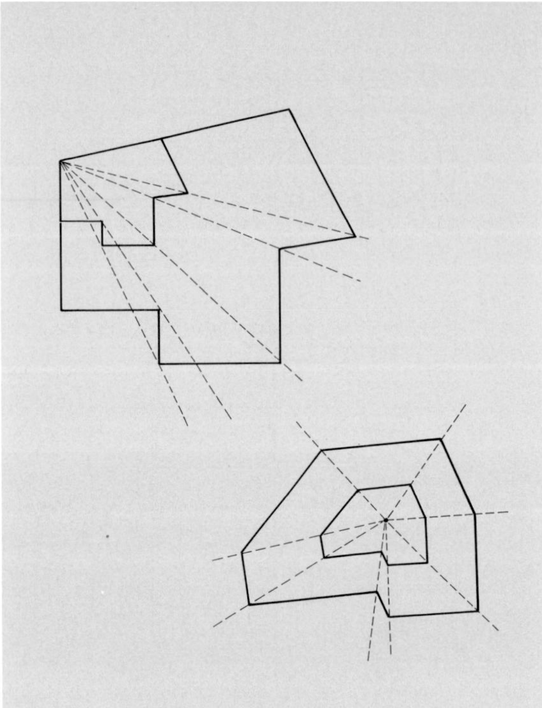

**Abb. D 22. Vergrößerung durch das Polverfahren.
Oben: Pol am Rand.
Unten: Pol in der Mitte.**

in einer Ecke) oder in der Mitte liegen. Von dem Pol aus werden Strahlen zu den wichtigen Punkten gezogen und diese um das Maß der Vergrößerung verlängert.

4.9 Darstellungsmöglichkeiten

Für amtliche Vermessungspläne sowie für Bebauungspläne ist die Art der Darstellung genormt. Bei Gestaltungsplänen hat der Planer freie Hand.

Darstellung von Pflanzen (Abb. D 23, Seite 335)
Grundsätzlich sollten Dinge, die in der Wirklichkeit dominieren, auch im Plan kräftig gezeichnet werden. Es ist günstig, sich in etwa an diese Regel zu halten. So wird z. B. der Rasen nur gepunktet, die Stauden werden durch Kringel markiert, die Bodendecker durch eine leichte Schraffur, die höheren Sträucher durch eine kräftige Schraffur dargestellt.
Die Bäume können dann jedoch, obwohl sie in der Wirklichkeit stark dominieren, auf dem Plan nicht entsprechend dargestellt werden; wenn man sie zu kräftig zeichnet (schraffiert), sieht man nicht mehr, was sich darunter befindet. Bei ihnen wird man also besonders den Rand kräftiger ausbilden müssen.
Nadelgehölze bedürfen einer besonderen Darstellung. Sie sind immergrün und müssen sich auch auf dem Plan von Laubgehölzen unterscheiden.

Neben der Wirkung kommt es darauf an, daß sich die Darstellung leicht und rasch zeichnen läßt. Formen, die mit Hilfe der *Kreisschablone* entstehen, sind besonders günstig. Für häufig wiederkehrende Formen eignen sich auch einfache *Stempel* (z. B. die Kappe des Füllers oder ein kleines Glas mit Tuch überspannt). Vorsicht, normale Stempelfarbe aus den üblichen Stempelkissen ist nicht pausfähig. Man legt Fließpapier in einen Untersatz, tränkt dieses mit Tusche und schafft sich so ein Stempelkissen. Auch *Aufklebefolien* können verwendet werden. Sie werden relativ einfach mit dem Stechzirkel aus ihrer Unterlage herausgeschnitten und auf den Plan geklebt. Bei Plänen, die gepaust werden müssen, ist es empfehlenswert, Folien auf der Rückseite der Pläne anzukleben, damit sie beim Pausen nicht abgehen.

Darstellung von Baulichkeiten (Abb. D 24, Seite 336)
Bei Treppen zeigt der Pfeil immer nach oben. Er beginnt an der Vorderkante der untersten Stufe und endet an der Vorderkante der obersten Stufe (nicht an der Hinterkante, s. Abb. C 97, Seite 110).
Bei Belägen ist es eine Frage des Maßstabs und der gewünschten Detailgenauigkeit, ob man den Belag genau bis ins einzelne zeichnet oder ihn nur andeutet. Es ist auch möglich, Beläge durch Schraffuren darzustellen. Soweit nicht einwandfrei zu erkennen ist, um welchen Belag es sich handelt, muß dies im Plan vermerkt werden, insbesondere auch die Materialart.
Bei Gebäuden wird ebenfalls unterschiedlich verfahren. Im kleinen Maßstab (die Gebäude sind also groß) werden nur die Mauern schraffiert. Im großen Maßstab (die Gebäude sind im Verhältnis klein) schraffiert man die ganzen Gebäude.
Vorsicht ist geboten, wenn man eine Fläche ganz schwarz anlegen will! Eine schwarze Fläche dominiert nachher sehr stark und kann den Plan stören. Auf jeden Fall sollte man bei einer Zeichnung nie mit den dunklen Flächen beginnen.

4.10 Grafische Darstellungen

Mit Hilfe von grafischen Darstellungen (griech.: graphein = schreiben, zeichnen) lassen sich Zahlen-

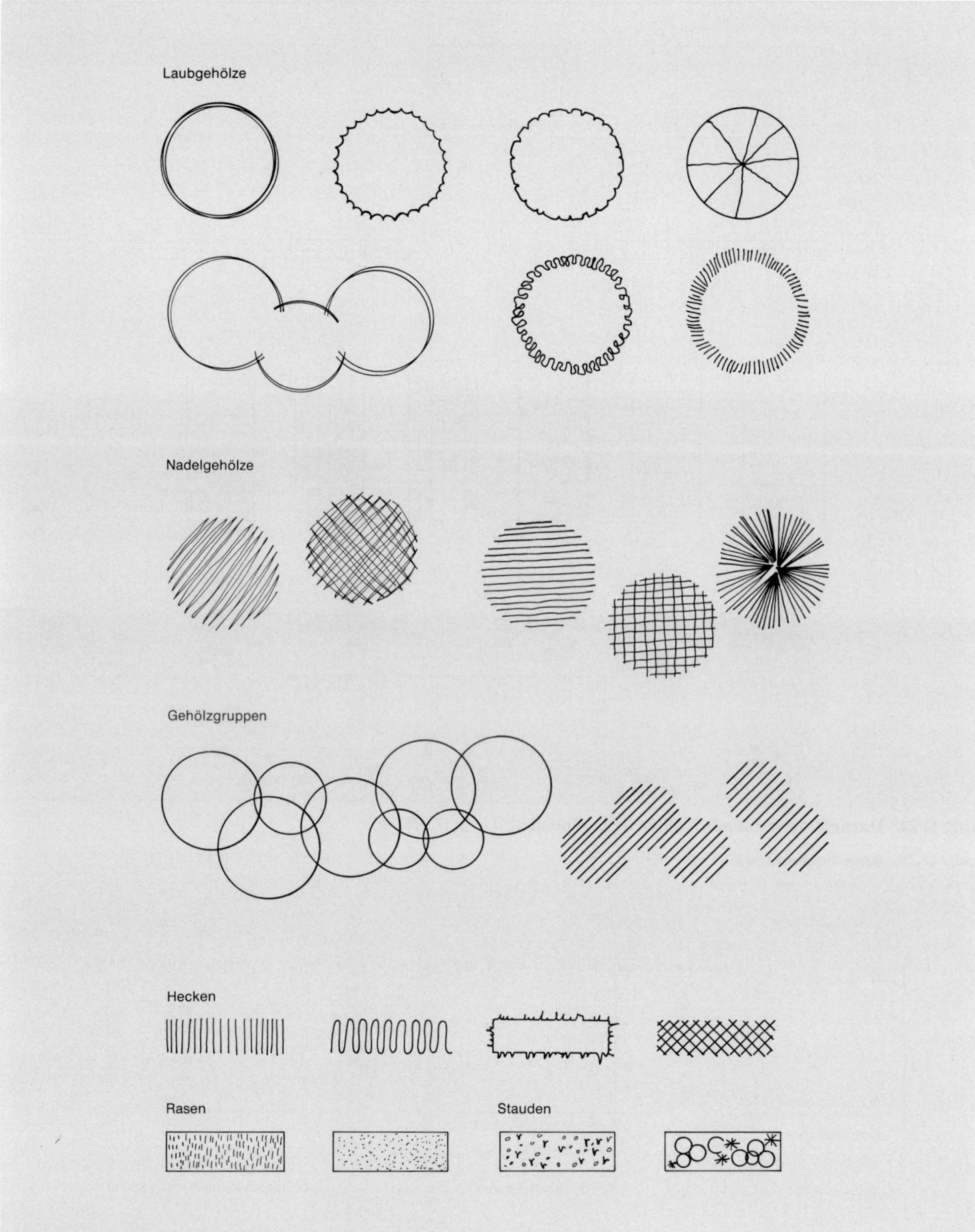

Abb. D 23. Darstellung von Pflanzen in Lageplänen.

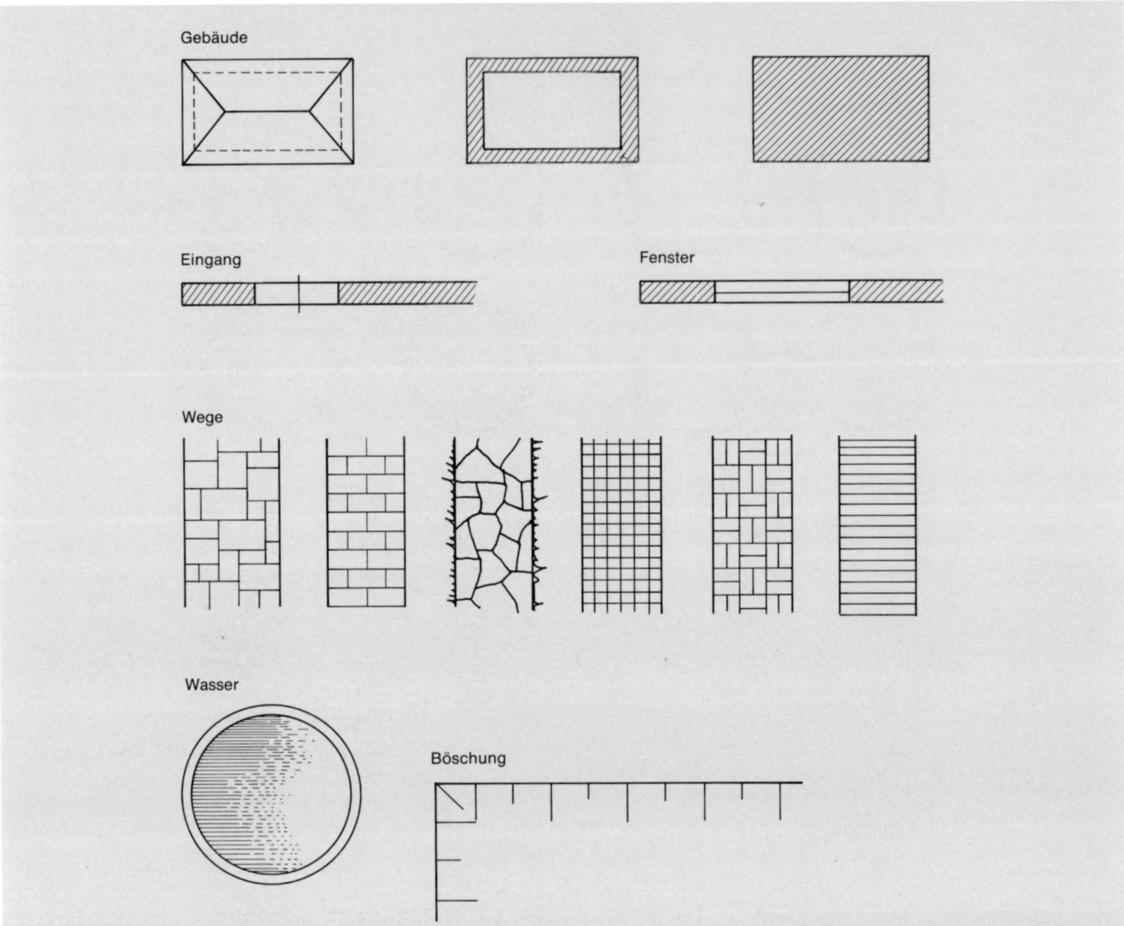

Abb. D 24. Darstellung von Baulichkeiten in Lageplänen.

Abb. D 25. Koordinatenkreuz.

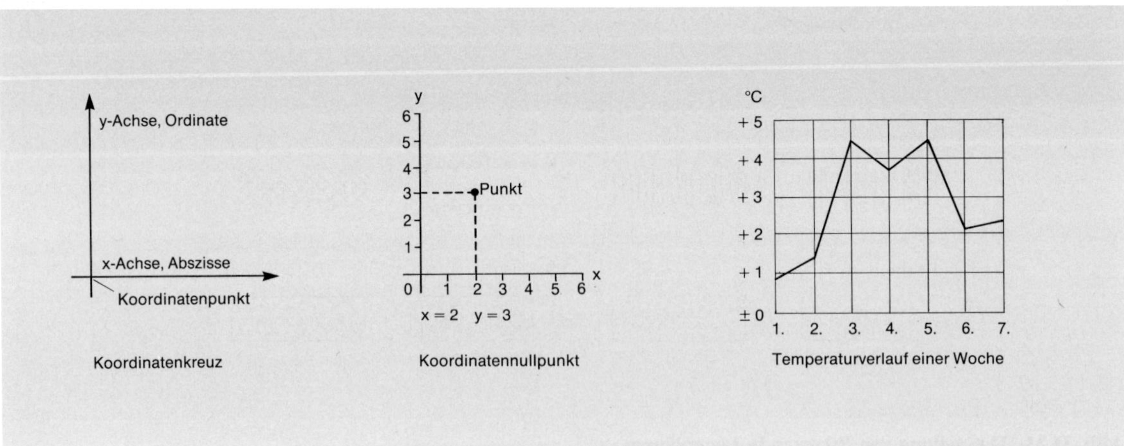

oder Mengenangaben vergleichend und anschaulich darstellen.

Für die Art der Darstellung bestehen mehrere Möglichkeiten. Die anschaulichste und aussagekräftigste Methode ist auszuwählen. Ist eine Entwicklung zu zeigen, so bietet sich dafür die Kurve an. Sie wird mit Hilfe des Koordinatenkreuzes entwickelt (lat.: co = zusammen, ordinare = ordnen).

Zum Darstellen von Größenvergleichen verwendet man Balken- oder Flächendiagramme.

Koordinatenkreuz

Das Koordinatenkreuz (Abb. D 25) besteht aus zwei senkrecht aufeinanderstehenden Geraden. Auf der waagerechten Achse, der X- oder Abszissenachse (lat.: abscindere = abschneiden, abtrennen), werden z. B. Zeitwerte (Tage, Monate, Jahre usw.) dargestellt, auf der senkrechten Achse, der Y- oder Ordinatenachse, z. B. die Geld-, Temperatur-, Gewichtswerte usw. Der Schnittpunkt der Achsen heißt Koordinatennullpunkt. Von hier aus trägt man die Maße nach oben auf der Ordinatenachse und seitwärts auf die Abszissenachse an.

Die folgenden Werte einer Temperaturaufzeichnung sind mit Hilfe des Koordinatenkreuzes grafisch darzustellen:

Wetter am	1 So.	2 Mo.	3 Di.	4 Mi.	5 Do.	6 Fr.	7 Sa.
Temperaturen							
morgens	+0,2	+0,7	+1,3	+3,8	+3,5	+0,3	+1,7
mittags	+1,7	+1,7	+7,2	+4,0	+7,0	+4,0	+2,6
abends	+1,0	+1,7	+5,1	+3,1	+3,2	+1,8	+3,0

Wir tragen auf der Y-Achse mit 1 cm Abstand die Temperaturen und auf der X-Achse mit 1 cm Abstand die Tage an. Dann errechnen wir die Tagesmittelwerte und tragen diese senkrecht über dem jeweiligen Tag an. Indem wir die gefundenen Punkte verbinden, erhalten wir eine Kurve über den Temperaturverlauf einer Woche.

Abb. D 26. Balkendiagramme.

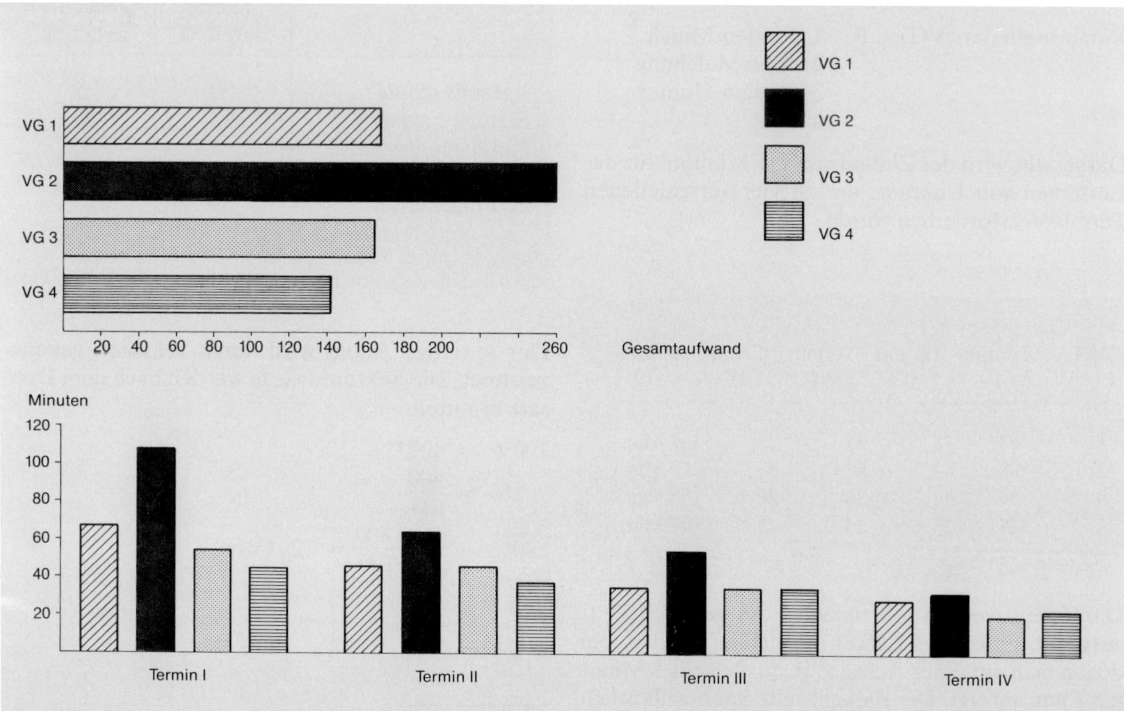

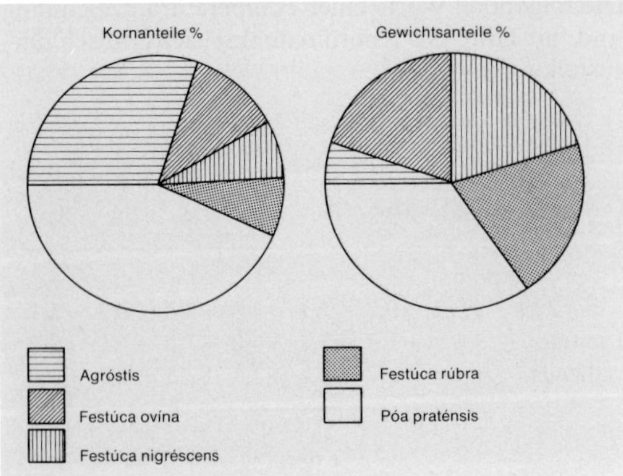

Abb. D 27. Flächendiagramm.

Balkendiagramm (Abb. D 26, Seite 337)
Irgendwelche Werte kann man in der Form von nebeneinander angeordneten Balken darstellen. Durch die verschiedenen Balkenlängen werden die jeweiligen Unterschiede grafisch sichtbar.
Als Beispiel soll die Auswirkung einer Mulchung auf das Verunkrauten von Gehölzflächen dargestellt werden.

Versuchsglieder (VG) z. B.
1 Rinden-Mulch
2 ohne Mulchung
3 Rinden-Humus
4 Torf

Dargestellt wird der Zeitaufwand in Minuten für das Entfernen von Unkraut, der an vier verschiedenen Terminen erforderlich wurde.

VG	Termin I	Termin II	Termin III	Termin IV	Summe
1	67	46	35	29	167 Min.
2	108	64	55	33	260 Min.
3	54	46	35	20	155 Min.
4	47	37	35	23	142 Min.

Dargestellt werden soll zunächst der gesamte Zeitaufwand. Es können Balken gezeichnet werden, bei denen man auf einer Achse z. B. für jeweils 2 Minuten 1 mm anträgt. Die Balkenbreite kann willkürlich gewählt werden.

Interessant ist jedoch auch die Entwicklung der Verunkrautung. Der entsprechende Zeitaufwand für das Entfernen wird durch die Erfassung an verschiedenen Terminen sichtbar.
Dabei ordnet man die Versuchsglieder jeweils nach Terminen.

Flächendiagramm
Für Flächendiagramme (Abb. D 27) benutzt man meist den Kreis (Kreisgrafik). Im Grunde ist auch das Balkendiagramm ein Flächendiagramm, aber eben in der speziellen Balkenform.
Folgendes soll grafisch dargestellt werden:
Die Saatgutmischungen für Rasensaaten werden in Gewichtsprozenten angegeben. Für den Handel und die Zusammenstellung von Mischungen ist dies sehr zweckmäßig. Da die verschiedenen Gräser jedoch sehr unterschiedliche Samengrößen haben, entsprechen die Gewichtsanteile nicht der tatsächlichen Zusammensetzung der Mischung. (Auf Seite 217 sind die Gewichtsanteile und Kornanteile genannt.)

Wir nehmen als Beispiel die RSM für Gebrauchsrasen.

	Korn-anteil %	Gewichts-anteil %
Agróstis ténuis	30	5
Festúca ovína	12	20
Festúca nigréscens	7	20
Festúca rúbra	7	20
Póa praténsis	44	35

Der jeweilige Anteil wird durch Sektoren gekennzeichnet. Die Sektorenwerte werden nach dem Dreisatz ermittelt.

$$100\% = 400^{g*}$$

$$1\% = \frac{400}{100}$$

$$30\% = 30 \times \frac{400}{100} = 120^{g} \text{ usw.}$$

* gon = Neugrad

5 Beispiel eines Planwerkes

Der Begriff Plan ist in der deutschen Sprache mehrdeutig. Die Bezeichnung *plan* für eben begegnet uns in der täglichen Baupraxis in den Begriffen *planieren* oder *Planum*. Unter Plan versteht man sowohl eine Absicht, ein Vorhaben, einen Entwurf als auch eine Einteilung oder Regelung und außerdem auch eine zeichnerische Darstellung.
Eine Planung umfaßt also nicht nur die Zeichnung, sondern das gesamte Vorhaben. Das Ziel einer Planung wird allerdings oft zeichnerisch dargestellt. Auch kleinere, einfache Projekte müssen geplant werden, wobei jedoch im Einzelfall durchaus auf eine Zeichnung verzichtet werden kann.

5.1 Programm

Der erste Schritt jeder Planung ist das Erarbeiten eines Programmes. Dabei werden die Wünsche und Bedürfnisse des Bauherrn mit den Gegebenheiten und Möglichkeiten koordiniert.

Gegebenheiten
- Grundstück: Größe, Zuschnitt, Geländeform, Bodenart
- Lage: Städtebauliche Situation, Klima
- Gebäude: Art, Stellung, Zugänge

Zu den Gegebenheiten gehören auch die finanziellen Möglichkeiten des Auftraggebers und Bauherrn.

Wünsche und Bedürfnisse
Sie sind je nach Art des Projektes grundsätzlich verschieden, z. B. für einen Friedhof anders als für einen Kinderspielplatz.
Für einen Hausgarten ergeben sich etwa folgende Grundbedürfnisse: Zugänge, Zufahrten, Parkmöglichkeiten, Sitzplätze – evtl. mit Wasser oder einer Feuerstelle, Sichtschutz, Lärmschutz, Windschutz, Spielbereiche, Gemüse-, Beeren- oder Kräutergarten, Spielrasen, Blumenbeete, Wirtschaftshof usw.
Die Wünsche werden natürlich stark vom Bauherrn geprägt und hängen z. B. von der Familiengröße und dem Alter der Familienmitglieder ab.
Der Planer stellt die für den Einzelfall zutreffenden Ausgangspunkte zusammen und steckt in einem meist ausführlichen Gespräch mit dem Auftraggeber den Rahmen ab.
Leider wird der Gartenplaner oft erst spät hinzugezogen, so daß er auf die Baulichkeiten meist keinen Einfluß mehr hat.

Beispiel Garten XY

Gegebenheiten
Grundstücksgröße: ca. 630 m², fast quadratisch
Geländeform: nach Süd-Südost abfallend
Bodenart: Lößlehm

Städtebauliche Lage: Neubausiedlung am Stadtrand, im Osten und im Süden eine Straße, nördlich und westlich Grundstücke, Einfamilienhaus-Bebauung
Klimatische Lage: in einem Kirschenanbaugebiet Süddeutschlands, relativ mild, kontinental geprägt
Gebäude: Einfamilienhaus mit Einliegerwohnung, im Westen eingeschossig, im Osten zweigeschossig, Satteldach (First Ost-West), Haupteingang von Norden, Einliegerwohnung von Osten, Gartenausgang nach Westen. Garage an das Haus angebaut, mit diesem auf der Westseite einen teilweise überdachten Hof bildend.

Wünsche des Bauherrn
Älteres Ehepaar mit erwachsenen Kindern (Einliegerwohnung) möchte den Garten zur Ruhe und Entspannung mit relativ wenig Pflegeaufwand.

Daraus ergibt sich das Gartenprogramm:

- Zufahrt und Zugang vom Kornbergweg im Osten auf der Nordseite
- Sitzplatz auf der Westseite, südlich der Garage,
- kleines Kräutergärtchen
- eine Bepflanzung, die raumbildend wirkt und Sichtschutz gewährt, Böschungen bodendeckend bepflanzt

5.2 Entwurf

Der Bauherr will das Ergebnis des Gesprächs mit dem Planer sehen und braucht auch einen Überblick über die zu erwartenden Kosten.

Vorentwurf
Bei einfachen Vorhaben kann darauf verzichtet werden, man fertigt dann sofort den Entwurf. Andererseits wird ein Vorentwurf, der vom Bauherrn anerkannt wird, ohne Änderung zum Entwurf.
Grundsätzlich ist der Vorentwurf jedoch die erste zeichnerische Fassung des Bauvorhabens, die auf der Grundlage des Programms erarbeitet wird.

Einzeichnung der Gegebenheiten
Als erstes müssen das Grundstück und die Gebäude aufgezeichnet werden. Dabei wird je nach Art und Größe des Projektes der Maßstab gewählt; gebräuch-

lich ist 1:100 oder 1:200, für Großprojekte, wie Sportanlagen oder Friedhöfe, 1:500.

Formale Lösung
Auf die jetzt vorliegende Zeichnung mit Gebäude- und Grundstücks-Grundriß (mit Bleistift) wird ein transparentes Papier gelegt, auf dem nun Lage und Form der zu gestaltenden Anlagen und Einrichtungen skizziert werden.
Dabei arbeitet man mit weichem Bleistift und freihändig; es kommt nicht auf die Genauigkeit an, sondern auf die Form, den Schwung und den Zusammenhang.
Bei größeren oder schwierigeren Projekten skizziert man mehrere Lösungen auf jeweils neuen Blättern.

Technische Lösung
Hat man sich für eine Lösung entschieden, wird diese technisch ausgearbeitet. Es wird wieder ein frisches Transparentpapier über das Zeichenbrett gespannt und nun genau gezeichnet.
Jetzt braucht man eine Vorstellung vom Baumaterial mit den sich daraus ergebenden Maßen. Man weiß, wo eine Treppe gebraucht wird; jetzt muß sie berechnet und genau mit Höhenangaben eingezeichnet werden. Ebenso erfaßt man die Wegebreiten, das Wegegefälle, die Einläufe.
Die Pflanzung wird in diesem Stadium der Planung meist noch nicht mit Namen versehen, sondern nur von der Größenordnung her (Bäume, Sträucher, Bodendecker) festgelegt.

Auszeichnen
Der Vorentwurf muß den Kunden überzeugen. Also muß er wirksam und übersichtlich gezeichnet sein. Ein Hausgarten-Entwurf, der dem Kunden auf dem Tisch vorliegt, wird anders gezeichnet als ein Entwurf, der einem Gremium (z. B. dem Gemeinderat) auf größere Entfernung – an der Wand hängend – vorgeführt wird.

Kostenschätzung
Auf der Grundlage des Vorentwurfs wird vom Planer eine Kostenschätzung vorgenommen. Sie basiert auf den errechneten Massen und soll dem Bauherrn die Entscheidung für eine bestimmte Ausführungsart ermöglichen.
Die Kostenschätzung ist kein Angebot; auch wenn sie von dem erstellt wird, der die Anlage später ausführt. Sie wird zusammen mit dem Vorentwurf vorgelegt.

Entscheidung des Auftraggebers
Der Bauherr entscheidet nun aufgrund der ihm vorgelegten Unterlagen die Art der gewünschten Ausführung. Dabei kann der Vorentwurf voll anerkannt, aber auch ganz oder teilweise abgelehnt werden, so daß die Vorlage weiterer Entwürfe erforderlich wird.

Entwurf
Die im Vorentwurf aufgezeigten Lösungen, ergänzt durch die Wünsche des Bauherrn, führen zum Entwurf. Dieser ist dann – vom Auftraggeber unterzeichnet – Vertragsgrundlage für die Ausführung und Grundlage für die Leistungsbeschreibung und den Kostenvoranschlag.
Aus dem Entwurf muß also alles ersichtlich sein, was zur Ausführung des Bauvorhabens erforderlich ist. Diese Anforderung erfüllt *ein* Plan nur bei einfacheren Vorhaben. Bei größeren Komplexen müssen neben dem Entwurf noch technische Pläne gefertigt werden.
Im Beispiel Garten XY ist der Gestaltungsplan Vorentwurf und Entwurf zugleich (Abb. D 28). Die Entscheidung über das Material für Zufahrt, Zugang und Sitzplatz erfolgt bei der Besprechung mit dem Bauherrn. Die Bepflanzung wird in einem gesonderten Plan dargestellt, ebenso die Treppe zum Haupteingang.

Kostenvoranschlag
Er wird vom Planer auf der Grundlage des vom Bauherrn genehmigten Entwurfes gefertigt und dient als Grundlage für die Mittelbereitstellung.
Auch der Kostenvoranschlag ist also kein Angebot. Er muß aber trotzdem möglichst genau sein, weil sonst unter Umständen das bereitgestellte Geld für die Ausführung nicht reicht. Deshalb setzt er eine genaue Massenermittlung voraus; die Preise stützen sich auf Erfahrungswerte des Planers.

5.3 Detailpläne

Für alles, was sich im Entwurfsplan nicht darstellen läßt, werden Detailpläne gefertigt.
Im Beispiel Garten XY wurde die Treppe am Haupteingang detailliert (Abb. D 29, Seite 342).
Die Höhe des Garagenfußbodens und davon abhängig des Sitzplatzes erfordert eine Freitreppe.
Auf zwei Streifenfundamente aus Beton werden Blockstufen aufgelegt; auch das Eingangspodest wird aus Blockstufen gebildet. Aus dem Detailplan muß

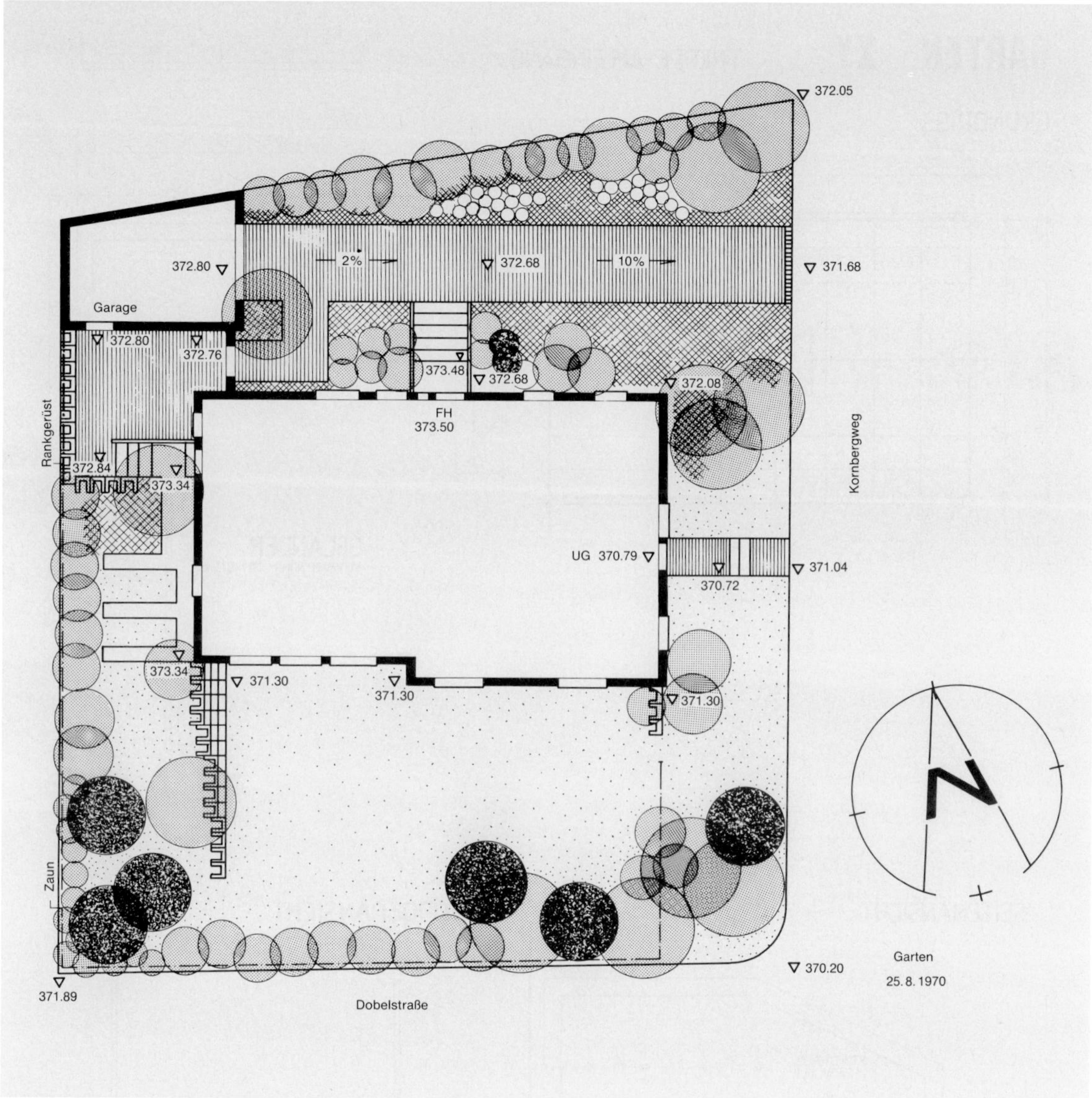

Abb. D 28. Gestaltungsplan.

auch hervorgehen, wie das Geländer beschaffen ist. Der Schlosser fertigt dieses auf der Grundlage des Planes an.

Bepflanzungsplan (Abb. D 30, Seite 343)
Er ist von seinem Wesen her ein technischer Plan. Je nach den Anforderungen, die an ihn gestellt werden, muß man die entsprechende Darstellung wählen.

Für einfache Pflanzungen genügt oft die Vorstellung des Pflanzers. Routinierte Pflanzenverwender benötigen auch für aufwendige Pflanzungen keine Zeichnung. Sobald man jedoch ein detailliertes Angebot braucht, ist ein Pflanzplan erforderlich, aus dem die Art und Zahl der in Frage kommenden Pflanzen hervorgeht. Es genügt dafür eine einfache Skizze, wenn der Planer bei der Pflanzung anwesend ist.

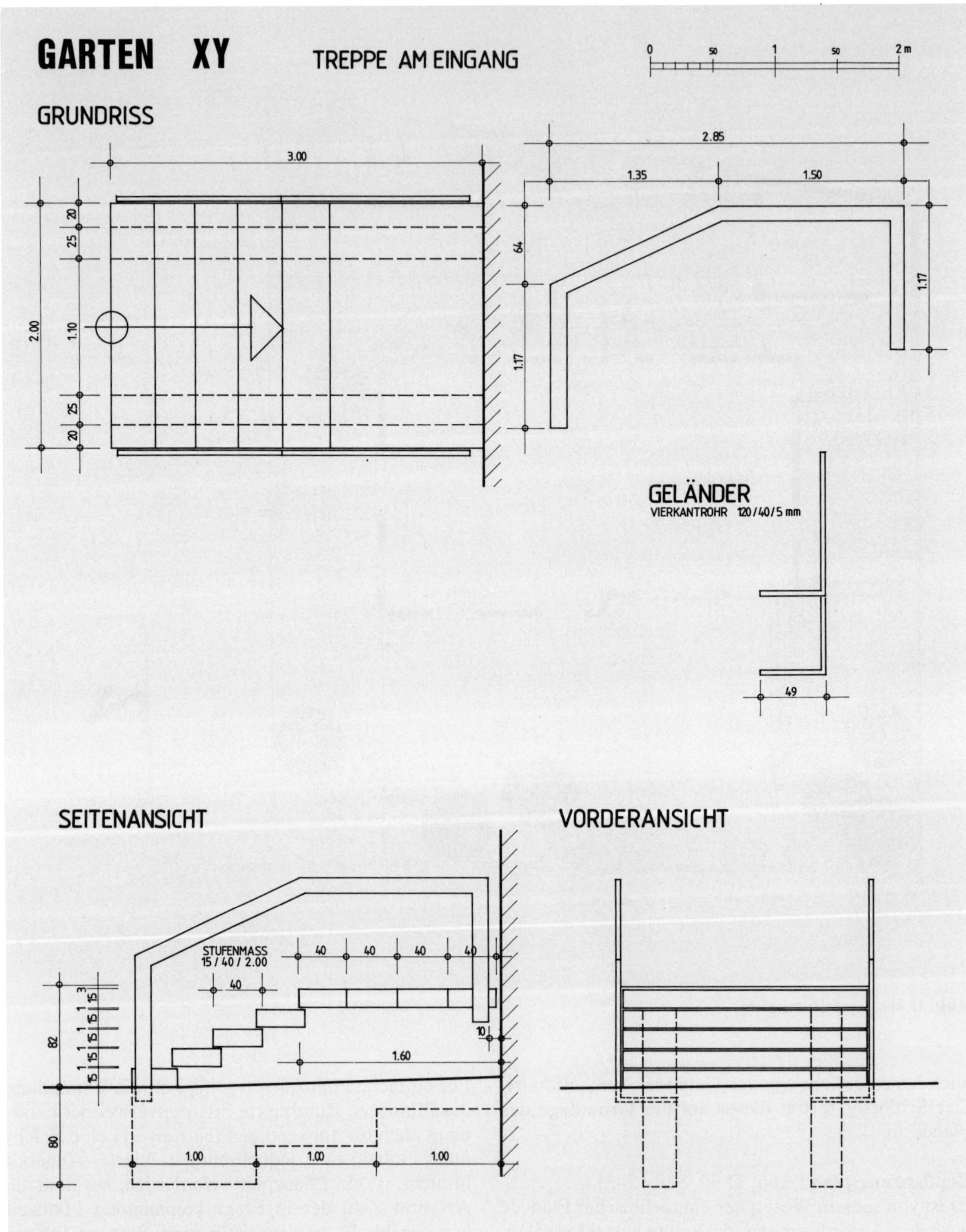

Abb. D 29. Detailplan (Treppe).

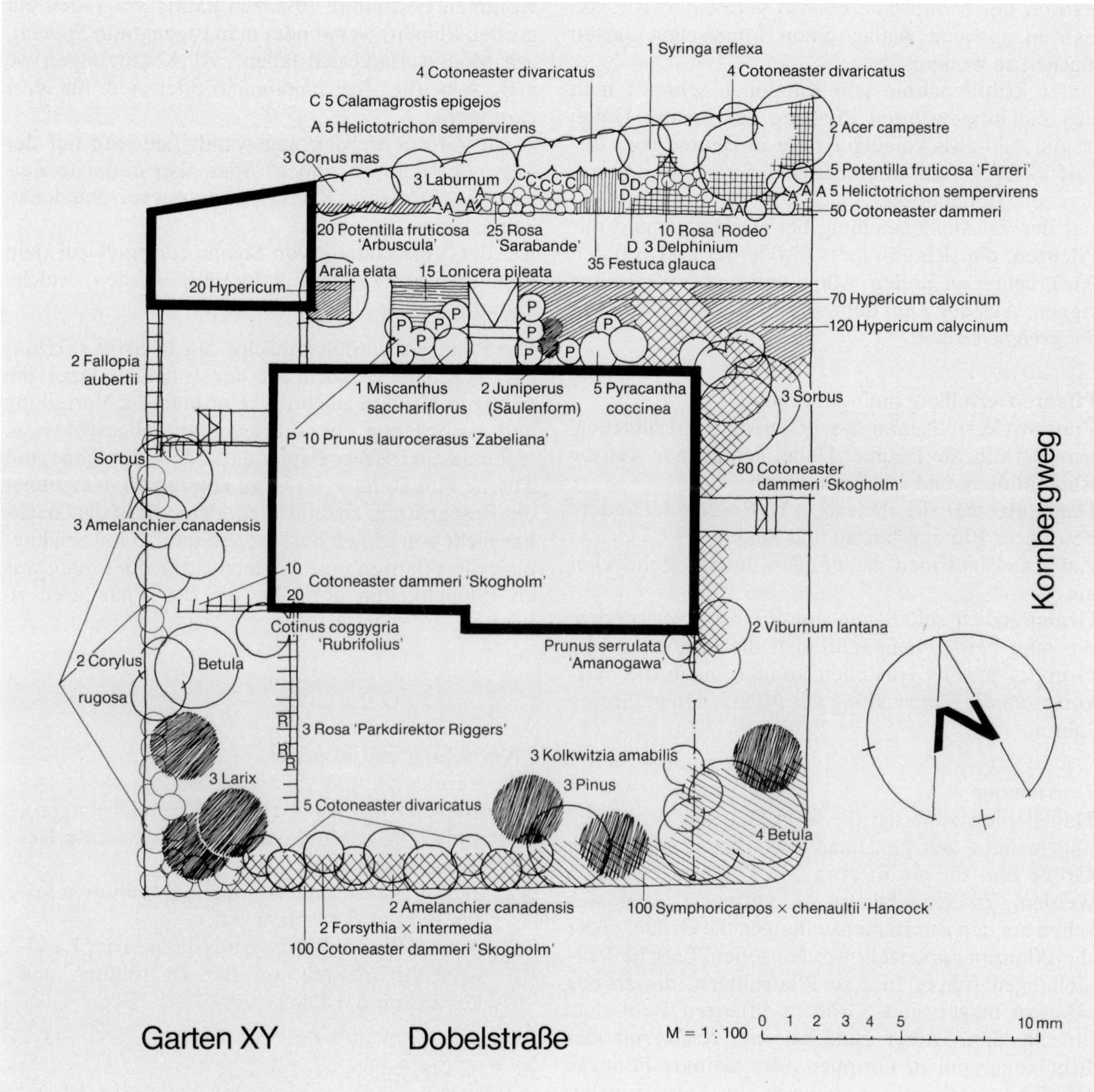

Abb. D 30. Bepflanzungsplan.

Muß ein anderer die Vorstellung des Planers in die Wirklichkeit umsetzen, muß der Bepflanzungsplan schon wesentlich genauer und ausführlicher sein. Eine skizzenhafte Darstellung, handschriftlich beschriftet, genügt meist, aber es muß eindeutig ersichtlich sein, wo welche und wieviele Pflanzen stehen sollen.

Eine sorgfältige Ausarbeitung erfordert der Bepflanzungsplan dann, wenn er dem Bauherrn noch zu Detailentscheidungen vorgelegt werden muß.

Pflanzenauswahl

Zuerst stellt man die Pflanzen zusammen, die für das Projekt in Frage kommen. Man sollte dabei das

Extrem der Monotonie ebenso vermeiden wie das Extrem, aus jeder Anlage einen Botanischen Garten machen zu wollen.
Unter Zuhilfenahme von Katalogen schreibt man sich die ausgewählten Pflanzen auf Listen. Dabei trennt man zweckmäßigerweise in Bäume (bei Bedarf in Groß- und Kleinbäume), Sträucher, Rosen, Stauden, Bodendecker.
Bei der Zusammenstellung berücksichtigt man nur Pflanzen, die sich von ihrer Größe her und von den Ansprüchen an Boden, Klima und Lichtverhältnisse eignen. Aus der Zahl der *möglichen* wählt man dann die *geeigneten* aus.

Pflanzenverteilung und -zuordnung
Zunächst erstellt man das »*Gerüst*« der Pflanzung, man verteilt die Bäume. Dabei achtet man auf die Raumbildung und auf Blickachsen.
Dann setzt man die *Akzente*, z. B. Rosen oder andere besondere Blütenpflanzen und Solitärs.
Zuletzt ordnet man die »*Füller*« und Bodendecker an.
Grundsätzlich sollte man nur Pflanzen verwenden, die man kennt; man muß sich die Pflanzung (die Gruppe) jeweils vorstellen können, auch die Wirkung und die Entwicklung der Pflanzen in mehreren Jahren.

Darstellung
Dabei spielt zunächst die »Größe« eine Rolle. Im allgemeinen zeichnet man die Pflanzen in einer Größe ein, die sie in etwa 5–10 Jahren erreichen werden. Zweckmäßigerweise vermerkt man sich schon auf den Zusammenstellungen die Größe, in der die Pflanzen dargestellt werden sollen. Falsche Vorstellungen führen hier zu Pflanzungen, die zu eng oder zu mager sind. Größere Pflanzen stellt man einzeln dar, wobei zunächst ein Kreis mit der Schablone genügt. Gruppen oder kleinere Pflanzen (Bodendecker) stellt man durch eine Schraffur dar, wobei man jeweils die Anzahl der Pflanzen dazuschreibt.

Die übersichtlichste Art der Kennzeichnung ist, wenn jeweils dazugeschrieben wird, um welche Pflanze es sich handelt. Gut lesbare Abkürzungen sind möglich, auch deutsche Bezeichnungen. Zu jedem Bepflanzungsplan gehört eine Pflanzenliste, die am Schluß gefertigt wird und alle verwendeten Pflanzen enthält, alphabetisch geordnet mit vollständigen botanischen und deutschen Namen sowie der Handelsgröße und den Qualitätsbezeichnungen.

Kommen bestimmte Pflanzen häufig vor (auch auf großen Plänen), verwendet man sogenannte *Signaturen*. Möglich sind Buchstaben, evtl. Abkürzungen wie z. B. A. p. für *Ácer platanoides* oder A. c. für *Ácer campestre*.
Auch Ziffern werden angewandt (sie sind auf der Legende leicht zu finden) oder aber einfache Zeichen, wie Dreiecke, Kreise, Karos, mit verschiedenen Schraffuren.
Bei der Verwendung von Signaturen muß auf dem Plan in einer *Legende* aufgeführt werden, welche Signatur welche Pflanze darstellt.

Die Pflanzen werden zunächst mit Bleistift skizzenhaft gezeichnet. Auch auf der Entwurfsskizze die richtigen Größen zeichnen. Hat man die Verteilung und Anordnung zur Zufriedenheit abgeschlossen, legt man ein frisches Papier darüber und zeichnet mit Tusche »ins Reine«. Es ist zu empfehlen, hier zuerst die Beschriftung anzufertigen, denn diese darf nachher nicht von Linien durchzogen sein. Dann zeichnet man die Pflanzen ein. Als letztes zeichnet man, was an Baulichkeiten nötig ist, um den Plan lesen zu können.

Vertiefung und Kontrolle
1. Vermessen und skizzieren Sie gelungene Bepflanzungen im Gelände (Detaillösungen), und fertigen Sie davon maßstabgerechte Bepflanzungspläne.
2. Stellen Sie für angenommene Situationen selber Bepflanzungspläne auf.
3. Achten Sie bei Bepflanzungsplänen der Landschaftsarchitekten auf die Darstellung und Lesbarkeit der Pläne.

6 Aufzeichnen von Feldmeßergebnissen

Die wesentlichen Aussagen hierzu erfolgten bereits in Kap. B. Hier soll noch auf die Auswertung eines Netznivellementes eingegangen werden und auf den Aufmaßplan als Grundlage der Abrechnung.

6.1 Netznivellement

Beispiel: Gelände zwischen den Wegen A und B (Abb. D 31, Seite 346).

Das Gelände zwischen den beiden Wegen soll so planiert werden, daß es zwischen den Punkten $B_1 / C_1 / D_1$ und den Punkten $B_4 / C_4 / D_4$ geradlinig verläuft. Dazu erfolgte ein Netznivellement, wie auf Seite 39 beschrieben.

Das Gelände wird nun mit den Nivellierpunkten maßstäblich aufgezeichnet. Die auf der Nivelliertabelle ausgerechneten Höhen trägt man in den Plan ein.

Anhand dieser Unterlage können die Erdmassen berechnet werden. Die Durchführung finden Sie in Kap. B 3.4, Seite 42 ff.

Im vorliegenden Beispiel müßten hier zunächst die neuen Höhen in den Punkten $B_2 + B_3 / C_2 + C_3 / D_2 + D_3$ berechnet werden. Dies ist durch die Anwendung des Strahlensatzes möglich.

6.2 Darstellung von Profilen (Abb. D 32, Seite 347)

Der Geländeverlauf wird anschaulicher, wenn man Profile zeichnet. Außerdem ist es dann möglich, die Höhenunterschiede (also Auf- oder Abtrag) aus der Zeichnung herauszumessen.

Das Profil stellt einen senkrechten Schnitt durch das Gelände dar. Es muß so gelegt werden, daß der Geländeverlauf auch eindeutig zu sehen ist.

Im vorliegenden Beispiel legt man die Profile so, daß sie rechtwinklig zu den Wegen verlaufen.

Um die Höhenunterschiede deutlich sichtbar zu machen, werden Profile oft *überhöht* gezeichnet, d. h., man verwendet für die Höhen einen kleineren Maßstab als für die Entfernung; im Beispiel für die Höhen M = 1 : 100, für die Entfernung M = 1 : 200.

Um die Höhen antragen zu können, zeichnet man einen angenommenen **Horizont** ein. Man wählt dazu eine gerade Höhe, die noch unter dem tiefsten zu zeichnenden Punkt liegt; im Beispiel = 305,00. Den Horizont zeichnet man im Schnitt als eine waagerechte Linie ein. Auf ihn trägt man die Fußpunkte an und zeichnet senkrecht dazu die Höhen maßstäblich ein; z. B. im Profil D die Höhe 309 = 4 cm über dem Horizont, die Höhe 308,80 = 3,8 cm über dem Horizont.

Hat man die alten Höhen angetragen und mit einer Linie verbunden, sieht man den **Geländeverlauf.**

Nun trägt man die neuen Höhen an. Da die Aufgabe eine geradlinige Verbindung fordert, braucht nur Punkt D_1 mit D_4 durch eine Linie verbunden zu werden. Jetzt sind die **Profilflächen** zu sehen (ob Ab- oder Auftrag).

Die Höhen schreibt man zweckmäßigerweise in vorgezeichnete Felder unter die Horizontlinie an, so daß alte und neue Höhen nicht verwechselt werden können.

In den Linien A_1/A_4 und E_1/E_4 wird das Gelände nicht verändert, es brauchen also auch keine Profile gezeichnet zu werden.

Aus den nun sichtbaren Profilflächen, es sind Dreiekke und Trapeze, können relativ einfach die Erdmassen berechnet werden. Man verfährt, wie auf Seite 44 beschrieben.

Zur Errechnung der Profilflächen mißt man die Höhen heraus, was vielfach ausreicht, oder berechnet sie nach dem Strahlensatz oder nach dem Dreisatz.

Zum Beispiel für Profil D:

Gesamter Höhenunterschied =
Höhe 4 – Höhe 1 =
309,00 – 306,00 = 3,00 m

Gefälle auf 30 m		= 3,0 m
Gefälle auf 1 m	3 : 30	= 0,1 m
Gefälle auf 10 m	0,1 × 10	= 1,0 m

Neue Höhe in Punkt 3 = 309,00 − 1,00 = 308,00 m.

Bei der Berechnung der Erdmassen zwischen den Linien A und B rechnet man

$$\frac{\text{Profilfläche B (m}^2) \times \text{Entfernung zu Linie A}}{2}$$

In gleicher Weise werden die Erdmassen zwischen D und E berechnet.

Vertiefung und Kontrolle

1. Zeichnen Sie das Netznivellement und die Profile des Geländes zwischen den Wegen A und B maßstäblich auf, berechnen Sie die Erdmassen aus den Profilen.

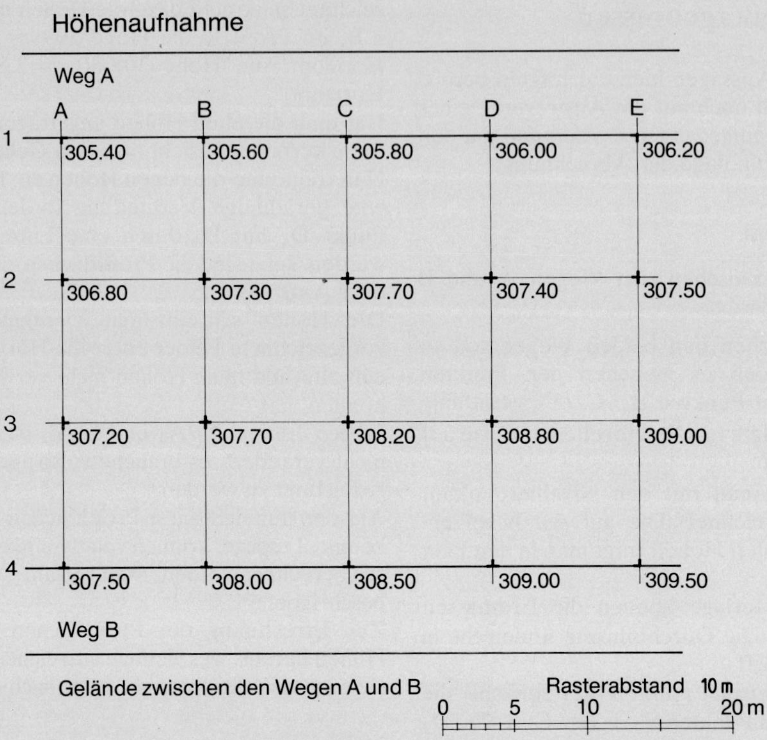

Abb. D 31. Netznivellement.

2. Übertragen Sie die »neuen Höhen« aus der Profilzeichnung in die Grundrißzeichnung, und errechnen Sie die Massen aus der Projektion. Sie müssen in beiden Fällen zu dem gleichen Ergebnis kommen.

6.3 Aufmaßplan (Abb. D 33, Seite 348).

Wie in Kap. E auf Seite 368 beschrieben wird, ist der Aufmaßplan ein wichtiger Bestandteil der Abrechnung. Auf ihm wird die Lage der einzelnen Abstiche nachgewiesen. Er bietet damit eine Prüfungsmöglichkeit, die ja von der VOB vorgeschrieben ist, und zugleich die Kontrolle, ob auch alles erfaßt wurde.

Anfertigung
Beim Aufmaß werden in einen vorliegenden Gestaltungsplan die jeweiligen *Abstiche* mit Bleistift (evtl. auch farbig) eingetragen und die Maße angeschrieben. Die Eintragungen erfolgen an Ort und Stelle freihändig.
Bei einfachen, kleineren Anlagen können die Eintragungen dann nachher exakt auf einen (noch sauberen) Entwurfplan übertragen werden.
Bei größeren Anlagen, oder wenn die Ausführung zu stark vom Entwurf abweicht, wird auf Grundlage der Handskizze ein neuer Plan gefertigt.
Oft sind mehrere Pläne erforderlich, z. B. für die Erdmassenberechnung, für die Kanalisation, für Mauern oder eben wie im Beispiel (Abb. D 33) für Pflanz-, Rasen- und Belagflächen.
Gezeichnet wird immer in der *Projektion,* also werden die Horizontalentfernungen gemessen. Beim Aufmaß für die Abrechnung mißt man jedoch in der

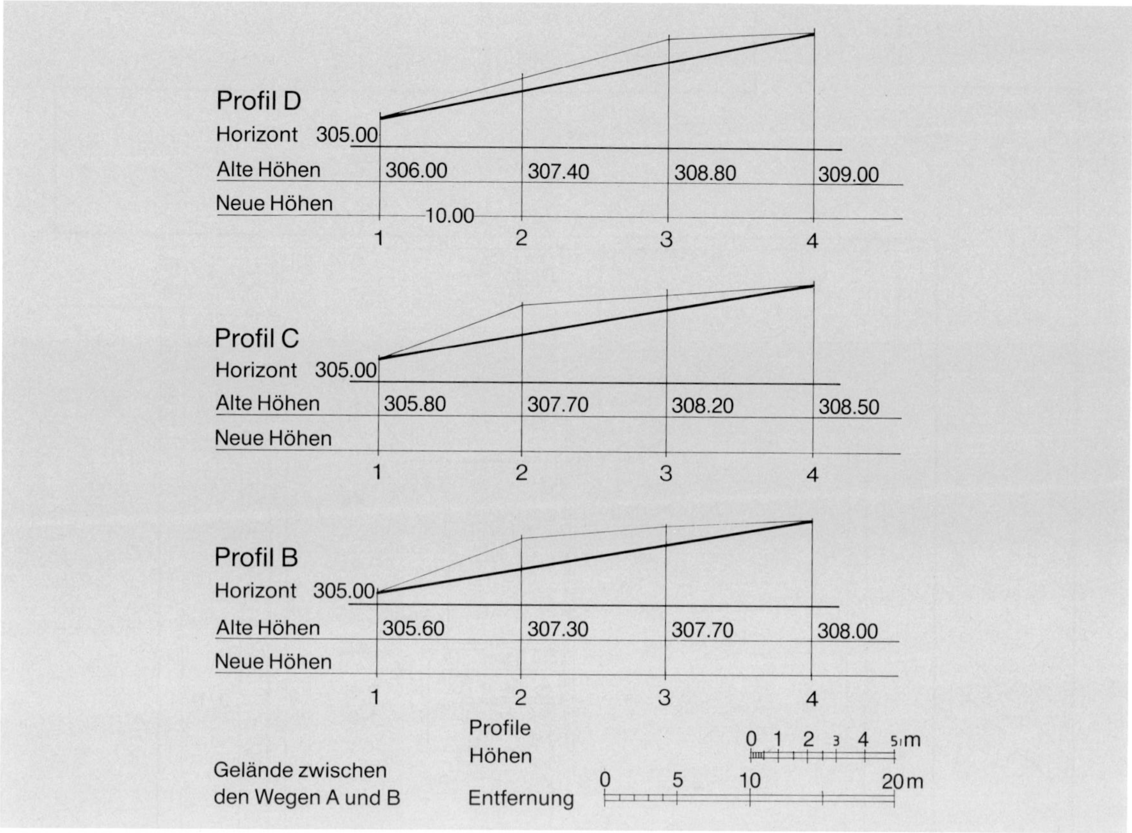

Abb. D 32. Profile.

Abwicklung, also mit dem Gelände auch schräg. Die Maße im Aufmaßplan entsprechen also nicht den Projektionsmaßen. Sie müssen deshalb unbedingt angeschrieben werden.

Für die Zeichnung legt man die Maße aus dem Entwurf zugrunde, gegebenenfalls müssen beim Aufmaß zusätzlich einige Strecken horizontal gemessen werden, damit man die Zeichnung anfertigen kann.

Der Aufmaßplan muß jederzeit die Kontrolle des Aufmaßes (im Gelände) ermöglichen. Entsprechend eindeutig sind die Abstiche im Plan und auf den Aufmaßzetteln zu kennzeichnen.

7 Freihandzeichnen

Es ist hier nicht an das naturgetreue Abbilden ganzer Gärten oder auch einzelner Gegenstände gedacht, sondern an die Möglichkeit, Dinge aus der praktischen Tätigkeit durch einfache Skizzen darzustellen. Dies wird z. B. beim Feldmessen erforderlich, wo wir von dem zu messenden Gelände einen einfachen Handriß fertigen, in den wir die festgestellten Maße eintragen können.

Soll draußen eine Treppe oder eine Mauer vermessen werden, stellt sich die Aufgabe in derselben Weise. Wir skizzieren den Gegenstand, um die Maße – die später eine exakte Zeichnung erlauben – eintragen zu können.

Übung macht den Meister

Zum Skizzieren genügt einfaches Papier und ein weicher Bleistift. Man beginnt mit einfachen Dingen. Zum Beispiel skizziert man Gegenstände, die man vorher isometrisch exakt gezeichnet hat. Durch das »Abzeichnen« bekommt man ein Gefühl für die Größenverhältnisse.

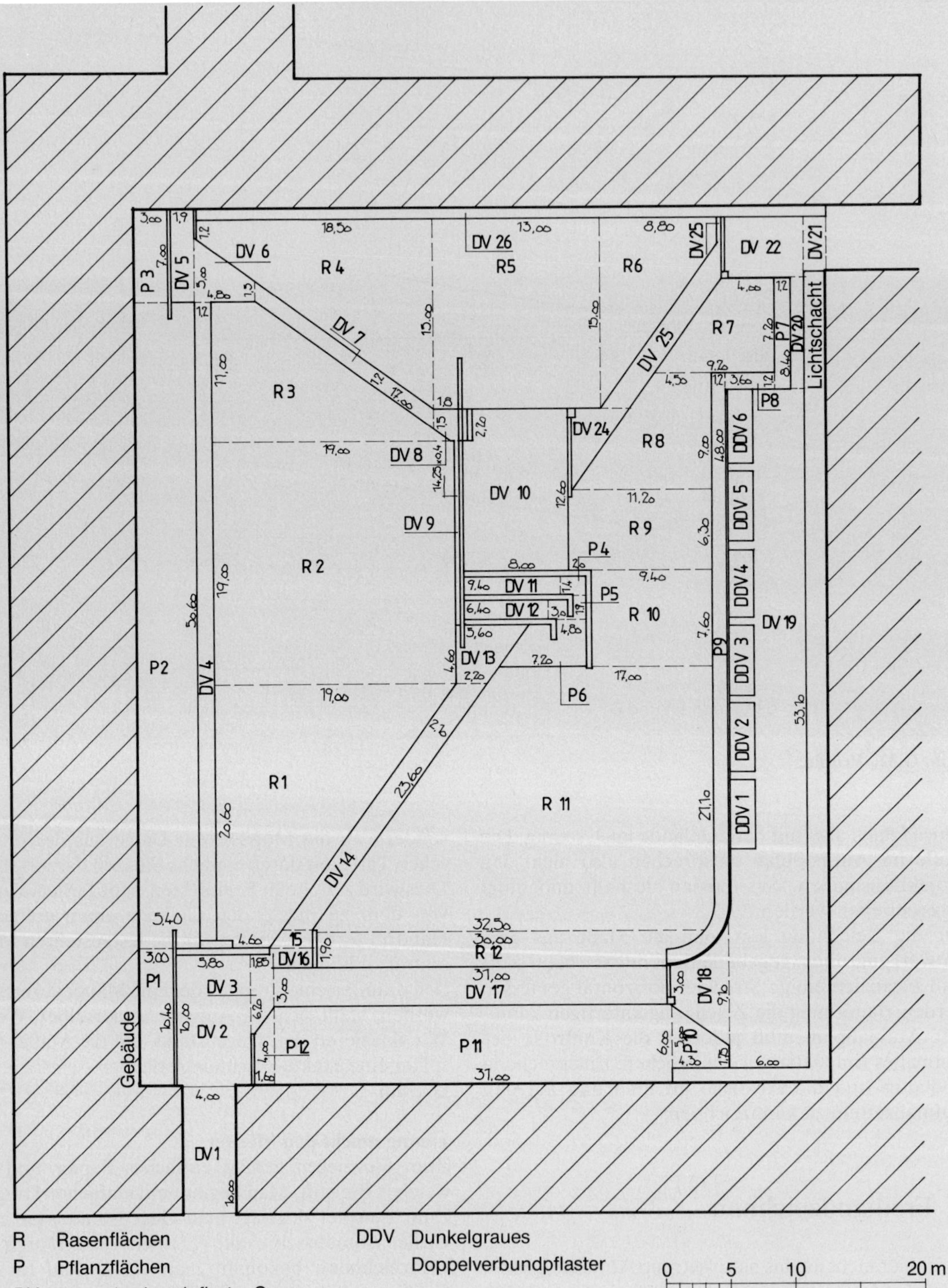

R Rasenflächen
P Pflanzflächen
DV Doppelverbundpflaster Grau
DDV Dunkelgraues Doppelverbundpflaster

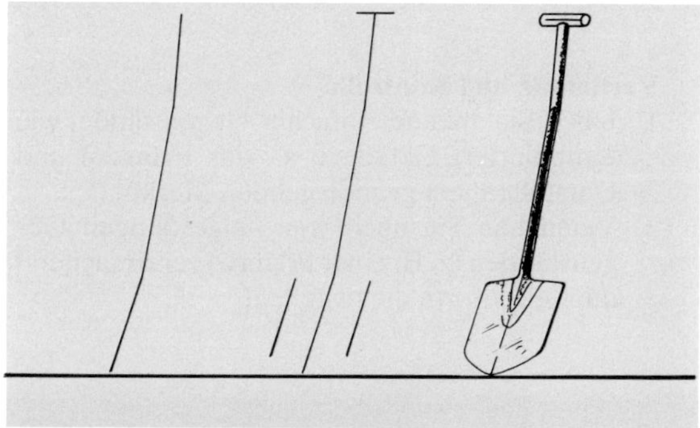

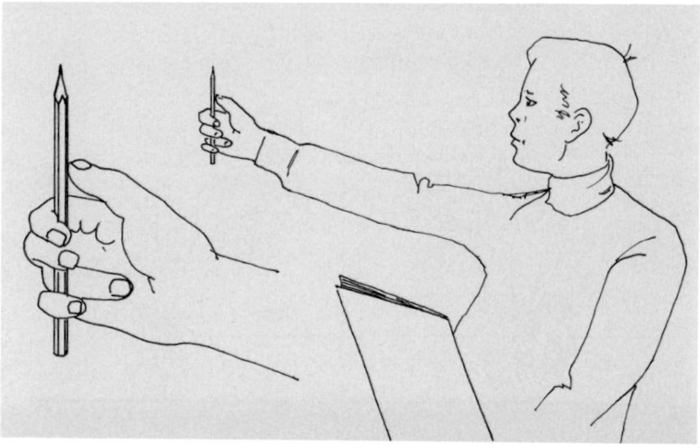

Abb. D 34. Skizzieren eines Spatens.
Abb. D 35. Abgreifen der Maßverhältnisse.
Abb. D 36. Strauch.
Abb. D 37. Baum.

Beim nächsten Schritt skizziert man nicht nach einer Zeichnung, sondern den Gegenstand direkt, z. B. eine Vase oder ein einfaches Werkzeug. Dazu muß man den Gegenstand genau betrachten, es ist sein »*Wesen*« zu erkunden:

- Verhältnis von Höhe und Breite
- Grundform (Kreis, Dreieck, Rechteck)
- wo liegt die größte Breitenausdehnung (oben, Mitte, unten)
- wo die engste Stelle
- Winkel von abgehenden Linien
- was ist hell oder dunkel

Als erstes versucht man, mit wenig Strichen die Hauptlinien festzulegen (Abb. D 34).
Das Verhältnis der Linien zueinander kann über den entsprechend gehaltenen Bleistift sozusagen *abgegriffen* werden (Abb. D 35).
Sollen Pflanzen dargestellt werden, so kann man durchaus vereinfachen, z. B. Baum und Strauch (Abb. D 36, D 37).
Durch eine einfache Einteilung lassen sich die Maßverhältnisse darstellen (Abb. D 38, Seite 350).
Viel Spaß macht das Zeichnen oder Skizzieren im Freien. Der Versuch, einen Baum oder Strauch so darzustellen, daß man sehen kann, um welche Gattung es sich handelt, führt zu einer genauen Betrachtung der Pflanze.
Von einem Gegenstand, den man gezeichnet hat, weiß man, wie er aussieht; man hat ihn erfaßt.

Abb. D 33. Aufmaßplan.

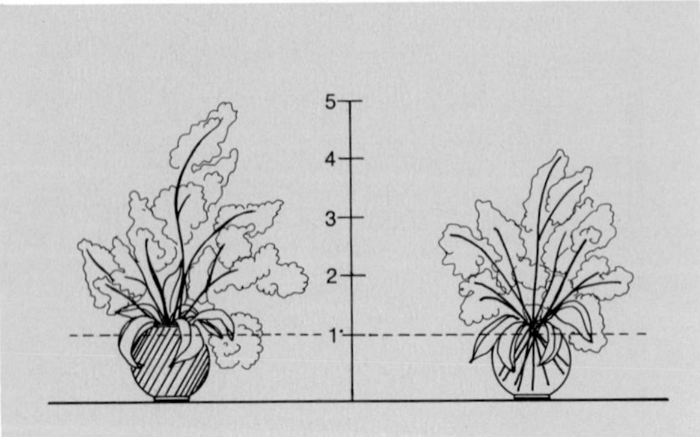

Abb. D 38. Vase.

Vertiefung und Kontrolle

1. Üben Sie anhand einfacher Gegenstände, wie Laubblätter, Gefäße u. a., das Erfassen und Darstellen von grundlegenden Merkmalen.
2. Versuchen Sie auch von vielgestaltigen Gegenständen (z. B. einer Pflanze) vereinfachend die Grundform darzustellen.

E Landschaftsbauliches Gesamtwerk

Nachdem in den vorigen Kap. die im Landschaftsbau erforderlichen Maßnahmen jeweils einzeln behandelt wurden, sollen diese abschließend noch im Zusammenhang betrachtet werden. Insbesondere ist darauf hinzuweisen, daß alle Maßnahmen, die der Landschaftsbauer durchführt, mit den Auftraggebern vertraglich geregelt werden müssen und daß alle Maßnahmen Kosten verursachen. Im folgenden wird auf die Ermittlung dieser Kosten eingegangen sowie auf die Rechtsgrundlagen und die Durchführung und Organisation der Bauabwicklung.

1 Auftragsbeschaffung

1.1 Partner des Betriebes

Ein Betrieb des Garten- und Landschaftsbaus unterhält geschäftliche Beziehungen zu seinen Auftraggebern und zu seinen Lieferanten.

1.1.1 Auftraggeber

Die Aufträge für Landschaftsbaumaßnahmen kommen aus dem öffentlichen, aus dem privaten sowie aus einem dazwischenliegenden halböffentlichen Bereich.

Öffentliche Auftraggeber
Es sind Gemeinden, Städte, Landkreise, die Länder und der Bund; sie sind vertreten durch Behörden. Meist sind dies die Gartenbauämter, jedoch vergeben auch Hoch-, Tief- und Straßenbauämter landschaftsbauliche Arbeiten.

Private Auftraggeber
Das sind die Haus- und Grundbesitzer, die sich einen Garten anlegen lassen, sowie auch die Industrie.

Halböffentliche Auftraggeber
Das sind privatwirtschaftlich organisierte Unternehmen, die jedoch von öffentlichen Einrichtungen getragen werden, z. B. Siedlungsgesellschaften, Zweckverbände zur Müllbeseitigung oder Wasserversorgung.

Die Auftraggeber betrauen vielfach Fachleute mit der Wahrnehmung ihrer Interessen. Die für uns zuständigen Fachleute sind die Landschaftsarchitekten. Sie sind zum Teil bei den jeweiligen Auftraggebern fest angestellt (z. B. in Gartenämtern), oder es sind freischaffende Landschaftsarchitekten, die ein eigenes Planungsbüro unterhalten und im Auftrag des Bauherrn tätig werden.

1.1.2 Lieferanten

Der Landschaftsbaubetrieb erzeugt die von ihm auf den Baustellen verwendeten Materialien in den wenigsten Fällen selbst. Lieferanten für Pflanzen sind Baumschulen und Staudengärtner. Aus Kies- und Schotterwerken sowie aus Steinbrüchen oder Natursteinwerken werden die Rohstoffe Kies, Sand, Schotter und Natursteine bezogen. Frischbeton kommt direkt vom Betonwerk. Betonfertigteile, wie Platten, Pflaster, Stufen usw., bezieht der Landschaftsbau direkt von den jeweiligen Werken oder vom Baustoffhandel, von dem auch Entwässerungsrohre, Zement usw. gekauft werden.

1.1.3 Verhältnis zu den Partnern

Auftragsbeschaffung
Die Auftragsbeschaffung ist eine der wichtigsten Aufgaben der Betriebsleitung. Der Betrieb muß nicht nur kontinuierlich mit Aufträgen versorgt sein, es sollte sich dabei auch um der Betriebsstruktur angemessene Aufträge handeln. Dazu ist eine ständi-

ge Marktbeobachtung erforderlich und Kontakt zu den Auftraggebern.

Öffentliche und halböffentliche Auftraggeber schreiben die Aufträge öffentlich aus. Durch die Teilnahme an diesen Ausschreibungen wird der Betrieb den ausschreibenden Stellen bekannt. Macht der Betrieb regelmäßig mit, bleibt er im Gespräch und hat – wenn er bei den Angebotseröffnungen dabei ist (s. Kap. E 1.3) – auch einen Überblick über das Preisgefüge. Privaten oder halböffentlichen Auftraggebern wird der Betrieb durch die Werbung bekannt und empfohlen.

Die beste Werbung ist ein guter Ruf, der durch saubere und fristgerechte Arbeit erworben wurde. Die Empfehlung durch zufriedene Kunden ist durch nichts gleichwertig zu ersetzen.
Sehr wirksam ist auch das gesamte Erscheinungsbild des Betriebes und seiner Mitarbeiter. Dazu gehören Beschilderungen auf der Baustelle, Aufschriften auf Lkws und Maschinen.
Ein Bauschild in einer total verunkrauteten Anlage ist allerdings genausowenig werbewirksam wie eine Firmenaufschrift auf verrosteten und verkommenen Maschinen.
Der Gesamteindruck muß ordentlich sein und Vertrauen erwecken. Selbstverständlich kann ein Betrieb auch durch Zeitungsinserate auf sich aufmerksam machen.

Verhalten gegenüber Lieferanten
Es ist bestimmt empfehlenswert, ein »guter Kunde« zu sein. Im Baustellenbetrieb treten immer wieder Engpässe, Mißverständnisse und Versäumnisse auf, die ein Entgegenkommen des Lieferanten erfordern. Nur gegenüber dem guten Kunden ist man kulant, ihn beliefert man bevorzugt und bei Bedarf auch einmal besonders schnell. Auch besonders günstige Konditionen (Zahlungsziele, Mengenrabatte) räumt man bevorzugt dem guten Kunden ein.

Wie wird man guter Kunde?
Das wichtigste ist wohl, daß termingerecht bezahlt wird (auch Vorteil durch Ausnützung des Skontos). Der Bezug von größeren Mengen hat ebenso günstige Auswirkungen wie eine längerfristige Geschäftsverbindung.
Ein Betrieb mit zufriedenen Kunden und mit guten Verbindungen zu den Lieferanten wird reibungsloser funktionieren und sich auch in Krisenzeiten leichter behaupten als ein Betrieb, der mit allen Partnern im Streit liegt.

1.2 Rechtsgrundlagen

Allen Arbeiten, die für einen Auftraggeber durchgeführt werden, liegt eine vertragliche Vereinbarung zugrunde. In der Regel legt der Auftragnehmer ein schriftliches Angebot vor und erhält daraufhin – ebenfalls schriftlich – den Auftrag. Damit ist zwischen Auftraggeber und Auftragnehmer ein *Werkvertrag* im Sinne des *Bürgerlichen Gesetzbuches* (BGB) geschlossen.
Auch bei einer mündlichen Auftragserteilung entsteht ein Vertrag.
Es ist im Prinzip jedem freigestellt, wie und mit wem er einen Vertrag abschließt; man spricht von der *Vertragsfreiheit.*
Für einen Vertrag, wie er zwischen Auftraggeber und Auftragnehmer geschlossen wird, gibt es jedoch die gesetzlichen Vorschriften über den Werkvertrag im BGB.
Außer den gesetzlichen Vorschriften werden in der Regel die *Allgemeinen Geschäftsbedingungen* als Vertragsbestandteil vereinbart. Diese wiederum sehen vor, daß auch die *Verdingungsordnung für Bauleistungen (VOB)* Vertragsbestandteil wird.

Für die Arbeit auf den Baustellen haben wir also folgende Rechtsgrundlagen:

- das BGB mit den Bestimmungen über den Werkvertrag
- die Allgemeinen Geschäftsbedingungen
- die VOB

1.2.1. Werkvertrag / Werklieferungsvertrag

Die Bestimmungen über beide Verträge sind im BGB verankert. Entscheidend wichtig ist dabei, **daß die Bestimmungen des BGB immer gelten.** Auch wenn z. B. ein Auftrag nur mündlich erteilt wurde, ist ein rechtsgültiger Werkvertrag zustande gekommen.
Durch den Werkvertrag wird der Unternehmer **zur Herstellung des Werkes** (also z. B. einer Gartenanlage) **verpflichtet.**
Das Werk muß die **zugesicherten Eigenschaften** aufweisen, also **frei sein von Mängeln,** sowie **fristgerecht** erstellt werden. Die Tatsache, daß an einem Werk (an einem Garten) gearbeitet wird, genügt nicht; es muß fertiggestellt und mängelfrei sein. **Der Unternehmer haftet somit für den Erfolg!**
Wenn der Erfolg nicht eintritt, wenn z. B. Pflanzen nicht anwachsen oder ein Wasserbecken nicht dicht ist, hat der Auftraggeber einen Rechtsanspruch auf die Beseitigung des Mangels oder – wenn der Mangel

nicht beseitigt werden kann – einen Anspruch auf Minderung des Kaufpreises oder die Auflösung des Vertrags und auf Schadenersatz.

Die Pflicht des Auftraggebers ist es,
- die vereinbarte Vergütung zu entrichten
- bei der Erstellung des Werkes entsprechend mitzuwirken (Benutzung des Geländes ermöglichen usw.)
- das Werk abzunehmen

Die **Abnahme** eines Werkes ist ein sehr wichtiger Vorgang, der bedeutet, daß der Besteller das Werk annimmt und dadurch auch bestätigt, daß es mangelfrei ist. Bis zur Abnahme haftet der Auftragnehmer für alle Schäden, die an dem Werk auftreten.
Wenn z. B. ein Lkw über eine frisch eingesäte Rasenfläche fährt, ist es Sache des Auftragnehmers, die Spuren zu beseitigen; er kann gegebenenfalls denjenigen haftbar machen, der in den Rasen gefahren ist.
Mit der Abnahme geht jedoch die Gefahr auf den Auftraggeber über. Wird *danach* über den Rasen gefahren, ist dies seine Angelegenheit.
Bedeutsam ist auch, daß mit der Abnahme die *Gewährleistungsfrist* beginnt.
Die **Gewährleistung** wird ebenfalls im BGB geregelt und bedeutet eine Haftung über die Fertigstellung hinaus, eine Gewähr des Auftragnehmers dafür, daß das Werk die zugesicherten Eigenschaften hat. Der Auftraggeber hat auch über die Fertigstellung hinaus den Anspruch auf eine (eventuelle) Mängelbeseitigung.
Der Anspruch **verjährt** allerdings, und zwar nach dem BGB

- für Arbeiten an einem Grundstück nach 1 Jahr
- bei Bauwerken nach 5 Jahren

Für den *Werkliefervertrag* gelten die gleichen Bestimmungen wie für den Werkvertrag. Sie werden ergänzt durch die Bestimmungen über den Kaufvertrag, da zu der Herstellung eines Werkes noch die Materiallieferungen kommen.

1.2.2 Allgemeine Geschäftsbedingungen

Wie die Bezeichnung schon ausdrückt, sind diese Bedingungen **allgemein** üblich. Jeder Betrieb hat seine Geschäftsbedingungen, die meistens auf die spezifischen Belange der jeweiligen Berufsgruppe zugeschnitten sind, so auch die »Allgemeinen Geschäftsbedingungen für den Garten-, Landschafts- und Sportplatzbau«.

Im Gegensatz zum Werkvertrag – der immer gilt – werden die Allgemeinen Geschäftsbedingungen nur dann rechtsverbindlich, wenn sie **vereinbart** sind. Der Unternehmer muß also dem Auftraggeber seine Geschäftsbedingungen bekanntmachen. In der Praxis werden sie dem Angebot beigelegt, und es wird im Angebotsschreiben ausdrücklich auf sie verwiesen. Wird der Auftrag dann erteilt, ohne daß ausdrücklich die Geschäftsbedingungen insgesamt oder teilweise ausgeklammert wurden, sind sie Vertragsbestandteil und damit rechtsverbindlich.

Die Allgemeinen Geschäftsbedingungen regeln die **Abwicklung der Arbeit.** Da diese Bedingungen immer wieder vorkommen, werden sie nicht mit jedem Kunden einzeln ausgehandelt, sondern allgemein zugrunde gelegt.
Die Allgemeinen Geschäftsbedingungen des Garten- und Landschaftsbaus regeln gleich im ersten Abschnitt, daß die **VOB Vertragsbestandteil** wird.
Sie befassen sich mit **Fragen der Vergütung und der Ausführungsunterlagen,** der **Benutzung von Lagerplätzen,** dem **Anschluß von Strom und Wasser** sowie mit den **Fertigstellungsfristen** und regeln schließlich die **Abnahme,** die **Gewährleistung** und die **Fristen.**
Da die Gewährleistungsfristen im BGB für die Belange des Landschaftsbaus etwas unklar sind (so in der Frage, was ein Bauwerk ist oder was eine Arbeit an einem Grundstück, z. B. bei einem Plattenbelag), ist es allein aus diesem Grund sehr wichtig, daß die Geschäftsbedingungen Vertragsbestandteil werden, weil damit die Gewährleistungsfrist eindeutig auf 1 Jahr festgelegt ist.
Weiter werden in den Geschäftsbedingungen Fragen der **Abrechnung, Zahlung** und des **Eigentumvorbehalts** geregelt. Für Meinungsverschiedenheiten wird ein **Schiedsverfahren** vorgeschlagen und – falls es zu keiner Einigung kommt – der Gerichtsstand vereinbart. Es wird auch festgehalten, daß mündliche Absprachen nur verbindlich sind, wenn sie schriftlich bestätigt werden, und schließlich, daß die Geschäftsbedingungen insgesamt auch dann gelten, wenn einzelne Bestimmungen anders geregelt werden.
Der letzte Satz ist deshalb von Bedeutung, weil viele Auftraggeber eigene Vorschriften für die Durchführung von Bauleistungen haben, die teilweise im Gegensatz zu den Geschäftsbedingungen des Auftragnehmers stehen.

Im Sinne der Vertragsfreiheit liegt es bei jedem einzelnen Unternehmer, ob er für ihn ungünstige Bedingungen anerkennt oder unter bestimmten Umständen auf einen Auftrag verzichtet.

1.2.3 Verdingungsordnung für Bauleistungen – VOB

Seit 1925 gibt es die VOB; sie hat sich in dieser Zeit als Grundlage von Bauverträgen hervorragend bewährt.

Die VOB gliedert sich in drei Teile:

Teil A regelt die Verfahren zur Vergabe von Bauleistungen (im Kap. E 1.3 wird darauf eingegangen)

Teil B beschreibt die »Allgemeinen Vertragsbedingungen für die Ausführung von Bauleistungen«

Teil C beschreibt die »Allgemeinen Technischen Vorschriften für Bauleistungen« – ATV

Rechtsstellung der VOB
Die VOB ist eine freiwillige Vereinbarung der am Bauwesen Beteiligten. Ihre Regeln sind kein Gesetz. Nur wenn ihre Anwendung vertraglich vereinbart ist, wird sie rechtsverbindlich, was allerdings bei den meisten Aufträgen der Fall ist.
Der Auftraggeber Öffentliche Hand ist durch Verordnung gehalten, die VOB anzuwenden, und wie bereits erwähnt, sehen auch die Allgemeinen Geschäftsbedingungen des Landschaftsbaus die VOB als Vertragsbestandteil vor.
Damit sind die Fälle, in denen die VOB nicht vereinbart ist, sehr begrenzt.

Die VOB ist eine Norm
Was ist eine Norm? Es ist eine Vereinbarung über ein bestimmtes Verfahren oder über die Art oder Qualität eines bestimmten Stoffes.
So gibt es **Stoffnormen,** wie z. B. die DIN 1164 über den Zement oder die DIN 11540 über den Torf.
Daneben gibt es **Ausführungsnormen,** wie z. B. über die Betonherstellung die DIN 1045, und die **Fachnormen** des Landschaftsbaus, die wir im Kap. C kennengelernt haben.
Die VOB ist eine **Verdingungsnorm;** sie ist eine Vereinbarung über die Bedingungen, nach denen Bauleistungen ausgeführt werden. Die Vereinbarungen sind freiwillig. Sie entsprechen den wirtschaftlichen Notwendigkeiten.
Auf allen Gebieten des täglichen Lebens begegnen uns derartige Vereinbarungen, begegnen uns Normen. Genormt sind die Stromstärke, das Papier, Schrauben und Ziegelsteine und vieles andere. Ohne derartige Regelungen wäre das wirtschaftliche Zusammenleben äußerst schwierig.

Wer stellt die Normen auf? Für die Normungen ist das *Deutsche Institut für Normung* (DIN) zuständig. An dieses Institut treten diejenigen heran, die über irgendeine Sache eine Norm wünschen. Es wird ein *Fachnormenausschuß* berufen, dem Fachleute der entsprechenden Fachrichtung angehören. Sie erarbeiten einen Entwurf, der in Form eines *Gelbdruckes* (auf gelbem Papier gedruckt) der Öffentlichkeit vorgelegt wird. Dazu sind dann bis zu einem angegebenen Termin Einsprüche möglich (Abb. E 1). Nach Berücksichtigung der Einsprüche erscheint die Norm.
Handelt es sich um eine Norm für das Bauwesen, wird sie verbindlich, da in den »Allgemeinen Technischen Vorschriften« die Anwendung der jeweils neuesten Norm vorgeschrieben wird.
Für die Erstellung der VOB-Normen gibt es als Fachausschuß den *Deutschen Verdingungsausschuß für Bauleistungen* (DVA), an den entsprechende Anträge gestellt werden können, der diese bearbeitet und dann dem DIN vorlegt. Natürlich wird nicht immer die gesamte VOB geändert, sondern nur einzelne Punkte.
Die zur Zeit gültige VOB ist die Ausgabe 1984; davor lagen die Ausgaben 1979, 1973, 1968 usw.
Für den Landschaftsbau gab es die erste Norm schon 1925, es war die DIN 1985. Ihr folgte 1958 die ATV DIN 18320, die bis 1973 galt und dann neu herausgegeben wurde. Es waren indessen die Fachnormen erschienen, die in der DIN 18320 verankert und damit verbindlich wurden. Die Ausgabe 1984 ist als Zusatzheft erschienen.

VOB Teil B DIN 1961
Allgemeine Vertragsbedingungen für Bauleistungen
In 18 Paragraphen wird der Werkvertrag des BGB durch spezielle, auf die besonderen Bedingungen des Bauens abgestellte Regelungen ergänzt.

Zum Inhalt (Auszug):

§ 1 Art und Umfang der Leistung
Es wird zunächst geklärt, in welcher Reihenfolge bei Widersprüchen verfahren wird. Es gelten der Reihe nach:

a) die Leistungsbeschreibung,
b) die Besonderen Vertragsbedingungen,
c) etwaige Zusätzliche Vertragsbedingungen,
d) etwaige Zusätzliche Technische Vorschriften,

DK 624.131.2/.3 : 631.4 : 712 DEUTSCHE NORMEN *Entwurf* August 1971

	Landschaftsbau **Bodenarbeiten** Bodenklassifikation und Methoden zum Erkennen von Bodengruppen für vegetationstechnische Zwecke; Anforderungen, Eigenschaften	DIN *18 915* Blatt 1

Soil working in landscape gardening. Soil-classification and methods for identification of soil-groups for vegetative technical purposes; requirements, properties

Einsprüche bis 31. Januar 1972

Vorbemerkung mit Anwendungs-Warnvermerk auf Seite 10 beachten.

Inhalt

Abb. E 1. Entwurf der DIN 18915.

e) die Allgemeinen Technischen Vorschriften für Bauleistungen,

f) die Allgemeinen Vertragsbedingungen für die Ausführung von Bauleistungen.

§ 2 Vergütung

Vertraglich geregelt wird der Einheitspreis, das ist der Preis für einen m^2, m^3, m, eine t, ein kg, ein Stück. Die tatsächliche Menge wird an Ort und Stelle gemessen, woraus sich dann der Rechnungsbetrag ergibt.

Die Vergütung kann auch als Pauschalpreis vereinbart werden oder bei kleineren Leistungen nach Stundenlohn.

Für ursprünglich nicht im Vertrag vereinbarte Leistungen muß vor Beginn der dafür erforderlichen Arbeiten der Preis vereinbart werden.

§ 3 Ausführungsunterlagen

Hierzu wird beschrieben, was der Auftraggeber dem Auftragnehmer zur Verfügung stellen muß, z. B. Pläne usw. Der Auftraggeber muß auch die Hauptachsen abstecken, die Grenzen festlegen und in der Nähe einen Höhenfestpunkt schaffen. Der Auftragnehmer muß die ihm überlassenen Unterlagen prüfen und etwaige Fehler dem Auftraggeber mitteilen.

Hier ist auch festgehalten, daß vor Baubeginn der Zustand der Baustelle zu protokollieren ist (s. Kap. C 1.1).

§ 4 Ausführung

Die wichtigsten Aussagen erfolgen unter

Ziffer 2:

daß der Auftragnehmer in eigener Verantwortung den Auftrag ausführt (er hat die Erfolgshaftung).

Ziffer 3:

Der Auftragnehmer muß dem Auftraggeber Bedenken anmelden, wenn er aus fachlichen oder sicherheitstechnischen Gründen die Art der Ausführung, die Güte der vom Auftraggeber gelieferten Baustoffe, Vorarbeiten anderer Unternehmen, nicht gutheißen kann. Die Bedenken müssen schriftlich mitgeteilt werden.

(Diese Aussage entspricht auch der im Werkvertrag bestimmten Erfolgshaftung, die dem Auftragnehmer die Verantwortung für das Gelingen des Werkes eindeutig überträgt.)

§ 5 Ausführungsfristen

Werden die mit dem Auftraggeber vereinbarten Fristen nicht eingehalten, kann der Auftrag entzogen werden.

§ 8 Kündigung durch den Auftraggeber

Sie ist jederzeit möglich; dem Auftragnehmer steht dann die ordnungsgemäße Vergütung zu, sofern er nicht die Kündigung durch sein Fehlverhalten zu vertreten hat, z. B. Nichteinhaltung der Fristen (§ 5).

§ 9 Kündigung durch den Auftragnehmer

Sie ist nur bei Vorliegen von Gründen möglich, z. B. wenn der Auftraggeber nicht bezahlt.

§ 11 Vertragsstrafen

Sie müssen vorher vereinbart sein, z. B. für das Überschreiten von Fristen.

§ 12 Abnahme

Hier wird die Abnahme (auf deren Bedeutung beim Werkvertrag hingewiesen wurde) im ein-

zelnen beschrieben. Die Abnahme ist durchzuführen, wenn eine Partei sie verlangt.
Wird die Fertigstellung eines Werkes dem Auftraggeber schriftlich mitgeteilt und erfolgt keine förmliche Abnahme, dann gilt die Anlage nach 12 Werktagen als abgenommen.
Wird eine Anlage vom Auftraggeber benützt, gilt sie nach 6 Werktagen als abgenommen.
Auf Verlangen einer Partei können in sich abgeschlossene Teile einer Anlage abgenommen werden, auch wenn die Gesamtanlage noch nicht fertiggestellt ist.
Die Bedeutung der Abnahme liegt auch in dem Übergang der Gefahr auf den Auftraggeber und im Beginn der Gewährleistung, deren Ende damit zweifelsfrei feststeht.

§ 13 Gewährleistung

Die im Werkvertrag verlangte Haftung über die Fertigstellung hinaus wird hier genau geregelt. Von besonderer Bedeutung ist die Festlegung der Verjährungsfrist für Bauwerke auf 2 Jahre (eine Regelung, die für den Auftragnehmer günstiger ist als die des BGB mit 5 Jahren; häufig wird die VOB-Regel angewandt und nicht die aus den Allgemeinen Geschäftsbedingungen).

§ 14 Abrechnung

Der Auftragnehmer muß seine Leistungen *prüfbar* abrechnen und *nachweisen.*
Diese Regelung verdient größte Beachtung; manche Leistungen müssen sofort erfaßt werden, weil sie hinterher nicht mehr nachgewiesen werden können (im Kap. E 3.3 wird dies im einzelnen behandelt; in Kap. C wurde immer wieder auf Aufmaß und Abrechnung hingewiesen!).
Der Auftragnehmer ist verpflichtet, innerhalb einer bestimmten Frist eine Abrechnung vorzulegen. Macht er dies trotz Aufforderung nicht, so kann der Auftraggeber die Abrechnung selbst erstellen und die dabei entstehenden Kosten dem Auftragnehmer abziehen.

§ 15 Stundenlohnarbeiten

Arbeiten im Stundenlohn müssen mit dem Auftraggeber ausdrücklich vereinbart werden und sind vor Beginn anzuzeigen. Bei Stundenlohnarbeiten ist der Nachweis besonders wichtig; er erfolgt durch die tägliche oder wöchentliche Vorlage von Rapportzetteln, die der Auftraggeber oder sein Beauftragter unterschreibt.

§ 16 Zahlung

Der Auftragnehmer erbringt von Baubeginn an Leistungen und liefert Material. Es wäre unbillig, ihm bis zum Bauabschluß die finanzielle Belastung alleine aufzubürden.
Die VOB sieht deshalb Abschlagszahlungen vor. Im übrigen regelt sie die Modalitäten, die der Auftraggeber zu beachten hat.

§ 17 Sicherheitsleistung

Es handelt sich um die finanzielle Absicherung der Gewährleistung und der vertragsmäßigen Ausführung.
Sie muß in dem Bauvertrag vereinbart sein. Während der Bauzeit wird sie meist durch einen Einbehalt (ca. 10 %) von den Abschlagszahlungen gedeckt.
Auch nach der Fertigstellung kann sie als Einbehalt vereinbart werden oder auch durch die Stellung einer Bankbürgschaft.

§ 18 Streitigkeiten

Es wird geregelt, wie verfahren werden kann. Streitfälle (also Meinungsverschiedenheiten) berechtigen den Auftragnehmer nicht, die Arbeit einzustellen.

VOB Teil C
Allgemeine Technische Vorschriften – ATV

Die ATV umfassen alle am Bau tätigen Gewerke. In der Ausgabe 1979 sind 49 Bereiche aufgeführt.
Für uns ist die wichtigste ATV die DIN 18320 Landschaftsbauarbeiten.
Die Vorschriften der VOB gelten jedoch nicht nur für die Angehörigen einer bestimmten Berufsgruppe, sondern sind grundsätzlich für alle, die eine entsprechende Bauleistung ausführen, die jeweils gültigen Regeln der Technik. Das bedeutet, daß der Landschaftsbauer auch andere DIN-Vorschriften zu beachten hat, wenn er einschlägige Arbeiten ausführt.

Von Bedeutung sind:

DIN 18300	Erdarbeiten
DIN 18306	Entwässerungskanalarbeiten
DIN 18315	Straßenbauarbeiten, Oberbauschichten ohne Bindemittel
DIN 18316	Straßenbauarbeiten, Oberbauschichten mit hydraulischen Bindemitteln
DIN 18317	Straßenbauarbeiten, Oberbauschichten mit bituminösen Bindemitteln
DIN 18318	Straßenbauarbeiten, Steinpflaster
DIN 18330	Mauerarbeiten

DIN 18331 Beton- und Stahlbetonarbeiten
DIN 18332 Naturwerksteinarbeiten
DIN 18333 Betonwerksteinarbeiten

Die ATV sind jeweils gleich aufgebaut:

Ziffer 0 Hinweise für die Leistungsbeschreibung
Sie werden nicht Vertragsbestandteil; es sind – wie schon der Name sagt – Hinweise für den Ausschreibenden.

Ziffer 1 Allgemeines
Geregelt wird der Bereich, für den die ATV gilt.
Es wird grundsätzlich davon ausgegangen, daß zu einer Bauleistung auch die Lieferung des Materials gehört, wenn nichts anderes ausdrücklich erwähnt ist.

Ziffer 2 Stoffe und Bauteile
Es werden die Anforderungen benannt, die an die jeweiligen Materialien gestellt werden. Dabei wird in den meisten Fällen auf die einschlägigen Fachnormen verwiesen.
In der DIN 18320 z.B. bei Boden auf die DIN 18915, Teil 2, bei Pflanzen auf die DIN 18916, bei Rasensaatgut auf die DIN 18917 usw.

Ziffer 3 Ausführung
Bei einer ATV älteren Datums werden hier detaillierte Angaben gemacht, z. B. in der DIN 18300 Erdarbeiten.
Bei anderen ATV, so auch in der DIN 18320, wird in der Frage, *wie* die Arbeit auszuführen ist, auf die jeweiligen Fachnormen verwiesen. So auf die

DIN 18915 für Bodenarbeiten
DIN 18916 für Pflanzung
DIN 18917 für Rasen
DIN 18918 für Sicherungsbauweisen
DIN 18919 für Pflege
DIN 18920 für Schutz von Vegetation bei Baumaßnahmen
DIN 18035 für Sportflächen

Weitere Angaben beziehen sich auf die Aufrechterhaltung des Verkehrs und auf den Schutz von Leitungen.

Ausdrücklich wird nochmals auf die Pflicht des Auftragnehmers hingewiesen, im Bedarfsfall Bedenken anzumelden, wie schon im Teil B § 4 verlangt wird. Für die Fälle, in denen Bedenken anzumelden sind, werden Beispiele aufgeführt:

über ungeeignete Bauzeitplanungen, über ungeeignete Standortverhältnisse, über vorhandene Dauerunkräuter usw.

Ziffer 4 Nebenleistungen
Nebenleistungen sind Leistungen, die auch ohne Erwähnung in der Leistungsbeschreibung zur vertraglichen Leistung gehören.

Folgende Leistungen sind Nebenleistungen (Auszug):

Messungen für das Ausführen und Abrechnen der Arbeiten,
Unfallverhütung,
Schutz der Leistung bis zur Abnahme,
Vorhalten von Kleingeräten und Werkzeugen,
Befördern aller Baustoffe und Hilfsstoffe innerhalb der Baustelle,
Sichern der Arbeiten gegen Oberflächenwasser (Tagwasser),
Beseitigung allen Unrats von Arbeiten des Auftragnehmers,
Herstellen von Gefälle bei Belägen und Vegetationsflächen.

Die Baustelleneinrichtung ist eine Nebenleistung, wenn sie nicht ausdrücklich in der Leistungsbeschreibung erwähnt ist.
Die VOB führt auch eine Reihe von Leistungen auf, die keine Nebenleistungen sind.
Der Begriff Nebenleistung bedeutet nicht, daß diese Leistungen vom Auftragnehmer ohne Vergütung erbracht werden müssen, sondern daß sie in der Kalkulation den anderen Kosten zuzurechnen sind.

Ziffer 5 Abrechnung
Für jedes Gewerk wird hier aufgeführt, wie die jeweiligen Leistungen zu messen und abzurechnen sind. Der erste Standardsatz heißt immer: »Die Leistung ist aus Zeichnungen zu ermitteln, soweit die ausgeführte Leistung diesen Zeichnungen entspricht. Anderenfalls ist die Leistung am Ort zu messen.«
Das letztere ist meist der Fall. Im Bauvertrag werden die Einheitspreise (für 1 m^2, 1 m^3 usw.) vereinbart, die tatsächliche Menge wird auf der Baustelle festgestellt.
Durch die einheitliche Gliederung der ATV wird ein schnelles Nachschlagen möglich, wenn es gilt, eine Meinungsverschiedenheit aus dem Baubetrieb zu klären. Die VOB gibt auf alle diesbezüglichen Fragen eine Antwort und hat sich deshalb als unentbehrliches Vertragswerk erwiesen.

1.3 Vergabewesen

VOB Teil A DIN 1960
Allgemeine Bestimmungen für die Vergabe von Bauleistungen

Der Teil A der VOB beschreibt die Verfahren zur Vergabe von Aufträgen. Dieser Teil der VOB wird im Gegensatz zu den Teilen B und C nicht Vertragsbestandteil. Er kann dies gar nicht werden, denn er beschreibt das Verfahren *vor* dem Vertragsabschluß, und zu diesem kommt es erst durch die Auftragserteilung. Der Teil A ist also in besonderem Maße eine freiwillige Vereinbarung der Partner im Bauwesen.

Die öffentlichen Auftraggeber sind allerdings zur Anwendung der Bestimmungen des Teils A verpflichtet. Auch der weitaus größte Teil privater Auftraggeber verfährt hier nach der VOB.

Zum Inhalt (Auszug):

§ 2 Grundsatz der Vergabe
Der Wettbewerb soll die Regel sein!

§ 3 Arten der Vergabe
Die VOB unterscheidet drei Arten:

1. Öffentliche Ausschreibung
Das Bauvorhaben wird öffentlich – meist in der Zeitung – bekanntgemacht (Ausschreibung). Jeder Betrieb kann die Unterlagen anfordern und sich am Wettbewerb beteiligen. Dies ist bei öffentlichen Aufträgen das übliche Verfahren.

2. Beschränkte Ausschreibung
Das Bauvorhaben wird nicht öffentlich bekanntgemacht, die Unterlagen werden nur einigen Betrieben zugesandt. Auch hier findet ein Wettbewerb statt, aber er ist eingeschränkt. Die VOB nennt deshalb die Gründe, wann dieses Verfahren angewandt werden kann.
Es ist üblich, wenn z. B. Spezialfirmen gebraucht werden und bei privaten Auftraggebern.

3. Freihändige Vergabe
Das ist eine Auftragserteilung ohne Wettbewerb, ohne Preisvergleich. Sie ist nur dem privaten Auftraggeber möglich, der sein eigenes Geld ausgibt. Ein Beauftragter, der Geld anderer verwendet, muß immer die Auftragsvergabe von einem Wettbewerb abhängig machen.

§ 5 Leistungsvertrag, Stundenlohnvertrag
Bauleistungen sollen grundsätzlich so vergeben werden, daß die **Vergütung** nach Leistung bemessen wird. Die Regel ist der *Einheitspreisvertrag,* bei dem die Preise für die Einheit (m^2, m^3, Stück, t usw.) vereinbart werden. Die Mengen werden vom Auftraggeber angegeben und nach der Ausführung auf der Baustelle erfaßt.
Möglich ist in geeigneten Fällen auch der *Pauschalvertrag.* Auch hier wird die Leistung genau beschrieben und in einzelne Positionen gegliedert, aber vertraglich vereinbart ist nicht der Einzelpreis, sondern pauschal die Gesamtsumme. Im Landschaftsbau mit seinen differenzierten Leistungen ist der Pauschalvertrag nicht häufig.
Bauleistungen geringeren Umfangs, die überwiegend Lohnkosten verursachen, können im *Stundenlohn* vergeben werden.

§ 6 Angebotsverfahren
Das Verfahren ist so vorgesehen, daß der Bieter seine Preise in eine Leistungsbeschreibung einsetzt. Die Leistungsbeschreibung wird dadurch zum verbindlichen Angebot, in dem sich der Bieter zur Herstellung des Werkes verpflichtet und dazu dann auch gesetzlich gezwungen ist (Werkvertrag BGB).
Die Leistung beschreibt in der Regel der Auftraggeber bzw. sein Beauftragter, der Landschaftsarchitekt. Bei kleineren Aufträgen beschreibt der Bieter seine Leistung oft selber. Die auf einer Baustelle erforderlichen Maßnahmen sollten immer in einem Leistungsverzeichnis zusammengestellt sein.

§ 9 Leistungsbeschreibung
Die VOB nennt die Anforderungen. Die wichtigsten sind:
Die Leistungen sind eindeutig und erschöpfend zu beschreiben. Dabei sind die Leistungen so aufzugliedern, daß unter einer Ordnungszahl (Position) nur solche Leistungen aufgenommen werden, die nach ihrer technischen Beschaffenheit und für die Preisbildung als in sich gleichartig anzusehen sind (z. B. Fundamentaushub ist eine Position, das Liefern und Einbauen von Beton ist eine andere Position. Beide zusammen sind nicht in sich gleichartig).
In geeigneten Fällen sind Sammelpositionen möglich, günstiger ist jedoch meist die Aufgliederung.

§ 10 Vertragsbedingungen
Die VOB nennt hier die Punkte, die in ein Angebot (in den Bauvertrag) aufgenommen

werden sollen. Sie weist darauf hin, daß die VOB Teil B und C Vertragsbestandteil werden sollen. Daneben sind »Besondere Vertragsbedingungen« möglich, z. B. Vereinbarungen über die Benutzung von Lagerplätzen, Ausführungsfristen, evtl. Vertragsstrafen, Sicherheitsleistungen oder Änderung der Vertragspreise bei sehr langen Bauzeiten.

§ 18 Angebotsfrist

Es ist die Zeit, die dem Bieter zur Bearbeitung des Angebotes zur Verfügung steht. Sie soll mindestens 10 Werktage betragen. Die Angebotsfrist endet auf die Minute dann, wenn am Eröffnungstermin mit der Öffnung der Angebote begonnen wird. Das Ende der Angebotsfrist wird deshalb mit Datum und Uhrzeit angegeben.

§ 19 Zuschlags- und Bindefrist

Dies ist die Zeit zwischen Angebotseröffnung und Erteilung des Zuschlags. Wenn keine Zeit vereinbart ist, beträgt sie nach der VOB 24 Werktage. Der Bieter ist bis zum Ablauf der Zuschlagsfrist an sein Angebot gebunden (Werkvertrag), danach nicht mehr.
Öffentlichen Auftraggebern reichen die 24 Werktage oft nicht aus, sie vereinbaren meist längere Fristen, die dann verbindlich sind.

§ 20 Kosten

Die Abgabe eines Angebotes ist grundsätzlich kostenlos. Der Bieter erhält keine Vergütung. Dies betrifft nur die Angebote, bei denen der Bieter seine Preise in ein Leistungsverzeichnis einsetzt. Muß er jedoch Massen ermitteln, Pläne fertigen und dergl., steht ihm eine Vergütung zu. (Solche Leistungen sind bei privaten Auftraggebern oft erforderlich, eine Vergütung aber selten durchsetzbar.)

§ 21 Inhalt der Angebote

Die Leistungsbeschreibung darf nicht verändert werden. Es sind nur die Preise einzutragen.
Eventuelle Änderungsvorschläge müssen auf einer besonderen Anlage gemacht werden.
Das Angebot muß mit Datum und Unterschrift versehen sein.

§ 22 Eröffnungstermin

Es ist ein charakteristisches Merkmal des von der VOB vorgeschlagenen Verfahrens, daß die Angebote verschlossen bleiben müssen bis zum Eröffnungstermin.
Dieser ist zeitlich genau definiert. Bei der Angebotseröffnung dürfen nur die Bieter anwesend sein. Angebote, die nach Beginn der Eröffnung eingehen, werden nicht mehr zugelassen.
Der Verhandlungsleiter stellt fest, ob der Verschluß der Angebote unversehrt ist. Sie werden dann geöffnet und die Endpreise bekanntgegeben.
Das Ergebnis des Eröffnungstermins wird in einem Protokoll niedergeschrieben, das alle Anwesenden unterzeichnen.
Die Endpreise dürfen nur den Bietern bekanntgegeben werden. Sonst sind die Angebote mit allen Einzelheiten geheimzuhalten.
Dieses Verfahren garantiert den fairen Wettbewerb. Das Angebot gilt so, wie es beim Eröffnungstermin vorliegt.
Das Verfahren ist auch für beschränkte Ausschreibungen anzuwenden.

§ 23 Prüfung der Angebote

Nach dem Eröffnungstermin werden die Angebote rechnerisch, technisch und wirtschaftlich geprüft. Stimmt dabei der Gesamtbetrag mit dem Einheitspreis nicht überein, ist der Einheitspreis maßgebend, bei Pauschalverträgen die Pauschalsumme (z. B. bei Rechenfehler).

§ 24 Verhandlung mit Bietern

Nach der Eröffnung darf mit den Bietern nur noch über die technische und wirtschaftliche Leistungsfähigkeit oder über Änderungen verhandelt werden, aber nicht mehr über die Angebotspreise.

§ 25 Wertung der Angebote

Der Sinn des ganzen Verfahrens ist nach § 2 der Wettbewerb, mit dem der billigste Bieter ermittelt werden soll.
Der niedrigste Angebotspreis allein ist jedoch nicht entscheidend. Angebote, deren Preise in einem offenbaren Mißverhältnis zur geforderten Leistung stehen, können ausgeschieden werden.

Bei der Auswahl der Angebote sind nur Bieter zu berücksichtigen, die für die Erfüllung der vertraglichen Verpflichtungen die notwendige Sicherheit bieten. Dazu gehört, daß sie die erforderliche Fachkunde, Leistungsfähigkeit und Zuverlässigkeit besitzen und über ausreichende technische und wirtschaftliche Mittel verfügen.

§ 28 Zuschlag

Nach der Prüfung der Angebote wird der Zuschlag erteilt. Dies ist immer eine Sache des Auftraggebers, nicht des Architekten; er macht nur die Prüfung und, daraus resultierend, den Vorschlag.

Wird der Zuschlag erteilt, ist nach den allgemeinen Rechtsgrundsätzen der Vertrag abgeschlossen.

Zusammenfassung

Das von der VOB vorgeschriebene Verfahren schafft klare Verhältnisse für alle Beteiligten. Bei privaten Aufftraggebern kommen meist nicht alle Einzelheiten zum Tragen. Es ist jedoch zu empfehlen, auch hier die Grundprinzipien zu beachten, also alle Arbeiten nur nach einem verbindlichen Angebot mit Einheitspreisen auf der Grundlage einer Leistungsbeschreibung durchzuführen.

Vertiefung und Kontrolle

1. Stellen Sie fest, wer der Auftraggeber der Baustellen ist, auf denen Sie jeweils arbeiten; erkundigen Sie sich, wie Ihre Firma zu dem Auftrag kam, und vergleichen Sie bei verschiedenen Aufträgen den Einfluß des Auftraggebers auf den Arbeitsablauf.
2. Achten Sie bei der Ausführung von Arbeiten darauf, welche Rechtsvorschriften jeweils einzuhalten sind und wie sich diese auf Arbeitsablauf und Ergebnis auswirken.
3. Nehmen Sie Einblick in die VOB und in die Allgemeinen Geschäftsbedingungen; fragen Sie bei Unklarheiten im Betrieb und in der Schule.

2 Preisermittlung

Die Preisermittlung nennt man *Kalkulation;* sie ist für den Betriebserfolg von größter Bedeutung. Da die Preise in der Regel dem Wettbewerb unterliegen, dürfen sie nicht zu hoch sein; der Betrieb erhält sonst keine Aufträge, was unter Umständen zum Konkurs führen kann.

Sind die Preise zu niedrig, ist die ganze Arbeit und Mühe auf der Baustelle umsonst, weil kein Erfolg erwirtschaftet wird. Ein Unternehmen ist nur lebensfähig, wenn es Gewinn erwirtschaftet.

Der Angebotspreis setzt sich zusammen aus den Kosten für den Lohn, das Material und den Maschineneinsatz; hinzu kommen die Gemeinkosten und ein Risikozuschlag.

Kalkulieren bedeutet Kosten ermitteln. Die Kosten entstehen für das Unternehmen im Betrieb und auf der Baustelle und ergeben, abhängig von der Marktsituation, den Preis (Angebotspreis).

2.1 Lohnkosten

Bei der Festlegung des Angebotspreises für den Lohn werden mehrere Kostenarten in bestimmten Prozentsätzen dem Bruttolohn zugeschlagen (s. auch Abb. E 2).

Kosten für den Bruttolohn
\+ lohngebundene Kosten
\+ Lohnnebenkosten

= Herstellungskosten Lohn
\+ Gemeinkosten

= Selbstkosten
\+ Risikozuschlag (Wagnis + Gewinn)

= Angebotspreis

Der Bruttolohn ist der Tariflohn oder ein höherer, tatsächlich bezahlter Lohn.

2.1.1 Lohngebundene Kosten

Die lohngebundenen Kosten sind Leistungen des Arbeitgebers, die wie folgt unterteilt werden:

Gesetzlich soziale Aufwendungen

Es sind die vom Gesetzgeber vorgeschriebenen Arbeitgeberanteile für Krankenkasse, Rentenversicherung, Arbeitslosenversicherung, Beiträge zur Berufsgenossenschaft, Schwerbeschädigtenauslösung und Winterbauumlage.

Tariflich soziale Aufwendungen

Diese Aufwendungen sind durch Tarifverträge festgelegt. Es sind Aufwendungen für Urlaubslöhne, bezahlte Feiertage, bezahlte Sozialtage, Lohnfortzahlung zwischen Weihnachten und Neujahr, der Aufwand für das Ausbildungsförderungswerk sowie Krankengeldausgleichszahlungen.

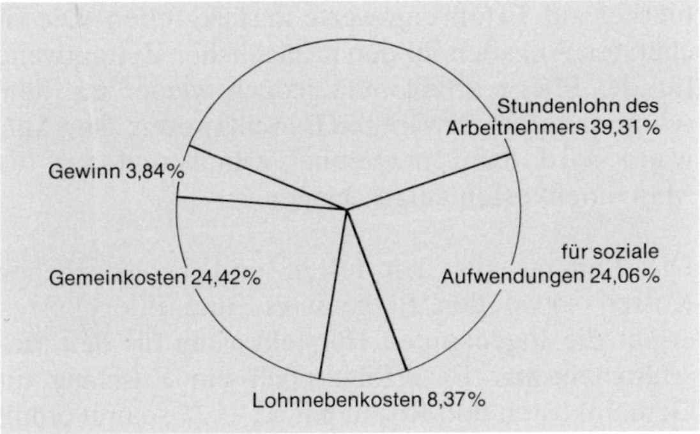

Abb. E 2. Zusammensetzung der Kosten einer Lohnstunde.

Freiwillig soziale Leistungen
Z. B. Gratifikationen, Prämien, Gewinnbeteiligungen, der Aufwand für die Weihnachtsfeier, den Betriebsausflug oder der Aufwand für verbilligte Wohnungen.

2.1.2 Lohnnebenkosten

Sie entstehen auf der Baustelle oder hängen mit dem Baustellenbetrieb zusammen. Zu ihnen gehören:

- Wegegelder
- Fahrtzeitvergütungen
- der Aufwand für Fahrzeuge zu Baustellenfahrten
- der Aufwand für die örtliche Bauaufsicht (der Baustellenleiter führt Messungen durch, verhandelt mit dem Bauherrn, bestellt Material usw. und ist dabei nicht direkt produktiv tätig)
- der Aufwand für Kleingeräte und Werkzeug (Geräte mit einem Anschaffungswert unter DM 800,– werden nicht gesondert in Rechnung gestellt, sondern in die Lohnkosten einkalkuliert)

Die lohngebundenen Kosten, Lohnnebenkosten und Gemeinkosten (s. Kap. E 2.4) werden im Betrieb der Buchführung entnommen und in Form eines prozentualen Zuschlages auf den Bruttolohn aufgeschlagen. Die Anteile der jeweiligen Kosten an dem Angebotspreis sind aus der Abb. E 2 zu ersehen.

2.2 Materialkosten

Die Kosten für das Material ergeben sich aus den Preislisten der Lieferanten.
Von diesem Listenpreis sind eventuelle Konditionen, wie Mengenrabatt und Skonto, abzuziehen.

Aufzuschlagen sind der Aufwand für:
- Fracht, Verpackung (z. B. Paletten)
- Auf- und Abladen
- Zwischenlagerung (Einschlag von Pflanzen)
- Verlust durch Verdichtung, Verschlag und Lagerung

Damit erhält man die *Herstellungskosten Material.* Auch auf die Materialkosten erfolgt ein Zuschlag für die Gemeinkosten und der Risikozuschlag, jedoch ein wesentlich geringerer Prozentsatz (ca. 10 %); der Hauptanteil der Gemeinkosten wird den Lohnkosten zugeschlagen.

2.3 Maschinenkosten

Die Kosten für Maschinen werden unterteilt in die Festkosten und die veränderlichen Kosten; hinzu kommen die Kosten für Pflege und Bedienung.

2.3.1 Festkosten

Dies sind Kosten, die auch entstehen, wenn die betreffende Maschine nicht eingesetzt wird. Es handelt sich um die Abschreibung, Verzinsung, Versicherungen und Steuern.

Abschreibung
In der Kalkulation wird die Anschaffung einer Maschine nicht als Kostenaufwand angesehen. Betriebswirtschaftlich ist dies eine Kapitalumwandlung. Barkapital (auch Fremdkapital) wird in Maschinenkapital umgewandelt. Der Betrieb, der z. B. für 100 000,– DM einen Radlader kauft, hat zwar die 100 000,– DM nicht mehr in bar, dafür als Gegenwert aber den Radlader. Es sind also keine Kosten entstanden.
Kosten entstehen erst jetzt, denn die Maschine wird jeden Tag weniger wert, selbst, wenn sie nur steht. Der Wertverlust wird natürlich größer durch die Abnutzung. Um die Höhe der Kosten für die Abnutzung zu ermitteln, legt man die Lebensdauer der Maschine fest; entweder aus eigener Erfahrung oder anhand einer Steuertabelle (das Finanzamt legt die Mindestabschreibung fest). Die Höhe der Abschreibung pro Jahr ergibt sich, wenn man die Anschaffungskosten durch die Lebensdauer teilt.

Verzinsung
Setzt man Fremdkapital ein, muß dieses verzinst werden. Der Geldgeber setzt den Zins fest, man spricht vom *bedungenen Zins.*

Jedoch hat auch das Eigenkapital einen Zinsanspruch, und zwar in der Höhe, in der sich das Geld auf der Bank verzinsen würde. Man nennt dies den *kalkulatorischen Zins.* Er muß nicht bezahlt, aber erwirtschaftet werden und wird deshalb als Kostenfaktor angesetzt, wobei der Zins vom halben Anschaffungswert gerechnet wird, um die Abschreibung zu berücksichtigen.

Versicherung und Steuern
Steuern fallen nur bei Kraftfahrzeugen an, Versicherungen bei allen Geräten. Ihre Höhe wird vom Gesetzgeber bzw. von Versicherungsgesellschaften in Form einer Jahresprämie benannt.

Hat man die Summe der Festkosten pro Jahr ermittelt, müssen diese Kosten auf die Einsatzstunde (oder km) umgerechnet werden, indem man sie durch die Zahl der jährlichen Einsatzstunden (jährliche km-Leistung) teilt.
Wieviel Stunden eine Maschine eingesetzt wird, ist nur durch das *Berichtswesen* genau zu ermitteln, indem jeden Tag die Einsatzzeiten aufgeschrieben werden.

2.3.2 Veränderliche Kosten

Sie werden so genannt, weil sie nur anfallen, wenn eine Maschine eingesetzt wird. Es sind die Kosten für Reparatur, Kraft- und Schmierstoffe.

Reparaturkosten
Da sie ja im allgemeinen nicht von Anfang an auftreten, werden sie mit einem sogenannten *Reparaturkostenfaktor* erfaßt. Er beträgt im Durchschnitt 66 % der Anschaffungskosten, bezogen auf die ganze Lebensdauer. Zur Ermittlung der jährlichen Reparaturkosten rechnet man jeweils 66 % von der Abschreibung.

Kraft- und Schmierstoffe
Für deren Verbrauch gibt es Richtlinien von Maschinenherstellern. Wesentlich genauere Aussagen erhält man allerdings durch eigene Aufschriebe im Berichtswesen.

2.3.3 Bedienungs- und Pflegekosten

Die Bedienungskosten ergeben sich aus der Lohnkalkulation. Beim Maschineneinsatz muß zusätzlich der Aufwand für die Pflege ermittelt werden. Man kann hierbei auf Erfahrungswerte zurückgreifen. Die sichersten Angaben für den tatsächlichen Zeitaufwand für die Pflege erhält man jedoch wieder aus dem schon mehrfach erwähnten Berichtswesen. Der Aufwand wird dann prozentual erfaßt und auf die Maschinenkosten aufgeschlagen.

Die Summe aus den festen und veränderlichen Kosten sowie den Bedienungs- und Pflegekosten ergibt die sogenannten **Herstellkosten für den Maschineneinsatz.** Es erfolgt noch ein Zuschlag für Gemeinkosten und Risiko mit ca. 10 %, damit erhält man den **Angebotspreis.**
Künftige Angebotspreise kalkuliert man jährlich nach der Bilanz, wobei man die Werte aus der Buchführung zugrunde legt und evtl. Veränderungen (z. B. Treibstoffpreise oder Lohnerhöhungen) berücksichtigt.

2.3.4 Beispielsrechnung Laderaupe 60 kW

Anschaffungspreis 120 000,— DM
Nutzungsjahre 6
Betriebsstunden pro Jahr 1200
Reparaturkostenfaktur 0,66 (66 %).

Festkosten pro Jahr:

Abschreibung, 120 000 : 6 =	20 000,—
Verzinsung, 8 % von 120 000 : 2 =	4800,—
Versicherung	1000,—
Steuer	–
Feste Kosten pro Jahr =	25 800,—

Feste Kosten pro h: 25 800,— : 1200 = 21,50 DM

Veränderliche Kosten pro h:

Reparaturen 66 % von 20 000 : 1200 =	11,00 DM
Treibstoff 60 kW × 0,18 l × 1,20 DM =	12,96 DM
Schmierstoffe 25 % von 12,96 =	3,24 DM
Maschinenkosten =	48,70 DM
+ 10 % für Gemeinkosten und Risiko	4,87 DM
Preis ohne Bedienung	53,57 DM

Bedienung und Pflege:

Angebotspreis Stundenlohn für den Fahrer	36,40 DM
(8 Arbeitsstunden enthalten 1 Pflegestunde) 1/8 von 36,40 =	4,55 DM
Angebotspreis Maschine	94,52 DM

2.4 Gemeinkosten

Darunter faßt man alle Kosten zusammen, die nicht direkt mit der Auftragsabwicklung zusammenhängen und deshalb auch nicht direkt in Rechnung gestellt werden können.
Diese Kosten fallen zum großen Teil im Betrieb an, man nennt sie dann **Geschäftskosten,** soweit sie die Baustelle betreffen, **Baustellenkosten** (z. B. die Einrichtung der Baustelle, Bereitstellen von Bauwagen).

Die wesentlichen Gemeinkosten sind:

- Gehälter für das kaufmännische und technische Personal
- Unternehmerlohn
- Bürounterhaltung (z. B. Miete, Heizung, Papier)
- Telefon, Porto
- Versicherungen, Beiträge, Fachliteratur
- Steuerberatung, Rechtsberatung
- Unterhaltung und Abschreibung von Gebäuden
- Unterhaltung von Lagerplätzen
- Pkw-Kosten für die Bauüberwachung

Die Gemeinkosten werden (wie die Maschinenkosten) nach der Jahresbilanz der Buchführung entnommen. Die DM-Beträge werden summiert, dann prozentual umgerechnet und in Form eines Zuschlages auf die Lohn-, Material- und Maschinenkosten verteilt. Dabei ist eine ungleiche Belastung üblich, Material und Maschinen belastet man nur relativ gering, die Lohnkosten tragen die Hauptlast.

2.5 Risikozuschlag

Die Bauleistungen werden immer vor der Ausführung kalkuliert. Der Unternehmer ist dann verpflichtet, die Leistung zu dem kalkulierten und angebotenen Preis zu erbringen. Zum Kalkulationszeitpunkt können die Verhältnisse, die während der Baudurchführung herrschen, oft nicht voll erkannt werden; genannt sei z. B. die Witterung, Behinderung durch andere Unternehmen, Ausfall von Fachkräften, Ansprüche des Auftraggebers usw.
Dafür muß eine gewisse Sicherheit einkalkuliert werden. Tritt das Risiko nicht ein, kann sich der Risikozuschlag in **Gewinn** verwandeln.

Die Lohn-, Material- und Maschinenkosten ergeben zusammen mit den Gemeinkosten die **Selbstkosten.** Arbeitet ein Betrieb zum Selbstkostenpreis, erwirtschaftet er keinen Gewinn; er ist damit nicht lebensfähig.

Die Höhe des Risikozuschlages kann natürlich nicht beliebig angesetzt werden. Der Risikozuschlag entscheidet letztlich über die Höhe des Preises. Dieser darf nicht unter den Selbstkosten liegen und muß sich andererseits den Marktpreisen anpassen. Es ist das Risiko des Unternehmers, hier den richtigen Weg zu finden.

2.6 Ermittlung des Angebotspreises

Nur in Einzelfällen werden Arbeiten im Stundenlohn ausgeführt, hier ist dann der Preis für die Lohnstunde oder für die Maschinenstunde das Angebot.
Die Regel ist aber der *Einheitspreis,* z. B. der Preis für 1 m^2 Verbundpflaster. Er umfaßt die Materiallieferung, das Verlegen (also Lohnaufwand), den Maschineneinsatz für das Abrütteln.
Zur Ermittlung des Angebotspreises für eine Leistung tritt also der Faktor **Zeitaufwand** hinzu.

Beispiel
für die Kalkulation von 1 m^2 Verbundpflaster. Es wird angenommen, daß die Tragschicht bereits eingebaut ist, Ausgangsmenge 100 m^2.

1. Material:

1 m^2 Betonverbundpflaster frei Baustelle auf Palette	DM 12,00
+ 2 % Verschlag (0,12 × 2)	DM 0,24
Sand Bedarf für 1 m^2 (1 × 0,04) = 0,04 m^3 + 50 % für Verdichtung, Absanden, Verlust = 0,06 m^3 à DM 34,— (Preis frei Baustelle)	DM 2,04
Material (Herstellkosten)	DM 14,28
+ 10 % für Gemeinkosten und Risiko	DM 1,42
Angebotspreis Material =	DM 15,70

2. Arbeitsaufwand:

Verrechnungssatz 31,20 DM/h = 0,52 DM/min		
Sand verteilen und abziehen		
8 min × 0,52 =	4,16	
Pflaster verlegen und abrütteln		
20 min × 0,52 =	10,40	DM 14,56

3. Maschineneinsatz:

Verrechnungssatz für den Rüttler 6,60 DM/h = 0,11 DM/min, 2 min à 0,11 DM	DM 0,22
Angebotspreis pro m^2 Verbundpflaster	DM 30,48

Die *Zeitvorgabe* ist bei der Kalkulation ein wesentlicher Faktor, sie erfordert viel Erfahrung.

Um hier nicht nur auf Schätzungen angewiesen zu sein, muß man sich Unterlagen schaffen, aus denen der Zeitbedarf entnommen werden kann. Dazu dient im Betrieb das *Berichtswesen* und die *Nachkalkulation.*

Vertiefung und Kontrolle

1. Jede Tätigkeit auf der Baustelle verursacht Kosten; überlegen Sie, *welche* Kosten jeweils bei den einzelnen Tätigkeiten entstehen.
2. Beobachten Sie bei Ihrer Arbeit auf den Baustellen, welche Verluste durch Verdichtung, Verschlag und Zwischentransport entstehen.
3. Machen Sie sich Notizen über den Zeitaufwand für bestimmte Arbeiten, überlegen Sie, wie der Faktor Zeit die Preise für gärtnerische Tätigkeiten und das Betriebsergebnis beeinflußt.

3 Bauabwicklung

3.1 Vorbereitung

Je sorgfältiger die erforderlichen Maßnahmen durchdacht und vorbereitet werden, um so reibungsloser kann der Baubetrieb ablaufen. Überraschungen sind nicht auszuschließen, mit ihnen muß immer gerechnet werden. Von einem bestimmten Plan aus zu improvisieren ist meist effektiver, als wenn der gesamte Bauablauf nur improvisiert wird.
Durch die Vorplanung setzt sich der Betrieb in die Lage zu agieren, ohne Planung kann er nur reagieren.

Klärung offener Fragen mit dem Auftraggeber
Nach der Auftragserteilung setzt man sich mit dem Auftraggeber in Verbindung, um dessen genaue Vorstellung zu erfahren. Meist findet ein Gespräch auf der Baustelle statt, wobei zunächst geprüft wird, ob sich gegenüber der Ausschreibung eventuell eine Planänderung ergibt, die Massenänderungen zur Folge hätte. Dann werden all die Punkte geklärt, die schon in Kap. C 1.1 genannt sind.
Für das Bauvorhaben wird eine Akte angelegt, in der, angefangen vom Angebot, der gesamte Schriftverkehr, alle Notizen, die Baustellenberichte und die Aufmaße gesammelt werden.

Massenermittlung
Nach der Einweisung durch den Auftraggeber werden anhand der Leistungsbeschreibung, vorliegenden Plänen, der eigenen Kalkulation und gegebenenfalls eigener Vermessungen die für die Baustelle erforderlichen Materialmengen berechnet.
Die Berechnungen müssen übersichtlich und vor allem rekonstruierbar sein. Die Rekonstruierbarkeit ist wichtig, weil vor jeder Materialbestellung nachgerechnet und geprüft werden muß und weil die Berechnungen – in der Bauakte abgeheftet – während der gesamten Bauzeit für Kosten- und Aufwandsvergleiche zur Verfügung stehen sollen.

Bauzeitenplan
Für größere Bauvorhaben wird manchmal vom Auftraggeber eine detaillierte Bauzeitenplanung verlangt, aus welcher der geplante Bauablauf und der jeweilige Arbeitskräfte- und Maschineneinsatz zu ersehen sind. Dabei kann es sich um Aufstellungen handeln, die nach Tagen oder auch nach Wochen unterteilt sind. Besonders übersichtlich sind grafische Darstellungen, meist in der Form von Balkendiagrammen. Derartige Bauzeitenpläne sind auch für die Betriebs- und Baustellenorganisation sehr interessant.
Da die Ausarbeitung eines Bauzeitenplanes verständlicherweise mit einem Zeitaufwand verbunden ist, fertigt man in der Regel nur für größere Baustellen eine solche Unterlage an. Aus dem Plan kann man – vor allem, wenn er als Balkendiagramm dargestellt ist – sofort ersehen, wann und wie lange ein bestimmtes Gerät auf der Baustelle gebraucht wird, wie viele Arbeitskräfte erforderlich sind und wann bestimmte Materialien bestellt werden müssen. Dies ist auch möglich, wenn es zeitliche Verschiebungen gibt.
Da der Bauzeitenplan nach den bei der Kalkulation vorgegebenen Zeitwerten aufgestellt wird, ist er auch eine sehr wirksame Kosten- und Erfolgskontrolle. Zu diesem Zweck ist auf den Plänen eine Soll- und eine Ist-Spalte vorgesehen; die Soll-Spalte ist die Planung, die Ist-Spalte stellt den tatsächlichen Baufortschritt dar. Sie dient damit der Kontrolle und auch als Grundlage für spätere Planungen.

3.2 Durchführung der Baumaßnahmen

Der reibungslose Verlauf der technischen Bauabwicklung ist nur dann gewährleistet, wenn alle Voraussetzungen dafür geschaffen sind, wenn rechtzeitig die erforderlichen Arbeitskräfte, jeweils die

geeigneten Geräte und das richtige Material termingerecht zur Verfügung stehen.
Dazu ist eine ständige Organisation erforderlich. Sie wird einmal vom örtlichen Baustellenleiter erbracht, der die Arbeit auf der Baustelle plant und überwacht und beim Betrieb den Bedarf der Baustelle möglichst frühzeitig anmeldet.
Die Bedarfsplanungen der verschiedenen Baustellen gelangen zum Bauleiter (zum Chef oder einem damit beauftragten Mitarbeiter), der sie koordiniert und den Möglichkeiten des Betriebes entsprechend seine Anordnungen trifft. Um diese Entscheidungen richtig fällen zu können, muß der Bauleiter ständig einen Überblick über alle Baustellen des Betriebes haben. Er hat verschiedene Möglichkeiten der Information und Überwachung.

3.2.1 Baustellenbesuch

Er bietet die umfassendste Information und zugleich die Möglichkeit des direkten Eingreifens, erfordert allerdings sehr viel Zeit und ist bei weit auseinanderliegenden Baustellen oft nicht regelmäßig durchzuführen.

3.2.2 Besprechung der Baustellenleiter

In vielen Betrieben beginnt und endet die tägliche Arbeit im Betriebshof. Hier wird oft die Organisation bei einer kurzen Besprechung der Baustellenleiter noch am Abend festgelegt. Das Ergebnis – die Einteilung der Arbeitskräfte und der Fahrzeuge und Maschinen – wird auf eine Tafel gesteckt. Sie wird im Bedarfsfall morgens nochmals korrigiert (z. B. bei Regen), und danach wird dann morgens die Arbeit eingeteilt.
In Unternehmen, bei denen die Arbeit nicht im Betriebshof, sondern auf der Baustelle beginnt, können die Baustellenleiter in der Regel nicht täglich zu einer Besprechung in den Betrieb kommen. Hier informiert sich der Bauleiter über Funk oder Telefon und stellt danach die Einteilung zusammen.
Eine wichtige Entscheidungshilfe ist ihm dabei auch das Berichtswesen.

3.2.3 Berichtswesen

Es ist der Grundgedanke des Berichtswesens, alle Vorgänge auf den Baustellen schriftlich festzuhalten.

Abb. E 3. Material- und Maschinenanforderung.

Firmenname

Material- und Maschinenanforderung

Für .... den .... werden benötigt zur Baustelle ....

An Material	bis spätest. Uhrzeit	An Maschinen	bis spätest. Uhrzeit
Sand		Planierraupe	
Platten		Laderaupe	
Schotter		Schlepper	
Schlacke		LKW	
Beton		Fräse	
		Walze	

....
Anlagenleiter

Best.-Nr. 11/FR/BGL

Die Bauleitung erhält dadurch einen Überblick über das Geschehen, die Aufschriebe dienen der Abrechnung, zum Nachweis bestimmter Vorgänge gegenüber dem Auftraggeber, und sie sind die Voraussetzung für eine Nachkalkulation. Um die Aufschriebe möglichst einfach zu gestalten, wurden Vordrucke entwickelt.

Material- und Maschinenanforderung (Abb. E 3)
Sie ist ein wichtiges Hilfsmittel zur Organisation und wird vom Baustellenleiter ausgefüllt. Auch bei regelmäßigen Besprechungen oder beim Baustellenbesuch sowie bei telefonischen Bestellungen ist es zweckmäßig, grundsätzlich alle Anforderungen schriftlich vorzunehmen. Man hat dann eine einwandfreie Kontrolle und schaltet Mißverständnisse aus.
Auf dem Formular sind die wichtigsten Materialien vorgedruckt, die Geräteliste ist auf den jeweiligen Betrieb abgestimmt, so daß der Bedarf nur angekreuzt oder mengenmäßig eingetragen werden muß. Entscheidend ist, daß das Anforderungsformular rechtzeitig im Büro ist. Eine Durchschrift verbleibt zur Kontrolle beim Baustellenleiter (Anlagenleiter).

Tagesbericht (Abb. E 4)
Er ist der wichtigste Bericht. Wie sein Name schon sagt, muß er täglich ausgefüllt und abgegeben werden. Verantwortlich ist dafür der Baustellenleiter.
Der Tagesbericht mit Datum und fortlaufender Numerierung gibt über alle Vorkommnisse auf der Baustelle Auskunft. Auf ihm sind alle Arbeitskräfte aufgeführt, außerdem die Geräte, die Materiallieferungen und eventuelle Materialrückgaben.
Für die Nachkalkulation ist von größter Bedeutung, daß der Einsatz von Material, Maschinen und Arbeitskräften den jeweiligen Positionen der Leistungsbeschreibung zugeordnet wird.
Die Materiallieferungen müssen genauestens eingetragen werden mit Angabe der jeweiligen Lieferscheinnummern. Die Lieferscheine sind beizulegen; sie sind die Grundlage der Abrechnung mit den Lieferanten.
Die Angaben auf den Tagesberichten werden im Büro fortlaufend aufgelistet und ergeben damit eine Übersicht über die auf der Baustelle angefallenen Kosten, womit sie eine laufende Erfolgskontrolle ermöglichen.
Durch den Eintrag des Witterungsablaufes und das Vermerken von besonderen Vorkommnissen (z. B. eine Anordnung des Auftraggebers oder eine Behinderung durch andere Baumaßnahmen) wird der Tagesbericht darüber hinaus zu einem wertvollen Beweismittel in Streitfällen.

Maschinen- und Fahrzeugberichte (Abb. E 5)
Sie dienen zur Erfassung der Maschinendaten. Nur durch die laufenden Aufschriebe erhält man diese wesentliche Grundlage der Kalkulation. Aus ihnen ergeben sich die täglichen (jährlichen) Einsatzzeiten, die Wartezeiten, die Pflegezeiten, der Verbrauch von Kraftstoff und Schmierstoff.
Durch die Eintragung der betreffenden Baustelle können die anfallenden Kosten dieser Baustelle angerechnet werden.
Die Berichte werden vom jeweiligen Fahrer geführt.

Stundenzettel
Er bildet die Grundlage für die Lohnabrechnung und wird vom einzelnen Mitarbeiter oder vom Anlagenleiter ausgefüllt. Die Angaben können auch dem Tagesbericht entnommen werden. Stundenzettel sind deshalb nicht in allen Betrieben üblich; teilweise sind sie jedoch aus buchhaltungstechnischen Gründen erforderlich.

Das Berichtswesen liefert dem Betrieb äußerst wichtige Daten. Der Aufwand für das Führen und Auswerten der Berichte ist gering im Vergleich zu den Erkenntnissen, die aus ihnen gezogen werden können. Die Berichte sind keine bürokratische Schikane, sondern eine Notwendigkeit für das Funktionieren der innerbetrieblichen Information.

3.3 Aufmaß und Abrechnung

Die VOB stellt in den Allgemeinen Vertragsbedingungen im § 14 eindeutig fest, daß der Auftragnehmer seine Leistungen nachweisen muß. Viele Leistungen sind nur zum Zeitpunkt der Ausführung oder kurz danach sichtbar, sie müssen also dem Baufortschritt entsprechend laufend festgestellt werden.
Ein Großteil der Leistungen wird gemessen, einige werden gezählt oder aufgrund eines Lieferscheines nachgewiesen. Wie eine Leistung zu erfassen ist, wurde jeweils bei den einzelnen Abschnitten im Kap. C erwähnt. Beim Baubetrieb ist maßgebend, was im Bauvertrag, also in der Leistungsbeschreibung bzw. im Angebot angegeben und vereinbart ist.

Abb. E 4. Tagesbericht.

Firmenname

Tagesbericht

Baustelle ....

Lfd. Nr. ....

Datum ....

Berufsbezeichnung

Baustellenleiter:

Wetter:

Temperatur

............° C

Position Nr.

Wegezeit

Ausfallstunden

Name	Gesamt-Std.
Insgesamt	

Materiallieferung aufteilen nach Positionen

Lieferschein Nr.	Lieferfirma	Material

Maschinen- und Fahrzeugstunden aufteilen nach Positionen

Materialrückgabe

Menge	Einheit	Material

Best.-Nr. 8/FB./BGL.

Kolonnenführer

Für den Auftraggeber

Ausgewertet

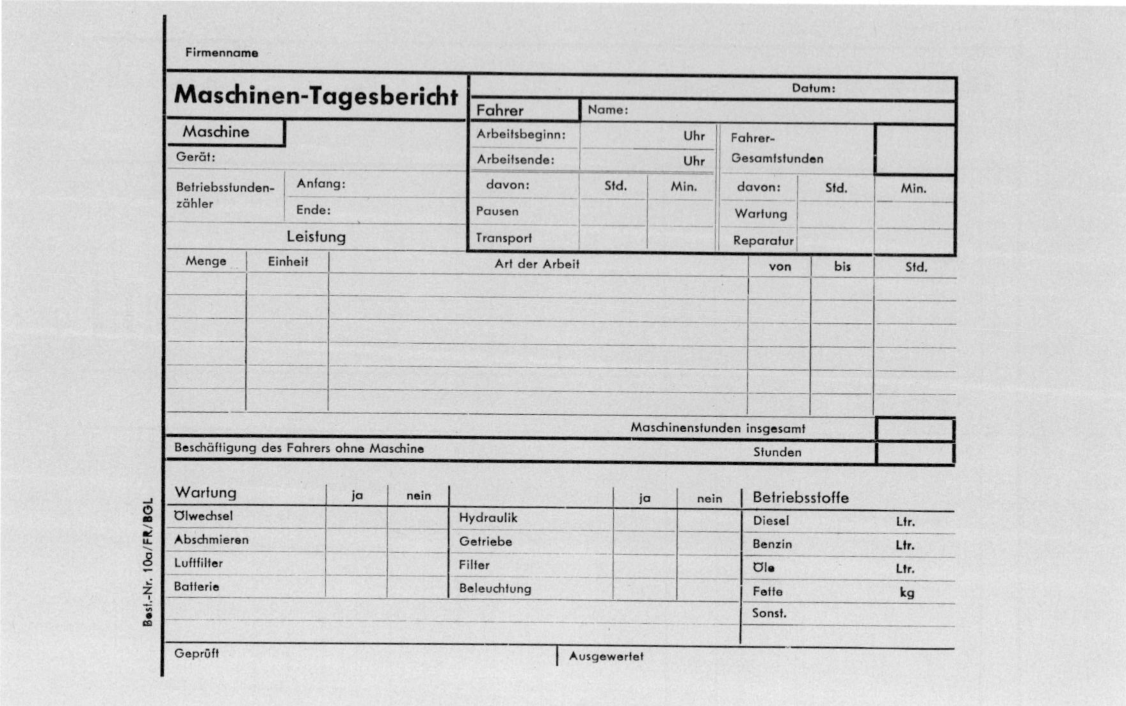
Firmenname

Maschinen-Tagesbericht

Datum:

Maschine			Fahrer	Name:				
Gerät:			Arbeitsbeginn:	Uhr	Fahrer- Gesamtstunden			
Betriebsstunden-zähler	Anfang:		Arbeitsende:	Uhr				
	Ende:		davon:	Std.	Min.	davon:	Std.	Min.
Leistung			Pausen			Wartung		
			Transport			Reparatur		

Menge	Einheit	Art der Arbeit	von	bis	Std.

Maschinenstunden insgesamt

Beschäftigung des Fahrers ohne Maschine — Stunden

Wartung	ja	nein		ja	nein	Betriebsstoffe	
Ölwechsel			Hydraulik			Diesel	Ltr.
Abschmieren			Getriebe			Benzin	Ltr.
Luftfilter			Filter			Öle	Ltr.
Batterie			Beleuchtung			Fette	kg
						Sonst.	

Geprüft — Ausgewertet

Best.-Nr. 10a/FR/BGL

Abb. E 5. Maschinen-Tagesbericht.

Über die Abrechnungsmöglichkeiten informiert auch die VOB in den ATV jeweils unter Ziffer 5. Hier finden sich auch Angaben über Einzelheiten, was z. B. mitgemessen und was abgezogen werden muß.

3.3.1 Aufmaß

Es liegt in der Natur der Sache, daß sehr viele Leistungen im Landschaftsbau gemessen werden. Im Unterschied zu Messungen beim Abstecken oder als Grundlage für die Planung (Kap. B) wird bei Messungen für die Abrechnung nicht horizontal, sondern in der Abwicklung gemessen.

Das Meßergebnis wird in *Aufmaßzettel* (Abb. E 6) eingetragen.

Beim Messen sollte der Auftraggeber oder sein Beauftragter zugegen sein; er muß die Messung durch seine Unterschrift bestätigen. Auch der Auftragnehmer oder sein Beauftragter unterschreibt den Aufmaßzettel. Bei Teilaufmaßen wird jeder Zettel unterschrieben, bei größeren Aufmaßen werden die Zettel numeriert, und die Unterschrift erfolgt dann unter Angabe der Zettelnummern (z. B. Blatt 25–32).

Die Unterschriften bestätigen nur die Maße (Uraufmaß), nicht die Ausrechnung; diese erfolgt später im Büro.

Nur der vom Auftraggeber unterschriebene Aufmaßzettel ist ein Beleg, auf dem dann die Rechnungsstellung basiert. Ist der Auftraggeber beim Aufmaß zugegen, wird er dieses auch anerkennen und unterschreiben. Erfolgt das Aufmaß ohne ihn, braucht er es nicht anzuerkennen. Es ist also zweckmäßig, den Auftraggeber bei diesen Messungen zuzuziehen.

3.3.2 Aufmaßplan (Abb. D 33, Seite 348)

Bei größeren Bauvorhaben werden vom Auftraggeber zum Nachweis der Leistungen vielfach Aufmaßpläne verlangt. In diese werden die Maße aller Abstiche eingetragen. Die Abstiche werden bezeichnet (z. B. R_1, R_2 für Rasenflächen oder P_8, P_9 für Pflanzflächen usw.); unter derselben Bezeichnung stehen die Maße dann auch im Aufmaßzettel. Da der Aufmaßplan (wie alle Pläne) in der Projektion gezeichnet ist, stimmen bei schrägen Flächen die tatsächlich gemessenen und gültigen Maße nicht mit der Zeichnung überein; sie müssen deshalb grund-

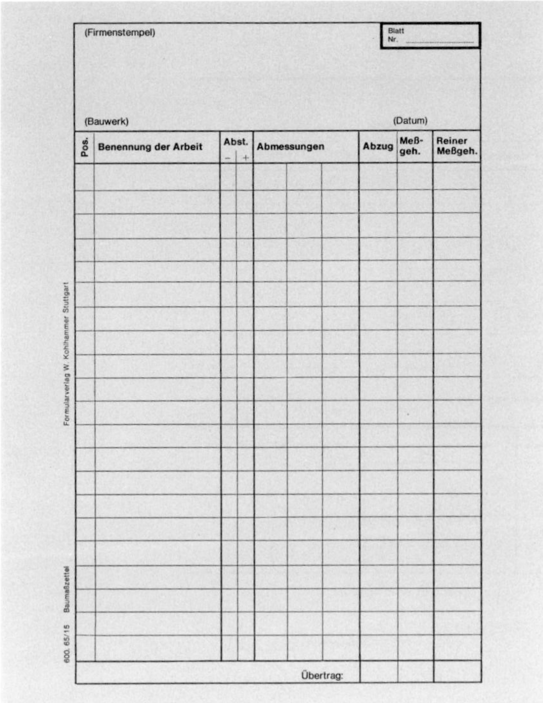

(Firmenstempel)

Blatt Nr.

(Bauwerk)

(Datum)

Pos.	Benennung der Arbeit	Abst. − +	Abmessungen	Abzug	Meß-geh.	Reiner Meßgeh.
				Übertrag:		

Formularverlag W. Kohlhammer Stuttgart

600. 65/15 Baumaßzettel

Abb. E 6. Aufmaßzettel.

sätzlich im Plan angeschrieben werden. Aus dem Aufmaßplan geht vor allem hervor, *wo* die betreffenden Maße genommen wurden. Dadurch ist jederzeit eine Überprüfung möglich.
Oft lassen sich nicht alle Maße in einem Plan unterbringen, man fertigt dann Einzelpläne (z. B. für Erdmassenberechnungen, Leitungen usw.).
Trotz des relativ hohen Aufwandes, den Aufmaßpläne erfordern, sind sie grundsätzlich zu empfehlen, weil sie die beste Gewähr für eine vollständige Erfassung aller Flächen und damit auch aller Leistungen bieten. Eine korrekte Abrechnung liegt durchaus auch im Interesse des Auftragnehmers.

3.3.3 Nachweis durch Lieferscheine

Dünger, Torf, Pflanzen und andere Güter können nicht gemessen werden. Pflanzen kann man hinterher noch zählen, der bereits ausgestreute Dünger ist jedoch nicht mehr nachweisbar. In diesen Fällen führt man den Nachweis durch Lieferscheine.
Aber auch ein Lieferschein ist nur dann ein gültiger Beleg, wenn er vom Auftraggeber anerkannt, also unterschrieben ist. Es ist deshalb unbedingt erforderlich, daß Lieferscheine sofort dem Auftraggeber vorgelegt werden, solange das gelieferte Gut sichtbar und prüfbar ist. Bei Gütern, die von Lieferanten kommen, sind es deren Originallieferscheine, die damit als Beleg eine Doppelfunktion erhalten. Bei Lieferungen vom Betriebshof müssen eigene Lieferscheine ausgestellt werden; dies wird oft vergessen und führt dann bei der Rechnungsstellung zu Schwierigkeiten.

3.3.4 Stundennachweise (Abb. E 7)

Bei Leistungen auf Nachweis ist es besonders wichtig, daß die Nachweise *(Rapporte)* dem Auftraggeber laufend und rechtzeitig vorgelegt werden. Empfehlenswert ist die tägliche Vorlage, in Ausnahmen wöchentlich. Auch hier ist zu beachten, daß nur der unterschriebene Stundennachweis einen gültigen Beleg darstellt, weshalb größter Wert auf diese Unterschriftsleistung zu legen ist.
Die VOB sagt zwar (Teil B § 15 Ziffer 3), daß rechtzeitig vorgelegte und nicht innerhalb von 6 Werktagen beanstandete Stundennachweise als anerkannt gelten, im Ernstfall ist aber der Nachweis der rechtzeitigen Vorlage schwierig.
Auf den Rapportzetteln müssen die eingesetzten Arbeitskräfte mit Namen und Stellung (Vorarbeiter, Gärtner, Helfer usw.) ausgeführt werden, mit der Anzahl der Stunden und einer Beschreibung der ausgeführten Leistung. Auch eventuelle Fahrtzeiten müssen genau ausgewiesen werden.

3.3.5 Rechnungsstellung

Der Auftragnehmer erbringt vom ersten Tag an auf der Baustelle Leistungen und liefert Material, wodurch ihm ein finanzieller Aufwand entsteht. Bei Anlagen mit längerer Bauzeit kann ihm dieser Aufwand nicht bis zur Abrechnung zugemutet werden. Es ist deshalb in den Allgemeinen Vertragsbedingungen der VOB ausdrücklich vorgesehen, daß während der Bauabwicklung **Abschlagszahlungen** zu leisten sind.
Bei öffentlichen Auftraggebern müssen bei der Forderung von Abschlagszahlungen diese durch die üblichen Belege (Aufmaßzettel, Lieferscheine und Stundennachweis) nachgewiesen werden. Private Auftraggeber anerkennen die Aufstellungen meist ohne Nachweis.
Abschlagszahlungen muß der Auftraggeber innerhalb von 12 Werktagen nach Zustellung der Rechnung leisten. Unterläßt er die Zahlung, berechtigt

Firmenname

Rapportzettel über Stundenlohn-Arbeiten

Auftraggeber: .... Baustelle: .... Datum: ....

Name	STD.	Genaue Beschreibung der Leistung	Ldf. Nr.
Gesamt:			

Maschinen und Fahrzeuge	Std. einzeln	KM	Menge	Einheit	Materialverbrauch	Angeordnet durch
						am

Personentransport KM Für den Auftragnehmer Für den Auftraggeber

Bezeichnung des Fahrzeuges Unterschrift Datum Unterschrift

Abb. E 7. Rapportzettel über Stundenlohnarbeiten.

dies den Auftragnehmer zur Einstellung der Arbeit; allerdings muß er diese Absicht dem Auftraggeber schriftlich unter Einräumung einer Frist mitteilen.

Nach Fertigstellung einer Anlage erfolgt das sogenannte **Schlußaufmaß** meist zugleich mit der Abnahme. Dem Aufmaß sollte so rasch wie möglich die **Schlußabrechnung** folgen.

Die VOB sieht für Bauwerke bis zu 3 Monaten Bauzeit eine Frist von 12 Werktagen vor, innerhalb der die Schlußrechnung eingereicht werden muß. Reicht der Auftragnehmer die Rechnung nicht fristgerecht ein, kann sie der Auftraggeber selbst erstellen, und zwar auf Kosten des Auftragnehmers.

Der *Schlußrechnung* müssen alle Belege beigefügt sein. Bei größeren Anlagen mit vielen Aufmaßzetteln werden die Abstiche, nach Positionen in der Reihenfolge geordnet, alle in einer sogenannten **Meßurkunde** aufgeführt. Die Rechnung enthält dann nur die Maße, den Betrag jeder Position und die Endsumme. Von der Endsumme wird die Mehrwertsteuer berechnet und dazugeschlagen, nach Abzug der erfolgten Abschlagszahlungen ergibt sich die Rechnungssumme der Schlußrechnung.

Erfolgt die **Schlußzahlung** und wird diese vom Auftragnehmer ohne Vorbehalte angenommen, sind nach 12 Werktagen keine Nachforderungen mehr möglich. Leistungen, die evtl. vergessen wurden, können dann nicht mehr geltend gemacht werden.

3.4 Nachkalkulation

Nach dem Abschluß einer Baustelle ist es für einen Betrieb von großem Interesse festzustellen, ob sich die Mühe auch gelohnt hat. Dazu stellt man dem gesamten Aufwand für die Baustelle den Erlös laut der Schlußrechnung gegenüber; dies nennt man Nachkalkulation.

Voraussetzung: ein lückenloses Berichtswesen
Aus den Tagesberichten muß zu ersehen sein:

- der Aufwand an Arbeitsleistung (Anzahl der Stunden, die Art der eingesetzten Arbeitskräfte und deren Lohngruppe)
- alle geleisteten Maschinen- und Gerätestunden
- die gesamten Lieferungen

Bei ordnungsgemäßer Bauleitung wurden die Tagesberichte laufend ausgewertet und der Aufwand addiert, so daß man ständig über die Kosten der Baustelle informiert war. Dies hat auch den Vorteil, daß beim Übersteigen der Kosten über die zu erwartende Ertragsgrenze ein Eingreifen möglich ist. Der abschließende Vergleich gibt nun nur noch Auskunft über Gewinn oder Verlust.

Eine weitere ebenso wichtige Aufgabe der Nachkalkulation ist das **Schaffen von Grundlagen für die nächste Vorkalkulation.** Es soll überprüft werden, ob die Ansätze bei der Preisermittlung richtig waren. Dies bezieht sich in erster Linie auf die **Zeitvorgaben,** aber auch auf die Ansätze für **Materialverluste.** Die Voraussetzung hierfür sind eine rekonstruierbare Kalkulation und wiederum die exakten Aufschriebe aus den Tagesberichten, wobei es wichtig ist, daß die Zuordnung der Stunden und Materialien zu den jeweiligen Positionen genau erfolgte.
Nur aufgrund dieser Angaben kann nach der Fertigstellung geprüft werden, ob bei der Preisermittlung die richtigen Werte eingesetzt wurden. Je mehr Daten der Betrieb auf diese Weise erhält, um so mehr gesicherte Werte stehen dem Kalkulator zur Verfügung, um so weniger ist er darauf angewiesen zu schätzen.

Zusammenfassung
Man ersieht hieraus, daß ein Betriebserfolg nur durch das Zusammenwirken aller Kräfte möglich ist.
Die technische Abwicklung allein genügt nicht, sie wird durch die organisatorische und kaufmännische Betreuung erst ermöglicht.
Am Anfang steht die Kalkulation, die Angebotserstellung. Ohne Angebote keine Aufträge! Die Organisation, die Bauleitung, schafft die Grundlage für die technische Durchführung. Diese muß aber laufend überwacht werden, einerseits um festzustellen, ob die Kosten im Rahmen bleiben, andererseits muß man immer darauf achten, daß die Leistungen gegenüber dem Auftraggeber auch nachgewiesen und festgehalten werden.
Dies erfordert das Mitdenken und Mitwirken aller Beteiligten. Sie sollten nicht nur eine Arbeit technisch durchführen können, sondern auch den dafür erforderlichen Aufwand an Zeit und Material im Tagesbericht festhalten und darüber hinaus den Nachweis gegenüber dem Auftraggeber sichern.
Durch die Nachkalkulation schließt sich dann der Kreis, das Ergebnis der Arbeit einer Baustelle wird sichtbar, und man erhält zugleich die Werte, mit denen man die Preisermittlung besser in den Griff bekommt und sich dadurch eine Grundlage für die Vorkalkulation schafft.

Vertiefung und Kontrolle

1. *Wozu* dient der Tagesbericht, *warum* wird er geführt?
2. Lassen Sie sich von Ihrem jeweiligen Baustellenleiter erklären, *wie* er den Tagesbericht führt.
3. Überlegen Sie bei allen Arbeiten, die Sie durchführen, wie diese abgerechnet werden und was erforderlich ist, um diese Leistung dem Auftraggeber nachzuweisen.
4. Fertigen Sie von Arbeiten, an denen Sie beteiligt sind, ein Aufmaß mit Aufmaßplan; denken Sie dabei an die unterschiedlichen Meßverfahren zwischen Absteckung und Aufmaß, und achten Sie auf die daraus resultierenden verschiedenen Maße.

Bildquellenverzeichnis

AID (Auswertung- und Informationsdienst für Ernährung, Landwirtschaft und Forsten e. V.), Bonn: Abb. C 150, C 151, C 152, C 153, C 154
Fa. Amazonenwerke, Hude: Abb. C 141
Baetzner, A. (1979): Natursteinarbeiten. Verlag Eugen Ulmer, Stuttgart: Abb. C 68, C 69, C 70, C 71, C 72, C 74, C 76, C 77, C 78, C 79, C 83, C 85, C 86, C 98, C 99, C 100, C 101, C 102
Baumschule Eschweiler, Münster: Abb. C 159
BdB (Bund deutscher Baumschulen e. V.), Pinneberg. Gehölze in der Verwendung: Abb. C 144, C 145, C 146, C 147, C 148, C 149
Fa. Beck, Stuttgart: Abb. C 281
Boerner, F., und H. Koch (1981): Gehölzschnitt. Verlag Eugen Ulmer, Stuttgart: Abb. C 205, C 206, C 207, C 208, C 209, C 211, C 212, C 213, C 214, C 215, C 216, C 217
Fa. Cellsystem AG., Zofingen: Abb. C 182
Fa. Gebr. Eberhard, Ulm: Abb. C 140
Fa. Efka Klausing, Bad Essen: Abb. C 139
Frahm, B. (1981): BGJ Agrarwirtschaft. Verlag Eugen Ulmer, Stuttgart: Abb. A 7, C 138, C 143
Haebler, Karlsruhe: Abb. A 5, A 6
Hubbard, C. E. (1979): Gräser. Verlag Eugen Ulmer, Stuttgart: Abb. C 162, C 163, C 164, C 165, C 166, C 167, C 168, C 169
Kessler, J., H. Luz und P. Wirth (1974): Beton im Garten- und Landschaftsbau. Verlag Eugen Ulmer, Stuttgart: Abb. C 44, C 48, C 51, C 59, C 60, C 61, C 62, C 64, C 65, C 66, C 67, C 90, C 91, C 92, C 94, C 111, C 115, C 118, C 123
Kirgis, L., und H. Kirgis (1966): Tiefbautaschenbuch. Franckh'sche Verlagshandlung, Stuttgart: Abb. C 5
Fa. Knoche, Bad Nenndorf: Abb. C 142
Fa. Kronimus, Iffezheim: Abb. C 160
Fa. Chr. Metzger, Stuttgart: Abb. C 199, C 202
Müller, F. (1975): Geräte und Maschinen im Garten- und Landschaftsbau. Verlag Paul Parey, Berlin und Hamburg: Abb. C 170, C 171
Fa. Nusser, Winnenden: Abb. C 279, C 280, C 282
Ortner, R. (1953): Sportstättenbau. Verlag Georg Callwey, München: Abb. C 192, C 193
Fa. Passavant, Aarbergen: Abb. C 26, C 38, C 39, C 40, C 42, C 43
Fa. Perrot, Calw: Abb. C 252, C 253
Pusen, H., Historisches Museum, Hannover: Abb. A 3
Rabe-Werke, Bad Essen: Abb. C 136
Fa. Gebr. Rau, Bonn: Abb. C 195, C 200
Rücker, Stuttgart: Abb. A 4
Schlüter, U. (1971): Lebendbau. Verlag Georg Callwey, München: Abb. C 225, C 229, C 230, C 231, C 232, C 233, C 235
Fa. Schrewe, Anröchter Rinne, Anröchte: Abb. C 35, C 36, C 37, C 190
Schulz, Hohenheim: Abb. C 172
Fa. Solo, Sindelfingen: Abb. C 197, C 198, C 201
Volgmann, W. (1979): Landschaftsbau. Verlag Eugen Ulmer, Stuttgart; Abb. C 218, C 219, C 220
Fa. Zimmermann, Dettenhausen: Abb. C 262, C 263, C 267, C 268, C 270

Abbildungen ohne Quellenangabe stammen vom Verfasser.

Sachregister